臺灣文獻

國家古籍整理出版規劃項目

中央政府賑濟臺灣文獻·民國卷

尹全海 龐媛媛 孫偉 魏垚傑 劉雙 整理

國家出版基金項目

NATIONAL PUBLICATION FOUNDATION

『十二五』國家重點圖書出版規劃項目

九州出版社

JIUZHOUPRESS

自 序

爲籌措第二次世界大戰中同盟國參戰國受害者的善後救濟物資、資金，1943 年 11 月，由美國總統羅斯福發起、包括中國在内的 48 個同盟國參戰國，在華盛頓宣佈成立聯合國善後救濟總署（英文簡稱，UNRRA，中文簡稱聯總）。這裏的“聯合國”並非後來在舊金山組成的聯合國組織，而是指第二次世界大戰期間的同盟國參戰國。

聯總的救濟活動遍佈歐、亞兩洲近 40 個國家，主要是通過各國設立專門機構展開救濟工作。1945 年 1 月，國民政府設立行政院善後救濟總署（英文簡稱 CNRRA，中文簡稱行總），代表國民政府作爲聯總的對應機構，負責接收和分配聯總提供的救濟物資。行總初設重慶，後遷南京，蔣廷黻任第一任署長，下設包括臺灣在内的 15 個分署，稱之爲善後救濟總署臺灣分署。

善後救濟總署臺灣分署，於 1945 年 11 月 1 日在臺北市館前街成立，錢宗起任署長、高翰副之，負責接收和分配善後救濟總署救濟物資，具體辦理臺灣省的善後救濟工作。依據分署組織條例，臺灣分署設賑務、儲運、衛生、總務四組，秘書、技正、視察、會計四室，第一、二、三、四工作隊，駐澎湖辦事處。至 1947 年 12 月，臺灣分署結束全部工作，兩年期間救濟活動遍佈全臺。

此前有關善後救濟總署臺灣分署文獻之整理，如《臺灣光復和光復後的五年省情》（陳鳴鐘、陳興唐主編，南京出版社 1989 年）、《館藏民國臺灣檔案匯編》（陳雲林主編，九州出版社 2008 年）、《聯合國善後救濟總署在臺活動資料集》（蘇瑤崇主編，臺灣二二八紀念館出版社 2007 年）、“民國文獻資料叢刊”之《民國善後救濟史料匯編》（殷夢霞、李强選編，國家圖書館出版社 2008 年）、《善後救濟總署臺灣分署業務總報告》（錢宗起）及當事人之回憶録等，或爲民國救濟史料之一部分，或在善後救濟總署中有所涉及，更多的情況是善後救濟總署臺灣分署的局部史料或回憶録，不足以反映善後救濟總署臺灣分署在臺救濟工作之全貌，爲研究者帶來諸多不便。至于較爲接近專題的兩部文獻《館藏民國臺灣檔案匯編》（陳雲林主編，九州出版社 2008 年）、《聯合國善後救濟總署在臺活動資料集》（蘇瑤崇主編，臺灣二二八紀念館出版社

2007 年），前者爲原始檔案，後者爲英文原版，同樣存在史料應用之不便也。故而，我們組織申報《中央政府賑濟臺灣文獻》時，特設民國卷，意在專題呈現善後救濟總署臺灣分署存續期間在臺開展善後救濟之全貌。

文獻收録均爲中國第二歷史檔案館原始檔案，並按照檔案之内容大致分爲善後救濟總署臺灣分署的往來電文、專項救濟文件、救濟工作簡報、署務會議記録，共計四部分：

善後救濟總署臺灣分署的往返函電文。涉及臺灣分署爲救濟事務與總署（行署）及全國各分署往返函電、臺灣分署爲聯繫工作與臺灣省直機構及全臺各地救濟院的往返函電、臺灣分署總部或署長與各組室之間的往返函電以及臺灣分署或各組室與被救濟單位或個人的往返函電，共計 215 份。

善後救濟總署臺灣分署專項救濟文件。包括關於經費與物資分配之文件、關於儲運及其費用之文件、關於賑恤業務之文件、關於農業和工業善後救濟之文件以及關於遣送業務和衛生防疫方面的文件，共計十項，含 303 份文件。

善後救濟總署臺灣分署救濟工作簡報。涉及善後救濟總署臺灣分署發佈的工作報告、動態簡報、月報、統計信息等文獻十三種，含 216 份電文，343 份附表。

善後救濟總署臺灣分署署務會議記録。共收録善後救濟總署臺灣分署 1945 年 12 月至 1947 年 6 月間召開的 72 次署務會議原始記録，其中包括設計考核委員會第一、第二次會議，分别與第 17、第 22 次署務會議合並舉行。

由於本課題前期準備充分，業經課題組成員共同努力，《中央政府賑濟臺灣文獻・民國卷》如期完成。借本書付梓之際，作爲課題組負責人特將選題緣由、檔案選取原則及其分類標準等，略作介紹，且爲序。

整理者

二〇一三年十月

整理説明

此前已經整理之有關善後救濟總署臺灣分署文獻，或爲民國救濟史料之一部分，或在善後救濟總署中有所涉及；至于較爲接近專題的兩部文獻《館藏民國臺灣檔案匯編》、《聯合國善後救濟總署在臺活動資料集》，前者爲原始檔案，後者爲英文原版，都存在史料應用之不便也。故而，我們組織申報《中央政府賑濟臺灣文獻》時，特設民國卷，意在專題呈現善後救濟總署臺灣分署存續期間在臺開展善後救濟之全貌。兹就相關情況略作説明。

一、本次文獻收録均爲中國第二歷史檔案館館藏原始檔案，並按照檔案之内容大致分爲善後救濟總署臺灣分署的往返函電、專項救濟文件、救濟工作簡報、署務會議記録，共計四部分，起自民國三十四年十一月，止於民國三十六年十二月，歷時兩年（1945 年 11 月—1947 年 12 月）。

二、本書整理采用以類分編。整體上大致按照檔案内容分爲四部分；具體每一部分檔案的編排，原則上以具文或發文時間爲準，缺少具文或發文時間者，採收文時間；缺漏時間之檔案，且經考證而不明者，按年月日逐次安排該類檔案之後，如有缺時者，編於本月之後，缺月者，編於本年之後，缺年者，編於本類之後；有主附件者，附件編於主件之後。

三、爲保持檔案原始面貌，本次輯録之檔案，不做增删改動，原檔中存在的訛、脱、衍、倒等錯誤，直接更正；内容殘缺者，以■示之；模糊不清，無法辨認者，以□代之，或註明原文如此；對於與主題相去甚遠且篇幅較大的内容以……省之；數位及計量單位，照録。

文獻整理，各遵其旨，所謂“竭澤而漁”或“一網打盡”，爲好學者追求之境界，而實難如願。本書亦因種種原因，難免遺珠，是爲憾事；至錯謬之處，當因作者學識不精之故，是爲歉也，望博雅君子或參照《善後救濟總署台灣分署業務報告》（錢宗啓）正之。

編　者

二〇一三年十月

目　録

一 善後救濟總署臺灣分署往返函電

本次共收録善後救濟總署臺灣分署往返函電215份，内容涉及臺灣分署與總署及全國各分署往返函電、臺灣分署爲聯繫工作與臺灣省直機構及全臺各地救濟院的往返函電、臺灣分署總部或署長與各組室之間的往返函電，以及臺灣分署或各組室與被救濟單位或個人的往返函電，等等。

民國三十四年

臺灣分署署長錢宗起爲臺灣積存糖米當設法輸銷以蘇民困由致蔣廷黻電酉徽（民國三十四年十月五日）

署長：蔣副署長親賜鑒。臺灣出産以糖者爲大宗。據調查一九四一年産糖一三、一七五〇、〇〇〇市擔。除本島六百萬人消費量八佰零三萬二千二百市擔。每人每年平均消費一三、八七斤，外向係運往日本及我國。至於米則一九三八年産一七七〇八八八六市石。其剩餘外運共約九百萬市石。最近兩年，盟方封鎖臺灣，海運斷絶，糖米無法出口，製糖廠改制後，積存占半。數月前臺民代表林獻堂等六人抵滬，聲稱臺灣存糖尚有兩年之量，米無積蓄。不少農民經濟幾於全部窒息。查將來應到分配善後救濟之物資，必須船運赴臺可否？利用回空船舶裝運積存糖米出口，俾經濟流通民蒞困可蘇。此項原則爲蒙核定。則關於外銷數量，收購價格，集中地點，倉庫保管，外銷價格，運輸到達地點，交貨機關等項細目，容俟到地後詳細調查設計，再行。呈請核辦是否有當，敬乞示遵。

臺灣分署署長錢宗起酉（十月）徽（五日）二印

南京善後救濟總署署長蔣廷黻爲復臺灣積存糖米當設法輸銷以蘇民困由致錢宗起酉文代電（民國三十四年十月十二日）

事由：電復臺灣積存糖米當設法輸銷以蘇民困由

將來臺灣救濟物資，係由國内總庫船隻赴臺。此項船隻並係往返臺灣大陸間者。自可利用回空噸位，裝運糖米出口。又本署正與聯總交涉。酌留若干海船在中國沿海。如交涉成功，則臺灣之困難自可設法解決。希先作詳細調查設計。呈核以憑辦理，爲盼。

署長蔣廷黻酉（十月）文（十二日）印

臺北市新起町鄭勛報告其兄鄭宜學遭遇戰災請求救濟由致臺灣分署函（民國三十四年十月二十六日）

呈：民國三十四年十月二十六日，於受灾原地點。

事由：爲家屬罹受戰禍，店業被炸，財産全部損失，片物無遺，懇請救濟，以活灾黎，至感德政，乞賜批示照遵由。

竊傷士鄭勛自盧溝事變獻身軍伍八載，期中爲國報命，從戰險以身殉。蒙國民政府軍事委員會給發有渝會卹字第〈63597〉號卹令，爲執有案。此次臺灣欣復祖國懷抱，是以傷士隨機渡臺，探會骨肉，詎至此地，慘心酸景，會兄侄於瓦礫之中，殘垣斷壁，財産盪然，身無立足之區。竊兄鄭宜學自民國十二年來臺北市新起町二丁目三一番地，苦心經營二十餘載，僅創有志松銅工部及志松細木店兩間店業。戰發因遭受管制，不能移家回閩，陷此島圄，已備嘗艱辛與痛苦掙扎，復何堪受本年五月三十一日遭炸罹難，計毁志松銅工部及志松細木店兩座店業内全部財産，木料、銅料損失無遺。現一家六口無處存身，困與瓦礫，坐而待斃，流離失所，無家可歸。傷士觀此情形，慘痛中心，何可言喻。思維我政府既定有收復區善後救濟方針，佈揚仁憫國政，尤以傷士家屬非獲救濟灾黎之實惠，則一家人必困亡，臺島寸草無遺，何以謀生，何以求存。傷士爲此情景被迫不已瀝呈懇求鈞署本善後救濟規章，施憫卹至意，賜予救濟，並請求給介生活、工作、存身有所，尚懇派員勘察災情如何。務乞示遵，至感德政。

謹呈

臺灣善後救濟分署署長錢宗起

具呈人：中國榮譽軍人鄭勛親懇

通訊處：臺北市新起町二丁目三一番地

青年團團員王貞官爲請求救濟归國致臺灣分署（民國三十四年十月二十八日）

憶我國前清時代，受列强經濟侵略，以致我國民生涂炭。故以吾民族旅居海外謀生。吾國四分之一屈居敵地，受外人欺辱，泪目傷心，朝思暮想。所望我國早日達到自由平等的地位，以免吾人受敵國壓迫。種種苦痛之慘事者，幸得吾國有志人士，武昌發憤起義，一夕之間武昌克復，遂慰我黄祖在天之靈。我軍忠勇團結，以逸待勞，以仁伐暴，士氣不餒，先聲奪人，不數月間推倒專制，鐵血精誠，冒險犯難，爲四百萬方里國家謀尊榮，爲四萬萬人民謀福利。平民事因我國民生苦楚，自民國二十二年三月卅一日，奉父母之命來臺灣學藝。到臺之時見臺灣是我國的地土，受日本統治之下。吾人到此受日人勒迫，哀惨難言。每對店翁要求回國歸農，店翁再三不肯，不得耐何忍居。藝滿再行歸國。到民國廿五年七月七日，我國有志人士盧溝橋抗日救國戰事發生，我國對日本長期抗戰，佈告兩國國交斷絶。所謂輪船關係，以致吾胞屈居敵地。受敵國官憲壓勒，吾僑惨史悲哀，或被迫做最勞苦的苦工，或被迫强監禁於獄中。所謂嫌疑宗旨，勒打苦形，吾僑犧牲於獄中不計甚數。吾僑居日本地界，似在虎穴，如鼠畏猫之險。惨哀日記，維望我總理在天之靈，吾國早日戰勝日本，以免吾僑胞在外受日本不良官憲惨殺悲哀之苦。幸得感謝我國將士赴湯蹈火，血戰八載。所謂抗戰必勝，建國必成之目的，舍死奮鬥中華，以求吾國四萬萬人民之自由平等的地位。平民曾遭日本三處嫌疑所害，增加本年五月卅一日我盟國空軍空襲。臺北市内受家屋倒壞之灾，家物損失以致雙手空空，增加腰部受傷太重，不能做工。夫生活日食難度，然能有錢治傷之費？想在臺生活，不幸體不從思。意欲回鄉醫治，耐因清貧如洗，伏望市政府念祖國平民，念祖國青年，勞市政府對善後救濟會救濟船費，平民歸鄉，感謝我中華民國政府救濟難民，感恩不忘之至。

大中華民國三十四年十月廿七日。

感謝我國將士

我國人民遵奉總理遺囑，其目的今已達到我國光明的地位。感謝革命先烈，革命同志，抗日將士，不惜捐父母棄妻子，赴湯蹈火犧牲一世。至於折脅穿胸，肉飛骨爐，伏屍成山，流血成川，以求所謂不平等自由其目的。現在我們打到日本帝國主義侵略吾國領土之野心，今收復吾國臺灣故土，此是我漢民族精神，有漢民族精神自有革命精神。有革命精神自有漢民族精神。臺灣在世界上有名的島嶼，物資豐富，又是福建省區的咽喉。今歸復我國主權之下，建設臺灣省，此就是建設新中國重大的意義。此是我們四萬萬民族希望的目的。

大中華民國三十四年十月二十八日

大中華民國青年團團員王貞官

湯長城等爲在海外子弟致臺灣分署陳情書（民國三十四年十月三十日）

通霄莊謹呈。

謹具陳情事。

呈爲懇請拯救被日人徵召的臺胞，以慰父母妻子斷腸哭泣，以維國家社會有用人材。自日本霸佔臺灣已有五十年，其間如經濟之榨取，人權之侮辱，及言論集會事事壓迫，未遑枚舉。至於軍閥挑發東亞之戰争更爲苛酷厲害，强制徵召我們臺胞以作犧牲，如在日本各學校的留學生，或在臺各地方的壯丁都被徵發派遣四處，如日本本土或海南島奥地，及太平洋諸島，强制壓迫，無微不至。當時若有不願意者或稍緩期日者，將欲銃殺，以作示威。一旦徵發，雁杳魚沉，音信鮮通，個個無不倚門倚閭，徒伊人而溯洄幸。

臺灣光復，祖國重見青天白日，名公施仁化雨，均沾春風，廣被懷抱，父兄正喜，額賀以免敵人强制徵發之苦，不料十月廿七號於民報發表陳曾二君自日本脱走歸臺報告，吾臺胞被日人拒放海外，顛沛流離，漂泊無依，兩疎人地呼吁無親，宿露餐風，飢寒交迫，父母妻子一聞無不痛然啜泣，泪爲之沾襟，亦無之奈何。故開父兄大會，議決懇請拯救三項願望省。

憲垂鑒：

一、懇請拯救在日本無依的臺胞，並海南島與太平洋諸島的臺胞。

在日本人員，四十八名；在海南島人員，七十九名；在太平洋諸島人員，一百六十五名。

二、以求得匯項方法，以維治病及生活之資。

三、以求早速歸臺，倘不能急速歸臺者，得使音信告慰父兄。

以上三項承各父兄之至囑，懇請我行政長官英明，諒察民情，仰祈

核裁懇請不勝待命之至。

謹呈。

父兄代表：湯長城、曹水忠、邱斤古。

其餘父兄列明於别紙：

新竹州苗栗郡通霄莊通霄三二番地	鄭木火	
新竹州苗栗郡通霄莊土城五四八番地	邱生立	
新竹州苗栗郡通霄莊土城三八五番地	吴春萬	
新竹州苗栗郡通霄莊土城二八五番地	吴石式	
新竹州苗栗郡通霄莊通霄二八五番地	邱登環	
新竹州苗栗郡通霄莊通霄二八五番地	何阿火	
新竹州苗栗郡通霄莊土城三八一番地	吴阿元	
新竹州苗栗郡通霄莊土城三八二番地	吴阿送	
新竹州苗栗郡通霄莊新埔二一六番地	陳遂得	
新竹州苗栗郡通霄莊内湖島五八番地	洪　矜	
新竹州苗栗郡通霄莊南勢一五四番地	李阿奥	
新竹州苗栗郡通霄莊内湖島五七番地	温阿元	
新竹州苗栗郡通霄莊通霄三〇五番地	黄阿溪	
新竹州苗栗郡通霄莊通霄一六一番地	劉謝章	
新竹州苗栗郡通霄莊隘口寮三一五番地	姚聰賢	
新竹州苗栗郡通霄莊通霄一四二番地	林氏玉秀	
新竹州苗栗郡通霄莊通霄一九一番地	陳水木	
新竹州苗栗郡通霄莊白沙屯六四番地	黄通仔	
新竹州苗栗郡通霄莊通霄灣三二番地	南方	黎雲賜
新竹州苗栗郡通霄莊白沙屯二三四番地	南方	陳牛母
新竹州苗栗郡通霄莊通霄一四番地	海南島	曾氏癸妹
新竹州苗栗郡通霄莊通霄一九番地	海南島	蔡氏玉
新竹州苗栗郡通霄莊新埔一二四番地		駱　王
新竹州苗栗郡通霄莊圳頭四六〇番地	海南島	張黄成
新竹州苗栗郡通霄莊通霄六〇番地	海南島	洪阿丁
新竹州苗栗郡通霄莊梅樹脚一七八番地		張合養
新竹州苗栗郡通霄莊北勢窩一八六番地	比島	陳阿振
新竹州苗栗郡通霄莊南勢一二二番地		黄　良
新竹州苗栗郡通霄莊白沙屯一五〇番地	海南島	陳添丁
新竹州苗栗郡通霄莊通霄二八五番地	海南島	康黄氏隨
新竹州苗栗郡通霄莊通霄二一七番地	南方　海南島	吴　德
新竹州苗栗郡通霄莊通霄灣八一六番地	比島	劉老學
新竹州苗栗郡通霄莊白沙屯一二六番地		陳温能
新竹州苗栗郡通霄莊内湖三三五番地	比島	徐阿逢
新竹州苗栗郡通霄莊通霄二九六番地	南方	余氏曲
新竹州苗栗郡通霄莊梅樹脚八一番地	南方	孫廷開
新竹州苗栗郡通霄莊梅樹脚一三四番地		張　文

續表

新竹州苗栗郡通霄莊梅樹脚一三四番地		張奥發
新竹州苗栗郡通霄莊土城三四六番地		徐阿回
新竹州苗栗郡通霄莊新埔一〇六番地	比島	王添福
新竹州苗栗郡通霄莊土城三七四地	比島	鉖阿秀
新竹州苗栗郡通霄莊北勢窩一二四〇番地		孫廷珍
新竹州苗栗郡通霄莊梅樹脚七五番地		鄭和托
新竹州苗栗郡通霄莊内湖島五五番地	海南島	王金壽
新竹州苗栗郡通霄莊通霄灣七二四番地	海南島	林氏緞
新竹州苗栗郡通霄莊通霄三七番地	海南島	周林朝榮
新竹州苗栗郡通霄莊番子寮一四番地	海南島	賴小番
新竹州苗栗郡通霄莊通霄一九五番地	比島	賴阿番
新竹州苗栗郡通霄莊通霄六一番地	比島	黄翁氏阿綢
新竹州苗栗郡通霄莊南勢一七番地	海南島	蔡並維
新竹州苗栗郡通霄莊大坪頂三五八番地	南方	陳　琳
新竹州苗栗郡通霄莊通霄八〇番地	比島	巫黄氏鉛妹
新竹州苗栗郡通霄莊通霄六〇番地	比島	余　商
新竹州苗栗郡通霄莊通霄一八番地	海南島	謝徐氏利
新竹州苗栗郡通霄莊通霄三〇五番地	比島	蔡　皮
新竹州苗栗郡通霄莊北勢窩二二七番地	比島	黎阿金
新竹州苗栗郡通霄莊北勢窩六九番地		馬阿昌
新竹州苗栗郡通霄莊内湖四三三番地	比島	李松進
新竹州苗栗郡通霄莊通霄灣四四九番地	比島	張黄氏秋欽
新竹州苗栗郡通霄莊通霄二三〇番地	海南島	賴陳氏阿梅
新竹州苗栗郡通霄莊通霄二五〇番地	海南島	張氏秀麗
新竹州苗栗郡通霄莊烏眉坑六四七番地	比島	余邦生
新竹州苗栗郡通霄莊烏眉坑六〇二番地	比島	葉阿發
新竹州苗栗郡通霄莊楓樹窩一八三番地	比島	馬連葉
新竹州苗栗郡通霄莊通霄三八番地	比島	江金生
新竹州苗栗郡通霄莊通霄二二番地	南方	徐丙金
新竹州苗栗郡通霄莊通霄地二五六番地	南方	蔡末發
新竹州苗栗郡通霄莊通霄三〇五番地	南方	徐　海
新竹州苗栗郡通霄莊土城一二四三三番地		陳田盛
新竹州苗栗郡通霄莊大坪頂一一番地	比島	陳　泉
新竹州苗栗郡通霄莊圳頭七〇六番地	比島	徐秀源
新竹州苗栗郡通霄莊梅樹脚一七八番地		張合仲
新竹州苗栗郡通霄莊通霄二四番地	海南島	楊阿飛

續表

新竹州苗栗郡通霄莊北勢一五五番地	南方　海南島	黄貴義
新竹州苗栗郡通霄莊通霄一八一番地	海南島	余萬末
新竹州苗栗郡通霄莊通霄二四番地	南方	楊胡氏妹
新竹州苗栗郡通霄莊通霄二八番地	南方	陳阿清
新竹州苗栗郡通霄莊通霄三〇五番地	南方	余永龍
新竹州苗栗郡通霄莊楓樹窩七三番地	南方	龔　喜
新竹州苗栗郡通霄莊土城三九六番地	南方	張　溪
新竹州苗栗郡通霄莊內湖三八六番地	南方	甘文喜
新竹州苗栗郡通霄莊大坪頂四二三番地	比島	陳玉盛
新竹州苗栗郡通霄莊北勢窩六二四番地	海南島（三名）	林德旺
新竹州苗栗郡通霄莊隘口寮二一九番地	南方	鄭黄錦
新竹州苗栗郡通霄莊內湖一一番地	比島	曹清山
新竹州苗栗郡通霄莊通霄一一番地	比島	林龍溪
新竹州苗栗郡通霄莊北勢一五三番地		黄玉貴
新竹州苗栗郡通霄莊通霄二〇八番地	南支	連萬春
新竹州苗栗郡通霄莊通霄二三二番地	海南島	張紅目
新竹州苗栗郡通霄莊通霄二四番地	海南島	楊　德
新竹州苗栗郡通霄莊大坪頂二九九番地	南方	柊天瑞
新竹州苗栗郡通霄莊內湖二一番地	海南島（二名）	曾　石
新竹州苗栗郡通霄莊圳頭七〇六番地	南方	徐友原
新竹州苗栗郡通霄莊大坪頂三五八番地	比島	鄭金龍
新竹州苗栗郡通霄莊隘口寮八七番地		吴清山
新竹州苗栗郡通霄莊南勢四五番地	南方	劉阿明
新竹州苗栗郡通霄莊圳頭一八二番地	南方	吴　清
新竹州苗栗郡通霄莊烏眉坑四七八番地	海南島	徐吴氏王妹
新竹州苗栗郡通霄莊南勢九九番地	南方	詹德福
新竹州苗栗郡通霄莊南勢二一二番地	南方	吴　源
新竹州苗栗郡通霄莊圳頭五四〇番地	海南島	鄭　水
新竹州苗栗郡通霄莊番社二二番地	比島	康阿某
新竹州苗栗郡通霄莊大坪頂五二八番地		邱　賢
新竹州苗栗郡通霄莊大坪頂一二四番地	此島	邱火盛
新竹州苗栗郡通霄莊大坪頂五〇三番地	海南島	林乞食
新竹州苗栗郡通霄莊大坪頂一〇九番地	南方	曹清祥
新竹州苗栗郡通霄莊大坪頂一二三番地		田阿惡
新竹州苗栗郡通霄莊大坪頂一〇四番地	南方	張銀水
新竹州苗栗郡通霄莊福興六九八番地	此島	陳添丁

續表

新竹州苗栗郡通霄莊通霄一一番地		許阿明
新竹州苗栗郡通霄莊內湖二二七番地	長崎縣	古氏細妹代
新竹州苗栗郡通霄莊內湖二二七番地	大阪府	古田中代
新竹州苗栗郡通霄莊通霄二八五番地	中國南方	邱清河
新竹州苗栗郡通霄莊圳頭五一七番地		羅追仔
新竹州苗栗郡通霄莊圳頭三五二番地		周添旺
新竹州苗栗郡通霄莊土城九五番地	此島	李阿油
新竹州苗栗郡通霄莊楓樹窩二四三番地	南方	李兆福
新竹州苗栗郡通霄莊楓樹窩三六三番地	南方	李捷發
新竹州苗栗郡通霄莊烏眉坑二五四番地	南方	徐登煌
新竹州苗栗郡通霄莊烏眉坑二三五番地	南方	曾　連
新竹州苗栗郡通霄莊通霄灣九七〇番地	海南島	葉阿春
新竹州苗栗郡通霄莊通霄灣一七七番地	海南島	黎　枝
新竹州苗栗郡通霄莊北勢窩五九九番地	海南島	林有發
新竹州苗栗郡通霄莊北勢窩五四九番地	此島	張阿港
新竹州苗栗郡通霄莊通霄一一三番地	海南島	李　龍
新竹州苗栗郡通霄莊內湖島五四番地	南方	洪　山
新竹州苗栗郡通霄莊北勢窩一二八四番地	南方	邱干發
新竹州苗栗郡通霄莊烏眉坑四〇七番地	南方	羅　錦
新竹州苗栗郡通霄莊烏眉坑三五七番地	海南島	徐達煌
新竹州苗栗郡通霄莊通霄灣六四六番地		胡萬成
新竹州苗栗郡通霄莊福興二〇一番地		邱阿一再
新竹州苗栗郡通霄莊土城出水坑一〇六番地	南方	李金貴
新竹州苗栗郡通霄莊福興一二三番地		邱干甲
新竹州苗栗郡通霄莊土城三〇八番地		劉河平
新竹州苗栗郡通霄莊楓樹窩六〇八番地		廖居財
新竹州苗栗郡通霄莊新埔二二一番地		王　吉
新竹州苗栗郡通霄莊烏眉坑四五二番地		張河北
新竹州苗栗郡通霄莊內湖二九四番地		翁過枝
新竹州苗栗郡通霄莊通霄灣四八七番地		劉　養
新竹州苗栗郡通霄莊白沙屯六五一番地		孫潤喜
新竹州苗栗郡通霄莊南和二五四番地		陳進添
新竹州苗栗郡通霄莊北勢窩六三二番地		曾萬成
新竹州苗栗郡通霄莊北勢窩六二八番地	南方	王天送
新竹州苗栗郡通霄莊北勢窩七〇一番地	南方	顏阿立
新竹州苗栗郡通霄莊新埔	橫須賀	卓　盛

續表

新竹州苗栗郡通霄莊番社七三番地	南方	李　標
新竹州苗栗郡通霄莊北勢窩一七八番地	南方	邱明發
新竹州苗栗郡通霄莊福興三番地	南方	李　發
新竹州苗栗郡通霄莊福興二一五番地	吴局	邱　春
新竹州苗栗郡通霄莊北勢一二番地	海南島	江阿煌
新竹州苗栗郡通霄莊北勢一二番地	香港	江阿皇
新竹州苗栗郡通霄莊白沙屯一四一番地	南方	康阿三
新竹州苗栗郡通霄莊白沙屯一四一番地	南方	王榮生
新竹州苗栗郡通霄莊白沙屯八八番地	南方	柳姐生
新竹州苗栗郡通霄莊北勢窩六四二番地	南方	吕阿亮
新竹州苗栗郡通霄莊白沙屯一九四番地	海南島	駱潤法
新竹州苗栗郡通霄莊内湖一三番地	南方	邱送耒
新竹州苗栗郡通霄莊通霄二八五番地		巫振昌
新竹州苗栗郡通霄莊土城三八二番地	南方	吴阿梅（代理印）
新竹州苗栗郡通霄莊内湖一三一	南方	陳氏瑞菊
新竹州苗栗郡通霄莊白沙屯九四	南方	陳四仔
新竹州苗栗郡通霄莊通霄二三六	海南島	江徐氏桂妹
新竹州苗栗郡通霄莊北勢窩七六四	南方	鄧見龍（户主印）
新竹州苗栗郡通霄莊南和一三一番地	南方	林仁和（户主代印）
新竹州苗栗郡通霄莊南和一八四	海南島	陳長水
新竹州苗栗郡通霄莊南和一三番地	南方	徐阿昇
新竹州苗栗郡通霄莊梅樹脚一七番地	南方	邱阿庚
新竹州苗栗郡通霄莊土城二二〇番地		蕭開來（户主代印）
新竹州苗栗郡通霄莊一八三番地	海南島	黄　溪
新竹州苗栗郡通霄莊通霄二八九番地		林秋侍
新竹州苗栗郡通霄莊土城八四六番地	海南島	張阿房
新竹州苗栗郡通霄莊新埔一二四番地	比島	林　傳
新竹州苗栗郡通霄莊通霄一一八番地	海南島	余金建
新竹州苗栗郡通霄莊通霄九番地	南方	朱川梅
新竹州苗栗郡通霄莊大坪頂一〇八番地	南方	蔡松元
新竹州苗栗郡通霄莊北勢一七五		黄賴氏細妹
新竹州苗栗郡通霄莊土城二番地	比島	張阿國
新竹州苗栗郡通霄莊北勢窩二番地	南方	賴阿進
新竹州苗栗郡通霄莊内湖八〇番地	南方	羅立奥
新竹州苗栗郡通霄莊土城二三番地	比島	邱　福
新竹州苗栗郡通霄莊土城四八九番地		詹施思

續表

新竹州苗栗郡通霄莊通霄莊三〇五番地	内地（千葉）	陳能錢
新竹州苗栗郡通霄莊土城四四五	南方	黄阿柳
新竹州苗栗郡通霄莊内湖島二五	濠北	陳水發
新竹州苗栗郡通霄莊北勢一二	トステマ	余立德
新竹州苗栗郡通霄莊通霄一三	内地	靖玉坤
新竹州苗栗郡通霄莊烏眉坑四五二	比島	謝寶珠
新竹州苗栗郡通霄莊五里牌隘口寮一三五	比島	羅增坤
新竹州苗栗郡通霄莊五里牌隘口寮一四	南方	賴阿和
新竹州苗栗郡通霄莊通霄三〇五	南方	張鄭氏屬
新竹州苗栗郡通霄莊福興八五番地	濠北	黄河雲
新竹州苗栗郡通霄莊烏眉坑一〇二	海南	邱陳氏添妹
新竹州苗栗郡通霄莊新埔二二一	比島	王洪氏好
新竹州苗栗郡通霄莊烏眉坑一〇二	海南	邱陳氏添妹
新竹州苗栗郡通霄莊隘口寮一八六	比島	賴阿富
新竹州苗栗郡通霄莊北勢窩四三七	海南島	林連福
新竹州苗栗郡通霄莊通霄九二	内地	洪阿榮
新竹州苗栗郡通霄莊通霄二八五番地	海南島	劉慶章
新竹州苗栗郡通霄莊通霄一一八	海南島	余泉水
新竹州苗栗郡通霄莊南勢一四八		李心匏
新竹州苗栗郡通霄莊通霄九三	比島	林氏金蓮
新竹州苗栗郡通霄莊通霄九三	内地	林邱氏金蓮
新竹州苗栗郡通霄莊北勢一六八	九州島	湯長發
新竹州苗栗郡通霄莊土城七八六	南方	黄　性
新竹州苗栗郡通霄莊通霄三〇五	内地	邱槐青
新竹州苗栗郡通霄莊通霄一〇九	廣州市	謝長明
新竹州苗栗郡通霄莊通霄一〇九	東京都三人	謝長旺
新竹州苗栗郡通霄莊通霄一四一番地	海南島	麥　九
新竹州苗栗郡通霄莊烏眉坑一二一番地	日本（横濱）	劉　臺
新竹州苗栗郡通霄莊烏眉坑一二一番地	香港	劉　千
新竹州苗栗郡通霄莊楓樹窩四七八番地	南方	阮細成
新竹州苗栗郡通霄莊北勢一六八番地	上海	湯長甲
新竹州苗栗郡通霄莊福興二二四番地	日本（山形縣）	邱李氏粉妹
新竹州苗栗郡通霄莊福興二二四番地	日本（山形縣）	邱劉氏兒妹
新竹州苗栗郡通霄莊白沙屯二八七番地	海南島	黄添福
新竹州苗栗郡通霄莊白沙屯二八七番地	廣東	黄添福
新竹州苗栗郡通霄莊五里牌八〇番地	ニニニギニヤ	古　番

續表

新竹州苗栗郡通霄莊五里牌九五番地	濠北	陳阿庭
新竹州苗栗郡通霄莊烏眉坑二二〇番地	南方	張全田
新竹州苗栗郡通霄莊通霄二八五番地	日本（東京都）	王壽生
新竹州苗栗郡通霄莊梅樹脚二四〇番地	中國	張合圖
新竹州苗栗郡通霄莊梅樹脚三〇五番地	南方	陳明鐘
新竹州苗栗郡通霄莊楓樹窩四一	南方	謝永發
新竹州苗栗郡通霄莊新埔四三二番地	南方	吴阿古
新竹州苗栗郡通霄莊土城五二八	南方	莊劉進
新竹州苗栗郡通霄莊梅樹脚三七六番地	南方	盧阿奥
新竹州苗栗郡通霄莊大坪頂一一八番地	マヤヲ	邱　坤
新竹州苗栗郡通霄莊福興二七二番地	南方	陳金章
新竹州苗栗郡通霄莊新埔二一六	南方	陳成仁
新竹州苗栗郡通霄莊南勢六〇五番地	南方	張　溪
新竹州苗栗郡通霄莊圳頭三四七番地	比島	歐尼番
新竹州苗栗郡通霄莊圳頭三三番地	南方	吴明記
新竹州苗栗郡通霄莊土城二一二番地	南方	吴清吉
新竹州苗栗郡通霄莊福興七八	南方	黄阿傳
新竹州苗栗郡通霄莊福興八五	南方	黄阿雲
新竹州苗栗郡通霄莊通霄灣九五二	海南島	卓添丁
新竹州苗栗郡通霄莊南勢二一番地	南方	鐘清河
新竹州苗栗郡通霄莊通霄二〇九	ビルマ	葉李氏阿坪
新竹州苗栗郡通霄莊南勢六	南方	江　進
新竹州苗栗郡通霄莊圳頭六九四	南方	古　忠
新竹州苗栗郡通霄莊楓樹窩二三〇	南方	温　富
新竹州苗栗郡通霄莊南和一八八		陳雲章
新竹州苗栗郡通霄莊北勢五三番地	南方	羅　全
新竹州苗栗郡通霄莊土城一〇六〇番	南方	王進原
新竹州苗栗郡通霄莊土城一〇七一		李　房
新竹州苗栗郡通霄莊通霄三九		李氏月秀
新竹州苗栗郡通霄莊通霄二八三番地	海南島	吴氏玉雲
新竹州苗栗郡通霄莊大坪頂三六九番地	南方	余火炎
新竹州苗栗郡通霄莊通霄二八六番地	海南島	周阿炎
新竹州苗栗郡通霄莊白沙屯七五		林萬旺
新竹州苗栗郡通霄莊通霄八〇	南方	巫黄氏德妹
新竹州苗栗郡通霄莊土城四五七番地	南方	黄賴氏阿紅
新竹州苗栗郡通霄莊土城三六番地	南方	謝錦華

續表

新竹州苗栗郡通霄莊圳頭一七一番地	南方	林阿坤
新竹州苗栗郡通霄莊通霄二八五番地	海南島	黄氏英嬌
新竹州苗栗郡通霄莊圳頭一六三番地	海南島	張阿華
新竹州苗栗郡通霄莊通霄一九七	中國	詹賴僉
新竹州苗栗郡通霄莊北勢窩一四六九番地	南方マニラ	許阿萬
新竹州苗栗郡通霄莊土城五一一番地		羅　昌
新竹州苗栗郡通霄莊南和六四	南方	李玉天
新竹州苗栗郡通霄莊內湖六五六	南方	李蝦福
新竹州苗栗郡通霄莊楓樹窩八三		阮添華
新竹州苗栗郡通霄莊白沙屯四四		陳氏玉娘
新竹州苗栗郡通霄莊白沙屯二〇二		莊吴氏宜妹
新竹州苗栗郡通霄莊白沙屯一六六	海南島	駱阿根
新竹州苗栗郡通霄莊白沙屯六三		陳虎俊
新竹州苗栗郡通霄莊通霄一九四	比島	陳金喜
新竹州苗栗郡通霄莊通霄六〇	大阪	温萬秋
新竹州苗栗郡通霄莊烏眉坑六〇二	南方	劉前業
新竹州苗栗郡通霄莊土城四五七	東京	黄炎炬
新竹州苗栗郡通霄莊土城四五七	東京	黄阿弟
新竹州苗栗郡通霄莊土城四五七	東京	黄阿雲
新竹州苗栗郡通霄莊烏眉坑三五七番地	比島	徐氏琳妹
新竹州苗栗郡通霄莊烏眉坑四九八	南方	徐盛
新竹州苗栗郡通霄莊烏眉坑一〇二	南方	徐連奥
新竹州苗栗郡通霄莊烏眉坑四九二	南方	徐連長
新竹州苗栗郡通霄莊烏眉坑四九二	南方	徐立奎
新竹州苗栗郡通霄莊梅樹脚四四五番地	海南島	羅春淵
新竹州苗栗郡通霄莊北勢一六八番地	香港	蔡氏涂
新竹州苗栗郡通霄莊北勢一六八番地	海南島	湯添丁
新竹州苗栗郡通霄莊五里牌六七番地	南支	張邱氏阿玉
新竹州苗栗郡通霄莊內湖一〇五	南方	温乞食
新竹州苗栗郡通霄莊新埔一九番地	南方	陳天琳
新竹州苗栗郡通霄莊通霄一〇九	海南島	歐阿盛
新竹州苗栗郡通霄莊圳頭三九八番	內地	吴阿首
新竹州苗栗郡通霄莊通霄九六番地	內地サイゴニ	劉　銀
新竹州苗栗郡通霄莊通霄九六番地	南方	張氏冬妹
新竹州苗栗郡通霄莊南和一二六	南海	邱天賜
新竹州苗栗郡通霄莊南和二七六	南方	陳傳祥

續表

新竹州苗栗郡通霄莊通霄灣七六〇	南方	鄭　南
新竹州苗栗郡通霄莊五里牌隘口寮一〇二	海南島	羅　枋
新竹州苗栗郡通霄莊白沙屯二〇八	海南島	李廷應
新竹州苗栗郡通霄莊白沙屯二八七		林進結
新竹州苗栗郡通霄莊南和二六	内地	李金年
新竹州苗栗郡通霄莊土城二八七		李　田
新竹州苗栗郡通霄莊通霄二五〇	南方	張添桂
新竹州苗栗郡通霄莊白沙屯六四九	海南島	徐石定
新竹州苗栗郡通霄莊通霄一四〇	内地	張天送
新竹州苗栗郡通霄莊南和三〇一		謝阿生
新竹州苗栗郡通霄莊通霄二九〇	廣東	陳氏雙妹
新竹州苗栗郡通霄莊通霄二五〇	南方	陳清貴
新竹州苗栗郡通霄莊通霄一八五	比島	陳負盛
新竹州苗栗郡通霄莊圳頭五五一	神奈川内地	賴生川
新竹州苗栗郡通霄莊福興二〇六	比島	陳昇盛
新竹州苗栗郡通霄莊五里牌一四	南方	賴阿和
新竹州苗栗郡通霄莊通霄一六二	東京都	康阿旺
新竹州苗栗郡通霄莊福興三八	南方	邱　禄
新竹州苗栗郡通霄莊五裹牌隘口寮一四	南方	林阿傳
新竹州苗栗郡通霄莊土城二六〇	海南島	蔡國信
新竹州苗栗郡通霄莊南和三一一	比島	林丁旺
臺北市下奎府町四二九番地	内地（神奈川）	施明德
新竹州苗栗郡通霄莊二二四	日本山形縣	邱李氏粉妹
新竹州苗栗郡通霄莊土城五五五		黄登甲
新竹州苗栗郡通霄莊福興二二四		邱劉氏兒妹
新竹州苗栗郡通霄莊北勢一六八	中國	湯長甲
新竹州苗栗郡通霄莊北勢一六八	九州島	湯長發
新竹州苗栗郡通霄莊白沙屯五二九	南方	曾老蕃
新竹州苗栗郡通霄莊楓樹窩		徐要生
新竹州苗栗郡通霄莊烏眉坑一二二九	南方	羅阿二
新竹州苗栗郡通霄莊五里牌洋寮三八	南方	蔡允樣
新竹州苗栗郡通霄莊通霄三七	マテイ	涂氏龍
新竹州苗栗郡通霄莊楓樹窩六八八	南方	馬細根
新竹州苗栗郡通霄莊烏眉坑五八八	日本横濱市	徐　亮
新竹州苗栗郡通霄莊圳頭六八五		羅　居
新竹州苗栗郡通霄莊福興三〇一	南方	邱阿再

續表

新竹州苗栗郡通霄莊福興七四	南方	邱阿二
新竹州苗栗郡通霄莊南和一七六	南方	劉永奥
新竹州苗栗郡通霄莊五里牌洋寮五一	比島	柳　登
新竹州苗栗郡通霄莊大坪頂二九九	濠北	鐘天瑞
新竹州苗栗郡通霄莊南和三〇三	南方	涂滿海
新竹州苗栗郡通霄莊五里牌一四四	南方	朱　鑒
新竹州苗栗郡通霄莊大坪頂四三三		陳玉盛
新竹州苗栗郡通霄莊烏眉坑四三	海南島	彭光裕
新竹州苗栗郡通霄莊五里牌隘口寮七一	海南島	姚天瑞
新竹州苗栗郡通霄莊通霄九三	東京都	林邱氏金蓮
新竹州苗栗郡通霄莊通霄三〇五	海南島	陳曾坤
新竹州苗栗郡通霄莊内湖二二七	東京都	古德坤
新竹州苗栗郡通霄莊福興二八七	南方	劉阿石
新竹州苗栗郡通霄莊土城二三七		李氏景妹
新竹州苗栗郡通霄莊通霄一〇九	東京都	周泗水
新竹州苗栗郡通霄莊通霄八七	東京都	張合川
新竹州苗栗郡通霄莊土城四七二	東京都	張合城
新竹州苗栗郡通霄莊通霄一四三	日本兵庫縣	劉國元
新竹州苗栗郡通霄莊通霄七三	日本宫城縣	沈阿貴
新竹州苗栗郡通霄莊通霄一四三	マニテ	劉國順
新竹州苗栗郡通霄莊通霄一四〇		賴仁德
新竹州苗栗郡通霄莊南和二七一	日本	李玉梅
新竹州苗栗郡通霄莊楓樹窩四七八		阮細感
新竹州苗栗郡通霄莊土城一二三七		李金鎧
新竹州苗栗郡通霄莊通霄一四五	海南島	李金元
新竹州苗栗郡通霄莊楓樹窩一九七	日本神奈縣	曾省
新竹州苗栗郡通霄莊通霄二八七	仙臺一人,東京二人	鄭森煜
新竹州苗栗郡通霄莊通霄九五	日本	杜開春
新竹州苗栗郡通霄莊通霄九五	ボルネテ	李氏綉琴

南京善後救濟總署署長蔣廷黻就臺灣糧食問題致電善後救濟總署臺灣分署電稿（民國三十四年十一月五日）

軍政部軍用無綫電總臺

本臺號數：186

號碼 313 等級 □ 字數 58 發報地名 滬

日期 11月5日 時刻 10：30 附注 □

	0810 善	1975 後	2405 救	3544 濟	5
4920 總	5002 署	6669 臺	3494 灣	0433 分	10
					15
5002 署	6929 錢	0433 分	5002 署	7022 長	20
0810 善	1378 密	5180 臺	7388 灣	1733 米	25
					30
3185 糧	2070 及	3110 糖	2674 存	8003 量	35
2470 及	0678 生産	9719 情形	5945 如何	6486 有無	40
					45
2440 盈	6515 餘	2115 可	0399 供	0774 出口	50
3189 否	9160 則	6196 原因	6339 何	1450 在	55
					60
1540 統	0496 仰	3890 詳查	4361 迅	6361 電復	65
5592 蔣	1696 廷	7833 黻	4434 祝	2049 戌	70
3068 江					75
					80
					85
					90
					95
					100

收自 XK317 簽名 郭 日期11月5日 時刻 16：00

發自 滬 簽名 王 日期 □ 時刻 □

姜琦爲請求救濟金由致臺灣分署函（民國三十四年十一月二十六日）

善臺字第0013號

敬啓者琦，自民國二十七年六月由閩永安到重慶，迄本年十月六日離渝來臺，居留重慶共有七年，余向在教育部任事。民國三十三年三月轉職國立編譯館，任編案兼教育組主任，證件俱在，有案可稽。查美國授筆救濟，會在本年九月間賜給國立編譯管法幣叁百五十萬元，以作該館全體人員之福利金。旋經該館館務會議議決，每人分得壹萬柒千元。查昨接館同仁來函稱，琦因留職停薪，不能享受云云。竊以爲琦向該館請假在本年十月二十一日，但此項救濟金在九月間匯到該館，况琦既留職不能作辭職論，自當享受。擬請貴署賜電請國立編譯管照發。再，善後救濟重慶分署今後對於國立編譯管人員尚有種種救濟金以救濟抗戰時期中所招之一切損失，琦亦應在國立編譯管方面領取。擬請貴署一並代向國立編譯館關照。勿使琦獨抱向隅。以上所陳是否有當，絞祈察核辦理，爲荷。

此致善後救濟公署臺灣分署署長錢宗起

姜琦啓

批示：復此事不屬本分署主管，歉難照轉。

（簽名）錢宗起（十二月十日）

（簽名）饒餘威（十二月十八日）

宜蘭市巽門張林添生爲請求救濟由致善後救濟總署臺灣分署陳情書（民國三十四年十二月六日）

陳情書：本人因爲本年春間烽烟告急，四方受炸，所以將自己居住的家屋加入東京海上火灾保險會社宜蘭代理店，其契約金額一萬圓，證券的番號第七三七七號。後果然不幸受炸爆，全家破懷（壞），適逢十月八日具亞並海上火灾會社社員陳雅男先生（查定員）莅蘭查定結果。其查定金額叁千貳百七十七圓，關係書類至十月十四日送到臺北市本町該社支店，約束一個月内決定以現金支給本人，乃至十一月十四日約束期間已滿，托友人前往臺北市向該社查問，該社辦事人員説道：四五日内便能對郵送來。越至十一月二十五日猶未見寄，事有可疑。不得已，二十六日本人親往該社再查其事情。是時該社支店的主任（日人）及陳某説道：本月十七日起五千圓以下，亦被我們的政府中止，若不受政府的裁准，不能支給。再問何時可能支給，他們不知何時。故無奈素手回家，然本人是以薪俸的生活，家無餘資，逢此逆景，不得以對友人借款，將一部分暫時的修補以避風雨，聊借栖身。惟是工資不足，未能全部復舊，而且對友人的借款，無計可得償還。

伏冀政府諸公，洞察下情，倘蒙裁准，懇祈向該社臺北支店查確，令該社給付本人，以助燃眉之急，即幸甚矣！

善後救濟總署臺灣分署署長錢宗起先生雅鑒。

民國三十四年十二月六日

宜蘭市巽門二二三張林添生頓首拜

擬辦：案關保險書之賠償，本署未便核辦。

（簽名）陳文理（十二月十九日）

核復：（簽名）錢宗起（十二月十九日）

（簽名）饒餘威（十二月十九日）

臺中市大正町七丁目壹番地人民協會爲抗戰中被俘來臺的外省同胞回鄉由致臺灣分署函（民国三十四年十二月十八日）

關於抗戰中被俘來臺的外省同胞之事項，本會曾呈建議懇請政府當局設法使其回鄉。一方面對於同胞們的生活救濟和回鄉旅費，本會對日方官憲要求給與每人五百元（臺銀幣）及白米壹包、砂糖壹包和衣服兩套，現既將該金款物品交給完畢，一部分同胞亦業已回鄉。但現在於臺中市再生舍三十二名和在臺北市南華僑會館十八名尚無法可歸。聞近來於基隆港有和本國來往船隻出入。故敢再請願政府，代爲設法使回鄉。是所至懇。

此呈：

臺灣省行政長官公署救援處處長錢宗起先生公覽。

批示：核辦

（簽名）錢宗起（十二月十三日）

（簽名）高翰（十二月十三日）

（簽名）饒餘威（十二月十八日）

善後救濟總署臺灣分署爲鄭勛報告其兄鄭宜學遭遇戰災請求救濟由致鄭勛函（民國三十四年十二月二十日）

箋函振字16號：十月廿六日來呈收悉。經已轉請臺灣省行政長官總署民政處派員勘查，希候查明後復再行引核辦。

此致　鄭勛君

民國三十四年十二月廿日

善後救濟總署臺灣分署（印章）

善後救濟總署臺灣分署爲被徵子弟送還箋函（民國三十四年十二月二十日）

考第一次黨政軍會報，經決定，由有關各機關組織“旅外臺胞救濟委員會”。本案所請，將被日軍徵召流落日本、海南島、及太平洋諸島臺胞送還，應候將來商同該會辦理。

函後應將被徵子弟姓名及被徵年月、入伍部隊番號詳細具報，當爲核轉。

錢宗起（十二月廿日）

善後救濟總署臺灣分署就被徵子弟姓名及被徵年月、入伍部隊番號及家屬在臺住所列册箋函（民國三十四年十二月二十日）

箋函振字17號

十月卅日請求書收悉，希先將案據被徵子弟姓名及被徵年月、入伍部隊番號及家屬在臺住所詳細列册，報候核轉可也，此致。新竹州苗栗郡通霄莊人民代表湯長城君等。

錢宗起（十二月廿日）

高翰（十二月廿日）

善後救濟總署臺灣分署爲鄭勛報告其兄鄭宜學遭遇戰灾請求救濟由致臺灣省行政長官總署民政處代電（民國三十四年十二月二十日）

代電振字16號：臺灣省行政長官總署民政處啓鑒，據臺北市新起町二丁目三一番地返臺榮軍鄭勛報告，以兄鄭宜學自民國十二年來臺，創有志松銅工部及細木店兩間。自戰事發生後，以受管制不能返閩。本年五月卅一日遭炸襲，業盡毁，一家六口無處存身。請派員勘查救濟并介工作等語。究竟實情爲何。相應電請查照，飭查見告以憑核辦。爲荷。

善後救濟總署臺灣分署振（）印。

（簽名）錢宗起（十二月廿日）

善後救濟總署臺灣分署爲張林添生請求救濟由致臺灣省行政長官公署財政處公函（民國三十四年十二月二十一日）

箋函振字23號

據張林添生報告，家屋被焚應領火險費，等著請求救濟。前係關保險費凍結，相應抄同原件，函請查照核辦，爲荷。

此致　臺灣省行政長官公署財政處

批示：復陳情人並函轉財政處

善後救濟總署臺灣分署

十二月廿日

（簽名）錢宗起（十二月廿一日）

（簽名）高翰（十二月廿一日）

善後救濟總署臺灣分署爲調查臺中市大正町七丁目壹番地人民協會由致臺中市市政府函（民國三十四年十二月二十二日）

公函振字21號：據臺中市大正町七丁目一番地人民協會呈稱“關於抗戰中云云，尚此法可殊”等語。究竟實情爲何？該人民協會爲何種組織？何人負責？相應函請查照。惠予查明，見復爲荷。

此致臺北臺中市政府

批示：另由振務組隨業縷譯親往調查，令其開具名單送核。

（簽名）錢宗起（十二月廿一日）

（簽名）高翰（十二月廿二日）

臺灣分署致姜伯聲箋函（民國三十四年十二月二十七日）

箋函：振字第三九號

接收十一月廿二日大函，敬悉種切，唯此案不屬本分署主管範圍，承囑各節，歉難照轉。專此奉復，諸希亮察。

此致　伯聲先生

善後救濟總署臺灣分署

（簽名）錢宗起（十二月廿七日）

（簽名）高翰（十二月廿七日）

（簽名）餘威（十一月二七日）

（簽名）陳文相（十二月廿七日）

上海總署調查處處長向景雲致善後救濟總署臺灣分署署長錢宗起電稿（民國三十四年十二月二十八日）

收文電報

號數：1075

送信通訊地址				送信時刻				送信者				對校者			
SOQ260 S SHANGHAI　851　80 28/12　955															
TAIPEH		0810	善	1775	後	2405	救	3444	濟	0669	臺	3494	灣	0433	分
5002	署	6929	錢	0433	分	5002	署	7022	長	1350	宗	6386	起	0338	兄
0669	臺	3494	灣	7380	食	4717	米	0356	全	1628	年	3932	生	3934	産
0644	及	3194	消	6316	費	6852	量	0677	各	5387	若	1626	干	4158	目
0007	下	2589	有	3541	無	7411	餘	4752	糧	0668	可	6327	資	0427	出
0656	口	0180	供	4822	給	5478	華	0589	南	0677	各	0966	地	2709	
5002	署	1172	如	1129	大	6852	量	6356	購	6663	運	2589	有	3541	無
0938	困	718	難	4162	盼	0613	即	7193	電	1788	復	3337	滬	4395	福
1558	州	6424	路	(120)		5714	號	0810	善	1775	後	4920	總	5002	署
1717	弟	0686	向	2529	景	7189	雲	0661	仰	0075	亥	0313	儉	SEAL	印

十二月廿九日下午六時到

（簽名）錢宗起

臺灣分署署長錢宗起爲再復臺灣積存糖米當設法輸銷以蘇民困由致南京善後救濟總署署長蔣廷黻電（民國三十四年十二月二十八日）

電：急南京（善後救濟總署）署長蔣廷黻：

〈1〉善密碼電計達聯總有無回音。乞速電示。

〈2〉此間因肥料未到，來年第一期收成無望。四至六月缺米人心恐慌。公家保購不易發定。米價每一日斤臺幣一元（一日斤等於一點二市斤，一元臺幣等於法幣30元。米價等物黑市五六五或六六元高。昆渝陳長官發函另電鈞署，請在明年聯總撥係我國食米72萬噸，內轉撥接濟，一面與美軍部商洽，撥船輸送日俘，18萬餘人回籍，資節流，此時須有肥料或麵粉運臺方是平抑糧價。因糧價决定工資，於善後工作極受影響。請鈞座注意。

〈3〉臺灣省全部善後工作計劃及需要物資數字，正推動有關機關請擬，到齊即案編呈送。

臺灣分署署長錢宗起亥（十二月）儉（二十八日）印

臺灣分署署長錢宗起爲臺灣糧食問題由致南京善後救濟總署署長蔣廷黻電（民國三十四年十二月二十八日）

電：南京善後救濟總署秘江電奉悉。善密。

一、查臺灣原爲産米之區，戰前（一九三七年以前）平均年産額皆在一六〇〇萬市石（即九〇〇萬日石，每一日石折合一．八市石）。以上除本省消費者外，平均每年約七〇〇餘萬市石（四〇〇萬日石）輸往日本。戰事發生後，日政府雖在臺力生産。但交通困難，肥料不能充分供給，兼之農村勞力不足。一九四〇年以後，逐漸歉收。（一九四〇年一六、八一九．六四五市石，一九四一年一四、一五〇．五二九市石，一九四二年一四、四八六、九四九市石，一九四三年一四、七三〇、八八一市石，一九四四年一四、二九八、四九一市石）。本年度第一期稻因給水不足及空襲頻仍，勞作無管理，均不能充分發揮力量，影響收成甚鉅。第二期稻因第一期遲種，失却農時；加以南部産米區，風災減收，預測本年收成祇八八〇萬市石左右。而本省因戰時消費增加，本年需米一、一六〇萬市石，估計到明年六月底止，當短食米約二八〇萬市石（每噸一三點八八八市石），似無餘量足供出口。尚須另籌救濟。

二、過去大規模製糖工廠，操諸日本財閥，如“臺灣”、“明治”、“大日本”、“鹽水港”四大製糖公司，資本金合計三三五、二〇〇、〇〇〇日圓（一九四三年），一九四四年全省製糖八十五廠，其中分蜜工廠四十五，赤糖工廠四〇。其使用原料，甘蔗一四、六二五、三三五、五七六市斤（七、三一二、六六六噸，二、〇〇〇市斤），製糖一、七八五、二九四、八九〇市斤。年均各年度糖之需給狀況，輸往日本共約百分之八七．〇四，本省消費約百分之六．五五，餘皆輸入我國。本年蔗糖存量，十月底止有四六四、〇〇〇、〇〇〇市斤（二三二、〇〇〇噸），除十一、十二兩月預計消費二四、〇〇〇、〇〇〇市斤外，截至十二月十五日止，約存四四〇、〇〇〇、〇〇〇市斤（二二〇、〇〇〇噸）。經與陳長官洽商，可出口約十萬噸。擬請與硫酸錏交換，由國外逕運基隆（船隻以七八千噸等爲宜），利用回程，載糖出口。惟關係院長，需電臺省，對於臺糖，（明年度須先供給本國，如有餘糖，方可售到美國）等仍請裁奪施行。

臺灣分署署長錢宗起亥（十二月）儉（二十八）印

臺灣行政長官陳儀就臺灣糧食問題復南京善後救濟總署署長蔣廷黻電（民國三十四年十二月二十九日）

電：急南京善後救濟總署蔣署長廷黻兄勛鑒。善密。臺灣素以産米著名。唯近年因肥料供給缺乏，收穫逐年遞減。估計自本年十一月至明年五月需要四十九萬三千餘噸。而本省可能供給者只三十七萬九千餘噸，尚短十一萬四千餘噸。目前尚未缺糧，而轉瞬即感糧荒頗爲嚴重。查今之計首在輸入大批化學肥料，使而失農時，來年收成方有把握，次則在青黄不接時期運濟糧食以資過渡。報載聯總明年一至六月運米七十三萬噸接濟我國，此項糧食如何分配，當在藎籌之中，務祈將臺灣列入分配糧食區内。於明年二三月間接濟五萬噸以維民食，一面並請分配大批化學肥料來臺，籍利農事。實所祈禱。至臺灣糧食産銷數字已由救濟分署另電詳陳。佇盼電復。

弟陳儀亥（十二月）艷（二十九日）親印

善後救濟總署臺灣分署署長錢宗起致上海總署調查處處長向景雲箋函（民國三十四年十二月三十一日）

景雲吾兄勛鑒：亥（十二月）儉（二十八日）大電敬悉。臺灣本爲産米之區，絶對有餘糧可資出口。弟到臺十七天即飛滬轉渝，後時因各機關接收未竣内容調查未詳，故對於糧食前途始終樂觀。十二月七日返臺後，方知此事亦殊嚴重。此間當局爲此問題，幾於寢食俱廢。已另電蔣署長，請於明年二三月間，撥米五萬噸濟臺。弟亦有一長電報告糖米兩項産銷狀况及數字。

以上兩電均拍轉南京。兹將電稿抄塵。

察閲基本救濟方針仍在肥料要多來，要快來。弟前請求一月十日以前運臺。現特期瞬復而消息查照。急救！有肥料，則米與糖之剩餘外，運實不成問題。肥料者，米與糖之母也！至於基本之基本，則希望於善後救濟分署存續期間内，有一套製造硫酸錏之設備在臺灣樹立起來。月前曾告蔣署長、高甚嘉、許惟雲：“爲原來無廠，係完全新造之事業，不能期聯總之必肯供給器材，且先計劃好再説。”弟尚在努力中。東北分署已否成立，署設何處？弟在渝時曾與劉廣沛兄約定，以糖易豆餅。兄看此事能做得，通電請賜。指示感盼實深。手此奉復，敬頌。勛綏不盡。

弟錢宗起上書

十二月卅一日

民國三十五年

善後救濟總署臺灣分署爲被日徵召在海外之新竹苗栗子弟事致臺灣省行政長官公署葛敬恩秘書長、警備總司令部陳參謀長電（民國三十五年一月十四日）

收文：善臺字第261號

事由：電送還被日徵召在海外之新竹苗栗子弟事，請查照由

卅五年元月十四日擬稿

卅五年一月十五日監印

卅五年一月十五日封發

發文：振字第87號

代電：

臺灣省行政長官公署葛秘書長、警備總司令部陳參謀長勛鑒：案據新竹苗栗郡代表湯長城等呈送被日徵召在海外之臺胞子弟名册，請求設法運送返臺等情，查照爲荷。除分電警備司令部陳參謀長、行政長官公署葛秘書長外，相應抄附原名册隨函送。請查照轉陳，並見復爲荷。

附件：各類徵召人員名薄

第二次南方派遣海軍工員名簿

姓名	現在省外詳細處所	被召原因	家族姓名	關係	住址	備註出發年月日
蔡阿發	高雄局氣付海南海軍施設部隊道■■十二班	徵發工員	蔡鐘氏阿玉	夫	苗栗郡通霄莊通霄一九	民國三二年三月二九日
李茂林	高雄局氣付第八海軍軍用郵便所海南海軍建築部小村鐵道派遣所第五五班	徵發工員	李心匏	長男	苗栗郡通霄莊南勢一四八	民國三二年三月二九日
黃榮昆	高雄局氣付第八海軍軍用郵便所經由海南海軍施設部鐵道	徵發工員	黃張氏尾	長男	苗栗郡通霄莊通霄二八五	民國三二年三月二九日
賴阿二	高雄局氣付第八海軍軍用郵便所經由海南海軍施設部鐵道	徵發工員	賴添進	二男	苗栗郡通霄莊通霄二三〇	民國三二年三月二九日
劉阿尾	高雄局氣付第八海軍軍用郵便所經由海南海軍施設部鐵道	徵發工員	劉　枝	五男	苗栗郡通霄莊通霄三〇五	民國三二年三月二九日
康　順	高雄局氣付第八海軍軍用郵便所經由海南海軍施設部鐵道土工五五班機關庫烹炊	徵發工員	康天福	螟蛉子	苗栗郡通霄莊通霄二八五	民國三二年三月二九日
陳楠章	高雄局氣付第八海軍軍用郵便所經由海南海軍施設部鐵道土工五五班	徵發工員	謝　生	四男	苗栗郡通霄莊南和三〇一	民國三二年三月二九日
張榮中	高雄高雄局氣付第八海軍軍用郵便所經由海南海軍施設部道■■■■五五（鐵道）	徵發工員	張阿房	三男	苗栗郡通霄莊土城六四六	民國三二年三月二九日

續表

第三次南方派遣海軍工員名簿

現在省外詳細處所	被召原因	家族姓名	關係	住址	備註出發年月日
高雄局氣付第八海軍軍用郵便所，經由海南海軍施設部道[redacted]五五（鐵道）	徵發工員	古義會	長男	苗栗郡通霄莊通霄二五九	民國三二年三月六日
高雄局氣付第八海軍軍用郵便所，經由海南海軍施設部三區地方第二施設部事務所第一分隊	徵發工員	張紅月	長男	苗栗郡通霄莊通霄二三二	民國三二年三月六日
高雄局氣付第八海軍軍用郵便所，經由海南海軍施設部三區地方第二施設部事務所第一分隊	徵發工員	廖居財	三男	苗栗郡通霄莊楓樹窩六〇八	民國三二年三月六日
高雄局氣付第八海軍軍用郵便所，經由海南海軍施設部鐵道土工一五〇班	徵發工員	黃添福	甥	苗栗郡通霄莊白沙屯五一	民國三二年三月六日
高雄局氣付第八海軍軍用郵便所，經由海南海軍施設部鐵道土工一五〇班	徵發工員	王送來	次男	苗栗郡通霄莊白沙屯三二	民國三二年三月六日
高雄局氣付第八海軍軍用郵便所，經由海南海軍區施設部第三區地方第二施設部事務所第二分隊	徵發工員	羅　四	孫	苗栗郡通霄莊五里牌隘口一〇二	民國三二年三月六日
高雄局氣付第八海軍軍用郵便所，經由海南海軍區施設部第三區地方第二施設部事務所中原分隊	徵發工員	王金壽	甥	苗栗郡通霄莊內湖島五五	民國三二年三月六日
高雄局氣付第八海軍軍用郵便所，經由海南海軍區施設部第三區地方第二施設部事務所鐵道土工五〇班	徵發工員	羅春淵	孫	苗栗郡通霄莊梅樹脚四四五	民國三二年三月六日

續表

第一回南東方面派遣工員名簿

種別	氏名	生年月日	住所及户主	學廠	職業	出發年月日	除隊年月日	備考
工員	吕文産	大正六年八月五日	苗栗郡通霄莊通霄三九吕忠	初修	大工	昭和一八年八月三日		民國三二年八月三日
工員	李　對	明治三九年一〇月二九日	苗栗郡通霄莊通霄一四二林氏玉秀	初修	日稼	昭和一八年八月三日		民國三二年八月三日
工員	劉謝章	明治三七年一一月二一日	苗栗郡通霄莊通霄一六一本人	初修	日稼	昭和一八年八月三日		民國三二年八月三日
工員	鐘　通	大正七年三月二七日	苗栗郡通霄莊南勢二一鐘清河	不就	農	昭和一八年八月三日		民國三二年八月三日
工員	曾金池	大正五年二月八日	苗栗郡通霄莊白沙屯二二九曾老蕃	不就	農	昭和一八年八月三日		民國三二年八月三日
工員	許　竹	大正一四年二月一三日	苗栗郡通霄莊北勢七六四許氏蓬枝	中退	農	昭和一八年八月三日		民國三二年八月三日
工員	劉超良	明治四五年六月一日	苗栗郡通霄莊南和一七六劉永奥	初修	農	昭和一八年八月三日		民國三二年八月三日
計	七　名							

第二回南東方面派遣工員名簿

種別	氏名	生年月日	住所及户主	學廠	職業	出發年月日	除隊年月日	備考
工員	賴合等	大正一四年六月二四日	苗栗郡通霄莊五里牌隘口寮一四賴阿和	中退	日稼	昭和一八年十〇月十五日		民國三三年十月十五日
工員	江　玉	大正一二年二月七日	苗栗郡通霄莊南勢六江桑	中退	農	昭和一八年十〇月十五日		民國三三年十月十五日
工員	李玉進	大正一〇年二月五日	苗栗郡通霄莊土城一〇七六李金貴	中退	農	昭和一八年十〇月十五日		民國三三年十月十五日
工員	阮小生	大正七年二月二〇日	苗栗郡通霄莊楓樹窩四七八阮細感	中退	日稼	昭和一八年十〇月十五日		民國三三年十月十五日
工員	温阿漢	大正五年五月一七日	苗栗郡通霄莊内湖一〇五温乞食	中退	日稼	昭和一八年十〇月十五日		民國三三年十月十五日
工員	温地	大正一三年二月二九日	苗栗郡通霄莊内湖島五七温阿允	中退	日稼	昭和一八年十〇月十五日		民國三三年十月十五日
工員	王　石	大正一二年一月一日	苗栗郡通霄莊新埔二二一王吉	中退	日稼	昭和一八年十〇月十五日		民國三三年十月十五日

續表

南方遣海軍工員名簿

種別	氏名	生年月日	住所及户主	學歷	職業	出發年月日	除隊年月日	備考
左官	郭漢龍	明治四四年一二月二一日	苗栗郡通霄莊通霄一四本人	中退	左官	昭和一八年一〇月三一日		民國三三年十月三十一日
工員	陳金水	明治三九年八月八日	苗栗郡通霄莊通霄三〇五包氏三妹	不就	日稼	昭和一八年一〇月三一日		民國三三年十月三十一日
工員	黄阿溪	明治三九年一〇月九日	苗栗郡通霄莊通霄三〇五本人	初修	日稼	昭和一八年一〇月三一日		民國三三年十月三十一日
工員	林阿瑞	大正八年一一月二三日	苗栗郡通霄莊大坪頂五〇二一林乞食	初修	日稼	昭和一八年一〇月三一日		民國三三年十月三十一日
工員	劉贊謙	大正八年二月一二日	苗栗郡通霄莊烏眉坑一二一劉千	初修	日稼	昭和一八年一〇月三一日		民國三三年十月三十一日
工員	林德仔	大正五年一〇月五日	苗栗郡通霄莊白沙屯七五林萬莊	不就	日稼	昭和一八年一〇月三一日		民國三三年十月三十一日
工員	彭士雲	大正一〇年一二月一一日	苗栗郡通霄莊烏眉坑四三彭茂欲	初中	日稼	昭和一八年一〇月三一日		民國三三年十月三十一日
木工	駱榮順	大正一〇年六月一三日	苗栗郡通霄莊白沙屯一九四駱潤法	不就	大工	昭和一八年一〇月三一日		民國三三年十月三十一日
計	九名							

第九回基隆特設勤勞團員名簿

種別	氏名	出生年月	住所及户主	學歷	職業	出發年月日	歸還年月日	備考
大隊長	吴盛在	大正一二年三月二二日	苗栗郡通霄莊三三吴清記	初修	農	昭和十八年十月二日		民國三三年四月二十七日
分隊長	詹益萬	大正五年五月二五日	苗栗郡通霄莊南勢九九詹德福	初修	農	昭和十八年十月二日		民國三三年四月二十七日
班長	李元錫	大正一二年五月一日	苗栗郡通霄莊南和六四李阿登	初修	農	昭和十八年十月二日		民國三三年四月二十七日
班長	鄭安	大正一二年八月一六日	苗栗郡通霄莊五里牌羊寮七八鄭石允	初修	農	昭和十八年十月二日		民國三三年四月二十七日
團員	陳旺春	大正一二年二月一六日	苗栗郡通霄莊通霄二八陳阿清	初修	日稼	昭和十八年十月二日		民國三三年四月二十七日

續表

種別	氏名	出生年月	住所及户主	學歷	職業	出發年月日	歸還年月日	備考
團員	余泉感	大正一〇年五月二八日	苗栗郡通霄莊通霄三〇五余永福	初修	日稼	昭和十八年十月二日		民國三三年四月二十七日
團員	張慈福	大正一三年一月二六日	苗栗郡通霄莊通霄二四本人	初修	日稼	昭和十八年十月二日		民國三三年四月二十七日
團員	黄係德	大正八年七月二一日	苗栗郡通霄莊北勢一五三黄玉貴	初修	農	昭和十八年十月二日		民國三三年四月二十七日
團員	羅石水	大正一三年二月二日	苗栗郡通霄莊北勢五三羅全	初修	農	昭和十八年十月二日		民國三三年四月二十七日
團員	吴登溪	大正八年五月二四日	苗栗郡通霄莊五里牌隘口寮八七吴遠山	初修	農	昭和十八年十月二日		民國三三年四月二十七日
團員	古倉洋	大正一〇年八月二四日	苗栗郡通霄莊五里牌八〇古番	初修	農	昭和十八年十月二日		民國三三年四月二十七日
團員	盧干義	大正一二年七月一七日	苗栗郡通霄莊梅樹脚三七六盧阿興	初修	農	昭和十八年十月二日		民國三三年四月二十七日
團員	張示榮	大正一九年一二月三〇日	苗栗郡通霄莊梅樹脚一七八張合仲	初修	農	昭和十八年十月二日		民國三三年四月二十七日
團員	駱火英	大正七年六月三〇日	苗栗郡通霄莊新埔一二四駱王	初修	農	昭和十八年十月二日		民國三三年四月二十七日
團員	羅昌成	大正一三年一一月一二日	苗栗郡通霄莊南勢四五羅氏校	初修	農	昭和十八年十月二日		民國三三年四月二十七日
團員	黄河枝	大正六年一月二四日	苗栗郡通霄莊福興七八黄河雲	初修	農	昭和十八年十月二日		民國三三年四月二十七日
團員	邱良海	大正八年三月二五日	苗栗郡通霄莊福興三八邱壽	初修	農	昭和十八年十月二日		民國三三年四月二十七日
團員	陳就章	大正六年九月二四日	苗栗郡通霄莊大坪頂一一陳泉	中退	日稼	昭和十八年十月二日		民國三三年四月二十七日
團員	陳石章	明治四四年九月二二日	苗栗郡通霄莊大坪頂四二三陳玉盛	中退	日稼	昭和十八年十月二日		民國三三年四月二十七日
團員	邱在龍	大正一五年二月四日	苗栗郡通霄莊梅樹脚一七邱河庚	中退	農	昭和十八年十月二日		民國三三年四月二十七日
團員	張河田	大正一一年一二月六日	苗栗郡通霄莊大坪頂一二四張發	中退	農	昭和十八年十月二日		民國三三年四月二十七日
班長	蔡地	大正三年一二月二一日	苗栗郡通霄莊内湖二九四翁過枝	初修	農	昭和十八年十月二日		民國三三年四月二十七日

續表

種別	氏名	出生年月	住所及户主	學厯	職業	出發年月日	歸還年月日	備考
班長	羅登川	大正六年六月一二日	苗栗郡通霄莊内湖八〇羅立奥	初修	農	昭和十八年十月二日		民國三三年四月二十七日
團員	吴瑞發	大正一二年十二月一七日	苗栗郡通霄莊土城三八二吴阿送	初修	農	昭和十八年十月二日		民國三三年四月二十七日
團員	吴阿樹	大正一一年五月一四日	苗栗郡通霄莊土城五八二吴阿元	初修	農	昭和十八年十月二日		民國三三年四月二十七日
團員	謝進炎	大正一二年一一月二〇日	苗栗郡通霄莊土城三六謝錦華	初修	農	昭和十八年十月二日		民國三三年四月二十七日
團員	詹文西	大正九年一一月一六日	苗栗郡通霄莊土城四八九詹施思	初修	農	昭和十八年十月二日		民國三三年四月二十七日
團員	李阿蕃	大正四年二月二四日	苗栗郡通霄莊土城一〇七一李房	初修	農	昭和十八年十月二日		民國三三年四月二十七日
團員	吴阿騰	大正四年二月二四日	苗栗郡通霄莊土城三八二吴阿梅	初修	農	昭和十八年十月二日		民國三三年四月二十七日
團員	張甘穗	大正一一年二月八日	苗栗郡通霄莊土城一〇六王進源	初修	農	昭和十八年十月二日		民國三三年四月二十七日
團員	徐達森	大正一三年二月八日	苗栗郡通霄莊烏楣坑二五四徐登煌	初修	農	昭和十八年十月二日		民國三三年四月二十七日
團員	張慶吉	大正一三年九月二八日	苗栗郡通霄莊烏楣坑二〇二張全田	初修	農	昭和十八年十月二日		民國三三年四月二十七日
團員	張佳貞	大正九年一月一日	苗栗郡通霄莊烏楣坑四五二張河北	初修	農	昭和十八年十月二日		民國三三年四月二十七日
團員	羅阿妹	大正一二年一月八日	苗栗郡通霄莊烏楣坑一二二九羅河義	初修	農	昭和十八年十月二日		民國三三年四月二十七日
團員	徐永騰	大正一三年五月二日	苗栗郡通霄莊烏楣坑四九八徐盛	初修	農	昭和十八年十月二日		民國三三年四月二十七日
團員	徐永發	大正一〇年七月一〇日	苗栗郡通霄莊烏楣坑一〇三徐連興	初修	農	昭和十八年十月二日		民國三三年四月二十七日
團員	邱添財	大正二年二月二日	苗栗郡通霄莊烏楣坑五九九劉前業	初修	農	昭和十八年十月二日		民國三三年四月二十七日
團員	馬連樟	大正六年八月一一日	苗栗郡通霄莊楓樹窩六八八馬細根	初修	農	昭和十八年十月二日		民國三三年四月二十七日
團員	邱坤興	大正一二年一〇月一日	苗栗郡通霄莊北勢窩一二八四邱干發	初修	農	昭和十八年十月二日		民國三三年四月二十七日
團員	邱僉典	大正一三年三月一日	苗栗郡通霄莊二八二邱京秀	初修	農	昭和十八年十月二日		民國三三年四月二十七日
分隊長	徐運輝	大正一〇年六月二四日	苗栗郡通霄莊楓樹窩八徐安生	初修	農	昭和十八年十月二日		民國三三年四月二十七日
班長	范永件	大正九年七月一九日	苗栗郡通霄莊通霄二一二本人	初修	日稼	昭和十八年十月二日		民國三三年四月二十七日

續表

種別	氏名	出生年月	住所及户主	學廠	職業	出發年月日	歸還年月日	備考
團員	吕元昌	大正七年八月二六日	苗栗郡通霄莊北勢窩六四二吕阿亮	初修	農	昭和十八年十月二日		民國三三年四月二十七日
團員	馬廷合	大正九年一月二四日	苗栗郡通霄莊北勢窩六九馬阿昌	初修	農	昭和十八年十月二日		民國三三年四月二十七日
團員	陳清秀	大正九年六月七日	苗栗郡通霄莊白沙屯六三陳虎俊	初修	日稼	昭和十八年十月二日		民國三三年四月二十七日
團員	駱春漢	大正七年九月一〇日	苗栗郡通霄莊白沙屯四四陳氏玉娘	初修	日稼	昭和十八年十月二日		民國三三年四月二十七日
團員	陳念人	大正一三年八月二二日	苗栗郡通霄莊白沙屯九四陳四仔	初修	日稼	昭和十八年十月二日		民國三三年四月二十七日
團員	陳玉秋	大正一二年七月二日	苗栗郡通霄莊白沙屯一二六陳温能	初修	日稼	昭和十八年十月二日		民國三三年四月二十七日
團員	林石監	大正一三年一〇月二七日	苗栗郡通霄莊白沙屯六五一孫潤喜	初修	農	昭和十八年十月二日		民國三三年四月二十七日
團員	陳清波	大正一三年一〇月二七日	苗栗郡通霄莊白沙屯六五一孫潤喜	初修	農	昭和十八年十月二日		民國三三年四月二十七日
團員	王清	大正四年一〇月〇八日	苗栗郡通霄莊新埔一〇六王添福	初修	農	昭和十八年十月二日		民國三三年四月二十七日
團員	陳協川	大正一二年四月一日	苗栗郡通霄莊新埔一九陳田琳	初修	農	昭和十八年十月二日		民國三三年四月二十七日
團員	卓聰發	大正一四年一一月四日	苗栗郡通霄莊新埔二、六九卓盛	初修	運送業	昭和十八年十月二日		民國三三年四月二十七日
團員	吴明業	大正五年一二月二日	銅鑼莊老鷄隆段吴楊華	初修	日稼	昭和十八年十月二日		民國三三年四月二十七日
團員	陳臺	大正一四年二月四日	苗栗郡通霄莊南和二五四陳進添	初修	農	昭和十八年十月二日		民國三三年四月二十七日
團員	劉闢基	大正三年七月五日	苗栗郡通霄莊通霄灣四八七劉養	初修	農	昭和十八年十月二日		民國三三年四月二十七日
團員	琪火川	大正一一年一月二日	苗栗郡通霄莊内湖島五四琪山	初修	農	昭和十八年十月二日		民國三三年四月二十七日
團員	謝錦和	大正九年六月二日	苗栗郡通霄莊梅樹脚四一謝永發	初修	農	昭和十八年十月二日		民國三三年四月二十七日
團員	周來福	大正九年四月六日	苗栗郡通霄莊圳頭三五二周添旺	初修	農	昭和十八年十月二日		民國三三年四月二十七日
團員	吴及生	昭和四四年三月五日	苗栗郡通霄莊南勢一五四吴源	初修	農	昭和十八年十月二日		民國三三年四月二十七日
計	六一名							

續表

第九回南東方面海軍工事要員名簿

種别	氏名	生年月日	住所及户主	學廠	職業	出發年月日	歸還年月日	備考
要員	邱永詳	大正一三年一月二四日	苗栗郡通霄莊大坪頂五二八邱賢	不就	農業	昭和十九年三月二十四日		民國三三年三月二四日
要員	李朝財	大正一二年九月二八日	苗栗郡通霄莊内湖四三三李松進	不就	農業	昭和十九年三月二十四日		民國三三年三月二四日
要員	李桂枝	大正一〇年八月二五日	苗栗郡通霄莊内湖四二一	不就	農業	昭和十九年三月二十四日		民國三三年三月二四日
要員	洪雲	大正一一年三月二三日	苗栗郡通霄莊内湖島吴八洪矜	不就	農業	昭和十九年三月二十四日		民國三三年三月二四日
要員	張樹枝	明治四四年六月一日	苗栗郡通霄莊通霄灣四四八張黄氏秋欽	初中退	日稼	昭和十九年三月二十四日		民國三三年三月二四日
要員	張川流	大正九年四月五日	苗栗郡通霄莊圳頭五四鄭水	不就	煙作	昭和十九年三月二十四日		民國三三年三月二四日
計	六名							

第六回南東方面海軍工事要員命薄

種别	氏名	生年月日	住所及户主	學廠	職業	出發年月日	備考
南東方面海軍工員	古石連	大正一二年一二月三日	苗栗郡通霄莊圳頭六九四古忠	不就	日稼	昭和十九年一月二十六日	民國三三年一月二十六日
南東方面海軍工員	劉欄琳	大正五年一一月二三日	苗栗郡通霄莊土城三〇八劉阿平	初中退	日稼	昭和十九年一月二十六日	民國三三年一月二十六日
南東方面海軍工員	陳貴青	大正一一年一〇月一八日	苗栗郡通霄莊土城一二四三陳田盛	不就	農業	昭和十九年一月二十六日	民國三三年一月二十六日

續表

種別	氏名	生年月日	住所及户主	學廠	職業	出發年月日	備考
南東方面海軍工員	劉運煌	大正四年四月二日	苗栗郡通霄莊福興二八七劉阿石	不就	農業	昭和十九年一月二十六日	民國三三年一月二十六日
南東方面海軍工員	林盛煌	大正六年一月一日	苗栗郡通霄莊五里牌隘口寮一四林阿傳	不就	農業	昭和十九年一月二十六日	民國三三年一月二十六日
南東方面海軍工員	羅坤全	大正元年八月三〇日	苗栗郡通霄莊五里牌隘口寮一三五羅阿錫	不就	農業	昭和十九年一月二十六日	民國三三年一月二十六日
南東方面海軍工員	李戴發	大正一一年六月十九日	苗栗郡通霄莊内湖六五六李蝦福	初中退	農業	昭和十九年一月二十六日	民國三三年一月二十六日
南東方面海軍工員	孫廷豐	大正一二年二月十七日	苗栗郡通霄莊内湖四二一孫廷讓	初中退	日稼	昭和十九年一月二十六日	民國三三年一月二十六日
南東方面海軍工員	陳金龍	大正一〇年四月二二日	苗栗郡通霄莊新浦二一六陳送得	不就	日稼	昭和十九年一月二十六日	民國三三年一月二十六日
南東方面海軍工員	胡阿進	大正一二年九月二八日	苗栗郡通霄莊通霄胡阿明	初中退	日稼	昭和十九年一月二十六日	民國三三年一月二十六日
計	一〇名						

第二十五回（新竹州第五回）臺灣特設勤勞團員名簿（苗栗郡第三回）

種別	氏名	生年月日	住所及户主	學廠	職業	出發年月日	歸還年月日	備考
小隊長	孫廷光	大正二年四月二五日	苗栗郡通霄莊梅樹脚八一孫廷開	初修	農業	昭和十九年二月二〇日		民國三三年三月二四日
分隊長	徐新發	大正一二年一二月一日	苗栗郡通霄莊通霄二九六徐丙路	初修	漁業	昭和十九年二月二〇日		民國三三年三月二四日

續表

種別	氏名	生年月日	住所及户主	學歷	職業	出發年月日	歸還年月日	備考
分隊長	徐新發	大正一二年一二月一日	苗栗郡通霄莊通霄二二徐丙金	初修	漁業	昭和十九年二月二〇日		民國三三年三月二四日
分隊長	余阿路	大正一五年五月二九日	苗栗郡通霄莊通霄二九六余阿路	初修	漁業	昭和十九年二月二〇日		民國三三年三月二四日
班長	徐世孝	大正一五年六月二二日	苗栗郡通霄莊通霄三〇五徐海	初修	日稼	昭和十九年二月二〇日		民國三三年三月二四日
班長	朱川錦	大正一三年九月二四日	苗栗郡通霄莊烏眉坑二一五朱川梅	初修	冶金	昭和十九年二月二〇日		民國三三年三月二四日
班長	陳清山	大正一五年一月二八日	苗栗郡通霄莊通霄二五〇陳圳	初修	日稼	昭和十九年二月二〇日		民國三三年三月二四日
團員	鄭金田	昭和二年二月二九日	苗栗郡通霄莊通霄二九六蔡來發	初修	家事	昭和十九年二月二〇日		民國三三年三月二四日
團員	胡益禮	大正九年四月二四日	苗栗郡通霄莊通霄灣六四六胡萬成	不就	農業	昭和十九年二月二〇日		民國三三年三月二四日
團員	羅新火	大正八年一二月六日	苗栗郡通霄莊土城五一一羅昌	不就	農業	昭和十九年二月二〇日		民國三三年三月二四日
團員	羅春方	大正一〇年一二月三一日	苗栗郡通霄莊烏楣坑四〇七羅錦	不就	日稼	昭和十九年二月二〇日		民國三三年三月二四日
團員	黄添香	大正一三年三月一五日	苗栗郡通霄莊土城一三三九黄生	不就	農業	昭和十九年二月二〇日		民國三三年三月二四日
團員	蔡獻瑞	大正一二年一月八日	苗栗郡通霄莊五里牌隘口寮蔡允	初中退	農業	昭和十九年二月二〇日		民國三三年三月二四日
團員	李阿福	大正九年二月四日	苗栗郡通霄莊福興三李發	不就	制衣業	昭和十九年二月二〇日		民國三三年三月二四日
團員	吴火傳	大正一〇年七月一二日	苗栗郡通霄莊土城三五八吴石武	不就	農業	昭和十九年二月二〇日		民國三三年三月二四日
團員	徐新春	大正八年五月一七日	苗栗郡通霄莊福興徐傳	不就	日稼	昭和十九年二月二〇日		民國三三年三月二四日
團員	邱阿貴	大正八年一〇月三一日	苗栗郡通霄莊南和二六邱福	不就	農業	昭和十九年二月二〇日		民國三三年三月二四日
團員	林貴恩	大正一〇年一一月一七日	苗栗郡通霄莊南和二六林添闌	初中退	細工	昭和十九年二月二〇日		民國三三年三月二四日
團員	陳傳龍	大正一一年一一月二七日	苗栗郡通霄莊福興一五七陳傳祥	不就	農業	昭和十九年二月二〇日		民國三三年三月二四日
團員	邱國華	大正五年一一月四日	苗栗郡通霄莊福興一八五邱國昌	不就	農業	昭和十九年二月二〇日		民國三三年三月二四日
團員	蔡清隆	大正六年二月九日	苗栗郡通霄莊大坪頂一〇八蔡水元	不就	農業	昭和十九年二月二〇日		民國三三年三月二四日

續表

種別	氏名	生年月日	住所及户主	學廠	職業	出發年月日	歸還年月日	備考
團員	古立得	大正一一年一二月八日	苗栗郡通霄莊内湖一三邱長江	不就	農業	昭和十九年二月二〇日		民國三三年三月二四日
團員	曾阿匐	明治四四年六月二二日	苗栗郡通霄莊内湖一三曾石	不就	農業	昭和十九年二月二〇日		民國三三年三月二四日
團員	黎廷桶	大正一一年一〇月七日	苗栗郡通霄莊通霄灣三二黎雲湯	不就	農業	昭和十九年二月二〇日		民國三三年三月二四日
團員	顔阿聰	大正九一二、一一	苗栗郡通霄莊北勢七〇一顔阿立	不就	日稼	昭和十九年二月二〇日		民國三三年三月二四日
團員	黄榮坤	大正一五五、三一	苗栗郡通霄莊北勢一七五黄榮坤	不就	農業	昭和十九年二月二〇日		民國三三年三月二四日
團員	邱阿欽	大正八年五月八日	苗栗郡通霄莊烏楣坑四二八邱阿祝	不就	農業	昭和十九年二月二〇日		民國三三年三月二四日
團員	阮金連	大正一二年一月二一日	苗栗郡通霄莊北勢八三阮添華	初修	農業	昭和十九年二月二〇日		民國三三年三月二四日
團員	温阿明	明治四三年一一月三日	苗栗郡通霄莊北勢二三〇温富	初中退	農業	昭和十九年二月二〇日		民國三三年三月二四日
團員	黄正德	明治四三年一月五日	苗栗郡通霄莊北勢一五五黄貴義	初修	農業	昭和十九年二月二〇日		民國三三年三月二四日
團員	吴全連	大正一〇年一月二八日	苗栗郡通霄莊通霄二一七吴德	初修	日稼	昭和十九年二月二〇日		民國三三年三月二四日
團員	羅旗龍	大正一二年一〇月二日	苗栗郡通霄莊圳頭七三羅昂	初修	農業	昭和十九年二月二〇日		民國三三年三月二四日
計	三十二名							

第四回南東方面海軍工事要員名簿

種別	氏名	生年月日	住所及户主	學廠	職業	出發年月日	歸還年月日	備考
南東方面海軍要員	張永發	大正七年五月一九日	苗栗郡通莊梅樹脚一四張順	不就	漁業	昭和十九年一月五日		民國三三年一月三日
南東方面海軍要員	張永合	大正一二年五月二五日	苗栗郡通莊梅樹脚一四張文	不就	漁業	昭和十九年一月五日		民國三三年一月三日
南東方面海軍要員	黄頭	大正一二年一月一〇日	苗栗郡通莊南勢一二二黄良	不就	日稼	昭和十九年一月五日		民國三三年一月三日
南東方面海軍要員	徐阿才	大正六年七月二〇日	苗栗郡通莊土城三六徐阿田	不就	日稼	昭和十九年一月五日		民國三三年一月三日
南東方面海軍要員	李元讓	大正七年五月二二日	苗栗郡通莊土城九五李阿油	不就	農業	昭和十九年一月五日		民國三三年一月三日

續表

種別	氏名	生年月日	住所及户主	學廠	職業	出發年月日	歸還年月日	備考
南東方面海軍要員	田阿泉	明治四二年四月二〇日	苗栗郡通莊大坪頂一三田阿金	初中退	農業	昭和十九年一月五日		民國三三年一月三日
南東方面海軍要員	黎維士巠	大正一二年九月三〇日	苗栗郡通莊北勢二二七黎阿金	初中退	農業	昭和十九年一月五日		民國三三年一月三日
南東方面海軍要員	黄生傳	大正八年四月二〇日	苗栗郡通莊白沙屯六四黄通仔	不就	農業	昭和十九年一月五日		民國三三年一月三日
計	八名							

第三回南東方面海軍工事要員名簿

種別	氏名	生年月日	住所及户主	學廠	職業	出發年月日	歸還年月日	備考
南東方面海軍公員	黄陳初	大正四年一〇月二九日	苗栗郡通霄莊土城九〇八黄陳砲	不就	農業	昭和十九年十二月二十一日		民國三三年一二月二十一日
計	一名							

第二回南東方面派遣工員名簿

姓名	現在省外詳細處所	被召原因	家族姓名	關係	住址	備註
賴合等	横須賀局氣付ゥ三〇四七ゥ	徵發工員	賴阿和	孫	苗栗郡通霄莊五里牌隘口寮一四	民國三二年十月十五日
江玉	横須賀局氣付ゥ三〇四七ゥ	徵發工員	江桑	孫	苗栗郡通霄莊南勢六	民國三二年十月十五日
李玉進	横須賀郵便局氣付ぜ二三ぜ六四ぜ	徵發工員	李發	孫	苗栗郡通霄莊福興三	民國三二年十月十五日
阮燦生	横須賀郵便局氣付ぜ二三ぜ一五ぜ二六	徵發工員	阮細感	弟	苗栗郡通霄莊楓樹窩四七八	民國三二年十月十五日
温阿漢	横須賀郵便局氣付五二三ぜ六四	徵發工員	温乞食	二男	苗栗郡通霄莊内湖一〇五	民國三二年十月十五日
温地	横須賀郵便局氣付ぜ二三ぜ三一ぜ二六	徵發工員	温阿九	五男	苗栗郡通霄莊内湖島五七	民國三二年十月十五日
王石	横須賀郵便局氣付ぜ二三ぜ一三一ぜ二六	徵發工員	王吉	二男	苗栗郡通霄莊新埔五四一	民國三二年十月十五日

續表

第一回南東方面派遣工員名簿

姓名	現在省外詳細處所	被召原因	家族姓名	關係	住址	備註
吕文省	横須賀郵便局氣付ゥ二五ゥ二五	徵發工員	吕氏文發	弟	苗栗郡通霄莊通霄	民國三二年十月三日
李對	横須賀郵便局氣付ゥ二五ゥ二五	徵發工員	祝氏玉發	父	苗栗郡通霄莊通霄一四五	民國三二年十月三日
劉謝章	横須賀郵便局氣ゥ一〇五ゥ四五	徵發工員	謝氏福滿	父	苗栗郡通霄莊通霄九六一	民國三二年十月三日
鐘通	横須賀郵便局氣ゥ一〇五ゥ四五	徵發工員	鐘清河	弟	苗栗郡通霄莊南勢二一	民國三二年十月三日
曾金池	横須賀郵便局氣ゥ一〇五ゥ四五	徵發工員	曾老蕃	弟	苗栗郡通霄莊白沙屯二二九	民國三二年十月三日
許竹	横須賀郵便局氣ゥ一〇五ゥ四五	徵發工員	許茂霖	三弟	苗栗郡通霄莊北勢窩四六九	民國三二年八月五日
劉超良	横須賀郵便局氣ゥ一〇五ゥ四五	徵發工員	劉永奥	五弟	苗栗郡通霄莊南和一七六	民國三二年八月五日

第九回南東方面海軍工事要員名簿

姓名	現在省外詳細處所	被召原因	家族姓名	關係	住址	備註
張川流	吴局氣付貳壹廣叁壹參壹田村部隊 第四中隊第二小隊第十三班	要員	鄭水	二男	苗栗郡通霄莊圳頭五四〇	民國三二年三月二十四日
邱木祥	吴局氣付廣貳壹廣叁壹田村隊	要員	邱賢	長男	苗栗郡通霄莊大坪頂五二八	民國三二年三月二十四日
洪雲	吴局氣付貳壹廣叁壹參壹田村部隊第四中隊	要員	洪衿	三男	苗栗郡通霄莊内湖島五七	民國三二年三月二十四日
李朝賦	吴局氣付貳壹廣叁壹參壹田村部隊第四中隊第二小隊	要員	李松進	三男	苗栗郡通霄莊内湖四三三	民國三二年三月二十四日
張樹枝	吴局氣付廣貳壹廣叁壹四田村隊四中二班	要員	張黄氏秋欽	三男	苗栗郡通霄莊通霄灣四四九	民國三二年三月二十四日

第六回南東方面海軍工事要員名簿

姓名	現在省外詳細處所	被召原因	家族姓名	關係	住址	備註
古石連	吴郵便局氣付廣貳貳廣壹五（25）	海軍工員	古忠	長男	苗栗郡通霄莊圳頭六九四	民國三三年一月二十六日

續表

姓名	現在省外詳細處所	被召原因	家族姓名	關係	住址	備註
陳貴青	吴郵便局氣付廣貳貳廣壹五（25）	海軍工員	陳田盛	二男	苗栗郡通霄莊土城一二四三	民國三三年一月二十六日
陳金龍	吴郵便局氣付廣貳壹廣壹五	海軍工員	陳遂得	三男	苗栗郡通霄莊新埔二一六	民國三三年一月二十六日
孫廷豐	吴郵便局氣付廣貳壹廣壹五	海軍工員	林阿成	二男	苗栗郡通霄莊北勢窩四三九	民國三三年一月二十六日
胡阿進	吴郵便局氣付廣貳壹廣壹五	海軍工員	胡緒毋	二男	苗栗郡通霄莊通霄一一	民國三三年一月二十六日
李載發	吴郵便局氣付廣貳壹廣壹五	海軍工員	李蝦福	三男	苗栗郡通霄莊内湖六五	民國三三年一月二十六日
羅坤全	吴郵便局氣付廣貳壹廣壹伍	海軍工員	羅阿錫	二男	苗栗郡通霄莊隘口寮一三五	民國三三年一月二十六日
林爲德	吴郵便局氣付廣貳貳壹廣壹五	海軍工員	林阿傳	三男	苗栗郡通霄莊隘口寮一四八	民國三三年一月二十六日
劉運煌	吴郵便局氣付廣貳壹廣壹五	海軍工員	劉阿石	二男	苗栗郡通霄莊福興二八七	民國三三年一月二十六日
劉松林	吴郵便局氣付廣貳壹廣壹五	海軍工員	劉阿平	三男	苗栗郡通霄莊土城三〇八	民國三三年一月二十六日

第四南遣船隊施設部之於臺灣徵用第二次

姓名	現在省外詳細處所	被召原因	家族姓名	關係	住址	備註出發
謝壬火	吴局氣付二一三一田村部隊第壹隊二班	海軍工員	謝寶珠	夫	苗栗郡通霄莊烏楣坑四五二	民國三三年八月十四日
邱阿發	吴局氣付二一三一田村部隊第壹隊二班	海軍工員	邱禄	次男	苗栗郡通霄莊福興三八	民國三三年八月十四日
邱雲基	吴局氣付二一三一田村部隊第壹隊二班	海軍工員	邱進末	次男	苗栗郡通霄莊福興三八	民國三三年八月十四日
吴阿建	吴局氣付二一三一田村部隊第壹隊二班	海軍工員	吴阿古	長	苗栗郡通霄莊土城三五八	民國三三年八月十四日
張木霖	吴局氣付二一三一田村部隊第壹隊二班	海軍工員	張合養	次	苗栗郡通霄莊梅樹脚一七八	民國三三年八月十四日
許茂霖	吴局氣付二一三一田村部隊第壹隊二班	海軍工員	許阿萬	三男	苗栗郡通霄莊北勢六九	民國三三年八月十四日
計	六名					

續表

第六次海軍航空廠新規徵用名簿

姓名	現在省外詳細處所	被召原因	家族姓名	關係	住址	備註
陳元本	臺北局氣付六二部隊	海軍工員	陳金章	次男	苗栗郡通霄莊福興二七二	民國三三年十月三十一日
賴阿旺	臺北局氣付六二部隊	海軍工員	賴阿尾	長男	苗栗郡通霄莊福興二七二	民國三三年十月三十一日
邱干賓	臺北局氣付六二部隊	海軍工員	邱德定	五男	苗栗郡通霄莊福興三一	民國三三年十月三十一日
李茂榮	臺北局氣付六二部隊	海軍工員	李心匏	次男	苗栗郡通霄莊南勢一四八	民國三三年十月三十一日
計	四名					

第四回南東方面海軍工事要員名簿

姓名	現在省外詳細處所	被召原因	家族姓名	關係	住址	備註
張木發	吴局郵便局氣付廣貳壹廣叁壹部隊田中第九班	徵用工員	張奥發	兄	苗栗郡通霄莊梅樹脚一三四	民國三三年一月三日
張永合	吴局郵便所氣付廣貳壹廣叁壹部隊田中第九班	徵發工員	張瑞清	長男	苗栗郡通霄莊梅樹脚一三四	民國三三年一月三日
黄頭	吴局郵便所氣付廣貳壹廣叁壹部隊田中第九班	徵發工員	黄良	長男	苗栗郡通霄莊南勢一二二	民國三三年一月三日
徐阿才	吴局郵便所氣付廣貳壹廣叁壹部隊田中第九班	徵發工員	徐阿田	次男	苗栗郡通霄莊土城三六	民國三三年一月三日
李阿謙	吴局郵便所氣付廣貳壹廣叁壹部隊田中第九班	徵發工員	李阿囚	長男	苗栗郡通霄莊内湖二一	民國三三年一月三日
田阿泉	臺北局郵便局氣付廣四廣叁壹廣叁零（三〇五）	徵發工員	田阿惡	次男	苗栗郡通霄莊大坪頂一	民國三三年一月三日
寮維垣	呈局氣付廣貳壹廣壹叁山田隊	徵發工員	寮阿金	次男	苗栗郡通霄莊北勢二二七	民國三三年一月三日
黄生傳	呈局氣付廣貳壹廣壹叁山田隊	徵發工員	黄通	次男	苗栗郡通霄莊白沙屯六四七	民國三三年一月三日
計	八名					

續表

第六回臺灣特設勞務奉公團員名簿

種別	氏名	生年月日	住所及户主	學廠	職業	出發年月日	除隊年月日	備考出發
團員	邱新財	二月四日	苗栗郡通霄莊南和一〇六賴春	不就	農業	昭和十七年十月二十三日		民國三一年十月二十三日
團員	邱干寬	二月一日	苗栗郡通霄莊福興邱干甲	不就	農業	昭和十七年十月二十三日		民國三一年十月二十三日
團員	邱雲童	二月六日	苗栗郡通霄莊福興三〇二邱阿再	不就	農業	昭和十七年十月二十三日		民國三一年十月二十三日
團員	陳森章	二月七日	苗栗郡通霄莊南和一八八陳連秀	不就	農業	昭和十七年十月二十三日		民國三一年十月二十三日
團員	涂金傳	二月六日	苗栗郡通霄莊南和三三〇涂滿海	不就	農業	昭和十七年十月二十三日		民國三一年十月二十三日
團員	吴逢登	二月八日	苗栗郡通霄莊通霄一四〇吴逢生	不就	農業	昭和十七年十月二十三日		民國三一年十月二十三日
團員	何金財	二月〇■	苗栗郡通霄莊通霄二八五何阿火	不就	農業	昭和十七年十月二十三日		民國三一年十月二十三日
團員	李戊火	二月〇■	苗栗郡通霄莊番社七三李栗	不就	農業	昭和十七年十月二十三日		民國三一年十月二十三日
團員	邱金芳	二月一日	苗栗郡通霄莊通霄二八五邱清河	不就	農業	昭和十七年十月二十三日		民國三一年十月二十三日

臺北洲基隆郡黃玉官爲請求撫卹由致臺灣分署呈（民國三十五年一月十八日）

收文總號：0300

事由：呈爲被陷間諜，負屈囚牢，請求撫卹救濟由

竊黃玉官原籍福建省閩侯縣義嶼鄉人，於民國二十年僑居臺灣臺北洲基隆郡瑞芳街焿子寮一百六十番地，開張洋服綉補業爲生。素受日寇壓迫，罄竹難書。當時窺思回國，適逢中日戰争，交通阻斷無法脱身，衹求安分守己，忍辱消禍。詎料於昭和十五年五月廿七日，無故被日本高課污以嫌疑罪犯，囚禁二年有餘，至昭和十七年始開釋出獄，未及二載（在昭和十九年六月上旬）突然又被日本憲兵隊（小西）拘押架陷間諜，外患陰謀罪名，施用種種非刑拷打勒招無供，慘遭痛苦不堪言狀，唯坐而待斃。而已復念兩度冤屈期成，家散人亡，承蒙衆友極力照護，家庭妻女始尋生存。幸抗戰勝利，臺灣歸返祖國，殘軀淂獲保全，於民國三十四年古曆八月十三日，由諸友嚮日方具保脱險囹圄，現傷體未痊，不能工作，一家數口，謀生艱難，不已瀝情懇請鈞長察核准予救濟，實感公德兩便。

謹呈。

具呈人：黃玉官

擬辦：復案關個人請求救濟應候統籌辦理，原附件發還。

（簽名）錢宗起（一月十八日）

（簽名）高翰（一月十八日）

（簽名）饒餘威（一月十八日）

（簽名）陳文相

臺北市下奎府町吴迺洋爲我國抗戰僑居臺灣懇請救濟由致善後救濟總署臺灣分署呈（民國三十五年一月十八日）

收文總號：0299

事由：爲我國抗戰僑居臺灣堅守民族氣節，被日讎視，致拘擄、毒刑在獄，商業工廠停頓，家屋被折廢，經濟破産，懇請救濟而重衆望由。

竊洋僑居臺北三十多年，（原籍福建晋江）堅守民族氣節不愿入日籍，並歷任中華總會館執行委員。緣於我國（七七）抗戰開始，全國上下一致引而衛國。在臺有志愛國的僑胞，雖受環境壓制，但精神抗日未滅，致起暴。日當局認爲臺灣中華會館純爲抗日團體，每用威壓利誘勸道於附逆劣舉，均被洋拒絶不理，遂禍媒於民國二十八年三月三十日，忽被日人前臺北州外事課部長相部桂氏、安武氏、大江氏、北署外人係高島氏即臺警葉乞蘇永福連文通等，如狼似虎，將工廠大舉搜查，店中物品打毁損失數萬元，並將洋捆縛毒刑晝夜毒打，遍體肉裂痛苦難當，並囚禁徒刑。旋再民國三十五年五月三十日送交臺南檢察。八月卅日予審。係民國三十二年九月十五日，臺南地方法院判定抗日罪狀十三年。其時家産罄盡，敦請律士起訴辯護効，遂被在臺南刑務所。至民國三十二年十二月十三日因被毒打傷重，舊疾復發，命在旦夕，嗣由臺南刑務所通知家屬請求領出，在臺南病院醫治二個月，未愈，後再轉移在臺北赤十字社病院治療。始末療一年二個月，罄家蕩産，幸得復活。今慶幸我國抗戰勝利，我國抗戰勝利！臺光復沈冤可伸爰。特瀝情懇請鈞長，愛護愛國同胞，秉盡救濟婆心以蘇民困而重衆望。實感德便。

謹呈臺灣省救濟署署長錢宗起

臺北市下奎府町書丁目三六番地

呈具人：吴迺洋謹呈

民國三十五年元月十二日

擬辦：存

（簽名）陳文相。一月一九日

批示：（簽名）錢宗起（一月十八日）

（簽名）饒餘威（一月十八日）

（簽名）高翰（一月十八日）

臺灣分署復黄玉官請求撫卹由致黄玉官箋函（民國三十五年一月二十二日）

收文：善臺字300號，善臺署振字第106號

送達機關或姓名：基隆瑞芳街煉子寮160號黄玉官

發文：組振字第2號

箋函：

奉署長交下三十五年元月不到日呈收悉，應候統籌辦理，另行通知，原附件送還。即希查收。

此致黄玉官君。

卅五年元月廿二日擬稿。

卅五年元月廿二日繕寫。

卅五年元月廿二日封發。

臺灣行政長官公署民政處查復鄭勛報告其兄鄭宜學遭遇戰災實情由代電（民國三十五年一月二十九日）

善臺收字第0380號

來文通訊地點：臺北新起町二丁三一番

摘由：查復鄭勛報告其兄鄭宜學遭遇戰災實情

民二子弟559號：善後救濟總署臺灣分署振字第16號代電敬悉。當即代電臺北市政府查復憑轉函後，兹據該府民社（35）字第三號函復略開：鄭宜學遭遇戰灾實情，經派員查勘與其弟鄭勛所報尚稱符合等由。附調查報告書一份，准此相應檢同原報告書，隨電復請查照辦理，爲荷。

民政處子（）民二，附送鄭宜學戰災罹災情形調查報告書乙份。

附件：

鄭宜學戰灾罹災情形調查報告書（1946年1月29日）

姓名	鄭宜學；光緒三十一年九月十八日生
籍貫	中華民國福建省福州府祥中亭鄉
住址	臺北市新起町三十一番地
職業	銅工
被炸年月日	民國卅四年五月卅一日下午半點
危害直接原因	至近彈之爆風
損失狀況	家屋全潰（借家）家財全部損失
罹灾時之家屬	妻：鄭寶玉；光緒三十一年一月七日生；無職
	長男：鄭經觀；民國十四年十一月十二日生；銅工
	次男：鄭經昭；民國十六年十月六日生；銅工
	次女：鄭經鳳；民國廿七年一月二日生

擬辦：（一）專册登記後存。

（二）該鄭勛已於一月廿九來署，接洽所者有該家屬中有工作能力之人，經定由署介臺北市府，參加修復公園工程。

批示：（簽名）錢宗起（一月廿九日）

（簽名）高翰（一月廿九日）

（簽名）饒餘威（一月廿九日）

（簽名）陳文相（一月卅日）

臺中縣大屯郡紀煙墩爲光復後臺灣糧食問題由致善後救濟總署臺灣分署箋函（民國三十五年二月一日）

來文機關或姓名：臺中大屯郡紀煙墩。

文別：印刷品。

收文總號：善臺收字第0419。

來文問通訊地點：臺中縣大屯郡北屯鄉北屯村。

摘由：爲光復後臺灣糧食問題由。

擬辦：存。

光復後臺灣糧食問題就是新政府之政治的試金石。

古人説“國以民爲本，民以食爲天”。現在糧食問題就是三民主義之民生主義的第一個問題。“民生主義就便没有方法來解决喫飯問題，就致使饑荒來，窮苦擾壞騷亂”爲社會不得保持秩序。古今之政治家都有標目政策。其之第一件事就前説的民以食爲天之政策，爲民之福利的計劃之第一件項目，就喫飯問題爲先政策。所以爲政者之腦裏好不好，就是民生之重大死活問題啦！

古代之政治家對民之戰時與戰後就有辦法用糧食問題來解决米荒之痛苦。如春秋戰國時代，魏之李悝所提倡糴糶法，就是穀價漲貴者，一般人民是痛苦，穀價賤低，就農民痛苦。所以政府立在中間來爲買賣。以爲穀價保持平均來使民農各其得安穩生計之方法。當時候國家對農穀買收的事，就大豐歲，就是大凡生産額之四分之三，中豐歲就四分之二，小豐歲就是四分之一購買之事。而政府賣却之時候就要用大凶歲，是用大豐歲買收之同額，中凶歲是用中豐歲之同額，小凶歲就用小豐歲之同額來充實。然而對農民買收方法就用時價一點兒高價買收。賣却之時候，就用時價較低賤之價錢來賣給平民，所以農民得安當價錢來賣，民得賤價錢來購買，爲共總得其安穩生計。所以古代有常平倉，大概其方法就是襲用前説的方法來建設的。其之始設就是前漢宣帝之五鳳四年的時候，耿壽昌提倡邊郡都鎮來計置穀倉。其名詞就説，常平倉來出納這米穀，其方法皆用李悝之糴糶法之事。《漢書·宣帝紀》等就明白啦！其以後，歷代皆模仿設常平倉堂管倉務。

官吏時時都有貪私利，糧出納的時候都有不公平之舉動。所有患害，漢以後唐宋元明都有興察。至清朝之時代，至順治以來也有模仿明朝時代，而登用常平倉設置州縣一定量儲積穀額。其中有北倉與義倉、豫備倉。一旦平糶，若是有缺額元本的時候，待秋期之收穫的時候，對農民買購補充。也有對近鄰州縣買購補充之。還是要買補的時候，知府對地方産穀之豐求一回來確查，對市價漲低一事，督撫評明價錢用殊，糴銀於選派妥負監督探買州縣。尤要待選派妥負到之就得買運的以上手續來買購，完畢時候該府縣對確數驗明，郎通報該管道負管道負郎核驗加結完畢，郎送到布政司。布政司郎督撫業送受查覈遂。這中間若是有官吏不正行爲的時候，兩設罰，則規定來查罰國係官吏。而這常平倉管理官吏就説倉大，使直隸、江蘇、福建各二個人，山東五個人，山西三個人，江西浙江各一個人，陝西四個人，廣東八個人，其他定員就不一樣。該常平倉修葺費用，皆用官費修蓋。穀物賣給平民就説糶，買補就説糴。其他義倉、社倉、豫備倉就是平民的旗倉。營倉就是軍士之用。該糶用穀額就有存三糶七，還有穀半額糶出倉穀的。糶出的時候，當該州縣先要糶出數額樣，穀價值要呈報導府。道府即查該郎准可開糶。開糶時候以像康熙二十二年，有姦商乘其賤價占購，所以出上諭如此“今歲畿輔地方歉收，米價騰貴，通倉每月發米萬石，比時價減少，糶賣止許貧民零糴數斗。富賈不得多糴。轉販又蒸造燒酒多費米穀。”這樣上諭屢屢發出，若是地方官吏以怠不嚴行爲，是匿藏之例，照議處罰之現定。

平糶是州縣遠鄉付隨，皆有分廠義倉，以及其他穀倉制度。義倉之米原就是周官委積法。周宮司徒遺囑人“邦之委積，以待施惠。鄉里之委積，以卹民之艱厄；門關之委積，以養孤老孤；郊里之委積，以待賓客，野鄙之委積，以待羈旅；縣都之委積，以待兇荒”。尚有後隋之開皇五年度支尚書長孫平奏請「每秋從貧富之别粟麥一石以下，捐出社司管理之，以豫備兇年之補充」就説義倉是有産階級，富者還是地主來義捐募積的啦！爾來歷朝模仿。各州縣鄉鎮來設得義倉。唐朝制度，六典所看的上王侯下至庶民，每年七月以前作做青苗簿，諸州縣道到尚書省，至秋每粟二升繳納，如像商賈没有田土者，上上户及下中户爲至分别八等，課徵五石以下，五斗爲止。備積以防饑饉。過考之天，富入年全國義倉糧米，凡有貯藏有六千三百七十餘萬石之多額。又宋朝至明清的時代還有義倉，命地方長官對官紳士民勸諭捐米穀如像上諭“勸令紳民量力捐穀，於各鄉村應設義倉，一擇公正紳耆妥爲經理，不准吏胥干預，該督撫等務當實力奉行，不得爲具文”社倉即是鄉社地方公共團體之設立穀倉。

朱熹之社倉法就是長孫平之義倉法與王安石青苗法之參考來完成的。大概社倉與義倉皆是爲平民救濟目的而來設立的。“民間每歲收穫時，聽紳衿士庶隨其所贏，捐輸穀麥雜糧存儲社倉”社倉之積穀大概勸誘官紳捐輸爲例，有奬勵規程“富民捐穀五石者，本身一個年免除雜項差徭，尚且一倍還是二倍之多，捐者照數按遞免。紳衿捐穀四十石的時候，州縣給匾。六十石的時候知府給匾。八十石的時候管道給匾。二百石的時候，督撫給匾。”仍富民好義，捐出奬賞制度如像“凡紳矜庶捐輸社穀各色雜穀，核計數目與穀石價值相同十石以上者，地方官奬賞以花紅。三十石以上者遞加奬勵。若有好善不倦，年久數多，捐至叁肆百石者，該督撫奏給八品頂戴”昔時户部則例就有規程，而且社倉事務皆是有任社長社副來處理，辦法皆是鄉民之品行端正，富裕的人用公舉來充任，任期是二個年。在職中没有犯罰，更而重選爲該社長社副，又有奬賞的規程，還有督撫來題請八品頂戴。

再説朱熹，社倉法是乾道四年春期交建寧府一帶，有饑饉荒米的特候。這時朱熹、崇安在開耀鄉受知縣之請，與同鄉之耆艾劉侯如愚，勸誘豪民所藏之粟米，用賤底的價錢賣都救濟鄉民，幸免饉餓。然賊徒在浦城蜂起，人情擾亂，這時候也是藏米已竭，所以朱熹等對縣府事徐嘉應准發船粟六百石，給予朱熹等鄉人來救濟饑饉騷亂。這時即没有饑亂鄉民，悦服其年。秋期各穀成熟，所以鄉民要輔償粟糧。這時候鑒於粟糧來用民間分貯者監視出納，就不便，所以用古法來設置，社會來貯藏，次年就没有饑荒。所以朱熹等恐憂積穀腐敗，即用新舊來交換辦法來貯藏米糧。這就是崇縣開耀鄉之社倉之來原。還是朱熹、王淮所薦的經管社倉法。這時皇帝孝宗即命全國來推行社倉制度。

如這様過去前代政府有對平民辦法糧食問題來解決民生以防饑亂，以免平民痛苦，騷亂社會。然我們現在遵奉三民主義來建設三民主義新臺灣呢？過去戰時日本之奴隸的統治的時代，都没有聽得臺灣地方這麽饑亂來，致使窮民困苦自殺的慘劇。尚且日本奴隸的統治下之戰時剛剛都受暴擊，又農民强制征甲來失耕作，失收穀物很多，并且日本兵士積糧屯食，都也得保持平民喫飯，保證幾分，確保免致使饑饉自殺慘劇麽？

現在地方平民窮情，平民困苦，都被金權主義來爲牛鼻，來支配，可説是有産階級地方地主之黄金時代，以米荒來漲高，使窮民不得購買糧食，各處爲慘死，饑苦之慘情，實可痛憐之感動麽？怎樣糧食深深窮迫化尚且不得維持現狀，反致使饑饉化惠。

請政府賢達，緊急設法救濟平民罷！過去日人統治下糧食配給辦法就是戰時與戰後的時候。可説是利己主義之滿溢猖獗的時代。人心就以利争利，競争利潤，不飽私利，毫没有社會公德。腐敗民情的時代，所設救濟機關，我們戰後即是先復後漸。且所必要救濟機關罷，戰後騷亂斷定，從米荒來起，因我們感覺非常危險呢！所以糧食配給機構就要活用的，就要改革，究理不可襲用日人政策，日人糧食配給就是模仿我祖國祖先規程。前已經説的古代前漢宣帝之五鳳四年的時候，耿壽昌所提唱邊郡鄉鎮來設置穀倉，即是常平倉。即用糶糴法來保持糧食，救濟平民，免使饑荒。所以戰後之利己主義支配下，平民所死活問題，就糧食問題。所以戰後光復後臺灣來建設三民主義的新臺灣使命標目。

陳長官閣下已經莅臺。第一聲所主唱的三民主義新臺灣政治罷。就要民生主義來先實施，來爲平民調整物價解决糧食問題。臺灣光復前有配給糧食辦法，其方法就是我國古代之糶糴法之襲用。然價錢不公平的，賤低的價錢，所以農民是受痛苦的，所以日本政治之秕點是痛苦農民的主義。然光復後現在是痛苦平民的主義，是有産階級主義。究竟怎樣得此現狀呢。戰後各國政治家都以務努力恢復平時經濟，免致使餓死民衆。而後即恢復秩序，就是政治家之負責麽？

所謂要恢復秩序，就要先恢復喫飯問題。一般民衆的喫飯没有恢復罷，民衆治安之恢復就無望，就不可能，就不得求的。所以喫飯問題歷代政治家都致意研究向上。現在臺灣，過去日人統治下，各地方都有農業會，産業倉庫，就是日本本土移出米糧豫備倉。這個各地方穀倉就要改爲常平倉、還是社倉、義倉，專用地方糧食。請政府來管理糧食。用我國祖先辦法，用妥當糶糴法加以研究、改革。希望政府爲政賢達。先生無論怎樣都要先解决民衆喫，而後即得來論計劃政治方針，還是即得對一般民衆來大聲廣播施政方針麽。現一般民衆之要求與信賴是喫飯安定之一言而盡的。所謂民衆對政府的信賴就是糧食問題之解决，是最重大的試金石？政治爲政者。先生若是差二天没有米，辦法喫飯問題罷。民衆之加了一天，慘狀就用筆不得寫的慘情啦麽！

臺灣現在不是没有米的。都是很貴，不得應一般平民來購買的，都是姦商造酒啦，造米粉啦，造餅啦。有産階級地主與及農家的私利的藏匿啦。現在政府爲政者，當局還有計劃外米之入口，都要與島産米一樣，急速調整妥當價錢，大概一般平民之生活程度來查定爲標準。大凡一斗（臺斗）價錢是二十塊錢内外。政府用糶糴法保持來施行火速救濟辦法。政府現今接管日人所經管利權，如像礦山與工業專賣、運輸等，是很多額數。這個利益就不少啦。希望這個利益來補充社會事業費，還是税金中之所得税等，來爲社會事業救濟資金罷，來建設常平局糧食倉辦法。這個糶糴法之米穀管理要緊急施行。尚且一方面政府來推行提倡義倉辦法，向各地方伸衿富人來募捐米穀，以施鰥寡孤獨窮民之救卹。這兩個的辦法來爲平民以免飢餓罷。就是政府爲政者對社會服務之第一件事，還是最重要的。政治上關係可説是仁政者對鰥寡孤獨之救卹。以致努力，爲對國民一般生活以期安定。所謂“這個四者，天下之窮民而無告者，文王發政施仁，必先斯四者”《梁惠王》之下篇，又《管子·牧民篇》所云“所謂倉廩實則知禮節，衣食足則知榮辱”。

所以古來我祖國之爲政者，對米價調整就是爲政者之生命，所謂糧食之安定就是社會秩序之安定。所以政府若是得解決平民糧食者，此後之政治必得容易來成功。這個過渡期之政府政治方法就一般民衆之關心希望。政府爲政者之賢明，以施平民救卹，政治就深深伏願。請政府諸先生大鑒。專此敬呈。

民國三十五年一月二十六日。

臺中村鄙紀煙墩拜。

善後救濟總署湖北分署爲檢送武漢區臺胞調查清册請核辦致善後救濟總署代電（民國三十五年二月七日）

漢振字第 760 號；收文字第 11576 號

事由：檢送武漢區臺胞調查清册請核辯由

善後救濟總署鈞鑒，先後奉准濟卹字 1887 號訓令，及賑卹廳振遣亥真代電關於協助運輸臺民及調查轄區等待返臺難胞一案，已與臺灣重建協會湖北分會接洽，除已由本署先就武漢區生活窘迫之臺胞 189 名於上年亥寒備船送京轉滬外，兹查等待返臺者尚有 418 名，其中能自行負擔旅費一萬元以下者 212 名，餘均須予以救濟，理合檢同調查清册電請鑒核彙辦。湖北分署叩丑

虞振印

附武漢區臺胞調查清冊（一）（二）各一份（略）

鄭鳴爲請求救濟由致善後救濟總署臺灣分署函（民國三十五年二月十八日）

收文總號：0573

來文通訊地址：太平町四二六二（二樓）

摘由：爲請求救濟由

逕啓者，竊以自去年日本未降伏以前，曾經盟空軍襲擊之民人家屋及動産等，其損失固多寡不同，而國籍亦無分也。惟是本地臺民之曾經盟空軍所爆炸災害等，均於去年八月日本投降以後，國軍未臨接收以前，經受日本政府函分受害之大小予以酌量分給補助費矣，但是凡我中華民國籍民均列於例外，不予補助。但是其中損失較巨者，亦有全財産皆歸烏有矣。今後兒子女之入學培養費，眼前全家族之贍養費，實無處可哀告也。惟是日本已屬敗國，其對於臺灣之殖民政黨有災後救濟之施行，何況我國現在已達勝利目的。其對於旅臺之同胞，其在戰時被盟空軍所爆毁，以致於亡家等。今戰後未悉有何可救濟之機否。鄭人亦係一受害份子，今在米珠薪桂之時，家每日嗷嗷待哺者五人，而且子女入學期近，實最最悲觀之家庭也。鄭人職業薪給不能贍養，十日之費而勞碌一月之苦，實爲不才之所致，實爲自愧可憐者，十餘年粒積之家産耳。祈示遵辦並希見復爲荷。

此致　善後救濟總署臺灣分署長錢

鄙人：鄭鳴

擬辦：存

（簽名）饒餘威（二月十八日）

（簽名）陳文相（二月十九日）

（簽名）□理（二月十九日）

批示：（簽名）錢宗起（二月十八日）

（簽名）高翰（二月十八日）

民國三十五年二月十八日收

善後救濟總署爲檢送武漢區臺胞調查清册一案致湖北分署代電（民國三十五年二月二十五日）

振遣第931號

事由：據檢送武漢區臺胞調查清册一案仰知照由

湖北分署覽，丑虞代電暨武漢區臺胞調查清册兩份均悉，武漢區臺民尚急需返籍者，如有交通工具可酌予遣送。特復。總署賑遣（征）印

善後救濟總署冀熱平津分署爲平津臺胞一千一百六十八人急待返籍苦無船隻請洽撥由致代電（民國三十五年二月）

冀振字第876號

事由：准遣亥真代電經查平津臺胞一千一百六十八人生活困難，急待返籍，惟苦無船隻電請查照速與聯總辦事處洽撥由。

重慶總署賑卹廳公鑒：振遣亥真代電敬悉。經查本分署轄區内等返臺難胞：（一）人數一千一百六十八人；（二）現住平津兩市；（三）籍隸臺南、臺北、高雄、新竹、花蓮港、嘉義、彰化、淡水、澎湖、員林、基隆，臺灣。抵臺後，皆由基隆登岸，其中四分之一能自行負擔返臺旅費，大多生活困難，端賴售賣衣物維持現狀，急待船隻返臺。關於船隻問題，幾經在津向航政局交涉訖無結果，除函天津聯總辦事處外，相應電請速與聯總駐華辦事處洽撥，以便遣送此項難胞早日回籍。是爲至荷！冀熱平津分署醜寢振印

臺北市太平町方何依妹爲請求給予工作由致善後救濟總署臺灣分署呈（民國三十五年三月二十一日）

事由：呈爲竊氏夫方幼祥於民國三十二年七月卅一日被漢奸陳水雲等被污爲間諜，虐刑囚禁，注射毒針慘死。留下遺孤四人，無以爲計，生活艱難，懇請按期救濟由。

竊氏夫方幼祥在本市太平町門開張方仁記骨箸鋪爲生。因被漢奸（臺籍浪民）陳水雲、大村、人塚等誣爲我國間諜，拘入臺北署施用毒刑拷打，垂死之

時繼以强施注射毒針。煞是瘋狂斃命。可憐氏夫無辜遭冤慘死，除向各有關機關呈控法辦外，現留下遺孤幼女稚兒無以爲生，值玆臺地生活高漲之秋，度日艱難，凄慘莫可言狀，不已呈懇鈞長憐念氏困苦情形，懇請按期予以救濟，拯救活命，不勝感激之至。

謹呈行政院救濟總署臺灣分署長錢宗起。

具呈人：方何依妹

子：方寶郡、方寶基

女：方品玉、方寶玉

保呈人：中華總會館

住本市太平町三丁目218番地

擬辦：希持函向臺北市政府請求工作

（簽名）陳文相（三月廿二日）

（簽名）□理（三月廿二日）

（簽名）饒餘威（三月廿五日）

批示：（簽名）錢宗起（三月廿二日）

（簽名）高翰（三月二十五日）

善後救濟總署臺灣分署爲臺北市太平町方何依妹請求給予工作由致方何依妹箋函（民國三十五年三月二十七日）

收文：臺字1068號；發文振字第525號。

送達機關或姓名：方何依妹。

卅五年三月廿七日擬稿。

卅五年三月廿八日監印。

事由：箋復希持函逕向臺北市政府請求給予工作由。

箋函：善後救濟總署臺灣分署，頃接三十五年三月二十一日呈，以夫方幼詳於三十二年七月間被害慘死。現一家五口無以爲生，請求救濟等情。查本署現已與臺北市政府會同辦理各項工程。一般貧苦民衆均可向市府請求工賑，籍維生活。據呈生活困苦，即希持本函逕向臺北市政府請求給予工作，可也？

此致　方何依妹氏

署長：（簽名）錢宗起（三月廿七日）

主任秘書：（簽名）饒餘威（三月廿七日）
主管組：（簽名）陳文相（三月廿七日）

臺北市太平町方何依妹懇請逾格按月施以救濟由致善後救濟總署臺灣分署呈（民國三十五年四月十三日）

事由：呈爲俯察苦情懇請逾格按月施以救濟由。

奉均署善臺署振字第五二五號批示“持本函向臺北市政府請求工作”等。因查氏夫方幼祥（原籍福州）無辜被害慘死，留下遺孤四人，皆係童年。氏若離家工作以工代賑，則年幼未滿十齡之兒女乏人照護，勢將成爲餓莩不已，重再冒瀆陳情憐念氏夫慘死於暴日之下，沉冤未雪懇請鈞長俯察苦情，逾格賜予按月施以救濟。俾一家五口得慶再生。不勝感德之至。

謹呈善後救濟總署臺灣分署長錢宗起

具呈人：方何依妹

現住本市太平町三丁目218番地

保呈人：中華總會館

擬辦：存

（簽名）饒餘威（四月廿七日）

（簽名）陳文相（五月一日）

（簽名）□襄定（四月廿七日）

批示：（簽名）錢宗起（四月廿七日）

（簽名）高翰（四月廿九日）

民國三十五年四月二十七日收

臺灣省糧食調劑委員會爲盛陳氏等請救濟五案由致善後救濟總署臺灣分署函（民國三十五年四月十九日）

善臺收字第1498號：盛陳氏等請求救濟五案係因戰事受難者。相應轉請貴署辦理。此致臺灣救濟分署。附原呈五紙。

（印章）臺灣省糧食調劑委員會（四月十九日）

民國三十五年四月二十日收

基隆市第四區公所安樂區區長林慶福爲賑濟貧户劉永生事致善後救濟總署臺灣分署基隆辦事處公函（民國三十五年四月二十日）

基隆市第四區公所公函：

發文卯部安民社字第〇三八四號

事由：函請爲賑濟貧户事

函請爲賑濟貧户事，查轄内西定路四十七號劉永生（家屬三名）因戰争中被日政府壓迫，疎到臺南縣下。在此時候因氣候不合家中老幼罹病致使積蓄盡費在治病。現當全家病卧在床，難購醫藥可服，尚且三餐不積。苦楚之實情亟待救濟。相應函請貴署設法每月捐款賜其糊口。實爲公便。

此致救濟總署臺灣分署基隆辦事處。

安樂區區長林慶福

中華民國三十五年四月二十日

擬辦：已登記案。

1. 劉永生患病已謄單囑住基隆醫院診治

2. 經派員調查屬實，擬列入基隆市赤貧人名册，以便統籌發賑。

3. 申請函復該區公所查照請。

批示：如擬。以後此種事自由區公所與本署基隆辦事處接洽，應由市縣政府轉。

（簽名）錢宗起（四月廿八日）

善後救濟總署臺灣分署爲盛陳氏等請求救濟五案囑辦理等由致臺灣省糧食調劑委員會代電（民國三十五年四月二十三日）

收文：字 1498 號；發文振字第 728 號。送達機關：糧食調劑委會。

卅五年廿四月廿三日擬稿

卅五年廿四月廿三日封發

事由：准函送盛陳氏等請求救濟五案囑辦理等由，檢還原件，復請查照由

代電：臺灣省糧食調劑委會公鑒，准四月十九日函送盛陳氏等請求救濟五案囑辦理等由，附原呈五件。准此查該盛陳氏等眷屬之家主或係在日軍作戰身

亡或係被日軍徵召未歸，不合總署規定，未函便特予賑濟，相應檢還原附件，電請查收。希分知該民等先向當地請求參加工賑工作，並俟本署散發救濟物資之時，按照規定申請發給爲荷。善後救濟總署臺灣分署振卯〈徑〉印。

署長：（簽名）錢宗起（四月廿四日）

副署長：（簽名）高翰（四月廿四日）

主任秘書：（簽名）饒餘威（四月廿四日）

秘書：（簽名）□襄定（四月廿四日）

主管組：（簽名）陳文相（四月廿四日。

臺北東園町鄭文王爲申請救濟由致善後救濟總署臺灣分署函（民國三十五年四月二十三日）

來文機關或姓名：鄭文王

收文總號：善臺收字第1539號

來文通訊地址：臺北東園町一一八號

事由：呈爲返省後生産無門，生活無法維持乞予救濟由

竊民於三十二年被日軍徵派前往海南島敵海軍隊工作。於本年四月十二日得政府派輪接回省，重見天日，至感我政府愛民之政德，惟民家無資産嘗座，且三年被敵徵服軍役，一家老幼五口衣食無由。刻民雖返省，然生活無法維持，乞予救濟撥給衣物、食糧以資救濟。

謹呈救濟總署臺北分署

具呈人：鄭文王業農

年歲：三十七歲

住址：臺北市東園町一一八號

擬辦：請楊繼贏同志前往調查

（簽名）高翰（四月廿三日）

（簽名）饒餘威（四月廿三日）

（簽名）陳文相（四月廿四日）

批示：調查

（簽名）錢宗起（四月廿三日）

民國三十五年四月二十三日收

善後救濟總署臺灣分署致臺北東園町鄭文王申請救濟由箋函（民國三十五年四月二十五日）

查難民鄭文王具書申請救濟一案，經派楊繼瀛前往調查。據報所陳屬實，請登記臺北市赤貧册以便統籌辦理。

擬辦：存，已登記案

（簽名）陳文相（四月廿五日）

郭家振調查劉永生情形致臺灣分署（民國三十五年四月二十五日）

查基隆市西定路四十七號住民劉永生，夫婦兩人年逾古稀，其子前年殀殤，尚留寡居媳婦與周歲孫兒，全家共計四口，家徒四壁，窮窘非常，而老邁稚兒坐食無出，更加近日來該劉永生本人罹病沉重不能起床，謹將調查經過情形報請察核。

此上陳視察

調查人：郭家振

四月廿五日

善後救濟總署臺灣分署爲請賑濟赤貧户劉永生等由致基隆市第四區公所箋函（民國三十五年四月二十八日）

發文：振字第791號

收文：字1565號

送達機關：基隆市第四區公所

事由：爲函請賑濟赤貧户劉永生等由，復請查照由

主任：（簽名）陳文相（四月廿九日）

（簽名）□理（四月廿九日）

箋函：案准貴所三十五年四月廿九卯賀安區社字第〇三八四號公函，略以轄民劉水生因受戰爭影響，貧病交加，請設法救濟等由。除填單囑該劉永生前

往基隆醫院診治，並將該户列入基隆市赤貧户口名册以便統籌賑濟外，相應復請查照爲荷。

此致基隆市第四區公所

善後救濟總署訓令（民國三十五年五月四日）

濟衈京三十五字第 10819 號

事由：臺民蔣渭川等訴被虐情形，乞求予救濟並派輪運回臺一案令仰遵照由

令冀熱平津分署

案准行政院秘書處三十五年四月十三日節陸字第 2570 號公函，爲臺民蔣渭川等呈訴被虐情形乞予救濟並派輪運送回臺一案，奉諭交善後救濟總署核辦相應附送原件函達查照事由，附送原代電一件。准此查臺灣籍難民滯留各省無資回籍者，苟無從逆重大情形自應設法予以遣送，准函前由。除函復暨分行外，合引抄發原代電，合仰查明辦理隨時昊報爲要。此令。附抄發原代電一件

抄原代電

行政院長宋鈞鑒，臺胞數百萬，不幸五十年前爲民族鬥争而犧牲於倭，致此次祖國抗戰，或受愚蒙或受迫勒追隨侵略，言之痛心，然臺胞愛國家愛民族，素不後人，豈無血性忘祖宗者？乃自倭寇投降收復，各地臺胞反受淩虐，不獨不能樂業，且不能安居。或受集中，或受拘押，或受劫掠，不問證據遇同敵俘，視同罪犯，甚且作貪瀆對象。似此將迫臺胞厭親祖國，趨入歧途，適中夙昔敵人離間姦計，臺灣何以統治？敬懇迅速飭設法救濟，並速派輪運送回臺。無任感荷。

臺灣省臺北市原住紳民蔣渭川等

臺灣省民程添益請求救濟生活由致善後救濟總署臺灣分署函（民國三十五年五月四日）

來文機關或姓名：程添益

文別：函

收文總號善臺收字第 1712 號

來文通迅地點：中盎二八四番

摘由：前請救濟生活，通知住在地號轉中番貳八四號由。

總經理先生約鑒：臺灣省民程添益，民國叁拾五年一月十五日香港歸臺，生活困難辛苦，前日往救濟會請教先生要相助吾生活的事詳細説了一回，望先生通知住在地號轉中番貳八四號。

程添益

擬辦：存

（簽名）陳文相（五月七日）

（簽名）□理（五月七日）

吴慶源送日人生活費調查表致臺灣分署代電（民國三十五年五月七日）

臺工第220號

摘由：送日人生活費調查表可能救濟者見示由

行政院善後救濟總署臺灣分署賑務主任林良桐先生勛鑒，本廠現留用日籍員工計十五名，今據該員工來稱每月生活困苦，請求設法救濟等語，又稱該員工眷屬多係年大或年幼，即有年齡相當亦無工作機會，故除請求設法救濟外，實無他法。查是項情形尚屬實在，除呈請鐵路管理委員會設法救濟外，特檢奉本廠日人所開生活費調查表一份，敬祈查覈。如貴署對於是項員工有救濟食糧等之可能者，祈撥冗見示爲感。

臺北鐵道工場（現名臺灣鐵路臺北機場）監理吴英慶源印（日人生活費調查表略）

臺東縣参議會請援助趕運糧食濟急致臺灣分署代電（民國三十五年五月十三日）

來文機關：臺東縣参議會

收文總號：1885號

摘由：請援助趕運糧食濟急由

臺東縣参議會代電

事由：臺北臺灣救濟署錢署長鈞鑒，本縣糧食向稱充裕，第自去年風雨爲災、水壩冲毀、飛機空炸、田畝荒蕪，以致收成鋭减，不足維持。本年以來全賴縣政府之調劑庶免釀成嚴重糧荒，惟四月底以來市鎮鄉間俱無存糧，每門雖至五百元，獨無採糴之處。尤以臺東鎮火燒島鄉、大武鄉、大蔴裹鄉以及若干高山族部落爲嚴重。查本縣水圳多已修復，早稻生長尚佳，但收割期早者約六月中旬，且爲數極微（不及十分之一），其餘多在七月中旬左右，中間缺糧期間平均約爲兩個月，至少需糧八十萬斤。玆由本縣臺東鎮民代表會主席邱英代表本會晋省報告，敬乞予以救助。又查本縣前以遵照省令實行糧食自由流通外，運高雄、花蓮港各縣爲數雖乏統計，但至少亦在五十萬斤以上。數月來，雖可勉爲維持，實賴什糧參食。今者久旱不雨，甘蔗失收，米糧不繼，什糧亦斷，敬照賜予援助，趕運糧食濟急。不勝迫切待命之至。

臺東縣參議會議長陳振宗、副議長馬榮涌叩。

臺東縣謝縣長爲邱英晋省商請救濟糧食函介賜予指示由致臺灣分署函（民國三十五年五月十三日）

收文總號：1884

摘由：爲邱英晋省商請救濟糧食函介賜予指示由

覆周先生署長賜鑒：敬肅者，本縣糧食困難情形會經先後呈報並面陳當邀察及。玆以四月底前預定趕運麵粉接濟未能如期運到，致一部鄉鎮及若干高山族部落糧荒日形嚴重，亟待救濟。頃本縣參議會推派臺東鎮民代表會主席邱英晋省報告現況並商請救濟，謹爲函介，祈賜召見面予指示爲禱，專肅謹請公安。晚謝真謹具。

民國三十五年五月十三日收

臺灣省新竹縣政府爲海外戰死名簿乙份准予善後救卹由致善後救濟總署臺灣分署代電（民國三十五年五月十四日）

事由：電轉海外戰死名簿乙份准予善後救卹希見復由。

善後救濟總署臺灣分署公鑒："案據本縣竹東區署東區民社字第四八一號呈請案。據北埔鄉長鄧騰釪報以臺胞被征海外戰死遺族生計困難，際此米珠薪桂，日食難度，懇乞設法救濟等情，理合檢具北埔鄉長報告並被征海外戰死者名薄各乙份隨文電請均察，准予設法救濟”等情附件。據此相應檢同原死亡名薄乙份隨電送請查照，並希見復爲荷。

新竹縣縣長劉啓光〈〉印

監印：林文標

校對：施學岳

擬辦：戰死遺族不予救濟，可作爲赤貧登記以爲施賑參考

批示：（簽名）錢宗起（五月十七日）

（簽名）陳文相（五月十八日）

（簽名）高翰（五月十七日）

（簽名）饒餘威（五月十七日）

民國三十五年五月十六日收

臺灣分署電請派員帶同印鑑於本十六日到署會同賑務組前往散發慈善機關救濟麵粉由致臺北市政府電（民國三十五年五月十五日）

送達機關：臺北市政府

事由：電請派員帶同印鑑於本十六日到署會同賑務組前往散發慈善機關救濟麵粉由。

臺北市政府公鑒：茲定本（五）月十六日，在中山堂散發本市各慈善機關救濟麵粉，是日務派員携帶該員印鑑到署會同本署賑務組前往處理，相應函請查照見復（請由所派人員到署）爲荷。善後救濟總署臺灣分署振辰（銑）印

臺北市政府函復派古廷正前赴辦理散發麵粉請指示由致臺灣分署（民國三十五年五月十五日）

善臺收字第 1971 號

事由：函復派古廷正前赴辦理散發麵粉請指示由

貴署卅五年五月十五日善臺署賑字第九一五號代電略開：“請派員帶同印

鑑於十六日到署會同賑務組前往散發慈善機關救濟麵粉希查照見復。” 等由。准此兹派本府民政局社會課課長古廷正逕赴貴署，會同賑務組前往辦理散發麵粉，希予指示爲荷。此致善後救濟總署臺灣分署。

臺北市政府

善後救濟總署冀熱平津分署有關臺民蔣渭川等乞予救濟一案公文（民國三十五年五月十五日）

文别：訓令

送達機關：各辦事處、工作隊

發文：振字第 82337 號

事由：奉總署令臺民蔣渭川等乞予救濟一案，令仰遵照辦具報由

令各辦事處、各工作隊

案奉總署濟卹京三十五字第 10819 號訓令内開，案准行政院秘書處云云，令所查明辦理隨時具報爲要等因。附原鈔件呈一件。奉此，除分行外合行抄發原呈令，仰該處、隊遵照辦理，隨時具報，以憑轉報爲要。此令。

善後救濟總署臺灣分署致陳國新等代電（民國三十五年五月十六日）

收文第 1884、1885 號。

送達機關：1. 陳國新。2. 省糧調會。3. 臺東縣府參議會。

事由：

1. 電以臺東糧荒希就近洽商優撥軍秣濟急由

2. 准臺東縣府暨參議會函電報該縣糧荒情形請趕運糧食濟急等由特請查照電

3. 准函電報糧荒情形囑趕運糧食濟急等由復請查照由

臺東縣放府譯轉本署陳副主任國新鑒准臺東縣放府暨參議會函電以該縣糧荒亟待救濟等電，除電省糧食調劑委員會查照外，特電知照，希就近洽商優撥軍秣濟急。具報善後救濟總署臺灣分署振辰（銑）印。

代電：臺灣省糧食調劑委員會公鑒，准臺東縣政府暨參議會日函電以自四

月底以來之事。叙正敬乞予以救助，趕運糧食濟急等由，相應轉請查照參考爲荷。善後救濟總署臺灣分署振辰（銑）印

代電：臺東縣放府暨參議會公鑒準，本四日來函電以貴縣糧荒亟待趕運糧食救濟等由，除分電本署接收，貴縣軍秣專員陳國新就近洽商優予撥濟暨省糧食調劑委員會查照分復外。相應復請查照爲荷。善後救濟總署臺灣分署振辰（銑）印

錢宗起關於辦理臺北市麵粉平價配售及賑濟平民情况致蔣廷黼的密電（民國三十五年五月十八日）

蔣署長鈞鑒：密（一）麵粉平價配售在臺北市試行四日，經過良好，粉價日跌。惟昨 HTZPATRICK 提示，四月十七日 JOHNSON 致彼函略云，出售物資須由當地行總、聯總合組委員會，麵粉只能百分之四十出售，餘賑濟用出售粉價不多於黑市百分之八十。目前臺北所配售者不合此規，定要求停售，候行總辦解决，當告以此函並未轉行分署，須另電請示，在未奉復前，仍照行總核准出售，原案繼續辦理，彼始勉先，並希望於本月馬（二十一）日得復，照何辦理，祈核電示。JOHNSON 巧（十六）函另抄交饒秘書餘威巧飛申帶呈。（二）賑濟麵粉銑（十六）日在臺北市開始散給各救濟機關收容之貧民，每人卅斤，共七百餘人，歡聲雷動。嘯（十六）日基隆市開始散放接收軍糧；（三）各地聯總辦事處有無權力變更分署量准，或已决定之分配方案，聯總駐華辦事處對於其他分區主任之指示，分署是否因受約束，乞示原則；（四）FITZ－PATRICK 日前與分署情感尚洽，請釋念。

臺灣分署長錢宗起巧（十八）巳（965）印

臺南縣嘉義區大林鎮郭金只爲維持生計由致善後救濟總署臺灣分署箋函（民國三十五年五月十八日）

收文號數：11791。

事由：懇請借給錢開藥房以維持生計。

箋函：救濟公署分署署長鈞鑒雅正。自臺灣光復以後，本省設置了救濟公署。於在紙上常看公告，分署分配了救濟品及金錢，此情是臺灣省同胞的幸，

蒙受了公署之仁慈的人們世不少。其慈善事業，余今要來對分署陳情。現在余家庭生活經濟充分困難，望分署來救濟。余自昨年曆月中旬染了貧血病及胃病，至今未實全愈，所以破廢家産又因貧困無矣，可以買慈養物養成身體，又是光復受日人統治，事業失敗到現在，家中無一文，所有物品一盡賣出，醫治身體，現在花子一樣的，每天吃了一次之番薯及鹽，又是家中全部五人。一個在高級小學六年，受了學校援助。還一個是在初級三業一年級，也受學援助書籍等等。想要退學，來可以援助家内，因歲小不得作事業，又無資本，不但失去了二個弟兄的機會，不退學者不得過日子，因爲每日經費不能可得。若是你事業無資本，現在物價的高騰，至少要數萬元，所以不能。又是家中無家産，不能對於民間借出，所以今回不得不無想耻臉執筆寫信，對公署來陳情求救援。余家族五個人的性命，若是想要出去求乞者，是無合道理。所以望公署欽善的援助，所以今回要望對公署先叁、四萬元借。余據業藥房。因余一九二七年之一九二九年在臺南基督教病院振務醫務發藥物。所以藥性余自知道矣，本年一月有領受本署士之護士臨時證書。此因無資本得开業之故，要望貴公署來救援。余家中五名原來是欲到貴公署拜託，因家中無到一元，不得到公署，望公署求救援，今日不得不，不想耻臉起手執筆寫了一封信，來對公署求救援。

望接信之時，請如意即特回信通知。

此情救援望，實爲德便。

謹呈

公署署長鈞鑒

民國叁十六年五月十捌日

臺灣省臺南縣嘉義區大林鎮吉林里小民路 107 號

郭金只

擬辦：本署業務已於該日結束。此請無經考慮。

（簽名）饒餘威（五月廿一日）

批示：（簽名）錢宗起（五月廿一日）

（簽名）高翰（五月廿日）

臺灣分署以准電送留用日籍員工生活調查表請救濟食糧等由致臺灣鐵路臺北機廠代電（民國三十五年五月二十一日）

收文字 1941 號。

送達機關：臺灣鐵路臺北機廠

事由：准電送留用日籍員工生活調查表請救濟食糧等由復請查照由

臺灣鐵路臺北機廠公鑒：臺工第220號代電及附表均敬悉。查該日籍員工十五名皆有俸給收入，雖家口浩繁入不敷出，現薪俸調整明令業經公佈，困難諒可減輕。本署所到麵粉除散放慈善機關所收容之貧苦老弱病殘廢者外，交由省糧食會調劑委員會平價配售。所囑救濟食糧一節，不合本總署規定，歉難照辦，相應復請查照爲荷。

善後救濟總署臺灣分署振辰〈馬〉印

善後救濟總署臺灣分署爲被徵海外戰死名册請予救卹等由復新竹縣政府代電（民國三十五年五月二十一日）

收文：字1964號；發文：振字第1025號

事由：准電送被征海外戰死名册請予救卹等由

新竹縣政府公鑒：辰寒（卅五）府民社字3277號代電暨附件均敬悉，查被徵海外戰死遺族不合本署救濟範圍，歉難照辦。給予並入貴縣赤貧民衆數內登記，統籌施賑，相應復請查照爲荷。

善後救濟總署臺灣分署振辰〈振〉印

署長：（簽名）錢宗起（五月廿一日）

秘書：（簽名）□襄定（五月廿一日）

主管組：（簽名）陳文相（五月廿一日）

臺北市大安十二甲市立初級中學葉君爲請求救濟由致善後救濟總署臺灣分署函（民國三十五年五月二十四日）

收文總號：2120；組振868。

摘由：請求救濟事

批示：請其來後告以被竊之善後，非本署主管。

（簽名）錢宗起（五月廿四日）

諸君：你們是美國人道主義者，你們使人類生活提高，世界進步。你們的名字由臺灣政府社會局Cheen君介紹過。你們是胡佛的代表，服務於聯總者。

在臺灣失業衆多，轉而爲盜。上月八日白晝，幾個盜入我家，翻箱倒篋，並三瓶茶油，家室幾爲一空。這是我與學生們在學校時。我只剩穿往學校之一套衣服。救救臺灣人吧！

擬辦：此人大概姓葉，其名不知依何處方言拼成，不能譯出。請逕以原文覆信。

（簽名）彝定（五月廿四日）

臺南縣郭金只嘉義區大林鎮爲維持生計由致善後救濟總署臺灣分署函（民國三十五年五月二十四日）

事由：貴署未結束，再請援助由。

收文號數：11909。

錢閣下惠鑒：

敝啓者日前所對先生陳情的事，奉接到先生的聞信感覺很高興，感謝無盡的。先生所説的結束，不知道是什麽結束，是月末的結束麽？請先生領教的。若是月末的結束或是一時的結束，請先生領教。再辦公的時候，能够援助的時和其中內容所需要的手續一切的。因爲前回的信中，也有對先生陳情了的。因家中的困難所以不得不執筆陳情的，請先生照應所陳情之事情來援助予一家的生命，若是召准的分署或是不能够援助，請先生替生報告本署，著可以救助貧家的，時常耽誤先生的辦公，打攪先生的辦公，真是對不起的，但是一方面是要求先生的救援的，萬事請先生同情弱小的貧家的。生來救援貧家的弱小的人。仰祈召安。

郭金只頓首

糧食調劑委員會以臺東縣麵粉已多撥500袋由改臺灣分署代電（民國三十五年五月二十七日）

來文機關：糧食調劑委員會

收文總號：2141

事由：電復臺東麵粉已多撥500袋由

善後救濟分署：振字第927號代電敬悉，臺東米荒業經本會按該縣人口分配之外，加配 500 袋在案。除電知洽領外，敬復查照。

柯遠芬辰劑秘

錢宗起以准糧食調劑委員會電加發臺東縣麵粉五萬袋致臺東縣參議院函（民國三十五年五月三十日）

收文字 2141 號

送達機關或姓名：鄭品聰參議員

事由：函以准糧食調劑委員會電加撥臺東縣麵粉五萬袋請查照由

品聰先生參議員臺鑒，前准貴縣參議會辰支電以臺東縣糧荒亟待趕運糧食救濟等由，嘗經電請署接收軍秣專員省糧食調劑委員會加機麵粉並電復專案。兹准糧調會五月卅五日劑秘字 380 號代電開："振字第 927 號代電敬悉臺東米荒，業經本會按該縣人口分配之外加配麵粉 500 袋在案。除電知洽領外，敬復查照" 等由。特此奉達並請轉知縣府爲盼。專此順頌臺綏。

弟錢宗起拜啓

臺北縣縣長陸桂祥爲請救卹蘇澳區故員吴金火家屬由致善後救濟總署臺灣分署公函（民國三十五年六月六日）

發文：北民社字第 1036 號

事由：函請救卹蘇澳區故員吴金火家屬由

案據蘇澳區三十五年三月七日，蘇區民字第〈69〉號呈稱，據"職署故員吴金火妻張寶珠呈稱：以夫故後，家有年老翁姑及幼女三人，值兹米珠薪桂，無法養活，請予救卹等請，查冬節尚屬實情。理合轉呈救濟" 等情前來相應轉請。貴署賜予救濟至紉公誼。

此致善後救濟總署臺灣分署

臺北縣長：陸桂祥

擬辦：公務員撫卹不屬本署業務，此復核辦請轉就救濟品內予以救濟。

（簽名）陳文相（六月八日）

（簽名）□理（六月八日）

（簽名）□義（六月八日）

（簽名）□襄定（六月七日）

批示：（簽名）錢宗起（六月七日）

善後救濟總署以所收歸艙歸車歸庫麵粉處置由致臺灣分署函（民國三十五年六月十日）

滬運倉字第 3424 號

事由：電知對於所收歸艙歸車歸庫麵粉處置辦法希查照辦理由

臺灣分署公鑒，查貴署所收歸艙歸車歸庫麵粉應先如數收賬，補足缺額，如有餘或不足應即填報盈損報告，以符賬面至迭次積存。此項麵粉如有摻雜泥土質遜色次而不能食用者，應隨時將數量查明函知本署，以便專請財務廳拍賣，改作牲畜飼料或工業用品之需，此項售貨價款即由貴分署收賬，並填列損失報告以憑審抉出賬。相應電達，即希查照辦理爲荷。

儲運廳滬巳辰

糧食調劑委員會請同意各縣市限期未領麵粉改配工人由致臺灣分署代電（民國三十五年六月十一日）

收文總號：2497

事由：電請同意各縣市限期未領麵粉改配工人由

臺灣善後救濟分署：查委托配售麵粉，尚有少數縣市未來領運。業經本會以辰徑巳江巳歌巳真回電催領並限六月十五日前領運在案。茲擬屆期仍不來領者，認爲該縣市無須麵粉救濟，予以改配本市交通處、工礦處、貿易局所屬工人，以免有失時效。相應電請同意並煩見復爲荷。

柯遠芬公出熊克禧代行巳真劑秘

善後救濟總署臺灣分署爲蘇澳區故員吳金火家屬請求救卹由致臺北縣政府代電（民國三十五年六月十一日）

收文：字 2410 號；發文振字第 1305 號。

事由：電復蘇澳區故員吳金火家屬，救卹不屬本署業務範圍，希就撥交貴縣救濟品内設法而以救濟電。

臺北縣政府公鑒：卅五年二月六日，北民社字 1036 號函請救濟卹蘇澳區故員吴金火家屬等電，查公務員撫卹不屬本署業務範圍無復核辦。希就撥交貴縣救濟品内設法予以救濟。相應復請查照爲荷。

善後救濟署臺灣分署

署長：（簽名）錢宗起（六月十一日）

臺灣分署以將各縣市限期未領麵粉改配工人數量函告由致省糧食調劑委員會代電（民國三十五年六月十四日）

收文總號：2497

事由：電復將各縣市限期未領麵粉改配工人原則上本署同意希將數量函告以憑統籌整理請查照由。

臺灣省糧食調劑委員會公鑒，本年六月十日劑秘字 463 號代電敬悉。各縣市限期未領麵粉改配工人，本署原則上同意，希即將未領麵粉數量函告，以憑本署統籌整理，相應復請查照爲荷。

善後救濟總署臺灣分署

善後救濟總署臺灣分署以將各縣市限期未領麵粉改配工人請會商各點整理致臺灣省糧食調劑委員會代電（民國三十五年六月十四日）

送達機關：省糧食調劑委員會

收文：2407 號

事由：電復將各縣市限期未領麵粉改配工人原則上本署同意請會商各點整理電。

代電：臺灣省糧食調劑委員會公鑒，本年六月十日劑秘字 483 號代電敬悉。各縣市限期未領麵粉改配工人，原則上本署同意，惟應限已開工之廠礦及鐵道工人分配，每人不得超過五斤（眷屬不發），並續告知各領購單位負責核實工人人數，造具名册，存備抽查，以防弊竇。此項辦法如荷同意，即務查照辦理爲荷。

善後救濟總署臺灣分署

臺灣省行政長官公署工礦處爲詢麻袋短褲可否交換鋅鐵皮由致善後救濟總署臺灣分署署長錢宗起代電（民國三十五年六月十八日）

寒臺特材字第 1979 號

來文機關或姓名：工礦處

收文總號：2634

摘由：爲詢麻袋短褲可否交換鋅鐵皮由

善後救濟總署臺灣分署署長錢勛鑒：案據本處窑業接管委員會總字第（124）號呈稱："查本會前奉鈞處〈35〉辰江臺特秘字第〈1483〉號代電催發救急用品，當以本會接收之物品無可供救濟之用，呈報在案。兹查本會所屬工場尚有麻袋布制短褲八百四十八條現集存本會庫房，作價計值壹萬貳仟柒佰念元。擬以之伺本省救濟分署交換鋅鐵皮，可否之處理合備文，報請察核示遵"等情。據此查該項麻袋短褲可否交換鋅鐵皮一節，相應電請查照惠覆，爲荷。

特派員兼處長包可永巳寒

臺北縣政府縣長陸桂祥爲請撥給許坤元等水田復舊工資以工代賑由致善後救濟總署臺灣分署公函（民國三十五年六月十八日）

北民社字 1187 號

事由：據情轉請撥給許坤元等水田復舊工資以工代賑由

案據文山區卅五年五月廿日代電略稱"據本區深坑鄉景尾住民許坤元等呈稱所有深坑鄉內湖字馬明潭地内之水田前被日人埋填供爲疏開田地，若不迅速恢復，終爲無用之地。現擬進行復舊，以求糧食增産。謹具請求書三份，請撥給工資。前來經區指派黄象等四員前往被害地點，實地調查，旋據報稱被害總面積一甲六三一五絲。已復舊工程約一甲零八一五絲，需人工 857 工，剩餘未復舊五五〇〇絲，約需工程 436 工。合計兩項工程計 1293 工，總經費 51720 元。附詳細表一份連同請求書三份。請鑒核指撥"等情過府查覈區所請尚係事實，擬就文山區第二批接管之安坑軍糧 5643 公斤項下撥給。相應據情檢附原件。轉請貴署查鑒賜覆爲荷。

此致善後救濟總署臺灣分署

附復舊詳細表一份，請求書三份。

臺北縣政府縣長：陸桂祥

附件：復舊詳細表

一、面積

地目	甲數	既復舊面積	未復舊面積
田	1.6315	1.0815	0.5500

二、復舊經費

面積	總要使用工數	一工工資	必要總經費	要求救濟干□□箱評價	必要箱數
1.6315	1293	40元	51720	75元	690箱

附件：請求書

一、臺幣壹萬壹百貳拾壹元正。

鄙人所有水田爲臺北州産業部建設疎開建物用敷地及防空壕建設等埋没之水田復舊費，其明細如左：

内訳

地址	地番	地目	甲數（甲）	復舊費			備考
				坪數（坪）	單價（元）	金額（元）	
文山區深坑鄉內湖馬明潭	9	田	2045	600	10	6000	
文山區深坑鄉內湖馬明潭	12	田	502	152.5	10	1525	
文山區深坑鄉內湖馬明潭	36	田	885	259.6	10	2596	
計				1012.1		10121	

右金額仰祈開支是懇。

臺北縣長陸桂祥

文山區深坑鄉萬盛景尾百五拾五番地

許坤元、許冬霖

右代理許坤元

中華民國三十五年

附件：領收書

一、臺幣壹萬壹百貳拾壹元正。

鄙人所有水田爲臺北州産業部建設政開建物用敷地及防空壕建設等埋沒之水田復舊費。費其明細如左

内訳

地址	地番	地目	甲數（甲）	復舊費			備考
				坪數（坪）	單價（元）	金額（元）	
文山區深坑鄉內湖馬明潭	9	田	2045	600	10	6000	
文山區深坑鄉內湖馬明潭	12	田	502	152.5	10	1525	
文山區深坑鄉內湖馬明潭	36	田	885	259.6	10	2596	
計				1012.1		10121	

右金額收到，確實無誤。

臺北縣長陸桂祥

文山區深坑鄉萬盛景尾百五十五番地

許坤元、許東霖

右代理：許坤元

民國三十五年

附件：請求書

一、臺幣壹萬叁仟壹百五拾元正。

鄙人所有水田爲臺北州産業部建設處開建物用敷地及防空壕建設等埋沒之水田復舊費。其明細如左：

内訳

地址	地番	地目	甲數（甲）	復舊費			備考
				坪數（坪）	單價（元）	金額（元）	
文山區深坑鄉內湖馬明潭	15	田	2935	861	10	8610	

續表

地址	地番	地目	甲數（甲）	復舊費			備考
				坪數（坪）	單價（元）	金額（元）	
文山區深坑鄉內湖馬明潭	38	田	1000	393	10	2930	
文山區深坑鄉內湖馬明潭	20	田	550	161	10	1610	
計			4485			1315	

右金額仰祈開支是懇

臺北縣長陸桂祥

文山區深坑鄉內湖字馬明潭八十貳番地

業主鄭磓

管理人鄭名標

民國三十五年

附件：領收書

一、臺幣壹萬三千壹百五十元正。

鄙人所有水田爲臺北州産業部建設處開建物用敷地防空壕建設等埋没之水田復舊費。其明細如左：

內訳

地址	地番	地目	甲數（甲）	復舊費			備考
				坪數（坪）	單價（元）	金額（元）	
文山區深坑鄉內湖馬明潭	15	田	2935	861	10	8610	
文山區深坑鄉內湖馬明潭	38	田	1000	393	10	2930	
文山區深坑鄉內湖馬明潭	20	田	500	161	10	1610	
計			4485			13150	

右金額收到，確實無誤

臺北縣長陸桂祥

文山區深坑鄉内湖馬明潭八拾貳番地

業主：鄭磓

管理人：鄭名標

中華民國三十五年

附件：請求書

一、臺幣貳萬肆仟陸百玖拾元正。

鄙人所有水田爲臺北州産業部建設處建物用敷地及防空壕建設等埋没之水田復舊費。其明細如左。

内訳

地址	地番	地目	甲數（甲）	復舊費			備考
				坪數（坪）	單價（元）	金額（元）	
文山區深坑鄉内湖馬明潭	11	田	1350	393	10	3930	
文山區深坑鄉内湖馬明潭	14	田	3440	1009	10	10090	
文山區深坑鄉内湖馬明潭	16	田	580	149	10	1490	
文山區深坑鄉内湖馬明潭	17	田	45	13	100	130	
文山區深坑鄉内湖馬明潭	21	田	305	89	10	890	
文山區深坑鄉内湖馬明潭	35	田	1535	449	10	4490	
文山區深坑鄉内湖馬明潭	37	田	1125	367	10	3670	
計			8380	2469		24690	

右金額仰祈開支是懇

臺北縣長陸桂祥

文山區新店鎮大坪林七張八五番地

業主：鄭必陶

管理人：鄭有義

中華民國三十五年

附件：領收書

一、臺幣貳萬肆仟陸百玖拾元正。

鄙人所有水田爲臺北州產業部建設政開建物用敷地及空壕建設等埋沒之水田復舊費。其明細如左。

内訳

地址	地番	地目	甲數（甲）	復舊費			備考
				坪數（坪）	單價（元）	金額（元）	
文山區深坑鄉內湖馬明潭	11	田	1350	393	10	3930	
文山區深坑鄉內湖馬明潭	14	田	3440	1.009	10	10.09	
文山區深坑鄉內湖馬明潭	16	田	580	149	10	1.490	
文山區深坑鄉內湖馬明潭	17	田	45	13	10	130	
文山區深坑鄉內湖馬明潭	21	田	305	89	10	890	
文山區深坑鄉內湖馬明潭	35	田	1535	449	10	4490	
文山區深坑鄉內湖馬明潭	37	田	1125	367	10	3670	
計			8380	2469		24690	

右金額收到確實無誤

臺北縣長陸桂祥

文山區新店鎮大坪林七張八五番地

業主：鄭必陶

管理人：鄭有義

民國三十五年

善後救濟總署臺灣分署復麻袋短褲經派員看明認爲不合致工礦處代電（民國三十五年六月二十二日）

收文：字 2634 號

送達機關：工礦處

發文：振字第 1462 號

事由：電復麻袋短褲經派員看明認爲不合。

署長：（簽名）錢宗起（六月廿一日）

秘書：（簽名）汪彝定（六月廿一日）

主管組：（簽名）嚴家理（六月廿日）

（簽名）林良桐（六月廿日）

臺灣省行政長官公署工礦處公鑒：寒臺特材字 1979 號代電收悉。查本署鐵皮尚未運到，麻袋短褲業經派員前往看明，認爲不合救濟使用。相應復請查照爲荷。

善後救濟總署臺灣分署

基隆市政府移送劉金榮爲貧病請救濟由致善後救濟總署臺灣分署呈（民國三十五年六月二十二日）

收文總號：2782

摘由：爲貧病請救濟由

呈爲赤貧罹病救濟，仰祈察核事（原件函送救濟分署核辦）

竊民前住在基隆市旭町三丁目三十二番地，民國三十三年二月二十日被日政府强制徵用。離别父母及妹被送至吕宋島。今日光復，受祖國保護，本年一月二日歸鄉。竊民非常喜悦，當時身有罹病，速速歸家，無疑房屋倒毁，父母及妹三名已經被飛機空襲逃避帶病死去，不無依賴之處，孤獨之身，不得已居住朋友之宅，有携帶僅少物件售銷，僅少之銀專心治療，至今身體未完全，該金銀已經費銷，現在不能治病，呈請核准救濟補助。

謹呈

基隆市高砂町四丁目二番地

劉金榮

事務所基隆市義重町一丁目九番地

代書人：李瑞標

住所：基隆市高砂町三丁目六七番地

基隆市長石延漢

中華民國三十五年六月十日

仁愛區後井里里長楊金昌

仁愛區公所區長黄長松

查該民確因家境赤貧，等款治病。特此證明並乞賜予救濟此人。

擬辦：先請衛生組給證准赴基隆省立醫院免費治療並函復爲目前生活不能維持，可爲介入省立救濟院。赴基隆醫院免費治療。

（簽名）□鴻典（六月廿五日）

批示：（簽名）錢宗起（六月廿二日）

善後救濟總署臺灣分署爲劉金榮免費醫療證發放由致善後救濟總署臺灣分署衛生組函（民國三十五年六月二十二日）

免費醫療證已發給基隆工作隊，應由該隊發證。

基隆無工作隊僅有陳笑陶一人負責。請笑陶兄將各件於出發前交人交辦，並報查此件，請先辦查。

（印章）善後救濟總署臺灣分署衛生組

臺灣省糧食調劑委員會致臺灣分署代電（民國三十五年六月二十四日）

劑秘字第556號

民國三十五年六月二十四日

臺灣善後救濟分署：查本次平售麵粉九萬包餘，按各縣市人口分配外，尚有特殊增配四千五百包，也已增配澎湖二千包、臺東五百包、臺中霧峰鄉五百包、臺中國姓鄉二百包，餘存一千三百包。兹經分配鐵路委員會臺北辦事處二號麵粉762包，四號麵粉146包，計909包。專賣局臺北菸草工廠二號麵粉

226 包，航務管理局二號麵粉 116 包，專賣局南門工廠二號麵粉 49 包，均按各廠工人數字分配。相應電請查照爲荷，柯遠芬已敬劑秘。

連春我兄副局長勛鑒，頃奉敝署長交下省糧食調劑委員會六月二十四日劑秘字第 556 號代電開“照叙全文”等由。查各縣市到期未領麵粉前經該會電請改配工人。當由本署於六月十五日以振字第 1381 號代電復請將粉量函告，以便由本署自行統籌分配。玆準前電似已將該粉一千三百包逕行分配各廠工，且對本署前電亦未提及，究竟實情如何，擬請惠賜查明見示爲荷。專此順頌勛安。弟林良桐敬啓　六月二十八日

善後救濟總署臺灣分署爲臺北縣文山區深坑鄉住民許坤元等田地復舊等由致臺北縣政府公函（民國三十五年六月二十四日）

收文：字 2672 號

發文：振字第 1472 號

事由：區復深坑鄉許坤元等田地復舊未便受理

公函：准貴府卅五六月十八日北民社字 1187 號函據文山區電函，該區深坑鄉景尾住民許坤元等田地前被日人填没，請撥糧補助復舊等由，附請求函等件，准此查本署補助農田水利工程之復舊，係以受益人數最多者爲限，對於一二業主之利益不能予以受理，該安坑糧秣自未便撥給。相應復請查照爲荷。

此致臺北縣政府

臺南縣曾文區爲請救濟本區赤貧而無能力者由致善後救濟總署臺灣分署代電（民國三十五年六月二十五日）

發文：區民政字第 1327 號

事由：電請救濟本區赤貧而無能力者由

善後救濟總署臺灣分署鑒：查本區無工作能力者赤貧户口甚多，甚難維持每日生活，本區無力予以救濟，玆檢同調查名册一份隨文，電請鈞署設法救濟爲荷。

曾文區長正名救巳有（卅五）民政

附職區無工作能力者，赤貧户口調查表乙份（略）。

批示：登記擬存

（簽名）錢宗起（六月廿七日）

擬辦：交辦組員登記。此表詳細極通用。

（簽名）陳文相（七月二日）

臺中地方法院爲請配給麵粉致臺灣分署公函（民國三十五年六月二十七日）

事由：爲函請配給麵粉希即查照由

臺灣臺中地方法院公函：

竊維現下米糧物價之高漲，公務員之生活深感困難，今回貴署有配給麵粉，爲利民濟恩受惠良多，本院及檢察處暨臺灣第二監獄公務員共有二百二十名，懇請貴署准予配給麵粉以資生活之補助，實爲德便，相應函請查照是荷。

此致善後救濟總署臺灣分署。

臺中地方法院院長饒維岳

臺中地方法院首席檢察官陳丞城

臺灣第二監獄典獄長賴遠輝

臺灣分署以糧食調劑委員會限期未領麵粉改配工人由致糧食調劑委員會（民國三十五年六月二十八日）

查各縣市到期未領麵粉，前經糧食調劑委員會電請改配工人，當於六月十五日以賑字 1387 號電復請將粉量函告，以便本署統籌辦理。玆准該會劑秘 556 號代電，似已將一千三百包逕行分配，未敘明本署前復代電文號應爲何辦理之處。敬祈查覈示遵。

指示：用林主任名義函李連春查詢究竟。宗起六月二十八日

臺大第二附屬醫院爲謝存媳免費醫治通知單由致善後救濟總署臺灣分署通知單（民國三十五年六月二十九日）

收文總號：3022

摘由：爲謝存媳免費醫治通知單一紙

附件：病人通知單（民國35年6月29日）

查下列病人須留院治療相應通知

此致

善後救濟總署臺灣分署

姓名 謝存媳 性別 男 籍貫 臺灣省 年齡 26歲

免費醫療證號碼 臺 字第 22 號住院日期 35 年 6 月 27 日

留治醫院蓋章

臺灣大學第二附屬醫院

病人簽章：謝存媳（手印）

臺北市古亭區永寬里里長吴盛碑爲請救濟王良醫療生活費由致善後救濟總署臺灣分署呈（民國三十五年六月二十九日）

來文總號：3128

事由：爲請發給醫療費及生活費救濟王良一家事由

竊查當里轄内即馬場町一八六番地之二住户王良，素於樸實、勤儉，從工度晨，扶持生計。數月前因友人介紹承辦仁愛中學爆炸後之破校舍，折其磚瓦及殘餘鐵條發售得利爲目的而承辦者，故以所有粒積之資及對各處借了資本。這下甚巨，諸不知拆下之鐵條，因何緣故，竟遭官差止發售，致之傾家盪産。告貸無門，以致生起煩惱，至於精神打擊。突於六日前，發起精神异狀，其態莫可觀，醫療費又無出處，一方家眷四口，嚣嚣待哺，甚堪可憐，吾儕無力爲賑濟，細想之鈞署救世爲目的而設者，爲此敢代懇鈞署准核，給予王良本身之醫療費及其家族之生活費而救其難，不但其一家以得再生之感，吾儕亦沾感不盡也！

謹呈善後救濟總署臺灣分署署長鈞鑒

代呈請人：臺北市古亭區永寬里里長吴盛碑

中華民國卅五年六月二十九日

本籍地：海山逼區鶯歌鎮大湖村三界公坑二二

現地址：臺北市古亭區永寬里一八六之二

户長：王良

民國六年三月八日生

種族	關係	姓名	生年月日	性別	職業
廣東	妻	王黄尼妹	民國七年四月一日	女	家政婦
福建	長男	王仁譯	民國廿八年七月二日	男	無
福建	次子	王文章	民國卅年三月卅十一日	男	同
福建	三女	王美冬	民國卅五年一月六日	女	同
計		四人			

高雄縣鳳山區鳳山鎮黄河深爲請求救濟生活由致善後救濟總署臺灣分署呈（民國三十五年七月一日）

組振 1254 號；收文總號 3109

事由：二呈爲抗戰期内慘受飛機轟炸，財産損失嚴重。懇請迅予救濟以維生活由。

竊民祖居福建林森縣水玉鄉，爲謀生在臺二十餘年，居於鳳山街大老衙二四二番地中山洋衣店，守善爲業。中華民國二十六年七月中日戰争，住臺華僑被日政府非常虐待，欲歸祖國所不能也。民國三十四年四月四日飛機轟炸，財産火燒嚴重，損失布疋四萬五仟元，器具稠架損失五仟元，共計五萬元之巨款（臺幣）。家散財亡資本已虧盡，家口五人，家散財亡，五離分散，生活無依。尤幸賴我最高領袖蔣委員長，抱英豪不屈之意志領道全國軍民，上下一心，堅持爲世界正義和平，卒使倭奴蹺地降伏乃得最後之勝利，救人民其水火之中，普天同慶，重見天日，其願足矣。然其生活全無，家散財亡，莫可言狀。

懇請鈞長察核，恩賜獎卹，以安良善而彰德政。實爲公便。

謹呈臺灣省善後救濟總署臺灣分署署長錢宗起鈞鑒

呈請人：黄河深

高雄縣鳳山區鳳山鎮中正路一八七號

高雄縣鳳山區鳳山鎮黄梅如爲請求救濟生活由致善後救濟總署臺灣分署呈（民國三十五年七月一日）

善臺收字 3109 號

事由：二呈爲抗戰期内慘受飛機轟炸，財産損失嚴重。懇請迅予救濟以維生活由。

竊民祖居福建林森縣水玉鄉，爲謀生在臺三十年，居於鳳山鎮，經營鐘錶鋪，守善爲業。中華民國二十六年七月中日戰争，住臺華僑被日政府非常虐待，欲歸祖國所不能也。民國三十四年三月一日飛機轟炸，財産火燒嚴重，損失鐘錶什貨，損害五萬三千元器具，椆架損失叁仟三百元，合計五萬六仟三百元（臺幣）之巨款。家財散亡，一家數口資本皆被燒盡，生活無依。尤幸賴我最高領袖蔣委員長，抱英豪不屈之意志領導全國軍民，上下一心，堅持爲世界正義和平，卒使倭奴蹺地降伏乃得最後之勝利，救人民其水火之中。普天同慶，重見天日，其願足矣。然其生活全無，家散財亡，莫可言狀。

懇請鈞長察核，恩賜奬卹，以安良善而彰德政，實爲公便。

謹呈臺灣省善後救濟總署臺灣分署署長錢宗起鈞鑒。

呈請人：黄梅如

高雄縣風山區凰山鎮縣口一八七號

臺灣分署以歉難道囑配給職員麵粉致臺中地方法院公函（民國三十五年七月四日）

收文：字第 3060 號

送達機關：臺中地方法院

事由：准函囑配給貴院職員麵粉礙於規定歉難照辦，復請查照由。

公函：貴院卅五年六月二十七日院牘字 48 號函囑配給職員麵粉等由，查本署麵粉配售係以平民工人爲對象，各機關職員報有户口者，自可逕向當地糧食調劑服務社領購。準函前由礙於規定歉難照辦，相應復請查照爲荷。此致臺中地方法院。

署長錢宗起

蘇澳區長謝樹德爲請再救濟蘇澳高山族同胞衣食藥品由致善後救濟總署臺灣分署箋函（民國三十五年七月六日）

收文總號：3264

摘由：請再救濟蘇澳高山族同胞衣食藥品

宗起署長吾師鈞鑒：此次蘇澳慘遭風灾，承鈞座迅派幹員携帶麵粉四百袋來蘇急賑。嗷嗷待哺灾黎受惠之下，均喜形於色，雖云公誼寔深私感，謹代表蘇區三萬灾民敬致謝忱，更有請於鈞座者，四百袋麵粉以每人分配 2.5 公斤計，僅及一鎮較嚴重之三千人。稍遠之鄉村裏民無法配到，更有四千高山族同胞以交通阻塞，尚未聞訊。而渠等性格淳樸，衣不蔽體，穴居而野處，三月不知米飯味，殊令人不忍卒睹，尚望鈞座再惠予救濟爲米麵、乾糧、衣服、藥品（尤以奎寧爲急需），則更感德靡矣，肅此敬頌。

鈞祺

蘇澳區長、中訓團學員謝樹德謹啓

善後救濟總署臺灣分署爲通知王良來署面洽救濟由致臺北市古亭區永寬里里長吴盛碑箋函（民國三十五年七月八日）

收文字：3128 號

發振字第 1697 號

事由：函請通知轄區内住民王良來署面洽救濟電

組箋函：

准貴里長卅五年六月廿九日呈請發給醫療費及生活費救濟轄内居民王良全家等由。即係通知該王良來署面洽，爲荷。

此致北市古亭區永寬里吴里長

基隆市第五區區公所請延長配給本區麵粉致臺灣分署基隆工作隊代電（民國三十五年七月十日）

發文濟字第 251 號；善臺收字第 3321 號

事由：請延長配給本區麵粉由

救濟署基隆工作隊公鑒：查貴隊配給本區民衆麵粉於昨九日停止，維本區民衆多屬赤貧，前來請求延長配給者日衆，特電請延長本區配給一星期以濟貧民如何，希請賜覆。

中山區公所民濟（十）印

高雄縣鳳山鎮商阮氏以家破人亡懇予救濟由致善後救濟總署臺灣分署呈（民國三十五年七月十日）

收文總號：3263

摘由：家破人亡懇予救濟

事由：呈爲抗戰時期慘受飛機轟炸，財産損失嚴重，人口損失慘烈，懇請迅予救濟，以維生命由。

竊民祖居福建省林森縣東門外鄉，爲生計住臺二十餘年。臺南市永樂町水仙宫口市内經立飲食守善。爲中華民國三十四年五月五日被日本政强令爲公工之中，忽然受飛機炸下，一命死亡，以至家散財亡，遺餘家族妻子二人，無人可靠，生活無依，不可言狀，尤幸賴我最高領袖蔣委長，抱英豪不屈之意志，領導全國軍民上下一心堅持爲世界正義和平，卒使倭奴跪地降伏乃得最後之勝利，救濟民人水貨，普天同慶重見天日，其願足矣！然其生活無靠，家散人亡。店内所用品一切被害，損失叁萬元（臺幣），莫言可狀，懇請鈞長，核恩賜獎卹以世良善而彰德政，實爲公便。

死亡人商炳昆三十三歲。

謹呈救濟署署長錢宗起鈞鑒

呈請人：妻阮氏金，三十四歲；子商有才，十四歲。

中華民國三十五年五月卅號

現通訊：高雄縣鳳山鎮中正路一八七號黄華山内轉交

臺灣分署以延長配給麵粉致基隆市第五區區分所（民國三十五年七月十六日）

查基隆第五區赤貧經派朱視察義明前往調查，據報該區爲赤貧最多之處，赤貧計有七百一十一人，確需救濟（另有報告），兹擬散發辦法如下：（1）每人四等面二臺斤，在本署基隆倉庫散發。（2）派趙浩、郭家振監發。（3）請基隆第五區區公所派員携帶赤貧名册到倉庫散發（4）攝影並造册二份。

澎湖縣府復臺灣分署代電（民國三十五年七月十八日）

文別：代電

收文總號：3432

事由：電復麵粉運到數目由

臺北善後救濟分屬公鑒：文電奉悉，麵粉已運到4248包，完全配售各鄉鎮，餘603包在高雄待運中，仍祈續賜配給特復。澎湖縣長傅緯武貳建工午（寒）

臺灣省彰化市政府以電達本府應領乾糧海山區署擅作處置請函飭追還由致臺灣分署代電（民國三十五年七月十八日）

致午巧建字第2466號

事由：電達本府應領乾糧海山區署擅作處置請函飭追還由

善後救濟總署臺灣分署鈞鑒，查本市以赤貧過多，經商準貴署撥給乾糧三萬公斤，又承指定以臺北縣海山區悠倉提領，至爲欽感。當經本府派員先後向臺北縣政府洽提。兹據報稱乾糧竟全部擅自配發，該區鄉鎮對本府則以巧言掩塞。查乾糧爲救濟物品，既經本府事先請准撥付有案，該區何得擅自作處置？是否其間殊有未明之處。且本府請領此項乾糧原爲救濟貧困全市市民，久已周知，爲飢民著想即須追回，在公家立場亦須澈究。除將先後恰領情形呈報長官公署，勒令該縣追回此項乾糧外，謹抄附本府先後派員向臺北縣洽商報告二份，電請咨行該縣轉飭海山區署追還乾糧，撥交本府以惠貧困，並維政府威信。仍盼示復爲荷。

彰化市王一慶　午（）建糧

附洽商經過報告二份。

洽商經過（第一次六月六日）報告鈔録　一號表

六月六日下午二時，往救濟分署與分署賑務組嚴副主任家理商事，並仰希垂憫本市貧民，能盡大量撥給是幸。嚴副主任即時謂之，因救濟物品現在委托臺北縣政府保管中之關係，請明天下午三點鐘至四點鐘時候再來一次，自當給於文書，煩到臺北縣政府洽商就是。翌七日照約束時候再訪嚴副主任面談，嚴副主任隨時提出左表文書給於竊職，請到臺北縣政府洽商，並叮囑已照貴府之希望决定撥給三萬公斤。

該分署送臺北縣政府代電抄錄

善後救濟總署臺灣分署代電善臺署振字第 1230 號

六月七日

事由：電請撥交彰化市政府糧秣並見復由

"臺北縣政府公鑒，查本署决定撥給一部分糧秣救濟彰化市貧民。前經洽商貴縣長同意。即就本署接收合於救濟用之軍糧由貴府保管額內撥給該市政府叁萬公斤（如能多撥尤佳），由該市府領收具報，送由貴府向本署匯算。兹由彰化市政府科員賴鴻儒趨商洽領手續，即希查照撥給，並先函復爲荷。善後救濟總署臺灣分署"

即時携帶該文書到臺北縣政府社會課，因課長不在，該課科員林守南代理面商，謂之乾糧保管處散在數處，淡水、青潭、烏來、新店、板橋等，然未得縣長之批准不能言明將何處撥給貴府，請明天再來。翌八日上午八點鐘再到臺北縣政府與該府社會課長面叙，並相託因輸送關系望照近撥給爲荷。受該縣長之美意批准從海山區撥發。然該課長謂之海山區署至今尚未呈報保管中之物品並數量，請俟數日調查明白後自當以文書通知貴府，其時祈携帶領取憑件，再本縣政府斯時即派員會同往海山區署檢點交付無誤……洽商清楚即辭退該政府，再訪救濟分署將與臺北縣政府洽商情形報告嚴副主任，並請問救濟物品之運貨屬何人負擔乎？嚴副主任即答，運貨是貴市政府要負擔，此物品概無價給者也。再請問要携帶包裝物件來否，對曰不要。全部用板箱及草袋包裝完全。

洽商經過報告鈔録（第二次七月四日）　二號表

七月四日下午三時往救濟分署面會賑務組長林良桐、視察朱羲明，商量運領事務，並呈文書。朱羲明即謂："乾糧之件已經接到臺北，臺北縣政府之報告一切連絡順序請到臺北縣政府社會課洽商就好。"即時到臺北縣政府社會課，因張課長增齡不在，課員何辛霖代理面商，謂張科長不在，詳細不明，請明天再到一次面會課長是荷。翌五日上午八時再到該縣訪同張課長，斯時張課長謂之"請到海山區署洽商就好，本縣已經聯絡了。"即時辭別乘上午十時四十五分之火車到板橋海山區署。是日因陸縣長巡視海山區内，各鄉鎮故羅區長賢晋以下幹部會員隨行縣長出巡不在署。不得已捉一社會係員告來意，並詢問乾糧在何處，可交我們運回乎？他即對曰“乾糧十數天前就配發各鄉鎮去了，現在没有。”奇怪：我們是接到救濟分署之電報始來，昨天亦與分署洽商，今朝又到臺北縣社會課面商，兩處均謂與貴區署聯絡順序，所以特來貴署，今聽説没有，實在奇怪，哪有這種不得要領事嗎？該係員不能答辯，謂之此事自己不能負責言明，請明天再來面會區長就是。即時辭别回到臺北縣政府，對張課長復命海山區署已經分配了，現在没有現品。該課長曰“實在有此事，事屬亂來。”翌六日與該縣課員陳福源再往海山區署，區長不在，民政課長林燕清代理面叙。竊職即問“昨日來貴署聞及乾糧已經分配一事，事實否?”該課長曰“實在分配了，因在庫日久，兼夏天熱氣之影響，乾糧發生蟲害腐敗日盛，不得已配出各鄉鎮。”課員陳福源責問之：“未受縣長批准，擅專做事，致不能交付彰化市政府，誰人要負責嗎?”林課長無言可答。陳課員再責之：“雖已配發各鄉鎮，然各鄉鎮必未配發老百姓，即時派員催促集中回來如何?”林課長答之“取回一事絶對不能，若用强固手段，老百姓必然用武力抵抗。”陳課員曰“此事我們回到報告縣長如何處置，你們海山區亦要相當考慮才好。”一同回到臺北縣府對張課長詳細前由。該課長啞然無言可答。又問該課長“我們前月七日來貴院洽商時，貴下約束數日中就能回復，然見貴院發出之公文期日六月十九日，因期日過遲，所以生出此種錯誤。我們這回不能運回事實，無顔可對科長、市長復命。該課長出口就是對不住，入口亦是對不住。”顧此馬馬虎虎之做事令人難解。七月八日上午再到救濟分署訪問朱羲明及林賑務組長，報告海山區保管糧已經配出，現在即無了望再對臺北縣責查是荷。

善後救濟總署臺灣分署衛生組爲劉金榮免費醫療證發放由致善後救濟總署臺灣分署函（民國三十五年七月二十一日）

囑查劉金榮壹節，經於昨日前往高砂町訪仁愛區里長，始得找到。當經發給該劉金榮醫療證壹張。指定於基隆醫院，有效期間爲本月底止。

此致犧明堯兄鑒

郭家振謹啓

七月二十一日

免費治療證已發。件存

（簽名）陳文相（七月廿二日）

新竹縣政府竹南區署爲呈報高山族希即救濟人口調查由致善後救濟總署臺灣分署呈（民國三十五年七月二十二日）

新竹縣政府竹南區署。

南區總事字第212號。

事由：呈報高山族希即救濟人口調查由。

竊查竹南區南莊鄉下高山族貧民苦無糧食者，於民國三十五年六月十三日既報上一千一百五十人，昨天再調定最貧困者暨列以左：

東河村五百二十七人；

風美村五百四十四人；

蓮蓬村四百〇八人。

但此三村計共人數壹千四百七十九口，仰祈救濟糧食麵粉衣服皆可，應即照准，是爲至要。

謹呈善後救濟總署臺灣分署署長錢宗起

竹南區長：張青雲

校對：吴有全

臺北縣淡水區署爲電送一部分施賑照片希查收電復由致善後救濟總署臺灣分署代電（民國三十五年七月二十二日）

臺北縣淡水區署代電

發文署淡建字第2374號

事由：電送一部分施賑照片希查收電復由

臺灣救濟分署公鑒：兹先送上本轄淡水鎮公所舉辦工賑及赤貧施賑照片各一幀，餘俟陸續寄，奉希查收，函復爲荷。

淡水區署〈梗〉印附照片貳幀

批示：照片貳張抽存振務組件擬存檔。

（簽名）高翰代錢宗起（七月廿四日）

（簽名）高翰（七月廿四日）

臺灣分署以續發救濟麵粉三千包致澎湖縣政府代電（民國三十五年七月二十三日）

收文：字第3432號

送達機關：澎湖縣府

事由：電知續發救濟麵粉三千包希派員領運妥籌散賑由

澎湖縣政府公鑒，建二午寒代電敬悉。未運麵粉603包，請速運，茲再續撥救濟麵粉三千包及其他救濟品等，即希派員來署領運，妥籌散賑。並按手續報署核銷。

善後救濟總署臺灣分署

臺灣分署以另撥麵粉賑貴市赤貧希派員來署由致彰化市府、臺北縣府代電（民國三十五年七月二十四日）

代電：彰化市政府公鑒，致午巧建字2466號代電暨附件均敬悉。除電臺北縣政府澈究見復外，茲先另撥四等麵粉200包作爲救濟貴市赤貧民衆之用。即希派員隨帶印鑒到署領運，並洽商發放及報銷等手續爲荷。

善後救濟總署臺灣分署

臺灣分署撥高雄救濟分院等麵粉40包致臺灣省糧食調劑委員會代電（民國三十五年七月三十日）

振字第1934號

事由：高雄救濟分院、西螺鎮養護院救濟麵粉共40包，由高雄市分會撥付請查照辦理由。

臺灣省糧食調劑委員會公鑒，本署應發各縣市慈善機關麵粉計82包，前經電請，特電各貴分會撥發在案。茲據高雄縣救濟分院及臺南縣西螺鎮愛護院報稱該兩分會平售米那份業售清無存，請改撥等由。查高雄縣救濟分院前配給16包又續給16包，計32包。西螺鎮養護院前配給4包外續配4包，計8包。兩共四等麵粉40包，請特電高雄市分會，就請存餘額內按照本署物資配給單核發收回原單（六聯）匯送本署結算。除另附配給單分電各該機關填明持向高雄市貴分會領取外，相應電請查照辦理爲荷。

善後救濟總署臺灣分署

臺灣省彰化市政府爲派員洽領麵粉致臺灣分署代電（民國三十五年八月二日）

致未冬建字第 2788 號

事由：爲派員洽領麵粉致臺灣分署由

善後救濟總數臺灣分署鈞鑒：善臺署振字第 1889 號代電敬悉。玆派本府技士林添福、科員莊銘川前來恰領麵粉，相應備具領據即希惠予撥付爲荷。

彰化市市長王一慶未（冬）建農

臺灣省澎湖縣政府公函（民國三十五年八月二日）

民字第 427 號

事由：爲派本府駐臺北辦事處科員陳錦泉前來洽領並押運救濟麵粉請查照由

查本縣經蒙賜配救濟麵粉 3000 包，縣民聞訊感德無量。玆派本府駐臺北辦事處陳錦泉前來洽領，並押運該批麵粉，相應檢同該員印鑒一份隨函送請查照。

此致聯總中國區救濟署臺灣分署

臺灣分署以撥配麵粉五千包充工賑致臺南市府、高雄市府代電（民國三十五年八月三日）

賑字第 1934 號

事由：電以撥運麵粉五千包備充防疫工賑，希製縣保管证送署存執由

代電：臺南、高雄市政府公鑒：查貴市區內發生虎疫，雖經本署會同省市衛生機構竭力防治，仍恐疫癘潛伏，未能徹底肅殺清。爲正本清源計，亟應運出麵粉各五千袋托由貴市府保管備充辦理疫區及積穢地點掃除暨水道清理各工

作工賑之用。如有餘存，當再提撥臨近縣區繼續以竟全功。除由本署簡任工業技正許及後前往查勘該項工賑事宜並會商詳細辦法外，相應電達查照惠洽，即祈該項麵粉到，時製縣保管證送署存執爲荷。善後救濟總署臺灣分署。

第一件附件（十一月十四日）

查該款五萬元匯交許技正九號出納室交匯，十一日係星期日擬亦電詢已否收到，如未到應携電往銀行接洽。

八月十六日

款五萬元寒晨收到已交許技正另有電到署。

臺北縣文山區署爲送深坑鄉貧民名册請救濟由致善後救濟總署臺灣分署代電（民國三十五年八月三日）

文民社字第 1268 號。

事由：電送本區深坑鄉貧民救濟名册，請核准救助由。

臺灣省善後救濟分署署長錢宗起鈞鑒：據本區深坑鄉呈稱略以“查本公所内對於貧民救濟事業，從前既有社會事業部門組織創設多年，爲貧民謀福補助用生活費用在案，有十四户。但自民國卅四年二月以後，對此種補助業經中絶，彼等生活實屬慘痛之極，假使地方有志慈心自發捐款救援，亦屬暫時彌縫之策，當有斷絶之日。鑒此，倘若得救濟總署垂伸慈手以救蒼生之恩，莫不感頌盛德。兹具造救濟名册乙份，趕速伏祈，重鑒懇准”等情前來查，所稱尚屬實在。理合檢同原名册乙份送。

請察核救濟：文山區署區長黄福霖叩末（江）問民社。

附件：臺北縣文山區深坑鄉貧民救濟名册

住址	姓名	性别	日本統治時補助金額每月（元）	備註
深坑鄉昇高村烏月二二二號	王惜	女	2.00	没有眷屬族，自己年經五一才，而兩眼失明，不能勞動，生活困難。
深坑鄉玉庫村新埤内二〇四號	許永興	男	2.00	没有眷屬，自己年經六三才，又兩眼失明，生活上困難。
深坑鄉景尾南村景尾一六六號	高生告	男	3.00	自己年少不能勞動，又家族祖母林力一人，没有親族者，無收入。

續表

住址	姓名	性別	日本統治時補助金額每月（元）	備註
深坑鄉木柵村木柵二〇九號	陳劉梅	女	2.00	自己年長，不能勞動，没有親族，故不能安定生活。
深坑鄉頭廷村猴山坑九號	張德根	男	4.00	自己年少家族有二，但人之身不能勞動，自然没有收入，生活上困苦。
深坑鄉指南村抱子林四二	周金鳳	女	5.00	丈夫早死，家族五人之間皆女子，不能勞動，没有收入安定生活。
深坑鄉昇高村王軍寮五八	王陳謹	女	2.00	没有親族，自己年長，不能勞動，生活上困難。
深坑鄉木柵村木柵九五號	張高烏秋	女	2.00	自己年長，家族孫張銀鑾一人，年少不能勞動，生活困苦。
深坑鄉深坑村深坑四四	陳霞	男	2.00	自己年長又兩眼失明，家族陳順一人年少不能勞動。
深坑鄉博嘉村抱子節一六	許林輟	女	3.00	没有家族，自己年長，不能勞動及没有家族。
深坑鄉阿柔村抱子嶺三六	林蘭	女	5.00	自己年少。不能勞動，又没有家族。
深坑鄉萬順村萬順寮二二	高陳美	女	3.00	自己年長，又兩眼失明，不能勞動，長男高朝總行方不明，没有收入，生活困難。
深坑鄉木柵村木柵二七二	張居	男	3.00	年已年長，又殘疾，不能勞動，生活上困苦。
深坑鄉新奥村小坑	張　毅	男	5.00	自己身體殘廢，全然不能勞動，家族有二人，老幼，不得安定生活。
計	十四户			

善後救濟總署臺灣分署來電第4011號（民國三十五年八月五日）

發電地：嘉義；發電者：陳東生；代日韵目：未歌電；發電時刻8月5日7時50分；收電時刻：8月5日14時30分

臺北善後救濟分署錢履周先前結存麵粉、麵乾如何處置，請速决定電示。因近值雨季面易生霉也。弟陳東生未歌印

臺南市參議會以謝救濟市民並祈再設法拯救由致臺灣分署公函（民國三十五年八月六日）

南参總字第 72 號，臺字第 4151 號，振字第 1712 號

事由：亟謝救濟市民蒙賜麵粉六千包感謝並祈重念本市再設法拯救由

兹本會第一屆第二次大會開會中承臺南市長韓報告，貴會分署垂念本市受炸損害程度嚴重，再惠賜麵粉粉 6000 包救濟復興工作，本會代表全市民衆深表感佩意。爲拜領麵粉並面陳謝意，本會副議長楊偕臺南市政府有關人員赴北，登貴分署時祈接見並祈念及本市之現狀，復興時如建築材料缺乏，對此貴分署請特憐念本省古都 300 年之歷史，望乞賜予援助建築材料以整市容，本會代表民衆企望之至。此致善後救濟總署臺灣分署。

議長黄昌禄。

善後救濟總署臺灣分署爲文山區請撥賑深坑鄉貧民由致臺北縣政府公函（民國三十五年八月七日）

總發文字號：振字第 2049 號

事由：函以文山區請撥振深坑鄉貧民一案，應請飭令存，未使用之救濟軍糧内撥給由。

公函：案准貴轄文山區署文民社 1268 號代電。送該區深坑鄉貧民名册計十四户，請予救濟等由。附件准此查該區接收救濟軍糧尚未據報使用完罄，該批貧民如果需要施賑。應請飭令就該區保管本署糧秣項下均予撥給。相應函請查照飭辦，見復爲荷。

此致臺北縣政府

臺灣分署以麵粉等救濟物資彙交陳錦泉領運由致澎湖縣府代電（民國三十五年八月八日）

振字第 2047 號

事由：電復麵粉及其他救濟物資彙交陳錦泉領運，另派賑務組員林雲龍前往會同辦理散放事宜由

澎湖縣政府公鑒：民字427號公函及印鑑均敬悉。查本署此次撥給貴縣救濟物資除麵粉3000包外尚有煉乳300箱，舊衣50包，舊鞋30包，統已交由貴府陳科員錦泉領運，一面另派本署賑務組組員林雲龍前往會同辦理散放事宜。至希妥籌洽辦，並將詳情見復爲荷。

善後救濟總署臺灣分署

善後救濟總署臺灣分署來電第4228號（民國三十五年八月十日）

發電地：臺南；發電者：許乃波；發電時刻：8月10日10時10分；收電時刻：8月12日9時30分。

電文：急臺北錢署長麵粉及款未到許乃波。

善後救濟總署臺灣分署來電第4226號（民國三十五年八月十日）

發電地：屏東；發電者：龔履端；代日韵目：建灰電；發電時刻：8月10日18時10分；收電時刻：8月12日9時30分。

電文：臺北救濟分署署長錢振未救電奉悉，番仔工程工資惠撥麵粉即派員赴署領運，雜費本府負擔。

善後救濟總署臺灣分署來電第4225號（民國三十五年八月十日）

發電地：嘉義；發電者：陳東生；代日韵目：未灰電；發電時刻8月10日6時20分；收電時刻：8月11日14時。

電文：臺北救濟分署錢署長前調劑會撥交本市多種麵粉未配售者已適令特停。惟查結存數長期保管深感困難。其中麵乾一項已有一部分生霉。本市近日糧價高漲，貧民生活艱苦，曾經電請調劑會將前項結存麵粉、麵乾交本府免價

或廉價配售市民奉復，特請貴署核辦可否准予撥發，敬乞電示又代墊（3072）車運費已如數收到。弟陳東生未灰印

善後救濟總署臺灣分署來電第4227號（民國三十五年八月十二日）

發電地：臺南；發電者：孔慶銘；時間：8月11日9時；收電時間：8月12日9時30分。

電文：急0810臺北錢署長麵粉真晨到臺南5150包，全破303包，受濕130包，款未到達速匯。孔慶銘代真

善後救濟總署臺灣分署來電第4264號（民國三十五年八月十二日）

發電地：高雄；發電者：許乃波；發電時刻：8月12日17時；收電時刻：8月12日15時30分。

電文：急臺北善後救濟分署錢宗起全疫區需麵粉不超5000包，原定運高雄市5000包取消。

基隆市中山區公所致基隆工作隊代電（民國三十五年八月十二日）

發文救字第372號

救濟署基隆工作隊公鑒：兹造就貧民領給麵粉日期表一份及貧民名冊二份，電請察收見覆。

中山區公所致未文。

臺灣分署以將結存麵粉改黨賑濟之用，並派徐正一前往洽商分致嘉義市政府電、徐正一專員函（民國三十五年八月十四日）

文別：代電；箋函

總第 2134 號

事由：電復擬將貴市結存麵粉改充賑濟之用並派本署專員徐正一前往洽商由

代電：嘉義陳市長未灰電敬悉。所有結存麵粉經查尚有二等粉 199 包，三等粉 167 包，四等粉 786 包，共計 1152 包。茲擬全部向貴糧食調劑分會提出改充救濟之用，並派本署專員徐正一趨往洽商辦理。除詳情由徐專員面洽外，即請查照。臺灣善後救濟分署。

箋函：查本署發交嘉義糧食調劑分會麵粉尚有餘存數 1152 包，茲決定撥充救濟之用。希即馳往嘉義向陳市長東生接洽。賑放辦法如習施賑。該市赤貧人數無多而市府尚有工程適合工賑者可商留一部或全部辦理工賑，即日開工由市補具工程圖樣設計書及預算報署統。希查照辦理，仍將辦理情形報核。此致徐專員正一。

高雄縣救濟分院以送鈞署兩次配給麵粉領受名冊致臺灣分署代電（民國三十五年八月十四日）

字一號

事由：電送鈞署兩次配給本院收容麵粉領受名冊請查核由

臺灣救濟分署均鑒：查兩次配給本院四級麵粉計 32 包，業經派員持鈞署製發第 31 號及 60 號物資配給單，先後逕向高雄縣及高雄市糧食調劑分會洽領，並遵照規定額數分配本院收容者。每人計一包，理合將配給領受者名冊一份送請查核。

高雄縣救濟分院（未寒）印（領受者名册略）

善後救濟總署臺灣分署來電第 4361 號（民國三十五年八月十五日）

發電地：臺南；發電者：孔慶銘；發電時刻：8 月 14 日 11 時 11 分；收電時刻：8 月 15 日 9 時。

電文：臺北錢署長款寒領到即轉許技正、孔慶銘寒。

錢宗起以發運麵粉希准備存放地點致高雄市政府電（民國三十五年八月十五日）

振字第 2045 號

事由：電以發運麵粉希准備存放地點由

高雄黄市長密，貴市防疫清掃工程麵粉先運一千七百餘包，定辦事員楊繼瓊押往到，希查收，指定負責人員妥加保管，製據見復，並先備倉庫爲荷。

電：高雄謝縣長密，貴轄州區高山族衆多，生活困苦，先撥救濟麵粉約三千包，派視察陳笑陶前往施賑。定 1 天起運，請迅速飭該區速備存放地點，粉到即日施賑，並事先准備一切爲荷。

弟錢宗起

錢宗起以工賑麵粉改由高雄撥派由致屏東市府電（民國三十五年八月十五日）

振第 2140 號

事由：工賑麵粉改由高雄撥派許技正趨洽可免派員來領由

電：屏東龔市長履端兄密灰電敬悉，所需麵粉已定改由高雄撥，並由本署技正許乃波兄趨洽，可免派員來領。弟宗起

臺灣分署請對本署工作多予贊助由致臺南市參議會代電（民國三十五年八月十五日）

收文第 2154 號

事由：電復請對本署工作多予贊助由。

代電：臺南市參議會公鑒：南參總字 72 號公函敬悉。查賑濟係本署專責，猥承獎飾珠，不敢當，貴會爲民意機關，對於本署工作仍祈多予贊助，相應復請查照爲荷。

善後救濟總署臺灣分署

嘉義市政府公告（民國三十五年八月十六日）

嘉建字第 10111 號

查善後救濟總署臺灣分署撥給麵粉麵乾一批救濟本市貧民，本府自八月十九日起開始免價配給。兹將配給時間、地點、辦法公佈於後。希本市甲、乙兩種赤貧及次貧苦人民屆時隨帶糧食配給券及户長印章前往領取爲要，此告。民國三十五年八月十六日市長陳東生

麵粉、麵乾配給時間地點辦法

（一）配給地點：市政府背後前糧食調劑會配給處。

（二）配給數量：（Ⅰ）甲種（赤貧）人民——每人配給各號混合麵粉四臺斤，每户配給麵乾二包。（Ⅱ）乙種（次赤貧）人民——每人配給各號混合麵粉一臺斤，每户配給麵乾一包。（Ⅲ）水上及太保兩區因貧民人數不詳，配給數量及日期由各該區自行決定。

（三）配給時間（每日上午九時起至下午六時止）八月十九日——東門區、東山區；八月廿日——南門區、八獎區；八月廿一日——西門區、竹園區；八月廿二日——北門區、北鎮區。

臺灣分署派員押運三等麵粉請妥爲保管由致臺中縣公函（民國三十五年八月十七日）

收文者：臺中縣

振字第 2192 號

事由：派員押運三等麵粉一千七百包請妥爲保管，使用方案另函通知電

公函：兹派本署職員陳單合押運本署三等麵粉一千七百包已備用到希查收，要覓倉庫代爲保管，製據交來員帶署。至該麵粉使用方案當再另行通知，並希查照。此致臺中縣員林居署。

臺灣省花蓮縣政府爲派員領運牛奶致臺灣分署代電（民國三十五年八月十八日）

事由：派員領運牛奶由

教核字第二二五號；臺字第6239號

善後救濟總署臺灣分署公鑒：酉修電敬悉。兹派本府科員林進財乙名，押運人員林喜生、危金凱二名隨帶收據乙紙前來領運，相應電達查照爲荷。

花蓮縣縣長張文成酉（巧）教技

善後救濟總署臺灣分署來電第4463號（民國三十五年八月十九日）

發電地：高雄；發電者：許乃波；發電時刻：8月17日11時分；收電時刻：8月19日8時。

電文：急臺北錢署長筱開始由臺南存囤之粉發各病區，請續發運高雄（3000）包，臺南2000包波筱

批示：周專員即辦並電復。基隆尚有平售粉盡數先撥，不足再湊。森8月21日

臺灣分署以餘存麵粉、面乾已商得徐專員同意免費散振由致嘉義市府代電（民國三十五年八月十九日）

臺字第4493號；組振1838號

8月20日

摘由：餘存麵粉、麵乾已商得徐專員同意免費散振

臺北善後救濟總署臺灣分署公鑒，振字第2134號代電敬悉。本市糧調分會結存麵粉、麵乾已有貴分署徐專員正一全部提出改充救濟之用，並經商得徐專員同意將該項結存麵粉、麵乾免價配給本市甲乙兩種赤貧及次貧苦人民，已定於本月19日至22日在本府分區發給。除俟辦理完竣將報銷名册另報外，特電查照嘉義市政府（35）未銑嘉建印

善後救濟總署臺灣分署來電第4531號（民國三十五年八月十九日）

發電地：高雄；發電者：許乃波；代日韵目：皓電；發電時刻：8月19日

10 時 50 分；收電時刻：8 月 20 日 8 時到。

電文：臺北錢署長玆請改運高雄 2000 包，新營 2000 包，臺南 1000 包，玻皓

善後救濟總署訓令（民國三十五年八月二十一日）

臺字第 4657 號

事由：准申報館轉該報讀者來函飭蘇寧分署查明具報各仰切實注意由

令臺灣分署：

准上海報館轉該報讀者來函一件，略謂南通等地發放麵粉時，多爲冒稱流民難胞領受麵粉情事。請嚴格調查登記，俾真正貧苦難民得沾實惠等由到署。除飭蘇寧分署查明南通等處發放麵粉確實情形具報外，合行通令切實注意此令。

署長蔣廷黻

錢宗起電知許技正已回並運麵粉交臺南縣府等致陳慶正等電（民國三十五年八月二十三日）

事由：電知許技正已回並運麵粉交臺南縣府等由。

振字第 2268 號

高雄旅社陳專員慶正鑒：許技正已回。（1）玆有臺北運麵粉 2000 包交新營、臺南縣政府備用。（2）高雄市平售四等麵粉尚餘 1262 包，希商請市長全部提出交本署作疫區急賑用。（3）抽調工作人員一人回北押運 1000 包麵粉往臺南市。錢宗起振未印

電：臺南縣政府，疫區施賑麵粉即日派本署職員陳華合運出 2000 包，請先准備倉庫。善後救濟總署臺灣分署振未（漾）印

電：高雄黃市長，請將平售餘存麵粉四等 1262 包全數撥交本署陳專員慶正，作疫區急賑之用，妥復善後救濟總署臺灣分署。振未（漾）印

臺灣分署以旗山、屏東、恒春各區高山同胞容候另籌賑濟由致高雄縣代電（民國三十五年八月二十三日）

振字第2286號

事由：復以旗山、屏東、恒春各區高山同胞容候另籌賑濟由

高雄縣政府鑒：卅五年八月十五日民社字6460號代電敬悉。查本署麵粉分配將罄，貴縣旗山、屏東、恒春各區高山同胞容候另籌賑濟。相應函復，即希查照爲荷。

善後救濟總署臺灣分署（）印

陳慶正致臺灣分署錢署長代電（民國三十五年八月二十四日）

善後救濟總署臺灣分署錢署長鑒：振未漾電敬悉。（一）散發臺南縣之麵粉倉庫已洽妥，請押運人交新營、臺南縣政府收。（二）頃向高雄市府洽妥，將前平售四等麵粉餘數計共（1302）包，日内可提取。（原電爲1262包，惟據該府建設局農林科稱該市鹽埕有40包未提，故較原數多出40包）。遵示作爲疫區急賑之用。（三）前遵電示商請高雄市派員押運，已由該市建設局派黄維坤於二十一日前往臺北，徑以馬電復在案（係延英杰君電岑主任），疫區及赤貧者人數甚多，高雄部分原請運2000包，以平售餘數抵數，似覺不敷分配，仍請照數運高雄。陳慶正叩梗。

臺灣省臺南縣政府請撥麵粉三千包救濟北門區七股，北門兩鄉失業鹽工由致臺灣分署代電（民國三十五年八月二十四日）

未迴府社民社字8343號

臺字第4910號，三十五年九月六日收

事由：電請撥麵粉三千包救濟北門區七股、北門兩鄉失業鹽工由

善後救濟總署臺灣分署錢署長弟，昨到北門區視察，七股、北門兩鄉鹽工失業，致在飢餓綫上者兩萬餘人，情實可憫，請准撥麵粉三千袋，以工賑修築道路。兹派本縣北門區高區長應賢前來報告，乞予指示並希電復爲禱。弟袁國

欽未（回）民社。

覆周署長勛鑒，本縣地域遼闊，赤貧人衆，屢蒙撥濟軍用糧秣辦理工賑，萬民感戴，以次弟出巡至北門區七股、北門兩鄉地區，目睹萬千失業鹽工饔食不繼，茹苦含辛，狀至窘迫。經弟面允轉陳設法救濟。兹特請北門區高區長應賢前來晋謁報告實況，敬希予以接納賜准。是所切禱。耑此敬請公綏。

弟袁國欽謹上，八月廿四日。

錢宗起復麵粉辦法各點由致陳慶正代電（民國三十五年八月二十八日）

振字第2312號

代電：高雄市高雄旅社陳專員慶正代電來：（一）麵粉三、四等各600包，計1200包寢交黄坤維押運。（二）高雄市糧調分會平價麵粉二等302包，三等61包，四等1302包計1665包，應統點收作救濟及工賑用。（三）所有撥交臺南、高雄各地麵粉領據（即配給單）並由黄坤維帶交到，希查收轉送各領收機關，簽蓋後送署。

錢宗起

基隆市中山區公所致基隆工作隊代電（民國三十五年八月二十九日）

發文：濟字第402號

救濟署基隆工作隊公鑒，查本月十五日貧民向貴隊領受麵粉時，所携之相片計耗臺幣五百元，是否由貴隊發給，希請函告爲荷。

中山區區長汪榮振致未（艷）印

高雄縣恒春區恒春鎮九進來等爲田地被日軍佔用請予救濟由致善後救濟總署臺灣分署呈（民國三十五年八月二十九日）

摘由：爲田地被日軍佔用，是請轉知有關當局，准予發還並予救濟由

附件：陳情書

爲陳情民等被日軍徵用（强制的）並呈請發放地之物代款，迅速復舊，以利民生由。

竊陳情人民等所有恒春區虎頭山、猫子坑一帶良田地，在民國三十二年因戰爭激烈，日軍將該地强征建築飛機場，充作掩護飛機或輸路之設備。所有良田地皮遂成廢地，民等是時難作堅固之抗議，因在敵寇鐵蹄下無可奈何。自該地帶被日寇佔用後，民等失地喪財，苦不聊生。接之盟國飛機轟炸日益加勵，民等失所背井離鄉，男女老幼掙扎於飢餓綫上，等待祖國戰勝以便雪耻。幸得天佑於客歲仲秋，抗戰獲勝，還我山河，被日寇統治五十年之吾省臺灣重入祖國版圖，尤爲民等所歡忻。民等携幼扶老返家，聚天倫之樂。理應竭力建設生産以維民氣而利國家。乃因民等被日寇佔用地皮，光復如今將近一載。蒙有關當局示遵，又未蒙當局實施復舊工作，使民等有田不能種，不但如此，被日寇徵用地皮照常納租。如今物價高漲，民等已到山窮水盡。

謹此連名備文，呈請鈞長轉呈有關當局：

（一）准予該地發還並謀復舊工作以維生計。

（二）將該地皮被征時受害地之物之賠償早日發放以救民生。

（三）將該地皮已往所征收地租由今年起至復舊能耕作之年止，一律免征以卹民困。

以上各情懇請鈞長察核轉有關當局，體貼民困，以救赤貧之民而利建設。實爲德便。

謹呈臺灣省救濟分署長錢宗起。

民國三十五年八月

陳情人：高雄縣恒春區恒春鎮城南里九進來；
高雄縣恒春區恒春鎮城南里陳合德；
高雄縣恒春區恒春鎮城北里李福龍；
高雄縣恒春區恒春鎮城北里陳春風；
高雄縣恒春區恒春鎮城北里陳平安；
高雄縣恒春區恒春鎮城北里張餅昆；
高雄縣恒春區恒春鎮城北里張秋湖；
高雄縣恒春區恒春鎮猫仔坑里黄和仔；
高雄縣恒春區恒春鎮猫仔坑里黄和仔莊蒼金；
高雄縣恒春區恒春鎮猫仔坑里黄和仔黄天才；

高雄縣恒春區恒春鎮猫仔坑里黄和仔黄萬進；

高雄縣恒春區恒春鎮猫仔坑里黄和仔黄清水；

高雄縣恒春區恒春鎮網紗里林清泉；

高雄縣恒春區恒春鎮網紗里猫仔坑裏莊萬仔；

高雄縣恒春區恒春鎮城南里王海瑞；

高雄縣恒春區恒春鎮猫仔坑里尤湖士。

擬辦：不受理。存。

（簽名）饒餘威（八月廿九日）

（簽名）高翰（八月廿九日）

批示：（簽名）錢宗起（八月廿九日）

臺灣省澎湖縣政府送衛生組就藥品部分核録致臺灣分署錢署長代電（民國三十五年八月三十日）

致未陷教字第1298號

事由：送衛生組就藥品部分核録

善後救濟總署臺灣分署錢署長鈞鑒：本縣地瘠民貧，老百姓生活極度窮困，而一般服務教育工作人員及現有在籍學生其窮困尤甚。查本縣計有學校二十有一所，幼稚園四所，學生人數九千二百五十人。爲教員者均日食兩餐面黄肌瘦，而當學生者亦有上午讀書下午走乞，窮苦萬狀。爲此祈請鈞署發給教員衣服5包（冬衣）、皮鞋250雙，學生衣服10包（冬衣）、麵粉500包、奎寧丸5000顆，並派教育科長邱章鍮前接洽具領。

澎湖縣縣長傅緯武

澎湖縣參議會爲蒙發救濟物致電謝忱由致臺灣分署函（民國三十五年九月三日）

事由：爲蒙發救濟物致電謝忱由

善後救濟總署臺灣分署長錢勛鑒：查本地瘠民貧，兼遭本年春季亢旱，五穀歉收，且自去年以來商業、工業俱入停頓狀態，失業者日益增加，一般貧民嗷嗷待哺。哀我民生何以堪此。兹蒙鈞署惠撥大批麵粉、煉乳等物，無價發給本縣。並蒙鈞署特派員林雲龍先生指道散給全縣民衆，感戴至深。本會代表全縣民意發電致謝以衷微忱。

澎湖縣參議會議長吳辛（江）叩

臺灣分署復撥發國民學校員生舊衣、麵粉等物資致澎湖縣府代電（民國三十五年九月六日）

振字第2431號

事由：電復撥發國民學校員生舊衣、麵粉等物資由

澎湖縣政府公鑒：致未陷教字1298號代電敬悉。兹經撥發國民學校教員舊衣五包，舊鞋七包，學生舊衣十包，二等麵粉五百包，並撿同領收册式樣，交由貴府邱科長帶縣，會同本署所派人員林雲龍整理散放，並照式樣選縣領收清册二份送署。至醫藥部分應請將各學校醫療組織情形查示再行核辦。並請查照爲荷。善後救濟總署臺灣分署

第一件附件：發澎湖縣國民學校教員衣五包，鞋七包，學生衣十包，二等麵粉五百包，煉乳一千六百八十四箱。電知該縣府及林雲龍。煉乳辦法附發。

臺東縣政府爲電送本縣山地各鄉辦理救濟麵粉以工代賑修路辦法致臺灣分署錢署長代電（民國三十五年九月六日）

民社字第5832號；臺字第4866號

事由：爲電送本縣山地各鄉辦理救濟麵粉以工代賑修理道路辦法請備核由

臺灣救濟分署署長錢勛鑒：查實著前撥給本縣之麵粉尚存三百七十三包，除撥二十九以工代賑修理本縣游泳池外，尚存三百四十四包舉辦工賑，修建山地各鄉（高山同胞家居地）道路並訂辦法分飭各鄉公所著手進行。相應檢同前項辦法電請核備爲荷。臺東縣長謝真未（世）東府民社字。附本縣山地各鄉公所辦理救濟分署麵粉以工代賑修理道路辦法乙件。

附：臺東縣山地各鄉公所辦理救濟分署麵粉以工代賑修理道路辦法

（一）臺灣救濟分署撥給麵粉計344包，交本縣實施以工代賑修建山地各鄉道路，其工作悉依本辦法辦理。

（二）山地各鄉應修建之道路應擇最急要者，依照本府民社字第4786號訓

令，附表填送本府核定。

（三）各鄉應得麵粉按各鄉情形分配以下：

（1）金侖鄉 93 包又 115 臺斤。

（2）達仁鄉 77 包又 175 臺斤。

（3）海端鄉 92 包又 8 臺斤。

（4）延平鄉 80 包又 36 臺斤。

紅頭嶼因運輸不便暫緩舉辦。

（四）受賑人民應以成年之貧民爲對象。

（五）參加修建一天給予麵粉 4 斤。

（六）發給麵粉時應將救濟分署領收清册妥填，由受賑人蓋章。

（七）麵粉運輸費用就所領麵粉撥充，並填入領收清册。

（八）全部工作完竣應將領收清册彙訂成本，呈送本府。

（九）全部工作限九月底以前完成，後應將修建情形專案呈報，以便派員驗收。

臺灣省行政長官公署民政處爲臺南縣電送戰灾損失請救濟等情電請查照由致臺灣分署代電（民國三十五年九月六日）

致由微署民（一）字第 21688 號

事由：據臺南縣電送戰灾損失請救濟等情電請查照由

善後救濟總署臺灣分署勛鑒：據臺南縣政府呈轉西港鄉戰灾損失調查表請設法救濟等情，兹鈔送原陳情書附表，電請查照，酌情惠予救濟，並見復爲荷。

臺灣省行政長官公署民證處幸（微）民二

附件：陳情書

事由：爲戰災害救濟由

竊思臺灣自數年抗戰以來，不論何等損失過大，如本鄉內民家受炸燒，破壞不少，人畜並害亦多，當日政時亦有規言，輔助以定受灾者之安居。但自降服之後，數月未見消息。故去民國三十四年十二月四日將另表受灾者，連名提出陳情於上峰冀其補助。今經半載有餘，仍然未聞動静，究屬何方，茫然無緒。礙因受灾者既多難重新築屋爲居者，亦家又逢百物騰貴，更有窘迫异常。

叫苦之聲不輟，無家可居，無糧可食，真爲生不如死狀，極堪憐。興思及此若不早對方策，以援涸轍之魚，恐地方之騷擾，接踵而起，貽害匪輕。況受灾者蒙以不白之冤，未沾分毫之惠，情實不忍。伏望上峰查體民意，追屬何法以救斯民。不啻沐再造之恩，深於靡涯。

謹此。上懇仗冀俯納曷騰，翹首待望之至。

臺南縣縣長袁國欽

西港鄉鄉長黄炭

中華民國三十五年七月十二日

戰時遭轟炸受災害詳查表

被害者姓名	性别	籍貫	住址	受災害日期	受災害場所	受災害程度
許能實	男	臺南縣	臺南縣北門區西港鄉西崗四六號	民國三十四年四月十八日下午二時	西港小賣市場邊	本人被銃射即死
周清池	男	臺南縣	臺南縣北門區西港鄉檨子林一八九號	民國三十四年五月六日上午十時三十分	自家	家屋全燒、資産器具全燒失
周嘆	男	臺南縣	臺南縣北門區西港鄉檨子林一八九號	民國三十四年五月六日上午十時三十分	自家	家屋資財器具全燒失
吴添枝	男	臺南縣	臺南縣北門區西港鄉檨子林一八九號	民國三十四年五月六日上午十時三十分	自家	家屋資財器具全燒失
周天化	男	臺南縣	臺南縣北門區西港鄉檨子林一八九號	民國三十四年五月六日上午十時三十分	自家	家屋半燒、資財器具二分一燒失
黄統領	男	臺南縣	臺南縣北門區西港鄉檨子林一八九號	民國三十四年五月六日上午十時三十分	自家	家屋半燒、資財器具二分一燒失
郭便	男	臺南縣	臺南縣北門區西港鄉劉厝二四二號	民國三十四年五月十日上午十一時半	自家	家屋資財器具全燒失
黄番上	男	臺南縣	臺南縣北門區西港鄉劉厝二二三號	民國三十四年五月十日上午十一時半	自家	家屋資財器具全燒失
黄番石	男	臺南縣	臺南縣北門區西港鄉劉厝二二三號	民國三十四年五月十日上午十一時半	自家	家屋資財二分之一燒失
黄闊啐	男	臺南縣	臺南縣北門區西港鄉劉厝五七九號	民國三十四年五月十日上午十一時半	自家	家屋資財器具全燒失

續表

被害者姓名	性别	籍貫	住址	受災害日期	受災害場所	受災害程度
謝方春	男	臺南縣	臺南縣北門區西港鄉劉厝五七九號	民國三十四年五月十日上午十一時半	自家	家屋資財器具全燒失
黄新興	男	臺南縣	臺南縣北門區西港鄉劉厝五八三號	民國三十四年五月十日上午十一時半	自家	家屋資財器具全燒失
劉鎗	男	臺南縣	臺南縣北門區西港鄉劉厝七三五號	民國三十四年五月十日上午十一時半	自家	家屋資財器具全燒失
劉壹	男	臺南縣	臺南縣北門區西港鄉劉厝六七五號	民國三十四年五月十日上午十一時半	自家	家屋半燒、資材器具三分之一燒失
劉江池	男	臺南縣	臺南縣北門區西港鄉劉厝六七五號	民國三十四年五月十日上午十一時半	自家	家屋半燒、資材器具三分之一燒失
劉銀漲	男	臺南縣	臺南縣北門區西港鄉劉厝七四三號	民國三十四年五月十日上午十一時半	自家	家屋資財器具全燒失
郭凌波	男	臺南縣	臺南縣北門區西港鄉劉厝二四六號	民國三十四年五月十日上午十一時半	自家	家屋資財器具半燒（二分之一燒失）
郭謨	男	臺南縣	臺南縣北門區西港鄉劉厝二四六號	民國三十四年五月十日上午十一時半	自家	家屋資財器具全燒失
郭乙老	男	臺南縣	臺南縣北門區西港鄉劉厝二四六號	民國三十四年五月十日上午十一時半	自家	家屋資財器具半燒二分之一燒失
郭哲	男	臺南縣	臺南縣北門區西港鄉劉厝二七四號	民國三十四年五月十日上午十一時半	自家	家屋資財器具全燒失
郭海永	男	臺南縣	臺南縣北門區西港鄉劉厝二七四號	民國三十四年五月十日上午十一時半	自家	家屋資財器具全燒失
郭黄氏查	男	臺南縣	臺南縣北門區西港鄉劉厝二七四號	民國三十四年五月十日上午十一時半	自家	家屋資財器具全燒失
郭金鐘	男	臺南縣	臺南縣北門區西港鄉劉厝二七四號	民國三十四年五月十日上午十一時半	自家	家屋資財器具全燒失

擬辦：并發粉救濟北山區之案。辦。

（簽名）☐理（九月廿三日）

經已運麵粉湯粉存交縣救濟。存。

（簽名）□理（十月十八日）
（簽名）□襄定（九月六日）
批示：（簽名）高翰代錢宗起（九月六日）
（簽名）高翰（九月六日）

臺灣分署以存量賑濟麵粉請盡九月底發後報銷由致臺東縣政府電（民國三十五年九月十日）

振字第 2485 號

事由：存量賑濟麵粉請盡九月底發後報銷由

臺東謝縣長民社 5832 號代電敬悉。密可照辦。惟散發麵粉收據無論如何應盡九月底結齊送署報銷。乞無延誤爲荷。

善後救濟總署臺灣分署。灰

澎湖縣政府爲救濟物資領收清冊各四份暨收據 1 份致臺灣分署函（民國三十五年九月十二日）

民字第 1738 號；臺字第 5198 號

事由：爲送救濟物資領收清册各四份暨收據乙份希查照由

善後救濟總署臺灣分署公鑒：民國三十五年八月八日善臺署振字第 2047 號代電敬悉，自應遵辦，業經與貴署林組員雲龍妥籌洽辦，散放本縣各鄉鎮，除離島一部分未完外均告完竣。兹將領收清册各四份暨該物資收據各乙份隨文送請核備。澎湖縣政府申（寒）民社

附送領收清冊各四份暨收據乙份（略）

臺灣分署以前發麵粉是否業經領到請電復由致臺南縣西螺愛護院、兒童教養所代電（民國三十五年九月十三日）

振字第 2556 號

事由：電以前發麵粉是否業經領到請電復由

臺南縣兒童教養所、西螺鎮愛護院公鑒：查本署前發貴所、院救濟麵粉各

15、8包，檢附第33分發單一份和32、61號分發單二份，請向臺南縣糧食調劑分會撥提在案。迄今多日未準函復。該項麵粉是否業經領到，即祈查照見復爲荷。

善後救濟總署臺灣分署

善後救濟總署訓令（民國三十五年九月十三日）

發文：滬配字第4051號

事由：爲自七月九日起一律改發統粉通飭知照由

令臺灣分署：

查本署交滬制粉各廠承磨小麥自本年七月九日起一律將制粉率提高爲百分之九十，色質雖稍遜，惟經檢驗營養成分反有增加。此項措施係鑒於連總糧食供應不豐，籍以增加粉量，用宏救濟。務仰共體時艱，於上項麵粉運到配發，善爲曉諭灾民，勿滋誤會爲要。除分行外合亟電仰遵照。此令。

臺灣省澎湖縣政府爲自沙鄉呈請改建萬滬救濟民生等致臺灣分署公函（民國三十五年九月十三日）

秘文1716號；振2131號

事由：函爲白沙鄉呈請改建石滬救濟民生等請轉請查照由

案據本縣白沙鄉公所九月十日呈爲白沙鄉失業暨赤貧之救濟擬計劃建設改良石滬等情，據此查該鄉因環境特殊，民生凋零，石滬亟待改建，始蘇民困。該鄉公所所稱各節確屬實情，相應檢同原呈二件隨文送，請查照惠予救濟，並乞見覆爲荷。此致善後救濟總署臺灣分署。縣長

附件：白沙鄉公所呈文

白總字第七七七號

民國三十五年九月十日

事由：爲白沙鄉失業者暨赤貧者之救濟，策計劃建設改良石滬由

竊思白沙鄉地狹人密甲於全澎，素稱不毛瘠土之地，鄉民未得安其身，大半拋妻棄子出嫁於臺灣各地營求糊口之計，其父母妻孥翹首其送金以資生活之路。此次遭逢八年抗戰，不論會社、工廠等均被炸毀，全部停歇，往日出嫁人

衆不得不返父母之邦。眼前此等失業者彷徨歧路，雖有衝天之志而無入天之門，欲從事農業而無空間之地，現有歧頭鎮海間有淺灘近海，廣約二百甲，若以石材擇適宜之處積立爲改良石滬。即以此等失業者使之工作，亦可爲失業者之救濟，其利一也；待其潮退以網捕魚，其利二也；夏秋之間常有暴風雨大作，停泊於沿海之船常被其難，破計劃石滬若得完成亦可避其禍，其利三也；風波堤蜿蜒如長蛇，他日石滬若得完竣風景甚佳，亦可資逸士騷人之遊覽，其利四也；石滬從風波堤外積立，若遇風浪撼激之時亦可爲障蔽，其利五也。若能著手耕營期年之間必然其功可成，惜乎眼前物價高昂，無資著手，冀望救濟總署撥出，以工代賑麵粉三千二百袋以資工費，雖曰救濟貧民助我白沙鄉，其實關於國家百年大計，惟原賢明官長贊襄此事慨然許諾，無任盼切待望之至。澎湖縣白沙鄉長呂築謹呈澎湖縣長傅轉呈善後救濟總署臺灣分署長鈞鑒。

臺北新起街王陳三妹爲請予救濟由致善後救濟總署臺灣分署呈（民國三十五年九月十三日）

振 2071 號，善臺字第 5080 號

事由：孤寡無以爲生，請予救濟由

竊三妹隨夫來臺，迄今十有餘年。去歲五月三十一日，先夫被日警徵役，建築防守工事之時，盟機突然臨空轟炸，逃避不及，罹難死亡。死者死矣，而遺下三妹與幼女無所職事，難以作無米之炊。日在捱餓之鄉。三妹一人固然足惜，而幼女何辜？際此生命路窮之日，瀝情呈懇速予救濟，以昭鈞署立場之本意。

謹呈

聯合救濟署臺灣分署署長錢宗起

王陳三妹呈叩

住址：臺北新起街四二號中山細木店內

基隆市府送撥麵粉以工代賑修路所需工數清單致臺灣分署代電（民國三十五年九月十四日）

摘由：送撥麵粉以工代賑修路所需工數清單

基建丙字第4782號

善後救濟總署臺灣分署勛鑒：關於修路請撥工賑麵粉一事，承派施技士來洽，至感。玆將從目前算起至完工爲止，全部工□（此處水漥字迹模糊不清）數及每日賑工麵粉一市斤半，應發麵粉總數□，即希洽商早日撥下以利工事。無任感荷。基隆□附：基隆市政府至工程公司公函

基字第九十六號

貴府趙局長通知囑計算道路修復工程已完成工程百分率及至竣尚需要工數，俾向救濟總署申請麵粉以工代賑等因。准此查本處承做街道修復工程總價爲7120000元，其中材料費占2360000元，包工費占4240000元，管理費占520000元。包工部分已完成百分七九，至竣工時預計尚需要工人7024工。玆開列詳表如下：

項別	需要工數	已做工數	完成工程（%）	尚需要工數	附注
鋪築	23200	18570	80	4630	
運土	950	738	78	212	
採石子	4150	3449	83	701	
採砂子	405	303	75	102	
運石子	2590	2110	82	480	
運砂子	350	256	73	94	
其他	1500	695	46	805	
合計	33145	26121	79	7024	

請予查照爲荷。此致基隆市政府。李如南啓。

臺灣分署爲檢送費用正式憑證送署以憑奉款復臺東縣政府電（民國三十五年九月十四日）

事由：電請檢送費用正式憑证送署以憑奉款由

臺東縣政府公鑒：申修府民社6463號代電及附件均敬悉。請檢寄各項費用原始憑证，按照規定報銷手續貼足印花，加蓋貴府印章，本署以憑發款爲荷。善後救濟總署臺灣分署振申（敬）印

善後救濟總署臺灣分署爲臺北新起街王陳三妹請予救濟由致王陳三妹函（民國三十五年九月十九日）

振字第 2632 號

事由：函覆轉請予救濟一節，請即來組接洽由

批示：發

（簽名）陳文相（九月十九日）

組箋函：奉交允端卅五年呈悉。轉救濟一節，即請來組一洽。

此致

王陳三妹

善後救濟總署上海分署爲遣送來滬臺民均經予以收容致冀熱平津分署代電（民國三十五年九月二十六日）

滬振字第 1374 號

事由：爲准電貴署遣送來滬臺民、難民均經分別予以收容遣送電復查照由

善後救濟總署冀熱平津分署公鑒：申江來電奉悉，臺民前後 306 名業轉臺灣旅滬同鄉會暫予收容，候船遣送返籍。難民 29 名已由本署分別遣送遣散，復希查照。

上海分署申敬印。

衛生局致臺灣分署函（民國三十五年九月三十日）

民衛三字第 3745 號

善後救濟總署臺灣分署：今年霍亂波及全省，尤以臺南爲烈，幸蒙貴署協助配給藥品，漸趨平息。唯臺北、臺南、高雄等縣仍時有發生。茲因各縣市衛生機構組織過小，經濟困難，防疫力量甚微，而本局亦限於經濟，無法補助，應請貴分署惠發麵粉以補助防疫人員食糧。並希代購藥品以應防疫急用，至紉公誼。衛生局申衛三（陷）印。附送配給辦法及物品費用清單各一份。

配給辦法

一、十月七日（星期二）上午十點預定召集各縣市衛生院負責人分配

（但高雄縣要遲慢一兩天），然後在各縣市衛生院之責任下運送之。臺北縣、基隆市、新竹市三地方之運送，倘若能得備用救濟分署卡車甚爲便利，運送途中衛生局人監督之。

一、報銷方法爲各衛生院每月向衛生局報告使用量，而衛生局估計之，向分署提出報告。使用方法依照向分署提出之計劃書辦理。

累計表：

	一日要量	一個月要量	
基隆市	358 斤	10740 斤	298 袋 12 斤
臺北縣	570 斤	17100 斤	475 袋
新竹市	322 斤	9660 斤	268 袋 12 斤
臺南縣	283 斤	8490 斤	235 袋 30 斤
高雄縣	242 斤	7260 斤	201 袋 24 斤

合計：1775 斤，49 袋 11 斤，但一袋 36 斤。

維持一個月：1479 袋及 6 斤。

基隆市防疫人員集計表　概算

職別	現在與不足人數	每人斤數	總數	有無薪別	
衛生人員	現在 28			有薪	
	不足 10	7	70		
臨時徵集醫師	現在 20			無薪	
	不足 10	10	100		
護士	現在 15			有薪	
	不足 10	6	60		
細菌檢查員	現在 6			無薪	
	不足 6	8	48		
公役	現在 30			無薪	
	不足 10	4	40		
警察人員	現在 20			有薪	
	不足 20	2	40		
			358		

臺北縣防疫人員集計表（發生個所：羅東、士林、北投、鷺州、宜蘭）

職別	現在與不足人數	每人斤數	總數	有無薪別	備考
衛生院人員	現在 22			有薪	
	不足 20	7	140		
臨時徵集醫師（擔任隔離舍及預防注射）	現在 15			無薪	不包含宜蘭醫院醫師護士
	不足 15	10	150		
護士（擔當隔離病舍及預防注射）	現在 6			有薪	
	不足 15	6	60		
細菌檢查員	現在 15			無薪	
	不足 15	8	120		
公役	現在 10			無薪	
	不足 10	4	40		
警察人員	現在 20			有薪	
	不足 30	2	60		
			570		

新竹市防疫人員集計表（目不會發生，但有再發生危險）

職別	現在與不足				
衛生院人員	現在 16			有薪	
	不足 4	7	28		
臨時徵集醫師	現在 14			無薪	
	不足 10	10	100		
護士	現在 10			有薪	
	不足 15	6	90		
細菌檢查員	現在 6			無薪	
	不足 3	8	24		
公役	現在 5			無薪	
	不足 15	4	60		
警察人員	現在 16			有薪	
	不足 10	2	20		
			322		

高雄縣防疫人員集計表（發生個所：恒春、林邊、岡山區）

職別	現在與不足				
衛生院人員	現在 6			有薪	
	不足 6	7	42		
臨時徵集醫師	現在 4			無薪	
	不足 6	10	60		
護士	現在 8			有薪	
	不足 8	6	48		
細菌檢查員	現在 6			無薪	
	不足 4	8	32		
公役	現在 20			無薪	
	不足 5	4	20		
警察人員	現在 8			有薪	
	不足 20	2	40		
			242		

臺南縣防疫人員集計表（發生個所：安定）

職別	現在與不足				
衛生院人員	現在 13			有薪	
	不足 5	7	35		
臨時徵集醫師	現在 5			無薪	
	不足 10	10	100		
護士	現在 2			有薪	
	不足 5	6	30		
細菌檢查員	現在 6			無薪	
	不足 6	8	48		
公役	現在 22			無薪	
	不足 10	4	40		
警察人員	現在 10			有薪	
	不足 15	2	30		
			283		

其他必要補助物品及經費

（一）消毒藥品

石炭酸（2000Pounas），LysoL（500Pounas），CresoL（500Pounas）、漂白粉（500Dram 錠）

（二）患者治療藥品及儀器

强心劑（10000 支）；Ringer 氏液（2000 枝）、Roek 氏液（2000 枝）、Sulfadiazin（30000 錠）、注射筒：2cc（100），3cc（100），5cc（50）、20cc（50），50cc（50）、注射針：1/3（500），1/1（500）、大量食鹽水注射筒（100）Gum tube（400 呎）。

（三）細菌檢查儀器及材料：試驗管（10000 枝）、Shale（10000 個）、寒天（50 斤）、Pepten（100Pounds）

（四）汽油（1000Gulon）。

（五）隔離病社建築費用：一所大約臺幣貳萬元。

臺東縣政府爲送費用表請查復致臺灣分署代電（民國三十五年九月）

申修府東府民社字第 6463 號

事由：准函電送費用表請查覈由

善後救濟總署臺灣分署：查本府經辦貴署前次撥給牛奶、麵粉、衣服等救濟品散給貧民一案，現除火燒島、紅頭嶼兩鄉及向存牛奶一部分外，其餘全部發給完妥。惟運送救濟品分赴各鄉鎮之運費收據、印刷費、通信費等各費用，計臺幣一萬五千八百七十元陸角四分正，己由本府先行墊付，相應檢同一費用計算書乙份隨電送請查覈乞賜發還以資歸執，並希見覆。臺東縣長謝真，申修東府民社。附：費用計算書乙份。

臺灣縣政府往辦救濟分署配給麵粉牛奶衣類運輸費計算書

項目	數量	金額	運載物品名稱及數量	運往地點	備考
汽車賃	26 臺	11800.00	麵粉、牛奶、衣類	臺東至鎮內、卑南、新港、東河、香葷	

續表

項目	數量	金額	運載物品名稱及數量	運往地點	備考
燃料	203 立	5684.00			本間運輸消費郵費 513 立，因第一次運給時尚存 302 立，再購買入 203 立，添加使用。
火車賃		49.94	麻袋，麵粉	關山區署至臺東站	
印工賃		352.00	證明書印工賃		
印刷賃		960.00	救濟品收稿 800 枚		
通信費		315.70	電報代金		
牛車賃		320.00	麵粉、牛奶、衣類	關山至海端鄉公所	
火車賃	7 個	1645.00	衣類及牛奶	臺東至關山區署	
計					
汽車賃	12 臺	21126.64		臺東站至縣政府	
酒精	102 立	2400.00		臺東站縣政府間用汽油	
計		5256.00		該金在臺運送公司負擔	
扣除東臺灣運送公司金額 5256 元尚不足金		15870.64			

臺灣分署復修路工賑務組撥請派員一業擬不應致基隆市府代電（民國三十五年十月一日）

振字第 2810 號

事由：電復修路工賑務照撥請派員一業擬不應撥麵粉由

基隆市政府公鑒：惟貴府基建丙 4782 號代電囑撥修路工賑麵粉等由附清

單一份敬悉。查此案需用麵粉共三百包分發手續困難，經商準貴建設局趙局長同意由貴市府自行辦理，相應復請查照。自應照措仍請派員到署洽辦爲荷。

善後救濟總署臺灣分署

臺南縣兒童教養院以前發麵粉是否業經領到請見復由致臺灣分署公函（民國三十五年十月二日）

業文譽兒教字第34號

臺字第5706號

事由：電以前發麵粉是否業經領到請見復由

善後救濟總署臺灣分署均鑒：案奉鈞署善臺署振字第二五五六號開“查本署前發貴所救濟麵粉一拾五包，檢附第三三號分發單一份，向臺南縣糧食調劑分會撥提在案，迄今多日未准函復該項麵粉是否業經領到，即祈查照見復爲荷”等因。查檢結果該物件至於最近始由基隆直接運來，業經具領，兹填具領賑憑証一份，奉此。

臺南縣兒童教養院長鐘子時

孔慶銘報告臺南工賑情形送報表箋函（民國三十五年十月三日）

臺字第5585號

事由：報告臺南工賑情形並送報表。

覆公署座勛鑒：駐南兩月，未得常聆誨益。刻下南市三項工程先後告竣，截止本日上共發麵粉（1577）包，尚有（28），亦可於十三日後清發，但剩餘部除本日運高雄（300）包外尚有（850）包，在前計劃全數運至高雄，以便結束南市虎疫工程。惟卓市長雲已函請鈞長將餘額留此以作工賑之用，並悉日內莅南同商會得賑務之説不允全部運去，不知是否確實，但南市工程十之八九偷工減料，在職認爲太覺多費。不識鈞意何爲？今擬俟厠所工程完竣及將各項表格及賬目等等返北面述一切，可否之處尚乞明示。時呈麵粉出納總數表候核。耑此即請。

牛乳分配學校發生收款，多者二十元，少者二元不等，用作購錫買柴之費，附告。

職孔慶銘呈，中華民國卅五年九月三十日

臺灣分署復本署現無麵粉可兹補助石滬工程致澎湖縣府代電（民國三十五年十月三日）

振字第2860號

事由：電復本署現無麵粉可兹補助石滬工程由

澎湖縣政府公鑒：貴府本年九月十三日秘文1716號公函暨附件敬悉。查本署撥由貴府散振麵粉除平售外已運四千五百包，現已無餘款糧補助是項新興工程，囑貴縣下水溝工程五十餘萬元不久即可由署補助，特復。

善後救濟總署臺灣分署

基隆市港埠起卸職業工會請補撥麵粉分發此次未領工人致臺灣分署錢署長代電（民國三十五年十月十日）

致西江基總93號

事由：電請補撥麵粉分發此次未領工人由

臺灣善後救濟分署署長錢勛建：查邇來船隻出入不多，本會會員工作形成停頓，生活處於水深火熱中，蒙鈞署撥發麵粉救濟至深感激。乃查本會成立時，入會會員僅一千四百八十九名，以後尚有加入一部分，而此次鈞書所發通告均根據號衣、號牌頒發，查領有號衣、號牌只一千左右，當經面商趙管理員等准依一千四百八十九名照發領後，因領有號衣、號牌未經加入本會及以後無號衣號牌再加入會者有之，因此故有多數未得獲領，復商請趙管理員轉請准予補發，當蒙俯允轉達復示，素仰鈞署對於困苦工人一視同憐，爲此相應電請鈞署察核，敢請准予補發，則不勝感幸之至，可否並乞示復爲禱。

基隆市港埠起卸職業工會理事長張金生（）日叩

臺灣分署囑撥防疫人員糧食及代購醫藥器材等由分別復請查照由致臺灣省行政長官公署民政處衛生局代電（民國三十五年十月十二日）

振字第3007號

事由：准電囑撥防疫人員糧食及代購醫藥器材等由分別復請查照由

臺灣省行政長官公署民政處衛生局公鑒：准貴局本年九月卅日民衛三字3745號電，囑撥給麵粉以爲防疫人員食糧並代購藥品等由。附配給辦法及費用清單各一份。兹分别列復如次：一、麵粉經面洽貴主管科賴科長肇東核實統計，基隆、新竹兩市，臺北、臺南、高雄三縣共需1480袋，囑高雄、臺南目前已無疫氛應除437袋，經進核實撥給九百四十四包，已由貴局依計劃分配使用，造册報銷（每册二份），仍將空袋負責繳還本署。二、汽油及隔離病室建築費歉難補助。三、上項麵粉係本署補助貴局辦理防疫之用，所有存運費用應由貴局自行負責，除新竹方面請貴局逕辦火車運輸外，臺北、基隆兩地擬由本署借給卡車，運送汽油仍請由貴局自備。四、患者應送醫院治療，藥品及儀器由醫院供應使用，又細菌檢查儀器及材料等，貴局應有設備，目前已不及備辦。歉難亟撥。五、消毒藥品可先用石炭酸漂白粉兩項，兹查貴局尚有存量，擬請先行盡數隨同麵粉撥用，藉以争取時效。如不足時可俟第一批撥用後再商本署衛生組但就最低需要量數予補助。以上各點除已面洽貴局賴科長外，特復查照爲荷。

善後救濟總署臺灣分署

臺灣分署錢署長請爲處置剩餘麵粉並妥代保管由致臺南市政府代電（民國三十五年十月十三日）

工字第3058號

事由：電請爲處置剩餘麵粉並妥代保管由

臺南市政府公鑒：案據本署技士孔慶銘返署報務稱“現存臺南市府倉庫剩餘麵粉八百七十八包，貴府擬繼續辦理防空空地整理及安平、安南兩區橋樑等工程，請核示等情”。查剩餘麵粉除需發貴府厠所修理工賑粉十七包，及倉庫保管工役酬勞八包外，計存粉八百五十七包。姑准以三百包辦理貴府防空空地整理外，其餘五百五十三包應請負責妥辦保管，俟統籌運用。至橋樑等工程暫停進行，俟及再行决定。除仍派該技士到臺南將剩餘數量點交貴府，請暫時保管外，相應電請查照爲荷。善後救濟總署臺灣分署長錢。

乃波主任大鑒：十月三日函知悉，仍即赴市府洽商，結果如下：

1. 防空空地復舊：（即整理市容）預計用粉約（300）包，用點工制，男工每天每工三斤半，女工每天每工二斤，牛車每臺每天十四斤，領隊仍照前同，每天五斤，預計（3000）斤。市府因陳長官七號到此，擬於明（五）日即開始，約需十二日可完工。仍用前西區清掃工頭王得勝及劉榮干合作，言明粉價每斤 15 元，漲落均由工頭負責。

2. 安南區橋樑復舊：前經請求補助未准，現下風臺之後，損壞更甚，共計二座（一在干二田派出所附近，一在鹿耳門），料由市府負責一部分，以舊料折用一部分，新料工由署負責，預計用粉（350）包，現定明（五）日，弟再往詳勘，會同市府設計決定工數後再告。

3. 安平區木橋修理：奘安南相同預計（100）包，詳情待設計後告。

4. 保粉（100）包修理三分子路面，但亦需候測勘後決定。

上列四項工程市府特囑請示，並希均准所請，弟俟廁所六號完工後，略加整理，定八、九日返北，一切賬目亦自帶回俟核，即煩公綏。弟孔慶銘頓

麵粉每包應按規定 36.6（臺斤）計算，差額作爲耗損報銷，檢領收請册或檢工賑計算表內註明之，該出納表所列多田包應冲入損耗內，作爲耗損減少。送工程室。桐理。民國卅五年十月十四日

臺灣分署複先撥麵粉千包辦理貴縣貧戶急賑由致臺南縣府代電（民國三十五年十月十四日）

振字第 3055 號

事由：電復先撥麵粉千包辦理貴縣貧户急賑由

臺南縣政府公鑒：貴府致未迴府社民社字 8343 號代電，囑撥麵粉三千包賑濟貴縣七股、北門兩鄉失業鹽工等由。玆先撥麵粉一千包以辦理貴縣貧瘠地區貧户急賑，並將此項物資交由貴府統籌分配，依照規定造運領收清册二份，由受領人蓋章後裝訂成册加蓋證明及經發人名單，並於每册末核實總發數額，加蓋貴府印信後送署核銷。至鹽工賑濟擬采用工賑，修築道路方式辦理一節，仍請編撥計劃送署再行致辦，即請查明辦理爲荷。善後救濟總署臺灣分署。

臺灣行政長官公署爲請早日遣送臺胞南下致天津救濟分署電（民國三十五年十月十四日）

電報號數 17430

電由：請早日遣運臺胞南下

天津救濟分署：據長春臺灣同鄉會長郭松根電稱東北臺胞一批即日抵津，病人婦孺甚多，未便在津久候便輪，查確係實情，務祈設法早予南運爲荷。

臺灣省行政長官公署酉寒署交。

善後救濟總署冀熱平津分署爲東北臺胞特遣輪船公司不准病人登輪復請查照由致臺灣公署公文（民國三十五年十月十六日）

送達機關：臺灣省行政長官公署

事由：爲東北臺胞抵津立即特遣輪船公司不準病人登輪復請查照由

臺灣省行政長官公署公鑒：酉寒署交電敬悉，每批臺胞遣送來津，有輪南下立即特遣。至病人因輪船公司不准登輪，復請特知達醫愈起程爲荷。

善後救濟總署冀熱平津酉印

臺灣分署復貴埠工人麵粉不再補發由致基隆起卸工會代電（民國三十五年十月十七日）

振 3122 號

事由：電復貴埠工人麵粉不再補發由

基隆市港埠起卸職業工會鑒：貴會致酉江基總字 93 號代電敬悉，查前發貴埠工人麵粉業經分發完竣，麵粉存量不敷分配，礙難再行補發，特復。

善後救濟總署臺灣分署振酉（）印

臺灣省糧食調劑委員會電轉臺南市政府以救濟院麵粉配給單逕寄貴署由致臺灣分署錢署長代電（民國三十五年十月十八日）

劑秘字第 983 號

事由：電轉臺南市政府以救濟院麵粉配給單直接逕寄貴署由

臺灣救濟分署錢署長勛鑒：頃準臺南市政府致未各總二代電復“救濟分署委托代發麵粉配給單已由本市救濟院直接逕寄臺北救濟分署”等由，相應電請查照爲荷。

柯遠芬西（巧）劑秘

臺南縣政府北港區署以風災損失嚴重予急賑由致臺灣分署代電（民國三十五年十月十八日）

摘由：風灾損失嚴重予急賑由

港建農字第610號

善後救濟總署臺灣分署長錢鈞鑒：案查去月二十五、二十六兩日襲來本省之颱風，其猛烈於近三十年來所未見，其威力所到雖遍及全省，惟據各方面消息觀之，皆不如本區之甚。本區位於海邊，屬嘉南大圳，區域內水稻年只能一作（俗稱中間作），而這次颱風適於開花期來襲，其損害之慘重可想而知。其他農作物亦不能例外，如甘蔗、落花生殆枯死，甘蔗折損不堪，前日艷緑之田面忽然成爲白茫茫之荒野，幾個月來之苦汗一瞬成爲水泡，其凄凉之情景令人茫然自失。查本區曾受戰争積年之破壞，到前年又加風、水灾，前後三次之襲擊致農作物遭受未曾有之損害，如稻穀只有平年之一成之收穫，造成未曾有之糧荒，且隨之而來之物價暴漲，經濟紛亂，更使民生凋敝，農村殆瀕於破産之狀態，農民殆食野草係命，其情形之慘重不堪視，這重瘡未愈又遭這次重大之打擊。據統計這次本區所受損害數字水稻80%，一億兩千萬元，甘蔗35%一億一千萬元，雜穀65%，一億元，合計五億三千七百萬元；房屋一五二七四棟一億七千五百萬元，（詳細請看别表）其慘重情形由之可知，尤其是四湖、口湖近海兩鄉之損害尤大。現在雖加緊設法救濟中，然力量有限，損害普遍不能有多大效果可期。仰祈鈞署能體察本區人民之痛苦，派遣專家詳加視察，而加緊賜予善後之救濟，以蘇民生。北港區署區長楊金木、北港鎮長陳向陽、北港鎮人民代表會主席顔金元、元長鄉長吴仁義、元長鄉人民代表會主席李開紅、四湖鄉長林延生、四湖鄉人民代表會主席蔡阿漆、口湖鄉長李向源、口湖鄉人民代表會主席王萬杰、水林鄉長許水淺、水林鄉人民代表會主席佘仁配

農作物被害調查表、房屋被害調查表（略）

臺灣分署准送救濟貧民麵粉領收清册等致基隆市中山區代電（民國三十五年十月十九日）

振 3204 號

事由：准送救濟貧民麵粉領收清册等准予備查由

基隆市中山區署准：三十五年八月十二日暨二十九日代電及附件敬悉。救濟貧民麵粉領收清册經核尚符，准予備查照專用款五百元，請即檢就原商號領款。收據加蓋關防送憑發款爲荷。

善後救濟總署臺灣分署振酉（）印

臺灣省基隆市政府爲派員合同配發風災貧戶麵粉電致臺灣分署代電（民國三十五年十月十九日）

振 2444 號；臺字第 6018 號

事由：電派員合同配發各區颱風被害貧户麵粉情形請查照由

臺灣救濟分署公鑒：查貴署派職員陳耕華先生運送麵粉六百包，前經於十月七日即地發放，本府派員會同前往各區公所發放完畢，除發放名册已由陳耕華先生帶回外，兹將發放情形列表電送查照。基隆市政府酉銑民丙。附麵粉發放情形表乙份。

基隆市颱風被害貧户發放麵粉情形表

區别	撥發包數（包）	領收户數（戶）	領收包數（包）	殘額	備考
中正區	52	52	52		
信義區	79	79	79		
仁愛區	177	177	177		
安樂區	63	63	63		
中山區	229	229	229		
合計	600	600	600		
備註：	每户配給一包				

善後救濟總署爲奉行政院秘書處函已撥收復地區緊急救濟農貸費十億元事給臺灣分署訓令（民國三十五年十月二十日）

發文濟農字第1603號

事由：爲准行政院秘書處函，已撥收復地區緊急救濟農貸費十億元事給臺灣分署訓令由。

令臺灣分署：

案准行政院秘書處卅四年十月十二日，三三字第二二四一八號公函內開："四聯總處函送收復地區緊急救濟農貸實施辦法，並請分批指撥專款四十億元一案，前經於本年九月廿一日以和三字第三五四三六號通知，奉交貴署等核復在案。玆本案業經提出本年十月九日本院第七一六次會議决議，先撥十億元交農行運用收復地區。緊急救濟農貸辦法，准予備案。惟原辦法第三條應改爲貸款以合作社農會或其他農民團體爲對象。除由院以緊急命令飭財政部撥款並分函外，相應函達查照"等由准此。除分令外合行令仰知照。對於轄區內之緊急救濟農貸方面工作應即與當地農民銀行切實洽商辦理爲要！此令。

署長蔣廷黻

臺灣分署復已撥麵粉一千包交貴縣縣府辦押急賑致北港區署代電（民國三十五年十月二十六日）

振字第0330號

事由：電復已撥麵粉一千包交貴縣縣府辦押急賑由

臺南縣北港區署鑒：貴署本年十月十八日港達農字610號代電敬悉。查本署賑濟著重戰時災害。此項風灾雖烈仍屬經常，救䘏行政與本署業務未盡符合，但爲軫念一般被灾貧户，徑撥麵粉一千包作爲救濟臺南全縣風灾之用。交由貴縣縣府統籌辦理急賑爲荷。善後救濟總署臺灣分署，振酉（）印。

嘉義市政府爲送麵粉、面乾施賑表冊等件請查照致臺灣分署代電（民國三十五年十月二十六日）

嘉建字第1153號

臺北善後救濟總署臺灣分署公鑒：查貴署前撥救濟本市貧民之麵粉 115250 包（內二等粉 19900 包，三等粉 16700 包，四等粉 78650 包），麵乾 955000 包，業經依照貴署徐專員正一商定之施賑辦法配給竣事，並以嘉建第 10112 號代電復請備查在案。該項麵粉、麵乾原定施賑本市八區赤貧及次貧苦人民後所餘數量全部施賑新劃歸本市之水上、太保兩區，嗣因慈惠院興更生同志會前來請求救濟，本府鑒於該兩機構確係救濟殘疾與赤貧無依市民，曾將剩餘數目中撥出一部分交由該院會轉賑，以示一體救濟之本意。兹檢送麵粉麵乾施賑表册等件希查照爲荷。

嘉義市政府（35）酉（宥）嘉建印

臺灣省臺南市政府爲送保管倉庫工人酬勞麵粉八包收據致臺灣分署代電（民國三十五年十月三十日）

致酉艶市建第 1529 號

事由：電送保管倉庫工人酬勞麵粉八包，收據一份希察收由

臺灣救濟分署公鑒：三十五年十月十四日代電敬悉，蒙發本府麵粉倉庫工人酬勞麵粉八包已經代發清楚，相應檢同收據一份，希察收爲荷。臺南市政府。附麵粉收據一份（略）。

嘉義市政府爲本市平糶會呈請發施賑麵粉、面乾費用轉請查照辦理致臺灣分署公函（民國三十五年十月三十一日）

酉世建土第 11684 號

事由：據本市平糶會呈請發施賑麵粉麵乾費用轉請查照辦理由

兹據本市糧食平糶委員會三十五年十月廿六日呈稱：查八月十九日奉鈞府命代辦善後救濟總署臺灣分署散賑麵粉 11525 袋、麵乾 9550 包與嘉義市貧民一案，業經全部配給完畢。謹將代辦一切費用臺幣一萬零一百八十六元正理合檢奉，“散賑費用清算書”二份呈請鈞府鑒核存轉，准予發給，是爲公便。等情據此相應檢送該項費用清算書乙份，函請查照核發爲荷。此致善後救濟總署臺灣分署。

市長陳東生（散賑費用清算書略）

臺灣分署准送施賑麵粉、面乾施賑領收名冊清補一份由致嘉義市府代電（民國三十五年十一月八日）

振字第 03551 號

事由：准送施賑麵粉、麵乾施賑領收名册清補一份由

嘉義市政府鑒：准嘉建字第 1153 號代電暨附件均敬悉。經核尚符准予備查，惟麵粉麵乾施賑領收名册應造二份以憑存轉，請補送一份，俾資辦理，又麵粉袋 1153 只統祈送署以備手續爲荷。

善後救濟總署臺灣分署振咸印。

臺灣分署視窗室爲飭查屏東麵粉損壞及出售情形致汪彝定電（民國三十五年十一月九日）

視字第 03586 號

事由：飭查屏東麵粉損壞及出售情形

屏東龔市長密轉汪視察彝定：據工業技正室辦事員陳樹虞簽稱本署發存屏東倉庫麵粉因風灾水漬，計損五十五包，變成整塊，經由該員準建設局股長胡來成、辦事員陳元定持據貧民請求以一千一百元發售家黄民衆等情，究竟情形如何，有無弊端，希即負責查實具報。錢宗起。

附：查屏東倉庫於本年九月二十五日風臺期内屋漏，受濕損壞麵粉甚巨。後經整理將損壞部分之較好者與未損壞者合併，結果變成整塊者計五十五包，本擬運回，後經該市窮苦民衆向市府建設局胡股長來成及陳辦事員允定，商請以一千一百元之價售買充作食料，職因運回及多耗搬運費用，而壞粉又不能再行配給，乃允脱售，理合附簽請鈞長備案，准予在虎疫工程内報銷。謹呈主任許技正，署長錢。工業技正室陳樹虞，十一月七日。

臺灣省臺北縣政府爲報三星初中呈報轉請配給救濟高山學生糧食米致臺灣分署代電（民國三十五年十一月十一日）

政戍虞北府教（二）字 1036 號

事由：電報本縣三星初級中學呈報轉請配給糧食米以資救濟高山學生請查照辦理見復由

善後救濟總署臺灣分署署長錢勛鑒：案據本縣縣立三星初級中學校長張逢昌呈以本校高山學生寄宿在校者計達一百二十名，每月食糧皆由各生家庭生産米稷番薯芋仔等運校供給，惟學校距家太遠如蘇澳區大濁水村、南澳村及蘇東區車仔南村、四季村等處道路均爲崩壞，一遇雨天交通即告斷絶，致學生糧食發生問題，又經兩度風颱之侵襲，無論平地高山農作物被害不淺因此本校高山學生糧食更見困難。本校有鑒及此，曾開墾耕作實習園地以達到自給自足之目的，該辦法須至明年七月才能實現，本年内所需糧食米約三萬斤，懇準轉請善後救濟總署臺灣分署體卹高山同胞生活困難，望即特别配給糧食米一萬斤以資補助等情前來。查該校長所稱各節確屬實在，惟本縣尚無餘糧可發，據呈前情，除指令外相應據情轉請查照賜準如數配給，以資救濟，並希見覆爲荷。縣長陸桂祥（虞）教

臺灣分署爲送散賑麵粉、面乾費用清算書核請查照復嘉義市府代電（民國三十五年十一月十三日）

振字第 03633 號

事由：准送散賑麵粉、麵乾費用清算書核請查照由

嘉義市政府鑒：准卅五酉世建土第 11684 號函送散賑費用清算書囑核發等由，附件准此。兹核據於下：（一）施賑麵粉、麵乾領收清册印刷費（清算書列第 1 項）762.00 元，請檢送承印商號原始憑证，並附樣張憑核。（二）麵粉麵乾配給事務協助費（第 2、9 兩項）計 5375.00 元，查係貴府臨時雇員辦理，應請列明斯時原有人員。以七日爲期列報，每員每日報酬標准以不超過 100 元爲限，編選該員等領款名册，分别填明姓名、工作日數、金額、本人蓋章，送核。（三）搬運費（第 3、7 兩項）計 660.00 元，照片費（第 4 項）200 元，應檢送原始憑证以符手續。（四）原始憑证應照會計手續辦理，註明費用名稱、金額、領款人姓名、住址並經手人、證明人職務、姓名蓋明印章及加蓋貴府印章以憑辦理。（五）旅費、保管看守費、洗滌費（第 5、6、8 三項）不屬此次救濟費用範圍，謙難支付。其印刷費、配給事務協助費、搬運費、照片費計 6997.00 元，祈即檢齊各項憑证附其領款總收據送憑核發。以上各點即請查

照辦理爲荷。

善後救濟總署臺灣分署印

高雄縣府請再配給麵粉救濟各區高山同胞致臺灣分署代電（民國三十五年十一月十四日）

摘由：請再配給麵粉救濟各區高山同胞

民社字第 6460 號；組振 1797 號

事由：爲本縣轄旗山、屏東、恒春各區山胞生活亦極困苦，請再予撥給救濟麵粉普惠各該區高山同胞由

急善後救濟總署臺灣分署公鑒：振未齋電敬悉，自應照辦。惟查本縣轄旗山、屏東、恒春各區高山同胞生活亦極困苦，嗷嗷待哺者亦屬不少。請查照一視同仁，再予撥給救濟麵粉普惠，各該區高山同胞不勝翹企之至。

縣長謝東閔

臺灣分署爲擬撥三星初中高山學生麵粉三百包請派員到署洽領轉發復臺北縣府代電（民國三十五年十一月十八日）

振字第 03717 號

事由：准電擬撥三星初中高山學生麵粉三百包請派員到署洽領轉發由

臺北縣政府鑒：貴府政戍虞北府教（二）字 1036 號代電敬悉。玆擬撥給貴縣三星初級中學高山學生麵粉三百袋，即請查明派員携據到署洽領，會同本署第三工作隊辦理。並與麵粉分發完竣後將粉袋交署爲荷。

善後救濟總署臺灣分署

臺灣分署爲麵粉賑濟諸事復臺南市府、臺南縣府署代電（民國三十五年十一月十八日）

振第 03719 號

事由：1. 電知撥發貴縣東勢等三鄉賑濟麵粉請派員洽領由

2. 電知交存貴府剩餘麵粉已重數撥充臺南署東勢等鄉急賑請查照洽撥見

荷由

臺南縣政府鑒，據貴縣附近海口之東勢等三鄉因地處濱海，此次遭受風災損失頗重，本署前交貴府風災急賑麵粉，該三鄉未有配得等請。兹特就本署前存臺南市政府剩餘麵粉一百三十三包，再行撥由貴府查照辦理該三鄉貧户賑濟。除飭技士孔慶銘前往洽辦並電送臺南市政府外，相應電請查照派員前向臺南市府洽領分發。仍照規定造送領收清册送署憑核爲荷。善後救濟總署臺灣分署印

臺南市政府鑒：查本署尚存貴府防空空地整理工程工賑剩餘麵粉一百三十三包，兹全數撥充臺南縣東勢等三鄉風災貧户賑濟。除已飭技士孔慶銘前往洽辦並電送臺南縣府派携據前向貴府洽領外，特電請查照洽撥並見復爲荷。

善後救濟總署臺灣分署印

臺灣省臺南縣政府爲送救濟本縣新營鎮貧瘠麵粉領收清册致臺灣分署代電（民國三十五年十一月二十日）

致戍馬府民社字第 12802 號

事由：電送貴署救濟發給救濟本縣新營鎮貧瘠麵粉領收清册十二件敬祈查由

善後救濟總署臺灣分署勛鑒：據本縣新營鎮公所造送貴署發給新營鎮赤貧救濟麵粉領收清册三份，除抽存一份外，兹檢附原册二份，電請察收爲荷。臺南縣政府戍馬府民社（附善後救濟總署臺灣分署發給新營貧瘠領收清册二份（編者注：原檔無清册）

臺灣省臺南縣政府爲救濟麵粉領收清册不符更正完畢請核查致臺灣分署代電（民國三十五年十一月二十一日）

致戍養府建字第 12927 號

事由：電復救濟麵粉領收清册不符更正完畢請核查由

善後救濟總署臺灣分署勛鑒：貴署十月一日振字第 2819 號代電敬悉。經飭據虎尾區電復："本府麵粉量 150 包（每包 3666 臺斤）應折量 5499 臺斤，册内列總斤數量僅註明 5453 臺斤，相差 46 臺斤"是項相差斤量因 150 包中有

破損包數甚多，以致每包未得平均折量3666臺斤，本清册註明5453臺斤乃實地稱量之斤量，又“删列發給人數相差26人及發粉量與總計不符”是項相差26人，因家族人數誤抄以致與總計不符發份量亦同，業經訂正完畢等情。茲特檢具更正完畢之發給麵粉領收清册二份，敬電請核查爲禱。臺南縣長袁國欽成養府建農附善後救濟總署臺灣分署發給麵粉領收抄册二份。

臺灣分署爲准運新營鎮麵粉救濟領收清冊核復查照復臺南縣政府代電（民國三十五年十一月二十九日）

振字第03924號

事由：准運新營鎮麵粉救濟領收清册核復查照由

臺南縣政府公鑒，准致成馬府民社字第12802號代電暨附件敬悉。茲核復於下：（一）册内經發人及監發人應註明職務並請沈萬華補蓋私章憑核。（二）領收册面請書明年月日加蓋貴府印信以資慎重。（三）該項麵粉是否撥給該鎮風災施賑請加註明，造附明細表評填領發數量受益人數以憑核辦，原件附還即祈查照辦理爲荷。

善後救濟總署臺灣分署印

臺南縣虎尾區西螺鎮公所爲呈報愛護院救濟麵粉配給情形呈臺灣分署（民國三十五年十一月□日）

西總字第796號

事由：呈報西螺鎮愛護院救濟麵粉配給情形由

案奉善後救濟總署臺灣分署振字二二五六號，東鎮愛護院對臺南縣糧食調劑分會領到救濟麵粉八包，業經全部配給最困苦之收容者完畢，理合備文呈報，仰祈鈞長鑒核備案謹呈。附呈救濟麵粉配給領收單乙份，善後救濟總署臺灣分署長鈞鑒。

西螺鎮長廖萬來

臺灣分署爲准更正海口鄉麵粉領收清冊復請查照由復臺南縣府代電（民國三十五年十二月二日）

振字第 03985 號

事由：准更正海口鄉麵粉領收清册復請查照由

臺南縣政府鑒：唯致戌養府建字第 12927 號代電暨附件均敬悉。承告麵粉因外包破損失重 46 臺斤，應准備查。惟領收清册末頁漏填經發人、監發人職務姓名暨年月日，應請列明並飭蓋私章，並加蓋貴府印信，送署原件附還，即祈查照辦理爲荷。

善後救濟總署臺灣分署振印

臺南政府爲配給麵粉已分發東勢等三鄉給賑復臺灣分署（民國三十五年十二月四日）

致戌有府民社字第 12896 號

臺字第 7392 號

事由：電復貴署配給麵粉已分發東勢等三鄉給賑由

善後救濟總署臺灣分署勛鑒振字第（03719）號代電敬悉，業已各該鄉貧户人數爲原則分配給賑，並飭造具領賑名册，俟分賑完竣再將原册送核，謹先復請查照爲荷。

臺南政府戌（）府民社。

民國三十六年

臺灣省臺南縣政府爲救濟麵粉領收清册更正完畢請核查致臺灣分署代電（民國三十六年一月十日）

臺收字第 8626 號；振 3370 號

事由：電復救濟麵粉領收清冊經更正完畢請核查由。

善後救濟總署臺灣分署勛鑒：鈞署十二月二日振字第 3985 代電敬悉。經飭海口鄉更正並本府印信蓋章完畢，兹檢具該項麵粉領收清册二份。電請核查爲荷。

臺南縣長袁國欽子（元）府建農

嘉義市政府爲電送施賑麵粉、面乾領收名册二分祈查照由致臺灣分署函（民國三十六年一月十八日）

卅六子删建土嘉第286號；臺收字第8752號

事由：電送施賑麵粉麵乾領收名册二份祈查照由

臺北善後救濟總署臺灣分署公鑒：振字第03551號代電敬悉。查粉袋1153隻已於去年十二月四日派員送還基隆倉庫，並將該倉庫收據向貴分署换回本府保管，據在案。兹檢送施賑麵粉麵乾領收名册二份，敬悉查照爲荷。

嘉義市政府（36）子（删）建土印

善後救濟總署臺灣分署公文簡復表存根

收文號數：臺字8969號

去文機關：嘉義市政府

簡復：卅六子銑建土嘉字第288號代電暨附件均敬悉。兹由臺灣銀行1月20日結匯上本署辦理救濟麵粉、麵乾用費7230.50元，即請洽收見復爲荷。此致

嘉義市政府。

嘉義市政府爲檢送施賑麵粉、面乾各項費用領款統收據等請查照致善後救濟分署函（民國三十六年一月二十日）

發文號：卅子銑建土嘉字第288號；臺收字第8769號

事由：檢送施賑麵粉、麵乾各項費用領款統收據暨原始憑證等件電請查照核發由

臺北善後救濟總署臺灣分署公鑒：振字第03633號代電敬悉，所示各點經飭由本市糧食平糶委員會補辦竣事。該項施賑麵粉麵乾各項費用依照貴分署核減數，原共臺幣6997.00元，惟因粉袋送還基隆倉庫致運費等略有增加。兹檢送施賑麵粉、麵乾、印刷及配給事務協助搬運暨照片等費用領款總收據，連同

原始憑證等件電請查照核發爲荷。

嘉義市政府（36）子（銑）建土印

臺灣省澎湖縣政府爲補送救濟物資領收清冊請查照致臺灣分署代電（民國三十六年二月七日）

兩子陷澎府民丙第 0703 號；收字第 9307 號

事由：爲補送救濟物資領收清册各四份請查照由

善後救濟總署臺灣分署公鑒：查上年八月八日善臺署振字第 2047 號電，發救濟物資經已轉發，並將領收清册徑於上年九月十四日以民字第 1738 號送請查照在案，兹再補送大奥鄉、白沙鄉、吉貝村及西奥鄉該項物資領收清册各四份，送請查照以清手續爲荷。澎湖縣政府子（陷）民丙附送善後救濟總署臺灣分署發給麵粉舊衣舊鞋煉乳領收清册各四份。

臺灣分署爲前存剩餘麵粉 170 包派孔技士到府會同配發致高雄市政府代電（民國三十六年二月八日）

發文總號：振字第 05487 號

事由：電知前存剩餘麵粉 170 包，本署派孔技士慶銘到府會同配發所轄貧户由

高雄市政府鑒，查本署協理三十五年虎疫工程時尚有餘存麵粉 170 包，請貴府代爲保管在案。兹派本署技士孔慶銘到貴府會同將是項存餘麵粉散發所轄境内貧户，希將散發情形及領受人名册於發放完畢時具報爲荷。

善後救濟總署臺灣分署（）印

臺灣省臺南縣政府爲請撥布類藥品等物資救濟赤貧山胞致臺灣分署代電（民國三十六年四月七日）

善後救濟總署臺灣分署公鑒：據本縣山地吳鳳鄉鄉長以該鄉高山同胞值兹隆冬，飢寒交迫，疾□相繼，赤貧人民更衣不蔽體，食僅野菜，營養不良，疾病猖獗，請準撥發衣料以及醫療藥品，以資救濟等情。兹檢附吳鳳鄉公所原呈

乙份，隨電送請查照，至希惠予優先撥給，以資救濟爲禱。

臺南縣長袁國欽

[附件]：台南縣轉呈吳鳳鄉爲請救濟致臺灣分署呈文（民國三十六年二月十二日）

事由：呈爲請貴分署撥發佈類衣類以便分配救濟赤貧及一般高山農民由。

竊查職鄉高山鄉民現值寒冷時期，因平常對衣類方面不積極准備，又因衣類布類市價高漲，不能購買，故現時無衣可穿者甚眾，因之患病者續出，衛生所忙於治療，學校兒童因之而缺課，一般農民因之而生産停頓，鄉政推行多受影響，故欲促進山地行政效率，並提高高山人民生活起見，不再撥發多多布類衣類分配山地人民不可（原文如此）。兹將布類衣類需要量填於附表，謹此呈請懇請察核，照數撥發，以副山地人民之渴望（萬不能以免費救濟，亦可以半額或廉價發售）。謹呈。

臺南縣長袁轉呈善後救濟總署臺灣分署長錢

臺南縣吳鳳鄉長高一生

花蓮縣政府爲送風颱救濟品領收清冊查照致臺灣分署函（民國三十六年四月十一日）

臺字第10841號

事由：電送風颱救濟品領收清册查照由

善後救濟總署臺灣分署公鑒：查本府前向貴署領來風颱災害救濟品，計麵粉三百包、舊衣四包業已分發完畢，相應檢同領收清册二份隨電送請查照爲荷。

花蓮縣政府民社三陸卯（東）印

臺灣省立松山療養院爲請撥給布類以資制衣致臺灣分署代電（民國三十六年四月十二日）

救濟分署鈞鑒：查本院住院病人均在一百人以上，係各縣市遣送而來的貧困病人，本院爲供給衣服起見，用特電請鈞署按本院需要撥給男病人用布拾匹、婦女用布類拾匹，以資制服轉發，乞準撥給是禱。省立松山療養院。鬆療總叩。卯文

臺灣分署爲准送風颱救濟麵粉、舊衣領收清册核後查照復花蓮縣府代電（民國三十六年四月十七日）

賑字第06755號

事由：准送風臺救濟麵粉舊衣領收清册核後查照由

花蓮縣政府鑒：准雨卯東府民社字第4189號代電暨附件均敬悉，兹核復於下。（一）領收清册内數量欄更正處應請寫明並加蓋負責人印章以明責任。（二）麵粉每包折重3666臺斤（或雙公斤）來册内應請註明劃一斤量，如有失重，應叙明理由列損耗。惟損耗數量應以不得越過總重量百分之五爲準，來表列數5267.9斤，如以臺斤計算，尚差2064.1臺斤，是否一部未報，應請列叙原因報核。（三）舊衣四包，前准貴府致成寢民社電告計1379件，核來册表僅列發出379件，尚有1000件未準，即請核齊領收清册，統憑核辦理。麵粉、舊衣領收清册不得綜合辦理，應予分開各編送。又册末處應結明總計數及受益人數，並填明經發人、監發人職務姓名，蓋明印章憑核。以上各點務盡文到五日内全部辦理先全送署，原件附還，即祈查照爲荷。

善後救濟總署臺灣分署印

臺灣分署爲救濟高山族衣著等物資即可發出致臺南縣政府簡復（民國三十六年四月十九日）

代電悉。高山族同胞衣著等救濟，業經本署統籌，短期内即可發出，藥品方面均係配由各縣市衛生院轉配山地診療所應用。請查照爲荷。此致。

屏東市衛生院請撥賜天青色布三疋裁製衛生衣由致臺灣分署電（民國三十六年四月二十二日）

臺灣善後救濟分署鈞鑒：查本市天花流行頗劇，本院附屬傳染病院經常收容患者二十餘名，以限於經費，無力購置衛生衣，致各工作人員工作時迭稱不便，爰敢電請察核，懇祈撥賜天青色布叁疋，俾便裁制應用，以利防護，並請示覆。屏東市衛生院長李明家。卯養衛總甲

臺灣分署爲准送風災救濟麵粉 100 包領收清册核請查照由復新竹市府代電（民國三十六年四月二十四日）

振字第 06885 號

事由：准送風灾救濟麵粉 100 包領收清册核請查照由

新竹市政府鑒：准雨卯修府民社字第 3194 號代電暨附件均敬悉，兹核復於下：（一）麵粉 100 包（每包 36.66 臺斤）應折重 3.666 臺斤，兹核發出數量僅 3042.13 臺斤，尚差 623.3 臺斤，如係失重，應請叙明理由填報損耗，列銷損耗數量，不得超過總數百分之五。來册表列數不符應請更正。（二）領收清册末頁處漏填經發人、監發人職務姓名應請補填蓋明印章憑核。（三）兹附送散發救濟品結算表三份，即請查照，務盡文到三日内全部辦理完全，送署以清手續爲荷。

善後救濟總署臺灣分署印

臺灣分署歉難配撥所請衣料致屏東市衛生院簡復（民國三十六年四月二十五日）

代電悉。查衛生工作人員工作服之制備，應在原機關經費或業務費下開支，本署所有布疋經奉指定專作賑濟之用，目前歉難配撥。特復。

臺灣分署爲撥發高雄縣貧民衣著物資分配説明（民國三十六年四月二十五日）

善後救濟總署臺灣分署爲撥發衣著物資交由高雄縣善後救濟協會免費散賑，特將種類、數量及辦法列下：

高雄縣衣著物資分配説明：

甲、布料

數量

每塊兩碼計 8874 塊（成人）。

每塊一碼半計 10026 塊（兒童）。

合計 18900 塊。

共計碼數 32788 碼。

分配標准：

成人（不分男女）每人四碼（以厚布薄布各二碼爲原則）。

兒童（不分男女）每人三碼（以厚布薄布各一．五碼爲原則）。

注意：

（1）如以赤貧家庭爲分配對象時則：

1－2 口之家庭爲四碼一套。

3－6 口之家庭爲四碼一套、三碼一套。

7－9 口之家庭爲四碼二套、三碼二套。

10－12 口之家庭爲四碼二套、三碼四套。

13 口以上之家庭爲四碼三套、三碼五套。

（2）以上每人或每戶應得布疋原應以厚薄各半爲原則，如厚布數量過多時，厚布應配給從事粗工之貧民，如礦工及築路工人。

（3）每戶分配之厚布或薄布各在一塊以上時，最好選擇同一或近似色樣發給，分配對象及優先順序：

A. 由外地遣送返籍之貧困臺胞。

B. 貧窮之寡婦孤兒。

C. 十六歲以下之貧苦兒童。

D. 貧窮之老年人。

E. 貧窮之殘廢者。

F. 縣市境內最貧瘠地區之貧戶。

G. 參加地方公益工程之工人及其家庭。

H. 卅五年內受風水火或地震等災害之貧戶。

根據上列標準，各縣市善後救濟協會得斟酌地方情形，參照本署發給物資數量，核定該縣市區域內之分配事宜。

乙、新衣

數量

男衣 518 套，男童衣 518 套。

女衣 518 套，女童衣 518 套。

分配標準：新衣之分配以不能自行制衣之貧民（如老病殘廢或兒童）爲

對象，其標準爲每人一套，如以戶爲對象時，應照（甲）項分配標準注意辦理。

丙、附帶分配

衣扣 37300 粒（每三碼布配發衣扣三粒，每四碼布配發衣扣五粒）。

針 18900 條（衣料一套附發針二支）。

綫 94500 碼（衣料一套附發綫 100 碼）。

上列附帶分配物資應由市救濟協會商同地方政府指定一適當地點給證往領，其證式如下。

花蓮縣長張文成擬向文教人員散發衣料致臺灣分署賑務組副組長嚴家理函（民國三十六年四月二十五日）

伯耿組長家兄：四月廿二日手書奉悉。貴署分配本縣新布，早經擬具分配標準，該件到時，即可分發。此次配發本縣物資爲數頗多，除貧民外，一般貧苦文教人員亦擬在受賑之列。本縣發向第十陸軍醫院接收之軍糧報銷清冊，經飭主管人員即將原存底冊再行專案送上，耑此奉復，並頌公祺。弟張文成

臺灣分署署長錢宗起以布料應照規定散發致花蓮縣長張文成電（民國三十六年四月二十八日）

花蓮張縣長文成兄勛鑒：謹致家理兄函，知貴縣以本署發給衣料等爲數頗多，除貧民外，擬給賑一般貧苦文教人員，按貴縣地本貧瘠，人逾廿萬，除山地高砂族 2355 戶，15601 人已由署另擬發給衣帳辦法外，尚有人口數十八萬强，貧苦人數當不止十分之一，即姑以十分之一計，當尚有 18000 人左右，其中安民族及平地高山族生活更苦，待振尤殷。本署分配貴縣衣著總數僅 15950 套，不至超出需要，希按分配標準擇取最需要者普遍發給，如違反前項規定，必引起重大反響。最近澎湖傅縣長欲將振米平糶，聯總即提抗議，經長官嚴電取消，始免國際責難。盼爲國際體面計，加以注意，勿發公教人員。本署結束在即，一切手續並祈督屬趕辦，公私同感。弟錢宗起。卯儉

薛晉家請示臺南縣收發布料問題辦法致臺灣分署賑務組函（民國三十六年四月三十日）

林主任、嚴副主任鈞鑒：廿五日奉派出差以來匆逾六日，謹此簡略報告如下：

一、廿六日招集縣黨部代表、參議員及縣府有關人員開會，議決所有布料、新衣等限於五月五日發完，並由各鄉鎮人民代表、參議員、各區署人員及縣府人員出動監發，報銷手續則限於五月十日以前由縣府呈報分署。

二、各區散發統計數字（見附表）。

三、廿五日接見縣府社會課職員王光川先生，稱布料數量由臺北點收後，發覺不足一包，隨即通知倉庫人員，因當時時間已晚，同時雇不到工人再重點清，故抵新營時會同縣黨部及參議員臨飭點布，結果僅有九十八包，至本日（卅日）在庫布料等已全部出倉，職亦每日協助點交給各區署，結果實少一包深色二碼300件之布，因此之故不得不把發給嘉南大圳排水工程工人之數量減少（見附表）。關於上述不足之事項，應如何辦理，即請示爲盼（前縣府之電報謂一包深色200件係不符實）。

四、本日接見嘉南大圳農田水協會總務長楊群英先生稱：發給該會工人之布料應暫慢散發，手續部分先報銷，因這些工人若領到了救濟物質，必能請假不願工作，爲此則防阻工程進行。關於此點，張副主任曾口頭答應許可之。惟職奉派時閱得開會記録，並無此項説明，又恐内有他意，故本日下午亦已電請指示。

五、軍糧清冊已限於五月十日以前呈報分署。

六、奶粉、湯粉之報銷均已呈報。

七、133個麵粉空袋現尚於虎尾區，已飭該區當即送交縣府。

僅此簡單報告，並請即速指示。工作大體如意進行，勿念爲盼。專此。祝鈞安。

職晉家敬上。四月卅日。

通訊處：新營鎮新生里一四號中美旅社内。

附表：賑發新衣布料等區别統計表

區别	大人新衣	兒童新衣	四碼布料	三碼布料	衣扣	縫針	縫線	備考
新豐	88 套	69 套	179 套	432 套	2191 粒	1222 支	61100 碼	
新化	116	97	387	928	4719	2630	131500	
曾文	100	78	150	363	1839	1026	51300	
北門	215	275	541	1298	6599	3678	183900	
新營	152	197	254	618	3124	1744	87200	
嘉義	182	217	272	665	3355	1874	93700	
鬥六	146	87	147	363	1824	1020	51000	
虎尾	201	172	390	950	4800	2680	134000	
北港	150	165	306	735	3735	2082	104100	
東石	202	195	370	889	4517	2518	125900	
高山地區美農北水利工程	—	—	683	—	3415	1366	68300	
嘉南大圳排水工程	—	—	深：2430 淺：2730	—	12900	5160	258000	四碼布以 2580 套計算，原會議決定發給 2730 套
總計	1552	1552	6259	7241	53018	27000	1350000	衣扣剩餘 782 粒針剩餘 300 支線剩餘 15000 碼

以上剩餘衣扣、針及線已請縣府暫予保管，並請指示。

三星初級中學爲具報救濟糧食損耗情形致臺灣分署代電（民國三十六年四月三十日）

三初中字第 66 號；收文號數 11411 號

事由：具報救濟糧食損耗情形

善後救濟總署臺灣分署長鑒：兹爲鈞署振務組卅六年四月十二日來函，因受領救濟糧食短少，數量報銷辦法遵照意旨詳述如下：（一）民國三十五年十一月二十三日領到麵粉三百包6600公斤，然而麵粉袋破壞漏失215公斤，又變質結硬113公斤，計損耗數量378公斤。（二）民國三十六年二月五日領到麵粉六十五箱390包，因殘袋破壞28袋中大破9袋，每包平均失去三分之一數量，故將三包按分補足破袋短少之量，始得等分。謹此備文具申答覆，仰祈鑒核備查是盼。三初中校長張逢爲；會同人員：主辦會計曹添明；鑒辦人教導主任張承宗；證明人：校長：張逢爲

基隆市参議會以臺灣機械造船股份公司祈請配發工人衣料致臺灣分署代電（民國三十六年五月一日）

善後救濟分署公鑒：頃准臺灣機械造船股份有限公司電："查本公司基隆造船廠現有工人壹仟貳佰餘名，家計生計均甚貧苦，聞善後救濟總署已運到大量救濟衣料，基隆方面係由貴會分配，除業經本公司高總經理面洽外，按最低限度三人一套計算，實需四百套以上始夠分配，特電奉達，敬祈惠予照配爲禱。"等由，准此，相應電請查照並理，並希見復爲荷。基隆市参議會。辰東（印）

花蓮縣政府擬請按照難民標準發給文教人員衣料致臺灣分署電（民國三十六年五月二日）

儉電敬悉。查文教人員缺衣缺食，生活確屬艱困者，可按照難民例向所在地救濟署申請救濟，經由救濟總署函復教育部有案。查本縣地處東隅，物價昂貴，文教人員待遇菲薄，生活至苦，亟【待】救濟，擬請按現有員額535名，每名發給衣料一套，以資救濟，並乞電復。花蓮縣政府。辰東

臺灣分署指示辦理臺南發賑各事宜致薛晉家電（民國三十六年五月五日）

臺南新營鎮新生裏14號中美旅社轉薛晉家：陷函悉。本電計達。（一）本署結束在即，嘉南大圳工人發佈仍以趕速辦竣爲宜，剩餘衣扣針綫可悉數分配貧民，餘照本電辦理。（二）來函所報遺失布料數與協會來電所報不符，原因

何在？物資既經王光川與倉庫經手人點明運出，應責成該員負責，希於散振完畢後，請王光川來署，以憑面詢。（三）奶粉、湯粉報表及麵粉報銷均未到，應再催速送。（四）粉袋連同此次裝衣布袋帶回。

臺南縣政府請速撥發兒童新衣一百套致臺灣分署函（民國三十六年五月五日）

逕啓者：本縣育幼院前依貴署收容失依難童辦法，陸續收容難童。截至目前止，共計伍拾肆名，連前已收容入院叁拾名，共計捌拾肆名，其他失依難童尚未入院者，現正催送收容中。惟該院以經費困難，無法購制衣物，茲聞貴署結束在即，故懇祈侭速賜撥兒童新衣捌拾肆套，以惠苦難兒童爲感。至尚未入院之難童品，擬請提前賜撥壹拾陸套，連前共計壹百套，並盼見復爲荷。此致。救濟分署振務組林主任良桐、嚴主任家理。

臺南縣長袁國欽

臺灣分署以若布料剩餘可發於文教人員致花蓮縣政府電（民國三十六年五月五日）

花蓮張縣長文成兄勛鑒：東電悉。此項發放衣布對象經明白規定有案，文教人員原不列入，如貴縣發給貧民確有餘項，當勉照來電辦理。弟錢宗起。魚微

嘉義市救濟院請撥補助救濟收養人衣服蚊帳棉被致臺灣分署代電（民國三十六年五月七日）

救濟總署臺灣分署賜鑒：查本院救養所本擬設在本市朝日町市場改造利用，然因該區區民代表及一部區民反對，即移在本市檜町三丁目四二號，於三月二十一日成立，開始收容救養，現老人男九人、女一人，殘廢男二四人、女一三人，計四拾七名，每人一日經費除衣服、蚊帳、棉被等外，食費必需三十五元，計食費每月四九三五〇元，由市政府每月補助四一六六六元充用，但衣服、蚊帳、棉被等需要物尚無從供應，頗爲痛心。茲擬具收容人名冊乙份，敬

請鈞署憐憫賜予補助救濟爲荷。

嘉義市救濟院院長林淇漳

臺灣省澎湖縣政府爲送工賑工程麵粉配總結算表及領收清册請察核致臺灣分署代電（民國三十六年五月七日）

雨寅皓澎府建甲第 1922 號；白字第 11491 號

事由：電送工賑工程麵粉配總結算表及領收清册請察核由

善後救濟總署臺灣分署澎湖辦事處公鑒，查去年八月及九月貴署所賜發救濟麵粉計共 1541 包，本府第一回施行工賑工程消費 7447 包已報貴署在案，兹將第二回施行馬公市容整理外二工程消費 404 包也經辦理完竣，理合撿同馬公市容整理工賑工程結算報告表、領收清册各二份、馬公鎮公所前面硓硞墻及白沙鄉光復堤修復工賑工程結算報告表、領收清册各六份，隨電送請查覈。

澎湖縣長傳記武寅〈巧〉建土

臺灣省彰化市政府爲送本市散發貧民麵粉領收清册希即查收由致臺灣分署代電（民國三十六年五月八日）

雨辰齊民社字第 2325 號。

事由：爲電送本市散發貧民麵粉領收清册希即查收由

善後救濟總署臺灣分署公鑒：查本市前領貴分署發給貧民麵粉二百包計七千斤，業於民國三十五年九月二十三日、二十四日及十二月十日、十一日兩次散發完竣，受益人數計 1995 人。兹將散發收付數量造具麵粉領收清册二份。電希查收見復爲荷。

市長王一慶雨辰（齊）民社

錢宗起致花蓮張縣長文成、臺東謝縣長率卿電（民國三十六年五月十二日）

賑字第 07543 號

花蓮張縣長文成、臺東謝縣長率卿兄鑒：貴縣麵粉各 200、784 包，舊衣各 4 包報銷册表，據本署伍視察特據貴府承辦人稱已寄罷，唯迄未收到，究竟何日寄出，祈即查明，連同衣料、蚊帳失竊一案電示，至禱。弟錢宗起振（）印

臺灣分署以工人可以貧民身份獲賑致基隆市參議會代電（民國三十六年五月十七日）

代電悉。本署此次賑發衣布，完全以縣市貧民爲對象，各項工人如合本署規定標準，自可以貧民身份獲得賑濟，無須再行專案撥給，請亮察爲荷。此致

臺灣省新竹市政府爲送風灾救濟麵粉 100 包領收清册等請查照由致臺灣分署代電（民國三十六年五月十七日）

雨辰銑府民社字第 3772 號

事由：送風灾救濟麵粉 100 包領收清册及散發救濟物品結算表各二份，請查照由

善後救濟總署臺灣分署公鑒：振字第 06885 號代電敬悉。兹檢送發給麵粉領收清册暨散發救濟物品結算表各二份，請查照辦理爲荷。新竹市政府。辰銑民社。附發給麵粉領收清册暨散發救濟物品結算表各二份。

新竹縣政府爲送本縣風災急賑麵粉總結算表請查照見復致臺灣分署代電（民國三十六年五月二十一日）

雨辰皓府民社字第 08574 號；臺字第 11810 號

事由：電送本縣風灾急賑麵粉總結算表請查照見復由

善後救濟總署臺灣分署公鑒：案准鈞署配報麵粉三百包辦理本縣風灾急賑案，業經本府以雨辰灰府民社字第 7919、7920 號電送領收清册，暨代墊運費單請查照在案。兹准三十六年五月十二日公函略以來送散發救濟品結算表，暨收支總報告表，希即補送等由。兹經造就總結算表一份隨電送，請查照見復爲荷。

縣長鄒清之雨辰〈銑〉府民社。

臺灣分署爲尚餘麵粉數量請趕辦手續送署復澎湖縣府代電（民國三十六年五月二十三日）

振字第 7349 號

事由：電復尚餘麵粉數量請趕辦手續送署由

澎湖縣府鑒，准雨寅皓澎府建甲第 1922 號代電及附件均敬悉。本署撥給貴縣麵粉兩次，計 1500 包。准告充供施行馬公鎮市容整理，暨西鄉公路修後工程工賑救濟。經准（雨醜寅府建甲 836 號）電送領收清册列報 7447 包，兹復准報 404 包。又本署前駐貴縣辦事處洽商辦理臨時工施賑濟列報 38 包，共計 14487 包，尚差 513 包未准報銷，即祈於文到之日即爲趕辦手續送署，並於册報付郵時先行電告，除正面洽貴縣長處理祈查照辦理，萬無拖延爲荷。

善後救濟總署臺灣分署印

善後救濟總署臺灣分署來電第 11997 號（民國三十六年五月三十日）

發電地：澎湖；發電者：縣政府；代日韵目：辰陥；發電時間：5 月 30 日 20 時 50 分；收電時刻：5 月 31 日 10 時 20 分。

電文：臺灣救濟分署賑字〈07349〉號代電敬悉。麵粉 51 包 3 領收清册本日付郵，特電察照。澎湖縣政府民辰陥印

臺灣省高雄市政府致臺灣分署代電（民國三十六年五月三十日）

雨辰世高市民社字第 04450 號，臺字第 12077 號

事由：電送本市發給麵粉領收清册二份電請查照由

善後救濟總署臺灣分署公鑒：兹檢同本市發給麵粉領收清册二份，電請查照爲荷。

高雄縣政府爲電送本縣急賑麵粉領收清册希查收見復致臺灣分署代電（民國三十六年六月六日）

事由：爲電送本縣急賑麵粉領收清册希查收見復由

參陸巳冬高府民社字第 6166 號

臺灣救濟分署：查急賑麵粉領收清册頃據各區鄉鎮呈送前來，相應檢同該領收人清册二份，送請查收。希予核銷見復爲荷。

縣長黄達平

臺南縣政府致臺灣分署函（民國三十六年六月七日）

雨巳魚府民社字第 7123 號；臺字第 12168 號

兹函送麵粉領收清册二份，並總結算表叁份，查照爲荷。此致善後救濟總署臺灣分署。附麵粉領收清册二份。

臺南縣長袁國欽

善後救濟總署臺灣分署致高雄縣政府簡復表存根（民國三十六年六月十日）

發文：振字第 07617 號

收文號數：臺字第 12120 號

簡復：參陸巳冬高府民社字第 6166 號代電暨附件均敬悉，來件經予存查復請查照。此致高雄縣政府

善後救濟總署臺灣分署致臺南縣政府簡復表存根（民國三十六年六月十日）

發文：振字第 7619 號

收文號數：臺字第 12168 號

簡復：雨巳魚府民社字第 7123 號來函暨附件均敬悉，來件經予存查，復請查照。

此致臺南縣政府

臺東縣政府爲衣料蚊帳失竊案致臺灣分署代電（民國三十六年六月十一日）

來文字號：三陸巳虞東府民社字第06161號

事由：電爲查料救濟失竊一案業經著令通運公司失責賠償而竊盜亦以解送花蓮法院究辦各在案希查照由

臺灣善後救濟分署：貴署巳征電敬悉。查麵粉784包報銷表册尚未送齊，除由本府再行送另案報銷外，而汪視察所稱等情係是本府社會股經辦，麵粉344包發給山地以工代賑，業以報銷清楚。至衣料失竊一案，業經本府於本五月八日以東府民社字第05078號代電送請貴署查備在案。並以東府民社字第05205、05840、05983、06095號代電著令東臺灣通運公司臺東辦事處克日追回或賠償在案，而本六月三日該公司以東運業字第29號代電，僅承認損失25件，並將其責任推却在臺東火軍站應負責任等由。本府即報前證明書，經該公司簽蓋蓋印承認215件之損失，並令克日賠償各在案。至於蚊帳失竊一案，本府運到救濟品後儲在倉庫，並派員看管，竟於本五月十九日午夜發覺被竊蚊帳19件，除追回16件外，現尚欠3件。該盜林文臺業已解送花蓮法院究辦在案。前相應簡復查照爲荷。

臺東縣縣長謝真巳（）府民社

善後救濟總署臺灣分署致高雄市政府公文簡復表存根（民國三十六年六月十三日）

三十六年六月十三日

發文：振字第07643號

收文號數：臺字第12077號

去文機關：高雄市政府

簡復：代電暨附件均敬悉來件經予存查復請查照。

此致高雄市政府

錢宗起爲麵粉784包領收冊表經辦人辦妥送署由致臺東謝縣長電（民國三十六年六月十三日）

卅六年六月十三日

振字第07659號

事由：復麵粉784包領收册表經辦人辦妥送署由

臺東謝縣長率卿兄勛鑒：已虞東6161號代電敬悉，麵粉784包領收册表經辦人於電到日辦妥送署，請勿再稽延。交郵日期並祈先行電告。

弟錢宗起

臺灣分署來電第12290號（民國三十六年六月十五日）

發電地：臺東

發電者：臺東縣政府

代日韵目：巳删電

發電時刻：6月15日16時35分

收電時刻：6月16日11時

電文：臺東善後救濟分署，巳元電奉悉，麵粉領收册表趕於筱日付郵，謹復。臺東縣政府巳删建印

臺灣省行政長官公署農林處爲調查本省糧食問題由致臺灣行政長官陳儀箋函（編者注：此函沒有找到時間）

查本省蔗糖存量，前經閱查，截至十月底止共爲二三二、〇〇〇噸。除十一月份及十二月份内約消費一二、〇〇〇噸外，估計至十二月十五日止，約存蔗糖二二〇、〇〇〇噸，上項存量其中一部可供出口。至本省米糧生産情形，以年來肥料缺乏，本年第二期稻又遭天灾以致收成鋭減，此地戰前收穫年在一千六百萬市石以上，本年收成估計僅約八百八十萬市石。復因戰時消費增加，本年計需一千一百六十萬市石，生産與需要相較，預計至明年六月底，尚短少食米約二百八十萬市石。現值青黄不接，各地正盛恐慌，實無餘糧食可資出口。

二　善後救濟總署臺灣分署專項救濟文件

本次共收録民國三十四年十二月至三十六年十一月（1945 年 12 月至 1947 年 11 月），善後救濟總署臺灣分署就專項救濟事宜與善後救濟總署及各省分署、臺灣省各級機構及地方救濟院，以及總署總部或署長與各組室的往返函電十種，含 303 份文件，具體内容包括：

善後救濟總署冀熱平津分署關於臺胞生活困難急待返籍苦無船隻希洽撥與有關機關的來往文件

善後救濟總署臺灣分署關於撥發布衣救濟臺灣民衆的有關文件

善後救濟總署臺灣分署關於物資運送免税證明等事項的文件

善後救濟總署臺灣分署爲核發麵粉衣物等物資事與總署等來往文件

善後救濟總署臺灣分署等關於辦理遣送琉球難民的有關文件

善後救濟總署臺灣分署爲麵粉救濟事宜與臺省各單位來往函件

臺灣省行政長官公署工礦處、交通處致善後救濟總署臺灣分署報送工廠、礦場及交通業員工統計表的文件

善後救濟總署臺灣分署關於麵粉平售事項有關文件

交通部郵政總局關於臺灣區鐵路運郵津貼事項與郵電司等來往文件

善後救濟總署臺灣分署關於臺灣省善後救濟現狀調查文件

善後救濟總署冀熱平津分署關於臺胞生活困難急待返籍苦無船隻希洽撥與有關機關的來往文件

（1945 年 11 月—1946 年 2 月）

臺灣省平津同鄉會爲請船返臺致聯合國善後救濟總署遠東委員克拉克呈文（民國三十四年十一月十九日）

竊吾臺民，前因不堪日本壓迫，多有逃回祖國者，平津兩地，即有兩千三百五十名，唯生活頗感困難，現以勝利來臨，臺灣重歸中國，平津臺民之中，有一千二百名希望回臺，一面協助政府，辦理接收建設，一面解決個人生活，唯因交通全被破壞，不能如願，懇請派遣美國輪船一艘，將其載回，以資救濟，不勝感激之至。謹呈盟國救濟總署遠東委員克拉克閣下。

臺灣省平津同鄉會會長洪栖

會址：北平西城南太常寺四號

一九四五年十一月十九日

善後救濟總署爲令調查返臺難胞致冀熱平津分署代電（民國三十四年十二月）

冀熱平津分署：准聯總駐華辦事處本年十一月廿九日函，囑查明臺籍同胞以便統籌協助遣送回臺特電，請從速就近調查分署轄區內等待返臺難胞情形並希將其（一）現住地址（二）欲返臺地址及抵臺登岸地址、經濟狀況、能否自行負擔返臺旅費等詳細電復，以憑匯將爲荷。

善後救濟總署振卹廳。振遣亥真印

臺灣省平津同鄉會爲請派船以便臺胞返籍致善後救濟總署冀熱平津分署呈（民國三十四年十二月十四日）

漢文第卅四號，卅四年十二月十九日，振務組

臺灣省平津同鄉會聯合會呈善後救濟總署冀熱平津分署

事由：呈爲計劃集團回臺協贊政府辦理建設事業，懇請鑒核指派船隻俾便搭乘回省工作由

呈爲計劃集團回臺協助政府辦理建設事業，懇請鑒核，指派船隻，俾便搭乘歸省工作事。竊吾臺民以前不堪日寇逼迫，多有逃回祖國以避兇焰者，平津兩地即有兩千三百數十名，在勝利以前爲躲避敵人直接統治起見，其中多數均以閩粤省人資格改變名字、隱匿住址、從事各種事業，藉資糊口，不敢標榜本籍，更不敢組織團體，以免被敵利用。八月十五日，敵方宣佈投降，平津臺胞逖聞之下，無論男婦老幼莫不歡呼雀躍、感激涕零，北平臺胞即於是晚集合慶祝，結成臺民旅平同鄉會發表宣言，開始工作，先向敵軍交涉釋放由臺灣强制徵用之軍夫士兵，交由該會收容救濟，其次聯絡各界同鄉協助地方當局維持治安，嗣後第十一戰區在北平設立前進指揮所，該會立即組織服務團協力擔任翻譯，幫辦接收以及管理敵俘等事，聊盡國民一份子之義務。未幾，天津之臺灣同鄉會亦相繼成立。僉以平津兩地關係密切，遂組織屬會以處理兩地共同問題。竊據屬會調查所得，平津兩地臺灣同胞人材不少，衹就北平一地而言，即有醫師 47 人，大學教授 21 人，電氣工程人員 6 人，化學工程人員 5 人，礦山工程人員 5 人，土木工程人員 3 人，機械工程人員 3 人，其他研究政治、經濟、法律、文學者數目更多。天津方面因調查未竣，確數未詳，大約尚有醫師四五十人，工程人員 23 人，此外尚有由敵軍救出之軍夫 95 人，内有航空兵長 14 人，均能修理飛機及無綫電機。此等具有一技之長之人員現在失業者甚多，以故平津兩地之臺灣同胞約有一千名左右，自愿回臺協助政府參加建設工作，惟此刻交通不便，非政府特爲設法，决難如願。處此米珠薪桂之秋，賦閒過久，前途不堪設想。屬會力量綿薄，現在救濟此一百餘名之軍夫士兵已感困難，絶無餘力顧及一般臺胞，值兹四郊多壘，外誘强烈之時，政府如不特别設法派遣船隻將其送回，萬一飢寒所迫，鋌而走險，誤入歧途，則不獨爲省之損失，亦恐有礙治安。屬會深感責任重大，籌思再四終無良圖。爲此據情呈懇鈞座轉飭運輸當局賜撥輪船一隻到就近港口先將此批人員運送回省，工作實爲德便。

謹呈善後救濟總署冀熱平津分署長。

臺灣省平津同鄉會聯合會謹呈

會址：北平西城南太常寺四號

中華民國三十四年十二月十四日

善後救濟總署臺灣分署爲臺胞返籍洽船無果致重慶總署代電（民國三十四年十二月十八日）

重慶總署振卹廳公鑒：振遣亥真電敬悉。經查本公署轄區内等待返臺難胞（一）人數 1168 人，（二）現住平津兩市，（三）籍隸臺南、臺北、高雄、新竹、花蓮港、嘉義、彰化、淡水、澎湖、員林、基隆、臺灣，抵臺後皆由基隆登岸。其中四分之一能自行負擔返臺旅費，大多生活困難，端賴售賣衣物維持現狀，急待船隻返臺。關於船隻問題，幾經在津向航政局交涉，迄無結果，除電天津聯繫■外，相應電請速與聯總駐華辦事處洽備■，以便遣送此項難同胞早日回籍，是爲至荷。

冀熱平津分署．丑寢振印

收文第廿九號，卅四年十二月十八日

（卅四）振遣字第 692 號

薛覺民爲報平津待船返籍臺胞調查情形致善後救濟總署署長呈文（民國三十四年十二月二十日）

覺民兄調查：

1. 人數約二千人。2. 現住地點平津。3. 願■返臺、基隆。4. 免能自己負擔旅費。5. 急希■船返臺。6. 日久恐經濟無法支持。

奉諭調查總署（卅四）字第 692 號振卹廳振遣亥真面囑調查本分署轄區急待返臺難胞情形等由。旋接到臺灣省平津同鄉會十一月十五日及十二月二十一日來函請求集團回臺，當即親往該同鄉會調查，除詳細名册已囑遣送，一俟送來即行呈閱外，並據云現住北平之普通臺人約一千名，天津約一千名，太原一百名，另有日本徵用兵一百十五名集居平市，共計二千二百十五人，均急待返臺。■至於返臺登岸地點均在基隆。至其經濟狀况與返臺旅費尚能自籌。其最需要此爲請求速備船隻遣送彼等回臺。賤意擬一面電復總署請求速派遣送臺民船舶，一面派員就近向交通部特派員辦公處接洽遣送船隻。是否有■理合將調查情形報請，乞核示遵。謹呈署長。

職：薛覺民。十二月二十四日

旅居平津臺胞信息統計及先批返籍人數情形（民國三十五年二月二十日）

北平普通人：1000人。

徵用兵：115人。

天津：1000人。

太原：100人。

共：2215。

南文兄：關於臺胞返回事，請電天津辦事處會同unite■海蘇艦■交涉運送三百名臺胞返回。該船已有正式公函通知本市臺胞同鄉會，允於二日內在平市運送92名，津市92名，兵士116名，共300名爲荷。淪陷時政變致使臺僑正將財産售出無法生存蹈■於極不安之情形。

趙梅伯

二月廿日

林得泉	吕坤同	陳王淑儀	王杰	周敏益	張有根	馮德欣	馮麗蓉	馮麗琪	馮麗芳	馮林英美	馮子貴
47	36	21	50	41	28	1	4	5	6	25	38
臺北	臺北	新竹	臺北	新竹	臺中	花連港	花連港	花連港	花連港	花連港	花連港
北平東昌胡同安住里五	仝	仝	仝	天津針市街六號	仝	仝	仝	仝	仝	仝	西頭牛圈街三十二號
茶商	茶業		申茶行店員	前在上海茶商	前永豐職員						前維納公司成員
仝上	仝上		店員	茶	無						商
仝	仝	普通	仝	普通	困難						困難
二十八年	來北京五月	自小就來北平	三十四年四月一日	三十四年五月由天津	三十四年十二月八日						三十五年一月二十二日

王劍喜	王氏■	王國材	翁元在	楊■■	蔡炎然	洪彦仁	洪雙雷	洪江河	陳尚	陳林悦	陳茂遠
8	30	36	24	22	22	4	36	42	2	25	27
同	同	臺北	同	臺南	臺南	仝	仝	臺中	仝	仝	仝
仝	仝	春日街十五號	仝	河北治安里十號	仝	仝	仝	鬆島街公立旁	仝	仝	仝
		■械專門	仝	傷泉鑛職員	學生		仝	事新員			前昇恒鐵廠
		商	仝	同	失業		仝	商店職員			無
		困難	仝	仝	受人幫助		仝	困難受人幫助			無
		三十四年八月	仝	三十四年十二日傷泉來津			仝	三十二年來北京			二十六年七月

王創祝	王創賀	王創寶	蔡奇泉	蔡紅緞	蔡惠吉	蔡淑媛	蔡惠軍	蔡惠政	蔡淑華
7	5	2	43	39	14	11	8	5	3
臺北市	仝	仝	仝	仝	仝	仝	仝	仝	仝
春日街十五號	仝	仝	仝	仝	仝	仝	仝	仝	仝
			煬泉鑛						
			無						
			十分困難						
			二月五日由晋來津						

謹將屬會會員擬返臺省原籍姓名年齡等造具清冊呈請鑒核

姓名	李清分	李銀寶	李王漏芷	李嬈嬪	李監民	李監惠	黃永清	黃從善	黃惠採
年齡	32	23	32	13	9	7	37	30	8
原籍	臺南縣	仝	仝	仝	仝	仝	仝	仝	仝
現住所	河北大經路擇仁里三十五■	仝	仝	仝	仝	仝	巨須磨街六，二	仝	仝
簡單履歷	大中二場庶務員	德成煤礦職員					天津油廠工隊長		
現在職業	失業	仝					無職		
生活狀況	困難	仝					困難		
來此地年月日	三十四年六月十日	仝	仝	仝	仝	仝	二十八年十一月十四日	二十九年七月一日	仝

張洪■	張鐘美	楊翠華	楊翠菊	楊翠蘭	楊子明	楊子敬	楊子賢	楊黃香	楊克仁	黃秋秉	黃尚武
48	48	3	10	18	9	13	15	38	40	4	5
仝	臺北市	仝	仝	仝	仝	仝	仝	仝	仝	仝	仝
仝	山東路八九■	仝	仝	仝	仝	仝	仝	仝	河北大經路 擇仁里三十五■	仝	仝
									南榮汽車行		
	無職								失業		
	困難								困難		
三十年	三十年		仝	仝	仝	仝	仝	仝	二十四年六月十日	仝	天津生

劉汝孔	温方迸	黃啓惠	郭敬祥	柯蒼鬆	許玉昆	謝廷任	張秀蘭	張春綃	張逸村	張文季	張逸卿
25	27	25	25	50	55	39	17	13	16	17	21
仝	新竹	高雄	仝	仝	臺北市	新竹州	仝	仝	仝	仝	臺北市
仝	仝	河北昌緯路 四■里一■	舊日租界 春日街	針市街 華記内	針市街 六四?	西站前 街五八?	仝	仝	仝	仝	山東路 八九■
産婦科醫師	日本輕金屬職員	藥劑師	龍煙礦職員	貿易商駐在員	茶商經紀	藥材商					
仝	仝	仝	無	同上	賦閒	商					無業
仝	仝	被同鄉會救濟	仝	仝	仝	困難					困難
三十四年九月	三十四年九月	三十四年九月	三十四年 九月二日	三十四年 十二月十日	三十年 四月	三十一年 七月	仝	仝	仝	仝	三十二年

劉忠武	劉鳳珠	劉忠文	劉漫珠	劉張秀英	劉福枝	劉振德	陳風和	黃樹根	張雲煌	林偉烈	傅祖修
3	4	7	8	30	62	31	23	26	25	23	26
仝	仝	仝	仝	仝	仝	仝	臺中縣	臺北市	新竹縣	花蓮港縣	仝
仝	仝	仝	仝	仝	仝	大經路擇仁里二十四號	東北角大業大樓	舊英租界42號路南和安里三■	仝	仝	仝
						公司職員	鐵路局職員	協榮公司職員	内科醫生	龍煙鑛職員	外科醫師
					仝	仝	賦閒	没事	仝	仝	仝
				仝	仝	仝	困難	經濟困難	仝	仝	仝
			仝	仝	仝	三十二年十月	三十二年十月五日	三十三年四月	三十四年九月	三十四年九月	三十四年九月

陳運城	盧林鴛鴦	虛傳	游炳煌	游如鬆	邱六班	邱欽	盧列	陳錦鳳	林玉英	李汝成	邱石崁
32	25	27	22	32	29	40	48	15	45	26	29
基隆市	仝	澎湖市	仝	員林區	仝	臺中縣	澎湖市	仝	淡水市	彰化市	臺中縣
六區五六號福順里二三號	仝	北門西福康里十二號	仝	一區五十七■路吉星南里十四■	保定（邱欽家眷）	候家後中街	北門西福康里十二號	仝	舊日租界明右街一八二	特區芝界路分局西胡衕三?	候家後中街
高中畢業	仝	盧列眷屬			順德道醫院醫師	麥粉製造協會職員	藥材商			大正保險公司職員	富源公司職員
無			學生	無	二八軍軍醫	無職	藥商	學生	家政	失業	賦閒
困難					中	中	經常		普通	仝	困難
三十一年二月	仝	三十一年一月	三十二年二月四日	三十年四月二日		三十四年十二月五日	三十一年一月	仝	二十四年四月五日	三十三年二月十日	二十七年

林蔡夏	林輝	陳月娥	陳富英	陳啐蘭	陳童昧	陳連旺	陳信儀	陳恍子	陳藥子	陳華子	陳阿左
27	34	15	34	37	55	37	2	3	6	8	27
仝	臺南市	仝	仝	仝	仝	仝	仝	仝	仝	仝	仝
仝	大經路保安棧 12 號	仝	仝	仝	仝	一區二六號路二一八■	仝	仝	仝	仝	仝
	清德公司職員					厦門同文書院					
	無					商					
仝	受救濟中					困難					
仝	三十四年六月二十六日					二十六年六月					

蔡武雄	蔡文雄	蔡貞子	蔡??	蔡昊？水	蔡文東	鄭庭俊	鄭麗容	鄭麗珠	鄭庭璨	鄭麗華	鄭■英
3	3	9	11	32	36	2	9	11	14	17	37
仝	仝	仝	仝	仝	臺南市	仝	仝	仝	仝	仝	臺中市
仝	仝	仝	仝	仝	河北呂■路四堆里一號	仝	仝	仝	仝	仝	河北二經路六十四■
					小兒科醫師						（女性）
					無						
仝	仝	仝	仝	仝	受同鄉會救濟						困難
仝	仝	仝	仝	仝	三十四年八月二十五日■						

善後救濟總署臺灣分署爲臺胞返籍洽船致重慶總署代電（民國三十五年二月二十二日）

文别：代電

送達機關：重慶總署振衈廳

事由：准遣亥真代電，經查平津臺胞 1160 人生活困難急待返籍，惟苦於船隻，電請查照，速與聯總辦事處洽備■由

署長：（簽名）錢宗起。二月廿三

副署長：（簽名）高翰

主任秘書：（簽名）饒餘威

民國卅五年二月廿二日擬稿

二月二十六日繕寫

二月二十六日校對

二月二十六日十三時封發

發文冀振字第 876 號

善後救濟總署臺灣分署關於撥發布衣救濟臺灣民衆的有關文件

（1946 年 12 月—1947 年 1 月）

臺灣高雄縣政府爲請撥高山族布款致臺灣分署代電（民國三十五年二月）

事由：電請撥助高山族布款並祈代還貿易公司見復由

臺灣救濟分署公鑒：查本縣轄內高山族三萬餘人，地瘠民貧，無布可衣，情屬可憫。經將情派員呈請行政長官陳，懇請轉飭貿易公司免價撥給布匹救濟。於本月二十二日據本府派運人員許黎明呈“奉派洽領布匹事業經長官批准‘布先發款准予後交’，經數日來與貿易公司辦理，領取手續經定於一個月內繳還，計價款 51 萬元，每匹單價 1020 元，500 匹，合如上”等情。查本縣因受戰爭罹灾極爲慘重，況本縣府成立伊始，百廢待興，財源拮據，民生困苦，而該布款爲數頗巨，實難籌措繳還，爲此特電貴署查照，請迅撥助是項布款予以救濟，並煩將款就近代還貿易公司，以是艱，則本縣高山族感恩懷德，匪可言喻。如何之處，希先電賜覆。縣長謝東閔民社（東）

原案訂入振務類 12 號電（麵粉）

各縣高山族急待救濟合物資分配表

縣別	户	口	麵粉（斤）	衣料（丈）	奎寧（粒）	痘苗	其他藥品	備考
臺北	1378	7294	72940	7294	36470	—	—	肺炎、皮膚外傷及腸胃病等治療藥品之數量請貴署酌配
新竹	3086	15930	159300	15930	79650	—	—	
臺中	2164	13501	135010	13501	67505	—	—	
臺南	328	1870	18700	1870	9350	—	—	
高雄	6094	32646	326460	221646	163230	—	—	
臺東	2248	2248	22480	2248	56240	—	—	
花蓮	2368	14698	146980	14698	73490	—	—	
共計	17666	97426	974260	97426	487130	—	—	

現由臺灣熱帶研究所士林支所發賣之痘苗祇有一支，五百人分（二百五十

元，每人分五角）而已由此計算則如下：

臺北：1459 支（15 支）

新竹：31689 支（32 支）

臺中：2700 支（27 支）

臺南：374 支（4 支）

高雄：6529 支（66 支）

臺東：2250 支（23 支）

花蓮港：2940 支（30 支）

計：19438 支（197 支）

善後救濟總署臺灣分署爲所請布款不合規定致高雄縣政府代電（民國三十五年三月六日）

收文：善交字 766 號

文別：代電

送達機關：高雄縣府

卅五年三月六日擬稿，三月八日蓋印

高雄縣政府公鑒：卅五年三月一日民社字 1049 號代電敬悉，准審囑撥助救濟高山族同胞布款一節，核與規定不合，礙難照辦，相應復請查照爲荷。

善後救濟總署臺灣分署。振寅（濟）印

臺灣省行政長官公署爲詢有無學生制服致臺灣分署公函（民國三十五年四月十九日）

事由：爲函詢有無學生制服布供給及單價若干由

逕啓者：本處爲籌備師範學校學生制服需用大量黃卡嘰陰單士林及元色紡綢等材料（黃卡嘰約四千二百丈，陰丹士林約七百丈，元色紡綢約五百丈）未知貴署有無存料、單價若干，相應函詢，希即查照賜覆爲荷。

此致善後救濟臺灣分署。

處長範■康

新竹市政府爲洽購細布一千匹致臺灣分署代電（民國三十五年四月二十七日）

善臺收字第 1580 號

來文機構或姓名：新竹市政府

摘由：爲洽購細布一千匹由

臺灣救濟分署鑒：本市因去年受莫大之轟炸一役，民衆與農户被害甚巨，頃聞貴署運到大宗衣料，本府爲救濟受災害之民起見，擬購細布一千匹，廉價發售，藉以救濟用，特電請查詢，希查照爲荷。

新竹市長鄭紹宗

民國三五年四月二十七日

臺灣分署爲所請物資並無布匹致臺灣省行政長官公署公函（民國三十五年五月四日）

收文字 1632 號。

文别：公函。

卅五年五月四日。

貴處卅五年四月廿九日教務字 2321 號函，詢有無學生制服布供給及單價若干等由，查本署在發救濟物資外並無布匹一項，相應復請查照爲荷。

此致臺灣省行政長官公署教育處

臺灣分署爲所撥物資並無布匹致新竹市政府所電（民國三十五年五月七日）

送達：新竹市政府

卅五年五月七日

新竹市政府公鑒：三十五年四月廿六日新達市字 1229 號電爲洽購細布一千匹等由，查本署在發物資外，未有布匹一項，無從撥發，特復查照。

善後救濟總署臺灣分署。振辰■印

臺灣省行政長官公署鐵路管理委員會爲請代爲採運國外布料致臺灣分署公函（民國三十五年五月二十日）

查本路員工爲便於執行職務起見，有穿著制服之必需，原有制服均已破壞亟待換發，而所需材料國内异常缺乏，無法購置，擬請貴署設法在外國代爲采辦運臺應用，兹將料樣叁種，每種三份，連同所需數量清單一並隨函附奉，即祈查核辦理見復，至紉公誼。此致臺灣善後救濟分署。附料樣三種清單一份。

臺灣鐵路管理委員會主任委員陳清文。

臺灣分署爲所請採運布料難以照辦致臺灣行政長官公署鐵路管理委員會代電（民國三十五年五月二十五日）

收文字 2057 號

文别：代電

送達機關：鐵路管理委員會

卅五年五月廿五日

鐵路管理委員會公鑒：三十五年五月二十日接鐵字第 1397 號公函暨附件敬悉。查代向外國採運制服布料，不屬本署業務範圍。歉難照辦，相應復請查照爲荷。

善後救濟總署臺灣分署。振辰經印。附送還原料樣三種。

臺北縣政府爲轉呈土城鄉請拨衣布致臺灣分署公函（民國三十五年五月二十七日）

發文：北民社

中華民國三十五年五月二十七日

案據本縣土城鄉公所呈“客稱本鄉僻處山林，民衆貧困，以前備受日政府經濟壓迫，致衣服破壞生活困苦特甚，懇請救濟批售衣布”等情。據此經查，所稱尚屬實在，相應檢附該鄉所請布類數量表函請貴署予以設法救濟見覆，至紉公誼。此致善後救濟總署臺灣分署計開附表一份，衣布類數量。

土城鄉人口數：16000；每人見當：5 米；總見積數量：80000 米。

上海善後救濟總署署長蔣鈞鑒：奉鈞署卅五年八月廿二日補配字 4316 號代電開："查冬令疏届，送函■理具報等，本署所需布匹種類、數量及用途列單，電請力加核，臺灣分署長：錢宗起。附件如文。"

藍白土布以供民間服用，在電前因臺灣紡織工業不發達，民間仰給外來之供，■惟有舊衣散放，但尚未普遍，■實用極擬請分配。

布匹種類：

藍土布：67613 匹。

白土布：15941 匹。

説明：每匹以四十碼計。

（二）用途：

施賑及工賑。

（三）分配對象：

（1）高山族：藍土布 51672 匹。

説明：高山族人口 172241 人，每人以十二碼計算。

赤貧：藍土布 15941 匹，白土布 15941 匹。

説明：赤貧 15941 人，每人以八碼計算。

（四）希望本年十月以前到達

臺灣分署爲所發物資並無布類致臺北縣政府公函（民國三十五年六月三日）

收文善後 2176 號

文別：公函

送達機關：臺北縣政府

民國三十五年六月三日

公函案准：貴府北民社字第 54 號函囑撥售布匹救濟土城鄉貧民等由附件悉。查本署在發救濟物資中，並無布類，無法撥濟，相應復請查照爲荷。

此致臺北縣政府。

署長錢宗起

上海善後救濟總署爲呈報冬令所需布匹致臺灣公署代電（民國三十五年八月二十八日）

事由：爲冬季倏届，仰速將本年冬令所需布匹碼數種類用途呈報來署以憑統籌辦理由

臺灣分署：查冬令疏届，本署爲未雨綢繆計，著該分署速將本年冬季所需布匹碼數種類及其用途於文到一周内造册呈報來署，以憑統籌，而免貽誤，除分令外，仰即遵照辦理具報爲要。

總署。未梗滬配會振財印

臺灣分署爲所請布料並無記售致臺灣省憲兵司令部公函（民國三十五年九月）

振字第 2797 號

收文者：憲兵司令部第四特高組

事由：准函請記售咔嘰軍服料十六套復請備照由

函准：貴組卅五年九月廿四日■字第一號函，請記售美製卡嘰軍服料十二套等由，查本署現有售賣中並無卡嘰布。承囑配售記售情事，所請歉難照辦，相應復請查照。

此致憲兵司令部第四特高組。

署長錢宗起

善後救濟總署爲分配布匹令各遵照代電（民國三十五年九月十一日）

事由：爲分配布匹電飭遵照由

臺灣分署：查近由聯總運來各種布匹，質料甚佳，宜作秋冬衣服，並俱已絡續分配各該分署。又查前以分配縫衣機及與新運會訂定合組手工工場辦法，曾於六月十九日以滬賑字第 2939 號代電行知在案，上項所配布匹到達各該分署後，仰助剪樣送署並參照前電舉辦工賑，製發新衣，合行檢發布匹分配表一

件，仰遵照辦理。具報爲要。總署。浦賑卓申虞印。附布匹分配表一件（缺）。

臺灣省憲兵司令部爲請配售軍服料致臺灣分署公函（民國三十五年九月二十四日）

事由：請配售美製卡嘰軍服料十六套由

逕啓者：頃悉貴署有美製卡嘰軍服衣料，聞可配售軍事機關或部隊官佐，本組現有一部分官員，正感缺乏秋服之用，特函請貴署准予配售卡嘰軍服料十六套，至紉公誼，相應函請查照見復爲荷。此致行政院善後救濟總署臺灣分署。憲兵司令部第四特高組駐臺北市末廣町三丁目四番。

臺灣畫報社爲請配給服裝致臺灣分署箋函（民國三十五年十一月）

來文機關：臺灣畫報社

文別：箋函

摘由：請配給事務員服裝案由

民國卅五年十一月

事務服配給申請書

兹聞貴署關於服務文化各機關有配給服務員之事務服，藉資鼓勵之意，爲此本社忝列範圍之内，亦請貴署同一待遇領布。倘荷許允以男七名女二名之數，如須提出手續並請指示以便辦理，特此申請並予咨覆爲荷。此致善後救濟總署臺灣分署鑒

中國國民黨臺灣省黨部臺灣畫報社社長林■貴

臺灣分署爲復並未配給服裝致臺灣畫報社箋函（民國三十五年十一月十四日）

收文號：6531

文別：箋函

收文機關：臺灣畫報社

中華民國卅五年十一月十一日

事由：函復本分署並未配給服裝由

貴社十一月不列日函以本署對於文化各機關服務員有配給服裝，囑同一待遇辦理等由。查本署並無配給文化機關服務員服裝，亦未奉到此項物資，所囑歉難照辦，特復查照爲荷。此致臺灣畫報社。

善後救濟總署臺灣分署

臺灣省通運公司爲請撥帆布致臺灣分署代電（民國三十五年十一月十五日）

中華民國卅五年十一月十五日

電請撥帆布四十張並見復由

［簽注］：帆布已到若干，請儲運組核示並對本案意見並新見■。

（簽名）嚴家理。十一月十六日

共收 25 張，於起卸本署物資時自可利用。

衛生組：此種帆布可否供醫院擔架■之用，如有需要，務將所用數量告知■

臺灣善後救濟分署公鑒：查本公司分公司備有無篷駁船十八艘，承運公物及救濟物資，茲雨季將至，駁運貨物需要帆布覆蓋以免損害，聞貴署存有新帆布一批，特電奉商，希賜予撥用一部分或價讓四十張，俾資利用並請見復爲荷。

臺灣省通運公司。戌寒印

臺灣分署爲所請帆布難以照辦致通運公司簡復（民國三十五年十一月二十三日）

簡復：本署奉到帆布無多，擬留作本署起卸救濟物資遮蓋用，前囑歉難照辦，請查照爲荷。此致臺灣興盛通運公司。

［簽注］：此項帆布經查出■，係作爲本署自用六件，不能分配通運。周專員及衛生組

臺灣省立救濟院爲請撥童服衣料致臺灣分署公函（民國三十五年十二月十九日）

臺灣省救濟院公函

事由：請撥兒童棉質衣服192套或其衣料2420尺告復由。

查本院感化部兒童衣服多數破爛，擬請貴署撥發棉質兒童衣服192套或其衣料2420尺。按本院現有兒童96人，每人二套，以資換洗，相應檢同本院兒童年歲統計及其請發衣料數量表一份，函請查以惠撥，以資救濟，祈復示爲感。

此致善後救濟總署臺灣分署。附衣料數量表一份。

院長萬慕剛

臺灣省立救濟院現有兒童年歲統計及請發衣料數量表

歲別	二歲	三歲	四歲	五歲	六歲	七歲	八歲	九歲
人數	2	1	4	5	4	3	4	6
每套尺寸	850	850	900	900	1100	1100	1200	1200
小計	1700	850	3600	4500	4400	3300	4800	7200
歲別	十歲	十一歲	十二歲	十三歲	十四歲	十五歲	十六歲	
人數	7	2	8	6	8	9	18	
每套尺寸	1250	1250	1300	1300	1350	1350	1500	
小計	8750	13750	10400	7800	10800	11250	27000	
合計人數：96								
合計尺寸：121000								

臺灣公署爲復人民告密函致臺北縣政府箋函（民國三十六年一月二十一日）

收文機關：臺北縣政府

附件：人民告密函一件

事由：爲送告密函一件請參考由

箋函：貴縣轄内大溪農户密告該縣鎮公所散放白細布舞弊情事，查本署未在該鎮發放該項布匹，無從查覆。特將原密告函轉送即希查照參考爲荷，此致臺北市政府。

［附件］：大溪農戶爲密告布匹分配舞弊致臺灣省立救濟院箋函（民國三十六年一月十八日）

來文機關或姓名：大溪農户

文別：箋函

備由：密告分配白細布舞弊案

民國 36 年 1 月 18 日

收文者：省立救濟院

事由：函知交備布匹應製衣服件數及式樣請查照辦理詳報由

■貴院藍色斜紋布 942 碼及藍色襯衣布 260 碼□組員熊□運達在案。此項事■係特定貴院製給院民服用。■估計應製成男衣褲 132 件，女衣褲 152 件，男童衣褲 204 件，女童衣裙 168 件。照貴院收容人數計，每一院民每人可得兩套（即衣褲（或裙），兩項共四件）。此項衣服製妥後應先報由本署驗明後發給院民服用，並收用布情形詳細記録報署憑核，並附標記式樣一種，請就上項衣服之領■及褲（裙）頭依式製就。此項標記以■參核。至上項新規定事項各有不晝明■處可即派員■爲荷。此致臺灣省立救濟院。

附衣服標記一份。

已撥發該院藍色斜紋布 942 碼及藍色襯衣布 260 碼，由該院工廠製男衣褲 132 件，女衣褲 152 件，及童衣褲（或裙）372 件，分發該院難民。

臺灣省行政長官公署教育處爲請配給臺南二中布料致臺灣分署代電（民國三十六年一月二十一日）

來文機關：教育處

文別：代電

收字第 8866 號

摘由：請配給臺南市第二中學制服布料

臺灣善後救濟分署：案據省立臺南第二中學致亥寒字第 275 號電稱，“本校師生家境貧寒，月入菲薄，添製衣衫，每感困難，近聞臺灣善後救濟分署運到大批布匹，並可廉價配售各校師生裁做制服之用，擬懇轉請配售本校師生制服料黄、灰色布各八十匹，藉資補助”等請，相應電請查照，如貴署確有大批布匹運到，可否對該校員生酌予分配並希見復爲荷。

教育處子教二印。

臺灣分署爲學校不屬救濟對象致臺灣省行政長官公署教育處簡復（民國三十六年一月二十七日）

發文振字第 05204 號

收文號數：8866

三十六年一月廿七日

簡復：代電敬悉。本署確有奉到布匹，但係指定作爲工賑及製發赤貧民衆■救濟機關收使。此衣服學校方面因不屬於救濟對象，■照發請查照爲荷。

此致臺灣省行政長官公署。

臺灣分署爲送第六號定貨單致臺灣省婦女會（民國三十六年一月三十日）

善後救濟總署臺灣分署送達文件單，振字第 05290 號

送達機關：臺灣省婦女會

送達：本署第六號定貨單一份

第六號定貨單

中式衣服

衣服種類	布料	件數	大	中	小
男人上衣	14 號	900	300	300	300
男人褲子	14 號	900	300	300	300
女人上衣	5 號	900	300	300	300
女人褲子	14 號	900	300	300	300
兒童褲子	14 號	1800			

續表

衣服種類	布料	件數	大	中	小
男童上衣	14 號	900	300	300	300
女童上衣	5 號	900	300	300	300

西式衣服

衣服種類	布料	件數	大	中	小
男人褲子	14 號	900	300	300	300
男童褲子	14 號	900	300	300	300
女人裙子	14 號	900	300	300	300
女童裙子	14 號	900	300	300	300
男人襯衫	4 號	900	300	300	300
男童襯衫	4 號	900	300	300	300
女人襯衫	5 號	900	300	300	300
女童襯衫	5 號	900	300	300	300
總共需要：	十四號布 16352 碼，四號布 3542 碼，五號布 7697 碼。				

善後救濟總署臺灣分署關於物資運送免稅證明等事項的文件

（1945 年 12 月—1947 年 11 月）

善後救濟總署爲轉財部令進口轉口應另填報關單致臺灣訓令（民國三十四年十二月十九日）

收文：善臺字第 0179 號

十二月十九日

善後救濟總署訓令

事由：准財部代電以本署所屬機構陳具備進口或轉口證明書外另填報關單等由令仰知照令臺灣分署

收財政部十一月廿四日財關字第 17355 號財關敬代電，略以本署所屬承運機構報運進口或轉口善後救濟物資，即憑本署印發之證明書分外，免稅驗放，惟仍需校單填具報關單，將物資名稱、件數、價格、噸碼等填詳細列載，並加蓋關防或戳記送關備查等由，准此自應照辦。除分令外，合亟令仰知照。此令。

署長蔣廷黼

善後救濟總署爲救濟物資及款項免稅訓令（民國三十五年二月二十日）

事由：爲救濟物資及款項免稅案

查依據我國政府與聯合國救濟善後總署所簽訂之基本協定第 4、7 兩條之規定，所發救濟物資及救濟款項於運用時所有一切稅捐及其他徵收如印花、營業等稅均應豁免，並經行政院會議通過，並經本署函准財政部財關字第 18133 號代電，善後救濟總署臺灣公函濟秘字第 2218 號公函敬悉，已分電各省市政府及本部稅務署直接稅署轉飭各稅收機關，並電令海關總稅稅司署一體遵照辦理免稅手續，依照本部與貴署商訂辦法通用免稅證明書外特復，即係查照爲荷等由，除分令外合行令仰知照，並轉飭知照此令。

署長蔣廷黻

臺灣分署致澎湖縣政府海關查驗放行證明書（民國三十五年五月二十二日）

文別：證明書

卅五年五月廿二日

查本署第一批撥付澎湖縣政府麵粉計5601包，重123202公斤，按照本總署卅五年二月二日□秘字0590號訓令開："查依據我國政府與聯合國善後救濟總署所簽訂之基本協定第四、七兩條之規定，所有救濟物資以及救濟款項於運用時所有一切税捐及其他徵收如印花、營業等税均應豁免，並經行政院合議通過，並經本署函準財政部財關字第18133號代電'善後救濟總署公鑒濟秘字第2218號公函敬悉，已分電各省市政府及本部税務署直接税署轉飭各税收機關，並電令海關税務司署一體遵照辦理除免税手續，依照本部與貴署商訂辦法通用免税證明書外特復查照'等由，除分令外，合行令仰知照"等由。

各税收機關海關關卡查驗放行，特此證明。

給澎湖縣政府收執

署長錢宗起

臺灣分署爲豁免捐税致臺灣省海關税務司代電（民國三十五年五月二十二日）

文別：代電

送達機關：臺灣省行政長官公署政處臺灣海關税務司公署

卅五年五月廿二

勛鑒：案奉善後救濟總署民國卅五年二月六日濟渝（卅五）秘字第1590號訓令内開等因，查本分署業務現正積極展開，所有陸續運到或經由本省各港埠輸送各縣市之各項善救物資，應請依照原基本協定一律惠予豁免捐税，以策進行，除分電外，相應電查照轉飭貴處、署各税務機構遵照辦理，並盼見復至紉公誼。

臺灣善後救濟分署。儲辰（養）印

臺北關税務司爲物資免税已領送辦致臺灣分署代電（民國三十五年五月二十七日）

來文機構或姓名：臺北關税務司

文別：代電

收文號碼：2143

摘由：電復運輸救濟物資免税案已分領送辦由

善後救濟總署臺灣分署勛鑒：本年五月二十二日善臺署儲字第 1014 號代電敬悉，查關於聯合國善後救濟總署所運物資之免税辦法，本關業已轉奉財政部令示，並經分令各支關遵照辦理在案，用特電復，即希查照爲荷。

財政部臺北關税務稽徵所夏廷耀（有）印

臺灣分署爲證明撥運麵粉希免税放行致臺東縣政府電（民國三十五年六月一日）

文別：證明書

送達機關：臺東縣政府

卅五年六月一日

發文：振字第 1158 號

事由：證明撥運臺東縣政府麵粉數量希沿途軍警暨税收機關查驗放行電

查本署第一批撥付臺東縣政府平售麵粉一千八百三十包，希沿途憲軍警暨税收機關查驗放行，特此證明。

給臺東縣政府收執

署長：（簽名）錢宗起

臺灣分署運往高雄物資免税證明書（民國三十五年六月四日）

文別：證明書

送達機關：沿途軍憲警務

發文：儲字第 1201 號

事由：爲證明技士延英杰率同司機林英等五名押運卡車等物資往高雄請查放由。

署衔證明書：兹有本署技士延英杰率同司機林英、黄來發、黄添銓、鄧信得、何紅雲等五名押運本署善救物資卡車四輛、吉普車一輛、汽油二大通隨帶行李等件，自臺北前往高雄，務希沿途關卡軍憲警人員查照放行爲荷。此證。

署長：（簽名）錢宗起。

善後救濟總署訓令（民國三十五年六月八日）

濟儲京第1362號

35年6月8日收

善臺收字第2429號

儲組收311號

事由：令知財政部已通飭各省監税税務機關人員注意改善救濟物資經查由

令臺灣分署：

准財政部本年五月十一日京一字第1268號函開："接准貴署本年四月十三日公函，以湖南鹽務、貨物兩局税務人員檢查救濟物資以鐵尖戳破美麵粉袋，損失堪虞，請轉飭各地税關人員注意改善等由，准此，除通飭各省部署鹽務税務機關人員遵照外，相應函復，即希查照等由，准此。除分行外，合行令仰知照。此令。

署長蔣廷黼

臺灣分署爲肥粉免税致高雄及臺南關税務司代電（民國三十五年六月十日）

文别：代電

送達機關：高雄臺南關税務處

儲字第1073號。

事由：爲本分署肥田粉三千噸將抵高雄請予免税由

高雄財政部臺南關税務司公署公鑒：查救濟物資於運用時准免所有一切税捐，業給財政部電各省市政府及財政部各有關税收機關一體遵照辦理在案。兹有本總署分配本分署救濟物資肥田粉三千噸，由“Hadting Pank”輪轉運來臺，不日抵達高雄，此項肥田粉運到時，敬請查照前項辦法惠予豁免應徵關税，並盼見復，實紉公誼。善後救濟總署臺灣分署儲巳印。

聯合國善後救濟總署運到善後救濟物資請求免税證明書（民國三十五年六月十四日）

臺字第 0001 號

兹證明三十五年六月十四日由 Hastings park 輪船運到之物資乃係聯合國善後救濟總署發交本署專備中國收復區善後救濟之用。兹經派定本署儲運局倉儲處長負責提取，至希查驗免税放行爲荷。

此致海關

物品清單表

物品名稱	單位	數量	重量
硫酸錏	袋	60000	每袋 100 磅

財政部臺南關税務司公署爲免税物資應敘明分配機構致臺灣分署代電（民國三十五年六月十九日）

事由：復以運抵高雄之救濟物資肥田粉當予免税放行仍請補繳證書銷案，並敘明屬何救濟署所分配，以便呈報，即希查照辦理由。

善後救濟總署臺灣分署公鑒：准本月十日善臺署儲字第 1273 號代電批悉，查善後救濟總署之物資一切應完税項得予蠲免。此次運抵高雄之肥田粉究係行政院救濟總署或聯合國救濟總署所分配，並需叙明，以便呈報，即希仰照辦理爲荷。代理臺南關税務司張申福（删）印

臺灣分署爲物資查驗放行致花蓮縣市政府證明書（民國三十五年六月二十一日）

文别：證明書

送達機關：花蓮縣政府、市公所

事由：證明撥運花蓮市、縣政府平售之麵粉數量，希沿途各機關查驗放行由

全銜證明書：查本署第一批付花蓮市公所、縣政府平售之麵粉一千八百六十八包、一千二百零八包，希沿途憲軍警漁税收機關查驗放行，特此證明。給花蓮市公所、縣政府收執。

署長：（簽名）錢宗起。限卅五年七月廿五日繳銷

臺灣分署爲證明書俟到補送致高雄及臺南關税務司代電（民國三十五年六月二十一日）

收文 2673 號

發文儲字第 1453 號

文别：代電

送達機關：高雄、臺南關税務司公署

事由：爲本總署所印救濟物資免税證明書尚未頒下俟寄到時即當補送由

財政部高雄臺南關税務司公署公鑒：六月十五日鈔字第 33 號代電敬悉，囑補送本總署證明書證明，本分署此次運抵高雄三千噸肥田粉請求蠲免税以憑銷案一節，自當照辦。惟查此項免税證明書本分署尚未收到，頃已電催頒發應用，一俟此項證明書寄到，即當填送。特復。

善後救濟總署臺灣分署儲巳印

臺灣分署爲請發物資免税證明書致善後救濟總署電（民國三十五年六月二十一日）

文别：電

送達機關：總署

發文：儲字第 1450 號

事由：電請發寄救濟物資免税證明書由

上海署長蔣鈞鑒：救濟物資進口免税證明懇即印發一百張密航只寄臺仍之電後。

臺灣分署署長錢宗起儲巳印

臺灣分署爲請物資免稅致臺北海關基隆支關公函（民國三十五年七月一日）

文別：公函

送達機關：臺北海關基隆支關

事由：函以本署撥振臺東花蓮港救濟物資一批請予免稅由。

茲有本署撥振臺東花蓮港救濟物資一批計（1）麵粉一千七百五十包（2）舊衣二百一十九包（3）舊鞋五十包（4）煉乳一千箱（5）魚肝油一百瓶（6）藥品二十箱，相應函請查照予以免稅爲荷。再免稅證明查已呈請總署頒發，一俟奉到即行轉送，合併陳明。此致臺北海關基隆支關。

臺灣分署爲運往臺東及花蓮物資放行證明書（民國三十五年七月二日）

文別：證明書

發文：振字第 1614 號

事由：證明第一工作隊帶賑臺東花蓮港救濟物資一批，希沿途憲軍警監税收機關查驗放行電

全銜證明書：茲由本署第一工作隊帶往臺東花蓮港散振之救濟物資一批計（1）麵粉一千七百五十包（2）舊衣二百一十九包（3）舊鞋五十包（4）煉乳一千箱（5）魚肝油一百瓶（6）藥品二十箱，希沿途憲軍警監税務機關查驗放行。特此證明。

給本署第一工作隊收執。

署長：（簽名）錢宗起，限回日繳銷

善後救濟總署儲運廳爲寄免稅證明書致臺灣分署代電（民國三十五年七月八日）

滬運總字第 4079 號

儲收 435 號

事由：電寄免税證明書一百張發單二份希查收簽復

擬辦：復免税證明書請總務組特行保管

臺灣分署公鑒：奉署長交下巳馬電奉悉，兹寄上物資請求免税證明書五十份各兩張，共一百張（自臺字第 0001 號至 0050 號）並物資帳表格發單兩份，希查收簽還爲荷。滬儲運廳總午齊。附免税證明書一百張借單兩份。

善後救濟總署儲運廳物資帳表格發單

摘要	數量	號碼
請求免税證明書	100 張	自 0001 至 0050 = 50 份

財政部臺南關税務司公署爲詢運往澎湖餅乾免税依據致臺灣分署公函（民國三十五年七月十三日）

事由：報載澎湖縣政府領下貴署救濟用餅乾三千箱，因本關擬予課税致未能啓運等情，經查並無此事，不知何所根據，希將所知情形見告由。

案據本月十日《新生報》（日文版）載有貴署發交澎湖縣政府之救濟用餅乾三千箱，因本關擬予課税致未能啓運等情，查關於此事澎湖縣政府方面，迄未前來向本關報運，而貴署方面亦未蒙賜洽，該報所載一切，不知何所根據，除另函澎湖縣政府外，即希查照，將所知情形查明見告，至紉公誼。

此致善後救濟總署臺灣分署

代理税務司張申福

臺南關税務司爲詢運往澎湖物資根據致臺灣分署公函（民國三十五年七月十七日）

來文機關或姓名：臺南關税司署

文別：公函

收文總號：3394

摘由：運澎湖救濟物資並無課税報紙亂載有何根據

會振務組復：撥給澎湖之救濟物資係有該縣政府自運，聞有被海關扣留事，已由本署領得救濟物資證明書前往。

（簽名）陳國新。七月十七日

臺灣分署爲運往高雄汽油放行證明書（民國三十五年七月十八日）

文别：證明書

送達機關：軍憲警關卡

善臺署儲字第1823號

事由：證明薛晋國押運汽油十桶前往高雄請查由。

署銜證明書：兹有本署辦事員薛晋國押運本署汽油十桶隨帶行李等件，自基隆前往高雄，務希沿途關卡暨軍憲警人員查照放行爲荷。此证。

署長：（簽名）錢宗起

臺灣分署爲物資已免税運往澎湖致臺南關税務司代電（民國三十五年七月二十日）

儲830號收文：■字3794號

文别：代電

送達機關：臺南關税務司公署

事由：爲運往澎湖三千箱餅乾已由署填發證明書運往覆請查照由。

財政部臺南關税務司公署鑒：七月十三日鈔字第117號公函敬悉，查本署配發澎湖縣三千箱餅乾係由澎湖縣政府自運，日前據該府押運人員來署報稱，此項餅乾海關擬予課税，並請發給救濟物資證明書等語，旋經本署填發證明書，已免税運往矣。特覆。

善後救濟總署臺灣分署。印

臺灣分署爲簽送物資表格發單致上海善後救濟總署代電（民國三十五年七月三十一日）

組别：代電

收文者：儲運廳

發文：儲字第 1921 號

事由：爲簽送物資賑表格發單乙紙由

上海善後救濟總署儲運廳勛鑒：七月八日滬運總字第 4097 號代電並附件均收悉。兹謹將請求免税證明書五十份計一百張之發單乙紙簽蓋附奉敬祈查收爲荷。臺灣分署印附物資帳表格發單乙紙。

臺灣分署爲補送硫酸錏免税證明書致臺南關税務司代電（民國三十五年八月一日）

文別：代電

收文者：高雄財政部臺南關税務司公署

事由：爲補送三千噸硫酸錏免税證明書由。

高雄財政部臺南税務司公署公鑒：按准貴署六月十五日鈔字第 33 號代電，囑補送六月十四日運抵高雄三千噸硫酸錏請求免税證明書一案。兹本分署已收到此項證明書，填就臺字第 0001 號證明書一份，並物品清單一紙隨電附奉，敬請查收見復爲荷。善後救濟總署臺灣分署印。附免税證明書乙份清單乙紙。

善後救濟總署

臺南海關税務司爲詢運往馬公餅乾爲何物品致臺灣分署公函（民國三十五年八月一日）

事由：據運到馬公之餅乾證明書所載糧秣究係包括何種物品？救濟物品中是否亦有日本産製之餅乾？請查照詳示以便驗放轉報由。

案據本署馬公支關報稱：近有餅乾一批（三百餘箱）自臺南運來馬公，經查係日本製品，嗣據馬公商會繳驗，貴署七月十日善臺署振字第 1707 號證明書一紙內載明糧秣 53391 公斤，是否可憑驗放，理合呈請核示等情前，來查該證明書上所稱糧秣究係包括何種物品？請將名稱數量分別詳列，以便驗放轉報。

又，貴署救濟物品中，是否亦有日本産製之餅乾，相應函請查照，一並查明見復爲荷。

此致善後救濟總署臺灣分署。

代理稅務司

臺灣分署爲運往馬公之食糧係日軍餅乾致臺南海關代電（民國三十五年八月五日）

文別：代電

收文者：臺南海關

事由：復以運馬公之食糧均係日軍餅乾請查照

財政部臺南關稅務司公署勛鑒：鈔字第 129 號公函敬悉，查此項糧秣係日軍於投降時繳交之軍糧，經軍政部臺灣特派員辦事處奉院令撥交本署充作救濟之用，經以一部分撥交澎湖，該批糧秣均係日軍所稱“乾零八一”及“代用乾零八二”（即總稱餅乾）自屬日本製品，請迅速放電復。

善後救濟總署臺灣分署振印。

臺南關稅務司爲肥粉證明書已照收致臺灣分署代電（民國三十五年八月八日）

來文機關：臺南關稅署

文別：代電

摘由：三千噸肥田粉免稅證明已收到

儲運第 471 號

事由：以所塡送三千噸肥田粉免稅證明書暨清單各乙紙均已照收復請查照由。

善後救濟總署臺灣分署公鑒：准本月一日儲字第 1945 號代電附硫酸錏免稅證明書暨清單各乙紙囑查收見復等由。查所塡送之六月十四日運抵高雄肥田粉三千噸，臺字第 0001 號請求免稅證明書一份並物品清單乙紙均已照收。相應復請查照爲荷。

代理臺南關稅務司張申福印

臺南關税務司爲證明書中糧秣改爲餅乾致臺灣分署代電（民國三十五年八月十二日）

來文機關或姓名：臺南支關

文别：代電

摘由：請將證明書中糧秣二字改爲餅乾。

善後救濟總署臺灣分署公鑒：振未啓電敬悉，查■振字第1707號證明書，業經本署於本月二日飭持有人迅行持回貴署，將糧秣二字改爲餅乾在案，仍請迅速照改轉發以利驗放。代理税務司張申福。（八月十日）印

臺灣分署爲請將餅乾先予放行致臺南關税務司電（民國三十五年八月十五日）

文别：電

收文機關：臺南關税務司

振2148號

事由：電復請將留驗糧秣先予放行由電

臺南關税務司公署：（810）鈔字（49）號代電敬悉，該項餅乾仍請先放行，再由本署補發手續。玆所電復。善後救濟總署臺灣分署印。

臺灣分署爲證明書改名致澎湖縣政府代電（民國三十五年八月二十日）

組室：代電

收文機關：澎湖縣府

事由：電請將糧秣證明專寄署改發由

澎湖縣政府公鑒：准臺南關税務司篠電以糧秣已先予驗放，仍請改發證明書，將糧秣二字改爲餅乾，以清手續等由，即祈將前發貴府糧秣證明專寄署改發爲荷。善後救濟總署臺灣分署。振未印

臺灣分署爲運往花蓮物資免稅放行致基隆海關代電（民國三十五年九月十一日）

文別：代電

收文機關：基隆海關

儲 2516，儲 285

事由：運往花蓮港煉乳等物請予查照免稅放行由

基隆海關公鑒：本署煉乳五八五七箱，汽油一桶，舊衣八包，舊鞋十包，運往花蓮港放賑，敬請查照惠予免稅通行爲荷。

臺灣分署。印

臺灣分署爲運往上海物資免稅放行致基隆海關代電（民國三十五年十月八日）

送達：基隆海關

儲 296，儲 345

事由：爲裝運切肉機等物資往滬請即免稅放行由

財政部臺北關稅務司公署基隆分關公鑒：查本分署救濟物資切肉機八個、切麵包機一個以及由聯總接收之吉普車八輛、軍用燒飯爐五個，奉令運回上海。兹特裝聯總輪船 F. S. 一四六號運交上海本總署儲運局。上項物資除另填運送救濟物資免稅請求書外，相應電請查驗准予免稅放行爲荷。

善後救濟總署臺灣分署。印

臺灣分署爲運滬車輛免稅放行致基隆海關公函（民國三十五年十月十一日）

文別：公函

收文者：基隆海關

儲 3005，儲 363 號

摘由：爲吉普車八輛裝 F. S. 353 號輪運交上海本署儲運局請免稅查放由。

查本分署接收聯總移交美軍剩餘物資中吉普車八輛奉令裝運上海。玆再交聯總 F. S. 353 號輪船裝運八輛交上海本總署儲運局，相應函請查照惠予免税放行爲荷。此致臺北海關基隆分關。

署長錢宗起

臺灣分署爲運滬車輛免税放行填報申請書致基隆海關（民國三十五年十月二十一日）

文别：公函

收文者：基隆海關

儲字第 3225，儲 398

事由：爲裝運吉普車八輛請免税放行由

案奉本總署表皓滬配一字第 4207 號代電，飭向聯總駐臺辦事處接收美軍剩餘物資，當經遵辦在案，但其中吉普車一項須現運滬，玆由海良輪（Hai-ling）裝運吉普車八輛交上海本總署儲運局領收。除填送免税申請書一項外，相應函請查照准予免税放行爲荷。此致基隆海關。

附免税申請書一紙

署長錢宗起

[附件]：聯合國善後救濟總署運到善後救濟物資請求免税證明書

臺字第 0004 號

玆證明卅五年十月二十二日由海慶輪船運到之物資乃係聯合國善後救濟總署發交本署專備中國收復區善後救濟之用。並經派定本署上海儲運局倉儲處處長負責提取，至希查驗免税放行爲荷。

此致基隆海關。

民國三十五年十月廿八日

善後救濟總署查驗分署運澎物資證明書（民國三十五年十月二十八日）

本分署發給澎湖縣救濟物資

（1）煉乳配■。

（2）二等麵粉22公斤包計五百包。

（3）舊衣、鞋平均85、84磅，包裝計一十五■包。

（4）乾穀計1026包，共43噸重。

上列物資由基隆運澎湖市，沿途軍警關卡查驗放行。

臺灣分署爲填送運往高雄肥粉免稅證明書致高雄海關代電（民國三十五年十一月一日）

文别：代電

收文者：高雄海關

事由：爲海黔輪裝本署肥田粉往高雄請予免税放行由

儲03436號，儲431號

高雄海關鑒：兹有招商局海黔輪由滬裝運本分署肥田粉六二七二零包往高雄卸貨，特填送臺字第0005號救濟物資請求免税證明書及清單各一紙，隨電送請查照准予免税放行爲荷。

善後救濟總署臺灣分署印，附免税證明書及清單各一紙

［附件］：聯合國善後救濟總署運到善後救濟物資請求免税證明書

臺字第0004號

兹證明民國卅五年十一月一日由海黔輪船運到之物資乃係聯合國善後救濟總署發交本署專備中國收復區善後救濟之用。並經派定本署上海儲運局倉儲處處長負責提取，至希查驗免税放行爲荷。

此致高雄海關

附物品清單乙份

［附件］：物資清單

文别：代電

收文者：基隆海關

儲3440；儲432

基隆海關鑒：兹有本分署肥田粉1032包計70噸交臺，交105號輪運往花蓮港配發特填救濟物資免税請求書及清單各乙紙隨電送，請查照准予免税放行爲荷。善後救濟總署臺灣分署印，附免税請求書及清單各乙紙。

善後救濟總署

［附件］：聯合國善後救濟總署運到善後救濟物資請求免税證明書

臺字第 0008 號

茲證明民國卅五年十一月二日由臺交 105 輪船運出之物資乃係聯合國善後救濟總署發交本署專備中國收復區善後救濟之用。並經派定本署上海儲運局倉儲處處長負責提取，至希查驗免税放行爲荷。

此致基隆海關

附物品清單乙份

臺交 105 運出物資清單：肥田粉 1032 包計 700 噸。

澎湖農會爲請發硫酸錏免税證明書善後救濟總署臺灣分署電（民國三十五年十一月一日）

發電地：高雄

發電者：澎湖農會

發電時間：11 月 1 日

收電時間：11 月 2 日

臺北善後救濟分署：因過關事，請鈞署予速發給硫安證明書來高雄市臺南關爲荷。澎湖農會

臺灣分署爲運澎硫酸錏免税致臺南海關代電（民國三十五年十一月四日）

文別：代電

收文者：臺南關

民國三十五年十一月四日

儲 439

事由：爲分發澎湖縣硫酸錏 36800 磅請予免税放行由

財政部臺南關税務司公署鑒：查本分署分配澎湖縣硫酸錏肥田粉 36800 磅，頃由該縣農會具領運往澎湖配售，相應電請查找准予免税放行爲荷。

善後救濟總署臺灣分署印

花蓮縣政府爲請撥給物資免各致臺灣分署電（民國三十五年十一月十九日）

發電地：花蓮

發電者：縣政府

發電時間：11 月 19 日

收電時間：11 月 20 日

臺北救濟分署署長錢鈞鑒：貴署撥發本縣急賑之麵粉 200 包，舊衣四包及由蘇澳運回之牛奶 67 箱，因無貴署證明致被蘇澳海關扣留，希即特電該海關准予免稅發還以便放賑爲荷。

花蓮縣政府。民社戌皓

臺灣分署爲物資免稅致蘇澳海關及花蓮縣政府電（民國三十五年十一月二十一日）

收文編號：6976

文別：急電

收文者：蘇澳海關、花蓮縣府

民國三十五年 11 月 21 日

事由：（一）爲本署撥交花蓮縣政府急賑物資請免稅放行由。

（二）爲准皓電已電蘇澳海關查照由。

蘇澳海關鑒：准花蓮縣政府民社戌皓電以本署撥發該縣急賑麵粉 200 包、舊衣 4 包、牛奶 3467 箱，因無本署證明被扣留，請轉電貴關准予免稅放行等由。查此項物資係本署撥交該縣作急賑用，希准免稅放行爲荷。

善後救濟總署臺灣分署。戌（馬）印

通運公司爲請速發運輸證明文件致臺灣分署公函（民國三十五年十一月二十一日）

中華民國三十五年十一月二十一日

儲收 816

事由：函請即速付以運輸證明文件由

案查貴署本月八日轉運花蓮港麵粉、牛乳、舊衣服交是由，蘇澳海關以該批貨品係屬洋貨，須持有貴署運輸證明文件始可免收税金放行。當時花蓮港縣政府押運員曾云，於二十日內當即持有證明，爲便利救濟並容運期間，經由放□暫具保证向蘇澳海關擔保並限於二十日內應持有證明文件，否則須照章納税，際此限將屆，相應函請查照，即希見復爲荷。此致善後救濟總署臺灣分署。

主任：（簽名）□國俊

臺灣分署爲證明轉運花蓮港物資免税致蘇澳海關代電（民國三十五年十一月二十三日）

發文號：484

總發文號：儲字第 3812 號

事由：爲證明轉運花蓮港麵粉牛奶舊衣確係本署救濟物資由

蘇澳海關鑒：准臺灣省通運公司宜蘭分公司第 113 號公函開“案查貴署云云，叙至函請查照辦理”等由，查上項物資確係本署配發花蓮港縣政府之救濟物資，計有麵粉 200 包，舊衣 4 包，牛奶 3367 箱，業經以戌馬電請免税放行在案，兹將再證明電請查照爲荷。

善後救濟總署臺灣分署。印

蘇澳支關爲需補繳運輸證明書致臺灣分署代電（民國三十五年十一月二十五日）

財政部臺北關蘇澳支關代電

中華民國三十五年十一月二十五日

振 2822

摘由：爲本關並未扣留貴署撥發花蓮縣救濟物品，惟需補繳運輸證明書，本關憑驗電復查照辦理由

善後救濟總署臺灣分署錢署長勛鑒：頃准貴署戌馬電開，準花蓮縣政府民

社戌皓電以本署、撥發該縣急振麵粉 200 包、舊衣 4 包、牛奶 3467 箱，因無本署證明被扣留請轉電貴關准予免税放行等由，查上項物資係本署撥交該縣作急振用，希准免税放行爲荷等由准查該縣府於本（十一）月十一日自蘇澳報運麵粉 159 包共重 4400 公斤、罐頭牛奶 63 件共重 1260 公斤、舊衣 4 包共重 200 公斤，裝臺通壹號船運往花蓮港，經本關檢驗，係貴署救濟物品，故余通融辦理，已於當日放行並無扣留，但曾囑該縣府應向貴署領具運輸證明書，來關憑驗，以作免税根據，准電前由相應電復查照，希即核補發證明書過關，以憑銷案。

蘇澳海關主任王順生。戌養蘇印

臺灣分署爲證明硫酸錏運往花蓮港致基隆海關代電（民國三十五年十二月九日）

收文者：基隆海關

民國三十五年 12 月 9 日

組室發文號：538

總發文號：儲字第國俊號

事由：爲證明本署硫酸錏七十噸交臺交 105 號運往花蓮港由

基隆海關鑒：兹有本分署救濟物資硫酸錏 70 噸交臺交 105 號輪運往花蓮港，即希查照准予免税放行爲荷。善後救濟總署臺灣分署印

善後救濟總署爲入口救濟物資一律免税致臺灣分署代電（民國三十五年十二月十一日）

發文：濟儲字第 2810 號

事由：國際入口救濟物資各種税捐一律豁免案奉

臺灣分署覽：案奉行政院節京伍字第二三二八三號訓令内開：“卅五年十二月十日本院第七六九次會議，財政部提請將國際入口救濟物資各種税捐一律豁免案，經決議‘原則通過免税物品種類應由財政部會同有關機構擬定’，除分行外，合行令仰遵照”等因，奉此，合行電仰遵照爲要。

總署。浦儲業帳亥世印

善後救濟總署爲進口船只免交外滙致臺灣分署代電（民國三十五年十二月十六日）

事由：順知免繳外匯證明書已准輸入臨時管理委員會秘書處函覆照辦由。

臺灣分署公鑒：關於聯總進口船隻免交外匯證明書一案，兹經總署函准輸入臨時管理委員會執行委員會秘書處，覆稱已分函輸入品管理處照發輸入許可证，並通知海關依照規定迅予放行等由，相應轉運，即希查照爲荷。

滬儲運總業運亥銑

臺灣分署爲送肥粉免税證明書致基隆海關代電（民國三十六年一月四日）

文别：代電

收文者：基隆海關

發文儲599

發文總儲4679

事由：爲臺航八號裝肥田粉一千七百包請予免税放行由

基隆海關鑒：兹有本分署肥田粉一千七百包，計七十六噸，交臺航八號輪運往花蓮港配發，特填救濟物資免税請求書及清單各乙紙隨電送請查照，准予免税放行爲荷。善後救濟總署臺灣分署印。附免税請求書及清單各一紙

［附件］：聯合國善後救濟總署運到善後救濟物資請求免税證明書

臺字第0009號

兹證明民國卅六年一月五日由臺航8號輪船運出之物資乃係聯合國善後救濟總署發交本署專備中國收復區善後救濟之用。並經派定本署上海儲運局倉儲處處長負責提取，至希查驗免税放行爲荷。

此致基隆海關。

臺灣分署爲請發糙米出口證及送查物資證明書致臺灣糧食局及基隆海關代電（民國三十六年一月二十五日）

儲組室主稿

文別：代電

收文者：糧食局、基隆海關

組室發文號：647

總發文號：儲 05166

事由：

一、爲運糙米 30 包配發花蓮港各醫院請發出口证由；

二、爲交海津輪航六號運糙米 30 包、牛奶 650 箱往花蓮港請免税方行照。

臺灣糧食局鑒：查本分署頃交海津輪轉糙米三十包（每包重乙百臺斤）運往花蓮港，配發該縣各醫院供作住院貧苦病人食糧，但查米糧出口須有貴局出口准許证始可起運。兹特派本分署職員陳耕革持函前往洽領，希即賜發上項糙米出口证乙紙爲荷。善後救濟總署臺灣分署。印

基隆海關鑒：兹有本分署糙米三十包（每包重乙百臺斤）、牛奶陸百五十箱裝海津輪運往花蓮港配發，除該項糙米經向本署糧食局洽領出口证外，相應填制免税證明書及清單各一紙送請查照准予免税放行爲荷。善後救濟總署臺灣分署印。附十六號免税證明書及清單各乙紙

［附件］：聯合國善救濟總署運到善後救濟物資請求免税證明書

臺字第 0016 號

兹證明民國卅六年元月廿五日由海津輪船運到之物資乃係聯合國善後救濟總署發文本署專濟中國收復區善後救濟之用。並經派定本署儲運局倉儲處處長負責提取，至希查驗免税放行爲荷。

此致基隆海關

附物品清單 1 份（缺）

臺灣省水泥公司爲請證明石膏免税並協助起卸致臺灣分署公函（民國三十六年三月二十六日）

來文者：水泥公司

文別：公函

來文字號：331

儲收 1309

事由：運高雄之石膏請協助起卸由

頃接本公司美■公司 G. A. T. C. 三月十八日來電，略以聯總款下石膏約九

千噸將於本月卅日運抵高雄原電如下。除經■請貴總署工礦業務委員會轉知貴分署證明免税並協助起卸外，相應函請查照惠予照辦爲荷。

此致善後救濟總署臺灣分署。

總經理徐■

［附件］：善後救濟總署臺灣分署來電第 10454 號

發電地：上海

發電者：工礦會

發電時間：3 月 25 日

臺北（0810）：臺灣水泥公司石膏 9000 噸由 JOHNPAYNE 於寅■運抵高雄，請予證明免税並於船邊交貨協助起卸爲荷。

工礦會。滬寅有印

臺灣分署爲送免税證明書致水泥公司代電及爲復證明書已發致上海總署工礦處電（民國三十六年三月三十一日）

儲組主稿

工技室文别：代電、電

收文者：水泥公司、工礦處

組室發文號：832

發文總號：儲字第 6373 號

事由：爲填送免税證明書乙紙由；電復免税證明書已照發由

臺灣省水泥公司鑒：臺（36）業字第 0331 號公函敬悉。兹附上臺字第 18 號救濟物資請求免税證明書乙紙及清單乙份，請查收爲荷。

善後救濟總署臺灣分署印。附免税證明書及清單各乙紙

（電）

上海總署■委員會：有電敬悉，免税證明書經填發水泥公司，謹聞。臺灣分署寅印

Gohn Payne 輪運高雄物資清單

物資名稱	噸數	備註
石膏	9000 噸	該輪約於本年三月卅日可抵高雄港

[附件]：聯合國善救濟總署運到善後救濟物資請求免稅證明書

臺字第 0018 號

茲證明民國卅六年三月三十日由 SS Gohn Payne 輪船運到之物資乃係聯合國善後救濟總署發本署專濟中國收復區善後救濟之用。並經派定本署儲運局倉儲處處長負責提取，至希查驗免稅放行爲荷。

此致高雄海關。

附物品清單 1 份（缺）。

臺灣省行政長官公署交通處爲轉飭各機構知照救濟物資免稅致臺灣分署公函（民國三十六年四月）

中華民國卅六年四月

事由：准函爲救濟物資經簽准長官免徵通行稅請轉飭知照查辦

簽准：■四月十六日儲字第 6747 號大函暨隨簽均奉悉，自應照辦，除轉飭各運輸管理機構及運輸機關知照免徵外，相應復請查照爲荷。此致善後救濟總署臺灣分署

處長：（簽名）任■

茲送上免稅證明書第二號、七號、八號、九號、十號、十一號、十二號、十三號、十四號、十五號、十六號、十七號、十九號、二十號存底各一張共十四張，十八號正張銷號一張，三號作廢正副張二紙，請查照救濟物資運送免稅證明卷存查。池專員

附證明書共十七張，以上均係基隆倉庫■

[附件 1]：聯合國善救濟總署運到善後救濟物資請求免稅證明書

臺字第 0002 號

茲證明民國 35 年 10 月 9 日由■輪船運出之物資乃係聯合國善後救濟總署發交本署專備中國收復區善後救濟之用。並經派定本署上海儲運局倉儲處處長負責提取，至希查驗免稅放行爲荷。

此致臺北關基隆支關海關。

附物品清單 1 份。

[附件 2]：聯合國善救濟總署運到善後救濟物資請求免稅證明書

臺字第 0003 號

兹證明民國 35 年 10 月 12 日由 F. S. 353 輪船運到之物資乃係聯合國善後救濟總署發交本署專備中國收復區善後救濟之用。並經派定本署上海儲運局倉儲處處長負責提取，至希查驗免税放行爲荷。

此致臺北關基隆支海關。

附物品清單 1 份。

［附件 3］：聯合國善救濟總署運到善後救濟物資請求免税證明書

臺字第 0007 號

兹證明民國 35 年 12 月 10 日由臺航 8 號輪船運出之物資乃係聯合國善後救濟總署發交本署專備中國收復區善後救濟之用。並經派定本署上海儲運局倉儲處處長負責提取，至希查驗免税放行爲荷。

此致基隆支海關。

附物品清單 1 份，臺航八號赴花蓮港，硫胺 1170 包。

［附件 4］：聯合國善救濟總署運到善後救濟物資請求免税證明書

臺字第 0008 號

兹證明民國 35 年 12 月 28 日由臺航 52 號輪船運出之物資乃係聯合國善後救濟總署發交本署專備中國收復區善後救濟之用。並經派定本署儲運局倉儲處處長負責提取，至希查驗免税放行爲荷。

此致。

海關臺航 52 號，裝花蓮港。計有物資：牛奶 96 箱；棉被 6 件；鞋舄 123 件；硫胺 770 包；重過磷酸 280 包；石灰窒素 38 包。

［附件 5］：聯合國善救濟總署運到善後救濟物資請求免税證明書

臺字第 0009 號

兹證明民國 36 年 1 月 6 日由臺航六號輪船運出之物資乃係聯合國善後救濟總署發交本署專備中國收復區善後救濟之用。並經派定本署儲運局倉儲處處長負責提取，至希查驗免税放行爲荷。

此致基隆海關

附物品清單乙份。

臺航六號：裝花蓮港，計有物資：牛奶粉 158 桶；牛奶 2240 箱；

原本九號存根換作巳聯送往基隆關，爲使現數削■，故將本证仍作第九號。

［附件 6］：聯合國善救濟總署運到善後救濟物資請求免税證明書

臺字第0010號

兹證明民國36年1月9日由臺航壹號輪船運出之物資乃係聯合國善後救濟總署發交本署專備中國收復區善後救濟之用。並經派定本署儲運局倉儲處處長負責提取，至希查驗免税放行爲荷。

此致臺北海關

附物品清單乙份。

臺航壹號，裝花蓮港，計裝物資：牛奶粉300桶。

［附件7］：聯合國善救濟總署運到善後救濟物資請求免税證明書

臺字第0011號

兹證明民國36年1月17日由臺東輪船運出之物資乃係聯合國善後救濟總署發交本署專備中國收復區善後救濟之用。並經派定本署儲運局倉儲處處長負責提取，至希查驗免税放行爲荷。

此致海關。

臺東輪：裝馬公，計有：奶粉266桶；牛奶2000箱；米1979包。

本证號碼原因同第九號。

［附件8］：聯合國善救濟總署運到善後救濟物資請求免税證明書

臺字第0012號

兹證明民國36年1月18日由眾航輪船運出之物資乃係聯合國善後救濟總署發交本署專備中國收復區善後救濟之用。並經派定本署儲運局倉儲處處長負責提取，至希查驗免税放行爲荷。

此致基隆海關

附物品清單乙份。

眾航，裝上海，計運物資：發動機2箱；打字機2箱；汽油空桶：150桶。

［附件9］：聯合國善救濟總署運到善後救濟物資請求免税證明書

臺字第0013號

兹證明民國35年1月9日由臺航六號輪船運出之物資乃係聯合國善後救濟總署發交本署專備中國收復區善後救濟之用。並經派定本署儲運局倉儲處處長負責提取，至希查驗免税放行爲荷。

此致海關。

臺航六號：裝花蓮港，計運物資：牛奶粉152桶；牛奶2640箱。

［附件10］：聯合國善救濟總署運到善後救濟物資請求免税證明書

臺字第0014號

茲證明民國36年2月4由鳳山輪輪船運出之物資乃係聯合國善後救濟總署發交本署專備中國收復區善後救濟之用。並經派定本署儲運局倉儲處處長負責提取，至希查驗免税放行爲荷。

此致臺北海關。

附物品清單乙份。

鳳山輪：裝花蓮港，計運物資：牛奶粉3桶；牛奶200箱；西藥79箱。

[附件11]：聯合國善救濟總署運到善後救濟物資請求免税證明書

臺字第0015號

茲證明民國36年3月18日由臺南輪船運出之物資乃係聯合國善後救濟總署發交本署專備中國收復區善後救濟之用。並經派定本署儲運局倉儲處處長負責提取，至希查驗免税放行爲荷。

此致基隆海關。

臺南：裝上海，計運：空汽油桶53桶。

[附件12]：聯合國善救濟總署運到善後救濟物資請求免税證明書

臺字第0016號

茲證明民國36年元月廿五日由海津輪船運出之物資乃係聯合國善後救濟總署發交本署專備中國收復區善後救濟之用。並經派定本署儲運局倉儲處處長負責提取，至希查驗免税放行爲荷。

此致基隆海關

附物品清單1份。

海津：裝花蓮港，計運：石灰窒素957包；重過磷酸469包；米30包；牛奶650包。

[附件13]：聯合國善救濟總署運到善後救濟物資請求免税證明書

臺字第0017號

茲證明民國36年2月8日由萬宏輪船運出之物資乃係聯合國善後救濟總署發交本署專備中國收復區善後救濟之用。並經派定本署儲運局倉儲處處長負責提取，至希查驗免税放行爲荷。

此致基隆海關。

附物品清單1份。

萬宏輪：開澎湖，計裝物資：奶粉299桶；肥皂4箱；篷布10張；汽油2

箱；斜紋布 26 捆；花點布 8 捆；棉布 42 捆；西藥 31 箱；棉花 2 捆；布綫 1 箱；扣紐 2 箱。

［附件 14］：聯合國善救濟總署運到善後救濟物資請求免税證明書

臺字第 0018 號

茲證明民國三十六年三月卅日由 SS John Payne 輪船運出之物資乃係聯合國善後救濟總署發交本署專備中國收復區善後救濟之用。並經派定本署儲運局倉儲處處長負責提取，至希查驗免税放行爲荷。

此致高雄海關。

附物品清單 1 份

John Payne 輪運高雄物資清單

物資名稱	噸數	備註
石膏	9000 噸	該輪約於本年三月卅日可抵高雄港

［附件 15］：聯合國善救濟總署運到善後救濟物資請求免税證明書

臺字第 0019 號

茲證明民國 36 年 4 月 1 日由臺航十號輪船運出之物資乃係聯合國善後救濟總署發交本署專備中國收復區善後救濟之用。並經派定本署儲運局倉儲處處長負責提取，至希查驗免税放行爲荷。

此致臺北海關。

附物品清單乙份。

［附件 16］：聯合國善救濟總署運到善後救濟物資請求免税證明書

臺字第 0020 號

茲證明民國 36 年 4 月 12 日由 John Howard Pyane 輪船運出之物資乃係聯合國善後救濟總署發交本署專備中國收復區善後救濟之用。並經派定本署儲運局倉儲處處長負責提取，至希查驗免税放行爲荷。

此致基隆海關。

附物品清單份。

臺灣分署爲救濟物資請免税通行致臺灣行政長官及基隆港務局代電（民國三十六年四月七日）

文別：代電

收文者：陳長官、基隆港務局

組室發文號：871

事由：爲本分署救濟物資請准免繳通行税由；爲本分署救濟物資請暫緩繳納通行税先予放行由

臺灣省行政長官陳鑒：查本省通行税徵收辦法業經鈞署以三六丑回署法字第18892號署令公布施行，准案凡本省鐵路、公路、航海等運輸之客運貨運均應依照該辦法規定完納通行税，但查善後救濟物資奉令免繳一切捐税，業經本總署呈准行政院在案，本分署在本省境內經由陸海路運送之救濟物資似應免徵上項通行税。理合陳請鑒察准予豁免，並轉飭該辦法第二條所指各有關運輸管理機構知照，仍乞核示。善後救濟總署臺灣分署署長錢宗起。印

基隆港務局鑒：查本省目前經由鐵路公路航海等運輸之客貨運均應依照本省通行税徵收辦法完納通行税，但查本分署救濟物資奉令免納一切捐税，此項通行税似亦應予免納。除電本省行政長官公署請予豁免通飭知照外，凡本分署之物資請暫緩繳納該通行税先予放行爲荷。善後救濟總署臺灣分署。印

臺灣分署爲經行政長官簽准物資免税致交通處公函（民國三十六年四月十六日）

文別：公函

收文者：交通處

組室發文號：898

總發文號：儲字第06747

事由：爲本分署物資經簽准陳長官免徵通行税請轉飭知照由

查本省通行税徵收辦法實施以來，凡鐵路、公路、航海等運輸之客運、貨運均須照章繳納通行税，惟以本分署善後救濟物資經本總署呈准行政院免繳一切捐税有案。該項通行税自應免繳。經於本月十五日簽奉陳長官批示，照准在案。相應檢同原簽呈乙份送請查照，即祈轉飭各運輸管理機構及運輸機關知照爲荷。此致臺灣省行政長官公署交通處。

附原簽呈乙件。

署長錢宗起

［附件］：簽呈於臺灣善後救濟分署

卅六年四月十五日

事由：本署運送救濟物資請照章免繳通行稅

查善後救濟物資不論運往何地免徵一切捐稅曾經總署呈奉行政院有案。自美運華物資在美即未徵關稅。茲查本省舉辦通行稅，凡經由鐵路、公路、航路運輸之貨物均須繳納通行稅，擬請將善後救濟物資免予徵收借符規定，謹請批示。謹呈長官陳照准。

臺灣善後救濟分署署長錢宗起

臺灣分署爲證明救濟物資致基隆海關公函（民國三十六年四月二十八日）

文別：公函

收文者：基隆海關

中華民國三十六年4月28日

發文組號949

發文總號：儲字第06965號

事由：爲證明John Pyane輪運來石膏係本署救濟物資由。

查四月十二日John Howard Pyane輪運抵基隆之石膏九千噸係本署撥交臺灣水泥公司之救濟物資，除經填免稅證明書交該公司洽提外，特再備函證明。希查照准予免稅放行爲荷。

此致基隆海關

署長錢宗起

臺灣省行政長官公署爲准請救濟物資免稅致臺灣公署代電（民國三十六年四月二十八日）

來文者：長官公署

文別：代電

來文字號：37691

事由：救濟物資免繳通行稅准予照辦由

收文時間：民國36年4月28日

擬辦：查請免繳通行税事，經另簽陳長官奉准

已電知交通處轉飭知照

善後救濟總署臺灣分署：案准貴署儲字第3567號代電以善後救濟物資奉令免徵一切捐税，案經呈准行政院在案。本省境内由陸、海路運輸之救濟物資囑免征通行税等由。准此應准照辦。除發電外，相應電復查照爲荷。

臺灣省行政長官公署。叁陸卯（寢）署財甲

臺灣分署爲請退還通行税致基隆港務司代電（民國三十六年五月三日）

文别：代電

收文者：基隆港務司

民國36年5月3日

組室發文號：967

總發文號：儲字第07059號

事由：爲請退還三月廿日及卅一日先後繳納通行税款計臺幣七百八十六元由

基隆港務司鑒：查本署救濟物資免繳通行税業經簽奉行政長官核准並轉交通處分令知照在案，但查在本省施行征收通行税■及本署未簽准免征之前，本年三月■運上海之汽油空桶及三月三十一日■港運抵基隆之麻袋，曾由本署基隆倉庫及基隆大同公司先後繳納該項通行税計臺幣七百八十六元，並經貴馬公港制基字第61號及21號收據兩紙存查。兹以此項通行税既准免繳，相應電請查照，請將三月間先後所交之税款如數退還，並盼見復爲荷。

善後救濟總署臺灣分署。印

兹收退回通行税臺幣四百六十八元正。

基隆市港西街十一號大同運輸公司

准該局復函囑持原據前往退款，該單據二紙經抽出送基隆倉庫洽退税款。

（簽名）王■鈞。五月十六日簽呈於基隆倉庫。

五月二日兹經前往基隆港務局退還前交通行税318元，據告以關於三月份繳納之通行税業已報解財政處並無法退還，理合報請鈞長察鑒。謹呈主任岑，轉呈署長錢宗起，副署長高翰

附基字第00061通行税收據乙紙。

並附大同公司代繳468元收據乙紙。

項肖植

行政院善後救濟總署物資內地運輸證明書（民國三十六年五月八日）

第00035號

茲有下列善後救濟物資由本署臺灣分署報送自蘇澳至花蓮地方特此證明，希予查驗免稅放行爲荷。

此致花蓮港海關。

臺灣分署

交通工具	貨物名稱	重量	件數	起運地點	到運地點	運輸時間	備考
船運	衣料		39	蘇澳	花蓮		
同上	蚊帳		41	蘇澳	花蓮		
同上	針綫		共80件	蘇澳	花蓮		

[1]：聯合國善後救濟總署運到善後救濟物資請求免稅證明書（36/6/17）

臺字第0033號

茲證明36年6月（）日由■輪船運到之物資乃係聯合國善後救濟總署發交本署專備中國收復區善後救濟之用。茲經派定本署儲運局倉儲處長負責提取，至希查驗免稅放行爲荷。

此致基隆海關。

附物品清單1份。

[2]：聯合國善後救濟總署運到善後救濟物資請求免稅證明書（6/20/36）

臺字第0034號

茲證明36年6月20日由J. B. Wateima輪船運到之物資乃係聯合國善後救濟總署發交本署專備中國收復區善後救濟之用。茲經派定本署儲運局倉儲處長負責提取，至希查驗免稅放行爲荷。

此致基隆海關。

[3]：聯合國善後救濟總署運到善後救濟物資請求免稅證明書（6/20/36）

臺字第0035號

茲證明36年6月（）日由Jonathan■輪船運到之物資乃係聯合國善後救濟總署發交本署專備中國收復區善後救濟之用。茲經派定本署儲運局倉儲處長負責提取，至希查驗免税放行爲荷。

此致高雄海關。

附物品清單1份。

［4］：聯合國善後救濟總署運到善後救濟物資請求免税證明書（6/20/36）

臺字第0036號

茲證明36年6月6日由■輪船運到之物資乃係聯合國善後救濟總署發交本署專備中國收復區善後救濟之用。茲經派定本署儲運局倉儲處長負責提取，至希查驗免税放行爲荷。

此致高雄海關。

附物品清單1份。

［5］：聯合國善後救濟總署運到善後救濟物資請求免税證明書（6/26/36）

臺字第0037號

茲證明36年6月26日由■輪船運到之物資乃係聯合國善後救濟總署發交本署專備中國收復區善後救濟之用。茲經派定本署儲運局倉儲處長負責提取，至希查驗免税放行爲荷。

此致基隆海關。

附物品清單1份。

臺灣分署爲請轉運臺東及花蓮物資免税放行致蘇澳海關公函（民國三十六年五月十四日）

總發文號：儲字第07214號

事由：爲運蘇澳轉運臺東、花蓮救濟物資請免税放行由

查現有本署配發臺東縣政府、花蓮縣政府救濟物資衣料蚊帳針綫、衣料、蚊帳等共56包、80件，由基隆運蘇澳洽由輪船轉運臺東、花蓮，茲特填制臺字第三七、三五號證明書隨電附請查照，祈即准予免税放行爲荷。

此致蘇澳海關

附證明書乙紙（略）

署長錢宗起

臺灣分署爲請免税放行電氣冰箱致基隆海關公函（民國三十六年五月二十日）

事由：爲請免税放行配給省立花蓮港醫院電氣冰箱一具由

敬啓者：查本署配給省立花蓮港醫院電氣冰箱一具交由該院自行裝船運返，相應檢運臺字二九號免税證明書一份，函請查照免税放行爲荷。

此致基隆海關。

附免税證明書一份。

署長錢宗起。

［附件］：聯合國善救濟總署運到善後救濟物資請求免税證明書

臺字第0029號

兹證明民國36年5月26日由臺航九號輪船運出之物資乃係聯合國善後救濟總署發交本署專備中國收復區善後救濟之用。並經派定本署儲運局倉儲處處長負責提取，至希查驗免税放行爲荷。

此致基隆海關。

附物品清單份（略）

臺灣分署爲證明石膏係救濟物資致基隆海關及臺灣省水泥公司代電（民國三十六年五月二十日）

儲字第7292號

事由：爲九千噸石膏確係聯總救濟物資請免繳上海關關外物資入口許可証由；爲準函修函基隆關證明石膏係救濟物資■由。

查本年四月十二日John Haward Pyane輪運抵基隆石膏九千噸，係本署配交臺灣水泥公司之救濟物資，業經本署填寫免税證明書一份交該公司洽提在案。■該公司■貴關負責人稱，上項物資除已送之免税證明書外，尚須本署修函證明，並須洽請上海海關發給國外物資入口許可证等語，相應函請查辦等由。查該輪運臺九千噸石膏確係聯總運華救濟物資，經本總署核配該公司。除前填免税證明書外特再補函，請查照。至需上海海關發國外物資入口許可证一節，查運臺物資頻繁，未便一一洽請，憑本總署頒發之免税證明書以資證明。相應並請查照，即希急予免繳爲荷。此致基隆海關。

臺灣水泥公司鑒：臺業字第579號公函敬悉，本分署已函基隆關相應抄附該函二件，送請查照洽辦爲荷。

善後救濟總署臺灣分署。印

附抄致基隆關函一件

[附件]：臺灣省水泥公司爲詢請救濟物資免稅證明致臺灣公署公函（民國三十六年五月十五日）

來文者：水泥公司

文別：公函

來文字號579

收文號數：11699

民國36年5月15日

事由：請出函基隆海關證明石膏九千噸爲聯總撥來救濟物資，並請上海海關請求國外物資入口許可证

逕啓者：前承撥來聯總救濟物資石膏九千噸，復蒙多方協助，無任公感。兹因■基隆關負責人面商除文送貴署免税證明書外，尚須由貴署出具公函證明該項石膏確由聯總撥來救濟物資，並須函請上海海關發給國外物資入口許可证等由。查前洽貴總署曾云，已函貴署免繳許可证及税款，不知已否獲得海關同意，此後各件陸續到臺爲件甚多，逐批分請不勝其繁，可否有一通則俾可事先准備，以利進行，希惠示，無任感盼。

此致行政院善後救濟總署臺灣分署。

總經理徐■湅

善後救濟總署上海儲運局爲復運臺車胎致臺灣分署代電（民國三十六年六月十二日）

中華民國卅六年六月十二日

發文：（卅六）運字第4580號

事由：電復車胎20隻由福建農林公司自行運臺入口證件請貴署核定由

臺灣分署公鑒：艷電奉悉，查（32X6）車胎20隻係根據財務廳物資購銷總經理處之sales natiec No m2348 B簽發D/O18888號於五月十日交福建農林公

司提去至交船運臺，係該公司自行辦理，本局未洽其事，應否發給入口證件即請貴署核定爲荷。

上海儲運局印

批示：入口證件善後核發。（簽名）錢宗起

臺灣分署爲請免汽油、煤油通行稅致基隆稅務局代電（民國三十六年八月一日）

文别：代電

收文者：基隆稅務局

民國卅六年8月1日

善臺二字第7973號

事由：電請免交聯總撥運汽油煤油通行稅由

基隆稅務局公鑒：查本年七月（）日 SS Jackson victory 由美國運臺汽油622桶、煤油21桶，係聯合國救濟總署配撥之救濟物資，應請免繳通行稅，相應電達，即祈查照免稅放行爲荷。

（署銜）印

臺灣分署爲請美玲高雄二船物資免稅致基隆局代電（民國三十六年八月四日）

文别：代電

收文者：基隆港務局

民國卅六年八月四日

善臺二字第7982號

事由：電爲美玲號高雄號運臺救濟物資希免稅放行由

基隆港務局公鑒：查三月美玲號及高雄號兩輪船先後運臺救濟物資1082件，應免繳通行稅，相應電達，即祈查照免稅放行爲荷。

（署銜）印

臺灣分署爲請運臺物資免驗致基隆海關代電（民國三十六年八月四日）

文別：代電

收文者：基隆海關

民國卅六年8月4日

善臺二字第7983號

事由：電請總署高雄號輪船運臺救濟藥材由

基隆海關公鑒：查本年七月卅一日高雄號輪船由滬運臺救濟醫藥器材三六一件，應請免驗放行，相應電達查照爲荷。

（署銜）印

臺灣分署爲油料免税致基隆港務局代電（民國三十六年八月七日）

文別：代電

收文者：基隆港務局

民國36年8月7日

善臺字第7991號

事由：電請免税放行油料由

基隆港務局公鑒：查Jackson victory輪運臺之汽油622桶、煤油21桶，確係救濟物資，經由海關免税放行，聯總駐臺辦將該項油料全數撥交本署轉配，應請免繳通行税，以免國際責難。相應電請查照辦理見復爲荷。

（署銜）印

臺灣分署爲請救濟藥品器材免税致基隆港務局代電（民國三十六年八月十四日）

文別：代電

民國卅六年八月十四

善臺二字第8020號

事由：電請免稅放行臺25號運臺救濟藥材由

基隆港務局鑒：查本年滬運臺救濟藥品器材四三八件，應請免征通行稅，相應電達，希查照免稅放行爲荷。

（署銜）印

臺灣分署爲覆與水泥公司交卸完畢致上海善後救濟總署代電（民國三十六年八月十五日）

文別：代電

收文者：物資購銷處

民國卅六年八月十五日

事由：電覆交與水泥公司石膏起卸出貨情形由

上海總署財務廳物資購銷處勛鑒：業字第1502號代電敬悉。查水泥公司石膏九千噸由SS John Howard payne於四月十二日運抵基隆，當即遵照工礦委員會滬寅有電於船邊交與水泥公司，於四月廿四日交畢，取據存根，相應電請查照。

臺灣分署。印

臺灣分署爲請由美運臺救濟物資免稅致基隆港務局代電（民國三十六年八月二十一日）

文別：代電

民國卅六年八月廿一日

善臺二字第8061號

事由：電請免繳■輪運臺救濟物資由

基隆港務局鑒查，本年八月十九日■MAGrsk輪由美運臺救濟物資1075件，毛重1473708磅，應請免課通行稅，相應電請查照辦理爲荷。（署銜）印

臺灣分署爲呈送運輸證明書呈報聯二十一項致善後救濟總署代電（民國三十六年九月十日）

文別：代電

收文者：總署

民國三十六年九月十日

組室發文號：080

發文總號：儲字第 7584 號

事由：爲呈送運輸證明書呈報聯二十一項由

上海善後救濟總署鈞鑒：卅六年五月十七日浦儲字第 24870 號代電奉悉，查該項運輸證明書本署曾照前項格式繕印四十七份應用，現除銷號及未用者外，謹將填用各號呈報聯彙呈察核，計（3）（4）（5）（6）（9）（10）（11）（12）（13）（15）（16）（17）（18）（21）（24）（27）（28）（30）（35）（36）（37）等號共二十一紙，並此項證明書現因業務結束已不再用，所餘證明書概已存卷，謹此附陳。臺灣分署印。附證明書呈報總二十一紙。

［附件 1］：行政院善後救濟總署物資內地運輸證明書（民國 35 年 12 月 22 日）

第 00002 號

茲有下列善後救濟物資由本署臺灣分署報送自基隆至花蓮地方特此證明，希予查驗免税放行爲荷。此致基隆支關。

臺灣分署基隆倉庫

交通工具	貨物名稱	重量（公斤）	件數（包）	起運地點	到運地點
海平輪	重過磷酸石灰	22368	497	基隆	花蓮
海平輪	石灰窒素	1950	38	基隆	花蓮
海平輪	石灰窒素	122520	2450	基隆	花蓮
海平輪	重過磷酸石灰	21780	484	基隆	花蓮
海平輪	硝酸銨	3743		基隆	花蓮

［附件 2］：行政院善後救濟總署物資內地運輸證明書（民國 35 年 12 月 28 日）

第 00004 號

茲有下列善後救濟物資由本署臺灣分署報送自基隆至花蓮地方特此證明，希予查驗免税放行爲荷。

此致基隆支關。

臺灣分署基隆倉庫

交通工具	貨物名稱	重量	件數	起運地點	到運地點
臺航二號	硫安	110100	550	基隆	花蓮

［附件 3］：行政院善後救濟總署物資內地運輸證明書（民國 36 年 1 月 6 日）

第 00005 號

茲有下列善後救濟物資由本署臺灣分署報送自基隆至花蓮地方特此證明，希予查驗免税放行爲荷。此致基隆支關。

臺灣分署基隆倉庫

交通工具	貨物名稱	重量（公斤）	件數（包）	起運地點	到運地點
臺航五號	輕過磷酸石灰	35240	1170	基隆	花蓮
臺航五號	重過磷酸石灰	22365	280	基隆	花蓮
臺航五號	石灰窒素	1900	38	基隆	花蓮

［附件 4］：行政院善後救濟總署物資內地運輸證明書（民國 36 年 1 月 6 日）

第 00006 號

茲有下列善後救濟物資由本署臺灣分署報送自基隆至花蓮地方特此證明，希予查驗免税放行爲荷。

此致基隆支關。

臺灣分署基隆倉庫

交通工具	貨物名稱	重量（公斤）	件數（包）	起運地點	到運地點
臺航八號	硫安	105300	1541	基隆	花蓮

［附件 5］：行政院善後救濟總署物資內地運輸證明書（民國 36 年 1 月 16 日）

第 00009 號

茲有下列善後救濟物資由本署臺灣分署報送自基隆至花蓮地方特此證明，希予查驗免税放行爲荷。此致基隆支關。

臺灣分署基隆倉庫

交通工具	貨物名稱	重量（公斤）	件數（包）	起運地點	到運地點
臺航六號	牛奶粉	34200	152 桶	基隆	花蓮
臺航六號	牛奶粉	600	3 桶		
臺航六號	牛奶	51480	2640 箱		

［附件 7］：行政院善後救濟總署物資內地運輸證明書（民國 36 年 1 月 16 日）

第 00010 號

茲有下列善後救濟物資由本署臺灣分署報送自基隆至馬公地方特此證明，希予查驗免税放行爲荷。

此致基隆支關。

臺灣分署基隆倉庫

交通工具	貨物名稱	重量（公斤）	件數（包）	起運地點	到運地點
臺東輪	牛奶粉	58800	260 桶	基隆	馬公
臺東輪	牛奶粉	750	5 桶	基隆	馬公
臺東輪		200	1 桶	基隆	馬公
臺東輪	牛奶	39000 公斤	2000 箱	基隆	馬公
臺東輪	米	118340	1979 包	基隆	馬公

［附件 8］：行政院善後救濟總署物資內地運輸證明書（民國 36 年 1 月 17 日）

第 00011 號

茲有下列善後救濟物資由本署臺灣分署報送自基隆至上海地方特此證明，希予查驗免税放行爲荷。

此致基隆支關。

臺灣分署

交通工具	貨物名稱	重量（公斤）	件數	起運地點	到運地點	運輸期間
衆航	棉布	6000	150 包	基隆	上海	（退關）
衆航	發動機	500	2 箱	基隆	上海	
衆航	打字機	250	2 箱	基隆	上海	
衆航	汽油空桶	3000	150 隻	基隆	上海	

［附件 9］：行政院善後救濟總署物資內地運輸證明書（民國 36 年 1 月 24 日）

第 00012 號

茲有下列善後救濟物資由本署臺灣分署報送自基隆至花蓮地方特此證明，希予查驗免税放行爲荷。此致基隆支關。

臺灣分署基隆倉庫

交通工具	貨物名稱	重量（公斤）	件數	起運地點	到運地點	運輸期間
海津輪	米	1800	30 包	基隆	花蓮	
海津輪	牛乳	2600	650 箱	基隆	花蓮	
海津輪	石灰窒素	122470	2450 包	基隆	花蓮	
海津輪	重過磷酸	21770	484 包	基隆	花蓮	
海津輪	硝酸錏	37430	624 包	基隆	花蓮	
海津輪	硫安	112500	1002 包	基隆	花蓮	

［附件 10］：行政院善後救濟總署物資內地運輸證明書（民國 36 年 1 月 24 日）

第 00013 號

茲有下列善後救濟物資由本署臺灣分署報送自基隆至花蓮地方特此證明，希予查驗免税放行爲荷。

此致基隆支關。

臺灣分署基隆倉庫

交通工具	貨物名稱	重量（公斤）	件數	起運地點	到運地點	運輸期間
海津輪	石灰窒素	47918	957 包	基隆	花蓮	
海津輪	重過磷酸	20545	469 箱	基隆	花蓮	

［附件 11］：行政院善後救濟總署物資內地運輸證明書（民國 36 年 2 月 4 日）

第 00015 號

茲有下列善後救濟物資由本署臺灣分署報送自基隆至花蓮地方特此證明，希予查驗免税放行爲荷。

此致基隆支關。

臺灣分署基隆倉庫

交通工具	貨物名稱	重量	件數	起運地點	到運地點	運輸期間
鳳山輪	牛奶粉	300lhs	3 桶	基隆	花蓮	
鳳山輪	牛奶	3900 公斤	200 箱	基隆	花蓮	
鳳山輪	西藥	316 公斤	39	基隆	花蓮	

［附件 12］：行政院善後救濟總署物資內地運輸證明書（民國 36 年 2 月 8 日）

第 00016 號

茲有下列善後救濟物資由本署臺灣分署報送自基隆至澎湖地方特此證明，希予查驗免税放行爲荷。

此致基隆支關。

臺灣分署基隆倉庫

交通工具	貨物名稱	重量	件數	起運地點	到運地點	運輸期間
萬宏輪	斜紋粉	3592lhs	26 捆	基隆	澎湖	
萬宏輪	花點布	608	8	基隆	澎湖	
萬宏輪	安蘭布	4608	18	基隆	澎湖	
萬宏輪	棉被	2208	32	基隆	澎湖	
萬宏輪	棉被	1220	10	基隆	澎湖	
萬宏輪	紐扣	400	2	基隆	澎湖	
萬宏輪	棉綫	134	1	基隆	澎湖	

［附件 13］：行政院善後救濟總署物資內地運輸證明書（承 16 號，民國 36 年 2 月 8 日）

第 00017 號

茲有下列善後救濟物資由本署臺灣分署報送自基隆至澎湖地方特此證明，希予查驗免税放行爲荷。此致基隆支關。

臺灣分署基隆倉庫

交通工具	貨物名稱	重量	件數	起運地點	到運地點	運輸期間
萬宏輪	奶粉	59950lhs	299 桶	基隆	澎湖	
萬宏輪	蓬布	1220	10 桶	基隆	澎湖	
萬宏輪	肥皂	344	4 箱	基隆	澎湖	
萬宏輪	汽油	744	2 桶	基隆	澎湖	
萬宏輪	西藥	2050	31 箱	基隆	澎湖	
萬宏輪	棉花	1036	2 箱	基隆	澎湖	

[附件14]：行政院善後救濟總署物資內地運輸證明書（民國36年4月11日）

第00018號

茲有下列善後救濟物資由本署臺灣分署報送自基隆至臺東地方特此證明，希予查驗免稅放行爲荷。此致基隆支關。

臺灣分署基隆倉庫

交通工具	貨物名稱	重量	件數	起運地點	到運地點	運輸期間
臺航十號	紐扣	200lhs	1箱	基隆	臺東	
臺航十號	綫	180lhs	2包	基隆	臺東	
臺航十號	針綫布等	110	1箱	基隆	臺東	
臺航十號	布	11725	125包	基隆	臺東	

[附件15]：行政院善後救濟總署物資內地運輸證明書（民國36年4月23日）

第00021號

茲有下列善後救濟物資由本署臺灣分署報送自基隆至上海地方特此證明，希予查驗免稅放行爲荷。

此致基隆支關。

臺灣分署基隆倉庫

交通工具	貨物名稱	重量	件數	起運地點	到運地點	運輸期間
中興輪	棉布	2250公斤	150包	基隆	上海	
中興輪	藥	30公斤	1箱	基隆	上海	

[附件16]：行政院善後救濟總署物資內地運輸證明書（民國35年12月16日）

第00024號

茲有下列善後救濟物資由本署臺灣分署報送自臺中至澎湖地方特此證明，希予查驗免稅放行爲荷。

此致基隆支關。

臺灣分署

交通工具	貨物名稱	重量	件數	起運地點	到運地點	運輸期間
火車汽航	糙米	198000 公斤	3300 包	臺中	澎湖	
火車汽航	湯粉		300 箱	臺中	澎湖	
火車汽航	棉被		30 床	臺中	澎湖	

［附件 17］：行政院善後救濟總署物資内地運輸證明書（民國 35 年 12 月 24 日）

第 00027 號

兹有下列善後救濟物資由本署臺灣分署報送自豐原至高雄轉澎湖縣地方特此證明，希予查驗免税放行爲荷。

此致。

臺灣分署

交通工具	貨物名稱	重量	件數	起運地點	到運地點	運輸期間
火車	糙米	1000 噸	1650	豐原	高雄	

［附件 18］：行政院善後救濟總署物資内地運輸證明書（民國 36 年 1 月 20 日）

第 00030 號

兹有下列善後救濟物資由本署臺灣分署報送自桃園至花蓮縣地方特此證明，希予查驗免税放行爲荷。

此致。

臺灣分署

交通工具	貨物名稱	重量	件數	起運地點	到運地點	備考
火車及船	硫酸錏	14072 磅		桃園	花蓮港	36/1/31
	重過磷酸石灰	5282 磅				

［附件 19］：行政院善後救濟總署物資内地運輸證明書（民國 36 年 5 月 8 日）

第 00035 號

兹有下列善後救濟物資由本署臺灣分署報送自蘇澳至花蓮港地方特此證

明，希予查驗免税放行爲荷。

此致。

臺灣分署

交通工具	貨物名稱	重量	件數	起運地點	到運地點	運輸時間
船	衣料		39 件	蘇澳	花蓮港	半月間
	蚊帳		41 件			

［附件 20］：行政院善後救濟總署物資内地運輸證明書（民國 36 年 5 月 9 日）

第 00036 號

兹有下列善後救濟物資由本署臺灣分署報送自基隆至花蓮港地方特此證明，希予查驗免税放行爲荷。

此致花蓮港海關。

臺灣分署

交通工具	貨物名稱	重量	件數	起運地點	到運地點	運輸時間	備考
船運	衣料	14072 磅	39 件	基隆	花蓮港		
	蚊帳	5282 磅	41 件				
			共 80 件				

［附件 21］：行政院善後救濟總署物資内地運輸證明書（民國 36 年 5 月 9 日）

第 00037 號

兹有下列善後救濟物資由本署臺灣分署報送自基隆至臺東地方特此證明，希予查驗免税放行爲荷。

此致花蓮港海關。

臺灣分署

交通工具	貨物名稱	重量	件數	起運地點	到運地點	運輸時間	備考
船	蚊帳	14072 磅	26 包	基隆	臺東		
	布料	5282 磅	29 包				
	針綫		1 包				

臺灣分署爲請萬誠號所運汽車免税致基隆海關代電（民國三十六年九月二十日）

文别：代電

收文者：基隆海關

民國卅六年 9 月 20 日

善臺二字第 8240 號

事由：電爲交萬誠輪運汽車二輛往高雄請免税放行由

基隆海關鑒：兹有本署六輪汽車及吉普車各一輛交由本總署水運大隊運輸輪萬誠號，途經高雄，相應檢同報單電請免税放行爲荷。

（署銜）印，附報單二節。

臺灣分署爲請湖南輪所運物資免税致基隆海關代電（民國三十六年九月二十日）

文别：代電

收文者：基隆海關

民國卅六年 9 月 20 日

善臺二字第 8239 號

事由：電爲交湖南輪運銅鑄件 52 件至九龍善後救濟總署九龍儲運局請免税放行由

基隆海關鑒：查本年七月十二日本總署水運大隊運輸輪美玲號運臺之救濟物資中有銅鑄件 sreel caoting 五十二件誤運至臺省，經奉本總署電知轉運九龍總署儲運局，兹將該項銅鑄件交湖南輪裝運至九龍，相應填送報單電請查照免税放行爲荷。

（署銜）印

附報單二份。

臺灣分署爲請臺南號運署物資免驗致臺北關代電（民國三十六年十月二十四日）

文别：代電

收文者：臺北關

民國卅六年 10 月 24 日

善臺二字第 8401 號

事由：電請免驗臺南號運到本署救濟物品 115 件請放行由

臺北關公鑒：查奉總署上海儲運局由臺南輪於廿二日運來 8 麻袋救濟物品，計 115 件（見詳單）。至本署派員■關經貴關通知上海關未計，囑由本分署具函證明等由。兹特證明本批物確係本署物資，請予免驗放行。

（署銜）印

臺灣分署爲請華聯號運到物資免税致臺北基隆港務局代電（民國三十六年十月二十七日）

文别：代電

收文者：臺北關、基隆港務局

民國卅六年 10 月 27 日

善臺二字第 8405 號

臺北關、基隆港務局鑒：查華聯號運來 Massey Horris Canvas Riet Comine 計一十五箱，係本署救濟物資，兹特派員趨洽，祈予免驗免税放行爲荷。

（署銜）印

臺灣分署爲臺南號輪運物資洽請免税致基隆港務局代電（民國三十六年十月二十七日）

文别：代電

收文者：基隆港務局

民國卅六年 10 月 27 日

善臺二字第 8404 號

事由：電告臺南號運臺 2 麻袋 DDT 及農墾機械等 25 件確係本署物資由

基隆港務局公鑒：查十月廿二日臺南號運來麻袋一百包、DDT 四桶及農墾機械十一箱，共一百一十五件（另貳格件 Shirlout）。經派本署技正陳弯□趨洽免税，已承發給征字第一八四一零號通知單，兹特補行證明該項物品確係本署物資，相應電請查照爲荷。

（署銜）印

臺灣分署爲救濟物資免税致基隆海關代電（民國三十六年十一月三日）

文别：代電

收文者：基隆海關

民國三十五年十一月三日

儲 434

事由：爲臺交 101 號，裝運牛奶 3467 箱，麵粉 220 包，舊衣四件，請予免税放行由

基隆海關鑒：兹有本署救濟物資牛奶 3467 箱，麵粉 220 包，舊衣 4 件，交臺交 101 號輪運往花蓮港。相應電請查照准予免税放行爲荷。

善後救濟總署臺灣分署印

臺灣分署爲撥交省農林處物資免驗放行致基隆港務局代電（民國三十六年十一月三日）

文别：代電

收文者：基隆港務局

民國卅六年 11 月 3 日

善臺二字第 8437 號

事由：電請以本署■運來請先准免驗放行由

臺北關公鑒：查十一月二日 Wing sang 輪運來 Compressor Air sprayer 一箱，提單現已寄來，惟關底尚未到達，該項物資係撥交省農林處應用，兹因急於利

用，格請先行准予免驗放行，以利善救爲荷。

（署銜）印

臺灣分署爲證明永生輪物資致基隆港務局代電（民國三十六年十一月六日）

文别：代電

收文者：基隆港務局

民國卅六年11月6日

善臺二字第8446號

事由：電該補證明 Air sprayer 一箱係本署物資由

基隆港務局公鑒：此次永生輪載來本分署物資 Compressor Air sprayer 一箱，承先發通知單（免税）19524號通知單乙紙，至爲感謝，特補電證明該件確係本署善後物資，請查照爲荷。

（署銜）印

臺灣分署爲請萬善輪物資免驗税致臺北關及基隆港務局代電（民國三十六年十一月二十五日）

文别：代電

收文者：臺北關、基隆港務局

檔號：8500號

民國三十六年十一月二十五日

事由：電送萬善輪物資清單清查照免驗税放行由

臺北關、基隆港務局公鑒：本月廿二日萬善輪到基，載來本署物資共計一千七百七十九件，兹附詳細物資清單乙紙，特電證明確係本署物資，請予免驗、免税放行爲荷。

（署銜）印

善後救濟總署臺灣分署爲核發麵粉衣物等物資事與總署等來往文件

（1946 年 1 月—1947 年 1 月）

上海善後救濟總署爲舊衣不能拍賣原則早定致臺灣分署代電（民國三十五年二月五日）

送達機關：臺灣分署錢署長

文別：代電

事由：爲聯總舊衣案，現正與聯總接洽中，暫不能改變原則，轉電復查照由

中華民國三十五年二月五日擬稿

發文滬賑臺字第 26 號

臺灣分署錢署長宗起兄勛鑒：振子馬代電敬悉。查聯總舊衣不能拍賣原則早已確定，業經總署上海辦事處代電通知，查照在案。本件經呈奉批，此案現正與聯總接洽中，暫不能改變原則等因，特電奉復，即希查照爲荷。弟潘。浦賑秘丑。

卅五京振急第 648 號

臺灣分署爲呈送第一批麵粉分配方案致上海善後救濟總署代電（民國三十五年三月二十五日）

三十五年三月二十五日

事由：呈送第一批麵粉分配方案由

上海善後救濟總署署長蔣鈞鑒：查本分署奉配麵粉十萬袋，經准鈞署財務廳董廳長面示，應以三分之一作爲救濟，三分之二作平糶等因。玆擬以四萬袋作爲救濟之用，造具分配方案一份電呈察核。至實放數字當俟將來發放時再行取據報銷。並此陳明。善後救濟總署臺灣分署。振寅（有）印

[附件]：救濟麵粉分配方案

（一）原則

（1）依照總署財務廳董廳長面示：分配麵粉以三分之一作爲救濟之用，三分之二由總署派員平售。

（2）關於救濟部分之麵粉依照下列情形斟酌分配之。

（甲）各縣市赤貧數字

（乙）各縣市人口總數

（丙）各縣市工賑工程多寡

（丁）各縣市缺糧情形

（戊）各縣市失業情形

（二）數量

由總署分配第一期十萬袋麵粉中撥四萬袋爲救濟用途。

（三）賑濟對象

（1）赤貧（由各縣市報告經本署抽查屬實者，惟內中有工作能力及失業之得指定工作酌撥一部份數量充爲工賑）

（2）救濟機關（經本分署調查却有補助之必要者）

（四）縣市分配額

市：臺北 1000 袋，基隆 1000 袋，高雄 1800 袋，新竹 500 袋，臺南 1200 袋，臺中 300 袋，彰化 500 袋，嘉義 500 袋，屏東 350 袋。

縣：臺北 4500 袋，臺中 4000 袋，臺南 5500 袋，臺東 4000 袋，花蓮 2500 袋，高雄 5500 袋，新竹 1000 袋，澎湖 5000 袋。

合計：39050 袋，連同特振准備 950 袋，共計四萬袋正。

最近 sallo committee■■不再出售麵粉，此項決定是否適用於臺灣，應請副署長核奪遥覆。

臺灣出售乃日前經已决定辦理者應視爲■■■■■

遵批請分配廳洽轉財務廳辦理，移請財務■辦。

（一）分配廳答：分配比例是否有變動。

（二）出售麵粉財務廳是否派員前往辦理，未奉批示。除■稿外，謹簽請核示。張臺四月廿二日稿可先備，出售比例在未經署長批示前仍應維持原案。出售麵粉財務廳自當派員前往辦理。本件辦結後通知財務、分配兩廳。

周永豐

查此案决定在 sallo committee 成立之前，■以臺北號延期無■運往，似應另寄辦理。不受最近决定之拘束（總數爲十萬已）前意以爲然否。

善後救濟總署爲令呈送第一批麵粉分配方案致臺灣分署令（民國三十五年五月三日）

送達機關：臺灣分署

文別：指令（附卷）

承辦單位：賑卹廳

事由：據代電呈送第一批麵粉分配方案令准案由

臺灣分署：卅五■寅（有）善臺署振字第五零一號代電一件呈送第一批麵粉分配方案由，請鑒核由。代電暨附件均悉。查最近本署出售委員會決定不再出售麵粉，但該分署決定出售在前，應視爲未經■完束項，不受最近決定之拘束。所□送第一批麵粉分配方案准予■。此令。

臺灣分署爲舊衣履可否照贛散發致上海善後救濟總署電（民國三十五年五月九日）

來電機關或姓名：臺灣分署

來電地點：臺北

善電滬字第1061號

發電：三十五年五月九日；收電：三十五年五月十日

事由：聞贛分署將舊衣履散發廉售，臺灣可否照贛乞復

振卹廳：密聞贛分署將舊衣履四分之三散發平民，四分之一廉價公賣，是否呈經總署核准，臺灣可否照贛。祈電復爲荷。臺灣分署■振（868）印

[簽注]：查江西分署前請以舊衣一部變賣一案，經以“拍賣舊衣核與聯總條例不和，現正商洽更正。在此期間，爲當地聯總負責人同意則可拍賣”等語電復在卷，本案擬照前案電覆，當否乞核示。

郭登皞。五月十九日

臺灣分署爲派隊前往臺北縣散發救濟物資致上海善後救濟總署代電（民國三十五年五月二十四日）

發文機關：振字第63285號

中華民國卅五年五月廿四日

事由：爲派本署第三工作隊出發臺北縣散放救濟及福利物資請核備由

上海善後救濟總署鈞鑒：查冬令即屆，兹爲救濟貧民及辦理兒童福利，特派本分署第三工作隊携帶舊衣一百零四包、煉乳九百三十箱（指定發給申請煉乳之十八個月以下貧弱嬰孩）出發本省臺北縣辦理散發事宜。除分函本省行政長官公署外，謹電請察核備查。臺灣分署署長錢宗起。印

善後救濟總署爲舊衣履出售不合規定致臺灣分署電（民國三十五年五月二十七日）

臺灣分署：密辰佳振電敬悉。查舊衣履出售與聯總規定不合，未便出售。善後救濟總署振卹廳。急京辰（陷）印

臺灣分署爲詢應否配給記者公會物資致上海善後救濟總署代電（民國三十五年六月二十四日）

發文：善臺署振字第1483號

事由：准記者公會函請配給生活必需品等由特請核示由

擬辦：擬指復本署救濟以難民爲對象，新聞記者非本署救濟範圍之內，如確有貧苦急需救濟者，按照難民例向分署申請救濟。

上海善後救濟總署長蔣鈞鑒：准臺灣省新聞記者公會致已□養臺字第□號公函："查本年四月十二日成立大會曾决議請行總臺灣分署酌配生活必需品記録在案。相應録請查照辦理並希惠覆"等由。查新聞記者請配生活必需品不在本署業務範圍之内，應否予以分配之處，理合電請察核示遵。

臺灣分署署長錢宗起。印

臺灣分署爲派隊發放花蓮臺東救濟物資致善後救濟總署代電（民國三十五年六月二十六日）

發文：善臺署振字第1519號

事由：爲派第一工作隊出發花蓮臺東兩縣發放救濟物資檢呈隨帶物資明細

表請核備由

上海善後救濟總署署長蔣鈞鑒：查本省臺東花蓮兩縣地處東隅，人民生活及兒童營養均極低劣，茲特趁颶風季節將到之前派本分署第一工作隊出發前往，就地辦理該項福利及救濟物資散放事宜。除散放情形容後續報外，理合檢呈第一工作隊人員名單及隨帶物資明細表，電請察核備查。臺灣分署署長錢宗起。附呈隨帶物資明細表一份，第一工作隊人員名單一份。

物資明細表：

臺東縣：麵粉六百包，舊衣一百零五包，舊鞋二十包，煉乳三百三十箱。

花蓮縣：麵粉三百七十五包，舊衣一百一十四包，舊鞋三十包，煉乳五百箱。

另魚肝油一百瓶由本署兒童福利專家携往檢查發給。

善後救濟總署臺灣分署第一工作隊人員名單：

隊長：嚴家理；總幹事：陳笑陶；振務幹事：林雲龍；供應幹事：陳華合；衛生幹事：Miss Powers；總務幹事：薛晋坤

注：（一）上列人員均係由本分署工作人員兼任。（二）其餘工作人員依照規定以向所在地政府及社團調用爲原則

［附件］：南京善後救濟總署爲麵粉施賑方法致臺灣分署電

抄三十五年六月二十七日一五二八號電

南京善後救濟總署署長蔣鈞鑒：京振工巳皓電奉悉。密。（一）本分署麵粉僅奉撥九萬九千七百十五袋，除奉准平售九萬袋外，餘均施賑並無餘量可充工賑。（二）此間工資技工由 60 至 80 元，職工小工由 40 至 60 元，女工 20 至 35 元（均以臺幣計），至麵粉市價一等每臺斤（約合 1.2 市斤）約 25 元，呈有價無市之勢。本署撥交平售之四等麵粉每臺斤十元，一般人民尚不愿購買，如每工限發麵粉一市斤半，恐工賑工資低於一般工資，與工賑原則不合，且無法招工。（三）臺灣流離人民不多而失業人數則不少，各種工程適合善後救濟原則需要興復者亦多，本分署主要業務重在工賑，擬請俯察實情准予不限定發給麵粉，否則擬請趕運糧來臺，並准本署參酌工資情形，提高每工應得食糧數量以利進行。當否仍候令遵。

臺灣分署署長錢宗起。巳感振（1528）

善後救濟總署爲可以難民例配給記者生活品致臺灣分署令（民國三十五年七月）

送達機關：臺灣分署

文別：指令

承辦單位：急賑組

事由：據電准記者公會函請配給生活必需品轉請核示一案指令。

卅五年六月廿四日代電一件爲准記者公會申請配給生活必需品等由轉請核示由。電呈悉。本署救濟以難民爲對象，新聞記者原不在本署救濟範圍之內，但如有確屬貧苦急需救濟者，得按照難民例，向分署申請救濟，仰即知照。此令。

署長蔣

善後救濟總署爲臺北發放救濟物資致臺灣分署令（民國三十五年十一月）

報送機關：臺灣分署

文別：指令

承辦單位：第二組

事由：據電爲派該分署第三工作隊出發臺北縣散放救濟及物資請核備一案，指覆遂照由。

署長：錢宗起。

副署長：高翰。11 月 14 日

廳長：[redacted]副廳長：[redacted]

秘書：[redacted]道平。十一月十一日

組主任：[redacted]

科長：邱雪義

擬稿：胡俊

臺灣分署：卅五年十月廿四日指示三二八五號呈爲派本署第三工作隊出發臺北縣散放救濟及福利物資，請核備由。呈悉，准予備查。散放兒童營養品應

擇最貧苦而營養不良特甚者，繼續供應直至恢復健康爲止，並將散放情形詳細報署備查。此令。

署長霍

善後救濟總署臺灣分署爲臺南等地發放救濟物資明細表公告（民國三十五年十二月）

查本署爲散發臺南縣、臺南市、嘉義市救濟及兒童福利物資時派第三工作隊出發各該縣市就地辦理散放事宜。除散放辦法及日期由該隊到達時另行公告外，兹將上述縣市應發物資及數量列表附後。惟是項物資均係無代價發給，各領受者務應善爲使用，不得變售圖利。倘有此情，一經察覺，决嚴究不怠。此告。

中華民國三十五年十二月■日。錢宗起

散發物資明細表

臺南縣：舊衣一百五十包，煉乳一千六百零七箱（備註：十八個月以下貧弱嬰兒經申請合格者用）；

臺南市：舊衣二十包，舊鞋十包，煉乳二百二十三箱（備註：十八個月以下貧弱嬰兒經申請合格者用）

嘉義市：舊衣十二包，舊鞋五包，煉乳一百八十五箱（備註：十八個月以下貧弱嬰兒經申請合格者用）

[附件]：善後救濟總署振卹廳第二組簽注意見

振滬京字第振二 349 號

竊職最近對臺灣分署救濟業務作詳細分析研究，發現有四點應行改進者，兹擬飭該分署改善辦理，當否乞示。附應改進之各點提要如下：

（一）該分署本年七月前曾平售麵粉九萬包，並拍賣一部分舊衣鞋，該售價所得是否作救濟用途■抑充作普通經費，請查明具報。（旁批：不必）

（二）該分署對於舊衣分發仍用抽籤辦法，致得者常不適其用，或所得不足禦寒，此後對受衣服救濟者應略加調查，按照其個別需要，給予足以保暖之寒衣。（旁批：不必）

（三）該分署經常衹補助“愛愛寮”救濟機關一所，今後應更多利用原有社會福利機構，改善之，充實之，使臨時救濟結束後對繼續性之社會福利工作

不至中斷，有以善後。（旁批：協助）

（四）該分署衹有流動工作隊二隊，隊員係由臨時抽派，既無駐定地區，又屬臨時性質。查此種流動工作隊，其長處在業務可以伸縮活用，但其短處則在不能深入民間普遍救濟難胞，且救濟物資若不由工作隊直接配發，而由旁人間接配發，致常有分配不公之弊。玆建議該分署除原有流動工作隊外，最少另設二固定工作隊，一爲高砂族生番工作隊，一爲澎湖島漁民工作隊，一爲民族特殊性而設，一爲地處臺島之外而設；目的則均在使救濟工作能一視同仁，普遍設施也。謹呈主任劉，轉呈副廳長徐、廳長盧。（旁批：本簽四項擬改爲建議該分署充實現有工作隊，並對高砂族生番及澎湖島漁民之救濟工作加以密切注意，並一視同仁。十二月十一日

臺灣分署爲本省突遭地震辦理急賑致上海善後救濟總署電（民國三十五年十二月十二日）

中華民國三十五年十二月十二日

事由：通報辦理本省此次地震災害急賑情形請核備由

擬辦：原電已擬簽呈核中，此係副本，擬呈閱後，存。

上海善後救濟總署鈞鑒：本月五日晨六時四十五分本省臺南縣市發生劇烈地震，縣屬之永康新化新市等地震動最烈，若干處地殼毀形，橋樑斷裂，鐵軌扭曲移動，自來水管打斷，依據官方報告，全部受災區域毀屋達一千六百八十餘棟，死傷四五百人，受灾村鎮幾如炸後廢墟。災情之重爲民國三十年間本省嘉義大地震以來所未有，詳細損失數目仍由各有關方面繼續調查中。本分署於據報後，立即派遣第三工作隊，就倉存麵粉200包儘數撥出，連同湯粉300箱馳往災區辦理急賑，及由外籍專家携帶裹傷藥品十七種暨9761500＋976200藥箱各一個前赴施療，並與該工作隊原帶救濟物資外加撥臺南市舊衣五包、臺南縣舊衣十包、棉被五百床，飭就遭受傷害之貧户優先賑發。此外，撥借臺南縣府帳棚八十領作爲轉借受害後無家可歸人民臨時住居之用，仍責成該縣府於用畢後交還本署，除該縣市損失詳情容查續報外，謹聞。臺灣分署署長錢宗起。振亥印

善後救濟總署爲八月編印之工作報告應注意事項致臺灣分署箋函（民國三十五年十二月十八日）

送達機關：臺灣分署

文别：箋函

承辦單位：第二組

事由：爲建議事項二點函請查照由

中華民國卅五年十二月十八日

收文振二字第 349 號，卅五京振字第二 5776 號箋函

頃閲貴署本年八月編印之工作報告、各項業務進展，深爲讚佩，兹有建議二點如下：

（一）請今後多利用原有社會福利機構，加以協助充實，俾臨時救濟結束後，而社會福利工作仍繼續進行，不致中斷。

（二）請充實現有工作隊，並對高砂族生番及澎湖島漁民之救濟工作加以密切注意，一視同仁。

以上建議二電，即請查照爲荷。此致臺灣分署。（廳戳）啓

臺灣省人民政府建設協會代表等爲糧荒嚴重民怨沸騰致善後救濟總署呈（民國三十六年三月十二日）

爲臺灣糧荒嚴重民怨沸騰仰懇迅撥麵粉運臺接濟由。

善京（卅六）字第 32738 號

竊臺省本爲産米之區，向有米倉之稱。臺灣省行政長官公署於接收之初聞一次即運米十萬石至滬。嗣復官商勾結大量外運，更以肥料缺乏産量減少以致存量稀少米價暴漲。迨至目前米價之高競居全國第一，糧荒嚴重，人民多以山芋充飢。省政當局未有調■之策，民情沸騰。此次“二二八”慘案之發生，雖起因於查緝香菸小販，但與糧食恐慌亦有相當之關聯。仰懇鈞署迅撥麵粉，運臺接濟以維民貧而安人心，不勝迫切待命之至。謹呈善後救濟總署。

臺灣省人民政府建設協會代表人、上海分會代表人張邦杰

閩臺建設協會上海分會代表人張錫鈞

臺灣[redacted]上海分會代表人楊[redacted]

旅[redacted]臺灣同鄉會代表人[redacted]

臺灣革新協會代表人王[redacted]明

京滬臺[redacted]代表人江[redacted]

通訊地址：上海武進路五一四號

善後救濟總署臺灣分署等關於辦理遣送琉球難民有關文件

（1946年2月—11月）

臺灣分署爲辦理遣送難民賑濟數額報請案核致總署（民國三十五年二月八日）

來文機關或姓名：臺灣分署

善臺署振字第165號，滬字第457號

摘由：爲辦理遣送難民及賑濟數額報請案核由

善後救濟總署臺灣分署呈

前提臺灣冲繩同鄉會三十四年十二月不列日呈，略以戰爭期中直接疏散來臺之琉球人民總數爲一萬四千餘人，其中死亡及自立歸還者三千餘人，尚有一萬餘人，人地生疏，生活困難，集中基隆一帶，待船返里者達兩千餘人，風餐露宿，請求救濟，並遣送回籍等情，正核辦間，復奉臺灣省行政長官陳轉示陸軍總司令何電請協助轉囑本分署辦理，又准駐臺美軍上尉約翰孫（capt：Johnson）來告以目擊基隆碼頭一帶琉球難民群集，請爲設法協助各等由到署。

當以此間交通工具缺失，全數遣送勢不可能，惟基隆地方房屋被炸劇烈，該地琉球難民食宿問題均難解決，時有不良行爲，影響市容、治安以及國際觀聽，均非淺鮮，即經派本分署振務組正副主任前往實地調查。據報在基之琉球難民，據基隆市政府三十四年十二月三十一日調查各册僅有959名，其中有已自助設法附搭漁船返琉，尚有一部分確待救濟等，經決定先就基隆部分予以急賑遣送。就該難民中生活不能自理者，每人每日發給賑款貳元（日人統治時代日給五角已發至十二月底止，本分署自三十五年一月一日起發給）。按旬按户發放。計發給一月份上中旬振款九十四户，人數四百零一人，實付賑款一萬六千又四十元。並於長官公署交通處接洽，於一月二十五日包定臺交小輪船四艘將留在基隆無力自歸之難民全數遣回（登記人數五百三十人，除據報死亡一人，因病未能搭船四人外，實遣送人數五百二十五人），每人並先期發給沿途伙食費二十，總計發給伙食費一萬零六百元。此外，另附有船費臺幣二十萬，交由本省長官公署交通處航務處委員會，船運照收。除賑款及船運費單據等存署備查外，理合將辦理經過情形連同遣送時照片兩紙報請察核。再，此外尚有留臺之貧病琉民，已由衛生組予以醫治救濟，交由各當地醫院於診病時免費發給，合併陳明。

謹呈總署署長蔣、副署長浦、李

善後救濟總署臺灣分署署長錢宗起

中華民國三十五年二月二日

善後救濟總署臺灣分署爲報琉求難民已安全到達致善後救濟總署呈（民國三十五年三月十一日）

振字第340號

事由：呈報遣送琉求難民五百二十五人已安全到達請察備由。

查本分署遣送在基隆琉球難民回籍一案辦理經過情形，前經以善臺署振第165號呈報察核在案，據負責人員楊興宗等返臺報稱，該批琉球難民已安全到達。檢同航程報告表及到達地宮古及石垣町町長證明書，請鑒核等情。據此理合抄同航程報告表報請備查。謹呈善後救濟總署長蔣。附呈表一份。

臺灣分署長錢宗起

輸送琉球難民航程報告表

臺交 110號	宮古	168	一月二十五日			一月二十七日	二月十二日	二月十八日蘇澳
臺交 103號	宮古	227	一月二十五日			一月二十九日	二月十二日	二月十八日蘇澳
臺交 127號	石垣	63	一月二十五日	一月二十七日	二月八日	二月十二日	二月十四日	二月十八日蘇澳
臺交 129號	石垣	67	一月二十五日	一月二十七日	二月五日	二月七日	二月十四日	二月十六日基隆
備註	往航行　旅客525人							
	復航行　貨物無裝載							

一、抵達宮古或石垣後，立即聯絡美國哨戒，得了許可後旅客一概上岸，移交宮古或石垣町長。

二、旅客平安抵達。

三、復航委托各廳長調查臺胞欲返臺者大部分已經回了臺，僅有少部分愿意留琉球，復航無旅客。

臺交110號、103號、127號、12號事務長

代表者楊興宗

臺灣分署爲請轉電聯總提前遣回琉求難民致善後救濟總署電（民國三十五年四月二十五日）

來電機關或姓名：錢宗起

來電地點：臺北

發電時間：卅五年四月廿五日

收電時間：卅五年四月廿九日

善電滬字第924號

事由：照特商聯總麥帥准提先將琉球人民悉數遣回

署長蔣：琉球本島人民在臺者除遣回外尚有五千餘人，其中多屬老弱婦孺，有工作能力者甚少，經由臺省當局照敵僑辦法集中聽候遣送。嗣准美方通知，該市戰時破壞特甚，暫難遣還。復由臺省警來總部派員面請救濟。經商定就已集中人數編隊作工，由署給振，所費甚巨。值兹本省中糧荒嚴重，失業人民爲數尚多，琉球人民之救濟事實亦不容持久，現由陳長官分電行政院陸軍總部，並商與臺美軍再電麥帥准予提前遣回，尚未得復。擬請鈞署轉商聯總部轉電麥帥總部派車、輪來臺，悉數運回，當否？乞電示。臺灣分署長錢宗起。卯有（廿五）振印

善後救濟總署爲在臺琉求難民現方商洽美方運回致臺灣分署電（民國三十五年六月二十九日）

送達機關：臺灣分署

文別：電

事由：關於琉球難民留臺商洽美方運回由

中華民國卅五年六月廿九日

收文滬振臺第1374號

臺灣救濟分署覽：巳巧振（1426）電悉，查本案前經滬署函商遣送該批僑民回返琉球，並據聯總復稱該案，現方商洽駐華美軍總部遣送結果如何，再行函陳等情在案。合亟先行電令知照，善後救濟總署。京振巳（艷）印

善後救濟總署爲擬不繼續遣送琉求難民致臺灣分署電（民國三十五年七月二十日）

送達機關：臺灣分署

文别：電

卅五京振僑第2443號

中華民國卅五年七月廿日

事由：關於遣送留臺琉球難民由

臺灣分署覽：准聯總部本年六月二十九日函，略以遣送留臺琉球難民一案，前經函商駐華美軍總部在案，據該部函移接聯軍最高當局指示以後，不擬繼續遣送留臺琉球難民。關於遣送該僑等回琉球一案，擬再行另設法等由，除再函聯總從速另行設法遣送外，特復。

總署。京振僑午（有）印

臺灣分署爲請再洽聯總遣返琉求難民致善後救濟總署電（民國三十五年十月十六日）

來文機關或姓名：錢宗起

來文地：臺北

民國卅五年十月十六日

善電京字第1741號

事由：電請再催聯總迅速派船隻來臺遣送等由

總署：奉鈞署本年九月二十八日濟卹三十五字（14634）號代電抄發聯總J. SAPER原函，飭將冲繩人民自臺遣送情形具報者等因。查來文附件未奉附發，無從辦理。又本分署袛於本年一月間遣送琉球難民（525）人，經呈報有案。目前滯留本省之冲繩人民因無船運送，滯留本省尚有萬餘人。並經電奉鈞署無有電示，該批難民盟軍當局不擬繼續遣送，已再函聯總另行設法等因。嗣

復准聯總臺處持示上海駐華辦事處復電，以五月間接鈞署要求協助遣送留臺琉球難民，隨即電商聯總駐菲律賓辦事處，頃得復電，以留臺琉球難民集中基隆，由登陸艦遣送，自本年八月十五日起，每月遣送 200 名等由。惟是項船隻訖未到臺，現仍在静候中。仍。請再催聯總迅派船隻赴臺遣送爲盼。叩。臺灣分署署長錢宗起。振酉銑

臺灣分署爲報遣送琉求難民情形及送呈計劃表致善後救濟總署代電（民國三十五年十一月八日）

振字第 03732 號

中華民國卅五年十一月捌日

事由：電報洽辦本省琉僑遣送情形檢呈該僑集中遣送計劃表請查覈由

上海善後救濟總署鈞鑒：奉鈞署本年十月十七日濟卹金京（卅五）字 15053 號代電抄發聯總關於琉球平民遣送一案，原函電飭與本省行政長官公署洽辦具報等因。遵經洽定該僑集中輸送計劃表一種，除第一批 1217 人已於十月二十四日送出，第二批 1379 人於十月三十一日送出外，第三批因船隻關係，日內方可送出，以後各批均擬按照表定時間遣運。每批遣送途中副食均經本分署依照遣送人數配發湯粉及牛奶，交僑代表領班暨船主等會同具領轉發食用。兹謹檢呈上項琉橋集中輸送計劃表一份，敬祈查覈備查。臺灣分署署長錢宗起印，附呈計劃表一份。

琉僑集中輸送計劃表

運送船番號		第一船	第二船		第三船	第四船		第五船			第六船			第七船		第八船	第九船	
預定乘船人員		1217	1176		1173	1132		1035			1222			943		1513	667	
預定集中	地區	臺北	臺北	官兵	臺北	臺北	臺北縣	新竹市	新竹縣	臺中市	臺南市	嘉義市	臺南縣	臺北市	臺北縣	臺東縣	官兵	臺東
	人員	785	183	766	1173	659	17	75	21	47	202	45	197	1023	68	114	243	84
	管理所	基隆	基隆		臺北市僑民	基隆		彰化市	臺中縣		高雄市	屏東市	高雄縣	基隆市		花蓮縣	花蓮港	同鄉會
	人員	432	227		300	1035		14	89		1369	65	35	430		307	240	100
預定集中日期		1月21日	一月25日		一月25日	2月1日		2月14日			2月21日			12月1日		12月4日，7日	集中?	
預定乘車日期		1月21日	一月25日		二月3日	2月1日		2月16日			2月23日			12月1日				
預定出航日期		1月24日	1月31日		二月7日	2月14日		2月21日			2月28日			12月5日		花蓮港 12月11日 基隆 12月13日	12月19日	
備考		火車：臺北－基隆	火車：臺北至基隆		火車：臺北－基隆	火車：蘇港－基隆		火車：臺南－基隆			火車：屏東－高雄；高雄－基隆			本船裝載大島僑民，火車：臺北－基隆		本船裝載宮古八重山僑民		

善後救濟總署臺灣分署爲麵粉救濟事宜與臺省各單位來往函件

（1946 年 2 月—1947 年 4 月）

臺灣分署爲復所需麵粉當俟決定後配給致臺北縣長函（民國三十五年）

收文善臺字 1330 號

文別：函

送達機關：臺北縣糧務長

發文振字第 645 號

事由：函復所需麵粉救濟當俟決定後從優配給由。

竹天吾兄縣長勛鑒：四月十日大函敬悉，查本署運到救濟物資現已擬定分配方案，俟提由審議委員會決定後施行。貴縣需要麵粉救濟屆時按照決定方案分配。

弟錢宗起

臺灣分署爲災民人數及救濟計劃致高雄縣政府代電（民國三十五年二月）

市長陳東生：高雄縣政府民社第十九號代電及附件敬悉。（一）所報罹灾户數及人數經予存記，備作分配物資之參考。（二）單列所需救濟物資計有住宅衣料品三項，而每項僅准列告臺幣總數並無詳細計劃。（如住宅列數位五一四二 000 册，並未註明，需若干幢，擬容若干人，每幢如何構造，需材料若干，可住若干人，需工人若干，工作若干日，各樣如何……餘類推）後核辦相應函復，即希查照爲荷。

善後救濟總署臺灣分署。檢丑〈〉印。

臺灣省交通處鐵路管委會爲送員工調查表並請配給麵粉致臺灣分署函（民國三十五年二月四日）

來文機關或姓名：交通處鐵路管委會

文别：函

收文號數：0759

民國卅五年 2 月 4 日

摘由：爲送員工調查表請分配麵粉由

查本路員工計有一萬七千六百十九人，此項員工家屬每人平均以三人算，共五萬二千八百五十七人，合計七萬零四百七十六人。除食米外需用麵粉甚多，工人部份無力購買，職員在市上亦無法購取。聞貴分署大批麵粉日內即可到毫。懇請惠予分配本路三萬七千包資食用，以維運輸爲荷。

此致臺灣省善後救濟分署。

附本路員工人數調查表一份（附件略）

嘉義市政府爲請救濟貧民衣食住藥致臺灣分署公函（民國三十五年二月七日）

組振 161 號

事由：爲請撥發衣食住藥等救濟物資由

查本市去年被炸，市區破壞甚大，房屋大半毀傷，市民流離失所，無家可歸者約爲數百餘户，其中失業貧民不能自存者亦約達五千人，亟待救濟衣食住，以免影響地方安寧。爲此敬請貴署設法籌撥衣服（或布匹）一萬套，麵粉一萬包，並趕建貧民住宅二百所，以資救濟。又本市瘧疾終年不斷，夏秋之季更有流行疫病，關於治療瘧疾之奎寧丸、阿剔平及惡性瘧疾、傷寒霍亂，各注射針藥等，並祈並賜撥給若干，以備分發市民之用。相應函請查核辦理見復爲荷。

此致臺灣善後救濟分署。

澎湖縣政府爲請撥發麵粉及漁工業貸款致臺灣分署代電（民國三十五年二月十六日）

來文機關：澎湖縣政府

文別：代電

收文號數：0562

民國卅五年二月十六日

摘由：請指撥招美麵及漁工業貸款撥濟澎湖由。

電請指撥美麵及漁工業貸款接濟澎湖由。

臺灣省救濟善後分署公鑒：查澎湖孤懸海外，地瘠民貧，每年所產糧食僅敷四月之需，日人以地勢險要積極經營造成畸形發展之軍港，人口密度每平方公里達五六二人，爲全臺各州廳之冠，所有日常用品素皆仰給於臺灣本島或日本供應。戰争以前人民多捕魚或從工爲生，戰争爆發以後漁船或爲日軍强行徵用或因戰灾炸毁，而各項工廠亦多被毁停工，人民失業者萬計，食糧物資均告奇缺，飢寒交迫亟待救濟。兹擬請（一）澎湖爲缺糧縣份，最近省方决定食糧配給，既不産米交通情形又極惡劣，所受影響最巨。島民不但不堪黑市米價之重壓，抑且因來源困難將有無糧可購之虞。擬請貴署於美麵到臺時提前發給三萬包專船運澎以濟眉急。（二）澎湖列島水産頗豐，復興漁業誠爲繁榮本縣最上方策。惜漁船多已毁壞，漁具亦多短缺不全，戰亂殘黎實已身疲力竭，無法重起爐竈用。擬請貴署指發漁業救濟貸款五百萬元交由本府統籌貸借應用，以期漁業得以早日復興，其利益固非本縣漁民而已。（三）澎湖原有日軍部經辦之工作部及水産會等民營之造船所工場多所，或因被炸待修或因經費短缺無法開工，以致工人失業。船隻工具等項無處修理，影響整個社會經濟及治安者殊巨。擬請指發工業救濟貸款五百萬元交縣妥籌復工辦法。以上各點，如承惠諾，不但可以救濟糧荒失業於無形，抑可奠定澎湖漁業工業之基礎，於戰後實爲建國重要一環。用特電請查照惠予照辦並電復，必要時當再派員携同詳細計劃赴署洽商。

澎湖縣長傅緯武。建丑〈〉印

南投區爲請救濟災民致臺灣分署電（民國三十五年二月十七日）

臺中來電（南投區）

臺灣救濟分署長鈞鑒：查本區名間、中寮兩鄉位處高山，居民五分之四種椰蕉、鳳鬆爲生，去年風旱，收成大減，日有餓死之聲，亟待振救。除電臺中縣府核辦，理合電請察核，乞迅設法救濟以拯民困。

臺中縣南投區長陳國章叩。丑■民 145 號

臺灣肥料株式會社高雄工場委員李國柱爲請配濟糧食致臺灣分署函（民國三十五年二月十八日）

善後救濟總署臺灣分署收文

來文機關或姓名：李國柱

文別：函

收文號數：0574

民國卅五年二月十八日

事由：請求分配肥料株式會社高雄工場職工食糧由

敬啓者：兹悉貴署有分配糧食之計劃，現將本人所監理之臺灣肥料株式會社高雄工場職工需要糧食數量及糧食分配意見開列清單奉上，即請查照並賜予分配爲荷。此致　善後救濟總署臺灣分署振務組林主任良桐。監理臺灣肥料株式會社高雄工場委員李國柱

[附件]：臺灣肥料株式會社高雄工場職工糧食需要表

一、本場職工概況

（1）職工數額：職員 54 人；工人 123 人。

（2）待遇（每人月平均）：職員 103789 元；工人 65858 元。

（3）工作時間（每日）：職員八小時；工人九小時半。

二、每月需要糧食數量：食米或麵粉 5310 斤。

三、糧食分配意見：擬按每月發給每人食米或麵粉 30 斤。依照分配價格在其工資內扣除之。

善後救濟總署臺灣分署爲接收麵粉及送呈貸款計劃致澎湖縣政府代電（民國三十五年二月十九日）

文別：代電

卅五年二月十九日

發文：振字第 294 號

事由：函復請發麵粉候運到核記關於漁民漁業貸款請詳擬計劃送由農林處核轉由

澎湖縣政府：建字第二十二號代電敬悉，兹分復如下。（一）所請撥麵粉三等包專船運澎一節，應俟本署麵粉到後統籌核辦。希先將貴縣現時食米及麵粉市價運同失業人數、赤貧人數詳予查告。（二）漁民救濟貸款（即貸放漁民作爲修補漁船及補充漁具之用者）及漁業救濟貸款（即爲恢復水産會社及選船所工場之款），應請先行詳擬計劃及需要本分署協助兩項報由農林處核轉，以憑辦理。即希查照爲荷。善後救濟總署臺灣分屬。振丑（）印

臺灣省農林處爲報請工程工人數並儘快配給麵粉致臺灣分署函（民國三十五年二月十九日）

來文機關或姓名：農林處趙處長

文別：函

收文總號：0623

摘由：送水利組合災害復舊工程勞工人數表等請優先配給麵粉。

宗起公翰吾兄勛鑒：關於麵粉配給乙節，本處現正趕修復舊工程之現役工人應請予以優先配給以資救濟，兹先檢送水利組合災害復舊工程勞工人數表及林場伐木制材工人概數表各乙份。即請准予優先配給，至爲感禱。耑此，並頌勛祺。

弟趙連芳頓。二月十九日

臺灣分署爲核復水利組合復舊工程工人數致行政長官公署農林處代電（民國三十五年二月二十一日）

善後救濟總署臺灣分署

送達：農林處

收文字 623 號

類別：代電

民國卅五年二月廿一日

發文：振字第 305 號

臺灣省行政長官公署農林處公鑒：准貴處長二月十九日農秘芳字第 706 號函送水利組合災害復舊工程勞工人數表及林場伐木制材工人概數表各一份，均獲悉，查水利組合災害復舊工程勞工人數表內■函列數 7170 人未悉是否包括嘉南大圳在內，又新竹部份之列數爲一萬零九百人，是否目前已有大規模復舊工程已在開工，爲便利參考計，擬請將各種水利組合現在進行之工事惠予開示。相應電請查照辦理見復爲荷。善後救濟總署臺灣分署。■丑（）印

基隆市政府爲請撥濟麵粉致臺灣分署公函（民國三十五年二月二十二日）

事由：爲請准撥即將運臺救濟麵粉三萬包由本府撥分十萬市民由

逕啓者：查基隆市自去歲遭受轟炸以來損失達百分之六十五以上，人民十室九空，災情嚴重，最近尤以米荒爲甚。倘不即予救濟，則目前艱難無從解決，戰後復興焉能企望。近聞貴署將有麵粉十萬包不日運臺，以供救濟災區之用，擬請准撥發麵粉三萬包交由本府轉撥市內各區，依照户口平均撥分，作爲第一期救濟物資之用。俟撥分完畢再由本府將分配情形彙報以資報銷。至於其他衣服皮鞋以及以後絡繹運到之救濟物資，並請儘先發充本市救濟之用，尚可能由本府協辦之處，自當貴署駐基辦事處協同辦理。務期手續簡捷，人民得受實惠。事關民瘼，定荷援引並請察核辦理。實紉公誼。此致善後救濟總署臺灣分署。市長石延漢

臺東縣縣長謝真爲請優先撥濟本縣麵粉致臺灣分署函（民國三十五年二月二十二日）

來文姓名或機關：臺東縣長謝真函

收文總號：0755

事由：請准優先撥濟麵粉

民國卅五年三月二日

履周先生署長鈞鑒：上月到省獲聆矩誨，至深快慰。兹有墾者本縣上年遭受風灾秋收損失慘重。本縣糧食據查尚缺一個半月，近來糧食自由流通，外縣商民高價來縣采購，因此米價日漲（目前竟較花蓮爲貴）且周轉不靈，貧民已告糧荒。最近縣轄南面公路綫一帶，高山民衆缺糧尤甚，日前大蔴裏鄉有兩户（一男一女），因不堪飢餓懸樑自殺，故辦理救濟刻不容緩。縣已發動地方人士倡道辦理救濟事業，及以庫糧貸借貧農外，查本縣澱粉産量頗多，惟必需麵粉摻食方能無傷腸胃，足以充飢，特請垂念本縣清形，儘先准撥麵粉救濟以拯飢民。無任懇禱，又承囑准備麵粉倉庫一節，已分到在臺東及新港兩鎮各備一所，並將貧民調查數目於日前一並報告。專肅即請崇安。

謝真敬肅。二月廿三日

臺灣分署爲復准配給麵粉舊衣致基隆市政府代電（民國三十五年二月二十七日）

收文字第650號

送達機關：基隆市政府

民國卅五年二月廿七日

發文：振字第342號

事由：准函請撥給麵粉舊衣一案電復查照由

基隆市政府公鑒：准貴市政府建甲字第四一八號公函，囑於本署麵粉運抵時即撥三萬包交由貴府轉撥市民，並優先撥給救濟物資等由，准此。查本分署麵粉舊衣分配辦法正在核定中，除俟到時再行依照現定分配外，相應先以電復查照爲荷。

善後救濟總署臺灣分署。振丑（儉）印

臺灣分署爲救濟物資俟運到時統籌安排致嘉義市政府公函（民國三十五年二月二十七日）

振字第339號，收文第543號

文別：公函

送達機關：嘉義市政府

事由：准函請分配救濟物資及分配平民住宅案函復查照

嘉義市政府公鑒：府民社第四號公函敬悉。所需藥品衣服及麵粉，當俟各該項救濟物品運到時統籌分配。至建築平民住宅一節，本分署現擬先經高雄縣恒春鎮著手辦理，囑擬從緩。特復。函復善後救濟總署臺灣分署。

振丑〈儉〉印

臺南縣長袁國欽爲請撥給救濟物資致臺灣分署電（民國三十五年三月）

救濟分署長鈞鑒：嘉南大圳請求復舊救濟事，以照相關係，日內即可呈聞貴署，不日可運到大批麵粉衣服等，本縣爲缺糧之縣份且人口最多，恕準多予分配，並電示。臺南縣長袁國欽寅支建工。（善臺收字第0786號）

善後救濟分署：本縣糧食缺乏，糧價高冠全省，人民生活困難。懇撥大量麵粉救濟並電示。臺南縣長袁國欽寅支建。（善臺收字第0787號）

臺灣肥料株式會社基隆工廠及窒業株式會社爲請配給麵粉致臺灣分署函（民國三十五年三月）

來問機關：臺灣窒業株式會社監理委員夏之驊

文別：函

收文總號：0917

摘由：爲糧食缺乏工人趕作夜工乞配給麵粉547袋由

敬啓者：兹聞貴署不日即有大批麵粉由滬運臺接濟民食，消息傳來，每任欽感，敝廠等全體員工近以奉命日夜趕工修復肥料工廠，乃以米糧缺乏，市價昂貴，致使本廠員工凡有參加宵夜加工者無不陷於營養不良，工作無力之苦境。兹特備函向貴署申請按月配給本廠員工麵粉五百四十七袋，其中四百零七袋請指定在基隆領取，餘在臺北領取，相應連同本廠等員工人數備函申請。至祈賜予核准配給。不勝公感。此致善後救濟總署臺灣分署

臺灣肥料株式會社基隆工廠，臺灣窒素工業株式會社監理委員夏之驊

新莊區署爲請購麵粉八萬斤致臺灣分署函（民國三十五年三月二日）

來文者：新莊區署

文別：函

收文號數：0750　振 273 號

民國卅五年 3 月 2 日

事由：請准購麵粉八萬斤

新莊區署呈　民國三十五年二月十五日，莊總文第 65 號

查本區最近爲糧荒激甚，可稱米珠薪桂，致以細民實是糊口難得，玆爲救卹區內一般細民，必要調購代用食糧最妥。爲是本區愿購麵粉八萬斤以資拯卹。因此理合呈請，仰祈鑒核准予購買，實爲公便。謹呈救濟總署臺灣分署長錢。

新莊區長潘光楷

臺灣分署爲復員工救濟應俟將來設法配售致臺灣省交通處鐵路管理委員會箋函（民國三十五年三月五日）

收文：善字第 759 號

文別：箋函

送達機關：鐵管會

事由：箋復歸回員工所需麵粉容俟將來設法配售由

振字第 377 號　民國卅五年三月五日

接准貴會卅五年三月二日交鐵字第 1118 號大函敬悉。查本總署撥濟來臺第一批麵粉爲數無多，尚未運達。現正陸續申請中。關於該批麵粉分配辦法，近奉總署通知，業務機關不能施放。貴會員工急需糧食救濟，容俟將來設法配售，目前第一批麵粉尚未運到，且爲數無多，恐難普及也。相應復請查照爲荷。此致鐵路管理委員會。

署戳啓

臺灣分署爲復配濟貧民麵粉需統籌安排致臺東縣政府箋函（民國三十五年三月五日）

收文：善臺字755號

送達機關：謝縣長

事由：函復貴縣貧民需要麵粉救濟當統籌撥給由

發文：振字第378號，卅五年三月五日

率卿吾兄縣長惠鑒：二月廿三日大函敬悉。查本總署濟臺物資迄未運達，貴縣境內貧民及高山族同胞需要麵粉救濟，當候運到後統籌撥濟。特復。順頌公綏。

弟錢宗起

生產局特派員溫步頤爲請撥給物資以助水泥廠復興致臺灣分署函（民國三十五年三月五日）

來文機關或姓名：生產局臺灣特派員辦公室温步頤

函　收文號數：0773

民國三十五年三月五日

事由：爲水泥廠困難情形亟待復興並派何專員前來商洽由

履周署長勛鑒：松山機場邂逅匆匆，未獲暢談爲悵，臺灣水泥需要極殷，此間三廠亟待復興，惟以物力缺乏，困難重重。目前嚴重問題約而言之可分三項。（甲）糧食不足，采購困難，現三廠員工一千六百餘人，連眷屬在內合計八千人左右，每月所需數量甚巨。高雄廠三分之二糧食尤缺。（乙）復興所需器材如鋼鐵材料、電氣材料、石膏、石綿等均甚缺欠，亟待大量補充。（丙）醫藥衛生用品尤感不足。上三項爲所深感迫切之問題，敢作將伯之呼，務懇惠予設法協助。亦派專員何及兄前來請賜指示，一切所需各項目當隨後列清單，再按正當手續請求。也煩讀清神容當面俯。

耑頌日安。

温步頤拜啓

臺灣分署爲復糧食藥品應按例統籌安排致生産局特派員溫步頤函（民國三十五年三月六日）

收文：善臺字第773號

文別：函

送達機關：如文

卅五年三月六日

發文：振字第393號

步頤特派員勛鑒：接奉三月二日公函敬悉。查本分署救濟物資迄今尚未運達，貴工場所屬員工需要糧食藥品等，俟到時依照本總署規定統籌核辦。關於所需復興器材，請詳細列單送由工礦處核轉本分署報請總署撥濟。耑此復頌公綏。

斗南鎮公所爲請救濟致臺灣分署呈（民國三十五年三月七日）

斗南鎮公所呈

文別：呈

收文：善後收字第0808號

摘由：呈爲因受戰灾損害更加時疫流行，迅賜設法救濟由

事由：呈請本鎮戰灾嚴重緊要設法救濟事

善後救濟總署臺灣分署長公鑒：竊按本鎮在於戰爭時期中吞受日本軍閥亂幕禍及，連續被炸八次，炸毀壞民房計有六百二十四家，灾民三千一百十二人，四處瘡痍，滿街焚爲焦土，食露餐風，無家可宿，飢寒交迫，惡疫流行，鎮民生活皆陷於水火之中，如此等情，若不設法救濟，恐惹起社會治安及民生關切問題。是故懇請鈞長察核備案施行，以資救濟，以改民苦，即萬民頌德無涯矣。謹呈。

斗南鎮公所鎮長曾丁興

斗南鎮糧食救濟委員會長張天助

臺灣分署爲復麵粉衣服需統籌配發致臺南縣政府代電（民國三十五年三月八日）

收文：善臺字第786、787號

文別：代電

送達機關：臺南縣府

發文：振字第404號，民國卅五年三月八日

事由：電復所需麵粉衣服當俟到時統籌核發由

臺南縣政府公鑒：寅支建工兩電敬悉。查本總署撥濟來臺物資現尚未運達，貴縣需要麵粉衣服當俟運到時統籌核發，相應復請查照爲荷。

臺灣善後救濟總署臺灣分署印

臺灣省行政長官公署交通處鐵路管理委員會爲再請配給麵粉致臺灣分署函（民國三十五年三月八日）

發文：交鐵字第475號

民國35年3月8日

接准貴署三月五日善臺署振字第三七七號大函敬悉。承允於第一批麵粉運到時予以配售，至感。查本路雖屬業務性質但各種工人爲數甚重（實數已於前送交鐵字第四一八號函附表詳列）此項工人因月給低微，窮困异常，且前會奉長官諭鐵路工人亦應在貴署救濟之列。第一批麵粉到臺時對於本路工人仍請惠予配給，俾濟眉急爲荷。此致善後救濟總署臺灣分署。鐵路管路委員會主任委員陳清文

臺灣分署爲復救濟物資俟到後統籌核辦致斗南鎮公所箋函（民國三十五年三月十一日）

收文：善臺字第808號

文別：箋函

送達機關：臺南縣斗南鎮公所

事由：箋復所需糧食藥品希候救濟物資運到後統籌核辦由

接准三月七日函悉，貴鎮所需糧食藥品當俟本分署救濟物資運到後統籌核配。嗣後來文並請呈貴主管縣政府核轉。即希查照。

此致斗南鎮公所。

臺灣省民政處爲高雄縣恒春區糧荒急需救濟致臺灣分署代電（民國三十五年三月十一日）

來文機關：民政處

文别：代電

中華民國卅五年三月十一日

摘由：爲高雄縣恒春區糧荒嚴重撥濟麵粉以濟民食，請查照見復由

善後救濟總署臺灣分署勛鑒：據高雄縣長謝東閔三月二日呈，略稱："據本縣恒春區署呈以糧荒嚴重，災情與日俱深，灾民多以青菜薯葉果腹，每日徒步數十裏山地挖掘野生山芋充飢。現距收穫期尚有三月，如無有效措置，社會治安誠難以設想，除由本區籌組救濟會向殷實農户宣道節食供應有限餘糧外，爰擬具辦法呈請察核：（一）本區人口總數三萬二千人，除殷農足以自給外，需配給之人計二萬一千三百八十五人，如每人每日以三合計算，至收穫期止需米穀一萬二千擔（附米穀配給計計算表），必須由外來糧食接濟，請電請臺東縣政府制止民衆非法檢查阻滯糧食出口，並確定該縣供給。本區糧食數量由本區糧食平糧委員會前往購運。（二）請將本區災情電請省府從速配給米穀或其他雜糧，由區按中貧、赤貧分别配給。（三）國軍六十二軍接收日軍剩糧於恒春區存有乾糧千箱，請轉准就地撥交本區糧食平糧委員會配給民衆。以上數點是否有當。理合呈請查覈示遵等情轉請查或轉知善後救濟總署臺灣分署急以糧救濟，實感公便等情。查該恒春區署所請救濟一節，業經該區長康玉湖逕向貴署請求，相應電請查照希俞允發給麵粉以濟民食並祈見復爲禱。民政處寅〈〉民甲

臺灣分署爲復恒春糧荒嚴重需俟物資運到統籌核撥致臺灣省民政處代電（民國三十五年三月十二日）

收文：善臺字第839號

代電

送達機關：民政處

事由：電復高雄縣恒春區糧荒嚴重當俟麵粉到後統籌撥濟由

臺灣省行政長官公署民政處公鑒：致寅佳民一字第1445號代電敬悉。查本分署救濟物資迄今尚未運達，高雄縣垣春區糧荒嚴重，當俟麵粉到後統籌核撥濟，相應復請查照爲荷。

善後救濟總署臺灣分署。■寅〈〉印

酒精輸送株式會社爲請配撥麵粉一萬袋致臺灣分署函（民國三十五年三月十五日）

收文總號：0919

摘由：函請賜撥麵粉一萬袋以資應用由

敬啓者：本會社有職員48人、工友20人，以糧食缺乏甚難維持。夙仰貴署熱心救濟，欽佩莫名。聞最近有麵粉運臺灣，可否分配一百袋以資應用，專此上懇希賜核准是荷。

此上臺灣善後救濟署

酒精輸送株式會社山岸久二監理委員

民國三十五年三月十一日

東亞礦業會社爲請撥給麵粉一萬袋致臺灣分署函（民國三十五年三月十五日）

來文機關：東亞礦業會社山田盛興監理委員包伯度

文別：函

收文總號：0918

民國卅五年三月15日

摘由：函請賜發麵粉一萬袋以資應用由

敬啓者：本會社有職員十五名，工友五十六名，以糧食缺乏甚難維持。夙仰貴署熱心救濟，欽佩莫名，聞最近有麵粉運至臺灣，可否分配一萬袋以資應用，專此上，懇希賜核准是荷。此上臺灣善後救濟署。

東亞礦業株式會社山田盛興監理委員

中華民國三十五年三月十一日

臺灣分署爲復麵粉案致臺灣窯業株式會社基隆工廠函（民國三十五年三月十五日）

振351號

事由：准所囑配給麵粉一案復請查照希俟本總署指示到後再行撥發由

箋函接准貴廠卅五年三月十三日函敬悉。查本分署麵粉尚未運到，關於施放部份，依照規定各工廠已獲有工資未能作爲施放對象，其餘出售部份係由本總署財務廳運行主辦或委托分署代理，唯本分署尚未奉到本總署指示。承囑配給麵粉一節，當俟總署指示到後再行核辦，相應復請查照爲荷。此致臺灣窯業株式會社基隆工廠。

臺北市義勇消防隊互助會爲請救濟隊員致臺灣分署申請書（民國三十五年三月十六日）

來文機關：臺北義勇消防隊互助會長黃添棟

文別：申請書

收文總號：0943

摘由：請撥麵粉四千包救濟現有隊員暨撫卹傷亡眷屬由

事由：爲申請惠發善後救濟麵粉由

查職任臺北市警察局義勇消防隊互助會，關於所轄隊員完全義務性質，然其中隊員前因救火傷亡，而完整者均係貧窮，備嘗痛苦。深仰鈞長愛好慈善，拯民水火，將運大批麵粉來臺施賑窮民。謹披誠懇請鈞長俯體斯困，賜准核發該麵粉二千包，既可振救現有隊員，又可撫卹傷亡眷屬。私情公誼，同感德澤。

謹呈善後救濟總署臺灣分署副署核轉善後救濟總署署長。

具申請書人：臺北市義勇消防隊互助會會長黃添棟

住址：臺北市下奎府町■丁目一八二■地

中華民國三十五年三月十五日

臺灣分署爲請查明臺北市義勇消防隊互助會情形致臺灣警務處公函（民國三十五年三月十九日）

收文：善臺字943號

文別：公函

送達機關：醫務處

卅五年三月十九日

發文：振字第461號

事由：函請查明臺北市義勇消防隊互助會係何種團體由

案准臺北市警察局義勇消防隊互助會函請撥麵粉四千包救濟，現有隊員暨撫卹傷亡眷屬前來。查該會究係何種團體，組織情形如何，本署尚未明瞭。相應函請查照見復爲荷。

此致臺灣省行政長官公署警務處

臺灣貿易局爲請運一百萬袋麵粉與貿易局上海辦事處來往電文二則（民國三十五年三月十九日）

來文機關：臺灣貿易局

收文總號：0949

摘由：爲本省糧荒嚴重電滬辦事處轉商總署撥濟麵粉一案旋奉承示辦法三點録請查照由。

録貿易局致上海辦事處于副局長電。

上海于副局長瑞熹兄譯轉善後救濟總署財務廳董廳長承道兄勛鑒：臺省糧荒益形嚴重，萬民嗷嗷亟待救濟。除由長官公署懇請貴署速發麵粉一百萬袋或酌搭美麥運臺濟急外，尚祈鼎力促成以解倒懸。候復。弟于百溪叩。寅刪

録貿易局上海辦事處于副局長來電。

貿易局于局長。承密。請救濟總署撥麵粉一百萬袋事，會再往謁劉署長鴻生稱（1）仍須臺省救濟分署來電請撥。（2）總署財務廳董廳長承道現在臺糧荒情形，請向報告。（3）臺省如有碾粉廠設備，除粉外總署可撥美麥等語，祈轉葛秘書長及分署長熹叩。佳

臺灣省黨部爲請讓購麵粉致臺灣分署代電（民國三十五年三月二十日）

來文機關：臺灣省黨部

收文總號：0985

文別：代電

摘由：電請價讓麵粉三百包希查照由。

致寅皓黨事字第632號

臺灣省救濟分署公鑒：查本省糧食以調劑困難采購不易，而本會員工百餘人近得以高價黑市購用。玆聞貴署將有大量麵粉抵臺，相應電請屆期予以價讓麵粉四百包，藉以分發員工，至價款若干希爲見示，俾便照繳爲荷。

臺灣省執行委員會。寅寒秘

臺灣氣象局爲請價讓麵粉致臺灣分署（民國三十五年三月二十日）

來文者：臺灣氣象局

文別：代電

收文號數：0978號

摘由：爲米價高昂采購不易希予價讓麵粉300包請查照見復由

臺灣救濟分署公鑒：查本省糧食調劑困難，市面食米采購不易，本局員工百餘人日食米均以高價黑市收購，影響員工生活至巨。玆聞貴署將有大批麵粉抵臺，相應電請查照，屆時希予價讓四百包，其價款多少，並希見復，以便派員照繳爲荷。

臺灣氣象局局長石延漢。巧總印

臺灣省糧食局爲准撥米救濟鐵路員工致臺灣分署函（民國三十五年三月二十一日）

發件603號

善後收字 1005 號

事由：准交通處函以鐵路員工需米囑妥籌等由，兹將籌備辦法函請查照賜辦由

據高雄辦事處呈稱米價日昂，請轉呈准將各縣糧食局倉庫存米先行發售鐵路員工等情轉請鑒核到處。經簽奉長官本年三月二日批示“交糧食局妥籌”等因，除指復鐵路管理委員會逕與貴局洽辦外，相應同原簽呈一件函請查照辦理見復爲荷等由，附原簽呈乙件。准此查本年省現有存糧以之供應軍營糧食等已感不敷，兹擬請貴分署將此次臺北號運來麵粉十萬袋，希先發一部售與鐵路員工，以應急需。除函復外，相應函請查照賜予辦理爲荷。

此致善後救濟總署臺灣分署。

局長吴長濤

臺灣分署爲復所請物資當俟到後核辦致臺灣省工礦處公函（民國三十五年三月二十二日）

收文：善臺字 918、919 號

文別：公函

送達機關：工礦處。

振字第 487 號

事由：准貴署酒精後來工礦業株式會社函請撥給麵粉等由函請轉飭知照由

案准貴署酒精輸送株式會社及東亞礦業株式會社卅五年三月十一日函請各撥麵粉一萬袋以資救濟等由。准此查本總署分署麵粉尚未運到，關於施放部份，依照規定業務機關、職工均已獲有薪，不能作與施放對象，剩餘出售部份係由本總署財務廳運行主辦或委托分署代理。本分署尚未奉到本總署指示，所詢配給麵粉一節，當嗣總署指示到後再行核辦，相應函復查照並祈飭知照爲荷。

此致臺灣省行政長官公署工礦處。

署長錢宗起

臺灣分署爲復麵粉案致臺灣肥料株式會社基隆工廠函（民國三十五年三月二十三日）

文別：箋函

振字第492號

事由：准函囑配給麵粉一案復請查照由

接准貴廠卅五年三月十三日函敬悉。查本總署分配臺灣麵粉尚未運到，關於本省工礦部份職工需要麵粉一節，業由本總署財務廳董廳長與省工礦處洽商有案。一俟决定，即可實施，相應復請查照爲荷。此致臺灣肥料株式會社基隆工廠。

臺灣省交通處鐵路管委會爲趨洽配給麵粉致善後救濟總署函（民國三十五年三月二十五日）

發文：交鐵字第594號，善臺收字第1071號

事由：兹派本會專員黄麗生趨洽敬祈惠撥麵粉以濟員工食用由

案准臺灣省糧食局函抄供給鐵路員工糧食辦法開，此次救濟分署由臺北號運來一批麵粉，已由本局函請先撥一部交貴會濟急等由。兹派本會貴員黄麗生趨洽。致祈查照惠予撥下以濟眉急爲荷。

此致善後救濟總署。

臺灣分署爲復麵粉如有出售另行辦理致臺灣省黨部及氣象局代電（民國三十五年三月二十六日）

收文：善臺字985、978號

代電

送達機關：省黨部、氣象局

事由：准電請價讓麵粉等由復請照由

中國國民黨臺灣省黨部、臺灣省氣象局公鑒：致寅皓黨事字第632號、巧署氣第345號代電敬悉。查本署麵粉目前尚未運到，出售部份由總署財務廳逕

行主持，如有出售，自當另行公告辦理，相應電復查照爲荷。

善後救濟總署臺灣分署。振寅〈寢〉印

臺灣分署爲復麵粉到後另行公告辦理致臺灣省糧食局代電（民國三十五年三月二十六日）

收文：善字1005號

文别：代電

送達機關：糧食局

發文振字第512號

臺灣省糧食局公鑒：致寅■局糧二603號代電敬悉。查本署麵粉目前尚未運到，出售部份係由總署麵粉財務廳直接主持辦理。届時自當另行公告以便申請，相應復請查照爲荷。

善後救濟總署臺灣分署。振寅〈寢〉印

臺南縣轉呈斗南鎮請撥救濟物資致臺灣分署呈文（民國三十五年三月三十日）

民社字第1633號

善臺收字第1139號

事由：呈請臺南縣斗南鎮戰灾嚴重緊要設法救濟由

善後救濟總署臺灣分署公鑒：查本縣斗南鎮在戰争中受連續轟炸，民房及其他損失至巨，呈請救濟。前來相應檢附原呈電請濟以甦民苦，並乞示復爲荷。臺南縣政府。宥民社

附斗南鎮公所所原呈乙件。

民國卅五年三月十二日

斗南鎮糧食救濟委員會總字第六號

事由：呈請本鎮戰灾嚴重緊要設法救濟事

案奉貴分署本月十三日善臺振宗字第四百二十二號示，爲施救本鎮戰災當俟救濟物資運到後統籌核配，嗣後來文請呈由主管縣政府轉呈等因。奉此。兹由臺南縣政府轉呈，伏祈俯察。本鎮戰灾炸毁民房計有六百四十四家，灾民三

千三百十四人，四處瘡痍，街焚爲焦土，露食餐風，無家可宿，飢寒交迫，惡疫流行，鎮民生活陷於水火之中，如此等情，若不設法救濟，恐惹起社會治安及民生關切問題。是故懇請鈞長備案施行，以資救濟以改民苦，即萬民頌德無涯矣。謹呈臺南縣政府轉呈善後救濟總署臺灣分署長公鑒。

斗南鎮公所鎮長曾丁興，斗南鎮糧食救濟委員會長張天助

臺灣省行政長官公署民政處爲請配發高山族同胞救濟物資致臺灣分署公函（民國三十五年四月）

發文印支民字第2029號

事由：函請發給糧食衣料藥品救濟各縣高山族同胞復由

查本省臺灣省高山族人口總計十五萬有奇，除東部五萬餘人遷居平地與平地人民混居，從事農墾，生活勉可維持外，其餘約九萬七千五百人仍分佈於臺北、新竹、臺灣南、高雄、臺東、花蓮七縣之高山地帶，以山地氣候較差，瘴癘流行，加之過去日人采取隔離政策，文化未能交流，智識幼稚，謀生乏術。本年糧荒食樹皮草根者隨處可見，破衣百結赤足裸體者尤比比皆是，且深山地廣人稀，草藥缺乏，死於瘧疾天花及肺炎等症者爲數不鮮。貴署不分畛域救濟爲懷，擬請每人撥給衣料一丈、麵粉十斤、奎寧五粒，每五人痘苗一支及肺炎、皮膚外傷、腸胃等症治療藥品若干，由各該縣政府交由山地鄉公所轉發，具領取據報查，相應造送。各縣高山族急待貴署查照提前予以救濟，並見復爲荷。此致臺灣救濟總署。

附函送各縣高山族急待救濟人口物資分配表兩份。處長周一鶚

送各縣高山族急待救濟人口物資分配表，現由臺灣熱帶研究所士林支行所發賣痘苗祇有一支五百人份（250元，一人分五角）而已，由此計算則如左：

臺北——一四五九支（十五支）

新竹——三一八六支（三二支）

臺中——二七〇〇支（二七支）

臺南——三七四支（四支）

高雄——六五二九支（六六支）

臺東——二二五〇支（二三支）

花蓮港——二九四〇支（三〇支）

計——一九四三八支（一九七支）

臺灣分署爲復救濟斗南鎮物資當俟運到後從速配給致臺南縣政府代電（民國三十五年四月四日）

收文：善臺字 1139 號

號文糧字 553 號

事由：電復貴縣斗南鎮災情嚴重需撥糧食及藥品救濟當俟運到後從速配給由

臺南縣政府公鑒：致寅寢府民社字第 1633 號代電及附件均悉，貴縣斗南鎮災情嚴重需要糧食及藥品救濟，應俟本分署救濟物資到後配給，相應復請查照。善後救濟總署臺灣分署。振〈〉印

善後救濟總署爲令簡化救濟手續以免損耗致臺灣分署代電（民國三十五年四月五日）

卅五年四月五日

事由：爲電已配領之麵粉及營養品除留一批作工賑用外希應儘量賑濟仰即切實辦理具報由

臺灣分署：查總署配給各分署麵粉與醫藥品爲數甚多。各分署大都控制甚緊，未能大量放賑，以致堆積倉庫遭受蟲蝕霉腐者時有所聞。兹爲宏施賑濟期間，特通令各分署除預留一批食糧作工賑之用外，悉應簡化配發手續，力求普惠而免堆積損耗。仰各切實辦理爲要。善後救濟總署。浦配刪印

大甲區大肚鄉糧食救濟會副會長楊澤盛爲請救濟致臺灣分署函（民國三十五年四月九日）

來電機關或姓名：楊澤盛

文別：函

收文總號：1407

摘由：函請撥給麵粉救濟敝鄉由

臺灣善後救濟公署振務組主任林良桐先生偉鑒：奉睽德宇，轉瞬春光明媚矣，恭稔吉祺綏履偕日同昇，曷勝額頌。謹啓者日前趨候鈞府，謬蒙垂青，無任感佩。謹此鳴謝糧食一節，邇來漸趨嚴重，敝鄉雖經救濟會極力維持，至是物盡力竭，且竊風日熾，舉鄉嗷嗷，實難爲計。頃聞鈞署由上海運到麵粉以資救濟，快意奚如。竊望先生以最高限度移撥救濟敝鄉，則感德靡涯矣。臨精神馳，不勝翹首盼望之至。肅此奉懇並頌籌安。

大甲區大肚鄉糧食救濟會副會長楊澤盛敬

臺北縣爲請救濟致臺灣分署函（民國三十五年四月十一日）

來電機關或姓名：陸桂祥

文別：函

收文總號：1330

摘由：爲本縣居民多屬貧苦請設法救濟由

宗起署長吾兄勛鑒：本縣居民多屬貧苦，急待設法救濟，擬請貴署就所接收之軍用物資及本批十萬包麵粉項下，指撥若干補充施賑縣民。兹著本府社會課章吉宸君前來拜洽，祈惠延見，並予指示爲禱。專此敬頌公綏。

弟陸桂祥拜啓

新生報社爲請救濟職員致臺灣分署函（民國三十五年四月十一日）

來文者：臺灣新生報社

善臺收字第 1371 號

事由：爲本社職員薪津微薄生活清苦請貴署救濟衣服等物函請查照惠予如數撥濟由

查本社員工八百二十人，臺籍居多。八年來在日人暴力搜刮下食不飽衣不暖，病乏藥治，窮苦不堪。現本社待遇較其他機關微薄，際兹百物騰貴之時，生活亦無法改善。故特請貴署救濟衣服八百二十套、麵粉八百二十包、金鷄納霜（QUIN NINB）三萬粒、（ASPERO）二萬片、蘇芬帶■（SULFU DIA INE）十瓶，以資温飽而利病厄，相應函達，希即查照惠予如數撥濟，並盼見復爲荷。此致救濟總署臺灣分署署長錢。

社長李萬居。副社長黎烈。

宜蘭市爲請速撥麵粉救濟市民致臺灣分署公函（民國三十五年四月十二日）

來電機關或姓名：臺北縣宜蘭市公函

文別：公函

收交總號：善後收字第 1339

民國三十五年四月十一日收

摘由：爲請迅撥麵粉救濟由

敬啓者：本地人口稠密，耕地減少，因之食糧缺乏，況近來受米荒之影響，人心更形恐慌，不可終日，以致米價日漲。一般貧户之生活費無法維持，前經將本市赤貧户口數呈轉請救濟在案，迄未復示。現糧食問題日緊，素念貴署以博愛爲懷，用特函請查照，迅發麵粉一萬包，俾資救濟，則市民幸運。

此致聯合救濟總署臺灣分署。

市長朱正宗

臺灣大學爲請撥物資救濟師生致臺灣分署函（民國三十五年四月十二日）

國立臺灣大學公函

發文：第三三九號

善臺收字 1424 號

振 543

事由：函請配給本校麵粉藥品由

據報載，救濟善後總署分配本省之麵粉、藥品現已運抵臺北，本校員工、學生數量三千人以上，平時既感生活之貧困，病時復苦醫藥之負擔。聞訊之際，歡欣無量。兹特備函奉懇貴署配給本校麵粉五千包。其中除配給敝校員工、學生三千人每人一包計三千包外，餘則配與本校員工所組成之合作社內，好待各員工隨時購用。藥品一項則以本校人員衆多，且附設有醫院兩所，所需數量尤爲巨大，亦希酌量配給。與此相應函請查照辦理並乞賜復爲荷。

此致臺灣省善後救濟分署。

校長

臺大醫學院第二附屬醫院爲請救濟麵粉致臺灣分署函（民國三十五年四月十三日）

來文機關或姓名：國立臺灣大學醫學院第二附屬醫院

文別：函

收交總號：1376 號

摘由：函請救濟麵粉若干由

敬啓者：敝院共有員工二百名，入院患者百五十名，聞貴署麵粉已到，可否惠分若干以救濟員工，實爲德便。

此致臺灣省救濟分署錢署長。

國立臺灣大學醫學院第二附屬醫院院長陳禮郎

臺灣分署爲告員工難以補助致國立臺灣大學醫學院第二附屬醫院公函（民國三十五年四月十六日）

收文善臺字 1376 號

文別：公函

送達機關：國立附二醫學院

發文賑字第 647 號

事由：准函囑撥麵粉若干救濟員工等由復請查照由

公函：案准貴院卅五年四月十二日函敬悉。查本署麵粉等救濟物資依照規定，僅能發給難民，有薪工之員工，依照本總署規定歉難補助，相應函復查照。即祈毫察爲荷。此致國立臺灣大學醫學院第二附屬醫院。

署長錢宗起

臺灣省基隆港務局爲請配給麵粉致臺灣分署公函（民國三十五年四月十六日）

收文：字第 8 號

事由：爲請配給麵粉五百包由

查本局員工福利委員會業經組織成立，正展開員工福利工作，擬請貴分署予以協助配給麵粉五百包，俾得分配該員工等食用，並請面示配價。至爲感荷，此致善後救濟分署。

港務局長徐人壽

中華日報社爲請救濟致臺灣分署函（民國三十五年四月十六日）

來電機關或姓名：中華日報

文別：函

收文總號：1426

事由：函請救濟麵粉、布匹由

善後救濟總署臺灣分署錢署長勛鑒：本社職工二百人，眷屬六百餘人，收入微薄，物價飛漲，生活至爲困苦。當此青黃不接之際，食米等購物尤感困難，懇請本政府扶植新聞事業意旨，多予協助，准於救濟物資中撥發麵粉八千斤、布八十匹，藉以救濟職工生活如何，並懇賜復，無任感禱。

中央宣傳部臺灣特派員兼中華日報社社長盧冠群。卯（寒）中總印

民國三十五年四月十六日收

臺灣分署爲告所請救濟難以辦理致新生報社公函（民國三十五年四月十七日）

收字善務 1371 號

文別：公函

送運機關：新生報社

事由：准函嘱撥麵粉衣服藥品等救濟物資等由復請查照由

案准貴社卅五年四月十一日報密字第六九號公函敬悉。查本署救濟物資依照規定祇能撥給難民，已領薪工之員工，本總署規定未能予以救助。至醫藥一項，係發由醫院支配，即祈亮察爲荷。

此致臺灣新生報社。

署長錢宗起

臺灣拓植株式會社爲請救濟工人致台灣分署函（民國三十五年四月十七日）

善臺收字第1449號

組振553

事由：爲臺拓會社林區工人家屬及南洋各地歸臺難民衣食無著，急待救濟，請惠准撥給麵粉衣服以資配發由

查本會奉令接收嘉縣拓殖株式會社一切工作，均照預定之計劃次第完成。關於該社以前所舉辦之一切生產事務均予繼續並加以改善，俾寓救濟於生產之意。唯查該社有林區嘉義、羅東、原竹東等所工人二千七百七十二人，戰時被日人强迫工作並受戰事之破壞，房產財物毀於戰時工事及炸彈者三分之二，又有派往比島、荷印、馬來亞、海南島、香港各地農場耕作之雇員傭工五百五十九人，近承聯邦美國派艦陸續運回。雖經本會極力設法安頓各林區工作，但於日人戰敗分支店業務停頓期，生活費無著，衣服用品典質一空。留臺各工人家屬嗷嗷待哺，紛紛來會請求救濟者日有十餘起。查該會社在終戰兩年間航運斷絶，業務日蹙，資財虧蝕過距，已至無法維持，救濟一切實力有未逮。此輩工人若不予以撫慰，飢寒交迫之餘鋌而走險，匪特影響本省治安，且礙及生産工作，其對於戰後復舊之建設阻礙更大。查該雇員傭工等均係直接生產者，其所受之損失因受戰争之影響，似均在戰後救濟之列，而其家屬之衣食更在救濟範圍之內。相應函請查照准配給麵粉四十五萬二千六百四十斤（每一工人嫡系家屬每人三十斤計家屬15088人，合計如下數），衣服五百五十九套，以便配發藉資救濟，至紉公誼。並祈示復爲荷。

此致救濟總署臺灣分署。

主任委員葛敬恩、副主任委員張征哲

善後救濟總署臺灣分署爲告救濟依規申請辦理致敬愛院代電（民國三十五年四月十八日）

卅五年四月十八日、四月九日來函收悉，查本署運到救濟物資，經已訂定方案供提交審議委員會決定後即可施行。貴院需要麵粉、衣服等救濟如合於方案之標準，可依照規定申請，自當統籌配合。特復查照。

此致敬愛院許有成君。

教育部臺灣區教育復員輔導委員會爲請配給麵粉致臺灣分署函（民國三十五年四月十八日）

卅五年四月十八日

事由：函請配給本會麵粉二十包由

查臺灣物資暴漲不已，公教人員生活益形困苦，頃聞貴署已運到大批麵粉，准備施賑。玆特發電文請准配購本會麵粉二十包，以利安定本會二十名員工生活。爲此相應函請查照，並希見復爲荷。此致善後救濟總署臺灣分署。

特派員羅宗海

澎湖縣政府爲請救濟致臺灣分署電（民國三十五年四月十九日）

善臺收字第 1421 號

臺北善後救濟總署臺灣分署署長錢勛鑒：查澎湖縣粉米不産，際此青黄不接米稻斷絶，七萬島民口糧無著，恐慌萬分，惠賜恩澤，望予酌撥麵粉七萬包及其他雜糧以濟眉急，並懇賜復。

臺灣分署爲價讓麵粉事致基隆港務公函（民國三十五年四月十九日）

收文：字 1441 號

文別：公函

送達機關：基隆港務局

發文：賑字第682號

事由：准函請價給麵粉五萬包等由復請查照由。

准貴局卅五年四月十六日港總文字第8號函請配給麵粉五萬包，並示價格等由。查出售部分之麵粉係由總署財務廳主持，誠如需要，業經予以登記彙案，商由本總署核辦，相應復請查照爲荷。

此致基隆港務局。

臺灣分署爲復所請救濟未便補助致中華日報社公函（民國三十五年四月十九日）

收文：字1426號

文別：公函

送達機關：中華日報社

事由：准電請撥麵粉布匹以濟職工等由復請查照由

准貴社卅五年四月十四日中總字第143號代電，請撥麵粉、布匹以救濟生活等由。查救濟物資按分配方案按總署規定對難民爲散發對象，未便補助，承囑一節，歉難照辦，相應復請查照爲荷。

此致臺灣中華日報社。

澎湖縣政府爲請撥給麵粉七萬包致臺灣分署代電（民國三十五年四月十九日）

來電機關或姓名：澎湖縣政府

文別：代電

收交總號：1488，組振566號

摘由：電請酌撥麵粉七萬包救急由

臺北善後救濟總署臺灣分署長錢勛鑒：查澎縣粒米不産，際此青黄不接來源斷絶，七萬島民口糧無著，恐慌萬分，懇頒恩澤，迅予酌撥麵粉七萬包及其他雜糧應急，並懇賜復。晚傅緯武。（元）建

臺灣分署爲所請救濟物資將設法辦理致澎湖縣政府公函（民國三十五年四月二十二日）

收文：字 1421 號

文別：公函

送達機關：澎湖縣政府

賑字第 681 號

事由：准電請酌撥麵粉七萬包及其他雜糧濟急等由復請查照由

准貴府電請酌撥麵粉七萬包及其他食糧以濟眉急等由，查本署第一批麵粉僅到九萬餘包，本總署規定以三分之一作爲救濟之用，數量無多且須分配全省，所請撥發七萬包一節，目前恕難辦到。貴縣缺糧情形本署極爲軫念，自當從優配給，至其他乾糧併當於分配時從優設法撥濟。相應復請查照爲荷。

此致澎湖縣政府。

臺灣海洋研究所爲請配給麵粉致臺灣分署函（民國三十五年四月二十二日）

來電機關或姓名：臺省海洋研究所

文別：函

收文總號：1520

摘由：函請分配麵粉救濟由

組振 583

事由：函請分撥麵粉救濟由

敬啓者：查敝所員工內有二十四人，連眷屬計八十七人，因物價高漲生活困苦度日維艱，其情殊爲天憫。懇請貴署撥每人兩袋，計共請分發麵粉一百七十四袋以資救濟。是爲至禱。此致善後救濟總署臺灣分署。臺灣海洋研究所所長

臺灣婦女會爲請撥售縫衣機等致臺灣分署函（民國三十五年四月二十二日）

臺北市婦女會函 1521

民國三十五年4月22日收

振586

事由：請平價拋售縫衣機等以利辦理救助工作由

竊查本會爲加强本市婦聯工作、救濟貧苦及失業無依之婦女起見，擬短期內成立婦女縫衣工廠，以救助一般失業婦女。同時本市物價高昂，米珠薪貴，一般貧民日食困難。本會成立之始旨在服務大衆，丁此時艱，救助之責義不容辭。擬同時舉行平價運銷糧食。適聞鈞署近日運到大批縫衣機、布匹、縫綫、麵粉等爲數不少。懇請俯念本市淪陷敵手五十一年之今日，婦運推行艱巨，准予按照成本平價拋售本會，以利工作。鈞署旨在卹振，與本會服務原則尚屬相符，當能准予所請。是否有當並乞示遵。

謹呈善後救濟總署臺灣分署長錢。

臺北市婦女會理事長謝娥。中華民國二五年四月二十日

臺灣分署爲請配給救濟物資致臺灣大學公函（民國三十五年四月二十四日）

收文字1424號

文別：公函

送運機關：臺灣大學

事由：准函請配給麵粉、藥品等由復請查照由

准貴校卅五年四月十二日校總（一）字339號函請配給麵粉、藥品以濟學生等由。准查麵粉一項，奉本總署規定，除出售部分應有總署財務廳决定辦法外，賑濟部分應以難民爲發放對象，對於學校員生歉難施賑。至藥品一項，本署業已組織藥品分配委員會，自當依决定統籌分配，相應復請查照爲荷。

此致國立臺灣大學校。

南靖糧廠爲請配售麵粉致臺灣分署函（民國三十五年四月三十日）

來電機關或姓名：南靖糧廠

文別：函

收文總號：1641，組振641

來電通訊地點：嘉義水上莊南靖區

摘由：請配售本廠麵粉一百袋由

敬啓者：本廠員工數近千人，茲以食米稀昂，配食麵粉以資調濟，爲此函請貴署請予配售本廠麵粉一百袋，以應急需。希即鑒准並請惠復爲荷。此致臺灣善後救濟總署。

臺灣省行政長官公署南靖糧廠長周厚樞

臺灣分署爲復麵粉救濟員工需致臺灣海洋研究所公函（民國三十五年四月三十一日）

收文字1520號

文別：公函

送運機關：臺灣海洋研究所

發文振字第779號

事由：准函請分撥麵粉救濟員工等由復請查照電

貴所四月廿一日函請分撥麵粉救濟員工等由。查本署麵粉業經決定交由省縣糧食調濟委員會作爲調濟糧食之用，其分配方法另有公告，相應復請查照爲荷。

此致臺灣省海洋研究所。

臺灣分署爲准增加花蓮港麵粉配額致臺灣省糧食調濟委員會代電（民國三十五年五月）

收文：第1366號

文別：代電

送達機關：糧調會

事由：准貿易局函以花蓮港交通不便，民食不敷，希就該縣麵粉配額內從寬增加等由轉請查照電

臺灣省糧食調濟委員會鑒：准貿易局卅五年四月貿配字1602號公函開“查花蓮港僻處臺東云云，叙至儘量設法從寬增加以濟其困”等函。准此相應

轉請查照參考後優予配發爲荷。

善後救濟總署臺灣分署。振辰（寒）印

臺灣分署爲復所請麵粉縫衣機致臺北婦女會公函（民國三十五年五月一日）

收文字 1521 號

文別：公函

送運機關：臺北市婦女會

卅五年五月一日

發文振字 776 號

事由：准函請撥售麵粉縫衣機等由復請查照由

案准貴會卅五年四月二十日函請撥救濟麵粉、縫衣機等由。查本署麵粉出售事宜，函電總署請示後，奉財務廳决定再行核辦。縫衣機尚未運到。希擬具工賑計劃送到。

此致臺北市婦女會

高雄縣恒春區署爲請撥配麵粉致台灣分署呈（民國三十五年五月一日）

來電機關或姓名：恒春區署

文別：呈

收文總號 1653

民國卅五年五月一日收

摘由：呈請撥配麵粉由

事由：呈請撫卹灾民痛苦准予撥配麵粉以資救濟而甦民生由

查本區鄉鎮，自光復以前，慘遭轟炸，普受損害，以致農廢工輟，失業流離，奔走啼飢，哀鴻遍野，嗷嗷待哺，爲數甚巨。災情極其慘重，曾經一再設法調濟，但以杯水車薪，不足拯救民困，待救仍殷，點金乏術。且近來颱風爲虐，天久不雨，水量欠缺，本季米穀實有歉收現象，糧食問題，恐慌日劇，在在堪虞。素仰鈞座關切民衆，救濟爲懷，頃聞鈞署輸入巨量麵粉物資，係借救濟臺胞之需，爲此備文呈請鑒核，俯衂民衆痛苦，准予優先賜配，以資分發災黎而甦民生，至感公便。謹呈救濟總署臺灣分署長錢。高雄縣政府恒春區署區長康玉湖。

高雄縣政府恒春區署呈卅五年四月二十七日

新竹縣政府爲請撥給麵粉致台灣分署呈（民國三十五年五月一日）

善臺收字 716 號

事由：呈請撥給麵粉以資救濟由

查本縣糧荒，自糧食調濟委員會成立以來情形雖見稍康，因承連月旱魃，米價一再高漲，民失生活安定，日見重難。一般貧民亟待救衂，聞最近鈞署有大批麵粉抵貨，擬請鈞署發給麵粉一萬包以資救濟。謹呈善後救濟總署臺灣分署。

新竹縣長劉啓光

臺南虎尾區陳幸爲請救濟災民致臺灣分署電（民國三十五年五月一日）

善臺收字第 1656 號

組振 648

臺北救濟分署錢署座鈞鑒：虎尾原稱臺島糧庫，今以旱灾，致青黃不接成爲饑饉之域。昨巡視各鄉鎮，目睹灾黎食樹煮草根，兼之天花盛行，人心尤恐。擬懇請貴署迅設法撥糧施藥救濟爲禱。晚陳幸西上陷印

冲繩同鄉會爲請撥給麵包致台灣分署函（民國三十五年五月三日）

來電機關或姓名：冲繩同鄉會長興儀喜宣

文別：函

收文總號：1703

民國卅五年五月三日收

摘由：函請救濟麵包由

茲因旅臺冲繩之籍民數達一萬人，雖有歸鄉之望，但現交通不便未能如願。諸民困苦難當，且前又被令集中，因是之故皆放棄職業，久之坐食山崩，資源斷絶一空如洗。日前糧食缺乏，飢餓之期將至矣，如之奈何？敝會使盡任何補救之策，而歸鄉之日遥遥無期，是所痛慘。幸聞貴署持有麵包，伏乞惠賜一食，以救濟難民等免致餓倒於營中，是感德便。

此致善後救濟總署臺灣分署署長錢宗起。

臺灣冲繩同鄉會會長興儀喜宣

臺灣農林處林務局爲請配發麵粉致臺灣分署公函（民國三十五年五月四日）

臺灣省行政長官公署農林處林務局公函

總（卅五）字第906號

善臺收字第1744號

組振685

事由：函請配給麵粉一千五百袋救濟員工膳食，希賜准見復由

敬啓者：查近來米價騰貴，姦商囤貨居奇，不易購買，本局及各林業會社員工衆多，業務甚要且待遇菲薄，何堪黑市之糧食，生活不能安定，難免影響工作效率。茲聞貴署近日續到有救濟總署麵粉一批，擬請體察災情，賜准配給一千五百袋，暫維亟需。雖屬杯水車薪，亦可以補救些微，可否之處希乞見復爲荷。

此致救濟總署臺灣分署錢署長。

局長黄維炎

臺灣省貿易局爲請以寬增加花蓮港麵粉配額致臺灣分署公函（民國三十五年五月四日）

中華民國三十五年5月4日

善臺收字第1766號

35年5月3日收

查花蓮港僻處臺東，原係缺糧區，近以交通不便，地方民食益感不敷。前本局配給麵粉亦以運糧困難，僅購到一千袋，核與實際需要相差甚遠。兹以貴署運臺麵粉即將交由各市縣糧食調濟會分運各地補充民食，除由該花蓮縣糧食調濟會依照規定手續申請配售外，爲特函請查照，希就該縣配額内儘量設法從寬增加，以濟其困。實爲公便。

此致善後救濟總署臺灣分署。

局長、副局長

臺灣分署爲准請撥給麵粉衣服致臺灣拓植株式會社（民國三十五年五月五日）

收文字1449號

文别：代電

送運機關：臺灣拓殖株式會社

卅五年五月五日

發文振字第799號

事由：准函請撥給麵粉衣服以資救濟工人家屬及南洋歸臺難工等由復請查照由

臺灣拓殖株式會社接收委員會公鑒：准貴會卅五年四月十七日函請撥給麵粉衣服以資救濟工人家屬及南洋各地歸臺難工等由。查本署第一批到臺麵粉已經決定交由省縣糧食調濟委員會平糶。屆時另有公告。至衣服部分供給分配辦法俟决定後再行核辦。相應復請查照爲荷。

善後救濟總署臺灣分署振辰（冬）印

臺灣分署爲准函請救濟麵包致冲繩同鄉會代電（民國三十五年五月七日）

收文字1703號

文别：代電

送運機關：冲繩同鄉會

發文振字859號

事由：准函請救濟麵包等由復請函照由

冲繩同鄉會鑒：准貴會五月一日冲聯發字95號函請救濟麵包等由，查接收軍政部撥交乾糧，本署刻正派員分赴各縣市分配以資救濟外，相應復請查照本區向集結場所之市政府請求核辦爲荷。

善後救濟總署臺灣分署。振辰（佳）印

臺灣省教育處爲請配給麵粉致臺灣分署公函（民國三十五年五月七日）

臺灣省行政長官分署教育處公函

發文總號：第2660號

善臺收字第1796號

事由：函請配給麵粉五百包由

查本處員工原有三百餘人，最近又增加許多內地來臺者。屬因物價暴漲，生活維持不易，擬請惠賜配給麵粉五百包（擬請配給第一級粉），俾資調濟。相應函請查照賜復爲荷。

此致善後救濟總署臺灣分署。

處長。

臺灣分署爲准請配發麵粉致高雄縣恒春區署公函（民國三十五年五月八日）

收文字1653號

文別：公函

送運機關：恒春區署

卅五年五月八日

發文振字第851號

事由：准函請配發麵粉並請查照由

案准貴區署三十五年四月二十七日建字307號呈請撥配麵粉以資救濟貧苦民衆等由，查本署第一批麵粉已經呈奉本總署核定，交由省行政長官公署糧食調濟委員會統籌平價分配，手續辦法另有公告，屆時需按規定辦理，相應復請查照爲荷。

此致高雄縣恒春區署。

分署長錢宗起

臺灣分署爲准請發給麵粉致新竹縣政府代電（民國三十五年五月九日）

收文字1718號

文别：代電

送運機關：新竹縣政府

卅五年五月九日

發文振字第864號

事由：准呈請發給麵粉等由復請查照由

新竹縣政府公鑒：准貴府辰冬（卅五）府建字2927號專請撥給麵粉以資救濟等由，查麵粉分配辦法業經决定，候與長官公署洽妥，日内當可公告，届時務按規定手續辦理申請。相應復請查照爲荷。

善後救濟總署臺灣分署。振辰（佳）印

臺灣分署為准請撥配糧食等事致臺南縣虎尾區署代電（民國三十五年五月十一日）

收文字第1656號

文别：代電

送達機關：臺南縣虎尾區署

事由：准電請以虎尾糧荒及天花流行請設法撥糧施藥救濟等由復請查照由

臺南縣虎尾區署公鑒：准貴區署陷電以虎尾糧荒嚴重，兼之天花流行，請迅設法撥糧施藥救濟等由。查本署運到麵粉已决定交由省糧食調濟委員會分發各縣市，臺南部分軍糧亦已派員前往接收，就地核發。至醫藥部分（一）痘苗應向衛生局申請撥及（二）“阿的平”一俟奉到，當統籌配給。相應復請查照。

善後救濟總署臺灣分署。振辰印

高雄縣政府爲請救濟高山族民致臺灣分署代電（民國三十五年五月十三日）

行政院善後救濟總署臺灣分署公鑒：查本縣山地因數月未雨，糧荒嚴重，內高山族三萬五千人民，目前皆陷於餓殍之境，要求下山乞食之聲日必數聞。若不准其隨意下入平地，其饑饉不忍。任其下山覓食，則治安堪虞，此實爲本縣目前一大隱憂。兹聞鈞署有救濟麵粉十萬包，將分發各地平價發售。擬請對於本縣高山族特准另行增加撥售五千袋，交本縣轉爲撥售以濟急需。是否有當，謹祈電示是遵。

高雄縣長謝東閔

臺灣分署爲准增撥麵粉救濟高山族民致臺灣糧食調委員會代電（民國三十五年五月十四日）

收文 1882 號

文别：代電

送達機關：省糧調會

民國卅五年五月十四日

振字第 945 號

事由：准高雄縣府電以境內高山族缺糧情形嚴重，請特准增撥麵粉五千袋交縣轉售等由電請查照見復由

臺灣省糧食調濟委員會公鑒：高雄縣政府三十五年五月十三日建糧字不列號電開："查山地因數月未雨等等叙函謹祈電示"等由，相應請查照核示憑轉爲荷。

善後救濟總署。賑辰（銑）印

臺灣分署爲收回前發"人類之家"麵粉致台北市政府社會科箋函（民國三十五年五月二十四日）

文别：箋函

送達機關：市政社會科

民國卅五年五月廿四日

振字第 1046 號

事由：請派員會同本署組員梁後智等前往取回前發"人類之家"救濟麵粉由

查本署此次散發本市臺各慈善機關麵粉，係以救濟其所收容之貧苦老弱殘廢，昨經復勘，發現"人類之家"似未有經常收容，且答復詢問言語支吾。除已由本署振務組林主任親向貴市長請求民政處查究辦理外，玆派本署組員梁後智、楊繼瀛，並帶同該團體持函前赴貴科，希即派員會同前往"人類之家"，將前發麵粉十包，收回帶署爲荷。

此致臺北市政府社會科。

台北菸草局請配撥麵粉致台灣分署公函（民國三十五年五月二十五日）

來文機關或名字：臺北菸草局。

文別：公函

收文號：2161

民國三十五年五月二十七日收

摘由：請賜撥麵粉伍佰袋由

敬啓者：查本廠工人千餘，生活困苦，亟宜施予救濟以解倒懸。擬請貴署賜撥麵粉五百袋，或指定已由貴署分發之救濟機關予以撥發，並祈准予在貴署先行登記。用特函查照，惠辦見復爲荷。

此致善後救濟總署臺灣分署。

兼廠長任先志。

臺灣省糧食調濟委員會爲高雄縣糧食配額無法增加致臺灣分署代電（民國三十五年五月二十七日）

來文機關或姓名：糧食調濟委員會

文別：代電

收文總號：2142

事由：復高雄縣無法增加麵粉由

救濟分署錢署辰：辰銑945號代電敬悉。查高雄早稻業已登場，此届麵粉亦經該縣人口分配，現配售已畢，無法增加，相應復請查照。

柯遠芬

臺灣分署爲告知麵粉無法增撥致高雄縣政府代電（民國三十五年五月三十日）

收文：字2142號

文别：代電

送達機關：高雄政府

事由：准糧食調濟委員會電以貴縣麵粉數量無法增撥電請查照由

高雄縣政府公鑒：前准五月十三日建糧字不列號電以貴縣高山族缺糧情形嚴重，請加撥麵粉五千袋等由，當經轉電省糧食調濟委員會查照核撥去後，兹准該會劑秘字370號電開“辰銑945號代電敬悉，無法增加。相應復請查照”等由相應電請查照爲荷。

善後救濟總署臺灣分署振辰（世）印

臺北縣長陸桂祥爲請救濟宜蘭市饑民致台灣分署公函（民國三十五年五月三十日）

臺北縣政府公函

中華民國三十五年五月

發件號：發文北民社988號

善臺收字2226號

事由：函請救濟宜蘭市飢民由

案據宜蘭市公所呈稱，本市米糧不足，窮苦之家多日無糧者十有八九。更加外商競購，米糧外流日逾萬斤，因此米源涸絶，丁兹青黄不接，米價飛漲，飢民嗷嗷之際，乞迅撥大宗米麵救濟等請前來，相應據情轉請貴署予以救濟，至紉公誼。此致善後救濟總署臺灣分署。

縣長陸桂祥

臺灣分署爲所請救濟麵粉致臺北菸草廠代電（民國三十五年六月三日）

收文：字 2161 號

文別：代電

送達機關：臺北菸草廠

振字第 1218 號

事由：准函請撥發麵粉救濟工人等由，復以統交糧調會平售無法另行分配由

臺北菸草工廠公鑒：三十五年五月二十五日專此煙發字第一八二號公函敬悉。查本署奉到麵粉業經統交本省糧食調劑委員會平價配售，並修公告在案。希按該會規定辦法辦理，本署無法另行分配，相應復請查照爲荷。

善後救濟總署臺灣分署

臺灣分署爲救濟宜蘭市飢民致臺灣糧食調濟委員會及臺北縣政府代電（民國三十五年六月四日）

收文：2226 號

文別：代電

送達機關：1. 臺灣省糧食調劑委員會。2. 臺北縣政府

卅五年六月四日

振字第 1214 號

事由：1. 准臺北縣政府函請救濟宜蘭市飢民轉請迅撥麵粉前往平售由。2. 准函請救濟宜蘭市飢民，業電省糧食調劑委員會速援麵粉前往請查照由。

臺灣省糧食調劑委員會公鑒：案准臺北縣政府北民社字第 88 號公函開“案據宜蘭市公所稱本市米糧不足云云，叙至相應據情轉請貴署予以救濟”等由，准此相應電請貴會速撥麵粉前往該市平價配售，並見復爲荷。

善後救濟總署臺灣分署振。巳〈支〉印

臺北縣政府公鑒：本年五月卅日北民字第 55 號公函敬悉。已電請臺灣省

糧食調劑委員會速撥麵粉前往宜蘭平價配售矣。特復查照轉知爲荷。

善後救濟總署臺灣分署。糧巳〈支〉印

宜蘭市政府爲報麵粉已經領運致臺灣分署代電（民國三十五年六月七日）

來文機關或姓名：糧食調劑委員會

文別：代電

收文總號；2409

摘由：復宜蘭市麵粉已於六月四日領運由

臺灣善後救濟分署公鑒：振巳支第 1214 號代電敬悉。查宜蘭市公所應配售麵粉計 1833 包，業於本月四日由臺北縣政府保交宜蘭市糧調支會領運，相應復請查照。

柯遠芬公出，熊克禧代行。巳［魚］劑秘

省立樂生療養院爲謝救濟麵粉致台灣感謝狀（民國三十五年六月十日）

來電機關或姓名：省立樂生療養院

文別：感謝狀

收文總號：2460

摘由：爲感謝惠賜麵粉救濟由

［簽注］：查前送樂生院麵粉計小、大六百八十四袋，玆據派員送感謝狀前來，並聲明麵粉袋業經卸■者計三百三十八個，當於下星期一（六月十日）送署，餘仍准其推一日後再送交還等語。謹以報告。

視察朱義明

感謝狀：善後救濟臺灣總署臺灣分署諸公偉鑒：國權恢復，民疲未除，救饑卹痌，德喜有憐。貴分署素體賢明領袖蔣主席之意志，實行博施，拯救灾困，適合輿情，咸付衆望，此次以大批麵粉惠賜本院患者、同仁等，感恩報德，銘肝不忘也，文龍已膺重托，欣予效勞，今以院長之立場，謹表我衷，掬誠鳴謝。

民國三十五年六月八日
臺灣省立樂生療養院長吳文龍

臺灣分署爲告配劑宜蘭麵粉已領運致臺北縣政府代電（民國三十五年六月十一日）

收文：2409 號
文別：代電
送達機關：臺北縣府
振字第 1326 號
事由：准省糧調會電復宜蘭市麵粉已於六月四日領運等由請查照由。

臺北縣政府公鑒：准貴府卅五年五月卅日北民社 88 號函請迅撥米麵救濟宜蘭市飢民等由，當經本署轉電省糧食調劑委員會，速撥麵粉前往平售並電復在案。玆准該會卅五年六月六日劑秘字 470 號代電開“振巳支第云云，叙至支會領運”等由，相應電請查照爲荷。

善後救濟總署臺灣分署。

臺灣分署爲准請撥售麵粉致南靖糧廠公函（民國三十五年八月四日）

收交字 1641 號
文別：公函
送運機關：南靖糧廠
卅五年八月四日
發文振字 840 號
事由：准函請撥售麵粉一百袋以資調節員工膳食等由復請查照由

案准：貴廠卅十五年四月二十二日函請配售麵粉一百袋以資員工膳食等由，查本署第一批所到麵粉，本總署决定交由省縣糧食調濟委員會統籌辦理，詳細辦法當另有公告。相應復請查照爲荷。

此致臺灣省行政長官公署南靖糧廠。

臺灣省工礦處肥料委員會爲請配麵粉致臺灣分署函（民國三十五年十二月十四日）

來文機關或姓名：工礦處肥料委員會

文别：函

收文總號：0533

摘由：爲請配麵粉七袋由

敬啓者：敝會宿舍同仁自行組織善堂，現有二十餘人，共需麵粉七袋，即希按照最低價錢配售，並請派工送至敝會會址爲禱。此致救濟總署。

卅五年十二月十四日

肥料監理委員會地址：大正町九條通舊大正莊

臺灣省行政長官公署工礦處、交通處致善後救濟總署臺灣分署報送工廠、礦場及交通業員工統計表的文件

（1946 年 2—5 月）

臺灣省行政長官公署工礦處爲檢送監理工廠礦場員工統計表致臺灣分署公函（民國三十五年二月）

事由：爲檢送監理工廠礦場現有員工統計表由

擬辦：何辦事員登記後表抄存。

貴分署善臺署振字觤二零五號函聞："本分署爲准備救濟物資分配，對工礦工人數字亟待明瞭，祈迅賜查告"等由。兹隨函附奉本處已監理之工廠礦場現有員工統計表一份，至於未監理各廠礦之工人數目，現正從事調查，俟統計完竣再函奉告。相應函復即祈查照爲荷。此致善後救濟總署臺灣分署。附監理工廠礦場現有員工統計表一份。

監理工廠礦場現有員工統計表

員工 業別	■人		■人		合計		備考
	職員人數	工人人數	職員人數	工人人數	職員人數	工人人數	
礦業	878	13809	4464	1930	5342	15539	
電力	289	2322	1119	952	1448	3094	
石油及天然氣	159	1909	358	241	415	1948	
金銅礦	■	141	66	130	■	271	
煤業	■	2232	■	429	982	?	
煉鋁	4	66	46	129	50	195	
電爐煉銅□	66	85	152	59	218	142	
■料業	140	405	129	159	269	564	
食鹽電解	34	86	326	147	360	233	
水泥業	123	1012	261	184	384		
機械工業							
電工類							

續表

員工 業別	■人		■人		合計		備考
	職員人數	工人人數	職員人數	工人人數	職員人數	工人人數	
■							
油脂（附油漆）							
紡織工業							
■							
■							
（附香料）							
城市瓦斯							
其他							
合計							

臺灣省臺中縣、高雄市向善後救濟總署臺灣分署報送空襲罹災及失業者調查表（民國三十五年二月二十三日）

空襲罹災失業者調查表

市郡別	世帶數（■）	人員數	失業者數	摘要
臺中市	194	860	9	
彰化市	742	2400	30	
大屯郡	352	1834	3	
豐原郡	447	3347		死亡 66 名，負傷 69 名
東勢郡	12	76		
大甲郡	308	2055		
彰化郡	425	2537	50	
員林郡	25	77	2	死亡 21 名（但旅行死亡 4 名）負傷 17 名
北斗郡	464	3393	3	
南投郡	54	256		死亡 55 名，傷者 54 名
新高郡	128	555		死亡 50 名，負傷 28 名
能高郡	104	450		
昇山郡	4	4		
計	3359	17844	97	

第二表：空襲被害家屋修復情况表

市郡別	被害家屋數	修復情況					摘要
		完全修復户數	著手修復	未著者	計	合計	
臺中市	490	62	23	405	426	490	
彰化市	753	266	70	383	453	719	三四户全壞
大屯郡	353	96	59	308	267	363	
豐原郡	580	196	59	325	384	580	
東勢郡	34	4	3	27	30	34	
大甲郡	313	197	37	71	107	305	
彰化郡	963	149	181	352	533	682	
員林郡	65	10	4	51	51	65	
北斗郡	489	195	12	344	551	1040	
南投郡	161	136	10	15	25	161	内 127 小破
新高郡	270	93	20	157	177	370	
能高郡	115	74	1	40	41	115	
昇山郡							該當無
計	4586	1478		2378	3047	4824	

第三表：工場及工人數調查表

市郡別	工場數	工人數	摘要
臺中市	2	457	
彰化市	26	721	
大屯郡	13	580	
豐原郡	39	1862	
東勢郡	16	222	
大甲郡	35	1046	
彰化郡	32	947	
員林郡	39	1006	
北斗郡	19	18	
南投郡	22	806	
新高郡	5	155	
能高郡	14	708	
昇山郡	1	5	
計	263	8528	

高雄市政府爲送失業調表名冊致臺灣分署函（民國三十五年二月二十五日）

來文機關或姓名：高雄市府

文別：函

附件：名册

摘由：爲送本市失業調查名册一份由

宗起署長我兄鑒：在省得聆益□。悉我兄對於本市救濟工作至爲關懷，實深感佩。關於本市失業人數，因限於時間，僅作初步之調查登記，急待賑助，至殷且切。經遵照規定造列表册由本府財務科袁科長復昌親呈鑒核。乞請迅予撥款捐理急賑，以資救濟。詳情由袁科長面罄耑此布奉。敬叩勛安。

弟連謀爲啓。中華民國卅五年二月廿三日

高雄市失業調查名册三十五年二月

區別 職別	1	2	3	4	5	6	7	8	9	10	11	12	計
鐵工業	20				3		34	1	3		3	3	67
電氣							2						2
連□工							6	1					7
運輸工	1						1					1	3
雜役	64		55	52	77		244	18	3		3	1	497
事務員	13			5			152	2	2		1	2	177
商業	1						26	1	5		1	1	35
船員	4			1			6						11
藥局生							5						5
精米工									1		1		2
大工	7								1				8
土木	1												1
裁縫業												1	1
巡查												1	
漁業													
計	111		35	58	80		476	24	15		9	10	818

合計八百一十八名。備考：推定人員六分一乃至五分一不過。

臺灣省行政長官公署交通處爲送航務管理局工人數字表致臺灣分署公函（民國三十五年三月十六日）

事由：函送航務管理局暨鐵路管理委員會工人數字表由

中華民國三十五年三月十六日

貴署三十五年二月八日善臺署振字第二零五號代電以准備救濟物資分配，對於交通工人數字亟待明瞭，囑查告參考等由，准此業經轉飭所屬遵辦去後。兹據航務管理局暨鐵路管理委員會呈報工人數字表到處，相應檢同原表各一份隨函送，請查照辦理爲荷。此致善後救濟總署臺灣分署。附航務管理局暨鐵路管理委員會工人數字表各乙份。

處長：嚴家淦公出。主任秘書黄秉心代行

地區別職員數調

區分	職員	傭工	共計
基隆地區	577	392	949
臺北地區	2998	1892	4890
宜蘭地區	421	474	895
桃園地區	115	132	247
新竹地區	808	499	1307
臺中地區	658	618	1271
彰化地區	920	777	1697
二水地區	107	118	225
■民地區	809	654	1463
臺南地區	147	242	389
高雄地區	1062	870	1932
屏東地區	278	390	668
花蓮港地區	417	547	964
玉里地區	124	217	341
屏東地區	156	225	381
共計	9597	8022	17619

交通處航海管理局交通工人數字表

本局	3
船運局	545
航業公司	8
臺北輪	121
共計	677

善後救濟總署臺灣分署關於麵粉平售事項有關文件

（1946年4月—1947年2月）

善後救濟總署臺灣分署爲詢海辰號物資餘數處分辦法致上海善後救濟總署財務廳董廳長電（民國三十五年四月十一日）

鈔録附送

上海善後救濟總署財務廳董廳長承道兄：密。海辰轉運麵粉魚乾到基隆漏夜卸貨，佳晚全部進倉。擬照前次兑轉指示，以三分之一作賑濟用。餘數爲何處分，事關業務，請早決定。此間氣度已在80度左右，雨季即屬，麵粉久藏易霉。除電總署外，特聞盼復。

弟錢宗起。

振卯真（）印

上海善後救濟總署爲准決海辰號餘物售出致善後救濟總署臺灣分署電（民國三十五年四月十五日）

臺北善後救濟總署臺灣分署錢署長宗起兄：之秘卯真振電敬悉。抵臺麵粉准以三分之一作賑濟，其餘決出售。據于局長電告：二號粉每袋價僅（380）臺元，但與市價相差甚遠，或因擬調換物資，故意抑低。兹擬將此批粉授給臺當局，不換白糖。所得之款暫留作貴署經費。請代本廳磋商最高價，惟須規定該局應以合理價格分配，不得整批零躉。以何？盼速電復。弟董承道。卯元印

鈔本署卯真振電，鑒請長官核示。

（簽名）：錢宗起。四月十六日

（簽名）：高翰。四月十六日

（簽名）：饒餘威。四月十六日

善臺收字第1396號

振533號

臺南縣虎尾區海口鄉爲救濟由貧民致善後救濟總署臺灣分署呈（民國三十五年四月十六日）

海口鄉總字第四三〇號

中華民國三十五年四月十六日

事由：呈爲救濟本鄉貧民，仰祈鈞會署鑒核實情，俯賜撥發救濟事。

竊查本鄉昨年中，間作因戰爭中肥料不足及連續三次風水被害，以致五十年來未曾有糧食大減收，又久旱不雨，旱魃之害，番薯雜穀殆無收成。糧食騰貴，鄉民陷入生活困苦之境，有食山菜雜草者，有一日一餐，且不能度日者，有五千餘人之多，而天又繼續不雨，山藥雜草亦現枯死之狀，以致覓食不得。貧民日增，實堪憂哉！職雖親巡，時下勸慰，並對地方人士募捐救濟資金，因災害連續，鄉中富裕者甚少。僅得臺幣四千餘元，以購番薯千三百斤，施予貧民，然量少不及衆，如水澆燒石之狀。俗雲民以食爲本，國以民爲基。國無民則衰，民無食則亂。幸本鄉貧民忍苦自勉。現在雖未發生重大問題，然而到處有鼠盜竊取蕃薯、家禽、家畜者，常有聞之。目下日見嚴重。如此若不迅速救濟，恐發生大事，擾亂地方治安。照以上情形須有臺幣叁百萬元，始能達救濟之效果。爲此職雖日夜愁思，因鄉無資源，未得良策。謹備文呈請，仰祈鈞署鑒核實情，俯賜發臺幣叁佰萬元，以爲救濟之資，實爲民幸。

謹呈。

海口鄉鄉長林呈祥

虎尾區區長陳轉呈

臺南縣長袁轉呈

善後救濟總署臺灣分署長錢鈞鑒

善後救濟總署臺灣分署爲第一批運臺麵粉出售案簽請核示由致陳長官呈（民國三十五年四月二十日）

收文字 1396 號

別文：簽呈

送達機關：陳長官

卅五年四月十七日擬稿

卅五年四月二十日封發

發文振字第666號

事由：關於本總署第一批運臺麵粉經准財務廳通知以三分之二出售一案簽請核示由

署長：（簽名）錢宗起。四月十七日

副署長：（簽名）高翰。四月十七日

主任秘書：（簽名）饒餘威。四月十七日

秘書：（簽名）汪彝定。四月十七日

主管組：（簽名）林良桐。四月十七日

查本總署第一批運臺麵粉十萬包之分配原則，前往本總署財務廳董廳長承道來臺之時，當以三分之一作爲救濟，餘數出售。惟以爲何出售事前當未商妥？復於該批麵粉到時分電總署並董廳長請示洽商。頃准董廳長電復："卯真電敬悉云，爲何，盼速電復"等由。准此。是項麵粉究應如何出售？價格如何議定？請轉飭貿易局再行議價。理合抄同本署轉董廳長卯真振電原稿簽，請核示轉送。

謹呈。

長官陳

善後救濟總署臺灣分署爲詢麵粉平售是否可行等事致上海總署蔣廷黻署長電（民國三十五年四月二十一日）

電：急。（5515）上海蔣署長鈞鑒：善密。審議會議決要點已由陳長官逕電。關於衣履一項完全建議性質，請鈞核，惟分署擬作救濟用三分之一麵粉，統改爲平售一節是否可行？請速核復，電請拍分署譯轉。再臺省赤貧，據報告共十三萬餘人，二號麵粉批發價號曰每包臺幣四百二十元。最近向軍政部接收乾糧（餅乾焙末子）一千六百噸。尚未全部收竣，中有生蟲霉壞等，恐民間不甚歡迎。審議會記録。漾。航郵寄。

呈臺灣分署長錢宗起。卯馬印

批示：發。

（簽名）：錢宗起。四月廿一日午

（簽名）：饒餘威。四月廿一日

善後救濟總署臺灣分署爲准陳長官電復麵粉出售辦法等由致總署董廳長代電（民國三十五年四月二十六日）

收文：字 1570 號

別文：代電

送達機關：總署董廳長

卅五年四月廿六日擬稿

卅五年四月廿六日監印

卅五年四月廿六日封發

事由：電以准陳長官電復麵粉出售辦法，轉請電復由

署長：（簽名）錢宗起。四月廿六日

主任秘書：（簽名）饒餘威。四月廿六日

秘書：（簽名）汪彝定。四月廿六日

主管組：（簽名）林良桐。四月廿六日

關係組：（簽名）陳國新。四月廿六日

上海善後救濟總署財務廳董廳長承道兄勛鑒：查關於第一批抵臺麵粉三分之二決定出售一案，經遵卯元電旨與陳長官洽商。頃准函復“貴署運臺麵粉三分之二云云。兹附鈔本月廿日麵粉市價查表乙份，希查照辦理見復”等由。查該項麵粉市價表所列價格確爲實在。此項價格如荷［何］？同意即請電復，以便出倉。其餘詳細手續，本署尚擬統交省糧食調劑委員會收購及交各分會分配。另當妥電。先兹抄附陳長官原送麵粉市價表、本署實收麵粉數量表、臺灣省糧食調劑委員會組議規程各一份備供參考。又其餘三分之一原來規定應作賑濟之用。惟案議委員會決議統予交省出售，經已録案報告總署爲何決定，並盼請陳迅賜核示，至爲感盼。

臺灣分署署長弟錢宗起。

振卯（寢）印

附抄陳長官原送麵粉市價表、本分署實收麵粉數量表及臺灣省糧食調劑委員會組織規程各壹份：

附件一：

善後救濟總署臺灣分署臺北市麵粉批發價格

（民國卅五年四月十五日起二十五日止　單位臺元）

月　日	一級	二級	
4　15	500	430	
4　16	490	420	
4　17	490	420	
4　18	490	420	
4　19	510	420	
4　20	530	420	
4　21	550	430	
4　22	550	450	
4　23	600	460	
4　24	620	460	
4　25	630	460	

注一：此項根據“省垣行情報”之記載。該報按日均寄總署調查室。

注二：長官公署代電轉附之表，其中價目與本公署委托私人——李運春（糧食調劑委員會）——調查轉附之價格大致相同，李表附閱。

注三：長官公署代電轉定之數■想■預計營業上之“風險”或其他手續費在內，故告知。

注四：現在麵粉已決定不交換物資，出售時獲利之意味較淡。重點在平抑糧價。其手續采取叙明價格，囤購之風可絕。

附件二：

善後救濟總署臺灣分署臺北市麵粉批發價格

（民國卅五年四月十五日起二十五日止，單位　臺元）

月　日	一級	二級	三級
4.　15	460	360	280
4　16	460	—	—
4　17	450	350	—
4　18	460	360	280
4　19	470	360	290
4　20	480	380	300

續表

月　日	一級	二級	三級
4　21	500	440	320
4　22	540	440	360
4　23	580	480	400
4　24	600	500	420
4　25	620	520	440

附件三：

臺灣分署實收麵粉數量表

2 等粉	39466
3 等粉	8719
4 等粉	47885
破包（各等）	1266
共計（包數）	97336（包）
地脚	22284 公斤

附件四：

臺灣省糧食調劑委員會組織規程

第一條：臺灣省行政長官公署爲聯合黨政軍及社會力量以調劑民食、抑平糧價起見，特設立臺灣省糧食調劑委員會（以下簡稱本會）。

第二條：本會會址設於臺北，並於各縣市設立分會，分層負責辦理。

第三條：本會設委員十五人至（）人，由長官並總司令聘任並指派主任委員一人、副主任委員三人，統理會務。

第四條：本會設秘書四人，辦理日常事件及總務文書事項。

第五條：本會設運輸配銷查緝宣傳四組。各設正副組長一人，組員若干人，黨政軍各機關調用並任。

第六條：各組織掌分配如左。

甲，運輸組：辦理運輸工具之抽調及監察軍隊之派遣事項。

乙，配銷組：辦理各縣市存糧之調查及各地采購配銷事項。

丙，查緝組：辦理囤積居奇及阻撓糧運之查緝事項。

丁，宣傳組：辦理關於推行糧食政令之宣傳事項。

本辦法自公佈日施行。

基隆倉庫現存麵粉

二號	39.466 包
三號	8719 包
四號	47885 包
破包修補者	96070 包 1510 公斤
地脚	約 2 萬斤

因商家出有地脚部分在内，粉取出全數 32.552 斤，本署統計 2/3，約如上數。

臺灣省行政長官公署爲報運臺麵粉統籌分配致善後救濟總署臺灣分署代電（民國三十五年四月二十六日）

善後救濟總署臺灣分署錢署長：三十五年四月十九日善臺署振字第六六六號簽呈及附抄電均悉。貴署運臺麵粉十萬袋内，餘額三分之二應分别等級參照批發市價，按八折登報公告，限期由各縣市糧食調劑委員會分會申請，再行按各該市縣地缺糧情形，統籌分配，以期合理。兹附鈔本月廿日麵粉市價調查表乙份電。希查照辦理，見復爲荷。

行政長官陳儀。卯（寢）署貿

附復調查表乙份（民國 35 年 4 月 26 日收，善臺收字第 1570 號）

麵粉	牌名	每袋另售	批發市價	按八折定價	按八折定價折合每斤價格	每斤食米價格	備註
一等粉	喜鵲牌 兵船牌	500	450	360. 00	9.73	16.50	左列係蓬萊米價格至國内如福建等地産米一等
一等粉	雜牌	480	432	345.00	9.33	16.50	每斤十六元、二等十五元、三等每斤十四元
二等粉		430	387	310.00	838	15.50	麵粉折合每斤
三等粉		310	279	223.20	603	15.00	價格每袋按 37 臺斤計算

民國卅五年四月二十日調查

上海總署爲准麵粉全部出售致善後救濟總署臺灣分署電（民國三十五年四月二十九日）

特急。0810 臺北錢署長宗起：卯馬電悉。密。臺省當局既主張將麵粉全部出售，可照辦。但兩項堅持用配售方式，每人不得超越（20）斤，每户最多一袋，藉免囤積。仰即遵辦具報爲要。署長蔣廷黻。濟財卯宥印

（簽名）錢宗起。四月廿九日

（簽名）高翰。四月廿九日

（簽名）饒餘威。四月廿九日

（簽名）林良桐。四月廿九日

（簽名）汪彝定。四月廿九日

臺灣省糧食調劑委員會爲轉海口鄉請免繳價款施放麵粉由致善後救濟總署臺灣分署代電（民國三十五年五月十五日）

來文機關或姓名：糧食調劑委員會

文别：代電

收文總號：1923

附件：核呈一件

事由：爲轉海口鄉請免繳價款施放麵粉，請核辦由

擬辦：1. 函糧調會擬分配海口鄉麵粉數量。

2. 代電民政處有無各鄉區人口核計。

3. 擬派員實地勘查並施賑。

（簽名）饒餘威。五月十五日

（簽名）林良桐。五月十五日

批示：（簽名）錢宗起。五月十五日

臺灣省糧食調劑委員會爲海口鄉請求免繳價款等由致善後救濟總署臺灣分署代電（民國三十五年五月十五日）

事由：電附海口鄉請求免繳價款、施放麵粉，轉請核辦見復由

救濟分署錢署長：據臺南海口鄉鄉長林呈祥海總字第 587 號呈請免繳價款施放麵粉等情，案屬救濟性質，可否准予免費，相應抄附原呈，電請核辦，仍煩見復爲荷。

柯遠芬。振（元）劑秘

［附件］：

海口鄉鄉長林呈祥爲救濟本鄉貧民致臺灣省糧食調劑委員會呈（民國三十五年五月十日）

海口鄉總字第五八七號

中華民國三十五年五月十日

事由：呈爲救濟本鄉貧民，仰祈鈞會，鑒核實情。俯賜糧救濟事

臺灣省糧食調劑委員會主席鈞鑒：查本海口鄉罹受旱灾慘狀，呈請虎尾陳區長、臺南袁縣長、善後救濟總署臺灣分署錢署長議施救濟在案。本日職親求錢署長幫助救濟，多蒙署長賜教，將公書轉呈，懇請鈞會議施並理，伏祈鈞會所有麵粉撥分救濟本鄉貧民，實爲民幸。另者本鄉貧民皆空囊無資，難得購買食糧品，並祈鈞會懇請善後救濟總署以□料施賑，以慰灾黎，而安地方。謹備文呈請，仰祈鈞會核實情，俯賜撥糧以爲救濟。

謹呈。

海口鄉鄉長：林呈祥

善後救濟總署臺灣分署爲麵粉平售情況等由致上海總署電（民國三十五年五月十六日）

收文：創字（）號

別文：電

送達機關：總署

類別：振務

卅五年五月十五日擬稿

卅五年五月十六日繕寫

卅五年五月十五日校對

卅五年五月十六日監印

卅五年五月十六日封發

發文振字第 939 號

署長：（簽名）錢宗起。五月十六日

主任秘書：（簽名）饒餘威。五月十六日

主管組：（簽名）林良桐。五月十六日

事由：電以麵粉平售情況良好，并聯總辦事處建議情形報請示遵由

電：（5515）上海署長蔣鈞鑒：密

（A）：

麵粉平售經署糧食調劑委員會簽訂合約，於元日航快案呈真文兩日，共出倉六千包，就臺北市試售，情況良好。惟聯總辦事處主任費培根，元日囑暫緩出倉。寒旱甚，執行官韓德抵臺，午後及刪晨兩次座談會，彼方對於平售頗懷疑，主張無代價散放，由行總自辦。經多方辯解，始允維持平售原則，但要求：

一、不必給予百分之二十四和一切運輸費用，分署自行負擔，僅利用糧食調劑委員會之配銷機構，由分署派員參加辦理。

二、關於臺北基隆等附近區域試辦若干日，勿遽推及全省。

三、多散放生産工人，不收代價，當簽以平售原則，已本總署核定，不能擅自變更。惟手續爲欲改易可予考慮。勿須報經總署核示。

（B）：

該主任之建議擬酌予接受，但運輸費用及其他耗損統歸分署負擔，恐所費甚大，不僅爲百分之二十，仍乞電示傳達。

臺灣分署署長錢宗起。振辰（）印

善後救濟總署臺灣分署爲麵粉平售等由致上海總署電（民國三十五年五月十六日）

收文：字 2548 號

文別：電

送達機關：總署

卅五年六月十五日擬稿

卅五年六月十六日繕寫

卅五年六月十五日校對

卅五年六月十五日監印

卅五年六月十五日封發

發文：字第 1377 號

事由：電復麵粉平售經聯總辦事處派員勘察，認爲滿意由

電：密。5515 上海署長蔣鈞鑒：濟財巳文電奉悉。麵粉平售經聯總駐臺辦事處連日派員勘察，對於配發機構及辦理情形認爲滿意。已不堅持，擬不變更合同。謹復電。

臺灣分署署長錢宗起。振巳（）印

善後救濟總署財務處爲准陳長官電復出售麵粉案致善後救濟總署臺灣分署代電（民國三十五年五月十七日）

事由：准電以准陳長官電復麵粉出售辦法請電復一案特復查照由

擬辦：抄呈陳長官

（簽名）林良桐。五月十七日

批示：（簽名）錢宗起。五月十四日

臺灣分署錢署長宗起兄勛鑒：卯振字第七四六號代電及附件均悉。當可照辦，除另由署長電復陳長官外，相應電復查照。

弟董承道。

辰灰印

善後救濟總署臺灣分署爲報臺北決停售麵粉致上海善後救濟總署署長電（民國三十五年五月十八日）

善臺署振字第 965 號

電已譯發：（5515）

上海署長蔣鈞鑒：密。

一、麵粉平價配售在臺北市試行四日，經過良好。麵粉價日跌，惟昨費培根提示四月十七 Johnson 致彼函略云：出售物資須由當地行總、聯總合組委員會，麵粉衹能百分之四十出售，餘賑濟用。出售粉價不能高於黑市百分之八十

分。目前臺北轉配售等不合此規定，要求停售，候行總解決。當告以此函行總並來轉行，分署完全不知，須另電請示並來案復。前仍照行總核准出售原案繼續辦理。彼始勉允並希望於本月馬日及復，如何辦理，乞核定電示。Johnson原函另抄交饒秘書餘威。

二、賑濟麵粉銑日在臺北市開始放給各救濟機關，每人卅斤，共七百餘人，歡聲雷動。嘯日基隆市開始發放接收軍糧。

三、各地聯總辦事處有無權力變更分署呈准或已決定之分配方案？聯總駐華辦事處對於其分區主任之指示，分署是否因受約束？乞示原則。

四、費培根目前與分署情感尚洽。請釋念。

臺灣分署署長錢宗起

辰巧巳。印

批示：發

（簽名）錢宗起。五月十八日

善後救濟總署爲本總署財務處爲電以麵粉出售辦法等由致陳長官代電（民國三十五年五月二十日）

收文：字 1900 號

別文：代電

送達機關：陳長官

類別：振務

事由：准本總署財務處電以麵粉出售辦法，當可照辦等由電請察核由

卅五年五月十八日擬稿

卅五年五月廿日繕寫

卅五年五月廿日校對

卅五年五月廿日監印

發振字第 983 號

署長：（簽名）錢宗起。五月十八日

副署長：（簽名）高翰。五月十八日

主任秘書：

秘書：（簽名）汪彝定。五月十八日

主管組：（簽名）林良桐。五月十八日

臺灣省行政長官陳鈞鑒：前奉卯寢（卅五）署貿字0391號電示麵粉出售辦法，抄附四月廿日麵粉市價調查表，飭查照辦理見復等因，當經轉電本總署財務廳核示。茲准該廳■交■■第字626號復電開："卯寢振字第746號代電及附件均悉云云等，相應電復查照"等由。理合電請察核。善後救濟總署臺灣分署署長錢宗起。

振辰帑印

善後救濟總署臺灣分署爲海口鄉施放麵粉等由糧食調劑委員會代電（民國三十五年五月二十二日）

收文字號：1923

文別：代電

送達機關：糧食調劑委員會

類別：振務。

事由：①准電海口鄉，請免費施放麵粉等由。

②務查明貴會擬配該鄉麵粉數量，以憑核辦由。

卅五年五月廿日擬稿

卅五年五月廿一日繕寫

卅五年五月廿一日校對

卅五年五月廿二日監印

卅五年五月廿二日封發

發文振字第1000號

署長：（簽名）錢宗起。五月廿日

秘書：（簽名）汪彝定。五月廿日

臺灣省糧食調劑委員會公鑒：辰元劑秘315號代電暨附件均敬悉。貴會原擬分配該海口鄉麵粉數量若干。希先查照見復以憑核辦爲何。

善後救濟總署臺灣分署

振辰（馬）印

糧食調劑委員會爲請增配額尚餘一千三百包擬配售工人由致善後救濟總署臺灣分署代電（民國三十五年六月五日）

來文機關或姓名：糧食調劑委員會

文别：代電

收文總號：2354

事由：電請增配額尚餘乙千叁百包，擬配售工人由

擬辦：同意。希速辦

（簽名）林良桐。六月六日

批示：速核復

（簽名）錢宗起。六月五日

臺灣省糧食調劑委員會爲請增配額尚餘一千三百包擬配售工人由致臺灣分署代電（民國三十五年六月五日）

事由：電請增配額尚餘一千三百包擬配售工人由

臺灣善後救濟分署：查此次委配麵粉九萬袋。除按各地人口分配各縣市外，中有特殊增配四千五百袋，已增配澎湖二千袋，臺東五百袋，臺中霧嶺鄉五百袋，國姓鄉二百袋外，尚有餘額壹千叁百袋，擬平均配售船運處、鐵路委員會，煤業委員會等工人，倘承同意即乙，見復爲何。

柯遠芬公出，熊克禧代行。

巳（支）劑秘

善臺收字第2354號

臺灣省糧食調劑委員會爲請售賣三號粉致台灣分署代電（民國三十五年六月五日）

事由：電請三號麵粉准售賣現粉由。

臺灣善後救濟分署：本會近來觀察各分會所領三號麵粉製成麵乾，因手術不佳售幣轉滯。可否通知各分會將三號麵粉不限定專製粉乾，准其售賣現粉每

斤十一元，每袋402元6角之外，應請查照核覆爲荷。

柯遠芬公出，熊克禧代行。

巳（支）劑秘

35年6月5日收

善臺收字第2355號

糧食調劑委員會爲四等粉售價減低一元由致善後救濟總署臺灣分署代電（民國三十五年六月五日）

來文機關或姓名：糧食調劑委員會

文别：代電

收文總號：2353

事由：電復四等粉售價減低一元由

擬辦：擬請仍維持原價。

（簽名）林良桐。六月六日

批示：速核復。

（簽名）錢宗起。六月五日

臺灣省糧食調劑委員會爲請四等粉售價減低一元由致善後救濟總署臺灣分署代電。（民國三十五年六月五日）

事由：電請四等粉售價減低一元由。

臺灣善後救濟分署：查四號麵粉，前定售價每斤十元，每袋三六六元。現查該號麵粉質欠佳，擬請售價減低一元，每斤准售九元，每袋貳九元四角。相應電請查照，核覆爲荷。

柯遠芬公出，熊克禧代行。

巳（支）劑秘

善救濟總署臺灣分署爲平售麵粉應注意核查迅速分配由致臺灣省糧食調劑委員會公函（民國三十五年六月七日）

收文字號：特字（）號

文別：公函

送達機關：臺灣省糧食調劑委員會送糧食局李副局長運春收轉

卅五年六月六日擬稿

卅五年六月六日繕寫

卅五年六月六日校對

卅五年六月七日監印

卅五年六月七日封發

發文：振字第1234號

事由：函請對於平售麵粉應注意核查迅速分配由

署長：（簽名）錢宗起。六月六日

秘書：（簽名）汪彝定。六月六日

主管組：（簽名）林良桐。六月六日

查本署平售麵粉旨在調劑糧食，抑平糧價。其最要步驟爲迅速分配實惠及民，究竟各縣市糧食調劑會收到本署分配是項麵粉時，是否能照規定辦法迅速配給平民？有無壓存、霉壞或其他舞弊情事？均待詳加稽核。除由本署及聯總駐臺辦事處隨時派員前往各地查察外。相應函請查照，務請轉飭各縣市分會詳加注意並予核察。仰希見復爲荷。

此致

臺灣省糧食調劑委員會

署長錢宗起

善後救濟總署臺灣分署爲四等粉售價致臺灣省糧食調劑委員會代電（民國三十五年六月十日）

收文字號：2353

別文：代電

送達機關：臺灣省糧食調劑委員會

卅五年六月七日擬稿

卅五年六月十日繕寫

卅五年六月十日校對

卅五年六月十日監印

卅五年六月十日封發

發文振字第 1278 號

事由：准電請將四等粉售價每斤減低一元，復請暫緩原價配售由。

署長：（簽名）錢宗起。六月七日

秘書：（簽名）汪彝定。六月七日

主管組：（簽名）林良桐。六月七日

臺灣省糧食調劑委員會公鑒：卅五年六月五日劑秘字 554 號代電敬悉。查四等粉配量不暢，確屬實情。惟每斤售價減低一元，是否即可迅速分配仍屬疑問，且恐因此反增市民觀望心理。目前擬請暫緩原價配售，俟將來體察實情，再行商辦。相應復請查照爲荷。

善後救濟總署臺灣分署。

善後救濟總署臺灣分署爲准增配工人麵粉致臺灣省糧食調劑委員會（民國三十五年六月十日）

收文：字 2854 號

文別：代電

送達機關：臺灣省糧食調劑委員會

卅五年六月七日擬稿

卅五年六月八日繕寫

卅五年六月八日校對

卅五年六月十日監印

卅五年六月十日封發

發文：振字第 1271 號

事由：准電請麵粉增配額當餘乙千叁百包，擬配工人等由，本署同意，希速辦並將情形見復由

署長：（簽名）錢宗起。六月七日。

秘書：（簽名）汪彝定。六月七日。

臺灣省糧食調劑委員會公鑒：卅五年六月五日劑秘字 452 號電，以麵粉增配額當餘壹千叁百包，擬配發工人等原則，由本署同意。惟工人數字及分配辦法轉詳細查明擬具，商經本署同意後再行發放，爲荷。

善後救濟總署臺灣分署

善後救濟總署臺灣分署爲三等粉准以現粉出售致臺灣省糧食調劑委員會代電（民國三十五年六月十日）

收文字號：2355

別文：代電

送達機關：臺灣省糧食調劑委員會

卅五年六月七日擬稿

卅五年六月十日繕寫

卅五年六月十日校對

卅五年六月十日監印

卅五年六月十日封發

發文：振字第1076號

事由：①准電以三等粉不限專製麵乾，准以現粉出售。本署同意復請查照電。②電以准糧食調劑委員會電請三等粉不限專製麵乾，准以現粉出售。經復同意辦理，電請核備由。

署長：（簽名）錢宗起。六月七日

秘書：（簽名）汪彝定。六月七日

主管組：（簽名）林良桐。六月七日

代電：臺灣省糧食調劑委員會公鑒：卅五年六月五日，劑秘字453號代電敬悉。三等粉不限專製麵乾，准以現粉出售，本署同意。相應復請查照爲荷。

善後救濟總署臺灣分署

善後救濟總署爲轉知聯總麵粉平售要求致臺灣分署電（民國三十五年六月十二日）

0810臺北錢分署長：之密辰諫振（939）（麵粉平售等）電悉。聯總要求（1）（2）兩項爲變更合同，無問題可予接受。（3）參酌實際情形處置，如無急振需要，毋庸散放（B）關於平售事宜既經財廳直接負責其運輸及其他費用，可在售價所得內扣用。仰即遵照並隨時量核。總署。濟財

巳文印

附注(1) 不給回扣;

(2) 先於臺北基隆試辦;

(3) 生産工人不收代價。

善後救濟總署臺灣分署來電第 2548 號

批示:(簽名) 錢宗起。六月十三日				
發電地	發電者	代日韵目	發電時刻	收電時刻
上海	總署	濟財政電	6 月 12 日 11 時 35 分發	6 月 13 日 10 時 40 分收

糧食調劑委員會爲海口鄉平售麵粉免繳價款由致善後救濟總署臺灣分署代電(民國三十五年六月十五日)

來文機關或姓名:糧食調劑委員會

文别:代電

收文總號:2600

摘由:爲海口鄉平售麵粉,免繳價款由

擬辦:(簽名) 汪彝定。六月十五日

批示:此非救濟之粉,不能免繳。海口鄉救濟事當另行查覈。

(簽名) 錢宗起。六月十五日

臺灣省糧食調劑委員會爲海口鄉平售麵粉免繳價款由致善後救濟總署臺灣分署代電(民國三十五年六月十五日)

劑秘字第 518 號

電以海口鄉配粉 153 包,請准免繳價款希核復由

臺灣善後救濟分署公鑒:振辰馬第 1000 號代電敬悉。臺南縣海口鄉分配麵粉數量,頃據臺南縣糧調分會巳微電復,海口鄉按人口分配數額巳决定一五三包等情,查該鄉民衆確甚困苦,所配麵粉 153 包,可否准予免繳價款,藉資救濟,仍請核復憑轉。

柯遠芬公出,熊克禧代行。

巳（删）劑秘

善後救濟總署臺灣分署爲海口鄉平售麵粉事宜致臺灣省糧食調劑委員會代電（民國三十五年六月十七日）

收文字號：2600

文別：代電

送達機關：臺灣省糧食調劑委員會

類別：呈會

事由：電復海口鄉平售麵粉免繳價款，歉難照辦，救濟事宜當爲另行設籌由

卅五年六月十七日擬稿

卅五年六月十八日繕寫

卅五年六月十八日校對

卅五年六月十八日監印

卅五年六月十八日封發

發文振字第1470號

署長：（簽名）錢宗起。六月十七日

秘書：（簽名）汪彝定。六月七日

主管組：（簽名）林良桐。六月七日

臺灣省糧食調劑委員會公鑒：巳删劑秘字5186號代電敬悉。海口鄉平售麵粉免繳價款，本署歉難照辦。各鄉民確屬困苦，救濟事宜本署當另行設籌。特復查照。

善後救濟總署臺灣分署

善後救濟總署臺灣分署爲報麵粉平售情形致善後救濟總署及調查編譯處代電（民國三十五年六月十八日）

收文：創（）號

文別：代電

送達機關：總署調查處

事由：電報麵粉平售經過情形，檢呈圖表，請查覈由

卅五年六月十七日擬稿

卅五年六月十八日繕寫

卅五年六月十八日校對

卅五年六月十八日監印

卅五年六月十八日封發

發文：振字第1420號

署長：（簽名）錢宗起。六月十七日

主管組：（簽名）林良桐。六月十七日

上海善後救濟總署署長蔣鈞鑒：本分署與臺灣省所訂麵粉平售合約，前經呈報總署在案。兹將出倉應市後經過情形分陳爲下：

（一）對於糧價之影響——麵粉自五月十二日出倉，在臺北市開始應市之後，十四日市面一等粉價即由每斤二十五元跌至二十二元，十六日又降至廿一元。此種下降率（三日之間逾百分之十五）。實係本省光復後之空前紀録。此後雖無糧商聯合掙扎，堅持售價，演成批發價高於零售價之反常現象。結果有價無市，而一般米價則日趨下瀉。（詳情爲附圖）

（二）防弊及售購情形——此次麵粉係採根據户籍平價配售辦法。兹將購量加以嚴格限制。不轉使商人，不易套購，且使富有者不愿日日值班輪買。因此中下等人家分配更易普及。一方面由署逐日派員前往配售機構或逕向消費人家隨時隨地查察，經過情形，均頗良好。即此間配售人員亦認爲該配售機構記録應先備勘資利用。相應理合檢同五月及六月上半月臺北市主要糧食價格變動圖——暨本分署麵粉平價報告表各壹份，隨電送請呈查照。

臺灣分署署長錢宗起。

附五月及六月上半月臺北市主要糧食價格變動圖——暨本分署麵粉平售報告表各一份。

善後救濟總署臺灣分署麵粉平售報告表（自民國35年5月11日至6月15日止）

縣市別	名稱	單位	麵粉			合計	備考
			二等	三等	四等		
臺北縣	麵粉	包	2043	500	2544	5087	物資平售現衹有麵粉一項，定額九萬包，委托臺灣省糧食調劑委員會分配各縣市分會，予以運用，調劑糧食曾經訂約，呈報有案。
臺北市			8000		6000	14000	
臺東縣			915		915	1830	
臺南縣			2607	650	3288	6575	
臺南市			1777	440	2218	4435	
臺中縣			2264	560	2824	5648	
澎湖縣			1925		2926	4851	
屏東縣			995		995	1990	
彰化市			962		962	1924	
新竹縣			1245	310	1555	3110	
新竹市			1482	370	1845	3705	
嘉義市			1485	360	1845	3690	
宜蘭市			916		917	1833	
高雄市			2209	550	2760	5519	
基隆市			1349	330	1679	3358	
合計			30204	4070	33281	67555	

署長　　　　振務組主任　　　　制表

善後救濟總署財務廳物資購銷總經理爲三等粉由致善後救濟總署代電（民國三十五年六月二十八日）

發文：務業字第一一三七號

中華民國卅五年六月廿八日

事由：爲三等粉不限專製粉乾，准以現粉出售一節，查既實情，當予存案由。

擬辦：存查。（簽名）林良桐。七月三日。批示：（簽名）錢宗起。七月一日。

臺灣分署錢署長鑒：奉交下振字第一二七六號代電抵悉。三等粉不限專製粉乾，准以現粉出售一節，查既實情當予存案。即請查照爲何。

財務廳物資購銷總經理處。

巳感印

善後救濟總署臺灣分署爲五月廿一日出倉麵粉四千袋價款由致臺灣省糧食調劑委員會代電（民國三十五年六月二十一日）

收文：創字（）號

文別：代電

送達機關：省糧食調劑委員會

卅五年六月廿一日擬稿

卅五年六月廿一日繕寫

卅五年六月廿一日校對

卅五年六月廿一日監印

卅五年六月廿一封發

發文：振字第1452號

事由：電請五月廿一日出倉麵粉四千袋價款由。

署長：（簽名）錢宗起。六月廿一日

秘書：（簽名）汪彝定。六月廿一日

主管組：（簽名）林良桐。六月廿日

臺灣省糧食調劑委員會公鑒：查五月二十一日出倉麵粉，計二等粉二千袋，應柒拾萬零貳仟柒佰貳十元。四等粉二千包，應伍拾捌萬五千陸百元，合計應壹佰貳拾捌萬捌仟三百貳拾元正。六月廿一日爲交款最遲限期。相應電請查照。爲數惠擲爲荷。

善後救濟總署臺灣分署

善後救濟總署臺灣分署爲麵粉配售辦法致臺北市糧食調劑服務社代電（民國三十五年六月二十日）

收文：創（）號

文別：代電

送達機關：市糧食調劑服務社

卅五年六月十六日擬稿

卅五年六月十六日繕寫

卅五年六月廿日校對

卅五年六月廿日監印

卅五年六月廿日封發

發文：振字第 1442 號

事由：電請政長配售麵粉，准各户直接提证購買，班長代簽，將詳情見復由。

署長：（簽名）錢宗起。六月廿一日

秘書：（簽名）汪彝定。六月廿一日

主管組：（簽名）林良桐。六月廿日

臺北市糧食調劑服務社公鑒：據本署視察室報告，麵粉平售交由班長轉知住户。近日臺北市太平町一帶編門牌，政務班長不知住户範圍，多有不及通知者。又購領時係以班爲單位，間有住户當日無法購買，翌日即被取消權利，不能普沾利益。嗣後似應改爲按户直接持证購買，以資便利。相應電請查照見復爲荷。

善後救濟總署臺灣分署

善後救濟總署臺灣分署爲電復海口區平價麵粉等由致臺南縣政府代電（民國三十五年七月十日）

收文字號：3132

文別：代電

送達機關：臺南縣府

事由：電復海口區平售麵粉，免繳價款，歉難照辦。可即另撥救濟部分壹百五十包。希轉飭派員來署，洽領發放給由。

卅五年七月八日擬稿

卅五年七月十日繕寫

卅五年七月十日校對

卅五年七月十日監印

卅五年七月十日封發

發文：振字第 1710 號

署長：（簽名）高翰代錢宗起。七月八日

副署長：（簽名）高翰。七月八日

秘書：（簽名）汪彝定。六月廿一日

主管組：（簽名）林良桐。六月廿日

臺南縣政府公鑒：政午東府建農字5648號代電敬悉。查平售麵粉，免繳價款，本署歉難照辦。該海口區實情現屬嚴重，可予另撥救濟麵粉量壹百五十包，無代價發給貧民。仍請託由糧食調節服務社辦理發放，即務轉飭派員來署洽領運施賑，將發放情形攝影送縣，受領者名册分别加□□□並將經過情形函署報告。

善後救濟總署臺灣分署

臺南縣府請將分配海口鄉麵粉之價款賜予免收由致善後救濟總署臺灣分署代電（民國三十五年七月四日）

來文機關或姓名：臺南縣府

文别：代電

收文總號：3132。附件：表一份。

事由：請將分配海口鄉麵粉153袋之價款賜予免收由。

擬辦：擬撥四等粉壹百五十包施賑，仍利用糧食服務社機構並須造册報銷。

（簽名）林良桐。七月六日

批示：（簽名）高翰代錢宗起。七月四日

臺南縣政府爲請救濟虎尾區災民致臺灣分署（民國三十五年七月）

善後救濟總署臺灣分署勛鑒：

案據本縣虎尾區辰元代電開，案“查本區海口鄉前以災情慘重。當經職以致辰齊署民救字第四三六號代電，報請設法救濟在案。查此案職旋以情况嚴重，並經當地鄉長及人士之請求，經准其直接再向救濟分署呼吁。兹據報稱分署經准所請，擬將此次所指交糧食調整委員會分配各縣之麵粉，多予撥給。惟該項麵粉各縣配額經已决定，宜再由鄉區名義逕向當地縣政府請求等詞，伏查職區海口鄉災情之重，實爲本縣其他地區之所無。兹再由該鄉鄉長林呈祥面陳一切，懇即准就此次分署所撥麵粉大部分轉撥以賑灾黎，並懇轉請，准以無代價發賑爲感，虎尾區長陳幸西辰元叩”等情，據此，查所稱確爲實情，該海口鄉因上年迭遭風水災害，收成鋭減，災情慘重，實爲他鄉之所無，人民紛紛請求救濟，除前該區鄉長申請救濟外，謹電請察照，俯念情形特殊，准將此次貴分署所撥麵粉分配該鄉153袋（價款如另表）之價款賜予免收，以示救濟。仍希示復。

臺南縣長袁國欽。己（　）建農

附海口鄉分配麵粉價款表乙份。

附件：

海口鄉分配麵粉價款表

麵粉等號	袋數	價款	備註
二號	61	2679120	麵粉袋應予如數歸還
三號	16	644160	
四號	76	2781600	
共計	153	6104880	

臺南縣虎尾區署爲報海口鄉長抵署洽陳救濟事致善後救濟總署臺灣分署呈（民國三十五年七月三日）

宗起分署長鈞鑒：兹有懇者報區海口鄉林鄉長呈祥，因救濟事項，擬趨陳左右，請即賜予延見，爲感專此頌安！

晚陳幸西頓。

七月三日

善後救濟總署臺灣分署爲臺南分會請將四等粉標售未便照辦由致糧食調劑委員會代電（民國三十五年七月十一日）

收文字號：3241

文別：代電

送達機關：糧食調劑委員會

事由：電復貴臺南分會請將四等粉標售未便照辦由

卅五年七月十日擬稿

卅五年七月十一日繕寫

卅五年七月十一日校對

卅五年七月十一日監印

卅五年七月十一日封發

發文：振字第 1734 號

署長：（簽名）錢宗起。七月十一日

秘書：（簽名）汪彝定。七月十一日

主管組：（簽名）林良桐。七月十日

臺灣省糧食調劑委員會公鑒：卅五年七月公劑秘字 623 號代電敬悉。貴臺南市分會請將四等麵粉標售，未便照辦。希飭將未售數量報核爲荷。

善後救濟總署臺灣分署

臺灣省糧食調劑委員會爲臺南市擬將四號粉標售由致善後救濟總署臺灣分署代電（民國三十五年七月八日）

事由：電以臺南市擬將四號粉標售，除電止外請予見後憑轉由。

擬辦：不能標售。

（簽名）林良桐。七月十日

批示：（簽名）高翰代錢宗起。七月九日

（簽名）高翰。七月九日

臺灣省糧食調劑委員會代電：

善後救濟分署：據臺南市分會會秘第 097 號代電，以四號粉實色粗黄，配售不及半數爲額，恐日久消耗再變質起見，擬即日公告標售，每斤以不低十元爲原則，如能超額，作爲本市救濟金等請，除以午支憑電飭將未售數量先行報會，暫緩出售候電辦理外，是否可行？相應電請查照，希予見復憑轉爲荷。

柯遠芬。

午庚劑秘

善後救濟總署臺灣分署爲五月二十日出倉麵粉運抵澎湖等由致澎湖付縣長電（民國三十五年七月十二日）

澎湖付縣長鑒：五月二十日出倉麵粉4851包，何日運抵澎湖？何日售罄？盼電復。

臺灣善後救濟分署。午文印

發。（簽名）錢宗起。七月十二日

（簽名）林良桐。七月十二日

善後救濟總署臺灣分署爲平售麵粉結果由致澎湖付縣長電（民國三十五年七月十二日）

文別：電

送達機關：澎湖付偉武

事由：電請平售麵粉結果由

卅五年七月十八日擬稿

卅五年七月十八日繕寫

卅五年七月十八日校對

卅五年七月十八日監印

卅五年七月十八日封發

發文：秘字第1814號

署長：（簽名）錢宗起。七月十七日

主管組：（簽名）林良桐。七月十日

秘書：（簽名）汪彝定。七月十一日

電文

澎湖縣政府付縣長偉武兄鑒：

（一）前由糧食調劑會撥配之平售麵粉〈4400〉包，何日開糧平售？經過形爲何？數量爲何？

（二）由本署逕撥之救濟麵粉第二批〈750〉包，已寢由貴府提取，何日運抵？已配發否？辦法爲何？統祈迅查電示。

弟錢宗起。午（巧）秘印

善後救濟總署臺灣分署爲平售麵粉等由致糧食調劑委員會及糧食調劑服務社代電（民國三十五年七月十九日）

收文：創（）號

文別：代電

送達機關：糧食調劑委員會、糧食調劑服務社

卅五年七月十九日擬稿

卅五年七月十九日繕寫

卅五年七月十九日校對

卅五年七月十九日二時監印

卅五年七月十九日三時封發

發文：秘字第1828號

事由：

①電請將平售麵粉，自本七月二十日起停止配售，清算並將餘額統交糧食調劑服務社，改制麵乾。

②電請接收糧食調劑委員會移交麵粉改制麵乾，應先將接受數量見示由。

署　長：（簽名）錢宗起。七月十九日。

主管組：（簽名）林良桐。七月十九日。

臺灣省糧食調劑委員會公鑒：查本署託交貴會平售麵粉，原期調節糧食抑平米價，因普及而配給，寓散振於銷售。玆者新穀登場，市面糧價業經穩定。此項工作已無繼續必要。應請自本七月廿日起停止配售，並將已售價款結清運署。其出倉而未配售部分麵粉，統希即日移交省糧食調劑服務社，改制麵乾。相應電請查照辦理見復爲何。

善後救濟總署臺灣分署

臺灣省糧食調劑服務社公鑒：查本署託交省糧食調劑委員會平售麵粉，原期調劑糧食抑平米價，因普及而配給，寓散振於平售。玆者新穀登場，市面糧價業趨穩定。此項工作已無繼續必要。除電請該會自本七月廿日起停止配售，並將未售部分麵粉即日統行移交貴社，改制麵乾，以備平售外，相應電請查照辦理，並將接收數量先行見示爲荷。

善後救濟總署臺灣分署

善後救濟總署臺灣分署爲嘉義存粉移交該市府配售歉難照辦由致糧食調劑委員會代電（民國三十五年八月十三日）

振務組主稿

文別：代電

送達機關：糧食調劑委員會

事由：電復嘉義存粉移交該市府配售，歉難照辦由。

卅五年八月十三日上午十一時繕寫

卅五年八月十三日上午十一時監印

卅五年八月十三日上午十一時校對

卅五年八月十三日上午十一時送發

發文：秘字第 2118 號

署長：（簽名）錢宗起。八月十二日

主任秘書：（簽名）饒餘威。八月十二日

主管組：（簽名）林良桐。七月十日

秘書：（簽名）汪彝定。七月十一日

臺灣省糧食調劑委員會公鑒：劑秘字 779 號代電敬悉。查麵粉平售，本署業經決定停止，所囑歉難照辦，特復。

善後救濟總署臺灣分署

臺灣省糧食調劑委員會轉請嘉義市餘粉移轉市政府配售由致臺灣分署代電（民國三十五年八月九日）

事由：轉請嘉義市餘粉移轉市政府配售由。

擬辦：已停止發售，歉難照辦

（簽名）嚴家理。八月十二日

批示：（簽名）錢宗起。八月九日

（簽名）高翰。八月十日

善後救濟總署臺灣分署：據嘉義市糧調分會未陽電稱：結存麵粉如何處

理，久未奉示保管，深感困難。現本市糧價日高，每斗已超過 200 元（每斗臺斤十一斤半），市民困苦。可否將前項結存麵粉及麵乾核定廉價，敬乞電示等情。查本會趕辦結束，擬請貴署將餘存麵粉核定廉價，移交市政府配售，倘承贊同，當電嘉義市政府派員前往移轉契約，即乞見復。

柯遠芬。未（寒）劑秘

善後救濟總署臺灣分署爲基隆存粉由致糧食調劑委員會代電（民國三十五年八月二十九日）

振務組主稿

會：儲運組

文別：代電

送達機關：糧食調劑委員會

事由：電復基隆存粉款已照收，餘存麵粉日內及可派員前往點收，請查照轉知由。

卅五年八月廿九日三時繕寫

發文：振字第 2339 號

署長：（簽名）錢宗起。八月廿八日

主任秘書：（簽名）饒餘威。八月廿八日

主管組：（簽名）林良桐。八月廿八日

臺灣省糧食調劑委員會公鑒：會字第 745 號代電敬悉。基隆粉款 54138720 元業經照收。餘存麵粉日內即可派員前往點收。祈查照轉知爲荷。

善後救濟總署臺灣分署

臺灣省糧食調劑委員會爲報基隆市售粉款致臺灣分署代電（民國三十五年八月）

事由：報基隆市分會配售麵粉數量並繳粉款 54 萬 1387 元 2 角。

擬辦：周專員核辦。

（簽名）嚴家理。八月十六日

（簽名）饒餘威。八月十五日

批示：（簽名）錢宗起。八月十五日

（簽名）高翰。八月十五日

臺灣省糧食調劑委員會爲詢剩餘麵粉處理辦法致臺灣分署代電（民國三十五年八月十四日）

中華民國卅五年八月十四日

組振 1796

臺灣善後救濟分署錢署長勛鑒：查本會基隆市分會由貴署配領二等麵粉（1349）包、三等麵粉（330）包、四等麵粉（1679）包，實銷二等麵粉（840）包、四等麵粉（841）包，尚剩二等麵粉（509）包、三等麵粉（330）包、四等麵粉（838）包。如何處理，請即見復。至銷售麵粉計價款五十四萬一千三百八十七元二角。兹派本會秘書翁禮瓚送上。希請查收給據爲荷。

臺灣省糧食調劑委員會兼主任委員柯遠芬

未（寒）會定

善後救濟總署爲嘉義餘存粉麵粉、麵乾、售價款、粉袋送署由致臺灣分署省糧食調劑委員會代電（民國三十五年八月二十九日）

振務組主稿

文別：代電

送達機關：省糧食調劑委員會

事由：電復嘉義餘存粉麵粉、麵乾業經派員提作施賑之用，請將已售價款、粉袋送署由。

卅五年八月廿九日二時繕寫

卅五年八月廿九日八時監印

發文：振字第 2340 號

署長：（簽名）錢宗起。八月廿六日

主任秘書：（簽名）饒餘威。八月廿二日

主管組：（簽名）林良桐。七月十日

臺灣省糧食調劑委員會公鑒：劑秘字 817 號代電敬悉。查嘉義餘存麵粉

1152 包及麵乾 9550 包。業經本署派員提作當地施賑之用。相應復請查照。請將已售部分價款及粉袋送署結算，以清手續爲荷。

善後救濟總署臺灣分署

臺灣省糧食調劑委員會爲嘉義官存粉數請改撥由致善後救濟總署臺灣分署代電（民國三十五年八月十九日）

事由：電報嘉義官存粉數，請改撥由。

擬辦：已派員提作當地施賑之用。周專員核數後即復。

（簽名）饒餘威。八月十九日

批示：（簽名）錢宗起。八月十九日

臺灣省糧食調劑委員會代電

中華民國卅五年八月十九日

組振 1832

善後救濟總署臺灣分署：據嘉義市糧調分會禾寒嘉建電稱：實存二號粉 199 包、三號粉 167 包、四號粉 786 包又半包。此外由別存數二號麵粉 200 包、三號麵粉 193 包、四號麵粉 478 包、制成麵乾 6910 包。除銷售 17360 包外，實存麵乾 9550 包等情，應如何改發。相應電請見復以便轉知。

柯遠芬。（皓）劑秘

善後救濟總署臺灣分署爲囑配麵粉等經撥售致臺北市大同區消費合作社箋函（民國三十五年九月二日）

收文字號：振務

文別：箋函

收文：大同消費合作社

卅五年九月一日三時繕寫

卅五年九月二日九時監印

卅五年九月二日九時校對

卅五年九月二日十一時送發

發文：振字第 2392 號

署長：（簽名）錢宗起。八月卅日

主任秘書：（簽名）饒餘威。八月卅日

主管組：（簽名）嚴家理。八月卅日

秘書：（簽名）汪彝定。七月十一日。

事由：囑配麵粉等經撥售由。

八月廿六日來函敬悉。查本分署予售麵粉前係委托貴縣糧食調劑會辦理平售，現已停止。承囑撥售麵粉等情照辦。特復查照。

此致臺北市大同區消費合作社

大同區消費合作社爲請撥售麵粉致善後救濟總署臺灣分署呈（民國三十五年八月二十六日）

來文機關或姓名：大同區消費合作社

文別：呈

來文通訊地點：臺北市延平路九段三十五號

事由：請撥售麵粉三百五十包由

擬辦：（簽名）饒餘威。八月廿八日

批示：收。（簽名）錢宗起。八月廿八日

呈請分售二級麵粉事：

查本社於去八月八日成立，擁有社員貳仟伍佰叁拾有餘户，人數貳萬有餘人。本區住民多以勞工生活，際此糧價高漲，失業日漸趨多，生活窘迫，莫可言狀。玆聞貴分署尚有殘存二級麵粉，敢請撥售三百五十包以資平糴社員。貴分署素以救濟爲懷，定蒙賜准出售，安定民生，是爲公便。

謹呈善後救濟分署臺灣分署長錢。

中華民國卅五年八月廿六日

臺北市延平路九段卅五號

大同區消費合作社理事主席吴永發、總經理陳成吉

臺灣省糧食調劑委員會爲報嘉義存粉併請改發致臺灣善後救濟分署代電（民國三十五年七月十七日）

事由：電報嘉義存粉數量請改發由。

擬辦：未售存粉已定辦法，另告本體毋庸再復。

（簽名）林良桐。七月十八日

批示：核收

（簽名）錢宗起。七月十八日

臺灣省糧食調劑委員會代電

中華民國卅五年七月十六日

善臺收字第3408號

臺灣善後救濟分署：據嘉義市分會午元電稱：本市未售粉計（2）號199包、（3）號167包、（4）號78650包，已停止配售。如何決定，乞電示等請。除復應妥慎保存，静候改撥外，相應電請查照，希予改撥並煩見復爲荷。

柯遠芬

午（銑）劑秘

臺灣省糧食調劑委員會爲各分會迅將麵粉存量報會以便歸還處理由致臺灣善後救濟分署代電。（民國三十五年七月二十二日）

事由：復已電各分會迅將麵粉存量報會以便歸還處理由。

臺灣省糧食調劑委員會代電第687號

中華民國卅五年七月二十日

組振1464號

臺灣救濟分署：字第1828號代電敬悉。除臺北市擬照電交服務社外，並經轉電各分會，延七月廿三日前將實存各號粉量報會，以便歸還貴署直接處理，特復。

柯遠芬

午劑秘

臺灣省糧食調劑委員會爲高雄市分會存粉由致臺灣善後救濟分署代電（民國三十五年七月二十二日）

事由：電以高雄市分會存粉未售，請予改撥由。

擬辦：周專員核辦。

（簽名）林良桐。七月十八日

批示：（簽名）錢宗起。七月廿二日

臺灣省糧食調劑委員會代電第 692 號

中華民國卅五年七月二十日

善後收字第 3535 號

臺灣善後救濟分署：據高雄市分會午銑代電，以配售麵粉尚有二號 302 袋、三號 61 袋、四號 1262 袋、計 1025 袋在庫，難以配售等情，查該市未曾設立糧食調劑服務社，相應電請查照，希予改撥爲荷。

柯遠芬

午（）劑秘

臺灣省糧食調劑委員會爲高雄縣分會麵粉由致善後救濟總署臺灣分署代電（民國三十五年八月二日）

事由：電復高雄縣分會已撥 10 包，茲電高雄市分會照撥 24 包由。

擬辦：已登記。件存。

（簽名）饒餘威。八月二日

批示：（簽名）錢宗起。八月二日

（簽名）高翰。八月二日

臺灣省糧食調劑委員會代電第 744 號

中華民國卅五年八月一日

組振 1629 號

善後救濟總署臺灣分署：振字第 1934 號代電敬悉。查高雄縣分會前次代付高雄縣救濟分院四號麵粉 10 包，業已照付，並將配給單六聯送交貴署結算在案。准電前由復經轉電高雄市分會，就結存餘額照撥高雄縣救濟分院，續給四號麵粉 10 包，又臺南縣西螺鎮愛護院，前後兩次，四號麵粉計 8 包，兩共四等麵粉 24 包，相應復請查照。

柯遠芬

未（東）劑秘

臺灣省糧食調劑委員會爲基隆市分會存粉額數請予改撥由致善後救濟總署臺灣分署代電（民國三十五年八月五日）

事由：電報基隆市分會存粉額數，請予改撥由。

擬辦：周專員核辦。

（簽名）□理。八月七日

（簽名）饒餘威。八月六日

批示：（簽名）錢宗起。八月七日

臺灣省糧食調劑委員會代電第753號

中華民國卅五年八月五日

組振1657號

善後救濟總署臺灣分署：據基隆市分會未各建甲子第3590號代電稱：剩存二等麵粉509包、三等麵粉330包、四號麵粉838包，計1677包等情，查該處服務社業已結束。是項存額自應移還貴署接處理。相應電請查照，希予改撥爲荷。

柯遠芬

未微劑秘

臺北市政府爲國是日報社函報麵粉配給不合理致善後救濟總署臺灣分署簽呈（民國三十五年六月二十六日）

查本市各配給所平售麵粉，前以鄰爲購買單位，不甚合理。經本署規定改爲按户直接購買在案。令據國是日報來函所載，大正町配給所仍有按鄰售賣情事。深恐其他各配給所日久玩生。玆爲嚴密暨監督外，除遵諭於明日（六月廿日）前往大正町澈查實情外，並擬前往全市各配給所普遍巡查一次，以資糾正。嗣後並予隨時抽查監督。是否有當，懇請照辦。鈞裁只遵。

謹呈署長錢。

（簽名）錢宗起。六月廿六日

國是日報爲報麵粉配給不合理致善後救濟總署臺灣分署公函（民國三十五年六月二十四日）

來文機關或姓名：國是日報

文別：公函

收文總號：2871

附件：函一件

事由：函送王阿吉關於麵粉配給辦法不合理函件，希酌辦見復由。

擬辦：交（1）胡孝範、郝端人兩同志前往澈查。

（2）並分函臺北市政府及糧食調劑委員會澈查見復。

（3）函國是日報本署早已改良辦法。

（簽名）林良桐。六月廿五日

批示：（簽名）錢宗起。六月廿四日

民國三十五年6月24日收

組振1141

國是日報社爲讀者函報麵粉分發不合理致臺灣分署公函（民國三十五年六月二十三日）

編字第一〇一四

中華民國三十五年六月二十三日發

事由：如文。

逕啓者：頃有本報讀者王阿吉君來函乙件，內容有關貴署主管範圍，除已予披露外，相應剪附原文奉閱，尚希察酌，辦理見復爲荷。

此致

社長：林寶貴

35年6月24日收

善臺收字第2871號

［附件］：麵粉配給辦法不合理請主管機關改善和澈查

經過多次的户口調查，前天鄰長纔來通知，囑即派人去購買配給麵粉，不論大小口每人可得一斤，價拾元與拾貳元兩種，可够五六兩月份的。這確是一個好消息，然據家人轉來云一鄰有十家，本鄰內有幾家係高級官員，因嫌此種麵粉粗劣，已放棄購買權利，共云要將別人放棄的額數量全數購買才成，否則，即算大家都放棄，下次也就停止配給，這可將爲我們窮人難倒了，不去買以後就没有的買，若要買的話哪有這一大筆錢呢？我想政府當局，提倡配給目的在救濟窮人，結果因少數人的不在乎，而反影響到貧民應得的一點好處，可否請當局將這種配給辦法改善一下，以後均以一户爲單位，既方便而又公平，這種困難極小之建議，請編輯先生代寫刊出於貴報大衆信箱，以工具機構之參考，實爲萬幸。

大正町二丁目王阿吉拜託

【編者按】這種配給辦法，無异壓迫放棄贏得之權利，主管機關何以有此不合理之規定，抑或里鄰長藉詞從中圖利，應請市政府澈查。

臺灣省澎湖縣政府爲工賑麵粉領收清册等更正送請審核由致善後救濟總署臺灣分署代電（民國三十六年二月十日）

送達機關：善後救濟總署臺灣分署

事由：電復工賑麵粉領收清册等更正送請審核由。

擬辦：周專員核辦

（簽名）饒餘威。二月十日。

批示：（簽名）高翰代錢宗起。二月十日。

（簽名）高翰。二月十日。

善後救濟總署臺灣分署賜鑒：准貴署振字第0498號代電略，兹核復於下：

（一）領收清册內領收人陳市、王炎等十一人，仍漏蓋印章，請余補蓋。又册後末頁處應結總計數。並填明經發人、監發人職務、姓名、蓋私章憑核。

（二）湖西鄉公路收復工賑工程數量圖説“內列爲19000公尺，工程設計書內誤爲1900公尺，應請更正此合將各點更正”等由，准此合將各點更正。領收清册二份、設計書三份、圖説六份，隨電送請審核。

澎湖縣長付偉武。

建土丑（魚）印。附送領收清册。

澎湖縣、澎湖市政府馬公市容整理外二工程結算報告表（中華民國三十五年十二月二十八日）

工程名稱	施工地點	工程起訖日期	出工人數	完成面積	工資領收憑证		單位數量	發給麵粉數量	備考
					起訖號數	張數	臺斤	折合公斤	
馬公市容整理工程	馬公鎮馬公	6月28日9月10日	牛車675臺小工3968人	炸彈跡12所；路面修理4000米；水溝除污1000米；廢地整頓150公頃	1－631－78	副本一册63張；正本一册76張	173255	1044276	不足201臺斤爲消耗
白沙鄉防波修復工程	白沙鄉歧頭村	8月10日8月25日	小工1800人	堤岸修補長868.40米	1－631－78	副本一册63張；正本一册76張	5273	3163.8	不足436臺斤爲消耗
湖西鄉公路修復工程	湖西鄉	8月15日9月5日	小工1600人	路面修理19公里	1－631－78	副本一册63張；正本一册76張	3944	23364	
計							26542.5	15972.96	

附工程設計書三份：

（一）馬公市容整理工賑工程説明設計書

1. 炸彈跡整理

各炸害位置均爲有建築物之地址，其破壞至鉅，影響市容觀瞻不少，故須要將破壞建物收納，並彈穴埋並復舊原狀。

2. 路面修理

因戰時中永久失修，致該路面破壞至鉅，影響交通不少，故須要將該路面修復並敷小石以利交通。

3. 下水溝疏浚

下水溝因久失修，處處均破害或積土，致水流不通，影響衛生不少，故須要將該所等疏浚以緩和衛生之美。

4. 場地整頓

縣府構内，因戰時中各種防空施設之關係，地形高低相差太多，影響縣府美觀不少，將該地整頓均平，均爲縣府體育場，尚海岸廣場一帶，污漬物頗多，影響衛生，並阻礙使用，故將該項等須要趕修，以應體育或各船隻進出時積貨之用。

（二）白沙鄉防波堤修復工程説明書

1. 本防波堤自民國三十二年竣工後，因戰時資力不足，迄今均無搶修，致全綫破壞至鉅，滿潮時不能防波，故影響附近一帶之畑作不少，故須要將該堤照舊修復，以保護附近之畑作也。

（三）湖西鄉公路修復工程説明書

1. 本工程因路面土砂飛散及側溝埋立等，均不成路形，影響交通至鉅，故須要將該路面澈底修復原形（原文如此——編者注）。

交通部郵政總局關於臺灣區鐵路運郵津貼事項與郵電司等來往文件

（1946 年 4 月—1947 年 7 月）

交通部路政司爲津貼車案致郵電總局公函（民國三十五年四月十日）

送達機關：郵電總局

文別：公函

承辦單位：一科

事由：關於軌行汽車運郵津貼車一案，閱復查照由。

案准貴局本年三月十二日局業字第一〇七五號，關於粵漢鐵路軌行汽車運郵津貼率一案，經本司簽准路政司復稱查軌行汽車一一照敘玉印飭路局逕辦等由。相應復請查照辦理呈。希見復爲荷。

此致郵政總局

郵政總局爲津貼率致郵電司公函（民國三十五年四月十六日）

文別：急件

同字第 1134 號

案准貴司本年四月十日甲卅五字第 205 號公函抵悉。關於粵漢鐵路軌行汽車運郵津貼率一案，其行駛情形既與普通火車不同，路政司所擬按照每年十公斤、每公里國幣四角收費一節，本局當勉予同意，以示合作。惟將來該綫若恢復行駛普通火車時，應請仍予按照火車運郵津貼率以維通。案又據報，該綫軌行汽車運郵重量，目前限制每日二百公斤，不敷清運輕班郵件之用，以致相關郵局不得不將一部份郵件發由輪船運遞，頗多延誤等語，現運郵津貼率既經增加。擬請貴司轉請路政司飭知該路局，惠予協助，對於輕班郵件免予限制，以暢郵運而利通訊。除今知湖南郵政管理局遵照辦理外，相應函復，即請查照辦理，爲荷。

此致

郵電司

郵政總局啓

粤漢區鐵路管理局爲改善郵運致各處郵政管理局及交通部公函（民國三十六年七月二十二日）

運字第 1143 號

中華民國卅六年七月廿二日

事由：爲迭准函囑改善郵運事項函復查照由。

迭准貴局來函囑改善郵運以利通訊各等由，查郵路共戴一部，舟誼殷切，本路自應儘量協助。玆將本路對於所囑各點辦理情形分復如下：

（一）凡合於郵政法規第三章規定之郵政包裹，應一律收運一節，經已轉飭各段站，切實遵照辦理。

（二）關於廣武一二次特快車，增設火車行動郵局一案，爲社會需要。遵奉大部七月十日第（291）號政令廣播電令經飭機務處統籌辦理。現正撥車改裝中。

（三）所囑廣武各次快車一律加掛四十噸或二十噸郵政專車，又區間車暨廣三廣九兩綫各次列車，運郵容間一律分別改爲三十與二十五立方公尺各節。除區間車運郵容量早經改善，設法增至一千公斤外，其餘各節，一俟本路火車行動，郵局開行後屆時視郵運需要及本路設備改善情形，再行酌量辦理，准函前由，相應復請查照。爲荷。

廣東、湖南、湖北郵政管理局，衡陽一等郵局

局長杜鎮遠

抄呈交通部

抄知各運輸段：廣州、武漢辦事處，機務處、運輸處

郵電司爲決臺灣運郵津貼率仍自行議定致路政司公函（民國三十六年七月十八日）

本案前授郵政總局本年三月五日，局業字一四三七號呈請，到部經由本司簽案，次長復批開“本部對臺灣鐵路管理委員會向未行文，今爲此事對呈下

令，恐誤會。未必即案令。應否咨由長官公署轉知，抑在未歸國並以前暫由其自行議定。請路政司、郵電司舟約”等因，復經與貴司一科樓科長接洽。准復案陶司長指示，俟正式歸國之後再定，可以暫緩不議，並已與郵政總局面洽等由，本司意見在臺灣區鐵路未正式歸國以前之運郵津貼率仍暫由其自行議定。相應簽請查洽爲荷。

此致

郵電司

附請收426號一件

路政司啓

七月十八日

交通部爲令臺灣津貼率自行議定致郵政總局指令（民國三十六年七月二十三日）

主辦部分：郵電司一科

文稿編號：甲（）字第329號

送達機關：郵政總局

文別：指令

判行前會章：路政司

事由：令郵政總局爲據呈請核示臺灣區鐵路運郵津貼標準，令仰遵照由。

令郵政總局：三十六年七月十日例業字第一七四三號呈一件，爲臺灣區鐵路運郵津貼標準乞早賜核定示遵由呈悉。查臺灣省鐵路在未正式改歸國營以前，其運郵津貼率，可暫由臺灣郵電管理局與臺省鐵路管理委員會自行議定。

仰即送照。此令

善後救濟總署臺灣分署關於臺灣省善後救濟現狀調查文件

（1946 年 5 月—11 月）

總署調查處爲函送救濟區調查綱目致善後救濟總署臺灣分署公函（民國三十五年三月九日）

來文機關或姓名：總署調查處

文別：函

收文總號：8090

附件：調查綱目乙份

來問通訊地點：滬辦事處、調查處

摘由：函送救濟區域現狀調查綱目，希翔實辦理，儘四月底以前寄下。請查照由。

擬辦：（簽名）饒餘威。三月九日

批示：秘書室、經濟、工業技正室會、振務、儲運、衛生各組，會辦依限造運。

民國三十五年九月收

行政院善後救濟總署爲辦理救濟區域調查致善後救濟總署臺灣分署函（民國三十五年三月九日）

調字第 85 號

查本處爲明瞭全國善後救濟區域現狀，玆制訂各善後救濟區域現狀調查綱目一份，隨文附送即請查照。分項後詳調查編制報告，儘四月底以前寄下，而此項資料全爲備將來救濟設施及物資分配之參考。尚希轉飭主辦人員於調查時務須翔實辦理爲荷。

此致

臺灣分署啓

附各善後救濟區域現狀調查綱目一份。

[附件]：各善後救濟區域現狀調查綱目（附注）

（一）本綱目係爲各分署經濟技正作調查時之大綱，除已列各項務請詳查列報外，各分署認爲可供總署參考者，請自行列入。

（二）本綱目所列各項，凡一次調查後無變動者，即作一次調查，如隨時有變動，請於每半月將變動情形查報至物價調查則應每十日查報一次。

（三）調查表報均一律寄上海福州路120號本署辦事處、調查處。

善後救濟總署臺灣分署關於臺灣省善後救濟現狀調查文件

（一）流離人民社會福利

1. 出境人數

甲、戰前臺灣籍民住居省外者

日本	15105人
東北	1426人
本國其他各國	22877人
南洋	2123人
其他	4人
共計	41545人

乙、戰時被日本撤往省外者

日本	8419人
華南	10000人
南洋	46756人
共計	56174人

附注：

（1）此項人民似不能視爲受戰時之流離人民，惟出境人數約略爲此。

（2）本數字僅根據臺灣地區日本官兵善後聯絡代理副部長須田一二三，本年一月間對本署調查員所提供者。

2. 入境人數

旅外原所地人數	人數	備考
日本	19725 人	
香港	2543 人	
新幾內亞	1125 人	
菲律賓	13280 人	
澳洲	5024 人	
海南島	6700 人	
內地各省	9247 人	
閩島	561 人	
合計	58006 人	

附注：

（1）上項數字截至四月底止。

（2）採自長官公署民政處工作報告。

（3）本署調查數字僅至三月底止，人數爲 42810 人。

3. 過境人數

由本署登記並予以救濟之過境難民，截至四月底止，計二十七人。查臺灣爲島省，故過境人民極少，該二十七人中，因搭船無著，故附搭來臺便船，由香港各地取道返臺灣返厦門福州浙江等地。

4. 各類須協助還鄉人數

甲、在臺灣之外地人

（1）查臺灣之外之本國各省人民，須協助還鄉等數目極少，因臺灣在戰爭期中，對本國內地無來往，難民無法流離來臺。雖有極少數於淪陷區內被日本征調來臺，但爲數無多。依臺灣人民協會三十四年十二月調查計有：

a. 在臺中市再生舍三十二名。

b. 在臺北市難華僑會館十八名。

右列人數有自動還鄉者，有由本署協助還鄉者，有由本署雇傭或介紹工作者，均已遣置完畢。

（2）琉球難民：總數爲一萬四千餘人，本年一月間自動歸還及極少數死亡者，約三千餘人。一月之後自行附搭漁船回歸者約五、六千人，餘數正由省當局照日僑辦法，商由美軍予以遣還。

（3）其餘尚有若干他省人民（如温州人民在基隆僅辰石一帶），流離臺灣，工作無常，收入低微，家口衆多，此項人民數近千人，其留臺期間，多在十年或十五年以上，且有對於本籍方言及國語均已□□者，彼等雖曾請求返籍，但以其原籍是否有家尚待查明，該項並非因戰禍來臺，情形又無特殊。

乙、在外省之臺灣人

在外省之臺灣人，多係於戰時被日本征召離臺，自日本投降後在臺灣各省生活均成問題，須吁請本署救援返臺者計有：

（1）留粵被征女護士約260名。

（2）青島臺籍難民44名。

（3）浙江申請登記回籍臺胞40名。

（4）滯留廣州待返難胞4803名。

（5）塘沽待返難胞1380名。

（6）海口待返難胞3710名

（7）東北待返難胞3000名。

（8）新幾內亞及海南島約5000名。

共計17237名。

5. 可參加工賑工作人數

（1）照本省赤貧人數四分之一估計約40232人。

（2）工礦失業工人據主管機關估計約七八萬人。

（3）歸臺同胞58006人按三分之一估算約19335人。

6. 福利機關團體

（1）各公立慈善救濟機構

名稱	原主持人	備註
財團法人臺北仁濟院	院長（臺北州知事兼）	現停頓
財團法人新竹慈惠院	院長（新竹州知事兼）	現停頓
財團法人臺中慈惠院	院長（臺中州知事兼）	現停頓
財團法人臺南慈惠院	院長（臺南州知事兼）	現停頓
財團法人嘉義慈惠院	院長（臺南州知事兼）	現停頓
財團法人高雄慈惠院	院長（高雄州知事兼）	現停頓
財團法人澎湖慈惠院	院長（澎湖州知事兼）	現停頓

（2）各私立救濟事業團體

名稱	原主持人	備註
臺北愛愛寮	金子光太郎	
西門慈善會	金子光太郎	
婦人慈善會	吉田	
基隆養命會	九岡道夫	
基隆博愛會	九岡道夫	
新竹救濟會	鄭鴻源	
存仁院	劉晨光	
横山莊救濟會	伊藤米吉	
竹南成人會	許生	
臺中慈光園	藤澤宏澄	
景山公	林獻堂	
蘭生慈善會	林鬆齡	
共榮會	林獻堂	
臺南愛護會	王如幀	
鳳山省心社	李遷	
文生翁養德院	馮善德	
屏東救護院	郭一清	
旗山悟真社	陳啓雲	

（3）普通救療事業

縣市别	名稱	備註
臺北	日本赤十字社臺灣支部醫院	掘内次雄
臺北	博愛醫院	林柏壽
臺北	馬凱醫院	李遠椿
臺北	臺北市診療院	臺北市長兼
臺北	基隆市仁濟院	基隆市長兼
臺北	新店厚生診療所	新店社會事業助成會長兼
新竹	新竹市立業辰醫院	新竹市長兼
新竹	財團法人陳雲如、陳成美	陳雲如

續表

縣市別	名稱	備註
臺中	臺中鄰保館診療所	臺中市方面事業助成會長兼
臺中	彰化診療所	臺中慈善院院長兼
臺中	南大彰化基督教醫院	阮德茂
臺中	豐原診療所	臺中慈惠院長兼
臺中	二林診療所	二林後生會長兼
臺中	員林診療所	員林信用組會長兼
臺南	嘉義診療所	嘉義慈惠院長兼
臺南	臺南診療所	臺南慈惠院長兼
臺南	南大臺南基督教新樓醫院	楊雲龍
臺南	嘉義市厚生財團診療部	會長本田武二
臺南	北港博愛醫院	吴瑞諸
高雄	佛教慈愛院	東海重誠
高雄	屏東救濟院	郭一清
高雄	屏東診療所	屏東市社會會業助成會長兼
高雄	鳳山省心社	李選
高雄	鳳山産業組合醫院	蕓忠一
高雄	旗山悟真社診療所	陳啓雲
臺東	臺東鹿野醫務室	神田金次

（4）特殊救療事業

縣市別	名稱	原主持人	備註
臺北	馬偕醫院	李達莊	
臺北	私立樂山院	劉清風	
臺南	新樓病院	楊雲龍	
臺北	私立養浩堂醫院	中村讓	
臺中	静和醫院	臺中慈惠院長兼	
臺南	永康莊病院	竹内八和太	
高雄	高雄保養院	高雄慈惠院長兼	

（5）兒童救濟事業

名稱	原主持人	備註
成德學院	臺灣總督兼	
財團法人淡溪學園	高雄州知事兼	
臺北縣立盲啞學校	臺北州知事兼	
臺南縣立盲啞學校	臺南州知事兼	
私立鐮倉保育園	佐竹音吉	
私立基隆愛鄰院	鈴木民部	
天主公教會孤兒院	黑協淺次郎	
北港孤兒救濟所	本山景隆	

（6）外國教會救濟事業

教別	救濟事業名稱	原主持人	備註
天主教	私立臺北精修女學校	黑協淺次郎	本省外國教會救濟事業前由英美等國人士熱心創辦，但自太平洋戰事後外人相率離境，該項事業即由日人及本署人士接管。
天主教	高雄天主公教會孤兒院	黑協淺次郎	
天主教	日本天主公教會孤兒院	黑協淺次郎	
蘇格蘭長老教會	私立長榮中學校	長老劉子祥	
蘇格蘭長老教會	私立長榮中學校	長老劉子祥	
蘇格蘭長老教會	臺南新樓病院	長老劉子祥	
蘇格蘭長老教會	彰化基督教醫院	長老劉子祥	
蘇格蘭長老教會	南大基督長老教會	長老劉子祥	
加拿大長老教會	臺北神學校	牧師陳溪圳	
加拿大長老教會	淡水中學校	牧師陳溪圳	
加拿大長老教會	宮前女學校	牧師陳溪圳	
加拿大長老教會	馬偕幾年病院	牧師陳溪圳	
加拿大長老教會	樂山園癲病治療所	牧師陳溪圳	

附注：

（1）此係本年一月份調查。

（2）接收整理情況尚不據報，本署現正分撥調查登記後匯集，完竣後再行列報。

（二）農業

1. 糧食

臺灣原爲產米地區，過去多有產量輸出。戰時曾作日本倉庫，供給軍糧。米穀栽培面積占耕地總面積 73.5%。其中米占作物總生產價額 54.5%。其歷年生產及輸出數量表列如下：

臺灣歷年米穀生產及輸出量（表一）

年份	栽培面積（甲）	生產量（日石）	輸出量（日石）	備註
民國二十七年	644.793	9816899	4877983	1 日石 =1.8039 公石
民國二十八年	645.549	9151740	4106172	1 甲 =0.9917 公頃
民國二十九年	658.428	7901492	2956749	
民國三十年	666.990	8399040	1993533	
民國三十一年	625.649	8198271	1925523	
民國三十二年	628.990	7880624	1840701	
民國三十三年	605.724	7576658	6181448	
民國三十四年	509.480	4507574		

由上表可知在民國二十八年（一九三九年）以前，全年產米量約在 900 萬日石以上，每年輸出亦在 400 萬日石以上。嗣因受戰災影響，產量鋭減，輸出亦少，直至民國三十四年益見降低。全省食米產量，僅有四百五十萬餘日石。且加人爲原因，乃造成嚴重之糧荒現象。如按照本省六百萬人口之消費量，則依去年（三十四年）歉收量，推算不足之數在 100 日石左右（過去每人每年消費量相當 1 日石弱），加上甘薯係本省農家重要糧食之一，原可爲之補助，惟卅三年及卅四年上半年，日政府大量集中，擬用作無水酒精之原料，但遭盟機轟炸，盡化烏有。故加重糧食恐慌。

關於其他什糧及農作物產量，今昔亦呈顯著差异。大抵年來均呈下降，就小麥、甘薯、落花生等項言，自民國二六年至卅二年間，其中均呈遞減趨勢。卅二年以後，其減少率當更多。

臺灣省歷年次要食糧及作物產量比較（表二）

項目	小麥（日斤）	甘薯（日斤）	落花生（日斤）	備註
民國二十六年	4272	2949975884	627700	1日斤=0.6公頃
民國二十七年	10342	2876979812	556244	
民國二十八年	40857	2131611936	547177	
民國二十九年	29365	2520700744	567646	
民國三十年	46024	2822289543	440455	
民國三十一年	33334	2593983676	255537	
民國三十二年	14154	2343963940	1956871	

2. 特種農產品

臺灣特種農產品在外銷市場上甚佔地位，中以甘蔗爲最，茶棉、菸草等次之。過去數年中，生產皆頗繁盛。近年由於戰爭關係，產茶亦低落。就蔗糖而言，其生產及輸出情形：自民國卅一年以前，尚稱平穩，卅二年後變動驟生，旋至卅三年栽培面積情形減少，輸出亦現停頓。卅四年減少益劇。（見表三）

臺灣蔗糖生產及輸出量（表三）

年份	面積（公頃）	甘蔗生產量（公斤）	糖生產量（公斤）	輸出量（公斤）
民國27年—28年	165943	12814965464	1418730586	1312297920
民國28年—29年	172849	9977079551	1132768275	999378360
民國29年—30年	160727	8392385111	815419260	791928400
民國31年—31年	159960	10249649560	1101751800	1054537000
民國31年—32年	160535	10029282955	1041449640	471878160
民國32年—33年	152535	8467834082	892269038	294773420
民國33年—34年	123331	3398687856	323600000	—
民國34年—35年	90413	84000000	84000000	—

其次，臺茶在民國卅年以後，生產尚平穩，卅一年後面積漸減，產量亦低。卅三、四兩年，栽培面積量減少不多，但產量驟減。如表四所列。

臺灣歷年茶生產及輸出量（表四）

年份	面積（甲）	粗制茶產量（日斤）	輸出量（日斤）
民國21年	45592	14704152	10632793
民國22年	45298	15544877	12214569

續表

年份	面積（甲）	粗制茶產量（日斤）	輸出量（日斤）
民國 23 年	45765	18392028	15371．364
民國 24 年	46107	17802772	14436393
民國 25 年	46068	18081426	15528675
民國 26 年	45882	21553995	16984670
民國 27 年	45841	21837060	16916310
民國 28 年	46187	23382724	18989978
民國 29 年	47055	19474445	15620080
民國 30 年	46152	19167413	14802162
民國 31 年	44166	19309104	15951520
民國 32 年	48798	13119182	—
民國 33 年	40798	7500000	—
民國 34 年	40798	500000	—

棉花在臺灣所占面積、產量不多。過去均保持四、五千甲，其產量約百餘萬日斤。自卅三年已降，估計栽培面積約減少三分之二，收量亦低。（見表五）

臺灣省棉花歷年產量及總值比較（表五）

年別	栽培面積（甲）	收穫量（日斤）	總值（圓）	備註
民國 26 年	4479	1654342	283648	1 日斤 =0.6 公斤
民國 27 年	4880	1816983	313825	1 甲 =0.9917 公頃
民國 28 年	3270	1482604	271895	圓係臺幣
民國 29 年	3631	218532	44794	
民國 30 年	6066	2621077	624866	
民國 31 年	5797	1909992	500508	
民國 32 年	3784	938063	242675	
民國 33 年	1327	528073		推定數字

其他爲菸草生産，亦自戰爭關係，近年栽培面積及產量均頓減。（見表六）

臺灣菸草生產歷年比較（表六）

栽培面積（甲）	收穫量（日斤）	總值	總值（圓）	備註
1511	4352435	2125114	2125114	
5696	16349967	12421248	12421248	
5206	14731705	12922430	12922430	
4979	13884772	12536045	12536045	
2684	2727404	4658920	4658920	
5052	12180.000	12917548	12917548	

3. 耕地

臺灣全省土地面積共379765739甲（每甲產量0.9917公頃），內包括普通行政區域及蕃地兩種。總共計20419244.9甲，其中農耕地面積按民國卅年計，總共688117.78甲，內分田與烟兩種，即相當於水田與旱田、水田占耕地總面積61%，旱田占耕地總面積39%（均見表七）。年來因受戰爭影響而被迫荒蕪者，估計約占原面積10%左右。蓋其中一部出於作物栽培面積以減少，一部因受軍部之征用而減少。

臺灣省農業耕地面積（表七）

名稱	總數（甲）	田				煙（甲）
		小計	兩期作	單期作		
				第一期作	第二期作	
臺北	9634089	59043.08	5459473	392921	51914	3729781
新竹	155779.63	9014630	8763916	245681	6033	6562338
臺中	17830763	11032882	10505413	56833	470636	6797911
臺南	27266117	19291845	2469209	226212	16596424	7974274
高雄	12996648	7293282	4578367	229596	2483519	5703346
臺東	1799534	794038	708388	77352	8498	1005291
花蓮港	2781753	1104479	999606	104873	—	1677274
澎湖	7248.81	—	—	—	—	724881
合計	88617778	54436664	33484372	1333468	19618824	34175119

在本省耕地面積即以水稻栽培面積占第一位，甘薯次之，緑肥占第三位，再次屬工藝作物，由此可知緑肥對臺灣目前農業之重要。（見表八）

臺灣省耕地已耕面積各種作物所占百分率（表八）

名稱	食用作物			工藝作物	緑肥	蔬菜	果園	桑樹	合計
	米	甘薯	其他						
百分率	40.5%	16.8%	10.2%	12.2%	13.8%	2.6%	2.6%	1.3%	100%
備註	民國三十年總督府農務科調查								

4. 耕牛

臺灣過去耕牛平均每户約占一頭弱，過去生産最高數額，如水牛在民國廿三年，共646874四頭；黄牛及他種牛有76782頭。目前則減少甚多。與前項最高額比較相差6萬餘頭。是以臺灣目前耕牛頗形缺乏，急召補充必要，至補充數量，估計約須2萬至3萬頭間。始正有濟農業生産，至其價格目前每頭約六千圓（臺幣），惟附近收購不易，須賴外地訂運。

臺灣耕牛數量今昔比較（表九）

名稱	生産高額（頭）	民國35年數量（頭）	比較增減（頭）	備註
水牛	306874（民國23年）	275400	－30974	
黄牛及其他	76782（民國23年）	42700	－34082	
總計	383151	318100	－65065	

5. 農具

臺灣農民使用之農具較爲進步，除普通農具外，尚有中小型農機具。各農機具會社現有製造數量，共約488460件，惟近數年以戰事關係，多數損毁。現存數量估計共約有2306234件。此後相差將占二分之一。（見表十）此項缺乏數量，自應急需補充，以本省鐵工廠數量不少，過去悉由日人利用製造軍器。目前如能供給資金，擴充工廠設備，及充實各農機具會，則不難大量生産，至各種農機具購買價格當視農機具種類大小而异，如照對價言，則每臺約自臺幣二百元至二千元臺幣不等。

臺灣省各種主要農具數量今昔比較表（表十）

種類		原有農具數（件）	現有農具數（件）	目前減少百分率%	備註
小型	鍬	940748	564448	59. 9%	
	鐮刀	1881490	752896	40. 0%	
	木刀	658523	329261	40. 4%	
	中耕器	121122	36336	49. 9%	
	斧	87374	61161	30. 0%	
中型	犁	452462	226231	70. 0%	
	挖土機	470374	235137	50. 0%	
	脱殼機	235187	94074	39. 9%	
合計		4847280	2304234	45. 4%	

6. 肥料

臺灣全年肥料費用占農業經營總支出百分之二十二，經常除自用肥料外，均用多量化學肥料，按照常年統計，臺灣農家平時需要化學肥料數量，每年共約四十八萬噸左右，内硫酸銨有二十萬噸，過磷酸石灰有六萬噸，調和肥料有七萬公噸，豆餅有十五萬餘噸，此等肥料其中約有百分之七十是用於水稻方面，如以硫酸錏二萬公噸之數量計算，則新分配於農種作物數量。

惟戰時多以硫酸錏等肥料用作炸藥，故施用量減少，而輸入方面因海運斷絶，亦隨遞減。就表十二可詳知，自民國二十三年至三十二年間，歷年之輸入量，並明悉其趨勢。三十三年，雖材料缺乏，然可推知其較三十二年必更少，去年來源幾全斷絶，是令米穀産量亦大減。至空前恐慌階段，蓋其施用量與所産量係呈正相關關係。

欲維持平時糧食生産，誠宜先爲供應足量肥料，目前需要者硫酸錏二十萬公噸，豆餅約十五萬公噸，只是臺灣尚無大規模肥料工廠。（見表十四）

農民新需肥料歷年皆仰諸日本與外國之供給，故目前亦賴外來接濟。當地肥料價格，目前硫酸錏一公斤市價臺幣二十五至三十元不等，又豆餅一公斤市價臺幣十五元。

7. 種子

本省農作物種子重要者有蔬菜種子與糧食種子兩類，其中更有優良種與普通種之別，優良種過去由各地農事試驗場多量栽培供給，或由政府獎助農家作採種栽培，此種優良品種米爲方面有：

蓬萊米種籽	臺中 65 號	臺中 150 號	高雄 10 號
甘薯種籽	臺農 10 號	臺農 17 號	臺農 31 號

小麥種子尚實無固定之優良品種，目前較重要之品種即早熟 florence 種。

玉米之優良品種有 African，corn，minesofa。

蔬菜種籽以臺灣之園藝作物，不及日本發達，故各種優良品種，過去皆由日本輸入。目前各地仍有此項日本蔬菜種子之栽培。

至於此等種籽係純粹優良品種外，尚不甚缺乏。蓋當地農民均有留種習慣，既有不足，爲數亦無多，當地勉可收購，其收購價格糧食種子每日斤約臺幣三百至五百元不等。

8. 農業金融

民國三十四年八月

存款

1. 農業會	331713643128	72.45%
2. 市街地信用組合	10766957297	23.51%
3. 產業組合	1849440740	4.04%

銀行貸款

1. 農業會	18572303106	40.58%
2. 市街地信用組合	4303257868	9.39%
3. 產業組合	611499869	1.33%

有價证券

1. 農業會	1837756549	4.01%
2. 市街地信用組合	3117934311	6.81%
3. 產業組合	120070831	11.10%

放款

1. 農業會	9132903294	21.26%
2. 市街地信用組合	5280924478	11.53%
3. 產業組合	1882312412	4.21%

（三）水利工程

1. 臺灣省水利調查

主辦機關	建造年份	工程成果	毀壞程度	修復經費	管理機關
臺北縣	乾隆元年	56639	13710	1380310	10 組合
新竹縣	康熙五十七年	91703	17762	5101250	8 組合
臺中縣	康熙四十八年	17252	56027	736870	12 組合
臺南縣	民國八年	182882	136478	15436560	1 縣府
高雄縣	道光十七年	73836	25348	1885930	1 縣府
花蓮縣	花蓮縣	13242	6612	1337216	3 組合
臺東縣	光緒三十一年	7349	3106	445600	3 組合
合計		545903	259043	26323736	

附注：本表只包括復舊部分

概況

第 1 附件

修復之重要性：臺灣內部山地僅沿海爲平原，故在雨季時河流高漲急速易成洪患，雨季又不能作灌溉之用。

全部修建年份	每年修建經費
民國 33 年	27000000
民國 32 年	16000000
民國 31 年	15600000
民國 30 年	13400000
民國 29 年	12500000
民國 28 年	7800000
民國 27 年	5500000
民國 26 年	4800000
民國 25 年	5000000
民國 24 年	5200000
民國 23 年	5400000
民國 22 年	4300000
民國 21 年	5200000

續表

全部修建年份	每年修建經費
民國 20 年	5200000
民國 19 年	4000000
民國 18 年	3900000
民國 17 年	3800000
民國 16 年	3200000
民國 15 年	4000000

2. 戰時毀壞工程

名稱	所在地	毀壞程度	需要工程經費估計
宜蘭濁水溪破布烏堤防	臺北縣羅東區	冲毀 13008 公尺	24000000（臺元）未動工
宜蘭濁水溪三星堤防	臺北縣羅東區	冲毀 15000 公尺	88000000（臺元）未動工
宜蘭濁水溪紅柴林堤防	臺北縣羅東區	冲毀 1000 公尺	2600000（臺元）未動工
宜蘭濁水溪員山堤防	臺北縣通蘭區	冲毀 2000 公尺	4400000（臺元）未動工
頭前溪柯子林提防	新竹縣竹東區	河床隆起 2000 公尺，護岸冲毀 800 公尺	4400000（臺元）未動工
頭前溪隘口堤防	新竹縣新竹區	冲毀 630 公尺	7600000（臺元）未動工
頭前溪二十張犁堤防	新竹市	被炸毀八處	15000（臺元）民國 35 年 2 月 28 竣工
湳稚堤防	新竹市	被炸毀三口處	139000（臺元）民國 35 年 2 月 28 竣工
烏溪堤防	臺中縣大屯區	護岸崩潰 363 公尺	2100000（臺元）興工中
濁水溪濁水堤防	臺中縣南投區	上流部冲毀 476 公尺	2540000（臺元）興工中
濁水溪田頭堤防	臺中縣北斗區	取入水門下流部分一部分崩潰	2200000（臺元）未動工
烏溪大肚堤防	臺中縣大甲區	半崩潰 510 公尺	3600000（臺元）未動工
大甲溪三塊厝堤防	臺中縣大甲區	半崩潰 189 公尺	300000（臺元）興工中
大安溪火炎山堤防	臺中縣大甲區	表面崩潰 140 公尺	200000（臺元）興工中
大安溪公館堤防	臺中縣豐園區	表面崩潰 391 公尺	500000（臺元）興工中

續表

名稱	所在地	毀壞程度	需要工程經費估計
大里溪頂崙堤防	臺中縣大屯區	冲毀 250 公尺	600000（臺元）未動工
大里溪大突寮堤防	臺中縣大屯區	冲毀 300 公尺	800000（臺元）未動工
濁水溪林內第二號堤防	臺南縣斗六區	護岸崩潰 48 公尺	200000（臺元）興工中
濁水溪文流清水溪天然堰堤	臺南縣嘉義區	一部崩潰	320000（臺元）未動工
濁水溪新虎尾第三號堤防	臺南縣斗六區	一部崩潰	560000（臺元）未動工
濁水溪西螺引西圳取入口	臺南縣虎尾區	抗制閘五處冲失，鞋面崩潰 22 公尺	30000（臺元）興工中
北港溪北港堤防	臺南縣北港區	河岸崩潰、耕地冲毀	143000（臺元）民國 35 年 3 月 5 日竣工
曾文溪安定堤防	臺南縣新化區	護岸一部崩潰 260 公尺	840000（臺元）未動工
北港溪新街護岸	臺南縣北港區	嘉南大圳防水堤一部崩潰，原設水制二處已破壞	142000（臺元）民國 35 年 3 月 15 日竣工
八掌溪嘉義水道取入口	臺南縣嘉義區	堤防一部崩潰	400000（臺元）未動工
樸子溪囲子內地先	臺南縣東石區	河岸崩潰、耕地冲壞堤防 500 公出，分水壩五處	4000000（臺元）未動工
樸子溪樸子竹崎取入口	臺南縣嘉義區	護岸 50 公尺及堰堤等一部崩潰	200000（臺元）未動工
八掌溪下路頭護岸	臺南縣嘉義區	水利五處已崩潰，護岸 50 公尺	800000（臺元）未動工
下淡水溪土庫堤防	高雄縣旗山區	冲壞 780 公尺	14000000（臺元）未動工
卑南大溪里境第一號堤防	臺東縣里境區	護岸崩潰 245 公尺	560000（臺元）興工中
卑南大溪卑南堤防	臺東縣臺東區	延長 80 公尺	2260000（臺元）興工中
卑南大溪臺東堤防	臺東縣臺東區	中流部 1340 公尺	2200000（臺元）未動工
卑南大溪臺灣護岸	臺東縣臺東區	崩潰冲壞 155 公尺	3200000（臺元）未動工
卑南大溪里境第二號堤防	臺東縣里境區	護岸崩潰 970 公尺堤防冲壞 220 公尺	5000000（臺元）未動工

續表

名稱	所在地	毀壞程度	需要工程經費估計
宮里堤防	臺東縣里境區	一部崩潰	900000（臺元）未動工
紅葉溪瑞穗堤防	花蓮港鳳林區	冲壞85公尺	600000（臺元）未動工
馬太鞍溪馬太鞍堤防	花蓮港鳳林區	埋没230公尺	2400000（臺元）未動工
七脚川溪七脚川堤防	花蓮港花蓮區	冲壞150公尺，張石崩潰400公尺	800000（臺元）未動工
沙婆當溪佐倉堤防	花蓮港花蓮區	民家及耕地冲壞	360000（臺元）修理中
萬里稿溪鐵道橋下流部	花蓮港鳳林區	寧林學校冲壞冲毀450公尺	4000000（臺元）未動工

三　善後救濟總署臺灣分署救濟工作簡報

（民國三十四年十一月至三十六年七月）

本次共收録民國三十四年十一月至三十六年四月（1945 年 11 月—1947 年 4 月），善後救濟總署臺灣分署發佈的工作報告、簡報、月報、統計信息等文獻、電文和附表：

善後救濟總署臺灣分署工作報告（民國三十四年十一月至十二月）
善後救濟總署臺灣分署工作簡報（民國三十五年四月）
善後救濟總署臺灣分署工作簡報（民國三十五年五月）
善後救濟總署臺灣分署視察室報告（民國三十五年十一月）
善後救濟總署臺灣分署視察室報告（民國三十五年十二月）
善後救濟總署臺灣分署第十五期月報（民國三十六年三月）
善後救濟總署臺灣分署第十六期月報（民國三十六年四月）
善後救濟總署臺灣分署業務動態簡報（民國三十六年三月）
善後救濟總署臺灣分署業務動態簡報（民國三十六年四月）
資料統計表（民國三十六年四月至七月）
經濟統計資料（民國三十六年四月）
善後救濟總署工作報告（截至民國三十六年一月）
善後救濟總署全國分署業務動態簡報（民國三十六年三月）
善後救濟總署全國分署業務動態簡報（民國三十六年三月至四月）

善後救濟總署臺灣分署工作報告

（民國三十四年十一月至十二月）

臺灣在戰時爲敵人軍事之重鎮，盟軍以戰略之必要曾大施轟炸，被灾地區甚爲廣闊。勝利光復後，善後救濟工作實爲當務之急。本分署於三十四年十一月在臺北市正式成立。工作人員分别由重慶、上海及福州等地相繼到達，隨即開始調查臺灣省最急需之物資，如農業肥料、工礦、交通器材及醫藥等，由本分署長親赴重慶請求第一批救濟物資，呈經總署核准交韓雷先生携美。內計硫酸錏 12000 噸（見附表十），交通器材 2000 噸（細目見附表十一），工礦器材 1950 噸（細目見附表十二），藥品 22 噸（細目見附表十三）。

此項物資並請於本年一月十日前分裝二船，由美直放基隆。同時籌設各地倉庫亦爲主要初步工作之一。其救濟業務之最急要者乃爲輸送難民事宜，本省以處境獨异，在戰時有别省人民被日軍强征來臺者，亦有本省人民被征調離省者，凡此二者，在日本投降後，均感給養無著，欲歸不得，輸送誠不容緩，現正積極辦理。但因海運尚未恢復正常，不僅難民之輸送困難頗多，即所請之救濟物資，亦尚無一件運到，故交通問題，甚感嚴重也。

本省戰灾，據調查所得，房屋被轟炸全部毁壞者計 10820 棟，局部毁壞者 15965 棟，墻垣尚在而全部被焚者 18371 棟，局部被焚者 1163 棟，重要工廠被炸者 116 個，大倉庫 17 個，其他規模宏大之建築物 25 個，省立醫院之全部被毁者四所，局部被毁者六所，略受損失者五所，顧無論民房、商店、工廠或醫院均深感屋荒。此項戰争損害情形，如以地區論，其被害最烈者首推高雄縣之恒春郡，依三十一年底之調查，原有人口 34409 人，現僅有八千餘人，房屋殘存者不及十分之一；次爲高雄市、臺東縣與嘉義市，炸毁約在百分之九十；臺南市與基隆市，炸毁約百分之八十；再次爲新竹市，炸毁約百分之六十五，臺中市炸毁在百分之二十以上。此外如本省之自來水及電力受灾後，全省一百二十三水道單位中，已有六十六單位被受損壞，各發電廠之送水鐵管、變壓器、開關器及馬達等亦多被毁損，以上詳細數字及相片正在彙集中。

戰後臺灣之社會經濟到處呈現貧困與不安之象，以言農業，則過去糧食原屬出超，戰時因勞力貧乏與肥料無著，已漸呈恐慌形象。本年六月以前約不足 158151 公頃，深感嚴重。次則紡織業向無基礎，棉織物悉仰給於日本，今臺胞衣被，雖尚勉可維持一時，而未雨綢繆已有必要矣。以言工業，則規模較大之工廠多曾受空襲損害，或因原料補給困難，或因流動資金不足，已開工者甚少。其中又以電氣、煤礦、製糖、水泥各業較爲活躍。據三十二年年底統計，全省工人共有206481人，現失業者已占大多數，即在業之工人亦以米價過高工資過低頗受生活之威脅。以言商業，則目前海運尚未恢復正常，進出口貨物均在停滯狀態中。故市上已呈供求不調之象，當局爲避免受省外物價波動之影響，以安定本省社會經濟，省際貿易仍暫由省當局統制，一般市民因鑒於日用必需物資之奇缺，屯積居奇之風漸熾，因而物價頗受波動，其物價指數詳見附表。

臺北市零售物價指數表（以民國二十八年爲基期）

類別 / 時期	食料品	衣料品	房租	燃料品	雜項	總平均
民國28年	100	100	100	100	100	100
民國29年	115	103	106	104	105	107
民國30年	111	116	122	122	121	118
民國31年	118	119	136	124	131	126
民國32年	119	138	148	169	138	142
民國33年	148	141	168	190	155	160
民國34年1月	158	144	184	216	174	175
民國34年2月	158	144	184	216	174	175
民國34年3月	809	548	200	1007	945	702
民國34年4月	983	664	200	1265	1223	867
民國34年5月	1172	784	200	1536	1476	1034
民國34年6月	1354	932	200	1869	1849	1241
民國34年7月	1638	1203	200	2055	2171	1453
民國34年8月	1979	1476	300	2466	2660	1776
民國34年9月	1978	1485	300	2262	2444	1694
民國34年10月	2357	1485	300	3709	2481	2066
民國34年11月	2134	1466	340	3660	2425	2005
民國34年12月	2672	5625	340	4058	2220	2983
平均	1450	1330	246	2027	1687	1348

總之臺灣處境獨异，戰灾慘重，復員困難，本分署以救濟物資迄未運到，目前工作與此間需要程度相去甚遠，改進之道有望當局從速補救目前交通工具之缺乏，使海運暢通，物資交流，則一切困難則可以迎刃而解矣。附表如左：一、本分署人員配備概况表。二、轟炸死傷統計表。三、房屋炸毁統計表。四、重要建築物受炸統計表。五、殘疾軍人統計表。六、被征海外從軍眷屬統計表。七、被征人員遺族統計表。八、臺灣省立各醫院及療養院被戰火破壞情况調查表。九、本署轄區補助醫院一覽表。十、臺灣急需農業器材清單。十一、臺灣急需交通器材清單。十二、臺灣急需工礦器材清單。十三、臺灣急需藥品清單。

（注）十至十三各清單即係交韓雷先生携美請求之件。

（一）善後救濟總署臺灣分署人員配備概况表（民國三十四年十二月底止）

服務單位	工作人數					薪給總額	附
	簡	薦	委	雇	小計		
秘書室	1	2	2		5	1440	簡（五）薦（八）秘書各一人，薦（五）專員一人，委（一）委（四）組員各一人
振務組	2		3		5	1490	簡（五）主任簡（六）副主任各一人，委（一）組員一人，委（四）組員二人
儲運組	2	1			3	1270	簡（五）主任簡（八）專門委員及薦（六）專員各一人
衛生組	2	1			3	770	兼任主任簡（八）專門委員，薦（四）專員各一人
總務組	1	3	3	4	11	2140	簡（五）主任一人薦（六）薦（八）專員各一人，委（一）委（四）委（八）組員各一人，雇（一）辦事員一人，事務員二人，雇（三）辦事員一人
視察室	1	2			3	1190	簡（六）薦（一）薦（六）視察各一人
技正室	3	3	1		7	2040	簡（六）技正二人兼任技正一人，薦（三）薦（七）薦（九）技正各一人，委（一）技士一人
會計室	1	2			3	1110	簡（六）專門委員兼主任一人，薦（四）薦（八）專員各一人
合計	13	14	9	4	40	11430	所有薪俸數字均以臺幣計算

（二）轟炸死傷統計表（自民國三十三年十月十二日至民國三十四年八月十二日止）

死傷 區域	死亡	失踪	重傷	輕傷	合計
臺北	1678	170	891	1316	4055
新竹	452		352	393	1197
臺中	721	25	460	638	1844
臺南	1367	217	960	1406	3950
高雄	1662	15	1031	1385	4093
臺東	68	1	66	86	221
花蓮港	100		99	77	276
澎湖	52	7	43	34	136
合計	6100	455	3902	5335	15772
注	（1）臺灣直接戰灾均爲盟機轟炸，自 1934 年 10 月 12 日起計來機 15908 架，投彈 120219 枚。（2）上列統計表係據前臺灣總督府調查報告。				

（三）房屋炸毁統計表（自民國二十三年十月至民國二十三年八月）

炸毁程度 區域	全毁	半毁	大破	合計
臺北	2832	1987	1081	5900
新竹	1236	342	1496	3075
臺中	1564	540	753	2857
臺南	10431	1446	1459	13336
高雄	3540	1041	549	5130
臺東	733	295		1028
花蓮港	757	327	108	1192
澎湖	264	274	207	745
總計	21357	6253	5653	33263
注	（1）此表係據前臺灣總督府調查報告。（2）因被轟炸而受損害者據估計有二十八萬人之普。			

（四）重要建築物受炸統計表（自民國三十三年十月十二日至民國三十四年八月十二日止）

炸毀程度 建築物	全毀	全燒	大破	半燒	中破	小破	合計
工廠	24	34	16	10	18	14	116
倉庫	2	8	1	2	4	—	17
政府機關	1	11	—	—	11	2	25
合計	27	53	17	12	33	16	158
注	表係根據前臺灣總督府調查資料編成者。						

（五）殘廢軍人統計表

區別	臺北	新竹	臺中	臺南	高雄	臺東	花蓮港	澎湖	合計
人數	444	50	118	148	160	17	40	5	982
注	（1）此表係根據日本海陸軍調查資料編成者；（2）此批殘廢者前可由日本政府取得救濟金，現因日本政府所有資金被我政府凍結，亟須設法救濟。								

（六）被日本征赴海外從軍者眷屬統計表

區域	臺北	新竹	臺中	臺南	高雄	臺東	花蓮港	澎湖	合計
户數	11357	7496	15271	18490	9015	195	1225	25	63074
人數	17645	17079	84772	88996	52128	1198	4565	125	266508
注	（1）此表係根據各地政府調查資料編成者；（2）征屬津貼陸軍部份由日本發至民國三十四年底止，海軍發至民國三十五年三月止。								

（七）被征人員遺族統計表

區域	臺北	新竹	臺中	臺南	高雄	臺東	花蓮港	澎湖	合計
遺族户數	594	881	1312	819	814	93	88	28	4629
遺族人數	2672	5133	7227	4661	3915	688	550	228	25074
注	（1）此表係根據日本留臺海陸軍聯絡人員所給之資料編成者；（2）海軍遺族津貼由日本政府發至民國三十五年三月底，陸軍發至民國三十四年十二月底。								

（八）臺灣省立各醫院及療養院被戰禍損壞概況調查表

醫院名稱	沿革	設備科目	大要				破壞程度	擴充計劃	備要
			病房	床數	醫師	護士			
臺灣省立共濟醫院	本院於民國二十九年由臺灣總督府專賣局開始建設，民國三十四年九月二十八日正式開業。臺灣光復後奉長官命改爲省立醫院由衛生局接收。	內科、外科、眼科、牙科、小兒科、□皮膚花□科、産婦人科、耳鼻咽喉科。	1	60	10	25	玻璃窗户大半破壞，厨房損壞不堪使用。	擬予大改革，務使其合近代化醫院條件。	原名專賣醫院
臺灣省立基隆醫院	民國前五十七年荷蘭教會創立。	內科、外科、産婦人科、耳鼻咽喉科。	3	95	8	19	建築物及設備均被炸（全部之百分九十被炸）。	擬修建醫院充實內容設備擴充病室。	現在病房全無。
臺灣省立宜蘭醫院	民國八年設立。	內科、外科、眼科、産婦人科、耳鼻咽喉科。	2	98	7	26	檢殮室及檢□室一棟被炸，其他房舍及病棟、病房大部分被炸。	擬增小兒科及牙科病床至一百張。	現有病床六十張。
臺灣省立新竹醫院	民國前五十九年荷蘭教會創立。	內科、外科、眼科、小兒科、産婦人科、耳鼻咽喉科。	4	94	11	30	本□一部分被害，厨房、宿舍全部破壞，病棟之玻璃全部破壞。	人員增加，本館病棟增築，牙科增設隔離病棟。消毒室新築	
臺灣省立□□醫院	民國前五十九年荷蘭教會創立。	內科、外科、眼科、小兒科、産婦人科、耳鼻咽喉科。	6	200	21	62	第六病房被炸，各病棟外來室小害。	人員增加皮膚、牙科，新設厨房、死亡室、蒸汽消毒設備。	

續表

醫院名稱	沿革	設備科目	大要				破壞程度	擴充計劃	備要
			病房	床數	醫師	護士			
臺灣省立嘉義醫院	民國前十四年創立，民國三十年十二月因大地震院舍被倒壞，民國三十二年復建。	內科、外科、眼科、小兒科、産婦人科、耳鼻咽喉科。	5	162	16	23	本院房屋僅受機槍掃射，破損數處。	增設牙科，院舍改建重新。	
臺灣省立臺南醫院	民國前六十年荷蘭教會創建。	內科、外科、眼科、小兒科、産婦人科、耳鼻咽喉科。	6	195	21	62	全院被炸毀。	厨房病棟宿舍重新建築，皮膚科新設，醫院閑地廣張買□	現修建病房1，病床30。
臺灣省立高雄醫院	民國二年五月發起，同年八月建築房子□。	內科、外科、眼科、小兒科、産婦人科、耳鼻咽喉科	5	215	14	17	本院第一、二、三病棟被炸毀全無，第五及傳染病棟亦受大害。	新築院舍及病房（病床至千□），新設皮膚牙科諸儀器充實。	現有病房1，病床10。

（九）本署轄區補助醫院一覽表

醫院名稱	地點	醫師人數	病床數	備考
省立共濟醫院	臺北市	10	60	
省立基隆醫院	基隆市	8		原有病床95張均炸毀。
省立宜蘭醫院	宜蘭市	7	60	原有病床98張。
省立新竹醫院	新竹市	11	94	
省立臺中醫院	臺中市	21	200	
省立嘉義醫院	嘉義市	16	162	
省立臺南醫院	臺南市	21	30	原有病床195張。
省立高雄醫院	高雄市	14	10	原有病床215張。
省立屏東醫院	屏東市	12	79	原有病床120張。
省立花蓮港醫院	花蓮港市	10	40	原有病床57張。

續表

醫院名稱	地點	醫師人數	病床數	備考
省立臺東醫院	臺東街	10	40	原有病床57張。
省立澎湖醫院	澎湖廳馬公街	5	15	原有病床60張。
共計醫院	十二所	145	790	

臺灣糧食及衣著報告

（民國三十五年二月）

一、本省食糧供需情形及本年度之展望

本省人民食糧以米爲主，原係産米之區，他種糧食除甘蔗以外産量均少。戰前本省米産平均每年皆在1600萬市石（約合九百萬日石）以上。其中半數左右輸往日本。肥料多不能充分供給，復加征工服役，使村勞力不足。一九四一至一九四四，每年産額皆爲1400餘萬石。至一九四五年，生産情況最劣，估計産額，僅能達八百餘萬石。如此情形，非但維持輸出，勢所不能。即僅供本省消費，亦感不敷。揆其原因：（一）肥料及人力皆甚缺乏。（二）空襲頻仍，給水不足，勞作管理不能充分發揮。（三）第二期稻，因前期遲種，失却農時，復逢風灾影響，收成鋭減。至於去年米産之展望，則因肥料至今未到，第一期之産量，仍無希望。目前米價常在臺幣七元、八元之間，折合法幣約達210元至240元，實極昂貴。故亟待總署接濟肥料及食糧，以蘇民困。

二、本省衣著類産量及供需情形

本省棉花生産年僅百餘萬日斤，歷年皆恃海外進口，紡織工業則尤其貧弱。紡紗設備，近年力事擴充，然至今僅只三萬紡錘左右。據日人估計，前日本總署答復前進指揮所備忘録臺政字第一號第四項第十一號，本省需要紡錘數量，約在15萬至20萬之間，故相差甚遠。至於織布工業則因規模甚小，每年産量亦至有限，絶大部分皆賴日本供給，自日本輸入物品價格常以棉製品占第一位。一九四二年後，日本軍用浩繁，輸入本省棉花實減，嗣後即將停止。而他地輸入數量亦形減少。至於棉織品進口情形，亦與棉花相彷彿，惟至一九四四年起情形大減，故本省目前情況，雖海運尚未暢通，而城市中，中上等人，衣著尚能維持整齊，鄉村農民，則衣不蔽體觸目皆是。

三、附表：

（甲）本省食糧平均生產量（單位：日石）（民國二十六年——三十一年）

米（日石）	小麥	玉蜀黍	蜀黍	西米	大麥	甘蔗
8789926	29023	18279	14197	8336	5284	2649256

（乙）本省米產數量及對日輸出額

年別	生產		輸出價額	輸出占生產價額之百分比
	價額（日元）	數量（市石）		
一九四零	213439	16819645	84243	40
一九四一	246314	14150529	70735	29
一九四二	248077	14486949	76155	31
一九四三	256750	14730881	66028	26
一九四四	不詳	14298491	55490	

（丙）本省棉花之生產及進口量（單位：日斤）

年別	生產量	進口量			進口總量占生產量之百分比
		總量	日本輸入	他地輸入	
一九三九	1654342	509421	431353	78068	31
一九四零	218532	426233	278535	147698	196
一九四一	2621077	1155571	358541	797030	44
一九四二	1910001	6325	5825	500	0. 3
一九四三	938063	37730	爲數極少，海關無數字可查。	37730	4

（丁）本省棉紗之進口價額（單位：日元）

年別	總額	日本輸入	他地輸入
一九三九	1219945	1219927	18
一九四零	1744673	1744669	4
一九四一	2275698	2275677	21
一九四二	2775679	2772900	2779
一九四三	1207555	1207501	54

（戊）本省棉織物生産及進口額（單位：日元）

年别	生産總額	進口			生産總額占進口總額百分比
		總額	日本輸入	他地輸入	
一九三九	1477527	19760410	19751472	8938	7.5
一九四零	1932152	16705705	16548836	156869	11.6
一九四一	1407918	16051491	15950587	100904	8.8
一九四二	1407843	41093351	40386603	706748	3.4
一九四三	不詳	29691823	29452263	239560	—
一九四四	不詳	8805000	8805000	爲數極少故略而未計	—
説明	（1）由日本輸入物品，日人稱爲“移入”，包括日屬各地及佔領區；（2）1日石合1.8市石，1日斤合1.2市斤。				

臺灣分署爲呈報本省交通狀況由致善後救濟總署代電

（民國三十五年二月十四日）

摘由：爲呈報本省交通狀況由

擬辦：運組登記後原件移交調查處

善後救濟總署鈞鑒：奉濟調第一五六四號令，仰將區内經濟交通現狀查報等因，除燃料、糧食、衣著各類業經分别呈報外，兹將本省交通現況隨電報呈。敬祈察鑒。臺灣分署醜青經印。

附臺灣水陸交通現况報告一份（善臺署經字第二二四號）

本省鐵路交通，頗爲發達。除南部由臺東至林邊，東部由花蓮港至蘇澳兩段，尚未修築以外，其餘各市縣間，皆有鐵路貫通，各段相連，幾將環繞全省。因此，本省客貨運輸，實以鐵路爲主。次則本省公里，亦甚普遍，各縣及區鎮間，多有汽車行駛，以輔鐵路之不足。復次，尚有沿海航綫，通行汽船帆船。至於省級運輸，則全恃海運。

日前，本省鐵路尚能維持全部通車，惟以機車常不敷調配，運輸能力較前減退，又以器材缺乏修理，不免時遇困難。公路方面，全省路面尚屬完好。只以燃料、配件、車胎常感不足，故未全部通車。公營路綫通車部分，約占百分之四十五。其中東海綫及南回綫，連接鐵路（詳見附圖）部分，均仍維持通車。民營路綫通車部分，約占百分之四十，但臨時貨運，只須油料敷用，並無一定地區限制。至於本省航運，則因戰時損失過劇，船只缺乏，通航次數甚爲稀少。客貨運輸至感困難。

附臺灣航運現狀調查表（民國三十五年二月五日）

航路	只數	航期
由基隆至福州	五	經常航行每月六航海
由基隆至琉球	四	經常航行每月四航海
由基隆至花蓮港	四	經常航行每月八航海
由蘇澳至花蓮港	六	經常航行每月十八航海
由蘇澳至臺東		臨時航行
由高雄至馬公	五	經常航行每月十航海
由高雄至臺東	四	經常航行每月六航海
由高雄至海口		臨時航行

附：目前航務管理處，可航船隻，僅 33 艘，總噸數僅 200364 噸。

臺灣分署技正陳振鐸視察報告

（民國三十五年六月二日）

五月廿一日，邀同薛禮文先生前往高雄、鳳山、屏東、新營、臺南、虎尾、海口、員林、臺中等各地，視察肥料分配、本年度農産情形及海口鄉漁業等，於廿五日事畢返署。兹將調查所得之重要事項報告於後，敬祈參閱。

（一）本分署一經分配農民施用於水稻、甘薯及甘蔗等之肥料，收效甚大。據高雄、臺南縣政府建設局長之報告，本年第一期作高雄縣水稻收量較去年度（該年未施用肥料）增加 47.7%，合 3300 萬臺斤。臺南縣增加 84.5%，合 3800 萬臺斤，其詳細統計列於附表中，兩者時價合計約值臺幣 26 億，再加施用肥料之其它區域，如臺中、新竹、臺北等處，其收量增加尤爲可觀。就甘蔗與甘薯言，甘蔗栽培面積則已超過已往記録，今後端賴接續供給充量之肥料，以達於其最高記録。臺南農民前曾對本署肥料（石灰氮氣及重過磷酸石灰）之效果未十分認識，但經施用該肥料後得有極優良之結果，故對於本署肥料發生極大信仰，而現對於各種新肥料之使用毫無疑心。總之，已往本署分配之肥料對本省糧食增産暨農民救濟確有至大貢獻。

爲辦理今後肥料分配妥善計，爰提意見如下：

a. 各地倉庫充滿肥料，出倉情形欠佳，此係不能如期獲得鐵路運輸車輛及農會不能暗時具領肥料所致，最近大批肥料陸續運到，希望對儲運問題特加研究。

b. 最近大批硝酸錏運到，故除將該肥料用於甘薯外，並須施用之於本年第二期作水稻，惟硝酸錏之施用於水稻，在本省尚屬初試，又因農民未諳施用方法，故應將該施肥法詳細指導爲要。振鐸本次已將其用法詳告農會技術人員，勸其召集農民開辦講習會。高雄及臺南縣政府暨農會等均有開辦講習會計劃，同時，農林處及肥委會均能派員前往各地指導該肥料之施用法。

c. 本年度各地農民以糧食騰貴，墾荒改種作物者倍多，故水稻栽培面積亦增多，但本季分配肥料面積往往仍根據過去所統計之面積，不合於實際，故屢發生分配肥料量不敷於分配之情形。在本次視察中，發現某縣區鎮當局因所報告之面積遠較實際面積少，乃於分配肥料時任意減少公告規定之每甲施用量，此既不合於規定，且易生弊端。爲匡正計，振鐸除已請各縣府、農會人員調查其所轄之實際面積，轉向肥委會申請補發外，並擬將各地之實際情形報告肥委會，請其今後當按實際面積而分配肥料，並加派人員前往各地調查指導，以期各當地肥料分配機構均能遵守公告規程辦理。

（二）本年南部各地猪瘟盛行，若不加以防止而任其蔓延，則農村經濟將受莫大之損失。

臺南、高雄兩縣猪瘟發生情形與血清需要量列於另表中，除將該情形通知農林處請其設法補救外，並向聯總申請所需要之血清。

（三）本次海口鄉漁民之舊衣、麵粉袋等分配情形較佳。該鄉漁業天然環境優美，漁民亦良善，惜缺乏復興漁業之資財，以致無法發展，今後如能接續幫助其善後復興工作，則該鄉在漁業方面定獲發達，而漁民生活亦必隨之向上，庶幾合於救濟之本旨。又該鄉漁民極苦，多以甘薯葉代飯，此乃振鐸與薛禮文先生目睹之慘狀，而漁具亦極缺乏，故擬爲其向漁業管理處臺灣分處申請漁船，可否，仍乞示。謹呈署長錢宗起。陳振鐸。

附件：

高雄及臺南縣猪瘟發生情形統計表

	高雄縣 （卅六年一月一日至三月三十日）	臺南縣 （卅六年一月一日至五月十五日）
去年病猪未愈之頭數	1831	127
本年病猪頭數	33937	7874
合計	35768	8001
今年死亡頭數	26961	5684
治癒頭數	2082	531
目前病猪頭數	6725	1786
高雄、臺南兩縣血清需要量	血清：1000000CC；Vaccin（疫苗）：500000CC。	

善後救濟總署臺灣分署工作簡報

（民國三十五年四月）

一、本分署與臺灣省行政長官公署工礦處舉辦工賑

本分署爲救濟目前大批失業工人，並重建全省都市起見，業與本省工礦處合訂以工代賑辦法，發動都市復舊及清除工程，並定先自臺北、基隆、高雄三大市開始。此項工程之全部工資均由本分署負擔。新雇傭之工人，除安插返省之難民外，由本分署登報公開招募失業工人。

上項工程之已完成者有：

（1）臺北公園整理工程；

（2）臺北市自來水修復工程；

尚在進行中者有：

（1）臺北市清除垃圾水溝工程；

（2）基隆市疏通下水道工程；

二、調查各縣市赤貧户口

臺灣省受戰争影響，生活困難之户口業經本分署詳加調查，已得有招。臺東市、臺北市 1980 人，嘉義市 2269 人，屏東市 2349 人，彰化市 1651 人，基隆市 902 人，高雄市 2789 人，新竹市 4733 人，臺中市 1231 人，臺南市 4436 人，臺北縣 5040 人，高雄縣 27504 人，臺南縣 2463 人，臺東縣 15998 人，臺中縣 17844 人，花蓮縣 23136 人。此外尚有新竹、澎湖兩縣正在調查中。

三、調查本省都市損毁情形

本省都市遭盟機轟炸，損毁情形業經本分署調查，計臺北市損毁 27%，基隆市 56%，嘉義市 40%（此係按照全市面積計算，如按街道房屋計算則達 70%）高雄市 37%，臺南市 50%，新竹市 30.9%，臺中市 15%，彰化市 40%，屏東市 11.9%。各詳細數字及相片正在匯集中。

四、調查臺灣省東南區工廠情形

臺灣省各工廠因在戰争期間破壞至鉅。本分署爲明瞭實際情況細作，實施善後之根據起見，特於二月十三日派工業技正許乃波、江淞等前往基隆、羅東、蘇澳、高雄、臺南、虎尾、日月潭、義社、豪一綫，臺中及新竹等十一處實地調查。業於二月二十六日公畢返署，此行需時二周，共調查電廠、水門汀

廠、鋁廠、電化廠、鐵工廠、肥料廠、紡綫廠、榨油廠、磚瓦廠、玻璃廠、糖廠及煤礦十餘家。此行所經各廠，雖多已開工，而產量極低。一因戰時破壞過甚，即廠房與屋頂等亦復不少，如遇天雨，即無法開工，次因肥料缺乏，影響產量，如甘蔗歉收而致糧產統減，且亦間接影響低廠之產量。此外，各廠中工業器材及管機油等存量不多，僅足維持二、三個月，若不及時供給則全部工廠均有停頓之虞。

五、本分署儲運准備工作概述

本分署以總署分配本省之物資，如麵粉、舊衣履、藥品及卡車等，均已去滬候輪，不久將可運抵基隆。除分配方案早經擬定呈核外，電□儲運較之准備工作，亦已份置就緒、分陳如下：

（一）籌設倉庫、汽油庫及汽車庫。基隆爲本省大港之一，本分署多備儲物資，計已租借臺灣省行政長官公署交通處港務局原有之第二倉庫，設立基隆倉庫，此庫房屋皆多鋼管、水泥、建築堅固，門鎖天窗及屋蓋悉加修整，一切設備當稱完整，經派儲運組副主任陳國新，兼任倉庫主任，此外並已洽借臺北市政府蓬萊町汽車庫全部及本市三板橋汽油庫，分別作爲存放汽車及儲屯汽油之用，現已略加修復，地點容量均當適宜。一俟車油撥到，即可利用。

（二）招考司機。交奉總署分配，本省之卡車三十輛，吉普車四輛，公辦車二輛，其中已有卡車二十二輛，由滬裝海宇輪、海宙輪運抵基隆，其餘不久亦可運鄰本分署。業經報告招考司機。計報告，報考者五十餘人，初試及格二十三人，復試後録取十六名，現已終審來署報到。開始裝配該次車輛矣。善後救濟總署臺灣分署工作首招。

善後救濟總署臺灣分署工作簡報

（民國三十五年五月）

一、難民之遣送及振助

本分署管轄區域，因未直接遭受戰禍，故僅有部分客籍人民，及被日人徵召來臺之閩粵難民，及歸國僑胞等函予遣送與振助。玆本案匯記如下：

振務函港青島及澳洲臺胞杜玆、蔡宏遠、李季坤等計十三案共十六人。

（二）客籍難民生活困難，經予振助者計陳詳俤、黃葉水妹、林益可、薛氏秋蕃、章俊、□瑞英共六案，計二十六人。

（三）本籍難民，生活困難並患疾病，經來署中請予以救濟者計陳金塗、謝阿秋、葉妹等三案，計八人。

（四）資送由菲律賓日本各地，經臺返籍之閩浙難民江元無、徐杰發等計兩案，共十一人。

（五）琉球難民内問長三於返籍後被盗，經盡一年，令請救濟等一案，計本人及家屬四人。

（六）荷屬爪哇各地返胞等家屬可運，經予收容計人數八十二人（住新富町保育園内），按日給賑，並擇有能力相當者予以録用。其餘係亦陸續分別介紹或給予工作。

二、本分署積極舉辦工賑

（一）本分署舉辦之都市復舊工程

至目前止業已完成者計有臺北市清除垃圾水溝工程、臺北公園清理工程及臺北市防空空地炸毀地區及街道清理工程等件，此外已經開始而尚未完成者計有：

1. 基隆市防空空地炸毀區及衛生清理工程。
2. 嘉義市下水道興修復舊工程。
3. 臺南嘉南大圳水利工程。
4. 基隆市下水道清理工程。
5. 新竹防空空地炸毀區復舊工程。

（二）籌設倉庫

本分署救濟物資，經已開始陸續運到。關於儲運事宜，除基隆倉庫已租借，及港務局之第二號倉庫，及分别借用臺北市政府蓬萊町汽車庫，全部及中莊子段汽油庫外，其他各縣市亦正籌設倉庫多時，以備存救物資，並將各倉庫所在地點、搆造及容量等列表如下：

縣市别	倉庫地址	官有或私有	所屬機關名稱或所有人姓名	面積	搆造情形	可否專用	備註
臺北市	樺山町四九三	官有	臺北市政府	二十四坪	木造	可	瓦上有破損，距離治安機關一萬里
臺南市	田町五十番地	私有	日本辰馬船株式會社	可容麵粉五千包	鋼鐵洋灰	可	有夜車，距離視察組三萬步
臺南市	田町五十番地	私有	日本辰馬船株式會社	可容麵粉五千包	鐵皮木造	可	有夜車，距離視察組三萬步
臺中市	榮町一三號	私有	津島吉街	高六十公尺一棟	木造平房	可	與市政府距離甚遠
臺東市	臺東區	私有	臺東明糖海岸倉庫	四十坪	石造	可	離治安機關甚遠
嘉義市	五川町一二〇號	私有	之井房普未行倉庫陳生信	兩座可容粉二萬包	木造		該市公私倉庫多被炸毀，僅有此二座
高雄市	入船町六七九	官有	高雄市政府第一倉庫	八十坪	木造瓦葺平房		該市政府此三座倉庫尚有剩餘容量，可供本署使用
高雄市	入船町六七九	官有	高雄市政府第二倉庫	一百二十坪	煉瓦造瓦葺平房		
高雄市	入船町六七九	官有	高雄市政府第三倉庫	一百六十坪	煉瓦造瓦葺平房		

（三）第一批救濟物資到臺

四月六日由滬開來上海辰輪，裝運本署救濟物資多種，計細鐵九萬八千三百四十九袋（連破包地脚折整），舊鞋五萬包，舊衣兩千包，DDT 五十桶，醫藥用具一〇二件，醫具六箱，去脂奶粉五十桶，切肉機十七箱，吉普車三輛。是自本署成立以來，接收救濟物資之第一批，經本分署派職員多人前往基隆辦理起卸、點收入倉。日夜工作至九日下午六時，接收全部物資點收完畢。

（四）訓練及組織 DDT 工作隊

DDT 運到後，本分署即與衛生處合辦訓練班，訓練本省衛生工作人員，並已組成工作隊，先赴臺北市各内分區實施噴射。

（五）協助省衛生處防治霍亂

四月二十三日基隆發現霍亂病人，五月初高雄又尚有發現。本分署當即協助本省衛生處派員携帶後並弛赴兩地整治，以防蔓延。迄至五月十日止，基隆方面霍亂已告絶迹，高雄方面疫勢亦已大殺。

（六）接收醫院免費醫療難民

本分署爲救濟各地患病難民，特約各地省立醫院及臺灣大學附屬醫院免費治療。其消耗之醫藥器材由本分署補助住院病人，并發給伙食補助費。

（七）協助防治腦膜炎

三月二十九日，本省虎尾區署報告該地發現腦膜炎病症，本分署當即發給磺胺劑，並商請衛生處派員前往實施治療。

（八）組織高砂族流動醫療隊

本省高砂族人民，向居於山叢之中，文化落後，疾病流行，本分署特與衛生處合組流動醫療隊四隊，前往各高砂族區域施診並携帶藥品器材計共三十一種，魚肝油三十六瓶。

（九）接收撥發救濟用軍糧

本分署前奉總署案振秘字第 280 號函電以接受救濟物資，有關於救濟之用者，已奉行政院令，由總署及各分署接收辦理救濟並飭逕與有關機關接洽。速即與軍政部臺灣區特派員辦公處商妥，收軍糧 1600 噸，移交本分署，並先收臺北新店區來安坑三處存糧接收，其餘地區亦已派員分別前往驗收。該次軍糧内有焙米、乾糧、餅乾、穀物，但因存儲時日過久，一部分已敗壞，無法食用。本分署擬於接受後檢出可供食用者，就近會同當地地方政府辦理工賑及平售。

（十）補助慈善機關

臺北市原有一收容貧病機關，名愛愛寮兼設有診所，接收貧病者，免費服務，創辦已逾二十年，先後收容逾五千人，頗具成績。但以經費來源無保障，難維持。本分署特自三月份現按月補助臺幣 12000 元，稱爲收容難民之一機關。

（十一）善後救濟審議委員會開第一次會議

本省善後救濟審議委員會於四月十九日下午四時，在本分署禮堂開第一次會議，陳兼主任委員，以下計十四人，本分署高級職員十餘人列席，由陳兼主任委員主席，對本分署接收救濟工作之重點及實施辦法，討論至爲詳盡，並就物資之分配議決要案數件，電遵總署請擇採施行。

（十二）繼續申請肥料

本署農林處以本年第一、二期稻作需要肥料至急，於四月九日函請本分署，此事轉請硫酸錏等肥料及機械農具等。其中除酒精及洋灰，因本地有生產，本分署已囑其就地購辦外，其餘俱已代請，各種類及數量如下：

（1）硝酸錏：177250 噸。

（2）過磷酸石灰：62000 噸。

（3）磷酸鉀：15900 噸。

附件：

臺灣分署三十五年一月份業務報告表（新任與去職人員報告表）

姓名		性別	年齡	職銜	薪額	組科室或其他	到職日期	主要工作	去職日期
1	饒餘威	男	35	主任秘書	520 元	秘書室	34 年 11 月 1 日	主管秘書室事務	
2	汪彝定	男	27	秘書	260 元	秘書室	35 年 1 月 1 日	主辦編譯	
3	林良桐	男	37	振務組主任	520 元	振務組	34 年 11 月 1 日	主管振務組組務	
4	岑如森	男	52	儲運組主任	520 元	儲運組	34 年 12 月 1 日	主管儲運組組務	
5	徐利彬	男	50	衛生組兼主任	兼任	衛生組	34 年 11 月 1 日	主管衛生組組務	
6	陳　明	男	53	總務組主任	520 元	總務組	34 年 11 月 16 日	主管總務組組務	
7	嚴家理	男	34	振務組副主任	490 元	振務組	34 年 12 月 1 日	協理振務組組務	
8	楊靖之	男	47	簡派視察	490 元	視察室	34 年 12 月 1 日	主管視察室事務	
9	張廉駿	男	33	視察	400 元	視察室	34 年 11 月 1 日	業務視察	
10	丁家興	男	32	視察	260 元	會計室	34 年 12 月 1 日	會計視察	
11	何孝怡	男	44	經濟技正	兼任	技正室	34 年 11 月 1 日	主管經濟技正室事務	
12	許乃波	男	39	工業技正	490 元	技正室	34 年 12 月 16 日	主管工業技正室事務	

續表

姓名		性別	年齡	職銜	薪額	組科室或其他	到職日期	主要工作	去職日期
13	林傳光	男	38	農業技正	490 元	技正室	34 年 12 月 1 日	主管農業技正室事務	
14	郭可譽	男	34	技正	340 元	總務處	34 年 11 月 1 日	主辦庶務	
15	江　淞	男	25	技正	280 元	技正室	34 年 11 月 1 日	工業調查	
16	張澤南	男	28	技正	240 元	技正室	34 年 12 月 1 日	經濟調查	
17	李蘊瑜	女	27	技士	200 元	技正室	34 年 11 月 1 日	農業調查	
18	翁同倫	男	28	組員	200 元	總務組	34 年 11 月 1 日	主辦出納	
19	陳達權	男	39	組員	200 元	秘書室	34 年 12 月 24 日	英文編輯	
20	陳笑陶	男	37	組員	200 元	振務組	34 年 12 月 28 日	賑濟工作	
21	張天抉	男	32	組員	140 元	振務組	34 年 12 月 16 日	日文翻譯	
22	鄭炳官	男	24	組員	140 元	振務處	34 年 12 月 24 日	難民調查	
23	品耀成	男	29	組員	120 元	總務組	34 年 12 月 1 日	購買物品	
24	黃天祺	男	30	組員	140 元	秘書室	34 年 12 月 1 日	英文翻譯及打字	
25	陳韶琪	男	40	組員	90 元	總務組	34 年 12 月 21 日	繕寫	
26	陳方雲	男	62	顧問	兼任	顧問室	34 年 11 月 1 日	顧問	
27	郭文元	男	38	專門委員	430 元	儲運組	34 年 11 月 1 日	運輸業務	
28	何心沫	男	42	專門委員	430 元	衛生組	34 年 11 月 1 日	主管藥械分配	
29	沈歧連	男	42	專門委員兼會計主任	490 元	會計室	34 年 11 月 1 日	主管會計事務	
30	池　鋌	男	41	專員	320 元	總務組	34 年 1 月 1 日	主辦文書	
31	徐正一	男	28	專員	320 元	秘書室	34 年 11 月 1 日	主管人事	
32	周永煌	男	44	專員	360 元	振務組	34 年 12 月 1 日	審核賑濟費用	
33	車景輝	男	40	專員	340 元	衛生組	34 年 12 月 27 日	衛生行政	
34	李秉鈞	男	32	專員	300 元	儲運組	34 年 12 月 1 日	物貨倉儲	
35	林大齡	男	44	專員	300 元	總務組	34 年 12 月 1 日	管卷	
36	陳慶正	男	34	專員	260 元	總務組	34 年 12 月 1 日	庶務	
37	劉榮桂	男	33	專員	260 元	會計室	34 年 12 月 1 日	會計事務	
38	林德庸	男	24	辦事員	70 元	儲運組	34 年 12 月 24 日	倉庫事務	
39	蕭秋月	女	19	辦事員	80 元	總務組	34 年 12 月 22 日	中文打字	

續表

姓名		性別	年齡	職銜	薪額	組科室或其他	到職日期	主要工作	去職日期
40	郭家振	男	37	辦事員	80 元	總務組	35 年 1 月 16 日	校對	
41	陳志龍	男	33	事務員	80 元	總務組	34 年 12 月 16 日	辦理膳食	
42	吳希賢	男	51	事務員	80 元	總務組	34 年 12 月 16 日	汽車司機	
43	黃文欽	男	36	事務員	80 元	總務組	35 年 1 月 16 日	管理宿舍	
44	品耀城	男	29	組員	120 元	振務組			35 年 1 月 31 日

附件：

臺灣分署三十五年二月份業務報告表（新任與去職人員報告表）

姓名		性別	年齡	職銜	薪額	組科室或其他	到職日期	主要工作	去職日期
1	陳國新	男	33	儲運組副主任	490 元	儲運組	35 年 2 月 1 日	協理儲運組組務	
2	施益勵	男	30	技士	200 元	技正室	35 年 2 月 9 日	工賑工程審核及監工	
3	鐘友光	男	33	組員	90 元	總務組	35 年 2 月 1 日	管理公物	
4	陳吉	男	23	組員	100 元	總務組	35 年 2 月 1 日	管理工役	
5	劉永懋	男	35	專門委員	兼任	振務組	35 年 2 月 1 日	工程設計	
6	方生楊	男	33	專員	300 元	儲運組	35 年 2 月 19 日	物資輸運	
7	蔡琦裳	女	21	辦事員	80 元	秘書室	35 年 2 月 5 日	英文打字	
8	蔡月英	男	25	辦事員	80 元	秘書室	35 年 2 月 4 日	英文打字	
9	何喬茂	男	33	辦事員	80 元	振務組	35 年 2 月 6 日	收發登記	
10	陳年新	男	57	事務員	80 元	總務組	35 年 2 月 1 日	警衛防護	
11	史巴柯	男	28	專門委員	兼任	衛生組	34 年 12 月 1 日	衛生工程	
12	陳笑陶	男	37	組員	200 元	振務組			35 年 2 月 1 日
13	陳笑陶	男	37	視察	220 元	振務組	35 年 2 月 1 日	賑濟工作	

附件：

臺灣分署三十五年三月份業務報告表（新任與去職人員報告表・第1頁）

姓名		性別	年齡	職銜	薪額	組科室或其他	到職日期	主要工作	去職日期
1	盧鴻典	男	43	衛生組副主任	490元	衛生組	35年3月1日	管理衛生組組務	
2	朱郡明	男	35	視察	200元	振務處	35年3月1日	賑濟工作	
3	陳振鐸	男	41	簡派農業技正	兼任	技正室	35年3月16日	主管農業技正室事務	
4	張乃旦	男	28	技士	200元	技正室	35年3月25日	農情調查編報	
5	陳清	女	25	組員	90元	衛生組	35年3月11日	公共衛生護士	
6	胡廣臨	男	30	組員	180元	會計室	35年1月4日	會計事務	
7	邵典華	男	30	組員	160元	會計室	34年12月11日	會計事務	
8	劉伯森	男	34	組員	100元	總務組	35年3月1日	監印校對	
9	余亞利	女	35	專員	300元	衛生組	35年3月1日	兒童保健	
10	張振農	男	28	辦事員	80元	總務組	35年3月4日	繕寫	
11	姜步雲	男	23	辦事員	80元	總務組	35年3月4日	繕寫	
12	陳景仁	男	20	辦事員	80元	技正室	35年3月22日	製圖監工	
13	吳慶春	男	25	辦事員	80元	技正室	35年3月26日	製圖監工	
14	陳亦雄	男	30	事務員	80元	儲運組	35年3月1日	看守倉庫	
15	林德庸	男	24	組員	100元	儲運組	35年3月1日	倉庫事務	
16	郭家振	男	37	組員	100元	總務組	35年3月1日	管卷校對	

附件：

臺灣分署三十五年三月份業務報告表（新任與去職人員報告表・第2頁）

姓名		性別	年齡	職銜	薪額	組科室或其他	到職日期	主要工作	去職日期
1	林傳光	男	38	農業技正	470元	技正室			35年3月1日
2	郭文元	男	38	專門爲元	430元	儲運組			35年3月1日
3	何喬茂	男	33	辦事員	80元	振務組			35年3月31日
4	林德庸	男	24	辦事員	80元	儲運組			35年3月1日
5	郭家振	男	37	辦事員	80元	總務組			35年3月1日

善後救濟總署臺灣分署視察室報告

（民國三十五年十一月）

茲將視察本分署各項業務推動情形依工作範圍列報如左：

一、肥料儲運

（1）數量：截至十月十五日止，本分署奉撥之化學肥料計共一萬八千三百餘噸內，硫酸錏五千八百九十噸、磷酸錏四千噸、過磷酸石灰二千七百九十噸、氰酸鈣五千六百四十噸。（此數係根據歷次船運收貨數字，而非倉庫點稱數字。）

（2）運到時間：自本年六月十四日起陸續運抵基隆及高雄二港。

（3）存儲地點：基隆、樺山、桃園、田中、斗南、高雄等地倉庫。

（4）視察情形：歷次運來肥料包裝均極不良好，其中大部分爲紙袋，尤不耐轉運，加以碼頭工人起卸用鉄鈎，故大部分袋皮均係破損者。最近數批磷酸錏、過磷酸石灰等幾半係破包，其中一部分袋皮竟碎成若干片，致其中肥料全部溢散或損失一半以上。經分署人員盡力掃集整理，目下尚無法詳查，惟據視察人員實地抽量估計，當不低於百分之四。分署方面已急購草袋數萬只，將大破之袋及地脚肥料合併改裝，每袋補足一百磅原重。此項工作開始進行以來，因受人手不足等影響，僅裝成約二千袋。

二、肥料分配

截至十月十五日止，已分配之肥料共四批，七、八、九、十四個月份各有一批。

（1）分配數量：計硫酸錏五千四百餘噸、石灰氮氣二千五百餘噸、過磷酸石灰九百餘噸。

（2）分配地區及面積：全臺各縣市均有分配，施用面積共約二十萬甲，約佔全省耕地四分之一。

（3）視察情形：

A. 發放情形：各縣市尚能把握時機，發放所需時間大致自一星期至十五日不等，其中有數區如高雄市等則於事前將分配清冊擬妥，肥料一經運到，立即開始分配，故辦理尤稱迅速。一般言之，第一批硫酸錏之分配（七月）完全適合本省南部二期稻作之施肥期，第二批硫酸錏分配則爲北部二期稻作施肥期之最後一階段（距播種已逾四十日），故有若干區域如臺北縣之基隆、海山、淡水等區因時間過晚，若立即施用，其經濟價值將減低，故農民多有保留，待明春第一期稻作使用者。又在上述區內，有一部農戶因水稻既已不能利用，請求改用於甘薯栽培，本分署以同屬基本食糧，爲移緩就急增加生産計，已允予移用。

關於把握農時一點，本分署視察室曾向業務單位建議在每期耕作施肥期前發放，但因總署撥來肥料並無定時，故不易預爲籌劃。

B. 數量及價格：本分署原規定每甲（2. 397671 英畝或 0. 96992 公頃）地栽培面積，配售一百二十五磅，但每戶最多不得超過一百磅，按實際耕種面積比例配售，每磅售臺幣八元，或以蓬萊種乾穀一磅交换。經訪問各地農戶分别詢問，結果大致與本分署規定相符。僅有一二鄉鎮之農會將分配量限額提高至一. 一二磅，或提高價格至每磅多收一元。關於後者係因各該農會不明本署規定之分配費用可由農會檢據向分署報銷辦法所致。又有一處將肥料普遍發給區内農戶，每戶得十臺斤左右，此法不但違反本分署所規定發給水利交通兩俱便利之區域之原旨，抑且無增産效果可言。以上個點均經分署分别矯正，多收之款項均經分别退還。

至硫酸錏每磅八元之價格，經調查，依歷年臺灣穀價與肥料價之比率，則穀價較一九四三年約漲一三〇倍，而此次肥料配給價僅合一. 一四倍，故一般農民咸表滿意。

收米與收現之比率，在第一次分配時，因穀價正在劇跌後微漲，故農戶幾全部繳現。至第二次分配時，穀價已趨穩定，遂有部分農戶繳米，估計换米數量約爲第二批分配總量三分之一。自第三批肥料分配起，分署因换米辦法僅有在穀價低於分署現金定價時始有换得可能，復需保管並擔負不可免之損耗，且予農會以將現金賬與乾穀賬對换，獲取差價利潤之機會，同時臺省穀價業趨穩定，已無貯穀之必要，故將該辦法停止，全部收現。

三、煉乳分配

截至十月十五日止，本分署奉撥之煉乳共計七二四二〇箱，每箱四十八罐，惟以紙箱包裝不固，罐缺頗多。分配辦法，除一部分一〇五〇〇箱係交由各省立醫院供應住院病人，另案視察具報外，其餘六一九二〇箱内一部交工作隊攜往各縣市散給十八個月以下之貧弱嬰兒，俟辦結後另案視察具報，餘全部交由全省各國民學校，設立牛奶站。現已設立國校牛乳站之地區計有臺北、基隆、臺中、新竹、高雄、臺南六市，臺東、花蓮二縣，澎湖一縣已定在第一期設立國校牛乳站案內列入，以交通萬分困難，該批煉乳尚未能運往，上述該項煉乳係會同地方政府教育當局會同發交學校，按日調制供給學生飲用。規定每三人每日合飲一罐，已收益之學童人數已達十五萬人。分署現尚擬擇地設立嬰孩牛乳站，供應六歲以下之幼童，此項辦法已在推進中，惟煉乳存量已屬無多，應請總署速行撥濟。

（1）開始供應日期：各校大多數於收到本分署配撥煉乳後一星期內開始辦理，亦有少數學校於收到後二星期始行開始者。大抵臺北與基隆在九月十六日至二十七日之間，新竹與臺中在九月二十日至三十日之間。

（2）一般供應量：按總署原撥之煉乳每罐淨重十二盎司，加入等量之水，爲二十四盎司，三人合飲一罐，每人約得八盎司，但據實地視察，因撥來牛乳罐頭大小不一，亦有十四盎司半者，加等量之水，則爲二十九盎司，每人應得十盎司稍弱，然以煮沸及分配過程中之損耗，且加水量是否能確實與所用煉乳量絕對相等，亦有困難。故各校實際分配量，每較上列標準稍少，然冲成乳之濃度，則皆甚稠厚。

（3）衛生情況：尚稱良好。大抵牛乳之容器、煮沸器、開罐用具等皆經洗滌，煮沸地點亦甚清潔，附近皆無垃圾或穢物，間有學生自攜鋁或鉄壺來學校充容器，以壺口狹小不易洗滌，可能有病菌滋生，業經視察人員當場說明，並囑校方通知學生以攜磁陶器大口杯碗來校飲用爲原則。

（4）短收及腐敗數：總署原撥煉乳全爲紙箱包裝長途轉運，破損甚多，即完好之箱亦間有短少，惟數目不多。接收當時以數萬箱同時卸下，工作已極繁劇，自不可能逐箱清點。此次散發各校亦係原箱配給，短收量經視察計算結果約爲百分之一，但距離較遠之縣市，因恐再增加損耗，均曾以麻袋改裝，每袋檢足九十六罐作爲兩箱，應絕無損耗，然視察臺中、新竹結果，各校亦偶有短收者，據云係袋口縫線破裂，致漏出一、二罐，損失率不大，皆在千分之五左右，並無全部收到毫無短缺者。

腐敗罐數平均約爲百分之一左右。

（5）各校收費情形：本署供應牛乳原係規定絕不收費，所有運輸分送皆由本署負責。經視察結果，各校皆能遵守此項規則，然以教育經費已極度枯竭，各校皆無力修建爐竈及購置柴薪，大抵皆向學生或家長會收取少量柴薪費用，其辦法非爲數種：（A）向所有學生或家長一次收取三至十五元；（B）向所有學生或家長每月每人收取一至五元；（C）向一部富有學生一次收取五至二十元；（D）令每一學生供給薪柴一束。亦有極少數學校並未收費，或伐用校園中枯木以供燃用者。經視察人員報告認爲：（一）領到數量似無錯誤，短少罐數似確爲原裝短缺，但第二次散發時各校有第一次經驗，知本署承認原裝有缺，是否將利用此點隱藏圖利，頗成問題，故建議下次發給教育課後，請其與分發之日，通知本署派員會點，或發出時先行清點，補足短欠罐數，惟後者是否有礙及本署業務效率，尚待考慮。

（二）教師飲奶雖與本署規定不合，然所有小學教師均貧寒異常，營養狀況似不甚良好，且事實上不易禁止。

（三）各校收費，依情理言，小學經費枯窘萬分，似不無可原，然依上述視察結果，不收費者及係新建爐竈者，足見經費並非絕無籌措餘地。至於薪炭，各校多在原有廚房內調制，則所費亦必不多，此問題爲規費與事實問題，若驗收規則，則所收款項必須退還，另由本署訂立某種津貼辦法，若迂就事實，則所收數目不多，亦可原諒。

（四）各校供應時間參差不齊，本署二次發給煉乳必須依據最先供應者需要日期爲定，則當先供應者供應完畢時，後供應者若逕自停止或已入假期，無從繼續供應，故建議先行調查各校開始日期，然後算定其結果日期，分飭各校於結束後最短期間（一日或二日）將空罐連同腐敗、餘存一並封存，並呈報本署，若已入寒假，則於寒假開始時即行封存，呈報數目，存候下期供應時扣除。

分署已依視察結果考慮補充辦法。

四、醫療品分配

截至十月十五日止，本分署僅分配藥品一批，受配者計公立醫院十五單位、流動醫療隊四單位、各機關附屬診療所之辦理卓有成績者九單位、療養院三單位、隔離病院一單位，計共三十二單位。發放工作已於七月初全部完竣，各院經常報告藥品之使用狀況及數量。經派員抽查，結果大致滿意，惟（1）若干醫院對某數種藥品用法及效能似欠明瞭，致極合需要之物資置而不用，如外科用之 Sulfathiazole 粉。（2）醫療物資非盡合醫院之需要，極需要之藥品配量不足，如 Sulfadrugs 及治瘧用藥等。（3）一部分醫院將藥品堆置不用，頗失分配原旨。（4）另一部醫院將某數種藥品使用過速。經視察人員報告後，分署已（1）對若干新藥之用法及效能編具説明分發各醫院。（2）對本省急需要之藥品，如治瘧用之 Metaquinine，向總署大量請撥，撥到後分配各院使用。

（3）對堆置藥品不用之各院，函請迅速開始使用，以利難民就醫。（4）對使用過速之各院函告此後配給有限，應確實核定需要極力撙節使用。

五、接待難民

本分署區域内未曾遭受陸上戰爭，流離難民爲數甚少，僅海外及國内歸省之難民較多。分署對此種難民抵達時，皆派有專人在登陸港口辦理接待工作。經視察者有十月中自海南島歸來及由東北歸來之兩批。

（1）海南島歸省難民：共有六批，其中一批於十月十二日抵達基隆。經派員視察，難民共計二二七九人，此批難民生活情況極苦，二千餘人中，患重病不能行走者即達二十餘人，其餘亦幾全部患病，健康情形極劣。分署接待人員於難民登陸後數小時内即將病重不能行動者送至臺北分送三醫院，依照難民免費就醫辦法加以治療。對尚能行動者則分别散放舊衣食糧及旅費，俾分别返鄉。

（2）東北歸省難民：十月十八日抵達基隆，共計二百八十五人。此批難民經濟情況尚佳，多數攜有少量衣物，健康情形亦較良好。分署於難民登陸之前即與地方當局取得聯繫，在港口就地按名照例分發旅費，依據路程遠近及大口、小口分爲每名臺幣五十元至三百元不等。

綜上兩次視察結果，視察人員認爲分署所定辦法及接待經過均甚妥善，惟與地方當局之聯繫似欠周密，此點經報告後，分署已采取措施與地方當局事前共同籌劃，右列第二次之東北歸胞接待工作即較前次爲迅速，且較有條理矣。

六、工礦器材分配

本分署成立以來，收到工礦善後器材僅有二種，各一批鋼繩與炸藥。此兩項物資俱已經分署會同聯總辦事處詳細調查決定分配辦法，經派員視察，列報如左：

（1）鋼繩

六月二十九日由大琉球運來，係美軍作戰剩餘物資，故長度及規格未能完全適合分署之請求。此項鋼繩三百四十二捆，計重 183.018 噸，號數分為 $1\frac{1}{2}''$、$1\frac{1}{4}''$、$1\frac{1}{8}''$、$1''$、$\frac{7}{8}''$、$\frac{3}{4}''$、$\frac{5}{8}''$、$\frac{1}{2}''$等八種。分配煤礦五十九家約一七〇噸，省屬各林場十噸，鐵路用一噸。然各煤礦有認為所配鋼繩直徑太小，不合採礦之用，致遲未具領。迄十月十五日止，已提運者共 12.1 噸，其餘正由分署催請價領。若確實不能應用，分署亦准備考慮請求總署准予改配林場。

估計全省領用是項鋼繩之五十九家煤礦，因獲得新鋼繩之故，每月可增產煤斤四萬九千噸，並可使五千失業礦工重新獲得工作。各林場獲得少量鋼繩，亦可每月增產木材約三千五百立方公尺。

（2）炸藥

七月二十一日由上海運抵，計六七五箱，重15.067噸。亦經分署與聯總辦事處諮商決定分配方案，計煤礦一四〇家。迄今已提運者共達一二四家，數量達五九一箱。此項炸藥極合本地礦商之迫切需要，再與前報鋼繩配合，實可收增產之最大效能。一二四家中，就已調查之三十四家計，已可每月增產煤斤四萬噸（與鋼繩增產量分別計算）。照此計算，全部受配礦商之總增產量可達十二萬噸之多。

綜前兩項視察結果，視察人員認爲工礦善後物資之分配此係首次，應確實把握其整個運輸分配及監督之過程。分署所定分配方案確甚合宜，然：一、以規格不盡如理想；二、以格於總署專配給煤礦之規定；三、以規定價格太高，各礦認爲不甚核算，蓋以當時臺法幣比率未定，致分配所需時間稍嫌遲冗緩。已向分署陳報，於下次分配時妥爲籌劃，務期於最短期間內將總署運來物資合理交付與最後消費者之手。

七、工賑工程

臺灣戰時各工廠及城市受炸甚重，失業人數眾多，而整個經濟機構亦因被炸毀之設備太多，陷於停頓，故分署一向以工賑爲主要工作之一。一方面利用救濟物資復興工礦業及城市建設，一方面增加就業機會，減輕失業問題，確爲寓善後於救濟之一大政策。前後興辦者有都市、交通、水利、衛生等復舊工程，範圍遍於全省各縣市以及較大市鎮。茲就關係臺省最大多數人民之水利復舊工程，先行視察具報：

嘉南大圳復舊工程：此項工程之重要性及詳細方案迭經分署詳報。計工程分三項：（1）支渠淤塞修浚工程，（2）斗六導水路破壞復舊工程，（3）烏山頭蓄水池修復工程。（1）項已完工，（2）項於七月十五日動工，共需補助工資二百八十餘萬元，（3）項預計於十一月一日動工，需補助工資達八百七十餘萬元，將來全部修理完成後，受益之田畝可達十八、九萬公頃。水利之溥尤勝於國內知名之涇惠大渠，且此項建設完全依照近代工程標準，實爲善救業務之一大建設。

視察人員認爲，此項工程雖需巨款補助，然每年之增產米穀量即可值四千五百萬元左右，約爲全部補助經費之四倍，且需工二十餘萬，對減輕失業問題實有極大幫助。同時臺灣整個經濟機構依託於糖與米二項生產，而糖之生產實際上爲蔗産之加工，故農田水利工程實爲本省最重要之設施，有發動大規模之全面修復工作之必要，應不只限於嘉南大圳一處。經呈報分署，業在考慮計劃之中。

茲將本室十一月份視察業務活動情形分别報如左：

一、臺南濱海地區風災視察

視察日期：十一月七日

視察地點：臺南縣屬新營區、太子宫、姑爺、舊廓、海口等鄉村。

視察情形：臺南縣屬濱海各地爲一狹長形冲積地，面臨臺灣海峽，沿海無山丘及堤防掩護。本年九月二十五日，有十四年來最猛烈之颱風過境，當時海浪極高，向岸上冲掃，濱海一帶田地全被鹹水浸刷，不但本年稻作顆粒無收，明年是否能全部復耕亦有問題。至距海稍遠之地，海水雖未曾灌入，但因時值水稻抽穗開花季節，經狂風暴雨之摧殘，禾苗倒卧，稻穗不能結粒，損失亦多在百分之八十以上。一般比較，以海口及附近各鄉災情最重，新營、太子宫、舊廓等地損失稍小，平均尚有一二成至三四成收穫，本地區農民生活本已極度困苦，今復受颱風災害，70% 以上農民均難以爲生。災情之慘實不下於湘豫災區，惟範圍較小而已。視察人員曾就地統計灾民户數，以太子宫爲例，居民 110 户，其中僅 6 户收成稻米足敷食用，40 餘户食蕃薯，60 户食薯葉及其它植物根莖。至災情最重之海口鄉，有一鄉村，居民 190 户，僅 3 户食米，食薯葉之類者在 150 户以上，不久薯葉食完，尚不知何以爲繼。經報告後，本分署已派工作隊携帶救濟品前往施賑。

二、肥料儲運情形

視察日期：十一月七日至九日

視察地點：新竹縣、高雄市。

視察情形：

A. 新竹縣方面：本分署在該處桃園租用通運公司倉庫七所，存儲各項肥料。至十一月六日止共 66388 包，計重 3223 噸，堆放情形良好。

該地分配之第三批肥料，在視察時，未出倉者尚有四分之一弱。經視察人員調查，原因爲不合農時，因本年甘薯業已收穫，無須加肥，而明年第一期水稻須三月始行播種，施肥期在明年一、二月。關於此點，視察人員曾與主管部門接洽，因肥料未到之先，種類數量俱無詳確通知，且運到期間亦與農時不盡符合，分署方面隨收隨發，僅速辦理，中間尚有多種運輸分配計劃等工作，實已盡其能事。

B. 高雄方面

分署在高雄市有自用倉庫，內存海黔輪運到之肥料，共六萬餘包，幾全部爲破包，破損情形爲歷來接收肥料之最嚴重者。一部份紙袋已碎成紙片，不成袋形。其餘稍完整者亦均有相當破損，散溢之肥料經主管人員督率工人掃集，工作頗見緊張。

高雄區内爲第四批肥料分配區域，視察人員曾分赴主辦之岡山、恒春、屏東各農會查詢，岡山共配硫酸錏 591200 磅，發出 354202 磅，折成 153 臺斤，計應重 488682 臺斤，而該農會稱僅實收 440610 臺斤，即損耗 48072 臺斤，即適爲百分之十。恒春區共配收硫酸錏 124000 磅，發出 620 包，每包實重 200 磅，應重 94860 臺斤，實收 88292，損耗 6568 斤，合 7% 强。屏東區共配硫酸錏 200000 磅，發出 1000 包，每包實重 200 磅，尚未經稱量，惟是項損耗數量，分署主管部門於出倉時曾派員隨車抵地後重加檢斤，就實際不足數全部予以補足。視察人員曾會同聯總視察實地選樣稱重，十包共重 1453. 5 臺斤，與假定重量 1530 臺斤比較，損耗爲 77 斤，亦即 5%，而地脚餘貨未經計入。視察人員於聯總派員共同認爲實際損失率當在 4% 左右。本分署對農會耗損係决定派員實地考察屬實後，始准報銷。

第一批肥料硫酸錏之增産效果，據調查在高雄區約爲 1∶8，即肥料一磅約可增收幹穀八磅。

三、菜籽分配情形

視察日期：十一月四日至九日

視察地點：新竹縣、新竹市、臺中縣、臺中市、彰化市、嘉義市、臺南縣、高雄縣。

視察情形：此次分配菜籽係以原袋分發，一袋作爲一套，内含瓜菜等類種籽計共二十六種，遵照總署會同農林部指示發放原則，並根據省農業善後輔導委員會議决案，分發各地農户、學校及農事試驗場等栽培繁殖之用。一般利用情形尚屬良好，尤以專業菜農對菜籽極爲歡迎。惟視察人員調查結果，知 26 種菜籽中，大部分如菠菜、包心菜等，極具經濟價值，且易於栽培，適合本地季候水土。一小部分或因經濟價值較低，或因播種時期未至，多數農户尚未使用。

四、殺蟲劑分配情形

視察日期：十一月七日至十日

視察地點：新竹市、臺中縣、嘉義市、臺南市、高雄市。

視察情形：本次殺蟲劑計分砒酸鉛、砒酸鈣、氰酸劑三種，發放時按照省農業善後輔導委員會議決發放辦法，每一經領單位均係按照實際需要發放。

視察人員巡迴視一周，共歷市縣政府二單位、農業專門學校及試驗場四單位、農會三單位。對利用情形，在市縣政府方面係轉發申請之各機關及農户，然此等申請機關間有設備欠缺，且對各種藥劑之效能及用法未盡明瞭者，分署方面經先形印就使用法及各項詳細説明書分送並嚴加督導。至於各試驗場及農會單位，則均有相當設備，並有有經驗之技術人員，利用情形至爲良好，大抵砒酸劑皆用於蔬菜、緑肥作物及甘蔗害蟲之防治。氰酸劑則擬用於甘桔類之害蟲防治，惟氰酸劑具有强烈毒性，前準農林部通知，在防毒面具及帳幕未到前，不能啓用，故暫由經領機關妥爲保管。

五、鋼繩分配情形

視察日期：十一月十五日

視察地點：基隆。

視察情形：本批鋼繩之規格及分署所定分配辦法，業經在視察總報告中列報。本次視察目的，則側重倉儲情形及分配後使用情形。因鋼繩初係奉總署規定配售煤礦，惟其規格不甚適合煤礦要求，而一部分礦商復認爲價格稍高，致分配遲緩，迄十五日止，已配出者達70%，其餘一部分尚未分配，現已由署催各未領單位於一定限期内備欵具領，逾期即改配與有迫切需要之其它採木及交通工業機構，預計十二月上旬即可配竣。

六、宜蘭及蘇澳區散賑工作

視察日期：十一月十九日。

視察地點：第三工作隊在臺北縣屬宜蘭及蘇澳兩區工作。

視察情形：該地散賑工作係由分署第三工作隊負責辦理。計有舊衣、煉乳等，除煉乳分配俟廣泛視察各分配區域後再行彙報外，舊衣之散放則係：第一步由工作隊分發各鄉鎮加封，交鄉鎮公所保管；第二步决定發放期日，由工作隊會同當地機關及人民團體代表當場開封清點件數後，依赤貧户口名册，平均或抽簽發給。惟赤貧户口名册本由各該鄉鎮公所事前調查送署，然其中每有不盡詳確之處，一發現此種情形，即由工作隊會同有關團體另行調查，重編名册，依照發放。貧民能實受其惠，各方咸表滿意。

善後救濟總署臺灣分署視察室報告

（民國三十五年十二月）

茲特綜合視察室本月份工作，概括報告如下：

一、臺南地震災區急賑工作

臺南於十二月五日發生大地震，本署獲悉後，即派第三工作隊前往急賑，因地震係清晨發生，故死傷特衆。第一步工作即於翌日開始醫療救濟，本署外籍醫師及護士均出動，用流動方式，於二日内即將重輕傷之難民一千多人分别予與診治。第二步工作即爲散賑，計由署運往湯粉300箱、麵粉200包、舊衣15包、棉被500床，交由第三工作隊會同地方當局及當地人民團體迅速發放，又爲解決灾民住宿問題，分署特再撥棚帳80張，借該縣府作爲灾民臨時居住之用。灾民於房屋震倒之後，一時無處容身大部夜宿公共市場，或檐下、甚或露宿。此項棚帳80張雖尚嫌不足，然最迫切需要之灾民則已暫得栖身之所。此次急賑工作由於分署工作之迅速有效展開，故地方人士亦極踴躍協助，工作得以圓滿完成，地方人士之力實不可忽視。

二、慈善機關

分署鑒於冬令即届，對於各慈善救濟機關之老弱殘病難民之救濟，亟應加緊進行。除辦理情形過去已有調查記録在案者續予救濟外，對於新成立或恢復之機構，均先事由本室派員視察。

（甲）基隆市立救濟院在基隆近郊，該院建築工程於十一月底完工，内設疾病、殘老、兒童、習藝等四部，並設診療所。十二月初該院開始收容，預計名額爲一百名，然至十二月七日（本室派員視察之日期），已有九十餘名入院，且每日均有陸續請求收容者。該院創辦伊始，故處處亟須添置設備，經費自極支絀。分署根據本室報告後，曾酌撥湯粉、棉被等協助。

（乙）臺中市立救濟院原址爲前衛生院之一部，由市府於本年度之預算内撥六千萬臺幣爲修理費。視察時，修理工作業已大部完成，惟收容設備則尚未購置。該院經費均由市府負擔，近擬向地方人士捐募，以期充實。

三、平民村情形

臺中市郊計有平民村三處：簡易、平和、博愛，三村均係市府修建，免費借予貧民居住。簡易村創建較早，土墻瓦頂，尚稱堅固。平和及博愛兩村建築簡陋，曾局部毀於風灾及火警，故一部貧民因而流離失所。本室派員視察認爲極需修復及救濟，除本署工作隊前曾在該區發給舊衣外，特請再行撥濟湯粉多箱，並准以工代賑方式協助修復。該兩村經函該市府詳具設計書及有關資料送署核辦，一俟資料送達時即可核准動工。

四、肥料配售

本分署曾先後配售肥料七批，内第五、第七兩批係專配甘蔗作物，交由糖業公司轉發。本署雖早在十月十八日將第五批肥料計石灰氮 3760.44 長噸、重過磷酸石灰 752.57 長噸，撥交糖業公司指定分配本省南部、中部及東部及北部之蔗農，施用於甘蔗栽培。又於十一月十六日將第七批計硝酸铔 834.32 長噸、重過磷酸石灰 266.98 長噸，指定分配於第五批未及分配之蔗農。惟糖業公司方面因各廠轄内實際甘蔗種植面積須先行詳查，始可勻配，致延至本月始陸續配售。本室曾先後派員兩次抽查並監發，一般情形尚稱滿意，間或發現缺點，均經立予指出，請其注意或補救。如：（甲）糖業公司將肥料分發各分公司時，曾錯運廠家，致延分配日期，經請其補救。（乙）十一月十六日即由本署分配糖業公司之第七批肥料，尚有第四糖業分公司未接總公司分發單，致無法分發，收到之肥料堆積倉庫，不但易招損耗，而且恐誤農時。本室視察人員經已通知注意。

肥料之運輸耗損情形，經視察人員調查，第五批約在 1.5% 左右，第七批包裝情形較佳，故大部在 1% 以下。

蔗農收到肥料時，不付現款，僅具收據，書明收到某種肥料若干磅，亦未折合臺幣。據稱此項賬目須待明年甘蔗收成時結算。總公司與本署簽訂合同中，有言明應照本署規定價格發售，不得另加其它任何費用，其農民領肥收據内未載明價格，是否須再予糾正，尚在商討中。

五、工礦善後器材利用情形

本署曾先後收到鋼索兩批、炸藥一批，均經分發各廠礦利用。鋼索計分配四六單位，炸藥分配一三九單位。本省煤坑概爲斜坑，鋼索常與地面摩擦，以往各礦坑多用 6×7 鋼索，鋼絲較粗，不易摩斷。此次本署所發鋼索爲 6×19，鋼絲較細，極易磨損。視察人員於視察時發現礦坑有鋼索保養情形不佳者，均予糾正。

關於利用後之效果，本室曾采用抽查及函查方式，調查約 50% 之礦坑，推算所得，鋼索及炸藥利用後之效果，煤每月增産約五萬噸，各坑增加雇用人數約四千人。

六、醫藥

最近分配各醫院之盤尼西林一項，多變成棕色，恐有失效力，經查詢結果，係因該項藥品由滬運臺時即未裝冰箱，故運抵時即有變質之現象，加以數醫院未妥爲保存，致情況愈劣。視察人員當經對於未妥存於冰箱之醫院，立責其速行補救外，並通知本分署爲迅速研究補救辦法。

臺灣分署振務組主任林良桐視察報告

（民國三十五年十一月）

（一）日程

十月二十九日（星期二），晴。由臺北乘火車南下抵臺中。

十月三十日（星期三），晴。在臺中市調查國民學校發奶情形，聞該市發現霍亂，暫停數天，旋即往員林、二水調查手工織布業，晚宿臺中市。

十月三十一日（星期四），晴。赴彰化、烏日、和美，繼續調查手工紡織業，並視察彰化國民學校。下午離彰化，晚抵高雄市。訪問制製罐頭工廠。

十一月一日（星期五），晴。赴臺南市調查國民學校發牛奶情形，並視婦女會婦女縫紉工場，晚宿高雄市。

十一月二日（星期六），晴。乘海平砲艦往澎湖，下午三時半達馬公。

十一月三日（星期日），晴。游馬公街，訪商會，參觀海軍造船廠。

十一月四日（星期一），晴。參加縣長就職典禮，赴漁翁島、白沙島，參觀國民學校、光復堤及其本署之工賑工程，調查産糧及存糧情形，注意生産方法，及與老百姓談其衣食狀況，訪參議會。

十一月五日（星期二），晴。返高雄市時已四時許矣，晚晤及岑主任、方專員等。

十一月六日（星期三），晴。晨偕楊專門委員、馬專員赴鳳山訪高雄縣政府接洽恒春平民住宅使用方法。往省立高雄醫院及高雄市政府。並將千歲國民學校牛奶舞弊案交汪視察辦理。晚車返臺北。

（二）手工紡織業

紡織工業在臺灣素不發達，因氣候關係，棉産不良，因政策關係，依存日本。戰爭期中紗布來源漸缺，土布業乃得生存，然亦以粗白土布爲限。臺灣紡織株式會社前運來臺灣一九三六年之紡織機器二十萬錠，均爲十六支至二十四支之粗紡機，經疏散與轟炸之損失，目前經臺灣紡織公司所接收而開工者，爲數不及七千錠，依估計臺灣所需，最少當有十五萬錠方足勉强應付。

民間所存織機，經調查二水、和美兩鄉即有幾千臺，多數爲人力機，可織1.2尺寬之土布，少數爲動力機，可織2.4尺寬之土布。紡機亦僅能紡極粗布，且所需人工甚大。

紡織工廠何以能存在？第一，臺灣紡織工廠之出品，全部爲粗白土布，與舶來品之細布花色布不發生競争。一旦舶來品之價格與土布價格保持相當距離時，機織工布即能生存。第二，上海同等來貨成本遠較臺灣紡織工廠爲高，蓋臺灣與上海棉花來源同靠美國。美國棉花運抵上海，與運抵高雄或基隆，成本相等。臺灣人工比上海低廉甚多（七百臺幣：二十萬法幣）。在臺灣出品不足供應臺灣時，上海出品仍可進口，其售價依上海成本計算，臺灣紡織公司可獲厚利。在臺灣出品多時，可依其成本放低售價，一面以抵禦上海進口之同等粗白布，一面維持與洋貨相當之價格距離，藉以把握原有地盤。故臺灣紡織工廠尚有一時之好景。

手紡織何以不能存在？資本微薄不能直接向美國購紗。近月以來上海紗價狂漲，紗價與布價幾於相等，間有紗價高於布價者（目前每臺斤均在二百五十元臺幣之譜），故其工白做無工資可拿。先前民間紡織曾有以上海紗爲經，以臺灣土制紡紗爲緯，冀能減低成本以維持生存，然人工所需過多，質又更劣，實不足與工廠競争，益以零星購進原料，更須格外高價，零星出售成品，難免被迫貶價，終於全體停頓機器廢置。

本署能否協助？本署協助之目的，若係助其自助，則非失望不可（假定紗與布之價格保持目下距離）。若本署協助之目的，無代價或極低代價售予手工紡織者，則可蘇民困於一時，本署原料盡而困難仍然。生産合作社、推銷合作社之功用，只能鏟除中間之利益，提高購料與售布時之講價能力而已，不能變無工資爲有工資之狀態。

（三）風災賑濟

此次風災確爲嚴重，澎湖風力達四十五米，據云四十餘年間只有過兩次。沿海房屋破壞甚烈。食糧之賑濟，除澎湖縣外，似已不甚需要。若工作隊能加緊工作，普遍散發，不以風災爲前提似亦可以應付矣。國民學校校舍，我素抱不協助主張，因臺灣國民學校規模甚佳，杯水車薪無濟於事。此次鄉村視察結果，始知樺山小學等，乃其代表作，非可以示範者作普通視也。且臺灣教育普遍發達，人民重視教育，本署應借此機會，與縣市政府合作，政府出材料，本署出工資，工資可以實物發給，同時仍可請其在學校標明本署協助修建字樣，施惠學子，復生若干政治作用，留爲日後紀念也。

（四）婦女縫紉工場

本署與婦女會合作或協助其建立婦女縫紉工場，原係總署所指示，無論寒衣之製造，舊衣之修改，縫紉機之利用，紐扣與針綫之分配，均曾一再提示及此。查本省婦女會之設有縫紉工場者，計臺北市、基隆市與臺南市，各有若干縫紉機。臺北基隆地近本署，隨時可調查協助。臺南市似應注意，以免本署有偏重臺北之譏。

臺南市婦女會之縫紉工場計有電動機十四架，足踏機四十架，現已申請收容者約六十人。該工場已約好裁縫師三人，已在做工者現不及十人，申請登記者類多貧寒婦女，正待工作。

該工場縫紉機已足用，目前無須借給。分配物資似應南北並重，協助方式亦然。該會理事長侯女士，當地士紳高厚德夫人，家頗富有，教會人士，旁面所打聽，口碑尚佳。其家庭，其服務地點、婦女會及縫紉場均曾訪問過，尚是社會服務派，很少女政客派頭。

（五）牛奶散發

各地抽查國民學校散發牛奶，除高雄市千歲國民學校教員舞弊案已交汪視察辦理外，一般情况尚稱滿意。牛奶空罐，前囑保存以資視察，並統籌出售。玆查各校牛奶空罐確均保存，惟開罐以後，發生氧化作用，多數生銹，據高雄市制罐頭工廠稱，生銹空罐毫無用途。目下鳳梨公司幾全部停産，臺中縣各廠曾經一度開工，現亦停頓，空罐銷路頗成問題。商家有願出高價收買鳳梨空罐者，其目的非在空罐，乃在於鳳梨空罐以便冒牌，此點在計劃出售時似應注意。

牛奶空罐爲數衆多，若能統籌固佳，但顧慮現實（我們萬勿無視現實）誤恐無法統籌，縱至統籌而“辦理”時，全部將成廢物矣。若所顧慮者值得考慮，何如預先告以將來可以出售時，全部所得可歸各校所有，惟在未得本署通知可以出售以前，先行妥爲洗滌曬乾保存，一面便於稽查，一面勿使生銹，則行政與保存物資可兼顧。惟尚須注意者，多數學校校舍均感不敷應用，往往有勻作上下午兩部上課者，是否有空屋可資保管空罐，仍請視察，隨時留意。總之，此事似不宜再拖，再拖不獨有失本署威信，且幾百萬個空罐任其銹爛，在貧乏之我國未免可惜！

燃煮牛奶之工資與薪炭費，各地情形，有學校自籌者，有政府津貼者，有向學生籌捐者。此項費用，在薪缺地點，著實可觀，例爲澎湖人民多以牛糞乾作燃料，其炭費可知，本署既不能一一補助，似乎在範圍內默許其自籌，勿作硬性之干涉。

（六）恒春平民住宅之使用問題

恒春平民住宅一百户將次完成，使用問題急待解決，六日至鳳山訪高雄縣政府作初步之接洽，左列原則是否有當，謹請核示，以便討論細節，訂立辦法。

（1）住居平民住宅依左列優先順序：

1. 家屋遭受炸毁生活困難者。

2. 本籍海外歸胞挈眷無家可歸者。

3. 家屋因颱風倒塌無力修繕者。

各級政府（連鄉鎮公所在内）公務員絶對不許居住。

（2）前條住居經申請審覈手續爲之，其審覈由縣府所設之平民住宅委員會處理，每期申請定爲半年。

（3）第一期不收租金，但得收低微之修繕費，其數額須經本署同意。

（4）住居平民住宅者，經濟情形改善後，可酌收租金，但租金用途除修繕外，限於救濟慈善。

（5）平民住宅，永遠不得改爲其它用途。

（6）本辦法由本署、縣府會銜通告施行，並呈報總署、長官公署備案。

（七）澎湖調查

澎湖爲63（本地稱）或64（日本人記載）島所搆成，有人島21島，最大者面積64方公里，最小者0.01方公里。馬公爲澎湖本島之首鎮，人口最多，距高雄77海里，交通非常不便，由吉貝島至馬公，往往繞道高雄。水流險惡，風季（九月至三月）尤甚，非三千噸以上大輪不能稱妥。

該縣行政區域分一鎮五鄉，即馬公鎮、湖西鄉、白沙鄉、西嶼鄉、望安鄉、大嶼鄉。人口11711户，72827人，其中二十歲以上者35429人，集中於澎湖本島、漁翁島、白沙島。業漁者占27%，但漁貿易遠不及高雄臺北，且不及新竹臺南，依民國三十年之統計，全省漁貿易額5400萬元，澎湖僅200萬元，居全省第九位。業農者約60%。日本統治時代做工於海軍工作部者約

3000人，現工作於海軍造船廠者300人，影響就業情形及人民生活甚巨。

澎湖堪稱不毛之地。所有農作物均須砌珊瑚爲墻，并且每列作物均須以蘆草編籬，同時尚須鑿井。前者所以防風，後者所以取水。澎湖地勢平坦，平均海拔40尺，最高60尺，故無山因而無川，又值多風，多風而無山，則海風挾海水化爲咸雨，而菜蔬則成天然鹹菜矣。無川則無淡水。此所以澎湖缺乏草木，大部水菓及蔬菜均仰給於高雄，本地生産以甘薯花生爲主。

目下糧食現況，依十一月至二月底需量計算，每人每日1臺斤，應有8739240斤。

現存米：215000斤（縣府）；350600斤（糧商）；80000斤（民間估計）。

雜糧（甘薯爲主）：2000000斤。

合計：2645600斤。

缺糧：6000000斤。

澎湖縣府前曾簽請長官飭糧食局在風季前，撥12萬包米往澎湖設倉，調劑民食，業經長官批准，惟至糧食局辦理則變質，僅允撥500000斤，且先由縣府具結一月底還款，縣府無款可填，尚在懸案中，前該駐臺北辦事處主任所云可維持至明年二月者，計算此筆來源在內也。

本署在該縣之影響最大，地方人士均感救濟麵粉之修路與修堤，公路鋪砂其平坦遠過新竹縣公路，水溝甚整齊，尤以光復堤（在白沙島）僅耗五百包麵粉，助成十之七八，復活耕地十五、六甲。鄉長與鄉民甚爲感激。前曾請續撥三千包麵粉完成該堤並築石滬，可成公武、公文、公安三魚池並一鹽田，本署以無麵粉“歉難照辦”作復。此次親臨視察，親見鄉公所動員職員等搬石運土，尺寸補修，又知其關係該鄉經濟甚大，已商縣長就所撥43噸乾穀內作爲工賑以完成其工程。

該縣雖甚窮竭，尚有國民學校21所，幼兒園3所，初中4所，初職1所。就親視之馬公鎮馬公國校、湖西鄉湖西國校、白沙鄉赤坎國校，其精神之旺發，校場之整潔，體操列隊之迅速整齊，國語程度之長足進步，誠非其它各省所企及者，憶前在大學軍訓時，與其相比，汗顔無地矣。全部學生赤足，衣服修補甚多，然不襤褸。據校長云，學生有僅食二頓或一頓稀飯者。

總之，澎湖非依賴臺灣本島不能生存，農業雖爲主而農産物奇缺，業漁者雖占三分之一而漁貿易則僅居於本省之第八、九位。民生貧乏，購買力薄弱，絕不足吸引商船航行，交通無希望，民生隨之難改善。惟一希望寄託於海軍軍港之再受重視。

本署治標辦法：

（1）盡可能多撥救濟物資作爲工賑（注重石滬及淡水井）。

（2）最好請糧食局維持長官之德政。

（3）備文總署請由上海迳運糧食至彼。

（4）此後撥賑品並指定用途時，最好送副本與縣參議會。

臺灣南部防疫工賑概況

（民國三十五年十一月）

（一）疫病起因

本省臺南市之喜樹、灣里兩村，地瀕海岸，民衆多以捕魚爲業，生活極爲艱苦，對於衛生向未注意，人畜同居，臭氣四溢，糞便遍地，蠅類叢生，以致疫菌暗伏，爲傳染之媒介，由於環境衛生之過於惡劣，疫勢一發，蔓延特速，自本年4月26日在喜樹、灣里兩村發生後，未及半月已延及整個臺南市，繼又播及臺南縣、高雄市、高雄縣及屏東市等，患疫人數最猖獗時平均日以百計，死亡率佔有50%左右，可怖之疫氛，威脅百萬居民，令人談虎色變。

（二）防疫設施

本分署聞訊後，即派卡車載運工作人員携帶藥品，馳赴疫區，施緊急處置，經專家實地調查結果，知非作有計劃之防治，不能撲滅，乃决定發動工賑，從事治本之改良環境衛生，與各項防疫工作，相輔而行，期收標本兼治之效，兹分述如下：

A. 治本方面

1. 修建疫區内破壞之公共厕所：疫區内人畜糞便隨處皆是，更有用作魚介之食料、菜園之施肥等，人民視糞便爲生産上之唯一需要品，而糞汁四溢，以致流入水溝，轉入公共水井、魚塘等處，因此釀成魚介之傳染疫癘，鄉村雖有公共厕所，均已破壞不堪，不惟未收管理糞便之效，抑徒生大批蒼蠅，爲防制直接間接傳染計，經將糞便納入處加以消毒，並以修理各公共厕所，爲除疫的第一步驟。

2. 清通水溝：疫區水溝僅係泥土淺溝，人民將患疫者糞便隨地傾倒，糞汁流入溝内，而蠅類亦叢集溝中，以生以養，到處傳染，因此决將染區水溝一律澈底清除，一則免疫菌之存在，二則免蠅類之飛傳，清除之污物，經消毒後運出埋没。

3. 堵塞公共飲水，井加裝公共自來水頭：爲防止疫菌存留或隨污水流入水井，乃决定疫區内之公共水井，凡飲該井之水而引起患疫者，一律予以堵塞，另裝公共自來水頭代替之。

4. 修理自來水管：自來水管有遭轟炸破壞，有因年久失修，中間多有流水之處，易使污水混入，經予以局部修理。

5. 高雄市之殺菌池復舊：該市原有殺菌池一所，受戰時轟炸之影響，已不堪用，經予以復舊，俾該市得以維持經常殺菌工作。

6. 高雄縣之隔離病舍及道路之復舊：該隔離病舍離熱鬧市區較遠，平時不加注意，年久失修，一旦需要，始知不堪應用，即通行道路亦破壞不能通車，爲欲求防疫車輛之得以速達，亦經加以修復。

B. 治標方面

1. 使用消毒漂白粉：由本署向本省製碱廠定購化學消毒漂白粉四十噸，（每噸七桶）出動大部工作人員，分頭向患疫區内實施消毒工作，並分配疫區住户，指導日用品之消毒，公共水井由各鄰里長負責，分别消毒，同時配給各水源地及各都市菜市場，務使達澈底消毒爲止。

2. 加設市場消毒藥劑水桶：因入市販賣之蔬菜均由四鄉運來，而蔬菜之肥料即係糞便，難免有疫菌之存在，乃在南部各菜市場出入口設有消毒藥劑之消毒水桶，凡販賣蔬菜須先行消毒，方得入場售賣。

3. 發動全市大掃除：各市縣區分段分日發動大掃除，由市民自動將屋内污物除出，堆積道旁，由本署雇用牛車一一運出，此項工作一般民衆極感興趣，效果特佳。

此外，又以疫區民衆平時已極度艱苦掙扎於飢餓綫上，此番疫勢開始，正值食米青黄不接之時，如一般貧苦漁民生菓小販、街頭飲水攤販等，直接間接均足影響其生計，本署有鑒及此，經調查後凡患疫之貧户均無代價賑發四等麵粉以維持其生活。

（三）防疫期内各項工賑及所耗物資

1. 工賑麵粉

臺南市：清掃清溝共計 9 處，總長 14447 米達，全部面積計 1596000 平方公尺，清掃污物計 37416. 85 立方公尺，計工 42105 工，共發二級麵粉 10950 臺斤，三級麵粉 52126 臺斤；厠所八座，共計工 477 工，發三級麵粉 715.5 臺斤。

高雄市：清掃清溝共計 11 處，總長 35554 米達，全部面積計 5047142 方公尺，清除污物計 9400.85 公尺，計工 49728 工，共發二級麵粉 74589.5 臺斤；厠所五座，計 5734 工，共發二級麵粉 6807.75 臺斤，殺菌池一所，計工 1325 工，發二級麵粉 1987 臺斤；自來水計 5 處，長 1050 米達，計工 22185 工，發二級麵粉 26200 臺斤，三級麵粉 7287 臺斤。

高雄縣：清掃清溝計 11 處，總長 13809 米達，全部面積 12647 平方公尺，清除污物 1737 立方公尺，共計 2067 工，共發二級麵粉 16600 臺斤；自來水共用栓增設 1 處，過濾池清掃 1 處，共計 2785 工，發二級麵粉 4177.5 臺斤；隔離病院 1 所，共 1304 工，發二級麵粉 1956 臺斤。

屏東市：清掃清溝共計 3 處，總長 6960 米達，全部面積 98400 平方公尺，清除污物 21588 立方公尺，共計發動工人 15943 工，共發二級麵粉 23915 臺斤。

2. 消毒漂白粉

臺南市 60 桶，臺南縣 30 桶，高雄市 33 桶，高雄縣 130 桶，屏東市 27 桶。

3. 救濟貧民麵粉

臺南市 671 包，臺南縣 1995 包，高雄市 1220 包，高雄縣 1603.5 包，屏東 71 包，受惠貧户合在 50000 人以上。

（四）各都市患疫人數

市縣別	患疫總數	死亡總數	醫愈總數	保菌總數	未愈總數	備考
臺南市	561	367	188	142	141	自本年四月二十六日起，至本年十月三十一日止，最盛期六月至八月間。
臺南縣	1023	593	231	784	199	自本年五月二十日起，至本年十月三十一日止，最盛期六月至八月間。
高雄市	205	130	72	23	3	自本年六月七日起，至本年十月十五日止，最盛期六月至八月間。
高雄縣	109	62	47	12	0	自本年五月二日起，至本年十月十五日止，最盛期六月至八月間。
屏東市	290	193	92	58	5	自本年五月二十四日起，至本年十月十五日止，最盛期六月至八月間。

＊各都市患疫人數表中原檔案數字統計似有誤——編者注。

此次防疫工賑自八月八日起，迄十月二十一日，全部完工，費時 73 天，雇用工人達 152753 人，發放麵粉 6400 餘包，對於疫區環境衛生之改良，確盡最大之力量，消毒方面，尤能澈底使籠罩整個南部之疫癘，未能繼續蔓延，九月中各地疫情漸趨平静，十月間已無新患者，本分署是次舉辦之防疫工賑，以救濟手段，而達成防疫之目的意義頗爲重大，工作人員之服務精神，亦博得地方人士之好評。

張廉駿關於臺南震災急賑的報告

（民國三十五年十二月十六日）

兼第三工作隊隊長張廉駿

十二月四日下午九時，廉駿偕專員陳宇佐、組員張天扶搭乘晚車赴臺南，辦理散放臺南縣市及嘉義市救濟及嬰兒福利物資，於五日晨五時五十五分抵達臺南站，不及二十五分鐘，正在旅舍中，忽聞巨響，家屋震撼甚烈，室内掛物紛紛傾倒，旅客從夢中驚醒蜂涌奪門而出，門窗玻璃墜落街中，住民狂奔，頓時形成極紛亂嘈雜之場面，如是約十分鐘始息，後聞傳言死傷頗多，急赴市府探聽，由卓市長接見，據云尚未得詳細報告，本隊即告以此次來意，並約定於五日下午四時召集各區長舉行分發救濟物資座談會，午後座談會假市政府舉行，即席詳告分配物資之意義、辦法及手續，並得各區長報告，已知臺南市安南區受震最烈，其次爲西區、南區、東區等地。六日上午八時半，偕市政府民政科長陳篤光、民政處視察羅仲若等往震源地臺南縣新化區、新豐區等各鄉視察，屋宇塌廢，傷亡甚重，當時藥物毫無，施救無從，當一面告知村里長將因災死傷人數詳報鄉公所，一面商請當地私人醫院借用藥品，先行急救。返至旅舍後，即電請署長發給振災麵粉舊衣，並准予償還私人醫院借用藥品等。七日因顧慮嘉義救濟物資先到，先派專員陳宇佐前往預先接洽，下午歐特生（Dr. Ottsen）偕葛等姆（Miss Graham）携帶藥品吉普車等到達，隨即商請市警察局借用大車一輛，出動向災區永泰鄉、新化鎮、新市鄉等地施行救急。八日繼續出動流動診療車，赴大灣、新化、烏水、橋悞漂等災區診治輕傷者及載回重傷者，並電召陳宇佐由嘉義返臺南工作。九日晨楊繼遠押送救濟物資及卡車二輛到達，隨即派卡車一輛裝載藥品隨同流動救護車繼續出發，先抵新化鎮，假鎮公所設臨時診療所，診治輕傷，並載重傷者送入臺南醫院住治。十日晨鮑妃絲南來，搭乘送麵粉湯粉卡車赴永泰鄉、新市鄉、新化鎮接洽架搭篷帳事，本隊根據各鄉鎮受灾輕重之程度，商同臺南縣市政府擬定分配麵粉湯粉辦法，按照決定數字專車送赴永泰鄉、新市鄉、新化鎮等區，當日散畢，歐特生繼續出診臺南市安南區、西區、南區、東區等王各里受傷者。十一日派陳宇佐、楊繼遠調查各災區分發物資後之情形，廉駿偕歐特生等繼續往臺南市西區巡迴診療傷者，下午應市參議會之邀報告本隊工作情形，並訂請該會楊副議長及新聞界前往安南區參觀散發賑灾麵粉湯粉。十二日催臺南縣市政府分配篷帳舊衣棉被之數字，下午押運員陳耕莘來臺南，報告救濟物資全部到達新營，即偕陳宇佐赴新營催臺南縣府送分配救濟物資數字，當夜送回臺南市篷帳50床，舊衣15包，實時分發新市鄉、新化鎮及永康鄉等，返旅舍時，已十時半。十三日鐘友光押送嘉義救濟物資抵嘉義，因陳宇佐經辦急賑手續未了，改派楊繼遠赴嘉義分發，並派陳耕莘、張天扶赴新營換賑灾舊衣15包，因先送者爲紙箱，不敷分發，篷帳30臺均沿途分配各災區，廉駿下午赴嘉義查各物資分配情形。十四日晨車胎一只被竊，當報警察局偵查，當場緝獲載送車胎之人力車一輛，追訪綫索，據警察局云五日内可以破案。繼續派張天扶赴新營送回棉被五百床，沿途分發各災區並順途送劉我英女士及婦女會理事、記者等赴災區慰問，晚陳華合到臺南，帶來臺南醫院及臺南市醫藥用品，當即轉知具領。十五日廉駿返臺南，陳笑陶亦到，當即會同商討結束賑灾事宜，並展開臺南縣市散發救濟及嬰孩福利物品工作，預定明日約請記者、參議會及市府人員赴臺南市安南區參觀放發最後一次之急賑物品。十六日晨九時，偕同楊副議長及記者多人赴安南區、西區、南區、東區散發賑品，彼等深表滿意。

兹特各區災害情形及救濟物品之分配列表如下：

區別	救濟物品					災害情形					
	麵粉	營養湯粉	舊衣	帳篷	棉被	屋全倒	屋半倒	死亡	重傷	輕傷	被灾數
臺南市安南區	14 包	22 箱	1 包	15 臺	35 床	181 棟	123 棟	4 人	30 人	18 人	
臺南市西區	4 包	5.2 箱	1 包	—	7 床	—	—	—	—	—	—
臺南市東區	1 包	1.1 箱	1 包	—	5 床	—	—	—	—	—	—
臺南市南區	1 包	1.5 箱	1 包	—	3 床	—	—	—	—	—	—
臺南縣永康鄉	70 包	100 箱	4 包	20 臺	165 床	1670 棟	1358 棟	124 人	16 人	201 人	3549 人
臺南縣新市鄉	35 包	55 箱	2 包	10 臺	88 床	149 棟	109 棟	13 人	11 人	5 人	—

續表

區别	救濟物品					災害情形					
	麵粉	營養湯粉	舊衣	帳篷	棉被	屋全倒	屋半倒	死亡	重傷	輕傷	被灾數
臺南縣新化鎮	75 包	115 箱	4 包	35 臺	16 床	550 棟	418 棟	22 人	44 人	72 人	2313 人
合計	200 包	300 箱	15 包	80 臺	500 床	2555 棟	2008 棟	73 人	201 人	296 人	5862 人

附注：

一、被灾人數係指死亡輕重傷及園屋壞而蒙受財産損失者而言。

二、已填明數字者均係災害較重區域。

三、凡調查不確或未據報告者數字暫不列入，至救濟物品欄未填則係不需分配者。

臺灣分署報告：化學肥料之處理

（民國三十五年十二月）

自六月十四日本分署接收首批硫酸錏 3000 噸（長噸）後，繼即有大批肥料源源運臺，迄十一月底止，總計運到各類肥料已達 36698.5597 噸，本分署爲使此項珍物資獲得適時利用起見，曾儘速予以配售，計自七月五日開始分配至十一月底止先後分配七批，兹以奉令將未了業務移交省署肥料運銷委員會，故特將處理經過總述如下：

第一批肥料於七月五日開始發放，計硫酸錏 2664 長噸，分配於高雄縣市、臺南縣市、屏東及嘉義市之農户，指定用於本年第二期作水稻。（其中有 200 磅由本署直接發給省農業試驗所）

第二批於八月十三日發放，計硫酸錏 978.44 長噸，分配臺北縣市、新竹縣市及基隆市之農户，亦係施用於第二期作水稻。（其中有臺北縣農事試驗場 200 磅、臺灣肥料公司 200 公噸係由本署直接發給）

第三批於九月二十五日發放，計石灰氮氣 2552.34 長噸，重過磷酸石灰 730.61 長噸，分配臺中縣市、彰化市、臺南縣、新竹縣等農户，施用於甘薯小麥栽培。

第四批於十月十二日發放，計硫酸錏 807.18 長噸，重過磷酸石灰 232.46 長噸，分配於高雄、臺東、臺北、澎湖、花蓮等縣農户，亦係施用於甘薯小麥栽培。

第五批於十月十八日發放，計石灰氮氣 3760.44 長噸，重過磷酸石灰

752.57 長噸，分配於本省南部中部及東北部之蔗農，施用於甘蔗栽培。

第六批於十一月二十日發放，計硫酸錏 171.69 長噸，重過磷酸石灰 65.21 長噸，分配於省內各農事試驗機關學校及公立農場等，施用於重要作物果樹蔬菜之試驗栽培。（另發臺北縣宜蘭市農會過磷酸石灰 22.32 長噸，重過磷酸石灰 1000 磅，施用於甘薯小麥栽培。）

第七批十一月十六日發放，計硝酸錏 834.32 長噸，重過磷酸石灰 266.98 長噸，依據第五批未及分配之栽培（甘蔗）面積續配各地蔗農。

肥料分配標準係以每甲（5.95 公畝，以下同）爲單位，因栽培性質於肥料所含成分之不同，故其分配標準亦异，第一、二批硫酸錏定爲每甲 125 磅，但每一農户限領八分地，即不得超過 100 磅，第三批石灰氮氣每甲分配 125 磅，但不得超過 100 磅，重過磷酸石灰每甲 36 磅，但不得超過 28.8 磅，第四批硫酸錏每甲 125 磅，但不得超過 100 磅，重過磷酸石灰每甲 36 磅，但不得超過 28.8 磅，第五批石灰氮氣每甲 160 磅，重過磷酸石灰每甲 32 磅，第六批硫酸錏每甲 160 磅，重過磷酸石灰每甲 60 磅，第七批硝酸錏每甲 100 磅，重過磷酸石灰每甲 32 磅。

各批肥料之發放手續，以各縣市農會組織健全，且與農户有密切關係，故第一至第四批均委托各縣市農會辦理，第五批由臺灣省糖業公司及赤糖同業公會辦理，第六批由本分署直接發放，第七批仍由糖業公司辦理，本分署爲使各地農會不因辦理肥料而虧累，經規定各農會得將因辦理肥料分配而開支各項費用檢據按實報署核銷，此外爲求各地農民明瞭本分署肥料分配内容暨各類肥料之使用方法起見，每批分配時均開列詳細分配數字、使用方法，暨應辦手續刊載報端，並利用廣播電臺摘要廣播，期使農民們獲得更深切之瞭解，並可減免若干弊端。

至於肥料配售價格，首批分配硫酸錏時，係按照民國二十年至三十一年間省内各項肥料之平均價格暨其所含成分比例計算而定，硫酸錏爲每磅 8 臺元（當時市面價格每磅 30 臺元），此項售價堪稱公允而低廉，亦合乎惠及農民之主旨，其後各類肥料先後分配，亦經分别按照各類肥料所含植物營養料（氮素、磷酸）之多寡比例覈定，其價格計重過磷酸石灰 7.2 臺元，石灰氮氣 6.8 臺元，磷酸錏 10 臺元，過磷酸石灰 3.5 臺元，硝酸錏 12 臺元。

各種肥料要素含量及價格如後：

肥料名稱	要素含量	價格	
		每磅	每臺斤
硫酸錏	N 21%	8.00	10.66
石灰氮氣	N 23%	6.80	9.00
重過磷酸石灰	P_2O_5 40%	7.20	9.50
過磷酸石灰	P_2O_5 20%	3.50	4.60
磷酸錏 B	P_2O_5 20%	10.00	13.20
硝酸錏	N 33%	12.00	15.84

本分署初爲便利農民領購肥料，曾訂有肥料換穀辦法一種，規定農户如不擬繳納現金者，可以改繳幹穀，其交換率爲一比一，即以一磅幹穀換取一磅硫酸錏，第一批分配時，以當時穀價較昂，故各地農户均繳現金，第二批分配時，穀價與肥料價相差無幾，一部分農户乃交換乾穀，計臺北、新竹四縣市共收乾穀 1882336.15 磅，自第三批分配後，因穀價日昂，各類肥料與乾穀之交換比率尤難確定，旋決定予以停止。

以上七批肥料計發出硫酸錏 5621.31 長噸，重過磷酸石灰 2047.83 長噸，過磷酸石灰 22.32 長噸，石灰氮氣 6312.78 長噸，硝酸錏 834.32 長噸，共計 14838.56 長噸，應收價款爲 251361562.88 臺元，分配地區遍及全省八縣九市，施用面積約達 25 萬甲，（折合約 150 萬公畝）占本省耕地面積三分之一弱，領用農户在 30 萬家以上，預計促進本省糧食增產二成，若以經濟價值而言，實屬不可忽視。

自本省行政長官公署與總署洽購化學肥料二十萬噸後，規定先後運臺肥料均算入 20 萬噸額內，本分署奉總署電令辦理移交，即凡已到臺肥料除已分發者外，餘均撥交長官公署肥料運銷委員會，目前正待移交之肥料數達 22037847 噸，分儲於高雄、基隆、臺北、屏東、斗南、田中、桃園等地倉庫，本分署經分別派員會同省署肥委會人員逐地辦理交接，務期迅速完成，並自本月二日起所有肥料到臺均在船邊交貨，由省肥委會負責接收，此後本分署將站在總數代理人之地位，續行負責下列數點任務：（一）肥料之點交，（二）催繳價款，（三）考察並監視省肥委會對於出售價格及分配辦法之是否適當。

臺灣分署工技室報告：本分署工礦善後業務之檢討

（民國三十六年二月）

一般人談起臺灣，常常説“臺灣農産品豐富”，這一句話的含義，顯然把臺灣工業排在次要地位。其實在七七事變後，日本因爲把本省作爲南進的基地；於是各種工業，無論與戰争是直接的、抑或是間接的關係，都漸漸地設立擴展起來。根據本分署《臺灣省主要經濟統計》，一九四二年的工業産品收入，幾占了全省收入之半。這裏所説的工業，包括了食品工業、化學工業、金屬製品工業、機械造船工業、窑業、製材工業、印刷工業、紡織工業、和其它工業，除了礦業以外，包括的範圍相當的廣，種類相當的多，這很可説明臺灣工業的重要性。

臺灣的工業能具有相當的規模，説起來絶不是偶然的事實。假若以工廠生存的條件説，臺灣的工業可分爲兩類：一是在平時就够得上在市場和外來同業競争的資格，例如水泥工業、製碱工業、製糖工業等是；二是配合戰時需要而創設的，例如煉鋁工業、煉油工業等是。前者不用説是具備了相當優越的工業條件，即是後者也的確有其發展的價值，和生存的條件。煉油工業在大陸各省還是很少大規模的設備，煉鋁工業根本就没有。鋁和油不但是國防工業，而且是與民生有密切關係的原料。雖然目前煉鋁和煉油的大量原料，還須仰賴國外供給，但以臺灣省海運的便利，兼以資源委員會相當地重視，我們可以相信，一切的困難，終會被克服，燦爛的前程，是跟在努力的後面。

在日本投降後，我們政府接受臺灣的時候，臺灣的工業並不是完整的交到我們手裏。在戰争中，因爲盟機的轟炸，和海洋的封鎖，臺省的工業，直接的或間接的，受到了相當程度的損失。根據舊臺灣總督府民國三十四年所編之《臺灣統治概要》，在民國三十三年十月至三十四年八月，臺灣工業遭受戰灾損害統計，被毁損的工廠，有 201 個單位；其中損壞程度慘重的，占 152 個單位。這裏對於因海洋封鎖、運輸困難，因而影響到工廠機器陳舊，原料缺乏，致使效率减低，生産停頓的，還没有統計在内。其它規模較小，或因遷移疏散的損失，可能還遺漏了很多。這些的損失，使臺灣工業的元氣，損傷得不少。而機器陳舊，原料缺乏的困難，在我們接收後，並未减少。如何克服困難，使停頓的工廠復工，開工的工廠，增高效率，這就是談工礦善後問題，注意力應該集中的焦點。

臺省工業受破壞既如是的廣泛，可以説每一個工廠都有它的困難，都需要救濟善後的。那麼在這許多的工業中，哪一門工業該是最急需設法解决其困難？這問題是值得研究。我們的看法是一切的工廠和家庭，都需要煤和電；所以煤礦和電廠，應是工廠善後的一個重要目標。臺省的建築和公共工程戰時受到劇烈的損害；所以水泥、磚瓦、玻璃等工廠的復舊，也是必要的工作。自來水廠和肥料廠的復舊，與廣大的民衆的利益，有密切的關係，同樣是必要解决的問題。其它各工廠所需要的器材，我們始終没有忽視過它的重要性。自本署成立起，到現在的一年另四個月中，我們接到了許多工礦請求撥給器材的申請，我們相信這不過是臺省工業需要的縮影，當我們向總署轉請時，我們深感到無限的同情。但是一直到現在，我們所已獲得的，僅是一些微小的成就。

直到現在爲止，確定分配到臺灣的器材，不過是下列各種：（一）水泥廠器材計 140 萬美元，重量尚未詳細計算。（二）自來水器材約重 500 噸，占全國水泥廠器材預算十分之一。（三）中小型機器修理廠各全套，約重 250 噸。（四）炸藥約 15 噸。（五）鋼繩約 190 噸。（六）其它煤礦器材如鐵軌、鋼管等約 500 噸，官營民營礦坑各占一半。

這裏所述的器材，除水泥廠器材、自來水廠器材、中小型機器修理廠及官營煤礦器材，係由各承購者直接在上海付款洽運外，其它器材，均由本署運臺；根據各礦廠需要，直接配售利用。此外肥料廠方面，經善後救濟總署農林部商洽，以 380 萬美元，增加基隆廠設備。該項計劃完成後，可增産石灰氮氣料每天 40 噸。並另設製造過磷酸石灰工廠一所。又本署因鑒於化學肥料，關係民生重大，曾以工賑方式，修蓋基隆電化廠宿舍，計補助 164 萬臺元，該項工程，亦於三十五年十一月二十二日完成。

其它很可能分配到臺灣的，還有（一）年産 70 萬平方公尺之玻璃板機器全套，約重 1300 餘噸。（二）每八小時産磚 10 萬塊之製磚瓦機器一套約重 270 噸。（三）炸藥約 20 噸，鋼繩約 30 餘噸。（四）伐木設備製造木設備全套，及削磨設備電鋸等。此外各廠申請的器材，還可能分配相當數量，在最近期内，本署或將派員赴滬，接洽分配“美軍剩餘物資”給臺省的事。當然以這些有限的物資，和廣大的需要對照，我們衹感到十分的慚愧。但我們願意盡我們的力量，追隨本省工業界來解决所遭遇的困難問題。末了我們願附帶的報告，行總的機構將要結束。臺灣分署的結束時期，可能是在本年五月底，不過可能配給臺省的器材，並不會因此受到影響，而應得到的器材，可能在我們臺灣分署結束後，會繼續的交到承購廠礦的手裏，來參加生產工作。

臺灣分署農技室報告：本分署農業善後業務之檢討

（民國三十六年二月）

臺灣先天優厚，物産豐饒，農漁兩業尤爲稱盛，全省農業人口約占總人口55%，農地面積占總面積30%强，加以五十年來在日人統治之下，以科學方法致力改進，使農業益臻完善，惟因年來受戰事影響，對於農漁生産日見衰退，尤以肥料耕牛農具及各種漁船漁具等均極感缺乏，故自三十三年始，因肥料來源斷絶，農工相繼被徵，田園荒蕪，水利失修，致使糧食産量鋭減，較之二十六年約少百分之五十强，至於其它食糧與農作物産量今昔亦相差甚巨，故本署在成立之初，即遵循總署指示之業務原則，從事本省農漁業之戰時損失調查，再根據調查所得擬具本省農漁業復興所需各項物資之數字，向總署申請配發，並編成臺灣省農漁業概况，臺灣農漁業戰後損失概況，臺灣省農漁業各項統計資料，及本省三十五年度糧食情況調查等，以爲分配物資之依據，故使到臺灣農業物資俱能及時分配，不使延擱，玆將各種運臺農業物資分配情形詳述於次：

（一）化學肥料之分配：自首批硫酸錏肥料三千公噸於三十五年六月十四日運抵高雄後，繼即有大批肥料源源運臺，直至去年十二月底止，總計運到各種化學肥料40455. 1277長噸，分存於基隆、臺北、桃園、田中、斗南、高雄及屏東等七個倉庫，本署爲使適時利用起見，於每批肥料到達時，均即按照各種農作物之需肥時期與各地需肥之緩急，僅先分批配售，計自去年七月五日起至十一月底止，先後分配七批，八、九、十、十一等批之分配辦法亦已擬就，原係混合施用於本省三十六年度第一期作水稻與陸稻及本省蔗業復興之用，後以未售肥料奉令移交長官公署辦理，故即停止分配。

肥料分配標準係以每甲（14. 5487市畝）爲單位，因栽培性質與肥料所含成分之不同，故每甲肥料之分配量亦异，各批肥料之發放手續除五、七兩批委托本省糖業公司與赤糖工業同業公會辦理，及第六批肥料由本署直接發放外，其它各批肥料均係委托各縣市組織健全之農會或與農民有密切關係之機關辦理，俾收事半功倍之效，同時各機關因辦理本分署肥料分配而開始之各項費用均可檢據按實報銷，以免農民負擔而生弊端。

計自一批至七批共計配售硫酸錏5621.31長噸，石灰氮氣6312.78長噸，過磷酸石灰22.32長噸，重過磷酸石灰2047.83長噸，硝酸錏834.32長噸，共計14838.56長噸，分配地區遍及全省八縣九市，施肥面積約達25萬甲（折約150萬公畝），占本省耕地面積三分之一弱，受惠農户在30萬户以上，經濟效率預計可增産10%强（本省三十五年度第一期作水稻（穀）産量爲4491552公石，第二期作水稻（穀）産量爲7170976公石，合計爲11662528公石），可見肥料之影響臺灣糧食産量實深且巨也。

（二）蔬菜種子：計八十桶共2000套自八月上旬運臺後，當即登報公告並遵照總署及農林部指示原則，召開省農業善後推廣輔導委員會商討分配辦法，決定每農户不得超過一套，機關學校則視實際栽培面積酌予發給，共計施用面積約2000餘市畝，受惠農户336家，機關學校208家。

（三）農用殺蟲藥劑：計砒酸錏50桶（毛重5600磅），砒酸鈣50桶（毛重5600磅），氰酸計80桶（毛重9760磅），自六月中旬到臺後，亦即登報公告，視各申請者實際需要情形發放，計受惠農户77家，機關學校67單位，又十月中旬到達氟硅酸鈉三十桶，計凈重13500磅，該項藥劑係治蝗專藥，均經遵照規定悉數交由農林處備用。

（四）散粉器：計六箱48架，唧桶11個，十二月份又到達尼古丁3箱，計405磅，噴霧器20架，均經第四次省農業善後輔導委員會決議，委托省農林處分配，並應將分配情形隨時報告本分署。

（五）猪瘟血清：去年六月間本省南部猪瘟頗熾，本分署商請聯總派獸醫專家携帶猪瘟血清指導防除猪瘟，成效頗著，迨至十月間，猪瘟又復發生，聯總又撥猪瘟疫苗血清施救，經前後兩次猪瘟血清之分配施用，本省猪瘟始告平息。

關於漁業復興方面，本分署曾先後向總署申請漁具漁船等，以助本省漁業之復興，但迄今總署方面尚無運到，致使本分署對於漁業復興計劃無法實現。

總之，本省氣候適於農業發展，其各項之農業設施，頗見完善，至於農民之耕種技術，亦極發達，且四面臨海，極適漁業之發展，倘本分署所申請之農漁業物資若能如期運臺，期不難恢復其戰前之原有生産標準焉。

善後救濟總署臺灣分署第十五期月報

（民國三十六年三月）

聯總與行總消息

一、聯總運華食糧已達百萬長噸

截至三月五日止，聯總運華救濟糧食已達100萬長噸。聯總運華之麥，已達1600萬蒲式耳，約當10餘萬長噸。運華之麥及麵粉總數共爲60萬長噸。

聯總運華食糧之預計總數價值133500000美元，一部分尚在來華途中。其中主要爲東南亞所産之米，將分配與食糧最缺乏之廣東、廣西及湘南三地。

已運華之米爲225000長噸，大部分來自暹羅、緬甸。預計運米總數爲30萬長噸。

食糧之另一項目爲牛奶。已運華之罐頭牛奶及奶粉共達五萬長噸，大多分配與兒童福利中心、醫院及聯總行總在全國各地所辦之兒童營養站。

此外，食糧部分尚包括富有營養價值之豆類、豆湯粉、乾豆，由南美洲運來。全部食糧中屬於美軍剩餘物資者占百分之五。

據聯總中國分署食糧組長布朗談稱：全部食糧運輸，需八千噸自由輪125艘。

二、行聯總召開社會福利工作會議決定難民義民僑胞遣送辦法

行總聯總社會福利工作會議於廿四日晨九時，假北四川路新亞大酒店七樓開始舉行會議。出席者除行總署長霍寶樹，副署長李卓敏，聯總華處艾格頓將軍外，計到行總各分署代表，聯總駐各省區代表，社會部及各省社會處局代表，美國援華會代表，國際勞工局代表，聯總遠東委員會英國代表及加拿大代表等共二百七十二人。

大會在主席盧廣綿主持下開始，首由行總霍署長致歡迎詞，略謂："過去一年，行總聯總及其他機關所辦之緊急救濟工作，其艱巨可謂史無前例。一年之工作經驗，殊爲可貴。盼借今日之集會，檢討過去之經驗，察其成敗利病，策劃將來工作之原則及方法以告國人。行總聯總將成歷史名詞，惟望其使命能繼續發揚。"繼由聯總駐華辦事處處長艾格頓將軍致詞，大意謂："聯總之工作者，來自各界各地。余深信聯總之實地工作人員，必已自中國獲得經驗。回

國之後，可望本其經驗之所得，貢獻於其本國社會。”旋由行總李副署長致詞，略謂：“福利標準，中西不同。良以福利標準，應根據國家財富方能決定。國富則標準高，國貧則標準低。行總所辦之社會救濟福利工作，固不能令人滿意；蓋社會福利僅爲行總所辦多種工作之一種，且經費有限，惟有依照優先程序，擇其要者而爲之，行總即將結束，所遺工作仍須各方人士繼續擔任，須各方人士熱心協助方能發展，今日宜研討如何取得地方人士之支持，俾於行總結束後所遺工作，仍有發展之基礎。”李氏詞畢，美國援華會代表愛德華氏繼之致詞，最後由聯總華處振卹廳副廳長方康納致詞，方氏演説達一小時之久，内容要點如下：“聯總爲一國際機構，其重要宗旨爲不分政治派别，而以人道主義之救濟爲歸依。就行總聯總過去所辦之社會福利工作而言：（一）緊急賑濟確已救濟不少人，但物資不足，運輸困難，亦有若干人終於餓死。（二）各地之工賑興辦者甚多，大至黄河堤工，海塘工程，小至婦女縫紉，均解决若干失業問題。（三）遣送難民，已使不少流離失所之人民返鄉重整舊業。但上海仍有一萬歐洲難民。過去被希特勒、墨索里尼，驅逐至東方，無法回家。聯總行將結束，此批人之生活，殊堪憂慮。余最近獲悉中國政府尚未參加國際難民機關，深爲失望！深盼大家督促中國政府參加國際難民機關，俾能解决流落中國之外國難民問題。（四）兒童之救濟，上海之成績較佳。（五）協助社會團體發展，行總聯總均有所努力。但在中國社會團體之發展尚在萌芽時期，社會福利工作，須社會一般人士群策群力方能奏效。但中國之社會組織以家庭爲基本單位，而忽略社會之共同利益，“各人自掃門前雪，莫問他人瓦上霜”之觀念，深入人心，社會福利工作，難得普遍協助，其困難可以想見！西方之智識技術，誠爲中國所需要，惟宜根據中國之實際情形應用西方之新智識。中國雖困難重重，但仍與世界共同邁進。社會福利工作者，對整個人類之責任甚大。盼大家努力勿懈。”方氏詞畢，大會暫時休息。下午二時繼續舉行小組討論，至五時始畢。該會經三日之詳細討論，對於難民義民僑胞之遣送辦法均有重要之决定，兹探悉如次：

（一）關於遣送國内人民復員，决定：

（甲）行總遣送工作結束後，應由社會部與有關機關合作，指撥特别經費，負責遣送國内義民復員回鄉，各省社會處應負責該區行總遣送工作結束後之事宜。

（乙）行總、社會部與各省社會處應密切合作，以謀保证有所裨益於工作之經驗及方法。

（二）關於黃汎區難民之救濟，決議應指撥經費給予行總，在西安設立救濟站，在地方當局協助下，救濟汎區人民，如有需要，可在其他地方加設分站。

（三）繼續遣送僑胞出國，經決定：

（甲）由行總僑務委員會及外交部聯合請求政府考慮加入國際難民救濟協會，以便繼續聯總現在之工作。

（乙）短期内中國不加入國際難民救濟協會，或該會工作遲遲未能展開時，聯總應繼續此項工作，直到在六月底將其交與行總時，且在聯總結束後，行總應有權力與足够之補充經費，以繼續遣送僑胞工作。

（丙）如聯總不可能將遣送僑胞工作交與行總，而國際難民救濟協會之工作亦未開始，則聯總之此項工作，應由其他國際機構接辦。

（丁）當行總遣送僑胞工作結束後，僑務委員會應接辦遣送僑胞之工作。

（四）緬甸僑胞難民現在中國者尚有一萬五千人。菲律賓僑胞難民尚有六千人，其處置辦法，經決定：

（甲）外交部應繼續與緬甸及菲律賓政府接洽，使其允許該項難民僑胞早日返回。

（乙）聯總報據大會決定步驟，保证在結束前，能使上項僑胞難民大部能返原地。

三、行總救濟乳牛業已分運各地

行總牲畜飼養站主任黃异生稱：聯總一月份運滬之乳牛六百九十頭，經該站施行檢驗及防疫手續後由行總儲運局運出四批，計第一批運至漢口，母牛八十一頭，牛犢九頭；第二批運至南京，母牛一百二十二頭，牛犢十五頭；第三批運至杭州，母牛八十五頭，牛犢七頭；第四批運至九江，母牛五十頭，牛犢四頭；在上海當地配給母牛三十頭，牛犢四頭，上項分配均爲無價配給。目前該站尚存三百頭左右，不日分運長沙、福州、青島、安慶四中心地點，當運送乳牛時，由美牧童隨同照料，並隨帶飼料，足敷一個月之用，故乳牛雖遠涉重洋，尚不覺有舟車勞頓之苦。該牲畜飼養站乳牛，日産鮮奶一千磅，除大部送交上海分署兒童福利組作救濟之用外，其餘交農林部上海農場加工製造乳品。又聯總運華牲畜即將大批運到上海、天津二地，據確悉乳牛八百頭將於三月中運抵天津，另乳牛八頭，綿羊一千頭，亦將三月十日前在上海進口，其中乳牛一部分爲無價配給各慈善團體，一部分則擬價售，綿羊則全部撥交農林部中央畜牧試驗場，及西北畜牧場作純種繁殖及雜種試驗，俾改良中國羊種。

四、行總訂購舊軍服救濟災區難民

行總以各地難民需衣賑濟，過去聯總運來舊衣，往往有不合我國人民身材情事。最近特向敵僞物資處理局購買大批戰時軍需軍服，移作救濟之用。據悉：購買合同，業經雙方簽訂，數量約在五十噸左右，計有大批軍需、軍褲、內衣、襯衫、冬季軍大衣、鞋、襪等，尺寸多合乎中等身材，適於一般難民服用，無需改制，聞一俟敵僞局交貨，行總即運往各地災區分發。又行總所舉辦之冬令寒衣救濟事，以日來天氣轉暖，且行總一部分又將儲備，故限各分管機構，於月底結束。

善後救濟總署臺灣分署第十六期月報

（民國三十六年四月）

一、特載

最後一期的話（民國三十六年五月二十八日）

錢宗起

臺灣善後救濟分署五月底結束了，這一期的月報就是最末一期。

在過去一年半中，我們分署同仁做了什麼工作，可以在逐末的月報中看出來，無需復述，但是就這一年半的工作經驗，我們應該有一番檢討。

第一先講事。我們所做的事，從救濟到善後範圍廣泛得很。凡是總署所指示的，我們做到百分之九十以上。同時我們儘量避免間接，大多數是直接放賑直接發款，不特減少中間的剥削，更因而多知民隱。因爲要直接，所以辦事絶對公開。分署的檔卷庫，是不鎖的。雖然總署發了一本密本，却很少用，總是明電居多，實在没有什麼機密啊！會計的帳目，也是人人可看，我們賬是要"算"的，而不必做賬。我們機關的名稱，開頭就是一個"善"字，我們無法作惡。除守倉外，不請一名警察，任何人都可以直達辦公廳。我們無絲毫權力，完全靠講道理寄同情去做事；惟其爲此，所以經過了一次地方變亂，而我們公私的損失，輕微到等於零。而且在變亂中，仍舊能行使職務。再説到事的本末，先後按照總署指示的原則"善後重於救濟"。臺灣農工業有好基礎，戰時受害較深，無疑地上述一個原則，可以完全適用。可是初來的時候，到處是東一片瓦礫，西一堵破墻。有港口無碼頭，有碼頭無倉庫，工廠無人，礦山無物。在這種狀態之下，當然是"救濟先於善後"。到現在救濟的工作已做到尾聲了，此後只待我們所申請的善後物資陸續運來，那麼善後的工作，也可以相當完成了。

第二講人。我們應該有的人，照編制和呈准的預算，内外勤統計起來，應該有二百七十六人。可是事實上我們最多只有一百四十二人，始終不曾用足。爲什麼這樣吝嗇呢？一來是重質不重量，二來是可以一個人兼辦得下，就兼下去，無須乎分析出來另外添人。所以往往一位同仁内勤做了一時，派出去擔任外勤了，外勤完畢回來，又伏案打算盤了。總而言之，不先存一個"照額用足”的念頭，而只守住“爲事擇人”的原則，所以比較的省儉而謹嚴。論到人的“質”，則留學的和國内專科以上畢業的要占百分之五十以上，平均的年齡是三十一歲。我們這一個工作是“前不見古人，後不見來者”的。事無所謂經驗，更談不到熟練，都需要熱情機警和乾净。因此老公事、老世故，我們不必請教他們；而蹦蹦跳跳的年青小伙計，是合於我們的起碼條件的。記得有一次，一位本省的紳士問我，是不是基督教徒，分署的用人是否大多數是基督教徒。我反問他，何以有此問題。他説你們的作風很像教徒，所以順便問一問。

第三談到與外界的關係。自分署成立到結束，始終没有遭遇到何種的阻力，不論是行政機關，是軍警，是地方團體，是運輸機構，幾乎没有一個不是盡力量幫助我們的。我們工作的順利，這是一個重要的因素，至於民衆的歡迎，輿論的夸奬，更是有具體的文字表現，（分登以前各期月報）我們於感謝之餘，只有慚愧。

最後檢討我們的工作缺點：一、我們的設計與執行中間，還是有距離。例如振發舊衣，我們按照調查所得的結果，去分配的時候常常發現應該受益的人有多有少，而需要臨時的復查。又如我們預先計算好某地某時期應該發多少某種肥料，到了那時候，或是肥料還没有來，或是來了數量不够，或是另外一種肥料，弄得以前的設計，前功盡棄，重新再來一番多費人力與時間。二、我們雖常開夜班，常是總動員工作，（例如基隆港口之起卸麵粉）但總欠快，欠深入，欠綜合。同時公文的往來，賬目的手續總不能免。在我們這一方面，儘管是打破形式，單刀直入，而别人家，總是衺帶從客，文縐縐地弄得你急他不急。這種的例子太多了，工作的進展，不免受了影響，又同人埋頭苦干的時候，頭埋得太深了，往往見樹不見林。有些應該聯繫的地方，有些應該順手帶做的工作，都未能達到預期的境界。三、我們所懸的目標，是事半功倍，所以用人用錢用物資無一不省儉。到了結束的時候，回頭一看，徹底一算，所得的效果，總是嫌少。國家費了這許多錢，個人費了這許多時間，而成就有限，想起來是最不安的一樁事。

我們走了！臺灣應該做的善後救濟事業，還多得很。我們只做了一個發端，希望行政當局和地方紳士，有更偉大計劃，更豐富的成就，那時我們的興奮，是不可以言語文字形容的，我想！我深信不疑的想！

卅六年五月廿八日於臺北

二、行總消息

（一）行總發表至去年底止物資運配統計

臺灣分署結存十六萬八千餘噸

行總頃發表自成立至去年十二月底止，物資儲運分配出售統計數字：①聯總直接運華各口岸物資噸數如下：上海1063726.82噸，九龍219543.50噸，漢口6426.57噸，天津31052.31噸，葫蘆島4145.07噸，青島37733.35噸，厦門776.00噸，臺灣14532.95噸，總計爲1377936.59噸。②售出之物資噸數如下：上海210772.50噸，平津7982.85噸，青島4606.70噸，廣州3808.79噸，漢口3668.89噸，總計售出230840.73噸。③各分署散放之物資總數，上海分署26650.45噸，蘇寧分署46913.98噸，浙江分署16966.16噸，福建辦事處9561.14噸，江西分署18976.51噸，安徽分署20766.06噸，臺灣分署17419.85噸，魯青13430.52噸，晋綏察分署10628.49噸，冀熱平津分署21454.07噸，東北分署9716.43噸，廣東分署50696.50噸，廣西分署47954.81噸，河南分署38530.78噸，湖南分署98656噸，湖北分署33035.48噸，總計各地散放之救濟物資共481358.06噸。④各分署去年年底結存數字，上海分署2071.50噸，蘇寧分署8315.89噸，浙江分署3644.46噸，福建辦事處7719.40噸，江西分署6556.34噸，安徽分署7944.53噸，臺灣分署37804.19噸，魯青分署8469.55噸，晋綏察分署4526.04噸，冀熱平津分署10090.73噸，東北分署6304.43噸，廣東分署12213.55噸，廣西分署15108.42噸，河南分署14707.57噸，湖北分署5109.57噸，湖南分署27660.33噸，總計各分署共結存168246.49噸。

查此次發表各分署結存數字中臺灣分署37804.19噸，係27524.06噸之誤，除已呈報總署更正外特此聲明。

（二）行總救濟共區

大批物品運往臨城附近，霍署長談視察黄氾觀感

行總以大艇五十一只，載糧食、衣服、藥物等供應品，循運河駛往山東臨城（現由共軍佔領）。此行將爲臨城附近之鄉村送去供應品二千五百噸，船隻由聯總工人六名押運，有國軍護送，並已將行駛路綫通知中國空軍，自國共兩方公開其敵對行爲後，於兩交戰軍隊間運送救濟物資之困難倍增。

行總爲辦理中共區人民救濟工作，頃在津成立特别辦事處，主持運送及分配事宜，該項救濟物資第一批已於十八日裝船 51 只，共計 2560 餘噸，取道滄縣泊頭運中共區發放。

行總霍寶樹署長，十八日下午四時招待記者，報告氾區災情及視察觀感，認爲災區慘况，殊非想像所及，至行總過去對氾區之理想計劃與實際情形，相去頗遠，目前急務，厥爲拓耕土地，增加種產，至救濟物資方面，聯總供給之糧食兩萬噸已陸續運往，種子農具亦已配撥甚多，估值約達一千二百萬美元，而行總對氾區本年度經費，亦經核定國幣一千四百億元，並已擬定三年計劃，逐步復興氾區。

鹿河氾區聯合視察團，現已視察完畢，除一部分團員因要公待理，已於十七日乘專機逕返滬外，其餘行總副署長鄭道儒及外籍專家等二十餘人，已於十八日晚九時半乘車由開封經徐州返抵京，若干團員並將於明日遄返滬。該團本月十日由滬出發，經南京轉汴後，曾先後視察扶溝、花集、西華縣、王牌坊、花園口等地，返京途中，並視察淮河氾區，此次視察結果，將防氾區興建計劃之參考。

（三）停止糧食救濟作爲治黄之用

聯總運與我國行總之糧食，迄目前止，已有百分之六十五以上，全部由行總分配與各地分署散放救濟，聯總兹以行將結束，糧食剩餘之成分又不多，故今後之糧食來源，極爲有限，對於各地之服務工作，不得不予緊縮，以資配合。據悉：聯總四月份運予我國之糧食三萬餘噸，行將全部運到，亦由行總陸續撥出，總署方面並核定自本年五月份起，各地之糧食救濟一概停止，凡有地方性之工賑或急賑業務，如已開工及確需者，得斟酌緩急，統籌勻支，量力協助完成。其餘各項長期及非急迫需要，或新舉辦之工賑事項，均不接辦，陸續移交地方主管機關辦理。至下月份（即五月份）聯總運來僅有之二萬餘噸糧食，行總將保留於黄氾區，治黄賑濟之用。

三、轉載——行總聯總社會福利工作會議

社會福利行政决議案

提案甲（一）社會福利工作會議案之執行。

决議：

（1）行總聯總之長期社會福利計劃辦理移交時，社會部及各社會處局與社會團體應力求切實執行本會議之各種决議案。

（2）將來全國或國際機關在中國舉辦任何福利工作時，對本次會議之各項決議案應加以相似之考慮。

提案甲（二）經常機關之利用。

決議：將來其他由國際協助之福利計劃在中國舉辦時，應立即利用並加强現有機關團體以執行之。

提案甲（三）行政效率之增進。

決議：

（1）實行分層負責加强聯繫及簡化手續以增强行政效率。

（2）自本會閉會後一年之上兩年之內召開全國社會福利工作會議，由社會部與全國福利促進會同發起，並邀請政府與社會機關代表及對社會福利工具興趣與經驗之人士參加以交換工作意見及經驗，並策劃福利工作之改進，各省市縣同樣舉行此種會議，由各地社會處局與社會福利促進會共同召集之。

提案甲（四）行總工作之移交。

決議：

（1）爲使行總部分協助或全部承辦之工作得按序移交並繼續推進起見，應立即與社會部商榷全部移交計劃。

（2）行總賑卹廳立即向各分署索取現存救濟及福利物資之清單，及完全分配該項物資所需之時間費用及辦法。

（3）各項福利物資及設備包括辦公及交通設備在内及福利計劃所需之一部分其他物資，應移交於社會部及各省市社會處局並與有關社會團體商議繼續使用物資辦法。

（4）社會部處局應盡力協助各與行總合作推行福利計劃之私人團體。

（5）行總應切實注意，其現所直接舉辦之福利工作之衆多，以及該項工作由常設機關接辦時經費之需要。

（6）行總及社會部應與其他有關部會及廳處會商定計劃以繼續監督業經核准或已在進行中之行總工賑工作。

（7）行總工作結束以前，行總聯總應商同社會處局及社會團體將福利責任移交適當機關。

提案甲（五）輔導訓練。

決議：（1）社會部宜儘速選用富有經驗之人員推廣業已由於與外籍專家合作而開始之實地輔導制度，其功用如下：

A. 對省市縣各級政府宣導國家政策及實行程序。

B. 對社會部報告各省實際問題及社會需要。

C. 利用講習會，在職訓練等方式協助訓練工作人員，尤以擔任專家責任之人員爲要。

D. 就地提供意見解決當地福利主管機關之需要。

（2）社會部應以高級職位，優厚待遇職務保障及發展工作之能力之機會，延攬優秀人才並使享受優先機會，經由聯合國社會經濟理事會及國外其他機關之資助出國研究及受訓以應將來工作之需要。

提案甲（六）經費之籌措。

決議：

（1）爲繼續推進行總原訂計劃，應按工作範圍及國家經濟狀況，盡其最大可能籌劃經費，其來源或爲行總結束或移交社會部時之剩餘福利經費，或請行政院按社會部及其處局工作增加之比例撥爲以後之經費。

（2）省級機關負責實際業務之推進，中央應予以切實輔助。至專家設計及實地輔導之費用應由社會部籌措之。

（3）請全國福利策進會研究社會團體業務經費之籌措備向主持人提供經費增辟之來源及方法。

（4）應及早遴選對籌措福利機關經費富有經驗之人員，派往國外研究籌款之理論與方法。

（5）爲配合公私力量以推進社會事業計，全國性及省級社會事業之計劃中應研究私款及公款之配合方法。

（6）促請政府設法增辟新財源以籌措福利並提供下列意見以供參考。

A. 自行總曾予以器材設備及其他協助或曾售與物資之企業中，抽取其收益之一部分作爲福利基金。

B. 因行總之工程而獲利之私人財産，應抽取其因增加所獲之收益。玆並建議由政府或社會機關代表組織一董事會負責該經費之保管及使用。

（7）贊助行總現行出售工礦及農業善後物資政策，但應由物資出售之款項中指定一部分專爲福利工作之用。

提案甲（七）與民間團體之合作。

建議：

（1）行總長期計劃移交社會部時應儘量采納社會團體之建議。

（2）社會部應采納社會團體之建議以各種方式在省縣以下各級充分利用及協助各社會團體。

提案乙（一）中國工作人員

建議：

（1）行總分署署長應調查其所屬社會福利工作人員之資歷及經驗，選擇志願繼續服務福利工作且力能勝任者開列名單及詳歷，函送各社會處局及有意選用之社會團體社會部，並應將該項合格人員彙列名録備查。

（2）行總分署在可能情形時得將得力工作人員短期借調於即將接續行總工作之社會處局及有關團體。

提案乙（二）外籍人員

建議：

（1）本會議向行總及聯總建議延期留用少數外籍人員六個月。俾在工作轉移期間協助中央及省政府機團及社會團體。

（2）本會議鑒於行總中外籍人員共同合作之成功對聯合國理事會一九四六年十一月通過會員國得申請續聘聯總福利專家在中國工作之決議表示歡迎，並建議經遴選續聘之人員以對遠東社會問題具有經驗者爲宜。

（3）向聯合國提供專門人員在華服務之申請時，應先妥擬利用該項人員之計劃，且須有相當能力之中國人員與之配合工作以及最少限度之普通工作人員經費及設備等。

（4）政府機關及社會團體欲延聘外籍專家時，應先與社會部福利顧問委員會洽商，俾各部門人員之選擇得有適當之配合。

遣送小組提案

第一提案：華僑遣送之繼續

建議：

1. 行總會同僑務委員會與外交部呈請中國政府對於加入國際難民機構問題重予考慮，以使聯總現有之工作得以繼續，此事應在聯總遣送工作結束之前辦妥。

2. 若中國在最近期間不參加國際難民機構或國際難民機構未能及時開始則請聯總繼續工作，至已撥定款項用罄爲止或將聯總六月底所餘經費移交行總，以使行總繼續此項工作聯總工作結束後，行總應有權力及必要之補充經費以繼續此項工作。

3. 如聯總不能將未用完款項交與行總或國際難民機構未能及時成立，則請聯總將所餘款項移交其他國際機構如國際難民委員會（Intergovernmental Committee on Refugees）。

4. 行總華僑遣業務結束後，其對有華僑遣送與照料之工作，應即由僑務委員會接辦。

第二提案：緬甸與菲律賓華僑問題

建議：

1. 請外交部繼續向緬甸及菲律賓政府交涉，務使因戰爭而流離來華之原居留各國之華僑早日返原居留地。

2. 請聯總在大會决議案範圍以內采取各種步驟，以使聯總工作結束前大部流離華僑均得返原居留地。

第三提案：國内難民

建議：

1. 行總難民遣送業務結束之後，一切國内難民之遣送及照料工作，應請政府撥定專款，由社會部負責辦理，並與其他有關政府機關取得合作，行總各分署結束時，其遣送業務移交省社會處接辦。

2. 行總與社會部之各級機關應密切合作，俾將來移交時，接收機構得以善用行總辦理此項業務之方法與經驗。

第四提案：氾區難民。

建議：應請撥發充足款項以使行總與負責氾區善後與復業之當局密切合作，在西安設立難民返回氾區之遣送工作，必要時得設分站遣送之速度應視氾區所能容納之情形而定。

第五提案：歐籍難民

建議：

1. 請中國政府重新考慮參加國際難民機關，以便利用該項機關之設施與協助解决外國難民所産生之各項問題。

2. 行總請外交部在聯總難民業務結束及國際難民業機構成立之前，同意國際難民委員會中國代表之派遣，以便繼續行總聯總對於流離難民之遣送移居，以及代替領事館所作之各項服務。

3. 由行總聯總及聯合分配委員會之代表組織委員會以研究上項對於歐僑

及華僑問題之各項建議，並擬定詳細意見提交行總，外交部及僑務委員會會呈行政院接辦。

直接救濟組決議案

壹、關於直接救濟之合格對象案。

案由：鑒於行總過去經驗，因救濟物資之有限，故以個別需要爲決定救濟對象之重要原則。

鑒於各地過去曾顧實際需要而平均分配救濟物資，或對選擇救濟對象常感困難，而且手續遲緩。

議決：

（一）今後配發救濟物資應調查實際需要，並根據適當標準兩種原則。並限定下列兩類對象接受直接救濟之合格者。

（1）因戰爭或水旱及其他灾禍所引起之需要緊急救濟者。

（2）老弱孤寡傷殘者。

（二）選擇合格之救濟對象應根據下列各種方法。

（1）由地方政府之提出，而經發放機關之審核者。

（2）由私立救濟機關之介紹，而經發放機關之審核者。

（3）由難民自身申請或由人民公選，而經放賑機關之審核者。

（4）直接由賑發機關之調查。

貳、關於對貧苦人民之直接救濟案。

案由：鑒於過去辦理集體供食、平民食堂、兒童營養站之成功。

鑒於各地曾以食糧或其他日用品平價售予一般貧苦人民。

議決：

（一）此種貧苦人民今後仍需要繼續給予上述或其他適當之救濟方法。

（二）集體供食站、平價食堂與學生營養補助各種已見成效之糧食救濟應隨時視其需要繼續舉辦。

（三）中央、地方及私立救濟機關應合作負責舉辦上列各種直接救濟。

叁、關於營養工作與直接救濟案。

理由：鑒於過去聘用中外營養及集體給養專家對民間營養示範工作之價值；

鑒於大多數人民物質生活之窮苦，故善用價值低廉之營養品尤爲重要；

議決：今後有關當局及其他機關應考慮繼續聘用合格之營養及集體供養專家協助糧食救濟工作。

肆、關於衣著救濟案。

理由：鑒於過去外國捐贈大量之舊衣著，專爲救濟難民，並規定不得發售；

鑒於此種衣著多不合適民用，且運費昂貴，甚且超過衣著本身之價值。

議決：今後外國捐助舊衣著應注意下列二項：

（甲）根據行總聯總之過去經驗，此種救濟衣著應交由中國救濟機關直接處理，不受限制。

（乙）募捐者須使捐助者明瞭某種地區或特種機關所需要之不同種類。

伍、關於應用本地物資充作救濟用途案。

理由：鑒於過去各地常因各種原因而將糧食從需要地區出運，同時又由外來輸入同樣之食物以救濟該地難民。

議決：由大會提供今後救濟機關應儘量利用本地物資或可能獲得之當地土產充作救濟當地難民之原則。

陸、關於普通提案。

理由：鑒於大部分中國人民經濟生活係在極端窮困狀況下；

鑒於戰爭及自然災害使大量人民飢餓；

鑒於雖在平常社會狀態下，亦有不少人民不能自謀生活或供養家庭；

鑒於救濟物資及經費之有限，運輸工具之缺乏及分配手續之煩難，而使物資不易到達真正貧困人民手中；

鑒於緊急救濟常格於規定手續而使執行遲緩。

決議：

（一）中央及地方政府應與其他社會福利機關合作以加强或建立經常之直接救濟機構，負責救濟一般因各種原因而不能自給之人民。

（二）此種經常救濟機構應作有計劃之准備，隨時應付臨時災害之情況。

工賑及自助小組決議案

（一）工賑之原則。

（1）任何未來救濟方案中，作爲救濟事業之公共工程設計，應予擴展，此種設計須就現正接受救濟或非如此即將接受救濟之工人招募所需勞工。

(2) 大會確認工賑工資必須按照當地工資習慣支付現款或實物，但若有缺糧區域，在其需要未予滿足之前，所供應之食糧不應作爲餘糧區域之工資。

(二) 失業救濟公款之動用，請有關主管機關注意下列原則：

在核准公費工程之請款時，有關各部及其他政府機關，應使此種款項首先用於有需要且有工作（勞力或個人服務）能力之人民，在救濟需要已經解決之後始行雇傭自由市場之工人。

(三) 工賑之招工方法。

將來任何工賑計劃應特別注意適當的選擇工人之機構，在各項原則之中更應遵照下列二點：

(1) 工賑計劃須有多種以適應各種有需要之貧民。

(2) 主管機關之福利人員應負責將合於工賑之貧民造具分類名册，送交負責組織工賑工作之機關。

(四) 包商不許運用救濟物資謀求私利，負責工賑工作者應儘量直接招工避免包商運用救濟物資謀求私利。

(五) 以訓練爲工賑之一手段，請行總將對於需助人民之工作訓練所作之實驗，詳知教育部、社會部及其他部署，並附送大會決議，對於推動此項訓練之可能應予研討。

(六) 設備與物資之運用。物資、工具與設備移交政府或政府立案之志願，而不營利之機關團體與合作社僅許作爲福利事業（包括工賑設計中貧民之招用）之用。

老幼傷殘組議決案

提案甲（一）老幼傷殘之膳食補助

決議：

1. 老幼傷殘之膳食補助應按各地之不同運用在家直接接受或設站發放之各種方式。

2. 福利站學校以及其他當地兒童機構所設之兒童營養站，辦理有效時，應同時有教育衛生以及其他社會服務等工作配合實施。

提案甲（二）老幼傷殘之膳食補助

決議：

1. 計劃由國外輸入膳食補助所用之食物時，應特別注意營養需要及膳食習慣。

2. 聘請專家多人研究此類問題以行總膳食補助工作之經驗作爲參考。

提案乙（一）老幼傷殘之福利服務

決議：

1. 除機關教養之外對於老幼傷殘更應該在家接受補助與服務之救濟。

2. 上項服務應包括職業訓練，對傷殘者再加傷殘重建工作。

提案乙（二）老幼傷殘之福利服務

決議：政府社團及國際協助應共同努力有計劃之推動全國性防盲運動與切實之防盲工作。

提案乙（三）老幼傷殘之福利服務

決議：普及兒童教育機會，添設國民學校並由教育部、社會部、衛生署及其他有關兒童福利研究之社團共同改進兒童教育内容以適應民衆之經濟需要。

提案丙（一）機關教養

決議：各級政府均應重新檢討并且是執行中國現行之登記立案與督導制以求機關教養之老幼傷殘確得保障。

提案丙（二）機關教養

決議：老幼傷殘機關經費之補助，工作標準之訂定與業務督導，應由政府機關負責實行。

提案丁（一）國際福利金之運用

決議：有關兒童福利之各級政府機關與社會團體，不拘政治、宗教、種族之分别，會同管理國際兒童急救金，對於社會團體積極參加此項救濟金管理應予以保证。

提案丁（二）國際福利金之運用

決議：政府與社會團體請求國際物資款項資助者，本身應有經濟來源與健全之工作人員。

提案丁（三）國際福利金之運用

決議：國際福利金作爲兒童福利之用時，應考慮以其一部分訓練兒童福利工作人員之用。

訓練小組決議案

提案一、促進福利人員之在職訓練

決議：公私福利機關應盡力辦理在職訓練並與大學社會工作學系及其他學系合作。

提案二、促進福利工作之專業教育

決議：

1. 請教育部承認社會工作學系或研究所在大學內之地位。

2. 福利工作之教育應加强成績優良機關内之實習。

3. 學校機關及其他團體應爲優秀之青年，在國内外設置福利教育獎金。

4. 建議教育部今後考試公費留學生，應規定福利工作名額，有經驗之社會福利人員應享優先權。

提案三：福利人員之考選

決議：建議政府主管機關，各級文官考試應增社會福利人員之考試。

提案四：福利人員與機關之聯合

決議：

1. 請大會主席指定提名委員會，籌備全國社會福利人員協會。主席指定提名委員會五人：陳文仟、朱有光、張鴻鈞、熊芷、劉德偉。

2. 應設全國聯繫委員會及其他省與地方之委員會以及全國或省福利會議以交换福利籍貫之經驗。

提案五：訓練之促進

決議：

1. 聯總行總未結束前，應開辦或繼續訓練工作，且盡力予以經費以及其他輔助。

2. 行總聯總應將有助於將來訓練之材料移交接辦機關。

3. 請全國聯繫委員會議成立訓練委員會，其任務：

（1）作爲中西訓練機關之消息交换所。

（2）協助獲得西國專家對於福利訓練之貢獻。

（3）研究福利工作之需要。

（4）利用研究出版等方式以促進福利人員之訓練。

機關聯繫小組議決案

一、福利機關之聯繫

決議：

1. 凡設社會救濟協會之省，應即設立，其已設立者，應於擴充，藉以發動社會廣大之力量。

2. 行總與社會部在此種協會尚未積極發生作用之前，應儘量利用社會團體之經驗與助力。

二、各級社會福利機關主持人員之聘任

決議：

1. 中央省與地方各級社會救濟協會以及其他一切社會福利團體之主持人員，應聘合格人員充任之。

2. 此項人員之選聘，不受任何政治關係之影響，且須按其工作所用時間及所負責任給予適當薪給。

三、國際性的工作機關之聯合

決議：大會贊許各省國際性福利機關擬有全國之聯合，且希望此一重要工作早日完成。

四、社會機關之重要

決議：提請大會政府及全國人士，對於組織堅强之社會團體今後在中國之成長與發展予以注意。

五、社會機關之經費來源

決議：各城市社會福利機構應發動募捐之運動時機已成熟，今後並請政府盡力鼓勵此項運動之推展。

六、福利機關與訓練

決議：

1. 應鼓勵中央省及地方各級公私社會福利機關予在職人員以訓練之便以改進其工作。

2. 上述各機關應協助其附近大學充實教材及實習設備。

善後救濟總署臺灣分署業務動態簡報

（民國三十六年三月）

一、賑務

（一）二二八事變期間冒險展開醫護工作

本省於二月二十八日因臺北專賣局查緝私菸事引起騷動後，野心家乘機煽動造成搶奪全省政權之混亂局面。暴徒毆打各地外省籍同胞死傷甚衆。另一方面因暴徒圍攻政府機關搶奪憲警武裝，憲警開槍還擊，暴徒亦有死傷（根據調查統計當日在臺北一處死傷在四百人以上），迄本月九日國軍到臺維持秩序，除暴安良，騷動乃告平息，各地重獲安寧。在此十日期間一切機關工商業，無不陷於停頓狀態中，本分署職司善後救濟，雖因此種臨時災情不屬業務範圍，但目睹死傷之衆，且際此混亂局面，人心惶惶，對於受傷者之救急治療，衛生當局無法執行任務之情勢下，實不容坐視。即經於三月一日動員全體工作人員組織流動救護隊，配備救傷藥品，派車出發市區，進行巡迴救護工作。不論省內外同胞或憲警等均行急救，車駛至市中心區警戒綫時，突爲憲警巡迴車鳴槍制止前進，隨車人員雖未受損，却已飽受虛驚。復經與當局洽妥救護車輛行駛之聯繫，救傷工作始得順利展開，兹簡述如次：

1. 慰問傷胞

錢署長宗起高副署長翰，偕署內高級幹部及衛生組醫師等，於三月四日晨分赴内市省立臺北醫院、臺灣大學第一附屬醫院、省立共濟醫院、馬偕醫院及林外科、洪外科兩私立醫院，巡視各該院救傷情况，並就各病房逐一慰問受傷人士，彼等傷勢輕重不一，有被毆打致傷有者，被槍傷者，有外省籍同胞，亦有本省籍同胞，俱由各院醫師熱忱診療，統計六個單位，收容重傷者共有六十八人，多經發給營養品以求健康之早日恢復，三月十日本署錢署長復偕閩臺監察使楊亮功先生，再往各該醫院慰問。

2. 分送藥品

各醫院普遍缺乏藥品，經決定由署緊急撥配，接受本分署醫藥及營養品者，共有八個單位，除臺灣大學附屬醫院、馬偕紀念醫院暨省立共濟、臺北醫院等外，尚有林外科醫院、洪外科醫院（私立醫院）、省警務處、基督致青年會等，計配發物資有般尼西林30瓶，煉乳乳粉共16大箱，冰淇淋粉、玉蜀黍粉共50箱，蘇發、藥棉、X光片、膠布、紗布、三角布及其他各種內外科用藥，照規定私立醫院及其他單位，原非本分署供應藥品範圍，惟以此次情形特殊，且係基於實際需要，不得不破格辦理。

3. 請撥血漿

是次遭受傷害者衆，而重傷者什九失血過多，本分署前配發各醫院之血漿，迅速告罄，深感粥少僧多，各地醫院復紛紛呼吁申請配撥血漿應急，本分署以庫存一時尚無存品，經即電請總署運臺應濟，已奉電復。血漿二十五大箱，空運來臺，預料此批血漿到臺後，對於各地傷者，血的問題，當能順利解決。

4. 補助住院伙食

本分署據高雄省立醫院電報以收容事變受傷者五十三人，無法負擔醫藥膳食住院費用，請求予以補助，經核定每一傷者每日由署補助其膳食費用30臺元，截至傷愈出院後爲止。此一辦法既可實惠於傷者，亦可解決院方之負擔問題，至其他各醫院收容之受傷者，當可酌情核定補助。

（二）大批布疋衣服正在配發中，訂有詳盡原則爲準繩

臺灣紡織工業素不發達，又因氣候係屬亞熱帶不適種棉，所需棉紗布疋，完全仰給於日本，戰爭期中來源斷絶。光復後亦基於種種條件供應困難，衣著一項形成重大問題，本分署有鑒及此，早於上年初即曾申請大量衣著運臺救濟，計先後奉到總署配運到臺者有布疋、舊衣、棉花、毛織品等，其中以布疋一項最爲大宗（共計約1200綑）。本分署爲求此類布疋獲得最適當之運用起見，除撥出一部分製作各地醫院之病床設備及護士衣服外，其餘全部分發各地慈善單位之收容者，暨全省各縣市急需衣著之高砂同胞及赤貧民衆，本分署曾考慮以布疋縫制衣服散發，因以費時過久，工資負擔過重，全部縫制已不可能，故僅能就實際需要情形酌量縫制，以備分配與不能自行制衣之貧民（如病者殘廢或兒童）。其餘布疋則係就二碼及一碼半大小剪裁成衣服料並訂定分配原則如下：

A. 分配標準：成人每人四碼（厚布薄布各二碼），兒童每人三碼（厚布薄布各一碼半）。

B. 分配對象及優先程序：（1）由外地遣送返籍之貧苦臺胞，（2）貧窮之寡婦孤兒，（3）十六載以下之貧苦兒童，（4）貧窮之老弱者，殘廢者，（5）

最貧瘠地區内之貧户，（6）參加地方公益工程之工人及其家庭，（7）上年遭受風水地震災害之貧户（如以户口爲對象時，則按照人口多寡比例增加布量）。

C. 附帶分配：（1）配布每三碼附發衣扣三粒，每四碼附發衣扣五粒，（2）記發衣料每套附發綫 100 碼、針 2 枝。

D. 分發方式：由各縣市善後救濟協會就額定分配量，會同各區鄉鎮，按照上開原則，斟酌當地實際需要情形，先行詳查核定分配對象以便散發。本分署頃已撥定衣料 131822 套，制成衣服 35308 件，全部分配與臺北基隆等 16 個縣市（按澎湖縣前經配給各類布疋達 35050 碼，是次不再分配）。兹將分配内容表列爲下：

縣市別	碼數	套數	小計	衣扣 4 碼 5 粒 3 碼 3 粒	針每套 2 枝	綫每套 100 碼	綫只數每 只 1000 碼	式樣	男	女	兒童	小計
臺北縣	4	4930						中	575	575	1150	
	3	5570	10500	41450	21000	1050000	1050	西	575	575	1150	4600
臺北市	4	1972						中	116	116	232	
	3	2223	4200	16550	8400	420000	420	西	116	116	232	928
新竹縣	4	3944						中	460	460	920	
	3	40456	8400	33100	16800	840000	840	西	460	460	920	3680
新竹市	4	1182						中	69	69	138	
	3	1334	2516	9950	5100	251600	252	西	69	69	138	552
臺東縣	4	5916						中	575	575	1150	
	3	6684	12600	49632	25200	1260000	1260	西	575	575	1150	4600
花蓮縣	4	7559										
	3	8391	15950	62958	31900	1595000	1595					
基隆市	4	2312										
	3	2480	4792	19000	9584	479200	480					
臺中縣	4	5916						中	690	690	1380	
	3	6684	12600	49632	25200	1260000	1260	西	690	690	1380	5520

續表

縣市別	碼數	套數	小計	衣扣 4 碼 5 粒 3 碼 3 粒	針每套 2 枝	綫每套 100 碼	綫只數每 只 1000 碼	式樣	男	女	兒童	小計
臺中市	4 3	2367 2674	5041	19857	10082	504100	505	中 西	164 164	164 164	164 164	984
彰化市	4 3	2958 3342	6. 300	24816	12600	630000	630	中 西	104 104	104 104	208 208	832
嘉義市	4 3	4436 5012	9448	37216	18896	944800	945	中 西	108 108	108 108	216 216	864
臺南縣	4 3	6409 7241	13650	53768	27300	1365000	1365	中 西	776 776	776 776	1552 1552	6208
臺南市	4 3	2958 3342	6300	24816	12600	630000	630	中 西	116 116	116 116	232 232	928
高雄縣	4 3	4437 5013	9450	37224	18900	945000	945	中 西	518 518	518 518	1036 1036	4144
高雄市	4 3	3154 3562	6716	26456	13432	671600	672	中 西	126 126	126 126	252 252	1008
屏東市	4 3	1577 1782	3359	13231	6718	335900	336	中 西	110 110	110 110	110 110	660
		69795	131822	519520	263644	13182200	13185	中 西	9014	9014	17480	35503

上列分配數字，原定於本月初全部同時派員散發，迨以事變發生而受阻，稽延達半月之久，玆爲争取時間起見，第一批已開始分向臺北縣、臺北市、新竹縣、新竹市、臺中市等五地散發，其他縣市，不久亦可按照原定辦法逐地散放。

（三）蚊帳約二萬床正趕制中，即將分發高砂族貧户及醫院

本分署曾先後運到蚊帳布共 214 大包，以其數量不多，普遍散發已有困難，僅能就最需要者予以分配。

（一）本省高砂同胞，居留山地，平日遭受瘧蚊侵襲，備極威脅，經調查各地高砂貧户什九尚無蚊帳，其所以瘧病迅速傳染，終年流行者，實不無原因也，本分署頃已決定將運臺蚊帳布，大量散發高山區，依照各縣市查報縣內高砂族人口及貧户之比率，而定應行配給蚊帳數，計臺北縣1326床，新竹縣2982床，臺東縣2183床，花蓮縣2455床，臺中縣2231床，臺南縣339床，高雄縣6150床，合共17660床。

（二）各地公立醫院，病床設備簡陋不堪，本分署刻正計劃予以必要之補充，除正副床單及枕頭套等已加緊裁制統籌配發外，蚊帳一項已核定配給者計臺北附屬醫院300床，省立臺北醫院及樂生療養院各200床，松山療養院100床，馬偕紀念醫院及彰化基督教醫院各80床，省立臺中醫院140床，（以下均省立醫院）新竹10床，嘉義137床，宜蘭90床，花蓮港65床，基隆、臺東各80床，臺南、高雄、稻江各50床，共濟40床，澎湖26床，合計18單位分配蚊帳共1813床，至於蚊帳之縫制，計分單人式、三人式、五人式等三種，單人式爲各醫院病床之用，其餘三人式五人式均係高山區需用，既可適應其生活習慣（日本式蚊帳）亦可減少布料消耗，實屬一舉兩得。以上兩批蚊帳，現正託由省婦女會、省救濟院兩個縫紉工廠分別趕緊縫制，並由本分署發給每床工資50臺元，約於下月初即可全部制妥，屆時再行分發。

（四）愛愛寮貧民停炊，本分署撥米救濟

省垣事變生後，首先受到威脅者厥爲民食問題，米價一再跳漲，市場購米困難造成人爲糧荒，貧寒民衆，多以蕃薯代飯，省垣幾個慈善機關，以愛愛寮遭受打擊最大，因該寮爲純粹之私人舉辦慈善事業，平日經濟來源完全依賴地方人士捐助維持，是次騷動一起，該寮二百個不幸收容者食的問題頓形恐慌，不得已任由各人自行散在街頭行乞，本分署以該寮平素辦理最有成績，爲求安定各收容者之生活，經就本分署存餘食米（肥料換得乾穀，除運濟澎湖外尚有剩餘），先後撥交該寮二批食米計重5500公斤，對於該寮200个收容者今後三個月之食糧問題，已獲解決。

此外澎湖縣救濟院以院民食米不敷，曾申請本分署撥糧救濟，經核定每月由署配給食米1500臺斤，計發三、四、五三個月量，共4500臺斤。

（五）收容失依兒童，已達148名

關於各地失依兒童由當地慈善機關收容之補助辦法，前經由本分署訂定原則，除每一兒童每月補助膳食費600臺元外，並將視各單位之需要情形酌量撥助所需物資如衣服、棉被、蚊帳及營養品日用品等，最近經核定由署補助計有四處：

（一）臺南兒童保育院新收失依兒童55名，自三月份起開始補助膳食費，每月33000臺元，先發三、四、五三個月份，共99000臺元，所需衣被消耗藥品及其他福利物資將予統籌撥發。

（二）澎湖縣救濟院新收失依兒童21人，經核定發膳食補助費每兒童三個月額，計共37800臺元，又該院爲收容兒童住宿問題，曾修葺院內兒童教養所之破損房舍一幢，亦由本分署補助工程費27000臺元。

（三）基隆市救濟院收容該市失依兒童35人，經由署增發棉被40床，（按基隆市救濟院前已配發棉被120床），並撥給三個月膳食補助費，共63000臺元。

（四）屏東市有失依兒童37人，惟該市轄内尚無兒童收容機關無法進行收容，本分署以屏東與高雄毗近，經電知高雄天主教孤兒院予以收養，除膳食費用仍將由本分署補助外，其他需要物資及各兒童自屏東至高雄之運送費用，統將由本分署負擔。

（六）工賑業務已成尾聲，殘餘工程正趕辦結束

本分署補助各項大小工賑工程，經兩月來加緊進行後，大體尚能依限完成，截至本月底止，各地賡續進行中之工程計有（一）臺南縣烏山頭貯水池修復工程，（二）高雄市下水道復舊工程，（三）臺北縣武老坑橋修復工程，（四）高雄縣枋山橋修復工程，（五）澎湖縣之漁塭石滬築造及漁港碼頭修復工程等，本分署爲求各項工程均能把握時間配合本署結束期限起見，頃已分電各地方縣市政府嚴密注意工程進度，儘量增用工人，縮短工作時間，如將來仍有不依限完成者，本分署即行停止補助。

又本分署在三十六年度業務費項下撥款補助之慈善機關修建工程計有（一）省立兒童保育院房屋築造工程，（二）臺北盲啞學校校舍築造工程，（三）錫口療養院第三病棟修復工程等，按照工程合約規定，俱應於本月底以前完成，惟以二二八事件關係，工程停頓多天，兹再通知承包商號一律於四月底以前趕速竣工，不得再有拖延。

（七）福建歸省難胞七十五人，分別予以接待及資遣

本月十七日由行總福建辦事處電告遣送崇安臺籍難胞八十三人來臺囑接待等語，本分署於獲得上項情報後，經即派員赴基隆碼頭辦理接待事宜，迄久未見到達，經向港務局查詢始悉船隻臨時更改航期，該批難胞旋於二十九日晨乘搭中興輪抵達基隆，計有楊從龍等七十五人，當日適逢國定紀念日，援例放假，本分署接到港務局電話通知後，即派當值人員馳赴基隆接待，按照各難胞返鄉途程之遠近，每人發給旅雜費200至500臺元不等，當日轉遣竣事，又因港口戒嚴關係，爲避免發生誤會起見，事前經由本分署分別函達基隆要塞司令部及憲兵團部予以保護。

（八）倉存鋼繩杆，全部配售竣事

自第二批工礦器材配發完畢後，倉存工礦器材大致出清，尚餘少數鋼繩杆，玆決定作如下處理。

鋼繩16個，共重12996磅，核定配售與以前尚未配之民營礦坑，計有臺陽礦業、海山二坑、松山炭礦、大東炭礦、木山礦坑、金敏礦坑等六個單位。

鋼杆28000磅，本分署前擬用作舉辦各地方水利工程之需，惟因奉總署通知不再開辦新工程，故決定配售與各民營煤礦，頃已由署通知省煤礦同業公會，限各單位於三月底以交來署辦理申請提貨諸手續，逾期不辦者，本分署即認爲棄權，當予改配其他單位。

至於鋼繩、鋼杆之售價問題，奉總署核示以美元匯率提高，各項器材均係按照新匯率所定價格辦理。

（九）蒸汽鍋十具，分配省垣各機構

本署前運到蒸汽鍋十具（Kottle Steam），對於此類物資之使用，經就省垣各衛生機關、工業、農業研究試驗機關，選擇其備有蒸汽設備而又適用於該項規範者予以無價配發，務求物盡其用，不使廢棄，計經調查後獲配蒸汽鍋者有臺北第一附屬醫院二具，省立臺北醫院三具，工業研究所二具，熱帶醫學研究所二具，屏東農業職業學校一具，本分署爲明瞭該項物資之使用效果起見，規定由各經領單位按時將使用情形報署，籍資參考。

二、衛生

二期婦護士訓練班結束，前後畢業學員五十八人

本分署在臺北、屏東兩省立醫院舉辦之護士訓練班（按臺北班爲第二期），經三個月來之積極進行，按照原定課程講習，俱於本月底正式結業，受訓練學員其成績優良獲得畢業證明書者，計臺北班有邱連娣、林月英、李碧玉等 21 人，屏東班有張婉、李秋柳、蔡雲等 13 人，連同臺北班第一期畢業之 24 人，共計 58 人。此批學員，均係來自北部及中南部，爲各醫院較優秀之護士，彼等經受短期訓練結束後，成績更爲美滿，將成爲本省護士之中心人物，本分署爲求各護士對於本分署醫藥器材之管理運用方法有更深澈瞭解起見，規定講習課程，除授以最新穎之看護學外，並講解醫療設備管理法，就各類新式醫療器械施行臨床實習，又本分署鑒於省内大小醫院護士素質參差不一，訓練事宜亟宜迅速推廣，頃已商同聯總及省衛生當局洽謀適當辦法，希望此項護士訓練工作，於本分署結束後，仍能繼續推行。

三、儲運

（一）事變影響海運阻滯，本月份到臺物資甚尠

本月份以事變關係，海運交通曾一度受到影響，故全月份自滬到臺物資船隻僅二艘，臺南號係於本月七日駛抵基隆，載有醫藥器材 330 件，房屋零件 120 件，海桂輪於二十日駛達基隆，載有醫藥器材 274 件，蚊帳布 40 包，汽油 53 大桶。

（二）基隆臺北二倉庫，租期均經分別延長

本分署基隆倉庫係租用基隆港務局之二號碼頭倉庫，原定租期一年，已於本年二月十五日屆滿，基隆港務局方面以業務開展，碼頭倉庫不敷，欲收回二號庫自用，惟本署以該倉庫爲唯一物資吐納倉庫，目前物資固未完成出清，而將來續有大批工礦器材運到，爲顧全實際需要項已簽奉陳長官特准，繼續租用至本分署結束時爲止，至於增加租金一項，刻正與港務局方面洽商中，本署租用臺北市樺山倉庫一座亦於本月二十三日租期届滿，已商得臺灣省通運公司同意延長租約有效期間三個月。

（三）本署所有車輛，不得運載軍品

關於本分署所有車輛之使用，原係專供本身業務需要，但按規定可於運送救濟物資回空時，順帶載運公商貨物，絶對不得裝運軍品。本分署最近復接到總署公路運輸大隊之通知，重申此項規定務必嚴格遵守，惟外間對於實際情況尚多未盡明瞭，各機構迭有向本分署洽借卡車或吉普使用者，本分署以格於規定均予婉詞拒絶。

四、其他

（一）聯總臺處奉令緊縮，本分署茶話歡送離臺人員

聯總駐臺辦事處，日前奉到聯總中國分署之通知，應自三月份起，開始緊縮，一部分工作人員奉召返國，聯總臺處人員原共二十餘人，是次決定離臺者有彭德華（Mr. Edward Paine）等十餘人，過去一年間，本分署與聯總臺處協同工作，雙方俱能把握嚴正立場，於互相諒解、相互磨礪之精神下取得合作，對於本省善救工作之策劃推動均能收到預期效果，彭氏等經於本月二十一日乘搭臺南號赴滬，本分署特於是日上午十時在本署三樓大禮堂舉行歡送茶會，以留去思，到會者除聯總臺處全體人員及本分署各外籍專家外，本分署方面到會者有錢署長、高副署長、饒兼主任秘書，各單位正副主任暨高級幹部共30餘人，席間談笑自若至爲融洽，最後復由錢署長、克襄蒙（Mr. Clement）先後致詞，迄正午十二時始盡歡而散。

（二）外籍專家紛紛返國，服務期間建樹甚多

本分署原有外籍專家共八人，其中計有醫師白愛絲（Dr. Brown）（內科）、歐特生（Dr. Ottsen）（外科）、陶利諾（Dr. Traynor）（牙科）、科尼亞（Dr. Ferreira）（皮膚科）等四人，福利專員鮑妃絲（Miss. Powers），孟瑪麗（Mrs. Munford），公共衛生護士格爾倫（Miss. Graham），暨物資分配專員畢甫（Mr. Bebb）。彼等先後奉派來臺，協助各項善救措施，一年以來本分署各部門工作人員竭誠合作，或從事於醫療衛生指導，工作於各地醫院保健單位，或主持護士訓練或策劃建議有關社會福利工作，奔走於鄉鎮高山區，俱能以服務精

神完成任務，並直接間接對於本分署善救業務之推展實多建樹，尤以各醫師不避艱辛爲地方民衆救傷治病，更深得各界人士之好評，最近聯總業務緊縮，各地外籍專家，分批召回，本分署各外員亦已先後於上月底及本月中分批離臺，其繼續留署工作者，僅有畢甫（Mr. Bebb）一人，以今後物資處理，未完工作甚多，對於畢君尚多藉助也。

（三）本分署結束期近，人員正分批資遣中

我國善後救濟工作經年餘之加緊推動，逐步完成，近多配合聯總業務之緊縮，行總工作亦將逐漸收束，本分署曾奉總署電令將所有業務分期結束，工作人員分批資遣，計第一批有職員 38 人，司機 7 人，倉丁 7 人，工役 7 人，（均係按照員工總額裁遣四分之一）。業餘本月一日遣散，第二批有職員 28 人，司機 6 人，倉丁 6 人，工役 7 人，亦將於四月一日遣散，依照總署規定就遣散員工役務期間之久暫，分別發給一個月至三個月之全部薪津，查本分署未完成工作尚多，若干善後措施，更有待於加强策動，今後將以半數之人力，應付百分之百之工作，各工作人員事務分擔，勢必越形繁重艱巨。

（四）本分署應變得宜，總署特電嘉慰

二二八事件，變起倉卒，出人意料，當時局面混沌，人心動摇，本分署全體員工（包括本省籍及外省籍）平素融洽合作，親愛精誠，事變期間，更能上下一心以不變應萬變之精神，沈著鎮定，應付得宜，全體員工均獲確保安全，救濟物資雖未遭受若何損失，惟亦飽受威脅喫驚不少矣，總署鄭副署長道儒對本分署工作同寅極表關懷，並曾電署慰勉，兹録電文如後：

“錢署長履周克兄勛鑒，此次臺省騷動變起倉卒，幸賴兄等平時處事穩妥臨變應付得宜，本署物資得以大體保存，而事變期間兄及分署同人日處危城，飽受驚恐，今幸全部平安，緬懷尤勤，特電馳慰，弟鄭道儒寅寒印。”

（五）傳聞澎湖舞弊善救物資，縣參議會電復絶無其事

自大批救濟物資運達澎湖後，省垣各報曾刊載新聞一則，略謂澎湖救濟物資有被縣府經領人員竊取，地方人士向縣府提出清算等云，本分署於獲得此項消息後，以該項救濟物資旨在普惠貧民，决不容許任何人員從中漁利，經即急電澎湖縣參議會與當地善救協會嚴密監督責明檢舉，最近經由該縣參議會電復到署，原電云："縣政府經領經發各項救濟物資時，縣參會均有派員到場監發，尚未發覺有被竊取情事發生，至謂地方人士已向縣府提出清算等語，亦屬無稽，此後本會自當隨時派員嚴密監督以宏救濟，並符貴署愛護本縣貧苦民衆之盛意"云。

（六）本分署派振務組嚴副主任，出席行聯總社會福利工作會議

行總與聯總雙方爲檢討行聯總過去之社會福利工作並策勵我國今後社會福利工作之加緊推行起見，於本月二十四日至二十八日在滬舉行"行總聯總社會福利工作會議"，規定由各地分署，社會部、處、局，暨全國有關社會福利之機關單位，均派代表參加，本分署已派由振務組嚴副主任家理代表出席，嚴氏於本月二十二日乘搭中航機飛滬。（會議情形，經詳載聯總與行總消息）欄。

五、三月份大事日誌

一日：

派醫護人員及救護車分赴臺北市區救護"二二八"事變受傷官民。

二日：

送藥品及營養品往洪外科及林外科兩私家醫院救護傷者。

三日：

送藥品及營養品往各公立醫院及省警務處醫療所，醫護人員並往各醫院協助救護事宜。

配給新竹縣及臺中市奶粉供應站奶粉共 9 千磅。

四日：

錢署長宗起、高副署長翰偕本署高級職員數人往市區各醫院慰問受傷官民。

醫護人員繼續出動。

五日：

配給臺南縣西螺鎮愛護院棉被 52 床。

配給省立救濟醫院衣綫 80 萬碼。

六日：

醫護人員仍繼續往各醫院協助醫療工作。

七日：

配售臺北縣海山二坑鋼繩 2 千尺。

八日：

臺南輪運到藥械 330 件，流動屋零件 130 件，進倉竣事。

十日：

錢署長宗起偕閩臺監察使楊亮功先生再往各醫院慰問。

十一日：

本署肥料換得之乾穀，據各縣市農會報告在事變時有被搶劫情事，因值戒嚴期中，無法派員前往調查。

十二日：

發文催收各縣市肥料價款。

十四日：

派員調查桃園存穀情形。

十五日：

派員調查新竹縣市存穀情形。

派技術人員往新竹調查工廠設備情形。

十七日：

配給公共工程局明礬 87 包。

撥發愛愛寮糙米 5000 公斤。

十八日：

配售臺北市德豐碳礦鋼繩 3020 尺。

省立育幼院房屋修建工程復工。

十九日：

派員往基隆接待自福建崇安歸省臺胞 82 人，久候船仍未抵港。

二十日：

發表三十五年度年終考成結果。

二十一日：

第十四期月報出版。

配給高雄縣紅毛港漁業合作社社員棉花 49350 磅。

二十二日：

舉行茶話會歡送聯總臺灣辦事處全體職員。

振務組副主任嚴家理飛滬出席總署社會福利工作會議。

二十四日：

同仁遴用資格呈送復審案件奉銓叙部核復准予登記。

配給臺北市縣牛奶站奶粉 43 桶，計 9700 磅。

派員往高雄驗收九、十號會倉庫電氣工程。

二十五日：

派員往新竹市接洽發放貧民衣服及布料事宜。

記售臺灣碱業公司鋼管 903 尺。

二十六日：

通知第二批遣散員工應辦手續事項。海桂輪運來汽油 53 桶，蚊帳布 40 包，醫藥用品 274 件，收倉竣事。

二十七日：

續配省立救濟醫院縫衣機針 500 支，手縫衣機針 2500 支，衣針 1000 支，續配省婦女會縫衣機針 500 支，衣針 1000 支。

配售松山炭礦鋼繩 3 綑，計 2470 尺。

二十八日：

開始辦理第二批遣散員工卸職交代事宜。

撥發臺東縣中紡元色細布 13120 碼，藍斜紋布 8738 碼，花棉布 21858 碼，鈕扣 49650 粒，衣針 25200 支，棉綫 1260 只。

二十九日：

接待閩省崇安歸胞楊從龍等 75 人，分別遣返原籍。

三十一日：

配撥臺中市中紡元色細布 8745 碼，襯衣布 2546 碼，棉布 6199 碼，鈕扣 19900 粒，衣綫 505 只，衣針 10100 支。

派員參加省農林處之蔬菜種子推廣會議。

六、人事報告表

善後救濟總署臺灣分署三十六年三月份職員動態表

姓名	原任職務	動態	調職或調職日期	備註
馬蔭森	工作隊薦派股長	調任薦派視察	三月一日	

續表

姓名	原任職務	動態	調職或調職日期	備註
蔡慶豪	工作隊薦派股長	調任技士	三月一日	
梁後强	工作隊幹事	調任組員	三月一日	
張長發	工作隊幹事	調任辦事員	三月一日	
盧世漢	工作隊幹事	調任辦事員	三月一日	
黄根旺	工作隊幹事	調任辦事員	三月一日	
劉禎義	工作隊幹事	調任組員	元月一日	
蘇勝雄	工作隊幹事	調任組員	元月一日	
余亞莉	專員	調任技正	元月一日	
陳實歡	專員	調任技正	元月一日	
翁同倫	組員	派專昇任薦員	元月一日	
李崇嶽	辦事員	昇任組員	元月一日	
宋子升	辦事員	昇任組員	元月一日	
楊寬餘	組員	奉命遣散	三月一日	
劉愛珂	辦事員	奉命遣散	三月一日	
胡孝繩	技士	奉命遣散	三月一日	
游淩湘	組員	奉命遣散	三月一日	
莊唐浩	組員	奉命遣散	三月一日	
朱敦明	組員	奉命遣散	三月一日	
王愛文	辦事員	奉命遣散	三月一日	
張國華	辦事員	奉命遣散	三月一日	
程鍾平	組員	奉命遣散	三月一日	
陳心香	辦事員	奉命遣散	三月一日	
石碧霞	辦事員	奉命遣散	三月一日	
鄭端人	組員	奉命遣散	三月一日	
黄林籓	辦事員	奉命遣散	三月一日	
黄肖庸	辦事員	奉命遣散	三月一日	
韋鳳瑄	辦事員	奉命遣散	三月一日	
何文生	事務員	奉命遣散	三月一日	
孔慶銘	技士	奉命遣散	三月一日	
吴紹志	辦事員	奉命遣散	三月一日	

續表

姓名	原任職務	動態	調職或調職日期	備註
劉昌培	辦事員	奉命遣散	三月一日	
杜瑞坤	技士	奉命遣散	三月一日	
陳笑陶	工作隊薦派股長	奉命遣散	三月一日	
陳華合	工作隊委派股長	奉命遣散	三月一日	
薛晋坤	工作隊幹事	奉命遣散	三月一日	
楊繼瀛	工作隊幹事	奉命遣散	三月一日	
黄雲濤	工作隊幹事	奉命遣散	三月一日	
劉柏森	工作隊幹事	奉命遣散	三月一日	
林德源	工作隊幹事	奉命遣散	三月一日	
林炳煌	工作隊幹事	奉命遣散	三月一日	
楊繼遠	工作隊幹事	奉命遣散	三月一日	
薛晋國	工作隊幹事	奉命遣散	三月一日	
陳景仁	工作隊幹事	奉命遣散	三月一日	
謝棟雄	工作隊幹事	奉命遣散	三月一日	
吴慶春	工作隊幹事	奉命遣散	三月一日	
曹　樸	工作隊幹事	奉命遣散	三月一日	
陳　樹	工作隊幹事	奉命遣散	三月一日	
郭銘村	工作隊幹事	奉命遣散	三月一日	
簡春發	工作隊幹事	奉命遣散	三月一日	
黄祥義	工作隊幹事	奉命遣散	三月一日	

善後救濟總署臺灣分署職員通訊録

職别	姓名	别號	年齡	籍貫	服務單位	永久通訊處
署　長	錢宗起	履周	五三	浙江紹興		南京中央大學校長室錢震夏轉
副署長	高　翰	公翰	四三	福建長樂		上海北四川路新鄉路一號劉守宜先生轉
顧問兼主任秘書	饒餘威	威靈	三六	廣東大埔	秘書室	廣東大埔大華路四一號
秘書	徐正一	雲襄	二九	浙江義烏	秘書室	浙江義烏蘇溪
振務組主任	林良桐		三八	福建福州	振務組	福州城邊街道山觀淡盧
儲運組主任	岑如森		五三	福建林森	儲運組	福州上杭街婆奶街一八號

續表

職別	姓名	別號	年齡	籍貫	服務單位	永久通訊處
兼衛生組主任	經利彬	燧初	五一	浙江上虞	衛生組	上海邁爾西愛路二一九號內九〇一號孫宅轉
總務組主任	陳　明	伯謹	五四	福建林森	總務組	上海建國中路和平里二號
振務組副主任	嚴家理	伯炯	三五	福建林森	振務組	福州陽岐
儲運組副主任	陳國新	阿劍	三四	福建莆田	儲運組	福建莆田金橋愛吾盧
衛生組副主任	張理覺	叔予	四五	湖南常德	衛生組	湖南常德前鄉八斗灣張氏宗祠轉
總務組副主任	張廉駿		三四	漢口市	總務組	漢口、前法租界河街五號
視察	江　淞	雪蒼	二六	福建莆田	視察室	福建涵江後度望梅樓
視察	汪彝定		二八	安徽旌德	視察室	上海外灘中國銀行王景槼轉
簡派工業技正	許乃波		四〇	福建金門	技正室	福建、金門、後埔、許宅
兼簡派農業技正	陳振鐸	君木	四二	福建林森	技正室	福州螺州後門埕
兼簡派經濟技正	何孝怡		四五	福建林森	技正室	
技正	徐　釗	紹孫	三一	江蘇吴縣	儲運組	江蘇吴縣十梓街一五三號
技正	黄占甲	子能	四八	湖北陽新	衛生組	浙江杭縣筧橋
技正	張澤南		二九	河南商城	技正室	河南商城南鄉金剛臺張希墨轉
技士	謝慎初	文蔚	二八	廣東梅縣	秘書室	廣東梅縣丙村均有號
技士	胡孝繩		二八	福建林森	振務組	福州道山路長三營二號
技士	張乃旦	漢之	二九	福建福州	儲運組	福州西門西禪邊觀前
技士	施益勵	雲鵬	三一	福建林森	技正室	福州城内烏山路道山觀二號
技士	孔慶銘	蘇萍	三三	江蘇吴縣	技正室	江蘇蘇州宜多賓巷一四號
技士	黄德田		三一	臺灣新竹	技正室	臺北縣桃園區龍山鄉山頂村四五號
技士	杜瑞坤	紫庭	三一	臺灣臺北	技正室	臺北市下奎府街四段一七號
技士	徐昌先		二三	湖北武昌	技正室	上海中正路模範村二三號
技士	郭錫五		三〇	臺灣臺北	技正室	臺北縣七星區汐止鎮保安里一五號
技士	徐勝地		二九	臺灣新竹	技正室	新竹縣新埔鎮新埔二〇三號潘錦河轉
技士	杜枰録		三八	臺灣臺北	技正室	臺北市延平街五段四五號

續表

職別	姓名	別號	年齡	籍貫	服務單位	永久通訊處
技士	李韶瑜	雲予	二八	浙江瑞安	技正室	浙江瑞安水心殿街四〇號
技士	高聲煌		二五	福建福州	技正室	福建，福州、錢塘巷六〇號
組員	黄天祺		三一	福建思明	秘書室	厦門壽山宫三七號
組員	魏守嶽		二六	四川華陽	秘書室	四川，華陽，蘇碼頭
組員	吴宗嶽		三二	廣東番禺	秘書室	廣州市、大同路一一二號
組員	楊寬餘		二七	廣東中山	秘書室	香港，大道中娱樂行五樓
組員	蔡綺裳		二二	臺灣臺北	秘書室	香港駱克道三五八號二樓
組員	梁後智	國仁	二六	臺灣臺南	秘書室	荷屬東印度日惹市爪哇（南洋）
組員	熊振芳	陰孫	二八	北平市	振務組	北平東單大牌坊胡同五六號
組員	陳子光	熙明	二九	福建福州	振務組	福州南港龍浦鄉
組員	林雲龍		三〇	臺灣臺南	振務組	臺北市
組員	游凌湘	笑篁	二七	福建連江	振務組	福建建江縣愛國路一〇四號
組員	林慶棠		三七	福建林森	振務組	福建林森縣南嶼水西林
組員	趙　浩	修履	三九	福建林森	儲運組	福州市西洪路九二號
組員	范恩林	未寒	二五	浙江杭州	儲運組	浙江，杭州，馬市街七三號
組員	程鍾平	冰如	二九	福建古田	儲運組	福建古田縣中山路二一號
組員	余清標		二六	臺灣臺北	儲運組	臺北縣海山區鶯歌鎮中湖里菝脚二號
組員	林石開	露萍	三五	福建林森	儲運組	福州市茶亭路一一八號
組員	李賢武	逸甫	二七	福建林森	儲運組	福州馬尾萬富里一九號
組員	項肖植	一平	二六	福建福州	儲運組	福州東街臺三里項家街四號
組員	莊唐浩	挺英	二七	福建林森	儲運組	福州城内郎官巷一二號
組員	徐　謙	耕南	三〇	福建林森	儲運組	福州南臺蒼霞洲美道頭一號
組員	曾本立	道生	二四	福建晋江	儲運組	福建晋江縣南門外蒼頭鄉
組員	劉行美		二二	福建福州	儲運組	福州市鰲峰路五一號
組員	陳　清		二七	臺灣彰化	衛生組	臺灣彰化市中興街三六五號
專員	翁同倫		二九	浙江泰順	總務組	浙江泰順涪江涪江郵局轉
組員	鄭端人	子方	四六	福建福州	總務組	福州市舊閩縣四巷
組員	張時祐	星涵	三七	福建福州	總務組	福州市北大路三二號
組員	張天扶	翼飛	三三	臺灣新竹	總務組	臺南縣竹南後龍街大山脚一六二號

續表

職別	姓名	別號	年齡	籍貫	服務單位	永久通訊處
組員	陳治民		二七	湖南湘潭	總務組	湖南湘潭石潭平山嶺
組員	陳　吉		二四	臺灣臺北	總務組	臺北市廸化街八七八號
組員	林德庸		二五	臺灣臺北	總務組	臺北市城中區
組員	郭家振	克聲	三八	福建福州	總務組	福州市茶亭路二二一號
組員	姜步雲		二四	江蘇陽溧	總務組	江蘇溧陽渡鎮同和裕交
組員	陳韶淇	錫蕃	四〇	福建福州	總務組	福州市東街泰山巷二二號
組員	徐炳南		四三	福建思明	技正室	上海華龍路一八號之四四號
組員	薛晋家		二六	臺灣臺北	技正室	荷属爪哇巴六安
組員	翁禮明	峻德	二七	福建福州	技正室	福州河東路得貴巷二四號
組員	邵興華		三一	浙江寧波	會計室	上海九畝地福康里一二號
組員	李鏡文		三〇	廣東梅縣	會計室	廣東梅縣瓜州鄉
組員	朱振驷	季滄	三〇	浙江吴興	會計室	上海環龍路五七八街一一號
組員	余鶴年		二四	福建林森	會計室	福州城内織緞横巷六號
組員	宓　毅	起祥	二六	四川犍爲	會計室	四川犍爲清水溪自强路八號
組員	林家禎		二三	福建福州	會計室	福州市西大路定遠橋五福巷一八號
顧問	陳方之		六二	浙江埕縣	會計室	
專門委員	楊靖之		四八	福建福州	視察室	福州市渡圭路七二號
專門委員	沈岐原		四三	遼寧瀋陽	視察室	南京鼓樓雙龍巷一四號中華農學會何浩峰轉
專門委員	何心洣	性堅	四三	福建林森	衛生組	福州市朱紫坊八一號
兼專門委員	劉永懋		三六	福建林森	振務組	福州西大路余府巷一一號
專員	周永煌	陰園	四五	福建林森	振務組	福州市孝義巷二〇號
專員	朱義明	蹴白	三六	浙江紹興	振務組	福州東街廠巷打銀街四號
專員	林昌琛	一凡	三五	福建林森	振務組	福建林森縣第一區四維鄉
專員	李秉鈞	荻秋	三三	福建林森	儲運組	福州南臺榮華綢布莊
專員	卓景輝		四一	廣東中山	衛生組	鎮江又新街二三號
技正	余亞莉	素華	三五	江蘇江陰	衛生組	江蘇江陰城内中正路
專員	崔公懋	鬆時	三五	江蘇崇明	衛生組	江蘇崇明朝陽門外一三號
專員	池　鍵	干嵚	四三	浙江瑞安	總務組	浙江瑞安城内虞池
專員	陳慶正	顔五	三四	廣東番禺	總務組	福州蒼前山嶺下裹坦盧

續表

職別	姓名	別號	年齡	籍貫	服務單位	永久通訊處
專員	林鳳翔		三〇	福建林森	技正室	福建省福州市北門諸古岭打鐵街四號
技正	陳實歡	詩寒	二九	福建福州	技正室	福州桂枝裏四九號
專員	劉榮桂	自强	三四	廣東豐順	會計室	廣東汕頭留隍市福和號轉
專員	丁家興		三三	江西九江	會計室	上海九江路直接税局丁家昌轉
專員	陳華言		二九	四川涪陵	會計室	四川涪陵新妙鎮
專員	洪西岑		二七	重慶市	會計室	重慶市杭州里仁坊五號轉
辦事員	劉愛珂		二四	福建林森	秘書室	福州市北後街七一號
辦事員	李清蓮		二〇	臺灣臺北	振務組	臺北市延平路六〇號
辦事員	王友澄		二二	福建福州	振務組	福州市南臺臺江路同成電料店
辦事員	黄詩惠	君弼	三〇	福建林森	儲運組	福州市南臺南禪巷三五號
辦事員	朱敦明		三〇	江蘇豐縣	儲運組	江蘇豐縣城内北大街二七號
辦事員	陳心香	紅如	三八	福建長樂	儲運組	福州市城内龍山巷四八號
辦事員	張國華		三〇	福建林森	儲運組	福州市南門馬道街二六號
辦事員	曾德銘	子亮	二五	江西南豐	儲運組	福州茶亭二一號
辦事員	王愛文	哲峰	二九	福建林森	儲運組	福州中正路二七五號大華藥房
辦事員	石碧霞		二〇	臺灣臺南	衛生組	臺北市中山北路正得裏東七巷二二號
辦事員	薛焦治		二八	臺灣臺北	總務組	荷屬瓜哩巴六安
辦事員	黄霖藩	秀夫	三〇	福建林森	總務組	福州南臺鴨拇洲新境後路六號
組員	李崇嶽	峰	二三	浙江瑞安	總務組	浙江瑞安後河街一六號
辦事員	蕭秋月		二〇	臺灣臺中	總務組	臺北市延平路二段一一八號
辦事員	黄肖庸	仕綏	二七	福建林森	總務組	福州市達明路二一號
辦事員	韋鳳琯		二一	浙江東陽	總務組	浙江東陽北正街七號
辦事員	陳其堯		二六	福建長樂	視察室	福建省長樂縣嶺口街五〇號
組員	宋子昇		三七	河北新海	技正室	河北省新海縣城東東湖莊
辦事員	劉昌培		二一	臺灣臺北	技正室	臺北縣七星區内湖鄉内湖村六五號
辦事員	吴紹志		三一	福建福清	技正室	福建省福清縣高巷八號
事務員	陳亦雄		三一	福建林森	儲運組	林森縣義嶼赤東鄉
事務員	陳天柱		四一	福建莆田	儲運組	福建莆田南門外洋坪村

續表

職別	姓名	別號	年齡	籍貫	服務單位	永久通訊處
事務員	何文生		二三	臺灣臺北	總務組	臺北市延平街四段一八五號
視察	馬陰森		三八	浙江紹興	視察室	浙江紹興吴融鄉
股長	陳笑陶		三八	福建林森	第三工作隊	福州東門外竹嶼
股長	陳華合	漢硅	三五	福建同安	第三工作隊	
技士	蔡慶蒙		三三	臺灣嘉義	技正室	嘉義市
幹事	薛晋坤		二五	臺灣臺北	第一工作隊	荷屬印度、爪哇、巴六安埠
幹事	楊繼瀛		二一	臺灣臺南	第一工作隊	臺北市東門街一七九號
組員	梁後强		二七	臺灣臺南	衛生組	荷印、爪哇、日惹埠
幹事	黄雲濤		二九	福建林森	第二工作隊	福州蒼前山榮貴里一〇號
幹事	林德源	東洲	三三	福建林森	第二工作隊	福州道山道一二五號
幹事	林炳煌	耀	三四	臺灣臺北	第二工作隊	基隆市
幹事	劉柏森		三五	江西高安	第二工作隊	江西省高安縣
幹事	薛晋國		三四	臺灣臺北	第三工作隊	荷印、爪哇、巴六安埠
幹事	楊繼遠		二六	臺灣臺南	第三工作隊	臺北市東門街一七九號
幹事	陳景仁		二一	臺灣臺北	第四工作隊	臺北市永樂街二段二四號
幹事	吴慶春		二六	臺灣臺北	第四工作隊	基隆貢寮鄉福連村卯澳二九四號
組員	劉禎義		三〇	臺灣臺北	技正室	臺北縣文山區新店鎮大坪林字七張三四九號
組員	蘇勝雄		二二	臺灣臺北	技正室	臺北縣七星區汐止鎮汐止六三號
幹事	謝棟雄		二二	臺灣臺北	第四工作隊	宜蘭市金六結字七結二號
幹事	陳　樹		二四	臺灣臺北	第四工作隊	臺北市永樂街二九五號
幹事	曹　樸		二六	臺灣臺北	第四工作隊	臺北市中山路二四〇號
幹事	郭銘村		三〇	臺灣臺南	第四工作隊	臺南市
幹事	張長發		二三	臺灣臺北	第四工作隊	臺北縣淡水區八里鄉小八里碑子頭村楓櫕斗湖三號
幹事	簡春發		二五	臺灣臺北	第四工作隊	臺北縣七星區士林鎮舊街里七二號
幹事	盧世漢		二八	臺灣臺北	第四工作隊	臺北縣海山區土城鄉大安村忠義路二四五號
幹事	黄根旺		二五	臺灣臺北	第四工作隊	臺北市永樂街二段一一九號
幹事	黄祥義		二四	臺灣臺南	第四工作隊	臺南縣斗六鎮太平路信義里二二二號

總署派駐人員

職別	姓名	別號	年齡	籍貫	服務單位	永久通訊處
會計室主任	葛世炎		三八	浙江杭州	會計室	
稽核室主任	陳守智		四一	廣東廣州	稽核室	香港九龍福華街一六三號
稽核	江筆軍		三九	徐州	稽核室	江蘇徐州市大巷口二五號趙文焯收轉
助理稽核	胡慶臨	曉靈	三〇	湖北枝江	稽核室	湖北省松滋縣西門外張泰興轉胡連三
助理稽核	張大鈞		二五	江蘇餘姚	稽核室	
辦事員	鍾敝廷		四一	廣東肇慶	稽核室	廣州市河南同福中路
電臺主任	黃　淦	一夫	二九	江蘇	電臺	崇明橋鎮東河沿祥順泰號轉
報務員	戴錫善		二九	上海市	電臺	同孚路吳江路一一三號轉

善後救濟總署臺灣分署業務動態簡報

（民國三十六年四月）

一、賑務

（一）接續接待歸胞

本分署遣送業務，已於去年十二月底停止辦理，但接待歸胞未曾間斷，上月底接待由福建崇安歸臺之難胞楊從龍等75人後，本月七日復有黃雙蘭等5人經香港僑團遣送乘和生號輪抵達基隆，聞訊後即派員前往照料，並酌發膳費分送返鄉。

（二）七縣市賑發衣物，受益人數達五萬餘

本分署配撥各縣市散賑貧民之衣服及衣料共約十四萬餘套，已於本月初選派幹員分赴各縣市，會同各該縣市政府及善後救濟協會辦理賑發工作，現已發完者計有新竹市、新竹縣、臺中市、臺中縣、屏東市、彰化市及基隆市等共發衣料42998套，衣服12230件，受益人數約五萬餘人，尚在賑發中者計有臺北市縣、臺南市縣、高雄市縣、臺東縣、花蓮縣、嘉義市等均可望於下月十日前竣事。

（三）愛愛寮食糧無匱，本署助米萬餘公斤

臺北市愛愛寮，爲本省辦理救濟事業最具成績之機構，迭經本署多方扶持，業務日臻擴大，近以新增收容者，多無被蓋來署申請撥助，當經核發棉被100床，又該寮食原自三月份起由署撥助5500公斤，現亦以人數增多，請求增加配給量，經派員調查屬實，即再撥食米4654公斤，因此該院面臨最嚴重之食的問題已可解决矣。

（四）協助省救濟院，建立補鞋工場

省立救濟院，爲本省大規模救濟機關之一，前曾撥給棉被200床，衣服372套，近以收容人數已增至240餘人，申請再予補助，經審核屬實後，又增撥棉被100床，肥皂6箱，衣服男女各100套，復查該院收容之貧苦孤弱之院民中，有可授手藝，使得自謀生計者，特撥給補鞋機具24套，及前散發各地舊衣履所餘不成雙之單鞋29包，由交該院院民學習補鞋技術，並改制單雙皮鞋，俾可著用，同時因該院無多餘房屋可供製作場所，又決定另撥活動房屋2棟，舊營帳8頂作該院習藝工場。

（五）各地舉辦工賑工程，本月底相繼完工

在進行中之工賑工程，前以本署即將結束，通告於本月底一律完工，惟因值清鄉期間，工人之召集比較困難，迄至本月底止，依限完工者，有澎湖縣之漁塭堤漁壩修建工程，臺北縣武荖坑橋修復工程及嘉南大圳烏山頭貯水池修復工程等，其餘爲高雄枋山橋修復工程及高雄市下水道工程二處，亦可於下月十日前本“加多人工縮短時間”之原則督催竣事。

（六）鋼棒配售無餘，受益煤礦五十七家

前運到工礦器材中之鋼棒22972磅，業經本署以每磅23元6角7分之價格配售與德盛永豐等57家民營煤礦，並規定各該煤礦於本月18日前來署辦清承購手續，逾期不來者，即作棄權，由本署將其配額改配其他礦場，迄至18日止計有德盛等46礦場，來署承購，尚有瑞三等11家煤礦未來辦理，乃由本署將其配額改配臺陽大豐等煤礦，迄至本月底止全部鋼棒業已配售無餘矣。

（七）肥料出售價格，迄未獲得協議

運臺肥料自去年十一月由分署移交省行政長官公署接辦配售工作後，聯總即要求調整價格，數月以來，經幾次會迄未獲得協議。本月二日復邀聯總及省肥委會代表開討論，會前曾由聯總行總及省肥委員會之三人小組先行商定合理價格，交大會決定，詎開會時省肥委會代表（出席小組會者）復提出异議，謂尚須重新考慮中行借款利息及增加農會手續費問題，與會人員以所提問題牽涉太廣，無法決定，該會議仍無結果，對此久待解決之價格問題，仍在設法協商中。

（八）協助本省復興漁業，漁管處派輪來臺設站

本省原爲産魚區域，自戰事發生後，動力漁輪多被徵用損毁，漁業日趨衰落，本署成立後，即調查漁業受害狀況，申請各種漁業器材以期早日復興本省漁業，漁業善後物資管理處有鑒及此，於本月一日派副處長王以康、專門委員沈猗祥氏及外籍專家Long氏自滬率巴漢（Bahan）號漁輪來臺等設訓練工作站事宜，本分署得詢後，即與省當局水産公司取得聯繫，六日王氏抵基隆，八日即由本署請各有關方面開會討論設站及訓練人員等問題，計出席聯總行總高級人員：趙農林處長、水産公司陳經理、漁管處王副處長、沈專門委員及Long氏商討結果決定先設工作站與基隆，一俟組織就緒，漁輪到齊後，將添設辦事處於高雄，以便在本省南北雨港，同時訓練漁業人才，本省現有漁業設備，全爲海岸性曳網小船，無遠洋漁輪，且因過去動力漁輪之操駛全爲日人，故現亦缺乏是項人才，漁業處來此設站訓練，省當局及漁業有關方面，俱極表歡迎，願忠誠合作，而本署復興本省漁業之希望亦因漁管處之來臺設站得以達成。

二、衛生

（一）分配活動房屋，建設鄉村衛生所

本省各縣屬偏遠鄉鎮，或因係在山間，或以孤懸海外，與城市交通已感不便，復缺衛生醫療設備故居民患疫病者，均無法速求醫治，情狀殊苦，本分署爲補救是項缺陷，解除鄉民之痛苦，特就總署撥發之活動房屋八幢，分配各縣指定作偏遠鄉鎮衛生所之用，計經本署核定之設立地點，爲臺北縣之蘇澳鎮，臺中縣之信義鄉，新竹縣之關西鄉，臺南縣之布袋鄉，高雄縣之牡丹鄉，澎湖縣之白沙鄉，臺東縣之大武鄉，花蓮縣之瑞穗鄉，該項活動房屋之裝設工作，業經請由省行政長官公署營建局代爲辦理，於裝設完竣後，即由衛生局派遣醫護人員携帶本署撥配之醫藥器材，前往各該鄉鎮負責辦理，衛生醫療事宜，此項新設施，對居民今後之衛生狀況，必有甚多改進也。

（二）未雨綢繆，預防疫瘟

夏令將届，疫瘟堪虞，本分署爲改進各地飲水之清潔，杜絶傳染媒介計，特撥漂白 30 桶，計 1500 磅，明礬 27 包，計 2740 磅，統交由省公共工程局轉發各地自來水廠施用，同時對於預防猪瘟及增進獸醫狀況，亦曾提醒當地政府注意訓練獸醫人才，並於本月内另撥猪瘟血清七箱，計 70000c. c，疫苗一箱，計 10560c. c 及獸醫器材兩箱，交本省農林處畜産組備用。

（三）加緊清倉工作，作第五批藥品分配

本分署以結束在即，庫存爲藥品，於月初即加緊作第五批之分配，迄至上半月止，已有馬偕紀念醫院等十七單位領去 222 件，18250 磅，已誌上期本報，十五日後各受配醫院，已相繼領訖，計有臺南縣肺病療養院 5 件 293 磅，省立高雄醫院 23 件 1785 磅，高雄市衛生院 5 件 333 磅，臺南衛生院 4 件 521 磅，樂生療養院 10 件 802 磅，省立臺中醫院 43 件 3593 磅，臺中市衛生院 8 件 653 磅，高雄縣政府 2 件 140 磅，花蓮縣衛生院 9 件 810 磅，省衛生局 67 件 7775 磅，省立基隆醫院 19 件 1701 磅，基隆市衛生院 4 件 312 磅，臺中縣衛生院 18 件 1705 磅，錫口療養院 5 件 430 磅，省立宜蘭醫院 19 件 1419 磅，彰化基督教醫院 10 件 785 磅，彰化市衛生院 4 件 341 磅，省立嘉義醫院 39 件 3487 磅，嘉義慈惠醫院 3 件 151 磅，嘉義市民醫院 3 件 168 磅，高雄縣衛生醫院 31 件 3057 磅，臺東縣衛生院 10 件 783 磅，省立臺東醫院 26 件 1722 磅，省立臺南

醫院 25 件 1920 磅，臺南縣衛生院 17 件 1397 磅，省立花蓮港醫院 38 件 3306 磅，省立澎湖醫院 14 件 1197 磅，澎湖縣衛生院 5 件 437 磅，地震局 3 件 125 磅，本署診療室 25 磅，愛愛寮 4 件 321 磅，另再補發長官公署診療室 1 件 25 磅，臺灣大學附屬醫院 10 件 1064 磅，連上半月已領各單位數量在內本署第五批藥品共發出 713 件 61219 磅，受領單位爲 47，本月內先後運到之醫藥器材，亦已整理就緒，於下月初，即可開始分配。

三、儲運

(一) 卡車拖車由總署逕售糖業公司

準總署物資購銷處電告，卡車 20 輛，拖車 8 輛，業經在滬逕售臺灣糖業公司，並已收妥價款，囑交貨等由，業經照該處所開售出車單，洽請該公司提貨。

(二) 碎布油桶裝運回滬

前運來碎布 150 包，及總署衛生委員會誤運來臺牙科器材一箱，均於四月二十五日交中興輪運滬，又汽油空桶一百只，亦經洽交漁業管理處漁船運回滬儲運局矣。

(三) 本月份到臺物資

本月份到臺船隻及物資詳見後表

船名	到達日期	到達港埠	運來物資	備考
臺南號	四月四日	基隆	醫藥品 1290 件 蚊帳布 202 包	
Briancou	四月十一日	高雄	硝酸錏 7214 長噸	封存於高雄港務局第八號倉庫候命處理。
Iohn How Ard Peyre	四月十二日	基隆	石膏 9000 長噸	交本署水泥公司。
臺南號	四月二十日	基隆	1. 交本署物資： 藥品 157 件，毛毯 7 包，水管 64 件。	實收藥品 13 件，餘 144 件係二吋徑鋼管，已電上海儲運局查復。
			2. 轉交農林處： 乳牛 75 頭，飼料 11 噸。 3. 轉交本省鋼鐵機械公司： 鑽孔機 3 箱，車床 7 箱。	均洽領收。

四、其他

（一）駐澎湖辦事處工作總報告

1. 澎湖概况：澎湖列島，棋布臺灣海峽，集六十三島而成，形勢險要，爲臺灣鎖鑰。地床平坦，無高山大川，水源缺乏，氣候乾燥，雨量稀少，且有海洋性季節風及天雨阻礙農作物之生長至鉅。農産年收甘薯花生高粱菜蔬等十萬石，惟不産米。以全縣人口七萬三千人計僅敷半年之需。其不足額仰賴輸入。戰後船隻缺乏，交通阻梗，民食益艱。多以甘薯苗爲主食，尤有拾海苔以充飢者。該島水産豐富，惜戰後漁船漁具破損殆盡，貧民無力開展，失業者衆。目前受貧困饑饉之威脅至稱嚴重。

2. 工賑工程：秉承總署善後重於救濟之原則，本處經洽當地人士及縣府，以集中力量擇其經濟價值較鉅之漁業工程修建之，俾助生産而蘇民困，兹分述如次：

（甲）馬公鎮魚塭，在漁船漁具不易補充之際，漁業養殖係水産主要之一，魚塭位菜園口，占地二十餘甲。面臨海濱爲備具養魚池之優址。本處利用案山村一帶前海軍造船廠失業工人，以工代賑予以救濟建築防波堤一條長 430 公尺，寬 4 公尺，高 3 公尺，分設小池十口設有大小水門，藉資聯絡。工程浩大。敷有輕便鐵軌以運輸材料，預計年獲純益九百萬臺元，毗連山地得以開墾者亦在 50 甲以上。

（乙）白沙鄉石滬，石滬工程爲本島特有漁業工程。亦屬水中工程於海潮湮没 34 公尺處，壘石作滬，間留空隙潮滿魚隨水涌人，潮退於缺口下端置網撈捕。於漁船漁具缺乏之餘，堪稱一勞永逸。築堤三道全長 555 公尺，高度平均 2. 7 公尺，堤面寬 1. 65 公尺。興工之際，運石船隻風帆不絶蔚爲壯觀。預計年獲純益五百萬臺元。復築有四甲之養魚池一座，俾撈捕之魚得以生息保藏。

（丙）大嶼鄉漁港，該處地當寒暖交流水産特多。列島漁船咸捕於斯，日治時曾於南滬築港以避風。卅二年遭颱風摧毁碇泊失所，漁船均逼遠駛。該島繁榮一落千丈。計修復防波堤長 200 公尺，寬 4. 5 公尺，高 5 公尺，碼頭長 80 公尺寬 4. 5 公尺，高 3 公尺，港内濬泄加深 3 公尺。位置深海，潮急浪狂，填石基礎，至爲艱巨。港完成後遠行漁船群集歸來，該島市容頓呈生氣。臺澎湖魚區中心可奠於斯，復建冷藏庫一座。得有水凍魚鮮不腐，嗣後繁榮計日可待。

（丁）其他工賑工程，如白沙鄉之光復堤爲碼頭公鎮市容整理，亦由本分署用救濟麵粉以工代賑分别修復之。

綜上工程共撥米 690160 市斤，麵粉 53700 市斤，動員工數 280694 工，並勒石紀念。玆附工賑工程明細表如次：

工程名稱	賑米或麵粉數量	受益工數	附注
馬公鎮菜園魚塭工程	米 3004675 市斤	120187 工	米賑每工 2.5 市斤
白沙鄉改良石滬工程	米 105825 市斤	42330 工	
大嶼鄉南滬漁港工程	米 283867.5 市斤 麵粉 4383 市斤	115008 工	
白沙鄉光復堤工程	麵粉 13140 市斤	24245 工	
馬公鎮市容整理工程	麵粉 2419.4 市斤	5875 工	
湖西鄉公路修復工程	麵粉 5280 市斤	1600 工	
馬公鎮公所硓砧墻修	麵粉 946.2 市斤	157 工	
合計	米 660160 市斤 麵粉 47961.2 市斤	280694 工	

※此明細表中原檔案數字統計似有誤。——編者注

3. 急賑救濟，工賑工程所以善其後。惟該島人民生活艱難，數年來已達食無米無衣無布之境。

本處有鑒及此，發動當地救濟協會、縣參議會。並承縣府人員協助，將帶來物資，除撥付工賑工程及福利事業外，悉數普遍全縣賑發。并發動智識婦女剪裁整理布疋工作，以便分套附配鈕綫等分發貧民自行縫制。全縣民衆，受領之餘，欣喜之色，感激之情，溢於言表。玆附賑發數量明細表於次：

物資名稱	賑發物資		受益人數	附注
	數量	單位		
食米	765033	公斤	117634	歷次散賑所發之累計數
穀子	341944	公斤	3799	
麵粉	80288.4	公斤	32912	
布疋	8727	套	8727	内棉衣 1132 套並附發鈕扣 5 粒，縫綫 20 碼（每套）

續表

物資名稱	賑發物資		受益人數	附注
	數量	單位		
棉被	438	床	438	
奶粉	102214	磅	17870	
湯粉	95895	兩	81918	
牛奶	14329	罐	3266	國校不計入
軍糧餅乾	2108502	公斤	2937	
舊衣	8386	件	6042	
舊鞋	1304	雙	1301	

4. 福利事業，該縣有省立澎湖醫院隔離病院級救濟院各一，鄉各有公醫二、三人，本處爲推進福利事業，除分別發給食品、食米、棉被、奶粉、布疋等物資救濟外，並建築隔離病院四圍高墻一座，召開防疫會議商討預防醫療各事項惟疫苗缺乏，似應再予設法配發免遭去歲虎列拉死亡慘重覆轍，兹附福利事業賑發物資明細表如次：

物資名稱	單位	澎湖醫院	救濟院	隔離病院	衛生院	澎湖縣府	合計	備考
食米	市斤	2804	5053	1000			8857	澎湖醫院發米1500臺斤，折合1804市斤；救濟醫院發米461臺斤，折合553市斤
布疋	套		23				23	每套四碼並附扣五粒綫二十碼
棉被	床	10	16	36			62	
奶粉	磅	7188		1000			8188	醫院内有3118磅係轉發各鄉鎮公醫
藥品	箱	28			3		31	以前本署逕發藥品未計入
肥皂	箱		4				4	
桔汁	箱	3					3	
營帳	頂					10	10	營帳十頂暫交縣政府保管備非常之用

5. 工作前後：本署基於澎湖之艱難，爲徹底改善島民生活起見，經呈准總署成立澎湖辦事處，歧原奉命兼主該處，於二月十日會同翁、林、盧三員，搭乘萬宏輪赴澎，前後運往物資，占全省各縣市之第一位，僅以工作人員四，而肩此重任。二月十二日到達遵即著手起卸物資整頓倉庫，籌備規劃達周餘，時值季節風期，各島交通斷絶。復值二二八事變，三月中旬風勢尤烈，推動維艱，同人小舟往返列島，備覺艱危。三月底復奉令結束，翁盧兩員又奉電遣散，加以賑米被扣屢受挫折，幾陷停頓。極天時地利人事之艱困。幸於四月十七日任務完成，返署復命。

6. 善救效果

（甲）近期效果：此次二二八事變，救濟米倉存數量豐富，復經本處普遍全縣散發，食米且可維持至本年第一季甘薯收穫時期，黑（原文为“里”，应为“黑”）市糧食無從作祟，民食安定全臺僅澎湖一縣得以安全度過事變，往年飢民絶糧時偷掘薯苗充食，影響收穫至鉅。經普遍散賑後，此象已絶。布疋棉被發放後，衣不蔽體，身擁敗絮之八千餘極貧，皆大歡顔，免於凍餒。奶粉湯粉，於兒童健康裨益尤深。

（乙）將來成效：工賑工程完成後，地方受益增加，自治經費有著。民衆負擔減輕。漁業建築工程修復後，島民得有生機，免遭失業之苦，該島日後繁榮，誠善後救濟之永垂紀念也。

7. 其他刍議：

（甲）解決糧荒：澎湖糧荒係人謀不臧，臺灣本島爲産米區。一年豐收，三年可食。而澎湖一水之隔，乃常在半飢餓狀態。前清時代設有文武常平倉，風期前即爲運儲備荒，此制已久廢，如省行政當局就糧食方面能舉辦倉儲糧荒問題自告解決。

（乙）海洋發展：澎湖縣以天時地利關係農業僅作副業。其海洋發展當以軍港及海産爲主，各造船業務恢復，技工無失業，漁船漁具得以補充，海産收益難以勝數，除造船業有賴海軍之復興外，地方人士殷盼本署能核給發動機漁船及漁具，作徹底救濟，俾免一曝十寒，仍難免於飢困也。

（二）本分署結束工作順利進行

本分署奉令於五月底結束，業經通告於五月十日停止對外業務，在人事方面已於三月一日分批裁遣，計三月一日三十八人，四月一日二十八人，預定五月一日二十九人，至五月底止尚保留四十六人，各程業務物資清庫工程驗收等亦在加緊推動分頭趕辦中，務求於五月底得如期完成任務。

（三）受惠者之音

1. 澎湖縣參議會電謝救濟

本分署前以澎湖貧瘠糧荒，曾撥大批物資包括糧食衣著物運往救濟，並設辦事處，專辦該縣境內之善後救濟事務，該縣參議會沾惠之餘，特電本署致謝，兹録原電如次：

救濟總署臺灣分署署長錢署長鈞鑒：查本縣孤懸海島，交通不便，地瘠民貧，困苦萬狀，钧長素對本縣備極愛護，屢蒙撥下救濟物資，普惠縣民，至深感德。本年二月間，復蒙特撥大批物資，並設立辦事處，專責辦理救濟事宜，竊本縣由散在海中六十餘島嶼而成，（内有人島十九，無人島四十餘）各島間海流激烈，以小帆船往來，不獨不便，甚有危險，且過去二三月中乃本縣風季時期，其間辦事處沈主任以下各員從事救濟事宜，奔走白沙、西嶼、望安、大嶼、花嶼等處。其辛苦實堪敬佩，全省民衆莫不感戴，又逢此次二二八事變，縣民得此大批物資接濟，不特民心安定，得免騷動。而三大工賑工程並得如限於短期内完成，實由鈞署惠賜。兹各種工作業經完結，所有各項物資亦均直接散放，全縣民衆受惠之餘，莫不謳歌頌德，而對沈主任等之努力苦幹，極表敬意，本會謹代表全縣民衆肅電致敬，並表謝忱。澎湖縣參議會議長吴爾聰，副議長郭石頭。卯銑印。

2. 桃園農田水利協會感謝狀

本省前鑒於修復桃園農田水利設施，頗具經濟上之價值，經撥工款臺幣130萬元，補助修復，業經於一月中全部竣工。該水利協會頃連同評議會及地主代表具狀申謝，原狀附録於後：

竊我桃園農田水利協會之灌溉施設，遠自民國五年起工，苦歷寒暑八經，至民國十三年完成。其主要構造爲隧道、幹綫、貯水池等。通水平穩，灌溉頗覺順利。然，不幸於民國二十年四月，第三號隧道一部崩潰，通水杜絶，茂稻枯焦，數十萬民衆咸失飽暖。當時政府爲恢復生産撥發國庫興修。本協會追先顧後，將隧道15708公尺，全部以鐵筋混凝土，逐年預算補修工作，以圖確保灌溉。抗戰中資材人力兩俱不足，是以停頓工程。光復後孜孜繼續事業，復興工作，奈本協會財政有限，不得如意。幸鈞長開救濟之門，顧水利爲糧食淵源，舉辦工賑施行修復該隧道300公尺，撥款99864400元。且派員協助工作，工程照預定完竣，通水灌溉均極順利。然而耕耘適時，竚望雲霓之志可解，禾稼丰稔，積尤凍餒之慮應休，濟急扶危，感鴻恩之再造，甘霖惠澤，喜雨露而更生。滿腔熱血，無由申謝。是以會同地主農户代表，連署謹表微沈，伏願垂鑒。

謹呈

善後救濟總署臺灣分署長錢

中華民國三十六年四月三十日

桃園農田水利協會

會長：吕新進

總務課長：尤清山

財務課長：吴福來

工務課長：楊景容

桃園農田水利協會評議會

主席：劉梓勝

評議員：黄幹生

陳希達

周石輝

李娘蘭

曾　明

林元生

王騰芳

李順周

林鴻英

劉清國

游旺水

陳金福

林金磚

魏祈福

陳政等

吕中等

吴德林

林玉匣

林焕榮

廖團景

楊石城

廖德景

古萬桂

卓齊糊

黄永鳳

曾建安

范姜羅

黄運金

陳天來

蕭振瑞

黄啓得

地主代表

桃園鎮東埔里：黄全發

桃園鎮武陵里：陳登旺

五、大事記

（一）本署四月份大事日誌

一日：

與航業公司洽交臺南輪裝汽油空桶運滬。

電催物資購銷處開示標價賣汽車底價。

二日：

賑發高雄縣高山族貧民衣著物資。

召開肥料價格座談會。

三日：

配售臺陽等炭礦鋼繩。
派員赴各地收回破麻袋。
催繳各農會肥料價款。
四日：
續配省立救濟院棉被一百床、肥皂六箱、衣服衣料男女各一百套。
派員驗收花蓮港鳳林水利工程。
五日：
交臺北市婦女會蚊帳布縫制高山族用蚊帳。
電聯總薛禮同先生在滬協助爭取玻璃板機器。
七日：
撥運臺中彰北二市衣著物資。
提回卸入通運公司之藥品 1291 件蚊帳布 202 包。
八日：
標售破麻袋。
分配省林務局伐木設備一套函催速辦手續。
舉行漁業善後座談會。
九日：
登記申請蔬菜種籽。
派員赴高雄准備接收伯里安雙輪運臺肥料事宜。
十日：
撥運基隆市臺北縣衣著物資。
岑主任赴基隆視察庫存物資情形。
十一日：
配售各煤礦鋼棒。
洽運臺東救濟物資。
十二日：
運到石膏九千長噸通知水泥公司提取。
撥運高雄縣衣著物資。
派員检視運到活動房屋數量及種類。
十四日：
退回溢收工礦器材價款。

十五日：

救濟物資免收貨運通行稅已簽奉陳長官批准。

嚴副主任赴臺中縣出席該縣善後救濟協會委員會。

十六日：

查覈女工剪裁衣料情形。

發交省農林處猪瘟血清七箱獸醫器材二箱及猪瘟藥苗一箱。

十七日：

電准上海儲運局以運到炸藥 230 箱係石炭灰物資經通知提取。

十八日：

林主任赴臺北市府洽發貧民衣布。

召開乳牛接運分配等問題討論會。

十九日：

職員年終考績結果奉准備案。

廣播賑發各縣市貧民衣著物資。

二十一日：

盲啞學校房舍修建工程竣工會同駐在稽核室前往驗收。

准物資購銷處電告汽車二十輛拖車八輛已在滬，售與糖業公司。

二十二日：

配發省立救濟院活動房屋二幢運往裝設。

駐澎湖辦事處人員全體返署。

二十三日：

運臺肥料二十萬噸準財務廳通知將減至十五萬噸。

派員赴各縣督促糧秣報銷。

二十四日：

臺南輪運到物資計藥品 157 件，棉毯 7 包，水管 64 件，交省農林處之乳牛 75 頭，飼料 11 噸，交鋼鐵機械公司之鑽孔機共 3 箱，車床 7 箱。

二十五日：

陳副主任赴基隆辦理乳牛起卸事項。

發表第三批遣散人員名單。

二十六日：

改配大豐等七家煤礦鋼棒。

電催各地舉辦之工賑工程於四月底一律完工報請驗收。

二十八日：

配發復興幼稚園奶粉。

派員驗收高雄下水道修復工程。

二十九日：

高雄第九十號倉庫電氣工程完竣派員驗收。

派員視察松山畜宿情形。

三十日：

商請省民政處派員會同赴山地賑發救濟品。

派員驗收平和村修復工程。

（二）駐澎湖辦事處大事日誌

二月十二日：

駐澎湖辦事處假參議會內正式成立，並函本縣各機關及電署備查萬宏輪物資分別起卸。

二月十三日：

繼續起卸物資。

沈主任訪問參議會地方人士徵詢意見以供善救工作之參考。

省立澎湖醫院具領藥品及桔子汁。

二月十四日：

物資卸訖。

分署電查救濟米發售情事。

二月十五日：

沈主任、盧世漢赴白沙鄉勘察石滬地址。

翁禮明會同縣府及參議會查點倉存。

林雲龍赴澎湖醫院點驗藥品。

奉電清查救濟米倉存並報署。

二月十六日：

沈主任盧世漢林雲龍赴湖西鄉勘察漁港工程地址。

翁禮明赴救濟院發放肥皂及調查院況。

二月十七日：

沈主任林雲龍赴澎湖醫院查覈本署藥品配售賬目。

翁禮明盧世漢赴馬公鎮勘察菜園口養魚池工程地形。

二月十八日：

出席縣府召開鄉鎮長會議聽取各鄉長意見。

沈主任集中各鄉意見與縣府主辦科室洽商善救方案。

二月十九日：

翁禮明赴白沙鄉勘察耕地築圍及淡水井等工地。

沈主任盧世漢赴縣府建設科審覈各項工賑計劃。

林雲龍赴教育、民政兩科商洽奶粉配給事項。

二月二十日：

初步決定工賑工程計劃。

翁禮明赴縣農會簽蓋四批肥料配給單及查覈分配情形催送價款及的費用報銷。

二月二十一日：

沈主任晤馬公大嶼二鄉長商討工程事項。

盧世漢赴建設科洽商工程推動事項。

林雲龍赴民政科催辦以前物資報銷。

翁禮明赴漁會調查漁業情形轉赴縣府水產股洽擬石滬養魚池修建計劃。

二月二十二日：

沈主任赴菜園取決魚塭工程施工計劃當夜返處。

盧世漢赴白沙島勘察改良石滬工程。

林雲龍視察救濟院及澎湖醫院後赴西嶼監發冬令救濟米。

翁禮明赴白沙島會同盧世漢勘查有關漁業各項工程。

電署報告工賑情況及請示縫制棉衣困難。

二月二十三日：

沈主任往西湖勘查良文港等漁港工程當夜返處。

翁禮明盧世漢仍在白沙島繼續勘查石滬及漁港工程。

林雲龍由西嶼島工畢返處。

二月二十四日：

林雲龍赴馬公鎮監發冬令救濟米。

翁禮明由白沙島返處。

沈主任再赴菜園指示工賑米發放原則當天返處。

擬視察省立澎湖醫院及縣救濟院報告書。
二月二十五日：
沈主任翁禮明赴馬公鎮公所開工賑工程會議。
林雲龍赴馬公鎮參加鎮公所及鎮民代表及各里長會議討論有關散賑事項。
視察澎湖醫院及救濟院報告書呈署備查。
詳函報署縫制棉衣困難及物資收發情形。
二月二十六日：
沈主任往西嶼島勘查漁港工程及調查賑務。
盧世漢電報已由白沙轉赴西嶼島勘查工程。
林雲龍視察婦嬰保健所。
二月二十七日：
林雲龍赴陳、白沙島監發奶粉湯粉。
二月二十八日：
沈主任由西嶼島公畢會同盧世漢返處。
大嶼島漁港工賑工程本日開工。
三月一日：
代電復縣府以同意舉辦各項工賑工程並指示應行注意事項。
翁禮明赴白沙島參加石滬工賑工程開工典禮並協同林雲龍辦理賑務。
三月二日：
通知縣府以奉署電工賑工程每工覈發食米限量即請查照。
通知縣府轉飭各鄉鎮有工賑工程限四月十五日以前完成。
沈主任率盧世漢參加馬公養魚池工賑工程開工典禮。
翁組員白沙島公畢返處。
沈主任召集有關單位各首長商討工賑散賑各事項並招待晚餐。
三月三日：
沈主任赴白沙鄉視察石滬工程當日返處。
盧世漢赴菜園駐留工地督工。
林雲龍電陳由白沙轉赴湖西鄉監發奶粉湯粉。
翁禮明赴澎湖醫院點驗分配醫藥品。
電署大嶼白沙馬公三工程已於儉東冬分別開工。
三月四日：

翁禮明召集各鄉公醫分配藥品。
三月五日：
沈主任出勤鳳樞尾辦理賑務。
三月六日：
翁禮明赴白沙督工。
代電報署發放公醫藥品情形。
沈主任出勤案山辦理賑務。
電署請示電力公司員工可否賑發布疋。
三月七日：
沈主任赴東衛辦理振務。
林雲龍函告由湖西島轉赴西嶼監發奶粉湯粉。
三月八日：
沈主任出勤西衛辦理振務。
翁禮明午後由白沙返處。
電詢署況。
三月九日：
沈主任赴白沙視道石滬工程當日返處。
翁禮明調住菜園監工。
盧世漢與沈主任同行調往白沙督促石滬工程。
三月十日：
函有關機關附送布樣請查禁出口。
三月十一日：
沈主任赴菜園視導工程。
林雲龍自西嶼公畢返處。
三月十二日：
沈主任繼赴菜園視察工程。
林雲龍赴馬公鎮監發奶粉湯粉。
召集有關單位各首長座談會洽商賑務分配事宜並招待夜點。
三月十三日：
沈主任赴商會清算麵粉袋數量。
林雲龍在馬公鎮監發物資。

三月十四日：

沈主任出勤菜園督催工程進展。

林雲龍監發馬公鎮物資。

函有關單位檢附發佈辦法。

三月十五日：

沈主任赴通梁及港子村勘查漁港工程及抽查發放物資情形當日返處。

翁禮明盧世漢分別公畢由菜園白沙返處。

電署告萬宏輪實收米量。

林組員在馬公鎮監發物資。

小組會議檢討一月來工作概況及今後工作步驟。

三月十六日：

翁禮明赴望安鄉散賑。

盧世漢乘運米船赴大嶼鄉督辦漁港工程。

林雲龍在馬公鎮散賑。

賑米被縣府扣電署請示。

三月十七日：

沈主任赴白沙島督催工程。

林雲龍在馬公監發物資。

三月十八日：

林雲龍在馬公監發物資。

三月十九日：

林雲龍赴倉庫運布至參議會以便整理發放。

函各有關機關表示維持原定救濟計劃。

三月二十日：

沈主任晨由白沙公畢返處午赴縣參議會商討賑務。

發動智識婦女整剪布疋。

函各有關機關以奉署電賑米絶對不准平糶。

林雲龍在馬公監發物資。

三月二十一日：

繼續剪布。

公告函各有關機關決定物資散賑分配辦法。

准發澎湖醫院奶粉 20 桶。
三月二十二日：
繼續剪布。
沈主任赴救濟協會開會商討救濟事宜。
三月二十三日：
代電報署物資分配辦法及分配表。
翁禮明電告望安公畢轉赴大嶼散賑。
剪布工作完畢。
代電縣府以奉令有關善救濟事項應由本處洽轉。
代電分署附送馬公白沙大嶼三工賑工程設計書圖表。
三月二十四日：
沈主任赴湖西島監督賑務。
林雲龍整理布疋。
三月二十五日：
電署以縣府堅決扣米請速示遵。
盧世漢仍赴大嶼督工。
林雲龍赴白沙島散發布棉被。
翁禮明由大嶼島散賑完畢返處。
三月二十六日：
翁禮明整理表册並赴縣府洽辦手續。
三月二十七日：
沈主任由湖西島公畢返處。
電告分署麵粉來源及耗損處理情形。
奉署電以本處三月底結束通告有關機關。
再電呈署以縣府堅決扣米請轉長官公署嚴令制止。
盧世漢由大嶼島押送麻袋返處。
三月二十八日：
沈主任赴白沙督催工程。
盧世漢整理表册並縣府建設科洽算表册。
請示以麻袋空罐包皮不易運回擬就地價售。
翁禮明赴馬公鎮催結表册。

以奉署電缺少牛奶處理辦法函知縣府查照。
三月二十九日：
盧世漢整理表册並洽縣府。
奉署轉知縣府以賑米不得出售剋日啓倉待發。
翁禮明續赴馬公鎮催促報銷表册。
林雲龍由白沙返處。
三月卅日：
翁禮明續赴馬公鎮催促報銷表册。
盧世漢偕縣府土木股赴白沙鄉驗收石滬工程。
三月卅一日：
林雲龍赴湖西島散賑。
翁禮明赴馬公鎮及各鄉公所催報銷册。
四月一日：
沈主任盧世漢由白沙驗收工程完畢返處。
大嶼望安賑米出倉。
電署學校煉乳已以奶粉倍額發給毋庸補發。
盧世漢整理工程圖表。
四月二日：
沈主任赴縣府催報銷。
翁禮明帶同食米布疋棉被等物資運往望安大嶼散賑點交物資。
盧世漢隨運送物資船赴大嶼島督工。
林雲龍電陳湖西島公畢轉往西嶼島監發物資。
四月三日：
沈主任赴縣府洽商賑務。
翁禮明公畢返處。
四月四日：
沈主任大嶼島催督工程限期結束。
四月五日：
林雲龍由望安散賑公畢返處。
四月六日：
林雲龍會同縣府查覈倉庫。

中山堂存米卸清並撥大嶼工賑米一萬斤。
四月七日：
翁禮明赴各鄉調查賑務。
續撥白沙工賑米一萬斤。
林雲龍整理報銷並洽民政科。
四月八日：
翁禮明赴各鄉調查賑務。
加撥大嶼工賑米一萬市斤。
函各鄉鎮委托代爲標售餅箱空桶等物。
四月九日：
翁禮明赴各鄉調查賑務。
林雲龍在馬公鎮監發布疋。
洽催清理倉庫。
辦理投標牛奶空罐准備事項。
四月十日：
馬公白沙賑米出倉。
沈主任由大嶼島公畢返處。
翁禮明赴望安視察賑務並收集麻袋。
四月十一日：
林雲龍赴白沙島監發賑米。
准縣府函告定十二日爲牛奶空罐開標日期請往監標。
四月十二日：
翁禮明電陳望安鄉賑務情形並帶同麻袋等物轉赴大嶼島散賑。
電署交和豐運高雄粉袋油桶等請向通運倉庫洽運。
牛奶空罐無人投標電告分署。
四月十三日：
沈主任赴菜園催督工賑工程。
盧世漢報告大嶼島督工概況。
翁禮明報告大嶼賑況。
四月十四日：
沈主任續赴菜園催督工程。

林雲龍電知由白沙島轉往湖西島監發賑米。

四月十五日：

沈主任再赴菜園督催工程。

盧世漢電知大嶼工程完工正驗收中。

電署處結束十七日候船先返。

四月十六日：

沈主任續赴菜園催導工賑工程限期完工。

漏液清理處務以資結束。

四月十七日：

結束處務手續分別予以清理。

望安發餘米 3484 市斤，湯粉 500 箱，牛奶粉 1146 磅，已另作分配飭妥爲保管不得動用。

署電查詢乾穀處理辦法復已散賑。

晚宴傅縣長參議會正副議長借表謝忱。

本處結束。

六、人事報告表

（一）各月份遣散人員名録

職别	姓名	遣散日期	備考
技士	胡孝繩	三月一日	
技士	孔慶銘	三月一日	
技士	杜瑞坤	三月一日	
組員	楊寬餘	三月一日	
組員	游凌湘	三月一日	
組員	莊唐浩	三月一日	
組員	程鍾平	三月一日	
組員	鄭端人	三月一日	
辦事員	劉愛珂	三月一日	
辦事員	朱敦明	三月一日	
辦事員	王愛文	三月一日	

續表

職別	姓名	遣散日期	備考
辦事員	張國華	三月一日	
辦事員	陳心香	三月一日	
辦事員	石碧霞	三月一日	
辦事員	黄霖藩	三月一日	
辦事員	黄肖庸	三月一日	
辦事員	韋鳳瑄	三月一日	
辦事員	吴紹志	三月一日	
辦事員	劉昌培	三月一日	
事務員	何文生	三月一日	
工作隊股長	陳笑陶	三月一日	
工作隊股長	陳華合	三月一日	
工作隊幹事	薛晋坤	三月一日	
工作隊幹事	楊繼瀛	三月一日	
工作隊幹事	黄雲濤	三月一日	
工作隊幹事	劉伯森	三月一日	
工作隊幹事	林德源	三月一日	
工作隊幹事	林炳煌	三月一日	
工作隊幹事	楊繼遠	三月一日	
工作隊幹事	楊晋國	三月一日	
工作隊幹事	陳景仁	三月一日	
工作隊幹事	謝棟雄	三月一日	
工作隊幹事	吴慶春	三月一日	
工作隊幹事	曹　樸	三月一日	
工作隊幹事	陳　樹	三月一日	
工作隊幹事	郭銘村	三月一日	
工作隊幹事	簡春發	三月一日	
工作隊幹事	黄祥義	三月一日	
總務組主任	陳　明	四月一日	
簡派工業技正	許乃波	四月一日	
薦派技正	張澤南	四月一日	

續表

職別	姓名	遣散日期	備考
專員	朱義明	四月一日	
技士	張乃旦	四月一日	
技士	謝慎初	四月一日	
技士	徐勝地	四月一日	
技士	徐昌先	四月一日	
技士	高聲鍠	四月一日	
組員	吳宗岳	四月一日	
組員	李鏡文	四月一日	
組員	寧　毅	四月一日	
組員	張時祐	四月一日	
組員	余清標	四月一日	
組員	林石開	四月一日	
組員	陳　清	四月一日	
組員	張天扶	四月一日	
組員	陳治民	四月一日	
組員	郭家振	四月一日	
組員	梁後智	四月一日	
組員	宋子昇	四月一日	
組員	翁禮明	四月一日	
組員	陳韶淇	四月一日	
辦事員	蕭秋月	四月一日	
辦事員	張長發	四月一日	
辦事員	盧世漢	四月一日	
辦事員	陳其堯	四月一日	
事務員	陳天柱	四月一日	
共計六十六人			

（二）預定五月一日遣散人員

職別	姓名	遣散日期	備考
振務組主任	林良桐		
儲運組副主任	陳國新		

續表

職別	姓名	遣散日期	備考
專門委員	楊靖之		
專門委員	沈岐原		
薦派技正	徐　釗		
薦派技正	余亞莉		
薦派視察	江　淞		
薦派視察	馬陰森		
技士	施益勵		
技士	蔡慶豪		
技士	杜枰録		
技士	郭錫五		
組員	魏守岳		
組員	蔡綺裳		
組員	朱振駟		
組員	余鶴年		
組員	邵興華		
組員	林雲龍		
組員	林德庸		
組員	徐炳南		
組員	蘇勝雄		
辦事員	薛蕉治		
辦事員	黄根旺		
辦事員	曾德銘		
辦事員	黄詩惠		
辦事員	李清蓮		
兼任衛生組主任	經利彬		兼職人員未領遣散費
兼任經濟技正	何孝怡		
兼任顧問	陳方之		
共計二十九人			

留辦結束人員名錄

職別	姓名	備考
顧問兼主任秘書	饒餘威	
薦派秘書	徐正一	
儲運組主任	岑如森	
振務組副主任	嚴家理	
衛生組副主任	張理覺	
總務組副主任	張廉駿	
兼任農業技正	陳振鐸	
薦派技正	黃占甲	
薦派視察	汪彝定	
技士	黃德田	
技士	李韵瑜	
組員	黃天祺	
組員	熊振芳	
組員	陳子光	
組員	林慶棠	
組員	趙　浩	
組員	范恩林	
組員	李賢武	
組員	項肖植	
組員	徐　謙	
組員	曾本立	
組員	劉行美	
組員	翁同倫	
組員	陳　吉	
組員	姜步雲	
組員	薛晋家	
組員	林家禎	
組員	李崇嶽	
組員	梁後强	
組員	劉楨義	
兼任專門委員	劉永懋	

續表

職别	姓名	備考
專門委員	何心洙	
專員	周永煌	
專員	林昌琛	
專員	李秉鈞	
專員	卓景輝	
專員	崔公懋	
專員	池　鋌	
專員	陳慶正	
專員	林風翔	
專員	陳實懼	
專員	劉榮桂	
專員	丁家興	
專員	陳華言	
專員	洪西苓	
辦事員	王友澄	
事務員	陳亦雄	
共計四十七人		

臺灣分署衛生組副主任張理覺視察報告

（民國三十六年三月十七日）

理覺於上月廿四日出發各縣市視察受配善救藥械各省立醫院，順便考察全省衛生設施情形，經於本月四日返署，計到宜蘭、花蓮港、玉里、臺東、屏東、高雄、臺南、嘉義、臺中等九個省立醫院，兹將耳目所及之見聞分陳於下：

一、自中日戰事發生，航運阻滯後，各院物質供應，即感匱乏，益以八年戰争之耗損，盟軍空襲之破壞及颱風之災害，致建築大都破壞不堪，設備亦殘缺不全，亟待修建與補充。

二、各院以經費不敷，致人員不足，嘗見宜蘭醫院之女護士執刷洗滌地面兼操工役工作者，類此情形，所在多有。因此大部醫院之管理俱欠適當，器物亂雜無章。

三、各院護士人數固不够，素質亦參差不齊，影響護病工作至大，病人住院，多由家人伴侍，猬集一室，甚至有在病房舉炊者，此種不合衛生之習慣實由日人時代相緣而來。

四、花蓮、臺東二縣交通不便，故日人時代對其醫院設備特别注意，尤以有助於診斷之病理細菌機驗工具爲完善，惜受戰争影響，房屋破壞，迄猶廢置未用，良爲可惜。

五、九個醫院中，除嘉義、臺中、二院尚完整外，高雄醫院經二次轟炸，全部被毁，臺南醫院建築之雄偉可於炸後遺址中見之，臺東醫院炸焚門診部辦公室、×光室、電熱室約五百坪，花蓮港醫院炸毁病室二棟約一百八十坪，宜蘭醫院實驗室炸毁，臨床檢驗頗感困難。

根據視察所得，兹擬具意見數點於下：

1. 醫院之修建工作，至爲迫切，惟查衛生署善後救濟基金補助地方醫院修建復員之費用預算臺灣僅占臺幣 5179297.14 元，至爲微小，以現在物價之高漲，僅够修復一個醫院之一部分病房而已，是以吾人只能選擇其辦理成績優良損壞不甚重大者先行修復，除現在正進行修復之屏東醫院外，擬請將花蓮港醫院儘先修復。

2. 本署所辦護士訓練班，切合需要，用意至善，成績亦佳，此可於屏東醫院護病工作及病房管理之完善中見之，故此後似有繼續擴大辦理之必要。

3. 花蓮、臺東、屏東、高雄等地氣候漸暖燠，入夜蚊蟲騷擾，本署擬配發各醫院之蚊帳亟宜及早分發，又各院所領用之棉被，多無被單保護，不免有污損之處，故希能將被單與蚊帳同時配發。

臺灣分署署長錢宗起撰：修復嘉南大圳記

（民國三十六年一月一日）

嘉南大圳之水源，導自二溪，曰曾文，曰濁水。南於曾文區之烏山頭，阻官田溪之水，築池貯水；以長 236 公尺，徑 3 公尺之隧道，穿烏山嶺，納曾文、官田二水，蓄以溉田。北於斗六林内及莿桐新莊，就濁水溪之護岸，鑿口導水，灌溉焉。圳工興於民國九年秋，凡十載，始竣。溉田可二十萬公頃；占臺灣全省水利灌溉面積，幾三之一。規模之宏，在遠東僅次於印度之恒河；余耳其名久矣。卅四年冬，承命來臺，司善後救濟事；南行考察，至臺南。縣長袁國欽兄，爲余言：嘉南大圳，幹支諸水路，皆年久失修，濁水溪入口，泥沙阻塞，烏山頭貯水池堤堰，亦漸圮。乃囑工業技正許乃波兄往勘之，歸而告余，此圳之修不可緩。翌年三月，即鳩工代賑，先修給水路幹支諸綫，逾月竣工。受賑者六萬四千餘工，費臺幣 375 萬餘元；本署捐資 189 萬餘元，餘由農林處足其額。同年七月，興修斗六導水路，凡五月畢工，受賑者 1 萬 6 千餘工，本署捐資臺幣 108 萬餘元。是年十一月，復興修烏山頭貯水池堤堰，歷時半載，受賑者 13 萬 4 千餘工，本署捐資臺幣 870 萬餘元。卅六年五月蕆事，而本署亦適於月終結束，若與嘉南大圳相終始者。此三工程中，以烏山頭第一號堰堤之修築爲最巨。蓋自民國十九年竣工後，至今隧道已崩 194.5 公尺，僅剩 41.5 公尺。斯堰之築，旨在殺溪水直奔貯水池之勢，導之緩行，使隧口渠床水位，可與隧口等高，日人在臺時，築堰已高 10 公尺，今增築 20 公尺，都高 30 公尺，長 110 公尺，闊 6 公尺，堰基闊 170 公尺。堰上植竹木花卉護之，以增溪山之美。是役也，臺南袁縣長，實創其議，而許技正促成之，至於嘉南大圳水利協會諸君子，及本署監工人員奔走罔懈，皆難能而可貴。余幸得從諸君子之後，獲觀竣工，喜而志其崖略，以告來者，冀更能發揚而光大之，以造福民間，不僅維持於不墜已也。

臺灣分署署長錢宗起撰：恒春善後新村記

（民國三十六年一月一日）

卅五年一月余偕振務組主任林君良桐南行勘灾，某日抵恒春，頹垣彌望，無一完屋，居民寥寥，亭午無處覓食，購玉蜀黍就車中啖之，詢知自卅三年秋以還，盟軍炸恒春無虚日，故有地皆墟，無屋不毁，爰决定建屋招流亡，牘上總署報可，即就車城鄉、西門、南門三處公地建屋二千有五幢，每幢容四户，一户以六人爲率，都百户容六百人，作始於六月一日，除夕竣工，窓垣厨厠咸備，顔曰“善後新村”，設委員會管理之，其第一村在東城鄉，計二幢，第二村在西門，計十三幢，第三村在南門，計十幢，共費臺幣六百四十八萬七千三百二十四元，以工代賑，受賑者一萬九千六百餘工。是役也，林君良相實贊其成，至於工程之設計，則簡派工業技正許君乃波獨任其勞，施君益勵佐之，而蔡君慶豪監工半載罔懈，有足多者高雄縣長前任謝君東閔，現任黃君達平贊助備至，恒春區長康君玉湖，亦多宣力，更深紉佩敬識於此，並録管理委員會章程十二條於後，以告村民。

行政院善後救濟總署臺灣分署署長錢宗起識

民國三十六年一月一日

臺灣分署署長錢宗起撰：捐建盲啞學校記

（民國三十六年五月）

中華民國卅五年秋，本署振務組主任林良桐，副主任嚴家理及福利專家鮑妃絲女士（Miss Powers）視察盲啞學校，知其校舍戰時遭毀甚烈，不能大量收容學生，爰由本署捐建西式二層校舍一幢計十九間可容學生 120 人，作始於卅五年十月十八日，迄翌年四月二十日竣功，費臺幣一百七十八萬九千元，謹識其始末於此。

行政院善後救濟總署臺灣分署署長錢宗起敬撰

行政院善後救濟總署臺灣分署副署長高翰敬書

民國三十六年五月

資料統計表

（民國三十六年四月至七月）

臺灣分署撥發臺南縣貧民衣著物資分配説明

（民國三十六年四月十日）

善後救濟總署臺灣分署爲撥發衣著物資交由臺南縣善後救濟協會免費散賑，特將種類、數量及辦法列下：

臺南縣衣著物資分配説明：

甲、布料

數量

每塊兩碼計12818塊（成人）。

每塊一碼半計14482塊（兒童）。

共計碼數47359碼。

分配標準：

成人（不分男女）每人四碼（以厚布薄布各2碼爲原則）。

兒童（不分男女）每人三碼（以厚布薄布各1.5碼爲原則）。

注意：

（1）如以赤貧家庭爲分配對象時則：

1－2口之家庭爲四碼一套。

3－6口之家庭爲四碼一套、三碼一套。

7－9口之家庭爲四碼二套、三碼二套。

10－12口之家庭爲四碼二套、三碼四套。

13口以上之家庭爲四碼三套、三碼五套。

（2）以上每人或每户應得布疋原應以厚薄各半爲原則，如厚布數量過多時，厚布應配給從事粗工之貧民，如礦工及築路工人。

（3）每户分配之厚布或薄布各在一塊以上時，最好選擇同一或近似色樣發給，分配對象及優先級：

（1）由外地遣送返籍之貧困臺胞。

（2）貧窮之寡婦孤兒。

（3）十六歲以下之貧苦兒童。

（4）貧窮之老年人。

（5）貧窮之殘廢者。

（6）縣市境内最貧瘠地區之貧户。

（7）參加地方公益工程之工人及其家庭。

（8）卅五年内受風水火或地震等災害之貧户。

根據上列標準，各縣市善後救濟協會得斟酌地方情形，參照本署發給物資數量，核定該縣市區域内之分配事宜。

乙、新衣

數量

男衣 776 套，男童衣 776 套。

女衣 776 套，女童衣 776 套。

分配標準：新衣之分配以不能自行製衣之貧民（如老病殘廢或兒童）爲對象，其標準爲每人一套，如以户爲對象時，應照（甲）項分配標準注意（1）辦理。

丙、附帶分配

衣扣 53800 粒（每 3 碼布配發衣扣 3 粒，每四碼布配發衣扣 5 粒）。

針 27300 條（衣料一套附發針 2 支）。

綫 1365000 碼（衣料 1 套附發綫 100 碼）。

上列附帶分配物資應由市救濟協會商同地方政府指定一適當地點給证往領。

臺灣分署撥發高雄市貧民衣著物資分配説明

（民國三十六年四月二十四日）

善後救濟總署臺灣分署爲撥發衣著物資交由高雄市善後救濟協會免費散賑，特將種類、數量及辦法列下：

高雄市衣著物資分配説明：

甲、布料

數量

每塊兩碼計6308塊（成人）。

每塊一碼半計7124塊（兒童）。

合計13433塊。

共計碼數23302碼。

分配標準：

成人（不分男女）每人4碼（以厚布薄布各2碼爲原則）。

兒童（不分男女）每人3碼（以厚布薄布各1.5碼爲原則）。

注意：

（1）如以赤貧家庭爲分配對象時則：

1－2口之家庭爲四碼一套。

3－6口之家庭爲四碼一套、三碼一套。

7－9口之家庭爲四碼二套、三碼二套。

10－12口之家庭爲四碼二套、三碼四套。

13口以上之家庭爲四碼三套、三碼五套。

（2）以上每人或每户應得布疋原應以厚薄各半爲原則，如厚布數量過多時，厚布應配給從事粗工之貧民，如礦工及築路工人人。

（3）每户分配之厚布或薄布各在一塊以上時，最好選擇同一或近似色樣發給，分配對象及優先級：

（1）由外地遣送返籍之貧困臺胞。

（2）貧窮之寡婦孤兒。

（3）十六歲以下之貧苦兒童。

（4）貧窮之老年人。

（5）貧窮之殘廢者。

（6）縣市境内最貧瘠地區之貧户。

（7）參加地方公益工程之工人及其家庭。

（8）卅五年内受風水火或地震等災害之貧户。

根據上列標準，各縣市善後救濟協會得斟酌地方情形，參照本署發給物資數量，核定該縣市區域内之分配事宜。

乙、新衣

數量

男衣126套，男童衣126套。

女衣 126 套，女童衣 126 套。

分配標準：新衣之分配以不能自行製衣之貧民（如老病殘廢或兒童）爲對象，其標準爲每人一套，如以户爲對象時，應照（甲）項分配標準注意（1）辦理。

丙、附帶分配

衣扣 26500 粒（每三碼布配發衣扣三粒，每四碼布配發衣扣五粒）。

針 13500 條（衣料一套附發針二支）。

綫 672000 碼（衣料一套附發綫 100 碼）。

上列附帶分配物資應由市救濟協會商同地方政府指定一適當地點給证往領。

臺灣分署撥發花蓮縣貧民衣著物資分配說明

（民國三十六年四月二十五日）

善後救濟總署臺灣分署爲撥發衣著物資交由花蓮縣善後救濟協會免費散賑，特將種類、數量及辦法列下：

花蓮縣衣著物資分配說明：

甲、布料

數量

每塊兩碼計 15188 塊（成人）。

每塊一碼半計 16782 塊（兒童）。

合計 31900 塊。

共計碼數 55409 九碼。

分配標準：

成人（不分男女）每人四碼（以厚布薄布各 2 碼爲原則）。

兒童（不分男女）每人三碼（以厚布薄布各 1.5 碼爲原則）。

注意：

（1）如以赤貧家庭爲分配對象時則：

1－2 口之家庭爲四碼一套。

3－6 口之家庭爲四碼一套、三碼一套。

7－9 口之家庭爲四碼二套、三碼二套。

10－12 口之家庭爲四碼二套、三碼四套。

13 口以上之家庭爲四碼三套、三碼五套。

（2）以上每人或每户應得布疋原應以厚薄各半爲原則，如厚布數量過多時，厚布應配給從事粗工之貧民，如礦工及築路工人。

（3）每户分配之厚布或薄布各在一塊以上時，最好選擇同一或近似色樣發給，分配對象及優先級：

（1）由外地遣送返籍之貧困臺胞。

（2）貧窮之寡婦孤兒。

（3）十六歲以下之貧苦兒童。

（4）貧窮之老年人。

（5）貧窮之殘廢者。

（6）縣市境内最貧瘠地區之貧户。

（7）參加地方公益工程之工人及其家庭。

（8）卅五年内受風水火或地震等災害之貧户。

根據上列標準，各縣市善後救濟協會得斟酌地方情形，參照本署發給物資數量，核定該縣市區域内之分配事宜。

乙、新衣

數量

男衣 0 套，男童衣 0 套。

女衣 0 套，女童衣 0 套。

分配標準：新衣之分配以不能自行製衣之貧民（如老病殘廢或兒童）爲對象，其標準爲每人一套，如以户爲對象時，應照（甲）項分配標準注意（1）辦理。

丙、附帶分配

衣扣 63000 粒（每 3 碼布配發衣扣 3 粒，每 4 碼布配發衣扣 5 粒）。

針 31900 條（衣料一套附發針 2 支）。

綫 1595000 碼（衣料一套附發綫 100 碼）。

上列附帶分配物資應由市救濟協會商同地方政府指定一適當地點給证往領。

臺灣分署撥發嘉義市貧民衣著物資分配説明

（民國三十六年四月二十五日）

善後救濟總署臺灣分署爲撥發衣著物資交由嘉義市善後救濟協會免費散賑，特將種類、數量及辦法列下：

嘉義市衣著物資分配説明：

甲、布料

數量

每塊兩碼計 8872 塊（成人）。

每塊一碼半計 10024 塊（兒童）。

合計 18896 塊。

共計碼數 32780 碼。

分配標準：

成人（不分男女）每人四碼（以厚布薄布各 2 碼爲原則）。

兒童（不分男女）每人三碼（以厚布薄布各 1.5 碼爲原則）。

注意：

（1）如以赤貧家庭爲分配對象時則：

1－2 口之家庭爲四碼一套。

3－6 口之家庭爲四碼一套、三碼一套。

7－9 口之家庭爲四碼二套、三碼二套。

10－12 口之家庭爲四碼二套、三碼四套。

13 口以上之家庭爲四碼三套、三碼五套。

（2）以上每人或每户應得布疋原應以厚薄各半爲原則，如厚布數量過多時，厚布應配給從事粗工之貧民，如礦工及築路工人。

（3）每户分配之厚布或薄布各在一塊以上時，最好選擇同一或近似色樣發給，分配對象及優先級：

（1）由外地遣送返籍之貧困臺胞。

（2）貧窮之寡婦孤兒。

（3）十六歲以下之貧苦兒童。

（4）貧窮之老年人。

（5）貧窮之殘廢者。

（6）縣市境内最貧瘠地區之貧户。

（7）參加地方公益工程之工人及其家庭。

（8）卅五年内受風水火或地震等災害之貧户。

根據上列標準，各縣市善後救濟協會得斟酌地方情形，參照本署發給物資數量，核定該縣市區域内之分配事宜。

乙、新衣

數量

男衣108套，男童衣108套。

女衣108套，女童衣108套。

分配標準：新衣之分配以不能自行製衣之貧民（如老病殘廢或兒童）爲對象，其標準爲每人一套，如以户爲對象時，應照（甲）項分配標準注意（1）辦理。

丙、附帶分配

衣扣37300粒（每3碼布配發衣扣3粒，每4碼布配發衣扣5粒）。

針18900條（衣料1套附發針2支）。

綫945000碼（衣料1套附發綫100碼）。

上列附帶分配物資應由市救濟協會商同地方政府指定一適當地點給证往領。

臺灣分署撥發臺南市貧民衣著物資分配説明

（民國三十六年四月二十五日）

善後救濟總署臺灣分署爲撥發衣著物資交由臺南市善後救濟協會免費散賑，特將種類、數量及辦法列下：

臺南市衣著物資分配説明：

甲、布料

數量

每塊兩碼計3916塊（成人）。

每塊一碼半計6684塊（兒童）。

合計10600塊。

共計碼數 21858 碼。

分配標準：

成人（不分男女）每人四碼（以厚布薄布各 2 碼爲原則）。

兒童（不分男女）每人三碼（以厚布薄布各 1.5 碼爲原則）。

注意：

（1）如以赤貧家庭爲分配對象時則：

1－2 口之家庭爲四碼一套。

3－6 口之家庭爲四碼一套、三碼一套。

7－9 口之家庭爲四碼二套、三碼二套。

10－12 口之家庭爲四碼二套、三碼四套。

13 口以上之家庭爲四碼三套、三碼五套。

（2）以上每人或每户應得布疋原應以厚薄各半爲原則，如厚布數量過多時，厚布應配給從事粗工之貧民，如礦工及築路工人人。

（3）每户分配之厚布或薄布各在一塊以上時，最好選擇同一或近似色樣發給，分配對象及優先級：

（1）由外地遣送返籍之貧困臺胞。

（2）貧窮之寡婦孤兒。

（3）十六歲以下之貧苦兒童。

（4）貧窮之老年人。

（5）貧窮之殘廢者。

（6）縣市境內最貧瘠地區之貧户。

（7）參加地方公益工程之工人及其家庭。

（8）卅五年內受風水火或地震等災害之貧户。

根據上列標準，各縣市善後救濟協會得斟酌地方情形，參照本署發給物資數量，核定該縣市區域內之分配事宜。

乙、新衣

數量

男衣 116 套，男童衣 116 套。

女衣 116 套，女童衣 116 套。

分配標準：新衣之分配以不能自行製衣之貧民（如老病殘廢或兒童）爲對象，其標準爲每人一套，如以户爲對象時，應照（甲）項分配標準注意

（1）辦理。

丙、附帶分配

衣扣 24900 粒（每 3 碼布配發衣扣 3 粒，每 4 碼布配發衣扣 5 粒）。

針 12600 條（衣料 1 套附發針 2 支）。

綫 630000 碼（衣料 1 套附發綫 100 碼）。

上列附帶分配物資應由市救濟協會商同地方政府指定一適當地點給证往領。

臺灣省教育會關於救濟清寒員生衣服物資分配計劃書

（民國三十六年五月九日）

分配數量：14 萬碼（如救濟分署撥給數量增多時，當增加受配之國校學生名額）

分配對象：

一、清寒國民學校教員，自民國卅五年十月以前起，至現在繼續服務教育工作，經查明屬實者。

二、清寒中等以上學生，經查明屬實者（但六千人爲限）。

三、清寒國民學校學生，經查明屬實者（但貳萬人爲限）。

四、前已受救濟分署配給衣料者，不得再受分配。

分配標準：

一、教員及中等學校以上學生，每人以五碼爲標準。

二、小學生以三碼爲標準。

三、除受配衣料以外之貧寒小學生，每人分配面巾一條。

分配方法：

一、通知各學校造册應受分配之教員及學生名册，送本會核辦。

二、按各區核定額分送各地分配。

三、派定各區分配負責員：王隆盛、陳熾同、陳克忠、王金枝（專管輸送）

分配費用：

分配負責人員出差費：140000 元

救濟物品運費：120000 元

通訊費：30000 元

公告費：10000 元

裁剪費：20000 元

包裝費：100000 元

保管費：30000 元

合計：45 萬元

分配時間：自五月二十日起至六月底截止。

分配地點：

臺北市（臺北市全部、臺北縣一部）：七日間

基隆市（基隆市全部、臺北縣一部）：一日間

羅東區（宜蘭市、宜蘭區、羅東區全部）：二日間

桃園區（新竹縣一部）：二日間

新竹市（新竹市全部、新竹縣一部）：二日間

臺中市（臺中市、臺中縣一部，彰化市全部）：三日間

員林區（臺中縣一部）：二日間

新營區（嘉義市全部、臺南縣一部）：三日間

臺南市（臺南市全部、臺南縣一部）：三日間

高雄市（高雄市全部、高雄縣全部）：四日間

屏東市（屏東市全部）：二日間

澎湖縣（澎湖縣全部）：三日間

臺東縣（臺東縣全部）：二日間

花蓮縣（花蓮縣全部）：二日間

臺灣省教育會關於救濟清寒員生衣料配給計劃書

（民國三十六年五月九日）

一、清苦小學教師（以壹萬人爲原則）

1. 每人壹套，每套五碼。

2. 總數須要五萬碼。

注：全省小學教師數約壹萬五千人，以三分之二估計。

二、清寒中等以上學生（以六千人爲原則）

1. 每人壹套，每套五碼。

2. 總數須要叁萬碼。

注：全省省立中等以上學生數六四八五三人，縣立初級中學生約60000人，合計約12萬餘人，以二十分之一估計。

三、清寒小學生（以貳萬人爲原則）

1. 每人壹套，每套三碼。

2. 總數須要六萬碼。

注：據本會調查統計，全省清寒小學生數約貳拾萬人，以十分之一估計。

魏守岳關於監發高雄縣市衣料物資的報告

（民國三十六年五月十二日）

竊職自奉命監發高雄縣市衣著物資後，即於四月二十七日南下，四月二十九日召開高雄縣救濟協會委員會，三十日開高雄市救濟協會委員會，分別決定縣市各區分配量、分發日期及選出監發人員。各該會議記録謹再附呈一份。

縣市分發日期中，職因交通及時間關係，衹能往各區巡迴視察，監發責任全由協會選出代表負責，各區多能如期發完。惟名册因各種手續關係，不能即由職帶回，經促市縣政府及早送署。

縣市政府經費方面，縣政府已向本署申請定額補助費，市政府亦經職告以可向署申請補助費壹萬元，以免費用單據審核之煩。謹呈。職魏守岳。

大豐煤礦致臺灣分署代電：懇請惠賜剩餘布疋救濟工人

（民國三十六年五月十二日）

善後救濟總署臺灣分署署長錢鈞鑒：竊大豐炭礦於去年十月中荷蒙鈞署雅意，惠濟多量衣類，敝礦工深感盛情萬分，蓋礦工衣類，自中日開戰八載有餘，僅分配兩次，光復後，雖曾經石炭調整委員會配給叁次，而每次數量有限，且大部份爲子女裁做，因此日漸襤褸。查礦工在地下深處，空氣困難，環境不净，務使於休息時間，輒在光天化日之下呼吸新鮮空氣，以圖保持體力，維持生産效率，但因衣裳破舊，懶於出門，猶嫌敗風壞紀，故難收效，曾勸獎向市上裁有調製，因礦工一家五、七口，米價暴騰時期，糊口且難，不得兼顧衣服。今聞鈞署尚有餘剩嗶吱布疋甚多，將欲結束，爲此編造工人名册壹份，隨文懇請鈞長憐卹實情，俯賜餘剩布疋七百八十套，以濟苦衷，則礦工感戴不盡矣。臺灣大豐炭礦股份有限公司籌備處代理主任餘乞食，副主任櫟友泉叩。雨辰文。

隆記煤礦致臺灣分署呈：請配給衣料救濟工人

（民國三十六年五月十三日）

敬陳者：敝礦前承鈞署配發舊衣一批，礦工受惠殊多，至深感荷，惟所配舊衣多不合用，如短褲襪、高跟鞋等，故衹少工人得到舊衣，大部份均抱向隅。現在礦工所得工資，除購買糧食外，實無法采購衣著，困苦非常。聞貴署庫存衣料尚多，可否本救濟宗旨，惠予配發，以減礦工負擔。謹代二百餘名工友吁請，伏乞核發，至感德便。謹呈。善後救濟總署臺灣分署署長錢鈞鑒。

隆記炭礦股份公司籌備處主任黃子欽。

臺灣分署配給各醫院白布公告

（民國三十六年五月十四日）

衛字第 7217 號

查本署業以白布一批配給省內公立及教會醫院，供縫製病床床單、枕頭套及醫護人員作業服之用。兹將各受配單位及配發數量分別開列公告：

省立臺北醫院：9210.5 碼（足製牀單 1200 條，枕套 600 個，作業服 302 件）

省立基隆醫院：1417 碼（足製牀單 120 條，枕套 60 個，作業服 150 件）

省立宜蘭醫院：1962 碼（足製牀單 240 條，枕套 120 個，作業服 90 件）

省立新竹醫院：3542.5 碼（足製牀單 480 條，枕套 240 個，作業服 84 件）

省立臺中醫院：6376.5 碼（足製牀單 840 條，枕套 420 個，作業服 194 件）

省立嘉義醫院：6376.5 碼（足製牀單 840 條，枕套 420 個，作業服 194

件）

省立臺南醫院：4251 碼（足製牀單 570 條，枕套 285 個，作業服 112 件）

省立高雄醫院：1962 碼（足製牀單 240 條，枕套 120 個，作業服 90 件）

省立屏東醫院：1707. 5 碼（足製牀單 210 條，枕套 105 個，作業服 76 件）

省立臺東醫院：1962 碼（足製牀單 240 條，枕套 120 個，作業服 90 件）

省立花蓮港醫院：1962 碼（足製牀單 240 條，枕套 120 個，作業服 90 件）

國立臺灣大學醫學院附屬醫院：10220 碼（足製牀單 1320 條，枕套 660 個，作業服 350 件）

馬偕紀念醫院：2125. 5 碼（足製牀單 270 條，枕套 135 個，作業服 80 件）

彰化基督教醫院：2125. 5 碼（足製牀單 270 條，枕套 135 個，作業服 80 件）

省立樂生療養院：8280 碼（足製牀單 1200 條，枕套 600 個，作業服 70 件）

省立松山療養院：4284 碼（足製牀單 600 條，枕套 310 個，作業服 70 件）

省立錫口療養院：4012 碼（足製牀單 570 條，枕套 285 個，作業服 53 件）

臺南縣肺病療養院：2360 碼（足製牀單 300 條，枕套 150 個，作業服 90 件）

臺北市立稻江醫院：2242 碼（足製牀單 300 條，枕套 150 個，作業服 60 件）

臺北市立第一產婦人科醫院：1546 碼（足製牀單 210 條，枕套 105 個，作業服 36 件）

省立臺北保健館：327 碼（足製作業服 80 件）

花蓮縣政府致臺灣分署電：請示剩餘救濟品分發辦法（民國三十六年五月十五日）

臺北救濟分署：本縣此次經領山地救濟物品，依現有户數配給後，尚有剩存一部，兹擬將在十口以上之户多發一份，並以山地工作之公教人員每員發給一份，可否？請電復。花蓮縣政府。辰删山行（印）。

臺灣分署致花蓮縣政府電：復告衣帳分配辦法

（民國三十六年五月十六日）

花蓮縣政府：删山行電悉。貴縣山地户計 2455 户，係根據貴縣查報長官公署數字，當無剩餘，此項物資係指定專發山地各户，如確有剩餘，可增發十口或八口以上之户，山地公教人員不必發給，請查照並將現有户數及增減原因示告。善救分署。

嘉義市政府致臺灣分署代電：爲請撥給本市慈惠院收容者新衣由

（收文時間民國三十六年五月十六日）

臺北善後救濟分署錢署長賜鑒：據本市慈惠院理事長黄文陶報稱：該院現收容貧病男女老者缺乏衣服，懇轉請貴署撥發新衣料拾套等語。查該院養老所收容之老者衣不蔽體，襤褸不堪，確屬可憐，尚祈賜如所請，撥發新衣料拾套，毋任盼禱，並乞賜覆。嘉義市市長孫志俊。辰删。

臺灣分署致善後救濟總署代電：爲委托省教會散發文教人員衣著物資及辦法由

（民國三十六年五月十九日）

上海善後救濟總署鈞鑒：近迭准本省長官公署教育處、各縣市學校並臺灣大學來函，以奉教育部代電，飭洽清寒員生救濟事宜。經查此項人員確待救濟，並與鈞署浦秘字 1798 號訓令暨頒行之清寒學生救濟辦法大綱所定相符。唯本分署即將結束，爲使調查及散發工作更臻翔實計，特遵照鈞署浦秘字 20921 號訓令暨委托各機關團體辦理救濟事業辦法大綱草案之規定，撥給衣著物資一批（名稱數量詳本文附件），委托臺灣省教育會負責調查統籌轉發，所有散發手續，經與教育會訂有委托散發衣著物資辦法一種，除洽由教育會公告外，謹檢呈前項辦法乙份，電請察核備查。臺灣分署。

［附件］：臺灣善後救濟分署委托臺灣省教育會散發衣著物資辦法

1. 善後救濟總署臺灣分署（以下簡稱甲方）爲救濟省内各校清寒員生衣著物資，特托臺灣省教育會（以下簡稱乙方）負責按照左列各條款忠實辦理。

2. 甲方一次撥交乙方左列各項衣著物資：

品名	單位	數量			
		個（包）	疋	碼	□
藍斜紋布	捆	108		78154	二五
雙福藍布	捆	29	243	8446	五〇
青布	捆	14	210	10045	五〇
灰布	捆	6	300	1000	〇〇
海昌藍布	捆	2	64	2624	〇〇
元色嗶吱	捆	17	510	15300	〇〇
藍鳳白布	捆	5	200	8000	〇〇
白布	捆	10	100	12089	五〇
以上計布疋	捆	191		143658	七五
舊衣	包	15			
棉花	包	16	6296 臺斤	8328	磅
大鈕扣	盒	$40\frac{1}{6}$		17360	粒
小鈕扣	盒	29		39360	粒
針	箱			28700	支
綫	□	$1\frac{91}{500}$	12660 隻	2660000	碼

3. 甲方將前條所開衣著物資運往雙方商定之地點，交由乙方負責分運散發。

4. 甲方一次發給乙方臺幣叁拾萬元正，作爲乙方辦理散發衣著物資之費用津貼。不足之數由乙方自籌，但無論如何情形均應免費配給，不得使領收人有任何金錢上之負擔。

5. 乙方領到物資後，儘速按其預定計劃分別散發，一面將散發日期及地點先期公告，並通知甲方或接續辦理工作之機構。

6. 乙方散發此項物資，以具有左列資格之一爲限：

一、清寒之國民學校教員在校服務著有成績，經調查屬實者。

二、各級學校學生家境清寒，經調查屬實者。

7. 乙方散發此項物資每人以一套爲限（棉花舊衣由乙方設計配給針綫，由乙方附帶配給貧瘠地方之貧苦員生，綫一〇〇碼、衣扣五粒爲原則）。

不得將前項物資挪用存儲或變更用途，乙方倘不按照本辦法之規定辦理時，甲方得停止委托，除扣留未領用之物資外，其已領用之物資，應按照當地市價由乙方負責賠償。

8. 甲方（或其接辦之機構）及聯總駐臺服務站，得隨時派員視道，並得查閱有關賬簿單據及文件。

9. 乙方負責此項散發工作，最遲應於六月底完竣，並作詳明之總報告，連同領受清册一式三份，存備查覈。

10. 本辦法有未盡處，甲方得隨時以書面通知乙方辦理。

中華民國卅六年五月十日。

善後救濟總署臺灣分署長錢宗起

臺灣省教育會理事長游彌堅

證明人：臺灣省參議會參議長黃朝琴、臺灣省行政長官公署教育處長範壽康

臺灣分署致嘉義市政府簡復：爲已發領衣料等物資救濟嘉義慈惠院由

（民國三十六年五月二十一日）

辰删代電敬悉。貴市慈惠院收容所業經本署配給蚊帳五床、衣料四十套、棉衣十五套、白布叁疋、旅行縫紉具四十包，於銑日交該員負責人據領。此次物資係備該院業務□□繼續使用，應請會同市善後協會妥予監督用途，以宏救濟，並希查照辦理見復爲荷。此致。

省立樂生療養院致臺灣分署呈：爲請示所配布料可否改製衣褲由

（民國三十六年五月二十一日）

敬肅者：查本月二十日本院院長出示鈞署本年五月八日衛字第 07132 號代電一件，聯財轉告本院全體患友，個個患友感頌鈞署抱有大慈大悲救苦救難心腸，無不喜形於色，笑逐顔開，惟查鈞署附送使用須知第一條甲項之規定："製病牀牀單及枕頭套"；第七條："受配單位非徵得本署同意，不得再行改變配給布料之規定用途。"今查本院所給每個病人之使用品，如毛毯四條、草席一領、棉被墊褥各一牀，爲數可見不少，足够使用。即或遇有用品損壞之時，

庫存甚夥，患者亦可隨時請求補給，今日鈞署所賜下之布疋，似可不必限於縫製牀單之用涂，惟最感缺乏而又急需者是衣著一項，本院什九病人窮苦無衣，冬以毛毯披身，夏則赤身露體，儀表全無，莫此爲甚，爲此懇請鈞署俯賜同情，准将是項布疋改制衣褲，以供本院病人穿著之用，可否之處，祈速示復。謹上。善後救濟總署臺灣分署。

樂生療養院患者自治會會長黄聯財。民國三十六年五月二十一日。

臺灣省教育會致臺灣分署公函：爲改配中等以上學生衣料五碼爲四碼備查由

（民國三十六年五月二十二日）

奉貴署委托分配衣料救濟清寒師生一節，業經本會公佈分配辦法在案，兹查各中等以上學生原定每人分配五碼，是項碼數决定實有過多之處，蓋以中等以上學生之體格及其制服應需之布量一般四碼即屬够裁，若配五碼，不無有過多之弄費，爲經濟合理，節省多多，濟及其它起見，擬對上項規定改爲四碼配給，同時將節下之衣料悉數配救爲數較多之清寒教師，相應函請備查。此致。

臺灣省教育會理事長游彌堅

臺灣省教育會致臺灣分署函：爲請贈撥縫紉綫由

（民國三十六年五月二十九日）

逕啓者：敝會舉辦教育服務事業，除大批購辦學用品，力求成本低廉，直接配售各校，以儘量減輕學生負擔外，兹並計劃裁製全省各級學校教職員生穿用之各種衣褲，使得享受便宜衣服，所以盡敝會服務之責，兹請貴署現有留存縫制衣服用之針綫，儘量配給敝會，俾供敝會裁製是項大批衣褲之用，得盡可能减低成本，實亦有以補濟清寒教職員生之消費也。專函懇請，幸祈俯准，至感公誼。此致。善後救濟總署臺灣分署。

臺灣省教育會理事長游彌堅

臺東縣救濟協會救濟物品分配辦法公告

（民國三十六年五月）

查本會此次經辦臺灣救濟分署發給救濟貧民衣著物一批，兹指定分配辦法列下：

一、本會辦理救濟分署發給救濟貧民布料，每塊兩碼計 11832 塊，一碼半計 13368 塊，新男衣 575 套，女衣 575 套，男童衣 575 套，女童衣 575 套，分配各鄉鎮，發給救濟貧民。

二、分配標準：

布料：成年部分男女每人四碼，兒童每人三碼，以厚薄布各一塊，新衣每人一套，係配一般老病殘廢或兒童爲原則，其分配辦法並附帶物之分配法如左：

（1）1－2 口之家庭爲四碼一套。

3－6 口之家庭爲四碼一套、三碼一套。

7－9 口之家庭爲四碼二套、三碼二套。

10－12 口之家庭爲四碼二套、三碼四套。

（2）A. 衣扣：每三碼布配發三粒，每四碼布配發五粒。B. 針：衣料一套附發二支。C. 綫：衣料一套附發 100 碼。

三、受給者以貧民爲對象，各鄉鎮依根據下列該當事項據實調查發給：（1）由外地遣送返籍之貧困臺胞。（2）貧窮之寡婦孤兒。（3）十六歲以下之貧苦兒童。（4）貧窮之老年人。（5）貧窮之殘廢者。（6）參加地方公益工程之人夫及其家庭。（7）三十五年內受風災害之貧户。

四、分配各鄉鎮公所之救濟品，限五月五日備據來會具領，限五月十日辦理完竣。

五、各鄉鎮發給衣服時，要請該鄉鎮民大表以及縣參議員、其它有關機關監發。

六、領給衣服之貧民應在領收清册内加蓋印章或指模。

七、各鄉鎮公所之經辦人不得有套換或其它流弊情事，如敢故違，一經查出，定予嚴懲不貸。配給救濟品如辦理完竣後，即將爲運搬救濟品之運費請款書及領收清册，限於三日內項目報核轉署。

八、領收清册之末頁所配給數量應分類合計，並經發人、監發人蓋印證明，以憑備查。

十、本會派員監發時間另訂之。

以上各點希遵照辦理爲要。

此告。

民國三十六年五月

主任委員謝真

臺灣分署致臺灣省教育會代電：爲請派員來領縫紉綫由

（民國三十六年六月三日）

臺灣省教育會公鑒：准貴會卅六年五月廿九日省教總字 90 號函囑撥給縫紉綫等由，玆將本署分配尚餘之卡嘰綫壹拾箱、另綫乙箱，全數配給應用，即希派員前來洽領爲荷。臺灣善後救濟分署。

高雄市救濟院致臺灣分署代電：爲救濟品失落請查照由

（民國三十六年六月二日）

救濟總署臺灣分署臺鑒：竊查本院五月廿九日在貴署受領之救濟物品，將委托臺北通運包送，六月一日到達，內中失落中紡安安藍四疋，計壹六〇碼確實，等因。電請查照，是所仰望，附記乙份。高雄市救濟院長吴情萍。

善後救濟總署臺灣分署臺鑒

附記：臺北通運使用人李種麟亦有携印往貴倉庫，蓋該惠給之救濟品承運人之印章，存在貴倉庫之書類【下缺】。

臺灣分署致高雄市救濟院代電：爲遺失物資應由通運公司賠償由

（民國三十六年六月五日）

高雄市救濟院三十六年六月二日第 05 號代電悉。查本署此次配給貴院物資（1）蚊帳5頂，（2）藍布衣料40套，（3）旅行縫紉具（即針綫包）40包，（4）棉衣30套，（5）白布3疋，（6）肥皂1箱，已由本署倉庫點交貴院長具領無誤，來電所稱失落中紡安安藍四疋，計160碼一節，查本署並無配給是項物資，是否物資名稱填報錯誤，或有其它情形，請即詳查追究。又，本署配給貴院物資，貴院負有妥善管理保存及使用之責，如果遺失確係通運公司運輸疏忽，應徑呈貴主管市政府函通運公司照時價賠償，否則仍應由負責人負責，即希查照辦理爲荷。善後救濟總署臺灣分署。

臺灣第一監獄致臺灣分署公函：爲請撥布帛配給本監職員由

（民國三十六年六月六日）

查本監職員之制服係沿用日人時代舊警察服，現已破爛不堪，渾如百納僧衣，於體裁上甚不雅觀。玆聞貴救濟分署爲念臺胞困寒，以布帛救濟各機關貧困職員，本市文教方面每一職員均已獲配給夏天用烏色布一套，故本監職員共五十名，俸薪低薄，亦屬貧困之流，敢希依照文教人員每人配給一套，以壯觀瞻，則蒙厚澤而效古人衣被蒼生之意，理合備文函請查照，准予配給，至紉公誼。此致。典獄長吕阿章（代行）。

臺北縣立太平國民學校致臺灣分署呈：爲呈報未曾收到所配衣料由

（民國三十六年六月十日）

查臺灣教育會省教總字第七十五號公函，鈞署委托發給大批衣料事宜，公函於六月二日纔到，此地山巓，因無郵局，即日造填領收清册，派員去羅東郵局托寄，諒因山路甚遠，去羅經二天工夫，早於六月四日送達完畢，至今尚未接到通達。查平地及山地附近各校早已配給完竣，因此職員大局向校長要求衣料，苦於辦理。查當地屬省内最高山地域，學校公文往往數月纔到，或途中紛失甚夥，若以平地議處，製限期間，誠恐永遠難惠給救濟品，實學校非故意越期不報，知請鈞長察核，期通達臺灣教育會刻早發給，或由鈞署直接發配，以救貧寒職員之不安，實爲公便。謹呈。臺北縣立太平國民學校長李炯廷。

臺灣分署致臺灣第一監獄簡復：爲監獄職員制服救濟無從照辦由

（民國三十六年六月十一日）

來函悉。查救濟文教人員，經奉本總署飭辦在案，至監獄職員制服，未奉明令，無從辦理。現本署業務結束，一切賑濟工作並行停止進行，即祈查照爲荷。此致。

臺灣分署致臺灣省教育會代電：爲請查明分配太平國校救濟物資由

（民國三十六年六月十六日）

臺灣省教育會公鑒：准臺北縣立太平國民學校六月十日函，以該校地處高山，此次尚未領到貴會分配之救濟衣著物資，囑轉查等由，究竟實情爲何，即希查明辦理逕復爲荷。臺灣善後救濟分署。

國立臺灣大學醫學院附屬醫院致臺灣分署公函：爲請增配棉布等救濟物資由

（民國三十六年六月十六日）

查本院前荷貴分署配給棉布、花布、蚊帳布、白布等，兹已分別依式縫製，除另列表報告，並請派員莅院勘驗外，相應函達，即希查照。惟前項所配數額本院尚感不够應用，擬請再惠予配給若干，借利醫務，至爲感荷。此致。

院長陳禮節（公出）。副院長丘賢添（代行）。

臺灣省教育會致臺灣分署公函：爲太平國校清册晚報須待第二批進行救濟由

（民國三十六年六月十八日）

案准貴署六月十六日振字第 09684 號代電稱：“准臺北縣立太平國民學校

六月十日函，以該校地屬高山，此次尚未領到貴會分配之救濟衣著物資，囑轉查等由，究竟如何，即希查照辦理徑復。”等情。查本會此次代分配衣料函送各校造具領收清册，送會審核係限至五月廿日截止，該校送來清册乃於六月二日到會，審核工作業經完竣，致不及核發，後第一批分配結束，第二批即予該校分配，相應函復查照是荷。此致。臺灣省教育會理事長游彌堅。

臺灣分署致國立臺灣大學醫學院附屬醫院簡復：爲候救濟物資運達再行補給由

（民國三十六年六月二十日）

函悉。經查配給布料已足敷貴院目前需要，候物資大量運達，再行酌給，以供擴充之用，特復。

臺灣分署致善後救濟總署代電：爲電報抽查配發醫院白布尺寸短少情形由

（民國三十六年六月二十日）

善後救濟總署鈞鑒：查奉發之本色白布，其中有秘魯織造之六七件，共八七一疋，每疋標明長五〇公尺，經配給省内醫院裁製病牀卧具及醫護人員作業衣。近據各受配單位紛報尺寸不足，當抽查配給臺灣大學醫學院交婦女協會承製之一八二疋，經查明是項布疋包裝係以一公尺爲一迭，一疋有五十迭，尺量每迭約短五、六分不等，平均每疋約短二五公寸，想係縮水關係，理合報請察核。

臺南二崙國民學校致臺灣分署聯名呈：爲請飭省教育會配給教員物資由

（民國三十六年七月十九日）

爲教界清苦，鈞署體卹同仁處境，惠及衣料免費配給，不料鈞署飭歸省教育會辦理，而省教育會刁難，以時間過限及會費無納而不予受配，懇請鈞署衈同仁境苦，令飭省教育會准予體貼教界清苦，受及配給之惠，則感恩不朽由。

職校奉臺灣省教育會省教總第七五號函開：“奉鈞署撥交大批衣料，受予各國民學校清寒教師，免費配給，希依式制填清册報核。”職校即依式填妥，五月十七日送交區署（虎尾區）匯轉，區署於五月十九日郵發（有郵戳可憑）。不料省教育會拒以到達期限已逾（期限五月廿日，郵件五月廿三日到達），難准配給（虎尾全區無配）。後又奉省教育會省教總字一〇二號函開：“如爲教職員互助會會員，此次尚未受配給者，希即造送名册核給。”職校即將會員填妥清册，於限期内送核，又不料省教育會仍刁難以雖有入會，而互助會費無納，不合原則無配。如斯刁難迭迭，豈不違鈞署主旨乎？爲此瀝情爰特聯呈，請鈞署察核，准予體貼教界仁同清苦，令飭省教育會准予補足手續，給予配給，則感恩不朽，隨文呈附領收清册四份，請察核，准飭省教育會照辦，並批示。謹呈。善後救濟總署臺灣分署。

臺南縣虎尾區二侖鄉二侖國民學校校長陳戊子

教員：劉志芳、廖水、廖萬紳、廖碧霞、廖雪、周財源、許玉、董惠民、許木榮、廖海水、廖俊賢、廖萬林、蔡英男、廖科粒、廖水（女）、廖貴望、廖水輝、李忠厚、郭憲爐

臺灣分署致臺灣省教育會代電：爲轉請配給臺南二侖國校教員衣料由

（民國三十六年七月二十二日）

臺灣省教育會公鑒：准臺南縣二侖鄉二侖國民學校教員劉志芳等 19 人卅六年七月十九日呈，以該校接奉貴會來函，囑造送受配衣料教員清册，當即依式填妥，於五月十七日呈交虎尾區署匯轉，區署於五月十九日郵發（有郵戳爲憑），以到達時間已逾時限，未蒙配給，後復奉貴會函，以如屬教職員互助會會員，此次爲受配給者，希即列報核辦等因，該校當又如限造册送核，然以互助會員未納會費，不合原則，仍無照配，爲此瀝陳下情，聯呈懇請體衈教界仝人清苦，轉函貴會準其補辦各項手續，惠予配給，附領收清册四份等由。

查本署救濟清寒員生衣料，並不規定以教職員互助會員爲限，玆據前情，相應檢附原册函達查照，設法配給，並將辦理情形具告爲荷。善後救濟總署臺灣分署。

臺灣省教育會致臺灣分署公函：爲衣料補配清寒教師及二崙學校礙難辦理由

（民國三十六年七月二十五日）

准貴署七月二十二日善臺一字第792號代電暨附臺南縣虎尾區二崙國民學校領收救濟衣料清册，諸情敬悉。查貴署委托代分配衣料，除中學以上學生之份尚餘兩千餘套外，餘經按規定配發完竣，剩餘部份，本會李組長面爲報告，擬分發未配給之清寒小學教師，並蒙貴署口頭允許，本會遵即辦理。唯查未受配清寒小學教師爲數尚有六千多人，是剩餘衣料則僅兩千套，如欲普遍一體配及，則猶缺三千多套，爲事實上所未能辦到。故本會乃以未受分配之互助會員爲分配原則，蓋因小學教員之加入互助會者大都極在貧寒，故有出此，非有厚此薄彼之意，如不依此原則配發，則如二崙學校之所申請者，爲數尚多，又將何以普遍予以滿足。爲此上情，用特函覆貴署轉覆該校是荷。此致。善後救濟總署臺灣分署。

臺灣省教育會

臺灣分署致臺南二崙國民學校籖函：爲轉覆省教育會復函由

（民國三十六年七月二十八日）

善臺一字第7926號簡復表計達，現此案經准臺灣省教育會七月廿五日函復到署，相應抄附原件並檢送貴校，原送領收清册四份，即希查照爲荷。此致。

經濟統計資料

（民國三十六年四月）

一、臺北市躉售物價指數（基期：民國三十五年一月，公式：簡單幾何平均）

	總指數	食物類	衣著類	燃料類	金屬電料類	建築材料類	雜項類
民國35年1月	100.00	100.00	100.00	100.00	100.00	100.00	100.00
民國35年2月	132.62	139.62	122.62	120.41	183.87	127.97	115.48
民國35年3月	158.42	165.14	204.09	128.48	202.49	134.11	131.80
民國35年4月	179.78	175.50	252.74	138.70	296.60	157.25	145.33
民國35年5月	217.01	236.90	245.40	154.35	379.77	207.80	163.98
民國35年6月	233.50	246.50	246.81	148.37	394.01	243.80	175.60
民國35年7月	242.89	271.28	229.15	141.15	460.59	253.07	179.77
民國35年8月	258.80	298.46	205.85	151.31	477.27	290.83	175.75
民國35年9月	239.71	268.61	215.79	147.86	446.54	286.33	163.86
民國35年10月	249.04	283.66	248.70	141.77	459.01	297.83	158.94
民國35年11月	263.26	298.50	267.15	143.15	564.10	296.90	165.51
民國35年12月	296.04	335.78	313.16	157.54	724.75	331.12	170.98
民國36年1月	381.95	409.63	416.10	207.48	1077.91	383.20	216.73
民國36年2月	576.03	615.53	656.63	316.63	1766.95	563.87	334.36
民國36年3月	643.22	732.29	572.57	399.63	1961.47	605.92	381.93
民國36年4月	686.79	770.16	577.98	374.41	2494.80	661.25	471.07

二、臺北市零售物價指數（基期：民國三十五年一月，公式：簡單幾何平均）

時間	總指數	食物類	衣著類	燃料類	雜項類
民國35年1月	100.00	100.00	100.00	100.00	100.00
民國35年2月	124.03	132.20	117.77	124.57	108.43
民國35年3月	152.88	152.48	177.10	146.81	145.22
民國35年4月	174.66	168.70	238.57	147.43	170.05
民國35年5月	199.94	210.46	242.22	156.80	165.79
民國35年6月	203.60	223.63	251.16	154.65	166.84
民國35年7月	214.52	247.86	236.91	167.51	164.60
民國35年8月	221.19	264.27	212.78	192.38	162.56
民國35年9月	211.99	247.91	204.59	198.83	157.64
民國35年10月	222.76	263.91	230.37	188.88	160.51
民國35年11月	227.84	273.23	231.13	195.82	159.34
民國35年12月	248.84	298.84	264.67	221.51	162.72
民國36年1月	305.24	355.79	304.54	332.65	206.45
民國36年2月	492.29	571.72	534.08	472.95	338.50
民國36年3月	605.72	706.09	618.16	542.92	455.73
民國36年4月	597.60	733.29	552.78	530.14	419.58

三、臺灣省之匯率（臺幣一元之法幣價格）

時間	銀行匯率		暗市匯率
	公務匯率	商匯匯率	
民國35年1月	30.00	—	21.00
民國35年2月	30.00	—	21.50
民國35年3月	30.00	—	23.00
民國35年4月	30.00	—	24.00
民國35年5月	30.00	—	20.90
民國35年6月	30.00	22.66	23.00
民國35年7月	30.00	23.00	26.50
民國35年8月	33.34	33.34	31.33
民國35年9月	38.34	38.34	26.11
民國35年10月	35.00	35.00	29.12
民國35年11月	35.00	35.00	29.03
民國35年12月	35.00	35.00	27.16
民國36年1月	35.00	35.00	25.88
民國36年2月	35.00	35.00	25.33
民國36年3月	35.00	35.00	29.16
民國36年4月	40.00	40.00	32.00

四、臺灣省各銀行放款利率（單位：月利率%）

時間	臺灣銀行		普通銀行		土地銀行		合作金庫	
	最高	最低	最高	最低	最高	最低	最高	最低
民國34年11月	0.48	0.285	0.66	0.30	0.483	0.35	0.375	0.35
民國34年12月	0.48	0.285	0.57	0.30	0.483	0.35	0.375	0.35
民國35年1月	0.54	0.285	0.81	0.33	0.483	0.35	0.542	0.35
民國35年2月	0.54	0.285	0.81	0.33	0.483	0.35	0.542	0.35
民國35年3月	0.54	0.285	0.90	0.36	0.483	0.39	0.542	0.35
民國35年4月	0.60	0.285	0.90	0.36	0.483	0.39	0.833	0.35
民國35年5月	0.75	0.285	1.50	0.42	0.483	0.39	0.833	0.35
民國35年6月	0.72	0.205	1.50	0.36	0.483	0.39	0.833	0.35
民國35年7月	0.72	0.205	1.50	0.51	0.483	0.39	0.833	0.35
民國35年8月	0.69	0.210	1.44	0.36	1.200	0.60	0.833	0.35
民國35年9月	0.69	0.210	1.50	0.51	1.200	0.60	1.125	0.35
民國35年10月	0.69	0.210	1.50	0.51	1.200	0.60	1.125	0.35
民國35年11月	0.69	0.210	1.50	0.51	1.200	0.60	1.125	0.35
民國35年12月	0.69	0.210	1.50	0.51	1.200	0.60	1.125	0.35
民國36年1月	0.66	0.50	1.50	0.51	1.200	0.60	1.125	0.35
民國36年2月	0.66	0.50	1.50	0.51	1.200	0.60	1.125	0.35
民國36年3月	0.66	0.50	1.50	0.51	1.200	0.60	1.125	0.35
民國36年4月	0.66	0.50	1.50	0.51	1.200	0.60	1.125	0.35

五、臺灣省各銀行存款利率（單位：年利率%）

時間	臺灣銀行		普通銀行		土地銀行		合作金庫	
	最高	最低	最高	最低	最高	最低	最高	最低
民國34年11月	3.4	0.36	3.5	0.36	3.4	0.36	4.3	0.365
民國34年12月	3.4	0.36	3.5	0.36	3.4	0.36	4.3	0.365
民國35年1月	3.4	0.36	3.5	0.36	3.4	0.36	4.3	0.365
民國35年2月	3.4	0.36	3.5	0.36	3.4	0.36	4.3	0.365
民國35年3月	3.4	0.36	3.5	0.36	3.4	0.36	4.3	0.365
民國35年4月	3.4	0.36	3.5	0.36	3.4	0.36	4.3	0.365
民國35年5月	3.4	0.36	3.5	0.36	3.4	0.36	4.3	0.365
民國35年6月	3.4	0.36	3.5	0.36	3.4	0.36	4.3	0.365
民國35年7月	3.4	0.36	3.5	0.36	3.4	0.36	4.3	0.365
民國35年8月	3.4	0.36	3.5	0.36	4.32	0.36	4.3	0.365
民國35年9月	3.4	0.36	3.5	0.36	4.32	0.36	4.3	0.365
民國35年10月	3.4	0.36	3.5	0.36	4.32	0.36	4.3	0.365
民國35年11月	3.4	0.36	3.5	0.36	4.32	0.36	4.3	0.365
民國35年12月	3.4	0.36	3.5	0.36	4.32	0.36	4.3	0.365
民國36年1月	2.5	1.00	3.5	0.36	4.32	0.36	4.3	0.365
民國36年2月	2.5	1.00	3.5	0.36	4.32	0.36	4.3	0.365
民國36年3月	2.5	1.00	3.5	0.36	4.32	0.36	4.3	0.365
民國36年4月	2.5	1.00	3.5	0.36	4.32	0.36	4.3	0.365

善後救濟總署工作報告

（截至民國三十六年一月）

第一章　本署之業務範圍及組織

第一節　聯總政策及物資來源

聯合國善後救濟總署（以下簡稱聯總）係根據作戰期間四十四個聯合國家之代表共同簽訂之協定而成立，其宗旨爲運用聯合國家之聯合資源與技術，在戰争停止之區域，進行善後救濟工作。惟根據聯總之協定，其工作範圍衹限於因第二次世界大戰而發生之損失與災害。非因第二次世界大戰發生之損失與災害，則不在聯總善後救濟工作之範圍。其確爲大戰而發生之損失與災害，則不以宗教政治信仰種族之不同而有差别。

聯總辦理救濟與善後事業之經費，經第一次大會決議，由盟國中國土未被敵方入侵之會員國，捐贈其一年國民總收入百分之一，計其總額約爲二十億美元，其中美國捐助者爲十三億零五千美元，約占全額百分之六十五，此項資金由聯總斟酌市場情形，根據各國需要采購物資，供應救濟。

第二節　我國善後救濟物資所需之資金及其核定數

我國善後救濟計劃之釐訂，曾於民國三十三年三月，由行政院設立調查設計委員會，根據該委員會所設計之方案，我國戰後善後救濟所需之物資，約值美金二十五億元。復經我國出席聯總大會代表核計，以聯總四十四國全部資金，僅爲二十億美元，我一國之計劃，竟達三十億美元之多，無法提出。經呈請政府指示後，决定向聯總申請九億四千五百萬美元之物資，其餘資金由我國政府及人民自籌。而聯總方面以資金有限，且其它被灾國家戰灾損害亦甚重大。當時核定分配我國之資金，則爲六億四千七百五十萬美元。其中用於購買物資方面者，爲五億三千五百萬美元，餘爲海洋運費。

第三節　基本協定

聯總在被灾各國辦理救濟工作，例須與所在國家簽訂基本協定。其在我國工作全部展開之初，曾於民國三十四年十一月十四日，在重慶與我政府，成立基本協定，其要點如左：

一、聯總供應我方之物資與服務，不必以外匯償付。（聯合國中如比荷等均係以外匯償付）

二、聯總供給我方之物資與服務，應依照雙方商定方案運用之。並須與大會決議之政策相符。（主要者爲善後救濟範圍以第二次大戰戰灾損害爲限，對於種族宗教信仰不同者之救濟善後應一視同仁）。

三、我方爲辦理善後救濟事業之費用，及墊付聯總在華應用之法幣，得在出售出租轉讓聯總物資之收入中扣還。此項費用，須供聯總以定期報告。

四、聯總對於供給我方之物資，自移交以至分配之全部過程，有咨商詢問及視察之權。以盡其推行大會決議政策之責任。

五、聯總所供應長期使用之物資，得另訂協定，保留其所有權。（如大型機器及船舶等項）易言之，及聯總雖無償供給我國物資與服務，但吾人處理此項物資時，必須遵循聯總大會決議之政策。

再則根據此項協定，吾人應出售一部分聯總供應之物資，以充救濟善後業務之費用與折充聯總在我國之法幣開支。

第四節　本署組織概况

本署組織法經國民政府於卅四年一月二十一日正式公佈，全文爲二十七條。

組織法第三條規定本署設四廳四處。第四條規定得設各種委員會及業務機構。第五條規定得於必要地區設分署，第十九條規定“任用”與“派用”人員兼用。

本署成立於民國三十四年一月，先酌用少數人員從事調查各地災情，迄今三十四年年底，始照組織法規定充實機構，並照分署組織條例，成立十五分署，著手辦理緊急救濟工作。

三十五年初以善後工作逐漸開展，又先後呈准設立衛生、工礦、農業三委員會，俾與有關機關配合進行善後工作。

旋因本署在運輸方面，曾發生幾於不可克服之困難，租用外輪，又爲情勢所不許。乃由聯總協助，並與有關方面配合成立公路運輸隊，水運大隊及空運大隊以解決國內物資運輸問題之一助。

第二章　工作概况

本署工作區域分佈極廣，至本報告草擬時各分署一月份數字尚未到齊，故本報告中有關分署資料，仍有一部分數字，計至去年年底。

第一節　急　　賑

去年春，戰災區域，甫經收復，本署首先辦理各地緊急救濟，由分署組織急振工作隊，深入災區，會同當地自治機關及善後團體，發放振衣，振糧，嗣以湖南及兩廣饑饉嚴重，專案配撥麵粉，搶救飢民，及去年秋冬兩季，皖北蘇北及豫東氾區，因去年水旱蝗灾，兼起並作，人民生活，痛苦萬狀，本署復與有關機關配合辦理急振工作。

總計去歲一年之內，各分署先後成立之急振工作隊爲二九六隊，免費發放之振糧三十餘萬噸，舊衣及其它衣著物資一萬五千餘噸，其中專爲老弱殘廢孕婦病人救濟者，占上述物資百分之十一强，總計受惠人數達四千八百餘萬，在本年一月底各地現存之食粥廠尚有一百二十餘處，並在主要城市設有營養站。

第二節　工　　賑

本署推行之工賑辦法，約分大型與小型兩種，大型工賑由總署或分署會同有關機關配合辦理。原則上爲本署負供應物資監理發放之責。其它機關則擔任召集工人辦理技術方面工作。小型工賑則由縣工賑會擬具計劃，送分署申請物資，由分署派員查覈後，酌予配發。其發放監督概由縣工賑會辦理。但須向分署報核分署所配發之物資。截至本年一月底爲止，小型工賑舉辦者，計一百二十餘項，其中水利方面爲多，如修堤，浚河，築壩等是，其次爲築路，再次爲衛生工程，如清除垃圾，疏通下水道等項。此外尚有縫紉與紡織等項，惟爲數甚少，大型工賑目的在多用非技術工人，故推行範圍皆以水利工程爲限。其中重要者計二十餘項。總計本署在推行工賑方面，供應之麵粉，截至去年年底已達十六萬餘噸。參加工賑之灾民已達一百五十餘萬，工程完畢後，受惠田畝約可在五千萬畝以上。

對於參加工賑工人之待遇，原應以一般工資率爲標準。惟工賑麵粉經聯總限制，每人每日不能超過二市斤。其餘工資應由我方自籌。本署以經費短絀，而配合之機關，亦皆有同樣困難，未能在麵粉之外，另籌工資。

第三節　遣送難民工作

遣送難民還鄉，爲本署最先著手舉辦之業務，勝利之初，即在渝、昆、築三地設立難民疏送站。專司遣送工作。此後各分署先後成立，分於轄區內，自行設立遣送及招待所，共達百餘所。

截至去年十二月底，本署所屬各機構共遣送難民 1015749 人。其中華僑占 24771 人，外籍僑民占 34596 人。餘係本國難民，遣送費用共達 250 億元。

第四節　共區救濟

聯總第一屆大會，曾確立決議案，規定物資救濟之對象，不得因種族宗教及政治信仰之不同，而有所歧視，該項決議案爲聯總基本政策之一。對本署當有拘束力。因之本署於去年年底，即與中共代表周恩來試商訂，關於共區救濟之合約。規定救濟以曾受戰灾之人民與地方爲對象。救濟物資之發放不經軍政機關，而由人民團體協助辦理等項。本署於去年二月初，即開始共區救濟工作，每次放振均有聯總代表協同辦理，務使物資直達人民手中爲目的。

第五節　衛　　生

本署衛生工作，可分爲協助衛生事業復員，及醫療防疫兩項。

一、協助衛生事業復員：1. 向聯總申請醫藥物資，無價配發全國各公私醫藥衛生機關。本署所申請之醫藥物資，總額計三萬噸。其中包括五萬具以上病牀之設備。截至本年一月底該項器材接收之總量爲 15487 噸。配發各地應用者計 10972 噸。2. 協助醫務機關修復房屋，凡戰爭期間遭受破壞損毀之醫藥機關，其房舍建築修復，本署皆援以工代振之原則，優先補助工賑麵粉。並曾與衛生署會同呈准行政院在善後救濟基金項下，撥發八十三億八千五百萬元，專以協助各醫藥機關修復及訓練人員之用，迄至去歲年底爲止，受補助之機構，共達 1637 單位。3. 向聯總請派醫藥人員協助醫藥工作，及訓練我國醫藥人員。截至本年一月底止，派往各地者共達 140 人。其中包括資歷甚高之各項專家。

二、醫療防疫工作：本署規定凡接受本署之醫藥器材補助之機關，其診治病人至少應有五分之一爲免費。其有病牀設備者，至少必設免費病牀五分之一，優先供給戰灾及貧寒病人之治療。本署供應藥品，須全部免費，不得轉賣。故全國一千六百餘所接受本署補助之診療處所，皆爲代理本署從事醫療及防疫工作之機構。此外，本署復與衛生署合組醫療防疫大隊共十隊。每大隊下設十餘小隊。由本署供給醫藥器材，由衛生署派用醫藥人員。各隊經常流動各區內，從事醫療及防疫工作。另有衛生工程大隊一隊，下設巡迴小隊六隊，擔任環境衛生工作。以上各醫防隊治療之病人約二百五十餘萬。預防接種之注射達千萬人。衛生工程隊在貴陽、廣州、東莞、漢口、宜昌、長沙、南京、福州、西安、天津各城市，所完成之清除下水道飲水消毒工程二十餘處。除蚊滅虱工程二百餘起。又去歲滬、渝、漢、閩、浙、贛及東北各地，先後發生霍亂，鼠疫，黑熱病，天花等嚴重病疫，均經本署各隊與分署衛生組會同當地衛生機關協力撲救。

第六節　工礦與交通

本署對於工礦業之恢復，原定之範圍甚大。後以聯總將預算核減，不得不縮小範圍，限定於公用事業方面。截至本年一月底爲止，本署收到之工礦器材共六萬七千餘噸。業已配交各方面應用者六萬六千餘噸。其中水利器材約二萬噸，已配交水利工程方面應用。出售者至去年年底爲二萬三千六百餘噸。其餘爲發電，自來水，礦産與房屋修理器材。

發電設備方面至目前爲止，已配發各地之發電機，大小合計達四百餘部。在本年七月以前，仍有價值七十萬美元之發電設備及 600 千瓦至 2000 千瓦之發電機約及百部可以到達，發電設備原則上爲折價出售，其優先售給之對象爲戰時遭破壞之電廠，及礦廠與醫院之發電所，全部發電設備，供應本國之後，將超過我國戰前之發電量。

自來水廠之設備，預算爲五百萬美元，現已運到我國者達五千餘噸，當在本年九月以前全部運到，將悉數配售各地自來水廠，即可全部恢復戰前狀態。

本署向聯總申請之礦廠器材，預算爲六百九十萬美元。現已運到我國者爲三千一百噸，其中有鋼纜煤車等項，優先配售戰時被破壞之礦廠。

交通器材截至本年一月底，運抵我國總額爲 265686 噸，其中鐵路器材爲 13 萬噸弱，係數無價交由交通部分配。其餘有公路應用之卡車拖車及修路設備，計爲 57275 噸。水上運輸之駁船、蔓船、登陸艇等項計 67766 噸。電訊器材 6515 噸，另有 5000 餘噸尚未分類。公路應用之卡車作價出售者占三分之一，餘爲分署及公路運輸隊等留用。水運器材已裝配完竣者，爲 37000 餘噸，出售者

22000 噸，餘交本署水運大隊應用。電訊器材一律無價交由交通部分配應用。

第七節　農業與漁業

本署在農業漁業方面之工作方針爲：（一）恢復過去之農村耕作能力。（二）防止水旱蟲灾作物與牲畜病疫。（三）協助建立新式漁業。

在恢復耕作能力方面，因戰時人力畜力損失皆重。故本署計劃輸入耕牛 25000 頭。農業機械包括曳引機抽水機及鑿井設備等 20000 噸。小型農具 15000 噸。農具裝製設備 6000 噸。化學肥料 22 萬噸，改良作物種子 6000 噸。此外有殺蟲劑 12000 噸。獸醫藥材 5000 噸。另有機器漁輪 230 艘。

截至本年一月底爲止，聯總供應之農業漁業物資達 135594 噸。另有軍驢 792 頭，乳牛 730 頭，其中以肥料爲最多計 85574 噸。除去 3000 餘噸分配湖南、湖北、河南、安徽、浙江各地外，餘悉分配臺灣，蓋臺灣人民習於應用化學肥料。據熟悉當地農情者言，每噸肥料之施用，約可增加兩噸糧食生産。

本署爲訓練機器耕種人才，曾在河南湖南先後設立曳引機訓練班，一面代耕戰後荒地，一面訓练當地農民，使用機器。

農業機械包括耕種機，抽水機，及鑿井機，農具製造設備及小型農具，共計已運抵我國 37480 噸。其中農具製造設備，悉數撥交本署農林部及四行合組之農具製造公司應用。將從事大規模農具製造，廉價出售於各地農民。不以營利爲目的。引機、耕種機、抽水機、鑿井機等，將以低價出售或出租於農民團體及合作社。至於聯總供給之小型農具數百噸，則將悉數無價分配農民。其分配辦法將與農林部會同商訂。

聯總同意供給我國之機器漁輪爲 230 艘。現已收到者爲 48 艘，本署與農業部合設漁業善後物資管理處於上海復興島，使用該項漁輪訓練捕魚人員。現在使用中者 23 艘。另有 11 艘經試用結束果，不適於沿海捕魚，在改裝中，餘 14 艘最近到達尚未試用，是項漁輪之所有權，目前尚爲聯總所保留，矣訓練計劃完成後，將出租或出讓於合法組織之漁業公司及合作社。經濟部正式立案之漁業公司皆有申請承租或承購之權。

第三章　今後工作中心

根據聯總協定，聯總在每一戰灾國家之工作，不得超過兩年，故聯總原定在我國之工作計劃爲至本年六月止，惟最近在美舉行之第六屆聯總大會，決議我方請求聯總接濟中國之物資，最後裝船之時期可以延至本年九月底聯總方面在考慮中。綜計聯總同意供給我國之物資，約爲 270 萬噸。而截至去年年底到達者爲 138 萬噸。約占全額之半數。故本年以內其餘一半物資，將全部運抵中國。在今後運來之物資中，用於救濟部門者，不及 20 萬噸。餘皆爲善後性質。是以本年內本署工作中心，將爲加强善後而同時緊縮救濟方面之工作。

在緊縮救濟工作方面，計有三項原則，其一、爲凡本署辦理之救濟事業可以移交其他機關接辦者，儘量移交其他機關辦理。其二、已開始辦理而未完成又無機關可以移交者，儘量提早完成以免前功盡棄。其三、無力再辦單純之救濟工作。

在加强善後工作方面，本署目的爲協助辦理復員工作及解決失業問題，舉其要點如左。

（一）泛區復興：黄河汎區浸没豫東、皖北、蘇北之耕地達一千四百餘萬畝。造成灾民五百萬以上，本署在區内雖曾先後叠次舉辦工賑與急振工作，然究非根本解决之道。本年内花園口之堵口工程，勢須完成。爲謀復興全部氾區計，配合有關機關，成立“豫皖蘇泛區復興委員會”。聯總專家多人，及本署今後之各項有關物資，將集中供應該項工作之應用，預計工作完成時，將救濟該區五百萬灾民，並解决 1500 萬民衆失業問題。

（二）協助浙贛與湘桂鐵路修復，本署鑒於鐵路交通，關係經濟恢復至爲重要。而鐵路器材有限，經與交通部商定，集中是項器材專修浙贛、湘桂、南潯三綫，計長爲 1200 公里，需要鋼軌及附件 13 萬噸。枕木 210 萬根，所需工人約計 666 萬工，技工 26 萬工。其中器材本署擔任供給一半。而所需工人則須雇傭本署所選送之難民。

（三）協助修建公路：本署業與有關機關商定，供給修復郁林至廣州灣之公路，福厦公路及安合公路之設備及器材。此外正計劃將聯總運來修路設備及器材，配成築路隊十五隊，分佈全國工作所需工人，亦將采用工賑方式。工作展開後，所用工人將較修復鐵道者爲多。

（四）協助工廠礦廠重建：本署工礦器材皆以作價出售爲原則。而見受災害者，則有優先承購之權。惟目前廠商承戰灾之後，購買力甚爲薄弱。本署特邀同金融界，設立“生産事業財務委員會”代理本署物資財務收支工作。俾廠商有分期付款及租用物資之便利。本年内工廠器材將有十五萬噸，其中包括發電，給水，煤礦，建築鋸木等項設備。將一律作價出售或出租。由生産財務委員會經理收支。全部物資到達後，直接將恢復過去之生産能力，間接亦可解决一部分失業問題。

（五）建立新式漁業：聯總供給我國之機器漁輪，本年度内仍將有180餘艘到達，將分别出租或出售於合法之漁業公司，及漁民之合作團體，此外另擬修建木質漁船萬艘，以助一般漁民恢復其生産能力。農具製造公司，在本年内亦可陸續出貨。本署小型農具亦將全部到達，足助農民恢復生産能力。此外去年度内本署曾在邵陽、曲江等地辦理鄉村工業示範工作。從事農産加工事業。本年内將儘量推廣此項事業。並將積極發動農民，用合作方式從事農産加工事業。

第四章　物資之分配儲運及出售

第一節　分　　配

一、分配機構：根據基本協定，我方之分配聯總物資，有遵照聯總政策之義務，故本署之分配機構，可分决定政策及執行機構二種。决定政策之機構，由聯總派員會同辦理，計有食物、衣著、福利、交通、醫藥、農漁、工業、水利及房屋九種技術小組委員會。將各方向署申請物資事宜，初步審核後送本署及聯總之聯合申請及分配委員會，作最後决定。至執行分配之機構，則由分配廳總其成。由衛生、工礦、農業三委員會分别擔任有關器材之初步分配，會同分配廳作最後决定。

二、分配原則

聯總運華物資清單抵達後，由本署會同聯總駐華辦事處人員，按照左列原則分配於各地區。

甲、受灾之輕重

乙、難民之多寡

丙、農作之豐歉

丁、交通之通塞

戊、業務之緩急

三、分配程序：救濟物資及善後物資，因使用價值及分配之對象不同，故在分配程序方面，亦有出入，本署分配救濟物資，旨在求其迅速，且須切實達到急需救濟者之手，故在物資尚未運達以前，即根據聯總裝船通知，斟酌各地災情及運輸能力預爲分配。俾物資一經運到，即可迅速轉運災區。惟國外裝貨，往往有臨時變動，故通知單與實收數，常有不符。須予改配。物資運達分署後，其發放之對象，須經調查審核等步驟。分署須會同地方自治及慈善團體所組織之協會或委員會辦理之。至善後物資，則旨在求其符合聯總之規定，即爲遭受戰災損失者優先承購承租或承領之權。

第二節　儲　　運

一、物資之接收即運發

聯總同意供應我國之物資，總值5億3千5百萬美元，合重270萬噸，惟截至去年年底，聯總物資運達我國口岸者，僅139萬噸，本署正式接收之物資衹137萬噸而已，玆將各口接收之噸數表列於後：

進口口岸	上海	九龍	漢口	天津	葫蘆島	青島	厦門	基隆	合計
接收噸數	1063727	219544	6427	31052	4145	37733	776	14533	1377937

上項物資經本署各儲運局接收後即分發各機關及各分署，俾作善後及救濟之用，截至去年年底爲止，各局計運出物資1199393噸。其中808888噸，係運往各分署，390505噸係配發各機關各單位。

二、物資運發之困難及其解決經過

本署運發物資所遭遇之主要困難有二：

甲、聯總物資整理裝配需時

（一）機具

聯總運華物資出於軍餘者甚多，因之整理裝配需時，尤以農工交通之重機具爲然，本署爲應付此種需要，先後在上海、九龍、天津、青島各設汽車裝修廠一所，復在上海真茹設機具裝配工場一所，專司汽車及重機具之裝配，至於駁船則交江南海軍平安等五廠代爲裝配，截至去年底止共裝成汽車5000輛，駁船220隻，惟滯留上海待整理及裝配之重機具仍多，據去年十一月底之統計，在上海庫存之92654噸物資中，待整理及裝配之重機具即達47000噸之多，如再加分析則此47000噸物資中工礦器材及駁船又各居其半，本署有鑒於此，並爲加緊善後工作起見，乃又於十二月設立工礦器材庫及駁船裝配所，前者負責一切工礦器材之送廠裝配及分送事宜，後者則負責駁船裝配之管理事務。

（二）小麥

聯總物資除重機具之須裝配者外，小麥棉花羊毛等原料欲求合於救濟用途亦非加工不可，關於小麥之磨粉，本署願意不僅在於求合食用，亦在救濟工廠，平仰物價，故先後在上海青島等地交磨小麥，去年十二月以後以美麥來源漸少停止磨粉，茲將磨粉情形列於左：

		上海（噸）	青島（噸）
交麥		304185	7697
磨出	麵粉	285714	6544
	麩皮	43368	1001

磨粉成色在上海初爲81%，繼因世界普遍糧荒，去年六月起提高爲85%，八月以後又改爲90%。

（三）棉毛

棉花羊毛之加工，本署係采取配售辦法，對承購各廠之產品，本署按七折市價有收購其十分之一之優先權利，茲將本署出售棉毛及收購棉布棉紗之情形表列於下：

	配售棉花（包）	配售羊毛（件）	收購棉布（疋）	收購棉紗（件）
中紡	191285	4448（903 噸）	191754	—
民營	61871	3447（738 噸）	21613	3838
合計	253156	7895（641 噸）	213367	3838

（注：棉花每包重500磅，布每疋46碼，紗每件24支400磅）

乙、國內交通破壞物資運輸困難

本署開展工作之初即遭遇運輸上之困難，是時國內交通承戰事之後破壞極劇，以最低廉之水運言其噸位猶不及戰前三分之一，鐵路公路尤甚，在此等情況下，本署除竭力向交通界接洽車船噸位外，惟有就自身能力多方求其解決，去年一月間與英輪訂約，運輸物資，同時成立公路運輸隊，四月間成立水運大隊行駛沿海內河，七月間更因緊急救濟之需要，接洽組織空運大隊。

（一）水運

租借英輪之契約係自去年一月十五日起，有效期間六個月，期滿後不再繼續。

水運大隊係利用聯總租借之軍餘船隻組成，專載善救物資，行駛內河沿海，去年十一月以後因該隊船隻祗能載本署物資回程放空，虧蝕過大，乃應上海市輪船業公會之請將該隊船隻轉租該會，但本署仍有優先載貨及五折納費之權。

（二）陸運

本署公路運輸隊爲一自給性機構，在全國各地分八區營運，去年十月以後改與交通部合辦，仍儘先承運本署物資，七折收費，每月損益由本署與交通部均攤。

（三）空運

空運大隊係因下列三種需要而組織：

1. 防疫緊急藥品之輸送
2. 交通阻塞地區食物之輸送
3. 本署業務人員之輸送

去年七月間與陳納德將軍簽訂草約，十月二十五日正式簽約，該隊因係陳納德將軍私人投資而爲本署設立之機構，故其性質與前述公路運輸隊水運大隊皆有不同，所有損益悉由陳納德自行負責。

第三節　出　售

聯總運華之物資皆爲實物，而無現款，惟基本協定中曾規定可出售一部分物資，墊付聯總在華之法幣開支及本署之業務費用，本署根據協定，在卅五年度之預算中决定將聯總物資五分之一變賣，約可得美金105000000元，截至卅五年年底爲止總共出售物資之收益爲國币186639337000圓。撥付之業務費用爲81404602000元，撥付各儲運局站及其他附屬機構者130469927000元，其不敷之數大部分皆爲銀行方面之透支。至本署經費開支方面，凡係政府撥付之款項均遵照政府會計制度報請核銷，至出售聯總物資之收益及其支配亦遵照與聯總協議之制度審核。

本署出售物資之種類及數量均經本署與聯總之聯席分配會議議决辦理，截至去年年底共計出售之物資爲230841噸，占去年年底收到總量16.6%。至本署出售之政策仍以聯總政策爲歸依，工礦器材等則優先售給曾受戰灾損害者，卡車等項則優先售給公共機關及慈善團體，去年春曾一度出售麵粉，期能平抑當時糧價，但收效頗微，即行中止。至舊衣鞋等雖以出售爲宜，但以該項物資爲友邦人民捐助，不在聯總資金之內，故不能以純捐贈品出售。

善後救濟總署全國分署業務動態簡報

（民國三十六年三月）

一、重要工作概況

（一）上海

1. 活動施粥車分七處施粥共計受惠者 2730 人。

2. 遣送東北山東等地難民 413 人。

3. 分發 53 福利機關毛毯 5193 條。

4. 三月十五日下午舉行兒童福利工作人員座談會。

5. 龍華區發放淡奶 6333 聽，受惠人數 2111 人，徐匯區發放淡奶 7500 聽，受惠人 2500 人。

6. 分配浦東洋涇鎮麵粉 430 包。

7. 海豐路橋重建工程已開始進行。

（二）蘇寧

1. 高郵已配發食米 200 包辦理粥廠。

2. 配發奉賢南匯鎮江揚州等縣慈善機關修鞋工具共 49 箱。

3. 配發鎮江等十營養站冰淇淋粉共 499 箱。

4. 撥交江北運河工程局統粉洋粉 350 噸。

5. 撥發江陰、無錫各醫院湯粉 2. 5 噸。

6. 南奉公路修復工程全部完成共築路基土方 44676 公方。

7. 籌設蘇北東臺曳引機復耕區。

8. 撥發修復小學校舍工粉計淮陰成志職校附小 2500 袋，江都禾稼鎮中心國民學校 300 袋，泰縣海安柴石小學 200 袋，六吴江震澤絲業小學 500 袋，海安模範小學 500 袋。

9. 首次配撥本區化學肥料 1254 噸，指定無給施發蘇北災區，計銅山 250 噸，東臺 70 噸，江陰 100 噸，興化 100 噸，南通 60 噸，宿遷 100 噸，寶應 100 噸，泰州 100 噸，如皋 74 噸，泗陽 100 噸，高郵 100 噸，淮安 100 噸。

10. 總署撥到建築材料洋釘螺絲毛氈等一批已分配第二期補助修建各小學應用。

11. 奉總署核准配撥漁船木料 500 噸，經有關機關商訂推進辦法並派員赴滬洽領。

12. 撥發戚墅堰鐵路醫院，鎮江鐵路診療所，鎮江基督醫院等，藥品器材共 820 件。

（三）東北

1. 據報自大連逃往普蘭店難民約 2 萬人，現已派員前往調查予以救濟。

2. 經調查康平縣灾民約萬人已派員携帶物資前往救濟。

3. 衛生委員會議决定痘苗分配量如下。（甲）吉林省 2000 打，（乙）遼寧省前後共 2250 打，（丙）安東省 2000 打，（丁）瀋陽市前後共 3000 打，（戊）長春市 1500 打。

4. 撥發瀋陽市衛生局中長路管理局衛生處及安東市孤兒院等單位 DDT100 磅者共 31 桶，135 磅者共 15 桶。

5. 滬江輪物資其已搶救到岸者計麵粉 11250 袋，DDT126 桶，醫藥器材 520 箱，救護車 2 輛，業於十七日開始運往安東辦事處倉庫存放，其未搶救者被水淹没者搶救極難。

6. 畜力耕犁 2400 件業已運瀋，一俟整理就緒即可分發。

7. 衛生委員會計劃撥給中共區藥品一批約重 30 餘噸仰救該區病胞。

8. 派員携帶痘苗 2 萬人份，前往普蘭店施種並視察該區之衛生事業狀況。

（四）冀熱平津

1. 完成冀中青縣阜東任縣，南和邢臺平鄉，南樂大名隗縣，降平曲周等 11 縣，急振計發物 68 噸，受惠人約 16 萬人。

2. 空運阜平中共區投擲衣服共 870 包。

（五）晉綏察

1. 第六工作隊存並舊衣 100 包，舊鞋 89 包轉配第五工作隊發給逃至祁縣太谷、平遥等地之介林孝義兩縣難民。

2. 第五工作隊區各縣粥廠登記難民，每人發給布 5 碼及面袋 5 斤以爲製作衣服製用。

3. 本署與晉省社會服務處合辦之難民縫紉工廠已於二月一日正式成立。

4. 派員運往第三工作隊區卡其布 71 公斤，棉被 71 條，棉布 300 疋散發貧民。

5. 散發第六隊區粥場難民及各福利機構毯子 114 包，卡其布 11 包，棉布

29 包。

6. 補助太原屹遼構天主堂孤兒院鑿井工賑麵粉 30 大袋，晋省立醫院修繕房屋工賑麵粉 600 大袋。

7. 第一批由平空運抵並衛生器材 104 件，分配各醫療機構 20 單位。

8. 配撥轄境中共區物資 900 噸。

9. 平庫撥運第六工作隊豆粉 2000 袋辦理急振。

10. 飭第一工作隊迅予救濟河津禹門兩地難民。

11. 補助整修察省兩塞渠工粉 810 大袋，宣化女中整修校舍工粉 362 大袋，宣化師範整修校舍工粉 300 大袋，宣化孤子溝修橋工粉 310 大袋，代縣師範整修校舍工粉 15 大袋，中正小學整修校舍工粉 50 大袋。

12. 美紅十字會分配察省藥械 156 件，行總藥械 716 件及 100 病牀，配備器材 469 件，均以運抵張垣，分別配給各醫療機構。

13. 第六工作隊發放安澤浮山兩縣逃亡難民及臨汾粥場難民舊衣 50 包。

14. 鞋匠用具 43 箱，發給第一監獄及看守所等五單位試用。

（六）魯青

1. 濟南因戰事關係，難民結集經地方成立撫救委員會，由分署發放，麵粉 4020 袋，豆粉 456 袋，衣服 10522 件，小麥 11000 市斤，奶粉 5 箱，奶水 10605 箱，卡其布 251055 碼。

2. 在濟市附近張村一帶設立臨時收容所，收容戰灾難民，發麵粉 300 袋，帳篷 100 架，草席 1500 章。

3. 從青島遣送臨沂天津等地難民 229 人。

4. 第二工作隊在利國驛成立臨時收容所 16 處，難民 13753 人均經遣送還鄉。

5. 第五工作隊在灘縣難民收容所之難民業已酌發實物，就地遣散。

6. 撥發補助青島難胞管委會麵粉 900 袋。

7. 撥發補助青市盲童工藝學校麵粉 81 袋。奶粉 810 磅。

8. 救濟歐僑 266 人，發給麵粉 130 袋，香腸 88 箱，湯粉奶水等 56 箱。

9. 救濟夏莊嶗東嶗西一帶貧民，撥發黑豆 1 萬公斤。

10. 撥發魯東難民救濟會麵粉 2000 袋。

11. 核撥青市難胞管委會補助工賑具價款 1419000 元。

（七）河南

1. 堵口工程工人約增至6萬5千人，本周共發工粉821.75噸。

2. 氾區春耕種子款續墊一億元匯往周口，交由第四工作隊采購種子並會同縣府負責貸放。

3. 配發安陽廣生醫院等處藥械2200件，省立第一醫院等單位敷料400件，本署五個衛生工作隊痘苗各100打，又配發各公私立醫院白喉及斑疹傷害疫苗。

4. 續發第三第五區育幼院大米206包，受惠兒童共1259人。

5. 分發第二區公立醫院等機構醫械計367箱。

6. 會同建設廳分配15瓦發電機14部，予12家煤礦廠。

（八）廣西

1. 配給修建柳州育幼院工賑糧550噸。

2. 配發育幼院七所疹帳共2250張。

3. 配發柳城修邁水塘工糧5834市斤，與安葆貞小學2噸，桂平潯州中學倉庫10噸，博白小型水利工程49噸。

4. 配發第六批棉背心共18500件，受惠縣市共8個單位。

5. 岑溪至羅定容縣至武林公路均已開工。

6. 配發31個學校清貧學生糧食361長噸，又發省立農工職校補助開塘修廠工賑糧117噸。

7. 配發博白都安等縣水利工程工賑糧食。

8. 撥發沙培農産運輸合作社糧食100噸。

9. 撥發柳城漁牧合作社糧食100噸。

10. 配撥修建桂林省立醫院附設托兒所糧食5噸。

11. 配發修復恭城等六縣及臨桂等三縣清真小學工糧309噸。

12. 配發七個育幼機關洋燭80箱，營養品1345箱，食鹽200包。

13. 柳江鳳山水利工程十五日放水。

14. 遣送難民95人，共用費471000元。

15. 配發棉衣29463件，單衣820件。

16. 診治8254人，接種牛痘5292人。

（九）廣東

1. 珠江水利工程局二月份工作報告爲土工942297立方尺，水泥工26339

立方尺，打樁19694條。

2. 查勘江門省立第四醫院院舍破壞情形及江門新會城下水道工程經已辦理完畢。

3. 撥運各工作隊工糧共計550012公噸。

4. 繼續預防牛瘟工作已注射4940頭。

5. 撥發連縣公糧2866公噸爲修建農田水利之用，受益田畝可達6500市畝。

（十）江西

1. 配發復興農村實驗區小學淡奶19箱，南昌市各兒童福利機關50磅，裝食鹽24袋，各縣市兒童福利機關100磅，裝麵粉435大袋，肉罐頭195箱、各縣市殘老孤貧各院所100磅，裝麵粉19145大袋，罐頭294箱。

2. 散發各縣市庇寒所冬衣131082件。

3. 核發社會處第一育幼所修建費500000元。

4. 增設營養站四處增加供應人數4100人。

5. 配發全省兒童福利團體乾湯粉880箱，肉罐頭16箱。

6. 配發啓明盲童學校棉衣50套，棉被40牀，淡奶750磅，乾湯粉及罐頭各187磅。

7. 遣送回籍難民92人，發副食費46萬元，罐頭368磅，衣460件。

8. 發動受灾61縣市冬墾運動，計開墾荒地136.580市畝。

9. 注射耕牛3242頭，受惠農民2915户。

10. 配撥各縣棉褲料97600件。

11. 撥發九江堵口復堤麵粉500噸。

12. 配發南昌育幼所等七機構三個月用量之比目魚肝油82磅，受惠兒童1014人。

13. 配發各縣兒童福利機構毛毯28梱又79牀，各縣救濟院棉被45梱又94牀。

（十一）湖南

1. 長沙新村共分四址可容400户，單身宿舍3000人，需物資2500噸。

2. 郴縣已完成兒童保育所一棟，公共廁所四棟，湘潭民生工廠補助修建竣工。

3. 安仁永樂渠施工進度已備石料3751公方，並完成堵礎挖石土方等大部工程。

4. 常德城堤第一期工程已完成土方 85376.23 公方，石方 297.93 公方，磚 475.59 公方，共用 89.977 振工，並由本署續補助工糧 40 噸。

5. 配長沙孤兒院，罐頭 40 噸，湯粉 20 噸，牛奶 20 噸。

6. 補助長沙市修浚溝渠工糧 100 噸。

7. 撥食糧 200 噸，交農業改進所統籌常沅等縣治螟工作。

8. 發軍毯 1531 牀，救濟邵陽區灾民。

9. 配發省立零陵、邵陽、常德三醫院，救護車各一輛，又配發各醫護機構醫藥器材 142 件。

（十二）湖北

1. 截至二月底止沙洋曳引機二架已免費，爲農民復耕荒田一千餘畝。

2. 撥發醫藥器材 409 件，予武昌省立醫院等五十餘單位。

3. 宜漢公路沿綫荒地復耕工作已在宜昌發動並推行其他各點亦在積極展開工作中。

4. 德字棉種 823 噸，已分配並運往隨縣、棗陽、襄陽、樊城、天門、沔陽、荆門、沙市及武昌等區。

5. 分發醫藥器材 227 件（12698 磅）予孝感仁濟醫院等五十餘醫院。

（十三）安徽

1. 疏遣難民 648 人，及魯省流亡青年 218 人。

2. 皖北亳縣戰灾奇重，提前發撥急振物資並予增設湯粉站三所。

3. 運藥品 165 件，牛奶 37 件，前往巢縣合肥大通安慶分發各醫院診所。

4. 撥發各公路及復堤工賑工米共 1557 噸。

5. 撥發江堤工粉千噸。

6. 整理皖南茶叢 83678275 叢，參加茶農 45218 户，發放工糧 4155321 斤。

（十四）浙江

1. 浙省大型水利工程截止目前已發振粉 2000 噸，全部工程三月中旬完竣。

2. 浙贛路第一二期修理工程已完成，滬杭市公完成橋樑加固工程，其他餘杭長興金華富陽等堤塘培修等水利工程亦均積極進行中。

3. 續撥縉雲熙和鄉第二中心國民學校等 23 單位魚肝油精 12562 瓶。

二、物資情形

（一）各分署接收分配及結存物資數量表

（民國三十六年二月十四日至三月二日止　單位：長噸）

分署	本周接收數	本周分配數	累積接收數	累積分配數	積存
上海	14.46	479.83	33929.68	32681.85	1247.83
蘇寧	7.35	1534.38	68317.96	60124.67	8193.29
魯青	425.61	366.80	25540.70	19055.30	6485.40
湖南	1006.00	5368.14	145744.80	116992.68	28752.12
東北	47.13	324.66	1710591	12763.12	4342.79
河南	892.18	880.80	61227.04	47326.77	13900.27
晉綏察	50.95	445.24	20830.37	13307.52	7612.84
安徽	521.24	632.05	38937.52	30268.05	8669.48
冀熱平津	917.12	702.74	45595.30	32456.87	13138.43
湖北	330.93	4418.42	48679.66	44356.76	4322.90
浙江	811.64	49510	26515.85	20081.27	6434.58
福建	166.11	3976.75	22507.18	16198.12	6229.67
廣東	1328.39	1851.30	91082.90	70639.90	20212.16
廣西	73.61	934.18	17264.83	22594.87	4669.96

三、經費情形

（一）各分署業務費支用數額表

（民國三十六年二月二十四日至三月二日止單位：元）

分署	數額
上海	764650000
蘇寧	305560000
冀熱平津	5090475300
湖北	902480000
湖南	11841998188
安徽	6033998400
晉綏察	826597000

續表

分署	數額
浙江	71294000
廣西	3333677900

四、待決問題

（一）湖南

請迅將配湘棉種起運。

（二）晉綏察

1. 三月份經費迄未匯發刻需款孔急。

2. 交通久梗晉境各庫所存食糧除大同外均已告罄，各地水利工賑現同時興工，需麵甚急，擬將平庫所存晉省麵粉采用品量物資兩地兌換方式，與省政府及公營事業機構洽商辦理。

善後救濟總署全國分署業務動態簡報

（民國三十六年三月至四月）

一、上海

（1）江灣大場區發給淡奶 13411 聽，受惠兒童 5534 人。

（2）新市街區發給淡奶 4179 聽，受惠兒童 1393 人。

二、蘇寧

（1）審核江南海塘第一期工程決算圖表。

（2）鎮江徐州市政工程繼續進行。

（3）發給如皋、高郵、漣水、阜寧、鹽城、東臺、啓東、泰州等地難民衣服及衣料 16000 套。

（4）發給蘇州公立等醫院縫級機 18 架。

（5）本周撥發各醫療機構醫療器材共 195 件。

（6）鎮江縫紉廠已製成男女童衣褲 6995 套，裁成衣料 5600 套，以大部分配撥與化啓東靖江等縣，以小部分分配發各慈善機關。此後該廠僅製單衣並儘量裁料分發。

（7）配發各營養站及社會福利機構罐頭食品。

（8）蘇北運河工賑工程截至三月底止，完成土方 120 萬方，約占總數 80%，石方已運到 5000 公方，尚有 7000 公方待運，共發工粉 4406 噸。

（9）沂沭河工賑工程分兩段開工，海屬區成立第十工務所已核發物資 500 噸。

（10）揚子江復堤工賑工程已完成江蘇區 95 萬方，南京區 30 萬方，連同第一期完成者計共 160 萬方，已付工粉 3595 噸。

（11）助修小學校舍第二期，江南部分大都已開工，尚缺工粉 988 噸。

（12）奉撥製造漁船木料 500 噸日內可到，擬聘請地方士紳組織委員會計劃辦理。

（13）鄭分署長與技正屠達隨同霄署長等一行視察黄淮泛區。

（14）本周撥發藥品器材共1107件。

（15）審核鎮江泰屬揚屬等工作隊站及淮陰辦事處遣送站及施賑與難民遣送等報銷。

三、東北

（1）會同教育部瀋陽青年復學就業輔導處救濟流亡青年及清寒學生。

（2）奶牛180頭，小牛15頭已於八日運抵瀋陽，經運四平街公主嶺及長春125頭。

（3）火犁復耕事宜已與行轅經委會農林處訂立合同，委托該處負責辦理，本署供給火犁，行轅供給經費。

（4）本署與農林處合辦之火犁駕駛人員訓練班第一期招生學員40人，已於七日開學，預計訓練二周，次期再招40人。

（5）衛生委員會議決以第五批醫藥物資約27噸給哈爾濱。

（6）分配剩餘之牛痘苗4千打，除保留2千打以應急需外，其餘配與18個機構應用。

（7）遼南難民視察完畢，正籌劃派員携牛奶湯粉前往救濟。

（8）藥品335噸平已運長春轉送哈爾濱中共區。

（9）農業機械訓練班學員報名截止考試後即於四月一日開始訓練。

（10）衛生修建費一億元，業由衛生委員會決定分配。

（11）遣送難民三千多名。

（12）縫紉工改廠由本署與新運婦女指導委員會東北區婦女工作委會合辦，已訂立合同。

（13）標售麻袋六萬條及湯粉黄油食品箱等。

（14）運到乳牛181頭，已撥交東大22頭，遼寧省府25頭，農林處23頭，共七十頭，其餘運長交中正大學22頭，遼北省府24頭，公主嶺34頭，長大31頭，另有小牛15頭，計交遼寧省府1頭，東大2頭，中正大學2頭，公主嶺5頭，遼北省府2頭，長大3頭，現已全部分運完畢。

（15）火犁訓練班學生40名，已開辦一周，火犁所用汽油已向亞細亞火油公司洽運280大桶，現正付款中。

（16）畜用耕犁計運到2400架，全部分畢。

（17）協助遼寧省府組織遼南難民巡迴醫療隊並儘量供給其藥品器材。

（18）撥給長春縣府 40C. C 霄亂疫苗 385 瓶，吉林監獄傷寒疫苗 900C. C，又遼寧省府痘 400 打。

四、晋綏察

（1）飭第三工作隊救濟永和等縣逃往臨汾難民。

（2）飭第五工作隊酌配太原市監所囚犯衣服。

（3）電請豫分署爲晋省撥運治蝗藥劑。

（4）撥發太原市南關難童工讀工廠縫鞋五箱。

（5）補助平遥嘉游等八村修渠工賑麵粉 70 大袋。

（6）電平庫撥發普省共區物資 900 噸。

（7）ABT 機一架定三月三十日及三十一日裝運本署物資，自平飛。

（8）配撥第二、四、六等工作隊耕犁各 40 箱，飭迅散發争取農時。

（9）配撥第六工作隊舊衣 44 包，麵粉 2573 袋，罐頭食品 788 箱，救濟應北戰災區域。

（10）本署配撥共區物資 900 噸已如數撥清。

（11）飭第六工作隊對左雲、右玉、懷仁等戰灾各縣迅速施賑。

（12）補助臨汾伍默村整修護岸工賑麵粉 438 大袋，由第三工作隊就近督促期於五月底完工。

（13）飭第五工作隊對享堂食站及太穀收容所難民，每人續發麵粉 15 磅，並登記續來之難民轉送救濟院。

（14）並運庫存牛奶，19210 箱，脱脂乳粉 100 桶，全乳 7451 箱，全數撥交第五工作隊發放。

（15）撥第五工作隊豆粉 1896 大袋，飭一次發給太原區各孤老院及難童工讀工廠，共補助 1933 人並嗣後不再補助。

（16）補助太原市聾啞職業學校與本署合辦之洗衣工廠，安設洗衣機及修理房舍工賑麵粉 20 大袋。

（17）飭第一工作隊難民遣送工作與四月底停止，滅蝨治疥站及助産訓練班辦速辦結束門診，移交地方機構或衛生署之第二十五醫防隊。

五、冀熱平津

（1）救濟平市名校貧苦工役，每人麵粉一小袋，共發 1184 袋。

（2）撥發青縣難民補助粥廠小麥 6 萬 2 千市斤。

（3）核發天津天主教醫院冬令救濟特約免費病牀麵粉 6300 磅。

（4）統計棉賑衣結至三月中旬，計北平賑衣工廠製成 15583 套，棉帽襪各 5000 件，以向同成工廠換棉衣，12564 套，計分配熱河四千套，棉帽襪各 5000 件。北平慈善團體 7000 套，空運阜平共區 1000 套，永年共區 3000 套。

（5）運唐山麵粉 285 噸，舊鞋 30 噸，北平麵粉口糧衛生物資共 305 噸，舊鞋 15 噸，昌黎 30 噸。

（6）遣送臺灣難民 40 人至滬，接運出滬抵津難民 139 人。

（7）平津唐山昌黎兒童福利機構移轉地方兒童福利委員會。

（8）配發天津貧童我校水濕舊衣 120 箱，貧童慈善團體豆粉 43848 磅。

（9）兒童節發放兒童 987 人，每人罐頭 3 磅。

（10）簽訂子牙河千裏堤工賑合約，撥發海河工程局賑粉 2400 袋。

（11）配發天津市救濟院乾清乳 94 大桶，大袋麵粉 82 袋。

（12）在各地協助推進春季種痘，配發各地醫院藥品器材 726 箱。

（13）會同新生活促進會北平分會舉辦平價食堂四處，自四月初至六月底止日限就食者 150 人，每人每餐補助麵粉或豆粉一磅並酌配罐頭。

（14）救濟察省旅平貧苦學生，每人 4 萬元，共 676 人，計發 2704 萬元。

（15）補發歐僑 202 人三月份救濟粉 5835 磅，罐頭 1167 聽，麵粉 220 磅，湯粉 55 小袋。

（16）發放各特約醫院 15 處免費病牀津貼，麵粉 26824 磅。

（17）發放津市 19 校貧病學生 1473 人，麵粉 2946 磅，各慈善機關及兒童福利機構水濕衣物 4718 件。

（18）簽訂墻子河支流赤龍河疏浚工程工賑合約。

（19）撥發天津市六醫院醫藥器材 236 件，北平北大附屬醫院及衛生局等九單位 230 件，河北省中共區 94 件，共 560 件。

（20）遣送並遣散自滬來津難民 720 人。

六、魯青

（1）以工賑方式發動各流亡學生 1500 人組成小組，調查新到青市附近難民人數以便核發急賑。

（2）遣送臨沂、郯城及津滬等地難民 194 人，共發麵粉 2192 斤，罐頭 20 聽。

（3）撥發小麥 15000 斤，換取害蟲 2284 斤，並將該項害蟲運至青市農林事務所壓製肥料。

（4）運往李村、夏莊、張村等地小麥、藥材、棉花、衣服等物資 35. 50 噸。

（5）撥發麵粉九六九袋救濟流亡學生。

（6）配發青島天生堂孤兒院麵粉、豆粉、乾豆共 60 袋，各種罐頭 54 箱。

（7）撥發青市各營養站三個月所帶物資及雜費一千萬斤。

（8）配發白豆 10000 公斤救濟魯東難民。

（9）兒童節發放各營養站就食兒童衣服 20188 件。

（10）核准補助魯衛生處製送疫苗費 2000 萬元，青市衛生實驗所 800 萬元。

（11）發放因戰事逃至青島難民 31287 人，一次急賑麵粉 25097. 5 袋。

（12）撥發昌禾中學修復校舍撥發工粉 2000 袋。

（13）發給青島難胞受理委員會麵粉 2613 袋豆子，400 包。

（14）發放流亡濟南各縣難民共計麵粉 3777 袋，豆粉 558 袋，小麥 5500 斤，賑衣 7117 件。

（15）發放濟南各學校清寒學生及失業工人等共計麵粉 1490 袋，豆粉 158 袋，卡機布 23887 碼，賑衣 447 件。

（16）發放李村一帶農民鐵鏟 400 個，並借與噴霧器 15 架使用。

（17）配發即墨鰲山衛一帶農民洋犁五箱。

七、江西

（1）接辦南昌市難民寄宿區管理業務。

（2）配發各工作隊兒童福利機構六個月量5OP，裝食盒196袋。

（3）核定臨川縣救濟協會呈報農田水利工程13處，黃縣水利工程，2處。

（4）配發贛江支堤工糧計100磅，裝麵粉2000袋。

（5）核發省會救濟院育嬰所等三次第一期修建補助費1200000元。

（6）南昌婦女縫紉工廠製成成品678件，萍鄉婦女縫紉廠製成262件，九江婦女工廠制成264件。

（7）配發第五批衛生器材協助南昌市成立鼠疫隔離病院。

（8）接運難民56人，計交通費84000元，膳食25750元。

（9）配發堵口復堤食鹽499大袋，1223小袋。

（10）核發南昌市救濟協會統領分發復堤獎金及補助費3079000元，又德修圩計300000元。

（11）核發訓省立南昌鄉師第一次末期修建補助費100000元。

（12）開始應用曳引機從事復耕工作。

（13）散發宜黃縣抗屬急賑物資舊衣100件，乾湯粉15箱，殘廢無依者舊衣12件，乾湯粉36小包，罐頭5箱，又冬令救濟舊衣600件，罐頭50箱，乾湯粉50箱，舊鞋2包。

（14）補發各工糖站三月份經費折發48.5磅，裝粉計707袋。

（15）核發省會救濟院育幼所末期修建補助費20萬元。

（16）核發南昌市啓明盲童學校設備費200萬元。

（17）散發南城外地貧苦難民舊衣物1500件。

（18）運送曳引機八部至張公渡復興農村試驗區，並於四月十六日起開始訓練技術人員使用。

（19）協加南昌市防疫治鼠施放DDT預防注射及隔離治療，並籌設南昌九江湖口等處鼠疫檢疫站。

（20）張公渡大橋工賑工程已告完成，四月十六日通車，全部工程費計國幣161000000元。

八、河南

（1）花園口合龍後正積極辦理閉氣斷流復堤工程，本周共撥發復堤工粉300噸。

（2）配發信羅復墾站罐頭 726 箱，補助工人食用，又配發陝洛兩難民處各粥廠舊衣 1176 套。

（3）令飭第四工作隊等組織春耕種子購運委員會辦理氾區春耕購運事宜。

（4）發黃河工賑麵粉 100 噸。

（5）配發黃氾區中牟等縣精鹽 50 磅，裝 19 袋，100 磅，裝 809 袋，150 磅，裝 211 袋。

（6）撥發第四工作隊、第一十六工作隊包穀 2000 袋，乾豆 1300 袋，作辦理工賑之用。

（7）撥社會部第二育幼院二三兩月份補助食糧粉 48 磅半，裝 1612 袋，省立救濟院六七兩月份補助食糧粉 100 磅，裝 855 袋。

（8）本周共撥黃河工粉 440 噸。

（9）成立許昌郾陵等氾區還鄉難民招待站六處，撥發餅乾 3266 箱，罐頭 3000 箱。

（10）發放開封全市學校及社會兒童每名牛奶 2 聽，受惠者 2 萬餘人，貧苦孕婦每名牛奶 4 聽，罐頭 1 聽，受惠者五百人。

（11）會同聯總派員赴鄭州、洛陽、許昌、漯河等地視察各區立醫院修建情形及各衛生工作隊工作狀況。

（12）截止本週末止共撥匯四億六千萬元，分在漯河、周口、鄭州等地購買氾區春種以備分發播種。

九、安徽

（1）滁縣縫紉工廠製成單衣 2300 套，計分配滁縣 1150 套，來安 690 套，全淑 460 套，各該縣孤老弱殘廢。

（2）配撥臨淮關帳篷新村難民棉被 200 張。

（3）在滁縣設立湯粉站一所，收容魯籍留滁難童 150 名。

（4）撥蒙城立煌等中等學校工粉 16 噸。

（5）核發懷遠簡易工賑粉 15 噸，黃氾區工賑粉 60 噸，蚌埠市簡單工賑粉 10 噸。

（6）擬編黃氾區修復公路預算。

十、湖北

（1）硝酸銨 1000 噸已全部抵漢正在配發中。

（2）平價食堂計有漢口、仙桃、武穴及樊城四處，共計每日就食人數 5100 餘人。

（3）撥發醫藥器材 78 件，予大治縣衛生院等二十六單位。

（4）撥發醫藥器材 1504 件，交沙市省立醫院等九十餘單位。

（5）平民食堂已自四月一日起每客增爲五百元，每日就食者約有三千餘人。

十一、湖南

（1）積極籌備曳引機訓練班。

（2）安仁永樂渠河壩水閘工程完成，續發工糧四百噸，限五月底以前完成渠道，自本月一日至二十日累計工賑 108942 人。

（3）華容縣疏浚沙口溝道工程已完成 90% 。

（4）常德城堤已完成 60% ，受賑灾民共 89977 名。

（5）增配零道工程處物資一千噸。

（6）本署已合併農業工礦路工三室改稱技術室，合並視察經濟二室改稱調查室，並裁撤十督導區。

（7）零東公路自零陵至附市一段計 36 公里，限四月底通車。

（8）長沙市善救新村第一村已成土方 12069 立公方，已振 4199 工，第二村址已成 45% 。

（9）工賑修建東安平民住宅已興工。

（10）長沙月湖堤圍水利工程已成土方 10438308 立公方。

（11）本署第五醫療隊調駐衡常公路擔任沿綫員工醫護工作。

（12）普通工賑修建藍山縣街道溝渠等工程已完成 34% ，共賑 6985 工。

（13）據報寧遠、祁陽、益、湘陰、長沙等地腦膜炎流行，本署已協同省衛生處作有效防治。

（14）衡陽瘧疾流行，本署指撥衡陽省立醫院瘧滌平五萬片防治。

（15）收到醫藥器材 606 件，配發各醫療機構 299 件。

（16）配邵陽公醫院 50 病牀，設備一套。

十二、廣西

（1）配發五個育幼機關夏衣 8880 件。

（2）配發隆安淥水江灌溉工程鐵鏟 500 把。

（3）配發無憂農場采購種子糧 47 噸。

（4）配發恭城、平樂、百壽、灌陽、融縣資源等六縣耕牛賑款共 1 億 2 千萬元。

（5）配發桂林托兒所工糧 5 噸。

（6）配發江口天主堂牛奶站吸水先後共計 390 箱，玉林博白兩天主堂牛奶站奶粉 46 桶。

（7）配發昭平小型水利工糧 12 噸，修仁 13 噸，全縣 56 噸，資源 18 噸。

（8）診治計 6059 人，接種牛痘 4309 人。

（9）分配 86 個單位第二期化學肥田料 1949 箱。

（10）分配 77 個單位第一期耕黎 1541 副，鐵縫 5500 個。

（11）配發桂平天堂牛奶站奶粉 207 箱，湯粉 40 箱。

（12）自四月起各育幼機關兒童每月每人配糧 40 市斤。

（13）宜山洛壽渠工程完工，受賑者 4270 人。

（14）岑溪至維定公路開工，出工約 6000 人，容縣至武林公路開工，出工約 4000 人。

（15）遣送難民 147 人。

（16）配糧 36.2 噸，協辦百壽縣小型水利，又工賑糧 4.72 噸，協辦柳州玉農學校小型水利，又工糧 25 噸，協修露塘小學校舍。

（17）鳳山河第一期灌溉水利工程於四月二十二日全部放水。

（18）柳州育幼院工程於四月十四日投標。

（19）柳州失依兒童收容所就業兒童 11 名，由署配給衣被食物。

（20）衡陽昆明運境遣送難民 6 名。

（21）藥械收入 105 件，重 76660 長噸，發出 225 件，重 90573 長噸。

（22）診治人數 239 人，接種牛痘 365 人。

十三、廣東

（1）決定化縣水利工賑工程計劃。

（2）撥發 101 個慈善機關，米 2767860 磅，舊衣 30754 份，布 215278 尺，受益貧民 15377 人。

（3）廣南醫院申請工賑修建已撥發補助工糧 133 公噸。

（4）飭雷州半島墾殖區及廣州婦女手工場於本月底結束。

（5）注射耕牛 2062 頭。

（6）撥米 1000 公噸交農林部華南區推廣繁殖站辦理掠廣優膻稻種工作。

（7）提交崇文鄉白鶴洞灌溉工程工糧 10.7 公噸。

（8）工賑工糧共核發 126.81 公噸。

（9）核准富國煤礦黑色炸藥 10000 磅。

（10）注射耕牛 2391 頭。

（11）遣送 32 名華僑赴西貢遣散穗華僑招待所華僑 4000 人，每人發米 180 磅。

（12）穗各平價食堂二月份共供應 2814840 餐用去米 700720 磅。

（13）肥料 5418 噸抵穗。

（14）腦膜炎發現 981 起，死 153 人，天花發現 53 起，死 4 人，經本處接種 48008 人。

十四、浙江

（1）海阜、七堡、陳文港海鹽，鄧衙橋，五團、蕭山聞家堰搶堵完成。

（2）嘉興西培修塘堤已完成 29.5%，崇德清除太公渡小羔羊堵塞工程已完成 60.7%。

（3）九連埂培修工程已完成 30%，新昌開河挖土完成 20%。

（4）諸暨道任湖埂培修護岸及修復決口已完工，下廟前埂已完成 72.9%，王家井埂修復決口已完成 60%，樓家前山埂修復舊埂完成 52%。

（5）諸暨倉庫已定本月底結束，物資及卡車遷往金華，衛生材料庫遷至城站倉庫，現正與展開工作。

（6）嘉屬運河水利工程物資已全部撥足計粉 150 噸，米 146 噸，全部工程截止三月中旬止已完成50%。

（7）浦陽江水利工程修已完80%，當在繼續中。

（8）配發紅十字會17福利單位等9機構湯粉405箱。

（9）杭州站收容難民24名，遣送35名，留站144名。

（10）大型水利工程已全完成者一，完成10%至50%者八，完成50%以上者一。

（11）大型公路工程已完成者二，已開工并發一部分物資者五，先已開工而待補撥物資者七。

（12）錢江海塘工程已開工者九段，二月底止未開工者五段（三月底止已全部開工）。

（13）小型水利工程已完成36件，完成50%以上者，165件，才開工及50%以下者67件。

（14）杭州站新近難民143名，遣送138名，留站149名。

十五、福建

（1）由陸路遣送浙東難民115人，至江山厦門遣送僑胞699人。

（2）核發工賑工糧328.19噸。

（3）廈分處配發肥料15054噸。

（4）運閩之乳牛58頭及小牛5頭，安全起卸，已按配額分送各領受機關。

（5）發出工賑物資1062.29噸。

（6）核定二十種工賑工糧共777.48噸。

（7）會同省衛生處及福州市府舉辦兒童健康比賽，共髮魚肝油22桶，淡乳600箱。

（8）遣送歸僑825人。

（9）厦門分處遣送華僑673人，又登記663人。

（10）簽發長東嚴湖農田水利及林森修堤工賑工程工糧23.58噸。

（11）續辦貧苦兒童服務站五所，開始供應物資。

（12）簽發格致中學等14單位軍用食糧633箱，福州平價食堂米54包，林森師範學校縫紉機1架，破布10包，國際救濟委員會舊衣90袋，福建省立產院等三位藥校226件。

中華日報記者連景初撰：嘉南大圳貯水池第一號土堰落成

（民國三十六年四月十四日）

嘉南大圳農田水利協會爲烏山頭貯水池防護工程第一號土堰堤，係去年十一月由善後救濟總署臺灣分署補助修築，工程進行歷時半載，至昨（十五）日始告完工，其工程費計達1310萬元，善救分署除以工代賑方式補助875萬元外，復借給卡車及配給醫療藥品等，此項工程可算爲該水利協會接收以來之第一大工程，亦爲善救分署在臺灣補助各項善後工程中之最大者。

落成典禮

工程落成典禮，於昨（十五）日在堰上舉行，由協會邀請有關人士，前往觀禮，善救分署錢署長、高副署長、劉專門委員特南下參加。晨十時，賓主齊集烏山頭，分乘小汽艇向堰堤所在地出發，艇至珊瑚潭上，此際未至雨期，水位低降，昔珊瑚潭水淹没之小山丘，以抛頭露臉，突出水面，潭水湛碧异常，景色頗多爲秀麗，繼艇靠岸，改由山徑前往，至第一號堰堤時已正午十二時，稍事休息略進午餐後，乃至堰頂竹棚中，舉行典禮。

袁會長致詞

首由袁兼協會長國欽致詞，報告堰堤興築經過，略以臺南縣府自成立以來，即以興修水利爲首要工作。現臺南縣内尚有三項大規模水利計劃：（1）增築貯水池，充分利用曾文溪水及草嶺水源之利用，與濁水溪水之完全利用等等，以上每項工程完成，均可增加灌溉面積二萬公頃，農業生産可大量增加，惟每項工程費均在一百二千億元以上，當前財力困難，一時難以著手。至鬥六土地改良事業之進行，本年度已商得省農田水利局同意，列入補助費九千三百萬元，預定十年完成。又東山貯水池建築計劃預算一億七千萬元，本年起由省補助一部分，預定兩年完成。又嘉南大圳幹綫加灌水泥工程，預算爲一億一千萬元，分三年完成，省已允補助一半，設非“二・二八”事件阻撓，及省署改組相信已經動工。今後如欲增加本省生産，提高縣民生活水準，則興修水利，實爲要務，至今第一號堰堤工程能順利完工，應感謝善後救濟分署之資助及協會負責人員之努力。

工程主任報告

繼由吴工程主任報告本工程興修經過，係因烏山頭貯水池爲大圳之最主要工程，現建築年久，周圍山壁多被侵蝕，尤以曾文溪水取入隧道口，崩壞尤甚，若不圖防護，日久墜陷堪虞，故在民國二十八年間，日人即計劃興築此堤，後因戰事緊張，工程衹完成三分之一，至去春協會接收後袁兼協會長國欽乃計劃加以完成，嗣得錢署長之助，允由善救分署以工代賑補助 875 萬元，遂於去年十一月一日開始工作，半載以來工程進展至爲順利，原預定 270 天完工，（即至七月底）現因善救分署結束在即，故漏夜趕工，於 180 天間（即四月底）將預定工程完成，此工程興修之前後，得分署之協助者至多，至深感激，此次工程支出爲 1310 萬元，共需用材料水泥 210 噸，銅鐵 49 噸，木材 500 石，油類 18000 立方，員工總數達 181000 人，每天平均 740 人，最多時達九百餘人，此爲本工程經過之報告，至工程完成後，現堰堤高達 30 公尺，（日人時築 10 公尺，現增築 20 公尺）堤面長 110 公尺，寬 6 公尺，堤基寬 170 公尺，此堰堤刻已全部完工，十四日下午已開始由曾文溪取水入水庫。

錢署長致詞

次錢署長致詞，語頗謙遜，以此工程發起人爲袁兼會長，本人不過加以協助而已。現本署將結束，此後臺南縣水利工程，尚待大量興修，須賴地方人士之竭力提倡。至此工程之完成，應歸功於袁縣長（即兼協會長），做官當爲地方做事，官與事須聯在一起，非祇爲了做官，袁縣長到臺南縣做官以後，已代臺南縣做了事，所以值得欽佩。本人行將離臺，但希望兩三年後能再來臺灣參觀，屆時想臺南縣水利工程當有長足進步。後林理事長代表理事會致答詞，來賓致視詞，典禮即告完畢。

紀念碑前留影

又協會爲紀念此工程之完成，於堰端建一紀念碑，由署長撰文，高副署長手書，紀念碑亦同時落成，典禮後，袁兼協會長與錢署長等至紀念碑前植樹，並攝影留念。記者於離開堰堤時，回頭顧盼，但見堰上新草已碧綠如茵，雖開工典禮時情景尤歷歷可憶，然流光似箭，瞬已相隔半載。

臺灣分署秘書徐正一撰：南行施賑斷片

（民國三十六年四月）

一、新竹之日

一個積雨初晴的早晨，魚肚色的天空裏，突然射出了金黄的光芒，慢慢地普照著天地上每一個角落，在新竹市救濟院及隔壁總工會的二所寬敞的房舍裏，六個指定的受賑處門口，已都排列著曲長的行列，她們（大部分是女的）受著這棉絮般陽光的洗濯，誰也有點輕暖的感覺，不斷在穿梭著這交錯行列人群中的我，也似乎有點同樣的感覺，啊！這是“海國的春”，我無意中領略了！

人越來越多，她們都仰著頭，在期望著應領的東西早點到手，她們還懷疑這些應得的東西，究竟是些什麼？直到有人領出來的，是棉布綢布，是新衣褲，没有一個不喜笑顔開，這塊“盡佳”這塊“真永”（臺灣土音堅牢之意）的聲音，動盪了每個還未領到的人們的心，她們確鑿是處於衷心的愉快了，好像有很多感激的話，説不出來似的，我還無故接受了許多受賑人一個九十度的鞠躬，説起來：真汗顔無地！

這次在新竹，最使我頭痛的一點，莫過於時間的排得過於迫急，更由於各區派來協助的工作人員的不熟手，當先一天晚上，我發現還有很多必須准備的工作，還未做得十分妥善時，真急得我一頭是汗，幸而在各方幫忙之下，漏夜補正，才算很順利的度過了第二天的這個緊急難關，落下了壓在胸上的一塊大石頭了。

這批賑發的衣著物，無論顔色質料都很够標準，不但是受領人的喜悦，民意機關和地方團體，也遍貼著“謹領鳴謝”四個大字的紅紙頭，表示他們領謝熱忱，在夕陽返照著紅色碑墻上的刹那間，我遥望著那笑眯眯的四個大字，興奮得連一天的倦意也不知哪兒去呢?!

二、片刻的遐想

在四月十二日那天，臺中市善後救濟協會委員會議席上，經過一場激烈的辯論後，大家才贊同我的一切主張，我爲了要切實達到實惠及民，提出並通過了請參議員及地方機關代表各八人；暨各區民代表分負各區監發工作的臨時動議，又繼續於下午開了一次監發人員談話會，正因爲這兩個會的圓滿，發賑的那天很迅速而順利的就完成了任務，市府主辦救濟事業的那位簡先生對我説：“今天來監發的參議員諸公，所以能如此熱心，完全是受了你昨天對他們説那番話的感動。”是的！我真要感謝他們的熱心和負責，他們一清早，就來賑發處做著盤點衣著物及查對貧民清册的工作，一直到晚上，片刻不停，真做得使人出於意外的滿意，因想起他們有這種“實幹”的精神，來協助政府辦事，那真值得一般衹知所謂“放大砲”的民意代表作模範啊！

在此任務完了，又准備續登南行之道，因爲還没到開車時間，獨步著臺中公園，這座幽美秀麗的公園，由於看過她的照片，先就有了深刻的印象，今身臨其地，那蒼翠欲滴的樹木，微風盪漾的池水，令人胸懷舒暢，不由得引起遐想：想著幾天來那些窮人受領物資的喜悦情景，想著自己做這散播祖國“愛”使者的重大意義；想著昨天那位姓謝的老先生的話：“我國政府辦理救濟工作比日本政府切實得多，日本是看窮人不起的。”這句話又觸起了我無限的感慨！

三、高雄旅社一夕談

由屏東回到高雄的時候，已是暮色蒼茫的晚上，拖著疲憊的身體，進了火車站附近的高雄旅社，洗過澡，似乎又恢復了平時的輕鬆，正躺著休息時，突然有熟悉的聲音，叫著我熟悉的名字，定神一看，原來是剛由高山區散賑回來的汪彝定視察，真使我喜出望外，异地相逢，倍覺親切，他還帶來一個大西瓜，邊吃邊談，直到午夜十二時，還餘興未已！

這次，我幾走遍南部火車沿綫的各大城市，但終於以無緣到高山訪問山胞，爲一大恨事，因爲我很想聽點關於山胞的情形，在這次談話中，山胞就成了我們的課題：

“到高山區工作，最吃不消的，就是那崎嶇的山道，真有行不得也之感”，彝定説：“就是在山脚下也時常要赤著脚，把褲脚卷得蠻高，涉水而過，那引路的山胞，有時很和藹的要揹負我們過水；但是我倒覺得這是頂有趣的。”

“赤著脚過水？這不是我們最天真的童年生活嗎？”我正這樣想著，又聽他説“領我們上山的就是山胞的首領，他額上劃著很多的刀痕，據説：殺死一個人，就劃一條痕，刀痕最多，才算英雄，同時也才能取得首領的地位”，我聽到這裏，不覺打了一個寒噤，彝定看見我驚恐之狀連忙説：“這是過去的事，現在已經没有這種不文明的舉動了”，他又接著説：“山胞對於我們的救濟，非常感激，當我告訴他們：“這點物資在經濟上的價值，是很有限，但却表示政府對於山胞關切的致意”，他們聽了一致並著手脚，向我行了一個禮，説時彝定還模仿他們行禮的姿勢，我笑了！

四　善後救濟總署臺灣分署署務會議記録

（民國三十四年十二月至三十六年六月）

本次共收録善後救濟總署臺灣分署1945年12月至1947年6月間召開的72次署務會議原始記録72件，其中包括設計考核委員會第一、第二次會議，分別與第17、第22次署務會議合並舉行。

署務會議之召開，爲例會，一般爲每周一次，各組室藉此機會向署長匯報本段工作中出現的問題，或無法決斷的事項，通過會議達成一致，或形成一般意見，藉此指道接下來的工作。當然，或因事關緩急，或因署長有特別公務，或因不可抗之自然原因，也有少者三天舉行一次，多者二十天舉行一次者。

署務會議記録之內容，除會議時間、地點、會議主席和會議記録人之外，主要分爲“報告事項”、“議決事項”兩部分，個別情況下“署長指示”另列事項（更多情況是“署長指示”或爲“報告事項”之內容，或爲“議決事項”之一部分）。

第一次署務會議記録

時間：民國三十四年十二月廿七日上午九時

主席：錢分署長

記録：江淞

甲、報告事項：

儲運組工作亟待展開，在儲運組主任未抵臺前，暫請振務組嚴副主任家理代行儲運組組務。

乙、議決事項：

本署同仁待遇應根據總署指示及臺灣省長官公署規定，由同仁提供意見送呈署長采擇。

第二次署務會議記録

時間：民國三十五年一月三日上午八時

主席：錢分署長

記録：池鋌

甲、報告事項：

一、職員宿舍行將修理完竣，各同仁可准備遷入居住，惟須加緊看守、充實用具。

二、同仁福利委員會基金即以總署規定之百分之五十福利金撥充，其業務除膳食外，對於進修、康樂諸項每應包括在内。

三、本人擬於下周出發視察，希望各同仁在本人出發時間照常努力工作。

四、救濟物資行將由滬抵臺基隆倉庫，現已開始修理，惟近以駐兵關係，尚須聯臺北康有倉庫設法借用。

乙、議決事項：

同仁待遇者照本省行政長官公署所訂薪津支給辦法辦理。

第三次署務會議記録

時間：民國三十五年一月十日上午九時

主席：高翰

記録：池鋌

甲、報告事項：

一、琉球難民救濟金已決定於本月十一日分發，由嚴副主任家理、江技正淞等前往基隆主持。

二、此後送達公文時間規定上午十一時及下午四時各一次，同仁如有函件亦於上列規定時間以前送交傳達室。

乙、議決事項：

一、請求由美直運基隆之一萬六十噸救濟物資迄未啓運（原定本月十日以前到達），應即去電詢查。

二、本省交通工具缺乏，應電請總署迅先酌撥車輛來臺以應急需。

三、辦公棹布置應以整齊劃一爲原則，由各組室主管會同辦理。

四、基隆第七碼頭堆積石塊及停泊破壞輪船，應請港務局從速移駛整理，請嚴副主任赴基隆時順便辦理。

第四次署務會議記録

時間：民國三十五年一月十七日下午三時

主席：錢分署長

記録：池鋌

甲、報告事項：

一、此次視察新竹、臺中、臺南、嘉義、高雄、恒春等處，其中恒春被炸最慘，嘉義缺糧特甚，均急需救濟。

二、民政處召商之被徵工人出征家屬追討積欠家屬補助費處理辦法，經議決，先飭各出征家屬向當地市政府登記，由本分署酌量辦理。如有不法之徒從中威脅，決予嚴懲。

三、本分署各同仁遴用資格送審案件限一月底辦妥。

四、救濟物資行將陸續到達，必須做到蔣署長涓滴救濟灾民，嚴防中間偷漏之指示。

乙、議決事項：

一、難民土木工程救濟先就恒春著手，由振務組單擬計劃。

二、衛生部份由衛生組單擬整個救濟計劃，並先選定幾個醫院加以整理。

第五次署務會議記録

時間：民國三十五年一月二十四日上午九時

主席：錢分署長

記録：池鋌

甲、報告事項：

一、本省通運公司曾兩次派員來署洽商承運救濟物資，此項救濟物資是否委托運輸機關包運，抑由本署自辦，應由儲運組先將轉運工具、碼頭、起郵工人及倉庫地點、設備等擬具詳細計劃後再行決定。

二、衛生醫藥擬采取長官公署所擬巡迴督導辦法辦理。目前先請兼主任利彬赴滬、寧等地設法將藥品運臺，以應急需。

三、現有職員宿舍不敷分用，急需另擇適當房産撥充之。

四、同仁待遇之改（進）俟本年四月份長官公署職員待遇調整後再行決定。

乙、議決事項：

一、職員出差報費支給標準由沈主任岐原、徐專員正一會同擬定，請總署核示。

二、舊衣服決定拍賣，將所得價款向滬、穗等地購買布匹，平價供應省民，拍賣方式俟運到後再決定。

第六次署務會議記録

時間：民國三十五年一月三十一日上午九時

主席：錢分署長

記録：池鋌

甲、報告事項：

一、署長報告：

（1）首批接濟麵粉十萬袋不日可運抵基隆，對於分配地點及各地儲存倉庫應分別計劃。

（2）臺灣省通運公司組織是否健全殊未可知，儲運組儘先籌劃自行辦理。

（3）考取司機先行雇用在本署，汽車尚未到達以前暫將該司機等交由臺北市政府管理使用。

（4）汽車之裝配可與工礦處訂立合約，由工礦處負責辦理，所需汽油亦可向工礦處預定一批。

二、林主任報告：

（1）滬粤未返臺胞人數已開始分別調查，將來返抵本省之後，擬以工賑方式接濟，分與工礦處訂立合約，以公共工程爲目標。工礦處負設計技術之責，當地市縣政府負監督指揮之責，本署供給工人及工資並檢驗工程之進度及已否完成。此項工程以返籍臺胞組織工作隊辦理爲原則，其工程較大者得采取招商承包方式，但開標後訂約時本署應派員會同辦理，同時要求儘先雇用返籍待救濟之臺胞，並須與其他工人受同樣之待遇。

（2）修理臺北公園工程經與臺北市政府訂立合約，於三星期後可以完成。工資由本署派員按名發給。修理自來水工程俟招標後由主管機關將詳情告知本署，至於應否與其合作，請工業技工詳加審核。此外下水道工程在正接洽中。

三、岑主任報告：

（1）基隆倉庫起卸便利，頗合理想，大可應用。臺北倉庫正在接洽，尚未能決。其心中倉庫撤租，用臺北茶葉倉庫。此外貿易公司糧食局均先以倉庫備用，但距離較遠，管理不便。

（2）汽車間已向臺北市政府洽商借用，距離雖遠，但自行搭蓋車房，時間、經費兩不經濟，仍以向臺北市府借用爲原則。

乙議決事項：無。

第七次署務會議記録

時間：民國三十五年二月十四日上午九時

主席：高翰

記録：徐正一

甲、報告事項：

一、本日各組人員忙於准備接運物資工作，本次署務會議擬以最少時間結束。

二、聞基隆方面天花流行，本署爲預防計，已由總務組及衛生組接洽醫生來署種痘。

三、昨日接總署來電通知撥臺物資 2500 噸，臺胞 200 人本週末由滬啓運來臺，本署工作即可積極開展。

乙、議決事項：

一、倉庫由岑主任赴基隆接洽，請該處駐軍於十五日前遷出。

二、關於分配問題，賑務組方面應擬具詳細實施辦法。

第八次署務會議記録

時間：民國三十五年二月二十一日下午三時

地點：本署會議廳

出席者：錢宗起、沈歧原、周永煌、高翰、嚴家理、卓景輝、饒餘威、陳國新、徐正一、林良桐、何心洙、陳慶正、岑如森、方聲揚、李秉鈞、陳明、張廣駿、池鋌、楊靖之、張澤南

主席：錢宗起

記録：池鋌

行禮如儀

甲、報告事項：

一、饒秘書餘威報告：

（1）本分署按月呈報總署之工作報告每以材料不足，以致編輯困難，嗣後請各組室隨時供給資料以免臨時再行搜集。

（2）本分署現擬編印月報一種，第一期月報已脱稿，不日付梓，第二期即將集稿，請各組室儘量供給材料。

二、賑務組林主任良桐報告：賑務組工作分急賑與工賑兩部分。

（1）急賑部份爲救濟並遣送因戰事而流離失所之難民，此項業務本省並不繁重。

（2）工賑有側重失業救濟者，有側重富有經濟價值之工程修復者。目前已主辦者屬於第一項，如整理臺北公園，因其工程簡單，在其他工程未計劃周密前即可舉辦，以免失業工人失却生活根據。此外，清理臺北垃圾糞便水溝及修復下水道，修補自來水管道工程正在與有關機構洽商簽訂合約，不日當可興工。

（3）救濟物資分配方案正在呈核中。

三、儲運組岑主任如森報告：

（1）基隆倉庫内所駐七十五師部隊經本人數往基隆，向該部主管長官交涉，已於本月十五日全部遷移，該倉庫拟先派職員二人駐倉辦事，工友四名日夜輪值看守。至警衛及其所需之槍械，已分函請基隆警察局及本省警務處撥派。

（2）麵粉堆架有百餘架已運到基隆倉，有三百餘架在裝運中，日内到達。經點收後則倉庫堆架可全部安裝就緒。

（3）臺北倉庫之籌設，時在積極進行，現查昭和町及舊亭町各有倉庫一所，前者太小，後者較大但尚住有大東化學工業株式會社，據稱該倉庫已經臺北市政府接收，現已修函臺北市政府商借舊亭町倉庫。

（4）汽油庫已向臺北市政府借妥，車輛到達存放處不成問題，汽車庫内門鎖及破陋部份亦在修繕中。

（5）録取司機在辦保证手續但所交保證書多非鋪保。此次所取名額不足，仍在續招中。

四、衛生組卓專員景輝報告：

（1）目前主要工作爲調查各醫院設備及藥品，以作將來分配醫藥救濟物資之根據。

（2）本署擬設一醫療所，醫生由經主任商請適當人員兼任看護，以職員名義雇用二人，藥品及器材就救濟物資内撥一部份備用。

五、總務組陳主任明報告：

（1）現正妥覓第二宿舍，惟適合處所甚少，第一宿舍附近之武藤醫院及本署辦公廳附近之塚原眼科醫院尚可適用，正在接洽中。

（2）員工食米不多，已向糧食局洽商繼續平價撥售卅包，現本市米糧奇缺，事實上恐難如數照撥。

六、經濟技正室張技正澤南報告：

經濟技正室目前之中心工作：一爲調查，一爲統計。前者整理過去材料部分較爲容易，經濟現狀之調查則較困難；後者除經濟統計以外，擬注重業務統計，現正搜集各種材料，並准備編製全省經濟總報告。

七、楊視察靖之報告：

目前物資未到，業務未拓展之前，近在實地調查本市各慈善團體情形，准備物資到達配給工作。

八、秘書室徐專員正一報告：

（1）本分署職員中尚有二十四人未辦遴用資格送審手續（任用人員資格審查表已送者十四人，尚有二十四人未送），奉諭限本星期内辦妥，請各組室主任轉知各該同仁依限填送以便彙辦。

（2）職員保證書，照章應具鋪保，但臺灣情形特殊，奉諭通融辦理，改用職務相當之同事三人連環保，各同仁照此趕送辦理。

（3）本分署職員待遇遵總署電，擬既照本省行政長官公署標準，應毋庸加百分之五十之福利金，現已奉批。聲叙理由呈復當可邀總署核准，各同仁如有意見請儘量供給，俾使呈復理由得以充分。

（4）關於同仁福利方面現已開始籌備，設立員工公餘勵進社，正在物色辦事人選中。

九、會計室沈主任歧原報告：

預算初稿已完成，其餘正在積極編製中，所需各項賬册報表亦均已□□。

十、署長指示：

（1）員工食米仍以向糧食局設法配給爲主體，此事關係大家福利，希各同仁協助糧務組辦理。

（2）各組室應趕擬業務大綱呈報總署（如工賑應有完復之分，修建平民住宅亦當有緩急之别）。

（3）會計人事法令，大家應共同遵守。不論購置何物，均需切實依據該辦法驗收。

（4）各組室稿件須一律送由饒秘書先核。

（5）本省經濟資料應儘量搜集，並務與各有關方面多取得聯繫，以利事功。

（6）本署工作之報導必須加緊進行，並可由新近成立之臺灣中央通訊社向外埠報導有關本省救濟業務消息。

（7）工作報告材料，秘書室應與各組室取得聯繫隨時搜集。

(8) 同仁福利部份可籌設消費合作社。

(9) 本署設立醫療所□□必要醫生由衛生組負責接洽，看護可雇用二人，藥品由救濟品內撥用似尚可行，並由何專門委員心洙負責督道配藥事宜。

第九次署務會議記録

時間：民國三十五年三月七日下午三時

主席：錢宗起

記録：池鋋

甲、報告事項：

一、岑主任如森報告：

(1) 物資起卸運費經與通運公司簽訂合約。

(2) 倉庫主任奉署長指派，陳副主任國新兼任。

(3) 基隆倉庫內天窗已修竣，其餘部分尚須加修理，電燈已全部裝妥，電話尚待洽裝。護倉警察六人承基隆警察局照派，並由本署修函向警務處借長槍六支，子彈三百發。

(4) 汽車裝配經向民營修車廠商洽，據估價兩種：其一，全部零件均需裝配者，每輛需臺幣二萬五千元；其二，零件無需裝配者每輛需臺幣一萬五千元。價格似嫌太貴，現正向其他方面接洽中。

(5) 司機已來署報到者九人。

二、卓專員景輝報告：

(1) 牛痘苗須以冰箱保存（最好電氣冰箱），請總務組設法購置。

(2) 醫藥器材擬請設一保管委員會保管，以資慎重。

三、陳主任明報告：

第二職員宿舍業已接洽就緒，日內即可遷入居住。

四、沈主任歧原報告：

奉總署財務廳董廳長指示：(1) 國幣、臺幣分開記賬。(2) 職員福利金尚須加以考慮。

五、許技正乃波報告：

此次赴臺南等處視察結果，所有工廠全部未開工者，有局部未開工者；輕工業部分大概均已開工。惟以原料缺乏，如不迅速接濟，二三個月後亦有停工之虞。且工廠屋頂皆已被炸破壞，一到雨季機器極易損壞，亟需加以注意。

六、徐專員正一報告：

（1）此次招考書記已録取二人，工業技正室正在招考土木技術人員。各組室如需要各種人才，似可聯合舉行。

（2）在辦公時間以外因公加班已訂有詳細辦法，兩三小時者簡任三十元，薦任二十五元，委任二十元，雇員十五元，工友十元，餘類推。但不適用於外勤工作人員。是否需要另訂，請提供意見。

（3）嗣後同仁出差務請填送出差單、銷差單，以利查覈。

七、署長指示：

（1）嗣後各組室如確需增加辦事人員，除有關經管財務者外，最好采取公開招考方式，以期工作機會均等。

（2）各職員出差，旅費趕快報銷，以便結賬。填送出差單、銷差單，希力求簡單化。

（3）汽油庫希儲運組趕緊設法借用。

第十次署務會議記録

時間：民國三十五年三月十四日上午九時

地點：本署會議廳

出席者：詳簽到薄

主席：錢宗起

記録：池鋌

行禮如儀

甲、報告事項：

一、林主任良桐報告：

（1）截至今日止，救濟物資全未到達，分配工作無從開始。

（2）零星遣送客籍難民及急賑，照常進行。

（3）臺北愛愛寮爲收容乞丐機關，經視察室認爲辦理成績優良，已允按月津貼臺幣一萬二千元，其他藥品救濟，俟物資到後再移案，請衛生組酌量配給。

（4）工賑工程依照總署指示，以富有經濟價值並能救濟多數失業者爲標準，除水利工程已專案報請總署核准外，擬先就臺北、基隆、高雄三市舉辦都市復舊工程，並與省公共工程局洽商分工辦法，俾免重復，籍資密切合作。

關於臺北市者。公路、街道、橋樑、下水道，均由公共工程局負責辦理；衛生清掃、堵塞水管整理、炸毀修復水源地等，則由本分署與市政府分別接洽合作辦法，現已大部分動工，每日受雇工人總在三千人左右。已核定之工程勞動費合計臺幣二百萬元之譜。

關於基隆市者。公共工程局主辦公路、街道、橋樑、水源地及配水工程等；本分署則就堵塞水管、整理炸毀區域下水道等已與分別接洽訂約中。

關於高雄市者。因申請手續未完備先行退回，請其按照手續辦理。

二、岑主任如森報告：

（1）海湘輪未修竣或不開臺，汽車二十四輛另洽招商局交自由輪裝運，其他物資悉由臺北輪運臺。

（2）農林處借用本署基隆倉庫堆囤肥料，原約定三天交還，現逾期刻，正催其交還中。

（3）招標修蓋汽車庫原定十一日開標，因投標者不多，改期十四日開標。

（4）汽油庫已向石油事業盟理委員會商租本市中莊子前日本石油會社油庫，現在接洽訂立租約中。

（5）汽車裝配經向公路局修理廠接洽，原則上已蒙同意，現正在估價，大約每輛僅需臺幣千餘元至二千元。

三、卓專員景輝報告：

美國紅十字會續送藥品接濟各收復區，計分上海、平津、漢口、廣東四區。上海區分得全數百分之三十五，臺省包括在上海區內，獲配給該數百分之四作爲本省緊急救濟之用。

四、陳專員慶正報告：

（1）第二宿舍約須十天後修繕完竣。修繕費計臺幣三千元。

（2）各位同仁需要宿舍者計三十六人，除第一宿舍住二十三人，第二宿舍住七人外，其餘擬住本署隔壁眼科醫院內。

（3）昨日購入同仁食米五百斤，每斤十七元五角，共計一萬另六十五元六角。

五、徐專員正一報告：

本分署職員待遇如依照中央辦法，則高級職員薪給之收入必將減低；如依照本省行政長官公署辦法，則低級職員之薪給收入不足裹腹。現接長官公署通知，自二月份起，每人各給食米六十市斤，二月份折臺幣六百五十元，以資調整。比諸以往，合理多矣，但本分署單行伙食津貼辦法應否取消請研討。

六、許技正乃波報告：

（1）請求善後救濟及復舊工程似應事前詳加審核。

（2）本市自來水水量充足，惟因多不收費難免有浪費情事，應由自來水公司自行設法調整，不應任意請求救濟。

（3）各地工程最好分别前往詳加考察，惟以汽車缺乏似感困難。

（4）關於工業，技正室工作亟須與視察室配合以利事工。

七、沈主任歧原報告：

（1）最近一周工作著重清理積壓公事。

（2）本年度帳，因出差旅費及員工待遇、食米等未解決，無法結具。

八、署長指示：

（1）强化署務會議，每次記録均應印送各單位、各組室，報告須以書面提出。

（2）加强本署對外之報導。

（3）農林處借用基隆倉庫，希岑主任儘速洽催讓出。

（4）汽油庫暫可租用板橋汽油庫，惟須與其訂立契約。

（5）基隆倉庫防護事宜，希飭管理人員特别注意，以杜弊端。

（6）招標修蓋汽車庫，希速辦理，愈快愈妙。

（7）工友太多，須裁減至十三人爲度。

（8）宿舍內，除門房必須嚴加看守、以防盜竊外，房內清潔事宜可指派一二工友輪流辦理。

（9）同仁洗衣理髮等事應由合作社辦理，員工消費合作社希速成立。

（10）四月份起員工待遇應如何加以調整，由饒秘書主辦；各同仁如有妥善辦法，並希儘量告知饒秘書，以供參考。

第十一次署務會議記録

時間：民國三十五年三月二十一日上午九時

地點：本分署會議廳

出席者：見簽到薄

主席：錢宗起

記録：池鋋

行禮如儀

甲、報告事項：

一、賑務組嚴副主任報告：

（1）軍政部特派員辦事處有乾糧一份，分存各地，該處之倉庫總量當在一千五百噸至二千噸左右，現已由本組會同儲運組擬具接收及利用計劃呈署長核定。

（2）本星期内核定者有基隆水道工程，即可簽訂合約。

（3）關於總署規定城市損壞百分比在其中以上者將協助興建一節，僅係指協助興建房屋而言。現在本分署協助舉辦之工程係屬工賑性質，且係一般公共工程，不須受此限制。此點工作同仁中尚有未能明瞭者特提出報告。

二、儲運組李專員報告：

（1）接上海儲運局電知，本署卡車十一輛交海宇輪裝運，另十二輛交海宙輪裝運。該二輪已於十九日先後啓碇，二十一日上午可達基隆。本組岑主任已往基隆督率，准備接收工作。

（2）蓬萊町汽車庫修理工程，奉諭准交新太陽土木公司承辦，全部價格臺幣九玖萬元正，或十天完工，已於二十日訂約開工。

三、總務組陳主任報告：

（1）暫借食米四十包．同仁食用計算辦法，擬由福利委員會商討決定。

（2）第二宿舍已修理完竣，並經派司機暫時入内看管。

四、秘書室饒秘書報告：

（1）本周聯合國駐華善後救濟總署執行署長室特等襄理官韓克頤先生來臺，作一般之調查，秘書室正草擬英文報告，一俟完畢後，將以此爲藍本另編一比較詳盡之中文報告，該報告將油印分給各同仁，俾可明瞭本署工作情形。

（2）本署報考之土木工程人員已録取三人，其中之二人已來署報到，開始工作。

五、會計室沈主任報告：

本周主要工作爲整理以前傳票及單據。

六、技正室許技正報告：

（1）工業技正室最近增加技士辦事員三人。

（2）關於工業技正室之職權及與各組室應如何取得聯繫以利事功問題，請主席提出討論。

七、署長指示：

關於工程事項，剛才許技正提及工業技正室之權限問題，是值得注意的一件事。我以爲工業技正之職權總署已有規定，至於與有關組室應如何聯繫也是非常簡單的，技正室對於各項工程之審核應與賑務組接洽；對於各項工程之如何抽查應告訴視察室，一個是事前的，一個是事後的。換一句話説，技正室對於技術部分可儘量嚴格審核，至於行政部分應如何處理，則由主管業務之賑務組負責，大家如無意見不妨照此試辦，如發現有何種不便或效率減少時，再行提出修改。

第十二次署務會議記録

時間：民國三十五年四月四日

地點：本分署會議廳

主席：錢分署長

記録：徐正一

甲、報告事項：

一、本人上星期六往基隆視察本分署汽車裝配情形，甚感滿意。

二、明日首批救濟物品將運抵基隆，儲運組應争取時間搶卸入倉，必要得調其他組室人員前往協助。

三、奉令接收本省軍用糧秣移作救濟用，盼有關單位即日派員洽辦。

乙、討論事項：

一、搶卸第一批救濟物資，動員全體同仁加班工作，但得酌照收發人員及女職員在署值勤。

二、美國新藥，本省醫師不諳用法，衛生組應派員至各醫院講習。

三、軍糧移供救濟，有關單位應速擬分配方案。

第十三次署務會議記録

時間：民國三十五年四月二十五日

主席：錢分署長

記錄：徐正一

甲、報告事項：

一、前二周署務會議一因同仁工作較忙，與善後救濟審議委員會開會時間相同，故並與此次舉行。

二、上次海辰輪運來麵粉及藥品等經各同仁通宵工作後於四天內全部送倉，本人對於同仁工作之努力甚感快慰。

三、麵粉分配方案業經審議委員會大體贊同，盼賑務、儲運兩組速予執行。

乙、討論事項：

一、駐基隆工作人員日漸增多，賑務組應速派員前往布置辦公室及宿舍。

二、會計室應就駐基隆人員中委托一人或徑派一人，駐基隆負責會計稽核事宜。

三、職員保證書及采用同仁三人連環保制。

四、以後署務會議必須遵守時間，把握時間。

第十四次署務會議記録

時間：民國三十五年五月三日

主席：錢分署長

記録：徐正一

甲、報告事項：

一、聯總臺灣區辦事處工作人員已經來臺，吾人之工作今後又多一競賽機會，盼各同仁特別注意工作效率。

二、本分署與衛生局合組之 DDT 工作隊已於今日開始在本市噴射，希視察人員常往監察，俾免發生弊端，引人物議。

三、昨日晚間臺北市發現疑似鼠疫病人，已由游市長將其隔離，爲同仁健康計，本署應速成立醫療所。

乙、議決事項：

一、爲提高工作效率，應徹底實施分層負責制，秘書室速擬分層負責辦事細則呈核。

二、本分署公文處理殊嫌遲緩，秘書室加强考核，每周清查二次。

三、以後調派車輛，儲運組於現行調派車輛卡片之外，得視需要加用工作手册。

四、醫療所應由衛生組速延聘内科醫生等組成立，所址不限定設於署内。

第十五次署務會議記録

時間：民國三十五年五月九日

主席：錢分署長

記録：汪彝定

甲、報告事項：

一、關於麵粉分配方案已於省糧食局會商訂定辦法十四條，俟呈奉長官批准核即可施行。兹將辦法要點略述如下

（A）麵粉價格依二、三、四等各定爲十二元、十一元及十元三種。

（B）糧食局應於發貨後一月内將價款彙齊，交還本署。

（C）三等麵粉全用以製成麵條分配，每袋限制三十八斤以上。

（D）限購數量每户不得逾一包，每人不得逾五市斤。

（E）購粉方式：用糧食調劑委員會各地服務社辦法，由各户以户口证爲憑，每十户或二十户組成一組集體領購。

（F）各配粉處理應將每日配量兩項、配銷時間之距離及配銷後對當地市場價格之影響詳細報告本署。

（G）本署隨時派員赴各配銷處抽查，如發現有違背契約情事，立即停止麵粉之出倉。

（H）關於運輸，本署祇用卡車運粉自臺北車站至糧食局臺北倉庫，如有必要，並准備以卡車自本署基隆倉庫直運臺北糧食局倉庫，上下裝卸由該局員負責，本署不收出倉費及車租等費，所耗汽油與工礦處抵賬冲算。

（I）地脚及破包六千餘包已決定不出售，用作工賑，由賑務、儲運二組商洽辦理。

二、上述辦法已得糧食委員會主委柯參謀長全力贊同，簽字後即可各自呈報長官公署及總署。擬定星期六開始出倉，萬一趕辦不及，則定於下星期一開始。

三、辦法決定後，即招待本市各新聞記者公開報告本署發放麵粉之辦法。

四、賑務組須迅速擬定奶粉、舊衣履之分配辦法，並電總署分配、賑䘏兩廳，問是否可依江西分署成例，組織拍賣委員會拍賣舊衣履，以其代價購買土布，以充作救濟之用。

乙、議決事項：

一、重要資料數字如物資數量、用款統數、輕重工業數字等，應由各主管單位隨時報告署長、副署長，以備聯總諮詢。

二、由總務組負責於車庫、油庫、基隆倉庫、本署二樓及三樓各安置電話一具，三樓全部騰空後再設法恢復總機及電梯。

三、現行薪給辦法依照長官公署規定再加福利金，當時之所以如此辦理者，係因匯兑不通，非採長官公署辦法，同仁之省外眷屬即無法可以接濟。現聞五月廿日臺灣銀行可以正式通匯，則原訂辦法可以修改，由會計室函詢總署，臺灣待遇是否比照京滬折另有規定，再決定是否依中央待遇折算。

四、外勤工作人員在一地有二人以上時，由署長就資格、能力及工作對象指定一人，負責一般及對外事務，但此並非從屬關係，專門業務仍由各組室所派人員主理，關於此點應發公報。基隆方面亦應備一公告牌設於船越別館內。

五、關於分配奶粉及煉乳，應依照總署規定免費供給全省十八個月以下之嬰兒，但分配前與分配後必須有檢驗身體報告。

第十六次署務會議記録

時間：民國三十五年五月十六日

主席：錢分署長

記録：汪彝定

甲、報告事項：

一、聯總各區域辦事處與行總各分署間之關係及權責界限，總署並無詳細規定，僅去年十二月聯總中國辦事處主任凱石致李副署長函略有申述，聯總臺灣辦事處成立以後，對本署業務時有詢問，本署同仁應注意准備其所需資料，且須注意立場之一致，本人以後與聯總聯絡時當隨時使本署高級幹部參與。

二、六月七日聯總遠東區在南京開會，此時善救業務之運用政策及人事必有改變政策，同時聯總已宣佈擬將聯總專家消納於行總機構之中，本署應准備將一切資料匯表製備齊全，備與外人作進一步之合作。

三、本署派饒秘書赴上海任儲運廳代表，並列席六月七日召開之聯總遠東區大會，凡需向總署探聽請求催促之事務，應用書面開明於本星期五以前交饒秘書。

四、麵粉出售辦法聯總已同意，但彼方主張一切損耗俱由糧食局擔負。

五．舊衣履應迅速點驗處理。

六、待遇問題擬請饒秘書赴上海詳細探詢，再俟臺灣銀行開業後視其是否可通匯再決定依總署或長官公署待遇改善。

第十七次署務會議記録

（設計考核委員會第一次委員會合並舉行）

時間：民國三十五年五月廿四日

主席：錢分署長

記録：汪彝定

行禮如儀

甲、報告事項：

一、醫療室已由衛生組延聘賴醫師擔任治療，不日即可組織成立。

二、關於麵粉出售事，聯總辦事處曾擬出意見主張：

（1）出賣救濟物資應由行總、聯總會商决定。

（2）應以百分之四十出售，百分之六十救濟。

（3）本署所定價格太低，不合百分之八十之原則，經雙方各自請示總署後，本總署業有覆電通知，聯合出賣委員會已取消，無庸會商决定，售價數量飭由本署斟酌辦理。此項覆電業已通知費培根先生。

三、舊衣履處理方案已擬就，定下星期開始辦理。

四、救濟麵粉有發生弊賣消息，决嚴格查辦。

五、本署員工待遇業依省當局待遇加百分之八十改善，但省方職員甚感不平，本署應籌劃如何應付。目前應先由會計沈主任函饒秘書探詢中央新待遇辦法，並詢是否可以一比三十匯率照京滬待遇辦理。

六、總署命令與聯總會同組織業務聯繫委員會，但臺灣僅有本署與聯總區辦事處兩機關，該委員會是否不要，已電總署請示。

七、本地糧商組織集團專以本署爲對象收購麵粉，勒不拋售，企圖抬高市價，本署已決定照預定計劃繼續出倉，平抑粉價。

八、鐵路弊端甚多，儲運組應注意將來鐵路方面如有要索賄賂情形，可迅與鐵路管理委員會主任委員交涉，如有再推托則由署呈報總署處理。

乙、討論事項：

一、關於牛奶及奶粉分配：

（1）衛生組説明：（A）本省嬰兒營養之統計，各地尚未送全，須俟兩星期後統計表齊備時，擬分營養狀況及家庭經濟情形分爲三等分區散發。（B）本署保健館組織良好，辦事認真，合於科學管理原則，惟每日僅能散發三十嬰兒所需之奶粉。

（2）林良桐意見：臺灣全省每年出生嬰兒數爲三十萬八千餘（依二十二年估計），則除死亡者不計外，十八個月以下之嬰兒以二十萬估計似尚合理。現本署有奶粉一百四十餘萬聽，如不分營養及家庭經濟狀况平均分配，每名可得六七聽。此項辦法似較簡單並可減少弊端。

丙、議决：

一、大都市内選擇保健館代爲派發奶粉作爲示範，此外以平均施發，以不分營養及家庭經濟狀况平均發給爲原則。

二、關於本署特約醫院是否應擺明招牌事。應由衛生組商請在門外掛“善後救濟總署臺灣分署特約醫院”牌。

三、關於防止各醫院適用本署救濟藥品時舞弊事。

（1）由本署擬具中、英、日文布告，列明本署所發救濟藥品名稱，並指定救濟及出售數量之百分比，每院發給數張，請其張貼於顯著地位，俾病者可明瞭何者爲救濟藥品無需付費者。

（2）應由衛生組印製本署醫藥品三聯處方箋，規定凡使用本署醫藥品者必須填用是項處方箋，一聯交病人，一聯送本署，一聯留醫院備查。

四、如何强化公文稽催利度，使時無拖延事無擱置案。由秘書室負責檢查公文，每星期至少二次。

第十八次署務會議記録

時間：民國三十五年五月三十日上午九時

主席：錢分署長

記録：徐正一

報告事項：

一、衣服點驗應分類編號，以英文字母代表類别，阿拉伯數字代表數目斤，應加緊整理限期完成。

二、爲使麵粉、牛奶、衣服甚至肥料得並次輸送以節省人力、財力計，應速組織工作隊出發工作，該隊並可附帶做些調查工作。

三、牛奶、魚肝油分配原則應先商經聯總人員同意。

四、魚肝油精之分配應先分期擇定據整以單校多少爲標準，由衛生組派員前往各國民學校就營養不足之學生，每人酌給一小瓶，即25cc。第一期可以東、南、北三區，即臺東縣、花蓮港及臺北縣先行實驗。

五、魚肝油精之使用方法應由衛生組製定中、日文之對照使用説明書。

六、散發救濟物資應時發傳單，此種方式並可呈報總署。

七、本分署財源極爲困難，可呈請總署添配車輛定價折合臺幣，予以出售。

八、善後工程經費概算應俟工程監理委員會審查通過後詳加説明送會計室審核。

九、呈總署請示案件如久延未覆應由各組室自動以分署長名義電各廳並查催。

第十九次署務會議記録

時間：民國三十五年六月六日

主席：錢分署長

記録：汪彝定

一、報告事項：

（1）舊衣履之點驗工作效率甚低，但原包係機器包裝，拆裝後不能歸原，故用原油紙包裹，加記件數、品類、質料及全包毛重，以防弊端。日來進展至爲□好，擬日内即在基隆試行分配，騰出空包再點驗未拆包部分。

（2）魚肝油之分配傳單由賑務組整理。

（3）臺灣缺少汽車，已向總署請求撥濟。

（4）工程監理委員會應由許技正負責召開，決定本署此後之工礦復原計劃範圍，俾編製核算。

（5）饒秘書來函均經傳閱，其要求各單位辦理之事項應密切注意。

二、賑務組嚴副主任報告赴臺南稽查經過：

上星期六偕陳技正及薛禮文先生同去臺南，主要目的在搜集農業方面現狀資料，俾作賑濟分配之參考。地區包括臺南、高雄兩舊州屬。薛禮文講□此前所到肥料數量太少而需要太多。例如臺南一區以前經濟情況最佳時曾年需硫酸錏十萬噸之多，若如此少許肥料平均配發殊無實益，不如擇灌溉設備最全播種季節最適宜之小部地區集中分放。查水稻種植面積及水利灌溉情形，希望每甲最少能獲得125磅硫酸錏（能至200磅尤屬理想），屆時選擇最有利之地往施肥，以前陳技正與農林處商洽分配辦法時原以一八五〇噸計，故主張集中分配臺南。以後陳長官在參加會報告時主張以肥料換米。

此次調查目的係在獲得技術上知識，俾供決定方案之參考而非定方案，惟各地人民及政府以此次調查可決定配量，故對資料方面當儘量供給。至於倉庫，則各地均有。高雄有二所，甚整齊堅固。內地各倉以門六爲最大，可容十萬噸之多，故倉儲不成問題。高雄港務宣告謂七千噸船可靠，碼頭分配機構亦不成問題。

軍糧成賑事嘉義已完成。臺南方面即將開始，六月十五日可完成。高雄軍糧因倉庫漏雨霉壞甚多，經切囑後已允儘速發放。臺北發放情形尚未報署。

三、署長指示：

（1）刻有八萬公斤糧已交本署接濟防賑，故軍糧應儘速處理。

（2）目前米價跌落，本署救濟麵粉一時滯銷，現米價回昇，粉銷又旺，現出倉者已達五萬四千，已超過半數以上。

（3）糧委會今日來定要求。（A）撥粉千餘包交鐵道航運等機關所屬工廠配給工人，此點似可應允，惟須調查，必須確寔開工之工廠始可配給。三月份工技室有報告可資參考。（B）請以三等粉應市不製粉乾。（C）四粉價請改訂爲九元一斤。經徵詢李連春意見，彼謂三四等粉不易區別，如不出售必致發生混□情事，四等粉如以價則□□購者視望皆不宜區分，務組注意以□□粉廠□辦法或以價時應諮詢李連春意見，另可撥一部麵粉以更低價略救濟工人，惟所定價格必須要寔，使商人未能自套購中取利。

（4）下星期中召開記者招待會報告麵粉與藥品之處理方案及經過。

（5）藥品分配時須定製表，就每項藥品之下註明分發何醫院及其數量，隨時登報聲明任何人均可索閱此項□表，以備稽考。

（5）本署經費困難已電總署，請撥一批車輛來臺出售即以售價作本署開支及業務用費。

（6）麵粉售價將在臺灣銀行立一售價專户，非總署核准，不得動用。

（7）本署預算應迅速編成，下次開會時希望能有具體數字。公務方面費用望許技正□開工程會將數字確定但不宜過大免遭總署反感。

（8）待遇問題是否依長官公署抑俟中央待遇辦法後遵照實行，俟研究後再行討論。

第二十次署務會議記録

時間：民國三十五年六月十三日

主席：錢分署長

記録：汪彝定

一、報告事項：

（1）關於移交本署處理之麵粉八萬公斤，應由主管單位迅速辦理。

（2）麵粉售價第一批已□到工有售款專户，會計室沈主任注意以後須按時核實並備具合法手續。

（3）糧食委員會擬將米□麵粉配給各處所轄工廠，本署准備斟酌配給，惟辦法須由署定且必須以確實開工者爲限。

（4）本署麵粉原定本月十五日銷畢，到期即取消與糧食委員會之合約。周□核永煜注意於十六日晨將麵粉各等級之出倉詳數列表送閲俾研究决定。

（5）三等粉應市事，本署已同意，四等以價則，未予同意。

（6）公署記者招待會本人前往參加，記者提出詢問三件：（A）臺灣可有行□□得之物□總量；（B）□到臺之物資總量；（C）要求援救濟各處所屬工廠工人之例救助中□工人。

本人答：（A）撥配救濟物資總量聯總未决定行□，總署亦不能預知；（B）有可發表，請李專員來□，注意將收到物資之總表送一份交宣傳委員會，在下次記者招待會上發放；（C）印刷工人非□□工人不能救濟，惟□以貧民身份申請，可由本署考慮用直接發放方式加以援助。此外有記者謂收聽廣播中有一段云美國人欺騙中國運來救濟醫藥物資皆係贋品，問是否事實。本人答：醫藥物資之使用方案在研究中，物資本身均甚優良，决非贋品，希望信賴盟邦友人。

（7）本署預算希望下次開會以前能提出編成。

（8）總署近飭胡□民負責與各分署聯絡，原辦法正由秘書室油印分送各單位，就所主管之部分切實與總署聯繫。

（9）秘書室前分送各單位之中英文表報除人事及工技室之一部分外，餘均□□□務須立即由各管組室開始辦理，希望在下次開會前彙齊送出。

（10）本署辦事速度太慢，應力求快捷，公文處理以簡介爲第一要義，無謂繁文，一律删去。

（11）本署辦事原未嚴格劃分，現發現有脱節現象，已由人事室擬定，分層負責詳細辦法□□□各單位□見後再研究决定。

（12）以後各組室應將外□及内□工作人員分開，由一二人負責專辦文稿來□到□，須迅速處理，勿稍稽延。

（13）現據聞有藥商擬□□□□醫院獲取救濟藥品，□□□嚴密注意。

（14）旅費問題係由會計室□□□□□秘書函總署接洽。

（15）本署無綫電臺由張副主任廉駿及陳視察宇佐籌備設立。

（16）關於聯總墊疑可由本署墊付再列詳單報財務廳核銷，如不能核銷再在聯總經費内扣還歸墊。

（17）三樓明治生命會社□讓問題二星期内由本人負責催促解决。

三、衛生組盧副主任鴻典報告：

上次高砂族發藥時經發現有舞弊嫌疑（市面發現美制六〇六針藥且售價過廉，决非上海販來），經由衛生組經兼主任飭人調查，謂無實據，故未續行追究。但本署已停發高砂族流動醫療隊之藥品。

四、署長指示：

醫藥方面須儘量嚴格管理，如發現有舞弊情由，可報由本人請陳長官嚴辦。

五、嚴家理報告：

以後案卷之整理宜首尾齊全勿使中斷，其中間缺少或無來文，應由經辦人簽注經過，附於下一文上，俾能一檢案卷即可明了事件之全部經過。

第二十一次署務會議記録

時間：民國三十五年六月二十日

主席：錢分署長

記録：汪彝定

報告事項：

一、麵粉已出倉者達七萬餘包，此後重要問題爲催收粉價，此點會計室注意。

二、財務廳董廳長電告麵粉售價之處理：除歸還長官公署借款外，餘數悉撥作分署開支及業務費。

三、肥料三千噸於十四日運抵高雄，並已由聯總簽字交與本署，據岑主任來電報告案收五萬九千六百餘包（此六萬包内發包一萬二十餘包，爲整理該項破包買麻袋耗資二十餘萬元），并發來破包照片十餘張證明。

四、肥料價格原與農林處商定一斤十六元，後該處要求改訂爲十元。經此計算，三千噸肥料扣去運費及手續費外餘數約四千餘萬元，再加麵粉餘款，可有五千四五百萬元，仍需扣去代聯總墊款八百萬元，僅餘四千餘萬元。將來仍可有肥料五千噸運來，但本署各業務單位應就上開數目編造一用款需要，作通盤籌劃。此外下期預算必須於七月十日前送出，各需用款項單位應迅速擬具用款數額，於七月五日以前交會計室辦理。

五、待遇問題中央將於最近决定方案，惟下半年薪給標準大約爲加發大米，本署待遇當俟辦法公佈再參照長官公署標準研究决定。

六、衛生組注意應在各醫院之補助費數額内核扣其售賣本署藥品代價。

七、總署電示：吉普車根本不出售，卡車僅有舊貨，須俟新車運到再行撥派。

八、宋院長前令臺灣供給枕木十五萬根，上星期長官公署農林處及交通處簽，擬報告内開價格計五千餘萬元，同時要求行總令本分署供給運木卡車機車、輕便鐵軌、汽油鋼繩等材料，但並無任何標準或規格。經與林務局接洽，昨日開始送候研究决定代爲轉請。

九、費培根要求本署代向主管機關洽借日本舊自殺小船一艘作釣魚之用，應由總務組酌辦。

十、通運公司懸賬應儘速結算清楚。

十一、太平□發現有出售軍糧餅乾者，據店主人云係官廳標賣，應由振務組嚴查是否代發軍糧機關標賣。

衛生組經主任報告：赴新竹臺東各地視察流動醫療隊工作情形：各地市面確有美國藥品出售，但經審核，各工作隊藥品存發數量均完全符合，可見工作隊决無弊端，藥品恐係商人自滬販來。

乃波提議：□請將吉普車每組分撥一輛使用以利公務。

□議：因防止濫用車輛，吉普車之調撥仍當照前訂辦法處理，但爲簡化手續起見，現行三聯單應改爲一聯，由署長簽字後交由調車人交司機□銷。

□□桐提議：奶粉、魚肝油前已由衛生組商妥由衛生組（向儲運組領出爲□更動提單計已與衛生組）報銷，臺北市方面分發□粉則統由該組辦理。

决議：照案通過。

沈□原提議：工人及司機是否應調歸人事室管理。

决議：仍應照現在辦法分由總務、儲運兩組管理，但如有昇降免補時應□時通知人事室。

□良桐提議：同人省外□款是否應由會計室統辦以節省人力時間。

决議：此後有外匯款應由會計室照□人□送名單及金額於每月五日以前彙齊，匯出款由署墊付，於月中發薪時扣還。

第二十二次署務會議記録

（設計考核委員會第二次委員會合並舉行）

時間：民國三十五年六月廿七日

主席：錢分署長

記録：汪彝定

甲、報告事項：

一、剩餘麵粉尚有三萬餘包，因天氣陰濕，多已霉壞，現應火速處理，如欲制面乾及改做救濟之用等。

二、分配□昨日忽來電□問，謂聞基隆倉庫中存有吉普三十輛，已電復本署所有車輛皆係總署撥□並無額外吉普車。

三、公署交通處長易人，開倉租將提高。

□副主任報告：太平□前發現有售賣軍糧餅乾者，經前□密查三次，證明該項餅乾係軍人售出，而自日返臺之歸僑亦多有携帶者。

乙、討論事項：

一、肥料分配價格貿易局方面要求提高至16元一磅，以防止商人密購偷運出境牟利，本署宜如何核定案？

決議：改定爲每磅八元（收現）或乾谷（二期收成後繳納）二磅。

二、本署分層辦法細則已擬具，應否付諸實施案？

決議：本分署分層負責如設科辦事則事實上仍有困難，仍暫照前辦法推行，由秘書室另擬辦事細則送核。

第二十三次署務會議記録

時間：民國三十五年七月四日

主席：高副署長

記録：汪彝定

甲、報告事項：

一、署長將赴南部督導肥料分配，四五日可返。

二、本署現庫存現款有□，沈主任希望各業務單位將大批用款暫停數日，以俟麵粉價款收到。衛生組請支之五萬元擬請衛生組暫墊（沈主任説明至九日止應收粉價約六七百萬元）。

三、總署限期報預算，各組室應趕快上報。

四、肥料分配業應由主管組室呈報總署。

乙、討論事項：

一、本署之大事記應如何填記案。

決議：應由秘書室修就統一式樣之大事記活頁，送各組室由主管人指導填寫，並簽字於次晨十一時前送秘書室匯釘，謹送聯總參考。

二、同人國内匯款是否可分兩期扣還或與伙食費分别在上半月及下半月各扣一項。

決議：由會計室研究辦理。

三、辦公時間是否改從中央辦理。

決議：保留請求署長辦理。

第二十四次署務會議記録

時間：民國三十五年七月十一日

主席：錢分署長

記録：汪彝定

甲、報告事項：

一、南部麵粉白米價低廉購者較少，尤其四等粉品質不佳，今後擬大量免費散放。

二、本署預算應由各組室就實需數目核審，務期總署能照案撥給，不可列數過巨致□駁削。

三、肥料分配事，已報總署，尚□詳細呈報。

四、員工福利金之扣還由會計室斟酌辦理。

五、大事記，應格式統一。

六、辦公時間由總務組調查各中央機構新法再行決定。

七、此次赴南部督導業務經過：

第一日（七月四日），晨出發夜抵高雄，當晚有黄□長及本署在高雄職員□□。

第二日（七月五日），上午赴分庫視察，倉庫中經副署長上次南下督導極見整齊，下午赴鳳山及高雄縣召集農會負責人談話，下午即開始辦理出倉，每一卡車裝四十袋，計八千磅，共調四車，當場由農會出具收據，預計本月十四日前可以辦畢，分□量，以臺南爲最多，計一千二百噸，連同高雄一部□鐵路區域皆用大車運送，其餘則由本署卡車輸送。

第三日，去恒春視察平民住宅建築工程，甚不滿意。計南門西門東城巷各建四□五十二處八所，其中，僅西門已動工，南門甫行裝綫，東城巷全不動工，其工地標示上，亦未有本署署名均不合，且林邁倉庫中洋灰有量不符，已飭施技士□□往查，今後仍當加緊稽核。

高雄倉庫原有鐵軌直達倉門，但現因交通處打撈沉船，火車不能通過，故以用卡車駁運，該□分配系直接交與農户，農户來領肥料時皆十分歡喜，聯總□在□□皆在場親見。

臺南縣原有過□□□□□□□□□□□，旋與硫□□□合伙用，但後因只能混合硫酸□約四百噸，而臺南□量達一千二百噸，以增分配上之困難，決定仍照原辦法處理。嘉義之水道工賑工程甚良好，臺南市亦有成績，今後工程重點擬在南部。

八、鋼鐵是否可作價□電總署請示。

九、將來本署大約尚可分配肥料五十噸。

乙、討論事項：

關於預算問題

署長指示：

一、衛生組婦嬰保□□□預算仍照□但加説明，

謂係依照總署令，須原則計真。

二、農業會之手續費、□費、卡車折舊、□油□□高雄倉租麻袋等費均需計入□□組預算内。

三、工賑方面，小市鎮、小□□可不必舉辦，基隆方面，□進水池因其關係全島之衛生將輔助修復外，其餘不擬辦理，將來工賑工程應著重南部。

四、琉球難民因□□□□□雖□超過三個月之限制其救濟仍可照列。

第二十五次署務會議記録

時間：民國三十五年七月十八日

主席：錢分署長

記録：汪彝定

甲、報告事項：

一、關於鋼繩之分配已電總署蔣署長、董廳長、華主任委員詢。A，是否並交視農林、工礦各部門中要擇分配。B，分配次序是否以公營優先。C，作價方式以是否由財務廳派員或委托分署主持。

二、今晨薛理文來告謂五千噸肥料即將運抵基隆，臺北方面之分配方案□。今日即去臺中考察，該地需要本人對分配方面完全信任專家意見，惟□者爲基隆倉庫是否足用，李專員負責考察時該倉樓下騰空備用。

三、□□物資之裝箱□□可標賣騰空倉位。

四、岑主任來電謂高雄方面肥料分配爲二十一日可畢，李專員即擬電告岑主任將收回麻袋運回備用。

五、基隆肥料公司請求肥料（硫酸鹽）150 噸，工技室會同聯總人員前往訪察後認爲確屬必需，原案□交農技室列入分配方案内。

六、去澎湖之船本人已與交通局長洽商□□一百餘噸機件完好之船，儲運組迅辦正式公事。

七、肥料五日開始出倉，二十一日可畢，計需十六日爲將宜，第二批，應力求迅速。

八、煉乳應儘速分配。

九、裝箱皮可利用肥料堆架。

十、以後廣告與新聞應多多刊佈，必要時工作隊可携帶標語出發。

十一、衛生組對於□領藥械之各醫療單位向未加以查覈，今後應加緊稽查。

十二、本人今日晚間在電臺廣播報告肥料分配辦法及情形。

十三、今後公文上應加注時間，池專員下次在署務會議上報告各組室辦公文所需。

十四、上午十至十一時定爲會稿時間，由各單位主管人員出席會商決議，改爲下午三時至四時。明日起實行，秘書室即發布告。

十五、嗣後出動人員如有必要鈔録原録原件携往工程地點備查，但不得將原卷携去。

十六、軍糧放賑應迅速催報彙編詳細報告送總署備查。

十七、衛生局派員赴嗣後出動人員如有必要不得在本署支給旅差費。

十八、福利委員會應迅速開會選舉委員負責同人辦理福利事宜。

十九、電梯應迅速恢復。

乙、討論事項：

一、外籍專家 Miss Talus 之職務究屬何組主管事。

決議：Miss Talus 與餘專員合作甚好，不必□□，衛生組如有業務自亦可要求 Jche 協助。

二、□時人員津貼□□辦法。

決議：A 關於調查散賑之外勤工作人員；

B，津貼數額比照本署委任職員及工人支給膳費標準核定，宿費得檢據報銷；C，無職者之時别津貼限三十元以下；

D，原案第（3）條删去，

秘書室依上例原則另擬。

第二十六次署務會議記録

時間：民國三十五年七月廿五日

主席：高副署長

記録：汪彝定

甲、報告事項：

一、南部虎疫嚴重，已逾嘉義向北蔓延，署長特於昨晚赴臺南督導。

二、肥料分配經岑主任及其他同仁四十餘日之努力已全部出倉，分配詳表及費用賬目亦已全部編竣，岑主任今日返臺北，本人謹代表全體同仁致謝。

三、此次工作成績頗佳，雖包裝不佳及輾轉販運而損失僅有千分之五。

四、岑如森補充説明：肥料由總署撥給，數量爲六萬袋，因破袋關係當時不便一一稱量，故聯總方面估定破袋以入，折計重實收五七六六九．七五袋，即等於損失三千〇三十六袋，但實際上僅損失三百二十四袋，故溢收兩千七百餘袋。依照本署及聯總署專家所定分配計劃，全部分配完畢後尚餘有四千零六袋。其分配如下：

臺南新營一七三八袋；臺南市五〇四袋；高雄旗山一七六二袋；農業試驗所二袋。

此次分配中因販運而生之損失不少，例如高雄林□□區運去一千八百餘袋，損失逮二十餘袋（約爲百分之一），經張技士乃亘前往視察，證明其損失乃不可免者。宣傳方面甚感不足，先後宜張貼布告；農會之組織太不健全。一部分分配事宜政府代辦。

五、副署長指示：

（1）農會組織確不健全，常有肥料運到竟無負責人出面領取情事。

（2）林□之損失，乃因高雄地方當局與鐵路方面不和，鐵路方面不與合作所致。

（3）此後將續有化學肥料五十噸抵臺。

（4）麻袋應迅予收回備用。

六、黄占中報告防疫工作情形：

（1）疫勢蔓延甚廣，自嘉義至屏東皆有發現。

（2）南部用人糞養魚，魚與飲水同爲傳染之有力媒介。

（3）目前防疫辦法爲：（A），禁止販售染疫魚類，（B），在交通要點上施行檢疫及注射。

（4）本署已撥大批疫苗去臺南，廣泛施行接種，副署長報告。

（5）交通警務二處已允儘量協助防疫。

（6）麵粉分配應力求迅速進行。

（7）煉乳亦應儘量迅速分配，人員由各組設法抽調。據情勢需要酌雇傭少數臨時人員協助。

（8）預算應迅速編送總署。

乙、討論事項：

一、星期四下午會稿時間是否改在上午署務會議合並舉行案。

決議：改在上午署務會議後舉行。

二、所得税扣還事數額雖巨，且與減薪及物價之高漲，同仁力難負□，應如何設法減免或緩扣案。

決議：由會計、稽核及福利委員會三單位擬具辦法將福利金撥交福利委員會爲同仁辦理福利事項。

第二十七次署務會議記録

時期：民國三十五年八月一日

主席：錢署長

記録：徐正一

議決事項：

一、臺南虎疫猖獗，下水道幹綫工程維修由賑務組會負責，工技室電臺南市政府於三日内登報招工，限於十五日完成。

二、本省南部疫勢其猛，全部麵粉可用於南部，清掃垃圾等工賑、儲運組辦理，准備將麵粉集中臺南。

三、衣履分配可以各縣市公務員、工人、貧民及高砂族同胞爲對象，從速散發。

四、麵粉肥料等物資之運旅起卸等費由儲運組正確計算。

五、卡車於業務空閒時可代運官公□□物資，由儲運組擬具辦法。

報告事項

下星期一起以兩星期時間草擬九月五日各分署工作檢討會，中英文報告書，其內容約略如下：

A、倉庫已空；

B、此後工作項目即業務方針；

C、經費狀況；

D、各種資料：包括臺灣經濟狀況，交善款工作之相片暨購物交換意見□，如以農產品糖米等換取工業器材，以工業產品水泥等換取其他急需之工業產品，

六、總務組購買公物可隨時會同稽核室辦理以減少稽核手續。

報告事項：

七、職員眷屬匯款各同仁應於每月□□□□□□□□□□室審核，並規定五日以前必須會送臺灣銀行。

八、本分署下半年預算，各單位詳細數□應於本□□六以前送會計室彙編並□下星期四（八月八日）中航機帶滬。

第二十八次署務會議記録

時間：民國二十五年八月八日

主席：錢宗起

記録：汪彝定

甲、報告事項：

一、臺南市之最污穢區域西區一帶，由本署以麵粉作工資辦理，□□今日接□□□自臺南來電謂已開始舉辦。

二、麵粉平售事已切責李連春將各售粉站之餘粉准備整理，全部收回。儲運、賑務兩組迅□出倉辦法，濟□湖麵粉由臺北撥運，以免□□倉中。

三、職員眷屬住宅修理費津貼辦法可實行數額改爲簡任一萬元，□任九千元，委任八千元，料價應由農技室辦□□□價收。

在總署工作檢討會上所報告之數字必須統一，各組等將編報數字之人員名單送本人及經濟技正室備參考，一切數字之稽核及統一由經濟技正室負責。

預算項目下應多加註明，會計室應就每項數字之各期核定列表送本人，預算□□應□□於星期六前□出。

□别價款應將□月二十五日止之已收及待收款項分别詳列送本人，農技室與□□室會辦。

辦公室内電話應□□裝對外二架，對内十架，電□亦應□□修理□□。

□□分□事，□技正已與工礦□商量並電總署請示價格。

乙、署長報告：

自今日起因署長事務太多，可將例行公事送本人代行。

第二十九次署務會議

時間：民國三十五年八月十五日

主席：錢宗起

記録：汪彝定

報告事項：

一、臺南工賑辦理情形甚□，高雄方面今日亦已開工。

二、麵粉在積極輸運赴南部辦理工賑，下星期署務會議前當□全部發出。

三、職員眷屬宿舍修理費津貼辦法今日可□總署請示。

四、關於鋼繩價格：聯總初送之購價爲五萬六千美元，工礦處嫌此數過巨，今日復□□□□□來告知前次價格係四百餘捆之總售價，而非本署現□之二百七十餘捆之價格，技室應會同儲運組□□計算單價並加百分之五十運輸費用，送本人□□。

化學肥料九百餘噸將運到，可能於十八日抵基隆，儲運組迅籌倉庫空位。

□□有一分配牛奶計劃，本人已批准，俟各學校開學後即可開始辦理。

舊衣之發放對象除□主赤貧外，尚□發鐵路工人，小學教師及低級公務員。預算應由會計室沈主任確實催辦，須儘速送出。

五、待遇問題：臺灣各中央機關皆以中央待遇□□十五三十□一祈□臺幣另加四千、六千臺幣或食米一擔之額小津貼會計室□辦□雖總署□本人開會時向主管□□□。

六、會計室催辦，□技正室□將生活指數□□備查，隨文簡送。

七、人事分配：本人認爲不甚□□□□各組室主管□□事務分配嚴格將應辦事務□□由本人分配，各人負責。

八、支領物件及請購用具此後限定時間在上午十一時辦理，俾管理員可以其他時間辦理其他工作。

第三十次署務會議記録

時間：民國三十五年八月二十二日

主席：錢宗起

記録：汪彝定

一、許技正督導臺南工程工賑已畢返臺北。

二、稽核室應辦文將臺滬通匯與新匯率電告財務廳。

三、許技正應迅籌分配鋼繩。

四、待遇問題本人已自擬一稿即可發出。

五、此後工技室與振務組已核准之工程或救濟案在核准範圍内支領經費無須本人一一批准。

六、此後難民证上加蓋關防亦無須本人簽字。

七、此後會計室收款可徑行辦理亦無須送本人簽字。

八、池專員注意此後如各單位辦稿不將事由文號□稿□等□□者，可送回請其□正。

□秘書報告：

一、工作檢討會議報告正□中

二、九月二日前收發有之物資應依總署規定之□□□類别核者□不辦。

三十六年度工作計劃應在八月十五日前報總署，本署各業務單位除衛生組外均未送來希迅辦。

署長指示：本署應送之業務報告各主管單位□應填送所需表格由總務組催印分發。

此後凡總署來文各主辦單位應迅速辦覆。

此後每月業務報告應於次月五日以前由各主管單位將資料補送經技室統核。

此後經技室應多做業務工作，研究工作不妨□□。

各組室對於應向總署要求或請求之事□直接告本人，俟開會時與總署接洽。例如外籍專家之是否合用，成績如何，此後是否需要，需要何類等。

購辦物件不得調用吉普車，總務組注意。

關於衛生防疫事卓專員可以與衛生局商洽利用大學生推行本署，並可□規定供給車輛、藥品、人員津貼。

由渝來臺人員之眷屬旅費津貼是否悉依三十六萬辦法統一報銷，抑可另行實報實銷，請稽核室復核。

第三十一次署務會議記録

時間：民國三十五年八月廿九日

主席：錢宗起

記録：汪彝定

甲、報告事項：

一、即偕同饒秘書林主任飛滬出席工作檢討會，時間約二星期。在此期間一切由署長主持。

二、總署請求或請示之事一律於明晚八時以前以書面或口頭告知之。

乙、討論事項：

一、工技室、振務組已核准之案，領款是否無須署長簽字。

決議：仍應由署長簽字後始可領款，署長公出時先發後補，另由振務組工技室會計室稽核室會擬一方案以利領款。儘早領款，簡化手續。

二、肥料在分配中損耗如何出賬？

決議：賑務組辦文詢總署請署長携往面洽。

第三十二次署務會議記録

時間：民國三十五年九月五日

主席：高翰

記録：汪彝定

報告事項：

一、香港及上海各有一批肥料運來，儲運組迅籌倉位，農技室迅擬使用方法案。

二、倉庫不敷應用，一部分肥料須運□□□儲。

三、臺北倉庫應派員看守。

四、儲運組卸貨效率甚佳。

五、牛奶如何分配請嚴副主任報告。

□□□理報告牛奶分配辦法：1、決定采用□□方案，□□□□亦已有頭緒，不久即可執行。

農技室報告農會分配肥料時有於規定價格外另立名目如農會入會費等多收價款正派員澈查。

□費□根面告農會尚有要索利□情事，農技室派員查。

□科□費如何出賬事嚴副主任□林主任就近向總署請示辦理。

第三十三次署務會議記録

時間：民國三十五年九月十二日

主席：高副署長

記録：汪彝定

一、副署長報告：

（1）新到物資甚多，起卸出入倉等工作繁劇，儲運組同仁十分辛苦，本人代表全體同人致敬。

（2）總務組最近發出大批牛奶，但其中一部分在救濟時即壞不能食用。

（3）海南島歸來難民生活極其困苦，船中都有病死者，賑務組今日全體出動辦理。

（4）農技室接到關於肥料分配之密告多件，類爲巧立名目名目□□價款或另行規定配購□續等，聯總方面隨時派員稽查，亦獲有密告多件，本人爲表示行工賑之光明公正起見，遂與費培根商之，將接獲之密告分別：□□□與□□□二種分別□□，但□與費約定不以此向外發表，免滋誤會。

肥料分配系托由農業會辦理，此會純係臺灣農民之組織，如有舞弊情事係臺□□□組織之不□□。

海南島歸臺難民已有若干因病□□之臺□□□第一及第三餐，□中本人與振務嚴副主任嚴副主任及該組人員親往詢問並由署負擔醫藥費用。

二、江峰軍報告：

此次海南島歸臺難民因生活困苦，下船時患病者已達七百餘，重病不能行動者亦有四五十人，本署接待人員事先與有關機關未取得聯繫以致未能協力合作。

副署長指示：此後宜多與有關機關作事前聯繫，事後檢討。

三、□明報告：總務組人手已感不足，此後各組室調用人員時先行通知。

副署長指示：本署人手不足，各組室情形一律，當謀通盤解決。

四、江峰軍報告：稽核室對分署有關事務往往不甚明瞭盼各組室此後對有關文件□□。

副署長指示：各單位注意辦理。

五、江峰軍報告：出差費、出勤費數量□，必影響工作可否酌量增加？

副署長指示：此事已由署長以赴京開會之便就道向總署商洽。

六、沈岐原報告：肥料分配時農會所辦損耗過高，是否可照准。

副署長指示：交農會辦理。

第三十四次署務會議

時間；民國三十五年九月十九日

主席：高翰

記録：汪彝定

甲、報告事項：

一、署長在滬開會畢，今日或可抵臺北。

二、各組室近二星期工作努力，本人今日乘開會之便順表謝意。

三、此次歸臺難民情況極慘，嚴副主任已在紀念周上有所報告，本署則正預備接待第三批難民。

四、儲運組已准備倉位，擬接收即將運抵之六千噸物資。

五、醫藥分配正與聯總洽商。

六、牛奶分配業已開始，除已分三萬餘箱外，現正計劃作□□規□之分配。

七、岑如森報告：基隆倉庫内現存六箱計共八十噸，頗占倉位，可否估價標售，儲運組嚴□□會商人，估計約合每噸一千二百元左右。

副署長指示：可照辦。

乙、討論事項：

一、張廉駿提：紙箱□□存置倉□流應用人□□□倉位可否由同事出具借

條，借用並負妥善保管之責

決議：通過。

二、卓景輝提：現行難民接待辦法□□□□□否將衛生組明年業務計劃中所定辦法提早實施，即由署津貼各省□□□□□□時間內爲難民免費服務，由署支給津貼，每名每日二十元。

決議：自十月份起開始辦理。

三、林良桐報告：醫務室工作時間表，注意同仁健康必須時時增加營養品，俾增工作效率案。

決議：通過並由醫務室先檢查同仁體格以定營養品之分配量。

四、林良桐提：同人眷屬宿舍修理是否由總務組負責修繕，以原定價額爲度由署津貼。

決議：當請署長決定。

第三十五次署務會議記録

時間：三十五年九月廿六日

主席：錢宗起

記録：汪彝定

報告事項：

一、□派□□明前往高雄接待二批歸臺難民。

二、牛奶分配正由振務組籌辦。

三、存倉衣箱原定標售，但現因有吉普車多輛，□滿需用箱子皮□多，須俟吉普運出後餘有部分再行標售。

四、難民免費醫療津貼辦法請衛生組再研究務期□□確定實惠並儘量減少舞弊。

五、醫務室工作應强化，由衛生組商外籍專家排定時間爲同仁服務。

六、同仁眷屬房屋修繕由總務組會計室會同擬定費額，不高□二萬元爲度，照□□□□再此□□□內由署津貼，但以署□房屋爲限，且領津貼者必須讓出宿舍房位。

七、此後到文處理以照以前辦法先送本人及副署長閱後交秘書室分組，再移主管組。

乙、討論事項：

□□□提：物資分配時之第二次損耗如何報銷案。

署長指示：

由振務儲運會□稽核四□□會同□□□□□辦法送本人核定。

□□□提：□□□□分配牛奶計劃□□□□每月需要十九萬七千箱之巨，此於本署其他業務工作頗有□□應如何處理案。

署長指示：振務組另擬一折中計劃□□計劃□□請□在分署存在期間尚須若干□□項總署請援。

林良桐提：工作隊是否組織案。

署長指示：由秘書室會計室會同擬定工作隊之□□□□及預算，送□人□□□組織。

第三十六次署務會議記録

時間：民國三十五年十月三日上午九時

主席：錢署長

記録：徐正一

甲、報告事項：

一、調整待遇已奉核准，各同仁無論任何欠款均應一律扣還歸墊。

二、特別辦公費業奉增加，其支給比率應以臺灣銀行牌價爲標准。在掛1:35牌價以前概按1:30計算，此後則按1:35計算。掛牌時期由會計查報總署備案。

乙、討論事項：

一、鋼繩價款一律按總署新核定售價，每磅900元，以35:1比率計算收款。

二、炸藥價款請工礦處出條交由本署轉財政處賬以償還借款。

三、本分署經費爲減少匯兑手續計，可否調用臺灣銀行財務廳户頭存款再行轉賬之處，由會計室電總署請示。

四、修繕職員眷屬宿舍津貼辦法應改爲貸金辦法，仍由總、會二單位另擬呈核。

五、汽車、脚踏車應加强管理以免外界物議。

六、醫藥器械分配原則及方案已决定，衛生組應速辦。

七、收到總署之物資如分配車内未指定屬何單位者，由賑務、衛生兩組會商分配辦法呈核。

第三十七次署務會議記録

時間：民國三十六年十月十一日下午三時（原文如此）

主席；錢署長

記録：徐正一

甲、報告事項：

一、總署飭編一九四六年十月至一九四七年三月聯總運華物資計劃，應速依指示各點編造。

二、各組室應按期編送報表秘書室速即清查催辦。

乙、議决事項：

一、總務組應定制黑板分置各組室辦公室，以便各組室主管人記事。

二、公文處理進度表應加到“創稿”一周以利考核。

三、備用金制度以取消爲原則，但會計稽核手續應力求簡便捷。

四、員工薪津應每半月發放一次或月中統一支借，由會計室出納會商决定，平時非有婚喪大事一概不得借支。

第三十八次署務會議記録

時間；民國三十五年十月十七日上午九時

主席：錢宗起

記録：徐正一

甲、報告事項：

一、以後署務會議應把握時間，以一小時爲度。

二、工作報告應按月分送閩臺監察使署。

乙、議决事項：

一、聯總運單物資計劃各有關單位應於下星期四提交署務會議審核，其内容以與前送七至十二月份及九至三月份兩次計劃相符爲原則，但如事實必須修改亦應加以説明，務使其前後不致衝突。

二、各組室每月必須填送之各種報表應製定檢查表一種，以利記憶與催辦。

三、員工消費合作社所需供應之日用品可委托陳稽核主任守智赴滬購辦，開列貨物清單後趕辦匯款手續。

第三十九次署務會議記録

時間：民國三十四年十月二十四日上午九時（原文如此）

主席：錢署長

記録：徐正一

甲、報告事項：

一、各單位未辦公文經查純係承辦人員懶惰所致，秘書室應查明議處。

二、本分署職員眷屬宿舍修繕簡則已奉總署核准，應照此實施，以前所領貸金並應扣還。

三、昨往基隆倉庫視察起卸過磷酸石屬工作同仁多極努力，似應支給特別加班費。

四、運往田中、桃園五地之物資，在途中已發生被竊情事，以後應特加注意。

乙、議決事項：

一、總務組速制防毒口罩一百個並由衛生組商請專家配藥。

二、牛奶將大批運到，倉庫調用之工作隊隊員應歸隊出發工作。

三、肥料換來乾穀及總署配撥布匹可利用從事工賑。

四、每月經費應提早一個月向總署申請以免脱節。

五、牛奶空罐及紙盒可公開招標變賣。

六、魚肝油精除撥醫院外，仍可留作福利物資配發。

七、員工消費合作社在滬辦貨應補寄護照並函請上海儲運組代運。

第四十次署務會議記録

時間：民國三十五年十月三十一日

主席：錢署長

記録：徐正一

甲、報告事項：

一、農技室所提改進肥料分配意見有關各單位應與本日下午三時半至四時半會同研究，務期得一具體辦法，以憑核辦。

二、眷屬匯款仍以按照長官公署規定薪津三分之二辦理，由會計室造册送臺灣銀行。

乙、議決事項：

一、署務會議改爲每星期二時半至三時半舉行。

二、每次署務會議應將星期二聯行總業務聯繫會報告事項及數字提會討論。

三、新運到硝酸氨肥料之價格及分配手續由儲運組及農技室商討。

四、藥品分配應加緊辦理並制具分配報告表，以備參考。

五、遣送琉球難民，賑務組應注意照料。

六、第三宿舍遭颶風襲擊後，圍墻倒塌，總務組應予以修繕並加强管理。

第四十一次署務會議記録

時間：民國三十五年十一月五日下午三時

主席：錢署長

記録：徐正一

甲、報告事項

一、驊山町倉庫内附設藥庫應立即趕修，派低級職員一人、工役二人負責看管，由儲運、衛生、總務三組於星期五以前辦妥。

二、同仁眷屬匯款如土地銀行可匯兑且時間迅速，此後委托該行辦理亦無不可，但應先查明手續。

乙、議決事項：

一、蓬萊町驊山町倉庫上牌頭油庫及第一、二兩宿舍，應速洽裝電話。

二、公文可采用簡復表，由文書部分擬制格式送有關單位會核後印好備用。

三、國大開會所需報告數字，應於星期三以前報去。

四、鳳梨公司如需煉乳空罐，應速洽辦。

五、撥法院改制犯人衣服之麵粉袋使用情形，視察室應速派員視察。

六、在基隆之縫紉機，應運至驊山町倉庫，以利查驗。

七、以後總署飭查案件，應由譯電人員復寫一份，送交署長以利催辦。

第四十二次署務會議

時間：民國三十五年十一月十一日下午三時

主席：錢署長

甲、報告事項：

一、肥料在未奉總署電令移交長官公署，仍應繼續負責處理。

二、澎湖糧荒嚴重，應准備以肥料換來之幹穀運往救濟。

三、各單位應於年底清理一地經辦事務，明年起隨時均應作結束之處理。

乙、議決事項：

一、接收額外代乳粉一百四十餘箱，迄未奉總署指示處理辦法，可根據聯總駐華辦事處來電先予配發。

二、職員及眷屬如經身體檢驗認爲虚弱者得由診療室酌給魚肝油以資補養，但如確實患病時，亦得發給牛奶。

三、各單位暫付款太多，應於十二月底以前力求清結。

四、會計室與稽核出納二單位，應由總務組設法調整在一處辦公，以免單據遺失。

五、同仁房屋修繕費應速辦報銷。

六、到差旅費尚有少數同仁尚未清結，應速辦理。

第四十三次署務會議記録

時間：民國三十五年十一月十九日上午十一時

主席：錢署長

記録：徐正一

甲、報告事項：

一、肥料移交工作應於本星期內准備就緒。

二、基隆倉庫腐壞牛奶由儲運組會同稽核室清查後倒入海中並備文報銷。

三、由滬運來鋼軌、機關車，其零件及煤礦用具，應設法進倉以免損壞。

乙、議決事項：

一、領用出差費而尚未辦報銷者，由會計室查明催辦，以利結賬。

二、儲運組業務報表，應於四日內全部送出。

三、收回之煉乳空罐應速洽辦變賣。

第四十四次署務會議記録

時間：民國三十六年十一月廿六日上午九時

主席：錢署長

記録：徐正一

甲、報告事項：

一、高副署長本日十二時飛滬，各組室如有應請其與總署面洽公事，可速開單交來。

二、外籍人員在署協助工作尚稱認真，已請總署繼續留用並請隨時更動以專責成。

三、公文處理應力求簡化，如申請物資之通知文件，衹要鈔送副本不必辦文。

乙、議決事項：

一、收回煉乳空罐之變賣，由賑、儲、稽、會等單位先就價格運輸防弊等問題從嚴規劃，並電知財務廳。

二、如何催收二十萬噸肥料價款，由會計稽核二室詳訂辦法。

三、倉存肥料整包與散裝數量各占總數之若干，儲運組應即查明，其零碎者，仍應繼續加工改裝。

四、糖業公司請發之肥料一千噸，在未透過省公署新組織之肥料配銷委員會前不予分配。

五、最近運到布匹，可運至驊山町倉庫集中，並從速依照總署規定計劃利用於工賑，但總署未指示用於工賑者可另作分配計劃。

六、倉存麵粉五百餘包，速運往羅東散賑。

七、運送物資至臺東澎湖等地船隻，儲運組速洽辦。

八、分配各醫院及高砂族防疟藥品，可交工作隊帶去。

九、棉被及帳子應速計劃分配。

十、收倉物資、儲運組應隨時列表分送各有關組室查收。

十一、行聯總聯合週報，即自本星期二起按新格式誠辦，各有關組室速將資料送秘書室，以便與聯總商洽彙編事宜。

第四十五次署務會議記録

時間：民國三十五年十二月三日上午九時

主席：錢署長

記録：徐正一

甲、報告事項：

一、每星期二聯合週報，今日必須送電臺指出各組室間數字上有出入或表上有空白之處均應補正填妥。

二、移交肥料應請省肥委會補具正式接收通知，由署轉知各倉庫移交，儲運組並應隨時將移交數字告知會計室，以便收款，農技室已配定未出倉之肥料，應查明名稱數量，通知省肥委會。

乙、議決事項：

一、最近運到布匹可即按包裝上之尺碼分配，不必拆開重量。

二、送運物資至臺東花蓮船隻，儲運組速函航委會洽詢。

三、工作隊工作日記應加考核，並按每月經過地方及發放物資數量，作就統計圖表。

四、各種業務統計數字，各單位每周或每旬須繪製圖表，以利查考。

五、上牌頭倉庫房修理工程應重行招商三家比價，並由稽核工技工室派員查勘。

六、各種暫付款年底以前必須清理。

七、基隆通運公司每次收款有無正式收據，抑即臨時收據，會計室應即清查辦理。

八、最近運到煤礦器材，由上海至臺灣一段運費由工技室電總署查詢，貨價應按美金按官價折合法幣，再依官價匯率折合臺幣收款。

第四十六署務會議記録

時間：民國三十五年十二月十日上午九時

主席：錢署長

記録：徐正一

甲、報告事項：

一、錢署長報告：

（1）本年度行將終了，各部分應付未付款項及暫付款之清理於年底以前辦妥。

（2）明年度預算可根據前訂三十六年度業務計劃由各有關單位，會同會計室辦理。

二、葛會計主任報告：

（1）本年十月至十二月之預算已奉總署核定爲每月國幣三億元，合臺幣八百五十餘萬元，除已領及庫存外，本年度預算項下尚有臺幣二千四百餘萬元，應請各單位將應付待付款額清查告知，以便統籌支配。

（2）明年度預算承財務廳指示，先編送二個月，每月法幣三億元，管理費限於百分之二十，請各單位速供給資料，以利編造。

（3）關於工賑之舉辦，總署最近有詳細指示，下年度工賑之預算將遵照指示辦理。

乙、議決事項：

一、本年度應付未付款項限一星期由各單位清查開單送會計室，明年度預算額分配亦須先擬定單案，於下星期內召開小組討論會決定之。

二、湯粉有效期將届，應速分配出倉，各醫院未用之湯粉亦可移交賑務組重行分配。

三、各醫院藥品使用稽查情形由稽核室於本星期内編送稽核報告，以憑核辦。

四、樺山町倉庫電燈應速裝妥，以利工作。

五、棉被係按牀分配而每包數量不一，應由儲運組會同稽核查清點收交振務組收放。

六、救濟物資發放之經濟效果應由經濟技正室結編呈核。

七、用作工賑之布匹，賑務組應先將價格、分配量及以布代替工資辦法擬定，儲運組再依照規定尺寸分別剪裁，俾使及時利用。

八、運送澎湖之乾穀有無損壞應先檢驗，並由儲運組再電陳副主任國新，務請其於本月十二日將船隻載重確實噸數電復。

九、最近運到鋼繩二捆，儲運組所告重量與工技室計算不同，應即於本日下午派員會同前往基隆倉庫清查具報。

第四十七次署務會議記録

時間：三十五年十二月十七日上午十一時

地點：本署會議室

主席：錢署長

記録：徐正一

甲、報告事項：

一、聯總遠東區委員會對行總分配物資之遲緩，頗不滿意。總署來電飭將各項物資出倉分配之數字查報，有關組室應速准備。

二、明年元年十三日至十七日，總署召開工賑業務會議，請林主任良桐、許技正乃波於元月五日前飛往參加，並先電總署備查。

乙、議決事項：

一、本年度已在動工及已核定之工賑工程應付未付款項除按月份已核定每月三億元外，尚短臺幣二千一百美元，應請財務廳准予本年十月以前，照每月三億元額定數額内補領。

二、已在辦理而未奉總署批准之各項工程均應陳明理由，務請總署准照原案進行，以致工程不致中輟，並由許技正赴京開會之便當面加以解說。

三、已移交肥料會計室應速收價款三分之一。

第四十八次署務會議記録

時間：民國三十五年十二月廿三日上午九時

地點：本署會議室

主席：錢署長

記録：徐正一

甲、報告事項：

一、此次申請之善後物資，應製備申請物資總表，由許技正携往總署當面催詢，以便轉告各有關機關。

二、已移交肥料應收三分之一價款，請會計室餘每隔數日函催一次，勿使拖延。

三、三十六年度預算應"量入爲出"，抑"量出爲入"，應繼續召開小組討論，務於本星期内辦妥。

四、分配本分署二十五幢房屋，總務組應速照既定辦法分配同仁居住。

乙、議決事項：

一、基隆、桃園兩倉庫肥料移交數字，儲運組但應隨時以聯單通知會計室，以作收款依據。

二、南强輪運到肥料移交後，省肥委會係付臺幣保证金，仍應速催換交法幣，並將收款情形，隨時報告財務廳。

三、凡有紀念性之相片，由秘書室整理後彙編專册並送總署。

四、三十五年度工作報告，應於本年依以前由各單位制送秘書室彙編並交林主任許技正帶總署。

五、藥品分配情形，及分配量應於本年依以前清理並報總署。

六、工業器材價格迄未奉總署開示，可再電催。

七、各醫院所領牛奶箱内數量不足及腐壞部分應如何報銷，由衛生儲運兩組會商具體辦法。

第四十九次署務會議記録

時間：民國三十五年十二月三十一日上午十一時

地點：本署會議室

主席：錢署長

記録：徐正一

甲、報告事項：

一、省公署向行總訂購肥料噸位係以短噸計算，應將總署原電送省肥委會請重行換算。

二、卅六年度預算請趕速辦理，務須交由林主任、許技正帶滬。

三、二十五幢房屋請總務組先行查明控制，再按同仁實際需要情形分配居住。

四、各倉庫已交肥料之出倉過於遲緩，應製定進度表督催清倉。

五、運到工業器材因價格不明，迄未分配，各界責有煩言，再電總署，如仍不開示售價，即由分署定價出售。

乙、議決事項;

一、假交代務須於明年元月卅一日以前送去。

二、林主任許技正定元月七日赴滬轉京，各單位應托彼兩當面接洽之文件，應及早准備並加以説明，以利洽辦。

三、職員待遇可按原辦法查照物價指數先行調整，並請林主任許技正於赴京之便再行面商，期能與京滬區待遇平衡。

第五十次署務會議記録

時間：三十六年元月七日上午十一時

地點：三樓會議室

主席：錢署長

記録：徐正一

甲、報告事項：

一、二十五幢房屋應催請公用房屋分配委員會查告詳，並自動向當地保甲長查詢雙管齊下，一面將此項房屋分配同仁協同接收。

二、各地倉庫已移交肥料應督催清倉，派駐職員於元月十二日前一律調回，基隆倉庫未移交肥料亦應設法迅速移接。

乙、議決事項：

調整職員待遇及工作隊駐在他工作隊人員專報旅費等問題，請饒秘書、萬主任召集小組討論，並提供意見呈核。

第五十一次署務會議記録

時間：民國三十六年元月十四日上午十時半

地點：三樓會議室

主席：錢宗起

記録：徐正一

甲、報告事項

一、昨日參加省肥料運銷委員會議，該會對於肥料收貨付款噸位減價等問題均有討論，惟與吾人之意見頗多相左，舉如收貨不以 manifat 爲依據，付款應俟省署向中央銀行六百億法幣借得後再交，噸位仍以長噸計算，售價不擬減低等，本人曾以行總代表之立場加以説明，仍無效果，尚待繼續洽商，惟前派駐各倉庫人員仍設法調回。

二、調整待遇已擬就方案二種，一以十一月份物價指數六十六倍自十二月份起，一以十二月份物價指數七十四倍自元月非起爲調整依據，正在考慮中，日内當可公佈。

乙、討論事項：

一、運到布匹振務組應把握機會，不拘形式從速作有效之運用。

二、蚊帳除發給醫院及慈善機關外，可以高砂族爲優先對象，迅速配發。

三、倉存麵粉袋振務組可提出改制夏衣計劃分配。

四、衣著款之價格經濟技正室應隨時調查，各種物資發放後之經濟效果亦應作統計。

五、在各地高砂族區散振之物資經濟技正室應作統計，俾使未領到救濟物資之深山中高砂族胞，均能普遍享受。

六、腐壞牛奶由儲運組會同稽核室點明雇船運至外海地棄並呈報。

七、各工作隊支報旅費及駐苗費應行規定事項由秘書會計二室會議呈核。

八、臺東花蓮澎湖各省立醫院收容免費病人伙食費，可以肥料换取之食米撥給補助，但須隨時稽核，並通知救濟協會配送新聞。

九、各單位壓積公文應由總務組文書部分檢查收提，請各組室清辦。

第五十二次署務會議記録

時間：民國三十六年元月二十一日上午十時半

地點：三樓會議室

主席：錢署長

記録：徐正一

甲、報告事項：

一、本分署第一至七批已分配，應發之肥料已否發清，各批價款已否收清已移交肥料，應先收三分之一之價款已否催收，乃已發肥料已否送到農民手中等問題，請各單位查復。

二、到臺布匹振務組正在計劃運用方式防止流入黑市，該項布匹以制成衣服發放爲宜，但做之費用二百餘萬元，此筆經費出自何處尚待研究。擬在烏山頭枋山橋二大工程中一部分以布代替工資，而將此項節餘款項移充制衣費用，此法妥否，於法令有抵觸否請主管部門從長計議。

三、據報太平町、榮町均有類似總署運來之蚊帳料出售，其來源如何，視察室應嚴密偵查報核。

四、公文之收管、繕校甚感遲緩，總務組應查明原委報核。

五、調整待遇案業經決定，根據去年十一月份物價指數六十六倍底薪之折扣率亦經稍予提高，正呈請總署核示中。

乙、討論事項：

一、工作隊人員支報旅費津貼應行規定事項，仍由秘書會計二室修正呈核。

二、本署公文每週報告均積壓二百餘件，其原因何在，極應查研。秘書室應將各組室擬稿人員查明列表送閱以後，公文積壓統歸擬稿人員負責，其中由於審核圖表人員之延誤亦應由組室收發人會同擬稿人負責催詢，此事由秘書室在二周内嚴格協助執行，以觀收效。

第五十三次署務會議記録

時間：民國三十六年元月廿八日上午十時半

地點：三樓會議室

主席：高翰

記録：徐正一

甲、報告事項：

一、奉總署飭辦三十五年度年終假交代，爲時已逾，於月底辦竣呈報。

二、乳牛七十五頭日内即將到達，分配辦法亦經決定，惟對於飼站運送及牛乳等事宜請儲運組特別注意准備。

三、基隆倉庫之肥料，何時可以移交出倉，請儲運組加緊洽辦。

四、這次運到布匹爲數甚巨，分配工作極爲艱難，各同仁如有良好意見，均可向振務組建議，俾資集思廣益，對於該次布匹出倉裁剪等手續，稽核室尤應密切配合，以杜流弊。

乙、討論事項：

一、聯動部供應局擬將軍用廢品一批充本署散發貧民，惟該次廢品以軍帽最多，數量龐大，接收散發之手續極繁，如何處理待署長返署後再商討。

二、前運到之碎布一批，接總署電不必運回飭就地利用，應如何處理，先電署長面商總署後再行决定。

三、日前運到冰淇淋粉、玉蜀黍粉一批可交衛生組配發各醫院以供腸胃病患者服用。

第五十四次署務會議記

時間：民國三十六年二月四日上午十時

地點；本署三樓會議室

主席：高副署長

記録：徐正一

報告事項：

一、三十五年度終假交代逾期已久，應速趕辦，該次假交代以各單位工作不同無一定格式，可以實際情況編送秘書室彙辦。

二、接奉錢署長來電飭將倉存物資從速出倉分配，以達到人民手中爲止勿空言已分配了事，請有關單位注意。

三、布匹用作工賑工資一事，請振務組即速計議。

第五十五次署務會議記録

時間：三十六年二月十一日上午十時半

地點：三樓會議室

主席：高副署長

記録：徐正一

甲、報告事項：

一、三十五年度年終假交代儲運、衛生、總務三組還未編送，請趕快辦理，以便轉報。

二、儲運組物資收發庫存物品等報表僅送至去年十月正，衛生組、醫院設備供給藥品器材分配等報表盡送至去年十一月正，請速編報。

三、署長電飭加速清倉工作，有關單位已辦理至何種程度，請查明報核。

乙、决議事項：

一、補貼同仁住宅房租水電費案，應由秘書、總務、會計及稽核四單位，擬具具體意見，再行提出討論。

二、庫存蒸汽鍋十個除已配發共濟醫院及臺大附屬醫院五個外，其餘可否配給工農業試驗機關，應僅提出聯、行總聯繫會議討論後核辦。

三、臺南沿海各鄉居民極苦，可酌配衣著交由第三工作隊帶往發放以資救濟。

四、冰淇淋粉及玉蜀黍粉請衛生組於本日下午即行提送醫院試用。

五、前運到碎布，應否運回上海，前決議電錢署長與總署面洽談，電應速發出。

六、出獄犯人家境貧寒者一千五百人中，每人可發給衣服一套，棉被一牀，及肥皂一塊，交由參議會及司法保護會會同具領特發，並由各縣市政府及救濟協助會同發放。

七、庫存蒸汽鍋七隻，除衛生組預定分配傳染病醫院肺病療養院及臺大附屬醫院等所必需者外，餘可酌配工農業試驗研究機關。

八、元月份眷屬匯款可留在調整十二、一、二各月份薪津補發時再行扣還，獲將調整薪津應發數目先行墊借，由秘書、會計二室會商決定。

第五十六次署務會議記録

時間：民國三十六年二月十八日上午十時半

地點：三樓會議室

主席：錢署長

甲、報告事項：

一、本署結束在即，一切新工程均停止興辦，烏山頭水利工程應請增加工作人數次，縮短完工日期。

二、所有應收未收或應付未付款項，請會計室於本月二十八日以前催辦清楚以利結束。

三、肥料移交噸位損耗等問題大致已告解決，惟價格以美金匯率提高至一萬二千，已故對於减價一節，事實上已不可餘，請會計室將外匯提高之前後價格比較列表送閱，並於星期三報告聯總會議。

乙、議决事項：

一、配給各醫院蚊帳、牀單應交與各醫院自製抑制成後發給，其工資如何籌措，統由衛生會計二單位會商决定。

二、遣送華僑之手續可先函漢姆先生查覈，再行核辦。

三、各單位所應編送總署之報表文件，由秘書室查明催辦。

四、衛生組尚需奶粉約二百桶，可由振務部門剩餘數量内撥給。

五、布匹及蚊帳之裁製所需工資應由振務組會計室會商編造預算。

六、冰淇淋粉及玉蜀黍粉經試驗適合病人之用，應全部交衛生組分配各醫院。

第五十七次署務會議記録

時間：民國三十六年二月廿五日上午十時半

地點：三樓會議室

主席：錢宗起

記録：徐正一

甲、報告事項：

一、蚊帳、牀單可交由醫院自製，惟每匹布料可制蚊帳若干，應嚴密計算並考核以杜流弊。

二、衛生組辦理假交代所需倉庫收進醫藥器材數字，請儲運組即日查明詳高勿延。

三、鋼繩之重量計算方式及價格，請會計工技兩室會商决定。

四、各單位出差人員預借差旅費已否辦理報銷，請會計室於本月底以前分別催辦。

五、本署辦公室倉庫及三個宿舍等房屋應於結束後即行騰空交還省當局，請總務組作各種必要之准備。

乙、議決事項：

一、借用其他機關之傢具應先分批歸還，自置傢具由總務、會計及其他有關單位詳細估計准備價售。

二、結算至五月底止，約有結餘經費九百餘萬元，如何分配運用請葛主任召開小組會議討論後決定。

三、通知承運救濟物資之鐵路管理委員會、通運公司等從速結算運費，以清賬目。

四、物品儲藏室如有大量剩餘物品，應設法作有效之利用。

五、定星期五下午七時舉行公文總檢查，由秘書室召集之。

第五十八次署務會議記録

時間：三十六年三月十八日下午二時半

地點：三樓會議室

主席：錢署長

記録：徐正一

甲、報告事項：

一、上次署務會議議決事項尚未辦理者請秘書室查催報核。

二、各組室結束工作（包括人員遣散），請加緊進行，務必如期完成任務，勿稍掩延。

乙、議決事項：

一、各組室結束工作分四次檢查

（1）三月底檢查去年十二月底應辦未辦事件。

（2）四月十五日檢查本年二月底應辦未辦事件。

（3）四月底檢查三月底應辦未辦事件及當月份之工作。

（4）五月十五日檢查全部結束工作。

二、四月一日應行遣散人員仍照規定裁減現有人數三分之一。

三、本星期五下午三時至五時舉行公文總檢查。

四、第三宿舍應於四月十五日以前取消。

五、各種財務標賣工作應於四月份即行開始辦理。

第五十九次署務會議記録

時間：民國三十六年三月廿五日上午十時半

地點：本署三樓會議室

主席：錢署長

記録：魏守岳

甲、報告事項：

一、本人昨與趙處長談及肥料問題，價格調整候董廳長來臺決定。依合約肥委會與本署間之應辦未辦手續，如價款移交收據等之交付及分配計劃之送核等則應及時執行，請農技室、會計室、儲運組與本日午各將肥委會依合約對本署應辦未辦之事提出，函催辦理，副本送財務廳並譯送聯總。

二、上次署務會議決分期結束辦法決不更改，三月三十一日即檢查第一期結束工作。

乙、討論事項：

一、藥品到後分配單未到時，請衛生組電催SSO速送，再電催不復，則逕會同駐在稽核及儲運組人員開箱，現存臺北倉藥品應於兩星期後發完。

二、下月初開始傢具標賣工作，車輛價格請儲運組電催財務廳速復。

三、裝肥料之破麻袋應予標賣。

四、肥料催款前限二十五日，今已屆滿，請農技室及會計室會查究有價款五千尚未收回，並研究催收辦法。

五、組織巡迴清賬隊，由稽核室、會計室、儲運組、工技室中遴員組成，催收本署一切賬款，組成後先由南部開始，希各單位於該隊出發前將各地應了未了賬務交該隊辦理。請各組室本日午後即開始清查該項賬務。

六、澎湖辦事處總署嚴令於三月底結束，請振務、儲運兩組速將該處應辦事項電該處速辦，並後電總署因事變關係請准予延長二十日結束。

七、各外宿同仁住宅如借有本署或由本署代置傢具者應即訂定底價標賣，由現在使用人優先承買。

八、基隆被盜鋼繩一捆，總署飭令賠償，應由負責人將價款交署。煤礦公司並收回本署提單。

第六十次署務會議記録

時間：民國三十六年四月一日上午十時半

主席：錢署長

記録：徐正一

甲、報告事項：

一、肥料價格問題定於明日下午邀請農林處肥委會及聯總等有關人員開會商討，並俟董廳長來臺後決定。

二、駐澎湖辦事處電告澎湖市政府扣留振未及建議平糶一事，已請省公署嚴辭制止，惟該處工作應電催從速結束。

三、振務、儲運、衛生、總務四組及會計室去年十二月以前各種數字已否清了，請秘書室於本日下午即分別清查。

乙、議决事項：

一、各組室辦公室應酌加調整，衛生組遷至樓下與儲運組合併，農、經二室遷至二樓共振務組合併辦公。

二、定本星期五下午二至五時舉行公文總檢查，屆時各單位必須將全部文件悉數提供檢查。

三、總署直接售予水泥公司之石膏仍應由分署簽收在船邊轉發該公司。

四、存儲臺北、新竹二縣倉庫之乾穀應催糧食局從速提取，至被人民借出部分可函各該縣政府清查追回。

五、業務結束後清理內部賬目表報等工作所需時日及人員經費等請會計室召集有關單位商擬方案。

六、本署配交各縣市政府逕行配發之救濟物資，其運費既由各縣市政府證明墊付，如配發物資數量經核相符，應如數發還歸墊。

第六十一次署務會議記録

地點：三樓會議室

時間：民國三十六年四月九日上午九時

主席：錢署長

記録：徐正一

甲、報告事項：

一、各月份未了事項請各單位按期趕辦完竣。

二、各種應收未收，應付未付之款項請速了清。

三、各項業務之進行須配合時間改變方式，務使結束工作如期完成。

乙、議決事項：

一、職員薪津可自三月份起按照二月份生活費指數調整並呈報總署備案。

二、定十日下午三時檢查公文。

三、各醫院尚未編送之報表由衛生組派員前往催取，并發布新聞。

四、自下星期起實施合署辦公由秘書、總務二單位商辦。

五、各單位備用金應酌量減少，總務組以二萬元、基隆倉庫一萬九、蓬萊町汽車庫一萬九爲限。

六、各出差同仁預借旅費由會計室催辦報銷，遲則與其薪津項下扣還。

七、員工及眷屬之食米由總務組統籌購辦。

八、各醫院所需被單布料，可先向倉庫提，裁錄本正確計算後發交衛生組發購並須詳訂考核辦法以杜流弊。

第六十二次署務會議記録

時間：民國三十六年四月十五日下午

地點：三樓會議室

主席：錢署長

記録：魏守岳

甲、報告事項：

一、據廣東分署副署長面告，總署計劃各分署於結束後分署長應率各單位主管前往總署辦公以備諮詢，全部案卷除通常例行者外均應裝箱帶往，由總署審核無問題後始告結束。本署在此一月半存在期間內，希各努力以赴，俾減少日後麻煩，尤其報銷單據方面應請特別注意。

二、肥料換穀事此後改由農技室主辦，並會儲運組、會計室以便聯繫。

三、宿舍、辦公室裝修及設備費用請總務組將原始憑证鈔録後酌收合理出項費以償付房租。

四、十六日午後再舉行公文清查。

乙、討論事項：

一、農技室應再查詢縣市政府派警催收肥料價款情形，如逾期不交則另設法追繳。

二、各單位主管將借用公款或備用金後尚未報銷之同仁姓名及金額通知會計室。

三、本署務會應製就簡明統計表以供隨時參考之用，由秘書經濟兩室合辦。

四、本署業務停止（五月十日）後到臺之物資立即隨時移交有關機關，繼續辦理分配工作，由各組擬稿先電總署請示再與有關機關會商移交手續。

第六十三次署務會議記録

時間：三十六年四月廿二日上午十一時

地點：三樓會議室

主席：錢宗起

記録：徐正一

甲、報告事項：

一、變賣物資價款及儲運費用等單據請會計、儲運二單位加緊核算，勿使影響結束期限。

二、物資振發後辦理報銷應以取得何種單據方爲合法，請有關單位詳加研究，以求完善。

三、有關鐵路運輸之各種賬目，務必於三五天内當面洽算清楚，勿徒以公文往返稽延時日。

四、撥還省糧食局之倉存幹穀，該局已否提取，請林鳳翔專員前往催詢。

乙、議決事項：

一、房屋内之設備及傢具應先按市價估計，再酌行折扣決定出售底價至出售方式，可先陳明理由呈報總署核示遵行。

二、總署在滬報發佈本分署去年十二月底止倉存數量不符之處，由儲運組函編譯處更正。

三、車輛奉令售與糖業公司應函知曾向本署洽購之機關并發布新聞。

四、新運到基隆倉庫之藥品由儲運組繼續運至樺山藥庫以利整理分配。

五、活動房屋八幢經衛生組計劃充鄉村衛生所之用，由工技室速加整理並分配。

第六十四次署務會議記録

時間：民國三十六年四月廿九日上午十一時

地點：三樓會議室

主席：錢署長

記録：徐正一

甲、報告事項：

一、活動房屋仍照原定計劃撥交省衛生局作鄉村衛生所之用，在本署未結束前運費可由署負擔，請有關部門從速洽辦。

二、本署對外業務結束後本人擬率領各組室有關人員赴各地視察各項現本署工作之得失，其應行視察事項由各組室開列匯送秘書室。

乙、議決事項：

一、定五月三日星期六晚舉行聯總行總聯歡會。

二、總結報告於五月初即著手編輯，由各組室指定負責人員收集資料分文字叙述及數字統計編送秘書室彙辦。

三、標售麻袋應限期並依順次催請第一二三中標店家購領，如逾限即重新招標。

四、倉存物品如牛奶湯粉空罐麵粉等亦應於五月五日前再行招標一次。

第六十五次署務會議記録

時間：民國三十六年五月六日

地點：本署會議室

主席：錢署長

記録：徐正一

甲、報告事項：

一、各單位可資變賣之物資應先查明種類數量及存放地點，舉行一次標賣小組會議，請岑主任即日負責召開。

二、美軍剩餘物資中之零星雜件，應速擬具處理辦法。

三、基隆漁管站請撥借汽車一輛，連司機及汽油一桶，已准照借，但須呈報總署備案。

乙、議決事項：

一、肥料之損耗率由農技室計算訂定並通知各農會照規定數折價於應交價款內扣除，一面商請省農會派員赴各縣市催辦報銷及繳款，其旅費可由署負擔。

二、肥料收到與售出數量因損耗關係未能一致，儲運組可參照報銷費用將收發情形制附動態表以利審核。

三、移交省方之肥料，應根據何時美金匯率計算折價，由會計室電總署請示。

四、各組室各項費用：報銷規定與五月三十一日前全部送達會計室審核並須留些時間供會計室之審核，勿推至三十一日下午六時送去。

五、各種報表五月份可報至十日爲止，並敘明次日停止業務。

六、藥品及福利物資應結算至五月十日止，並將一年半未辦理情形作書面報告，以便分別移交省衛生社、會二處接收，但如何移接仍電總署請示，此電由饒秘書轉。

七、五月十日以前已經分配尚未出倉之物資，限於二十日前提取，二十日後絶對不再出倉。

第六十六次署務會議記録

時間：民國三十六年五月十三日

地點：會計室

主席：錢署長

記録：徐正一

甲、報告事項：

一、儲運組遺失單據不問是何原因，應由主辦人員及當日負責搬移桌子之人查出歸卷，否則應自行設法補取，方能卸除責任。

二、肥料收發動態表請於損耗率確定費用報清後即行著手編造，由儲運、農技二組室於本星期內辦理完畢。

三、未完工之工賑工程四處請工技室即日結賬。

四、倉存已分配之福利物資於明日召開慈善機關談話會時須催請從速提取，並告知二十日以後絶對不再出倉。

乙、議決事項：

一、移交省方接辦之肥料奉令將盈餘劃歸本分署一節由會計室函肥委會洽辦並將副本送交繞代表與總署主管部分商詢詳細計算辦法。

二、標賣財務手續可請饒代表與財務總務二處面洽，惟總署新須財產目録格式應速依照編報。

三、借用傢具可酌量情形分批歸還。

四、職員待遇如奉令自四月份起調整則應請依照原案規定，根據三月份指數爲標準。

第六十七次署務會議記録

時間：民國三十六年五月二十一日

地點：會議室

主席：錢署長

記録：徐正一

甲、報告事項：

一、錢署長報告：

（1）辦公室宿舍房屋候全部結束事後交還原主由省與局支配。

（2）車輛已奉總署指示於完全不需用時可優先價讓省公路局。

（3）關於物資之移交已經正式與省方接洽，如醫藥器材與顔衛生交長，肥料與徐兼主任委員，業器材亦將於今晚與楊廳長分别接洽，均可無題。

（4）最後結束日期已臨，目前必要時應加緊進行。

（5）饒主任秘書昨晚自滬返署，今請其將與總署接洽事項報告參考。

二、饒主任秘書報告：

（1）結束日前鐵定五月底，不得延長，但六月間可留若干人辦理結束並可留數人配合聯總工作至九月底止。

（2）衛生器材及醫藥總署已頒有處理原則可資依據，工業器材以後儘量在滬出售，結束後可無顧慮。

（3）倉存物資移交後此項倉庫不必保留，萬一需要亦衹得商准省方撥借一間，以備臨時之需。

（4）結束後所留人員之經費應速編預算，呈總署核准。

（5）物資損耗應速呈報備核。

（6）電臺應否保留至聯總結束時至，可視需要情形而決定，但此項機件必須送滬因黃氾區急需設置電臺。

（7）轉入漁管處工作人員不得發給遣散費。

（8）生財傢具可就地標賣，但須先造册呈經總署核准。

乙、議決事項：

一、六月至九月辦理結束及配合聯總工作人員經費預算由秘書會計二室商編。

二、恒春平民住宅可責成高雄縣政府負責，不等訟案解決，先行結賬。

三、職員遣散費可以法幣或臺幣，由同仁視需要情形擇定，照官價結算。

四、各部分未收到之單據表册，應即開單送核並派員分赴各縣市坐催。

第六十八次署務會議記録

時間：民國三十六年五月二十七日

地點：本署會議室

主席：錢署長

記録：饒餘威

甲、報告事項：

一、内部結束工作限六月十五日完成。

二、辦公室及一、二、三宿舍已與省府商妥維持至六月底止，以後留臺人員酌留一部分，餘均交還原主。

乙、議決事項：

一、本署結束應即公告並呈報總署

二、結束後報告由秘書室會同各組室指定人員彙編，限六月十五日前編竣。

三、自二十八日起，規定每晚七至九時爲加班辦公時間，希儲運組准備接送同仁車輛，總務組加派值勤工人，以利結束工作。

第六十九次署務會議記録

時間：民國三十六年六月三日

地點：本分署會議室

主席：錢署長

記録：徐正一

甲、報告事項：

一、同仁因辦結束工作增加晚班，可遵照總署規定支給加班費，其標準請秘書、會計二室會擬呈核。

二、工作總報告請各組室查照本人眉批，分別趕辦，務於十五日前編竣。

三、一切賬務於五月底劃斷後，六月一日以後應另行立賬並報總署，務使自開辦至結束之賬務得以完整。

乙、議決事項：

一、各組室未了事項速即清查列單送核，並派員催辦。

二、各醫院所餘存之湯粉可移交當地救濟機構，由賑務、衛生二組商辦。

三、已標售之湯粉罐仍由儲運組洽得標商家自行收集。

第七十次署務會議記録

時間：民國三十六年六月十日

地點：本署會議室

主席：錢署長

記録：徐正一

甲、報告事項：

一、本月十五日必須將賬目報表及工作總報告辦好，交本人帶滬，勿稍拖延影響行期。

二、十五日以後各組室一律撤銷不分彼此分工合作，不得再存組室界限。

三、以後同仁中如有應辦事件未曾辦完，則當予以免職，發給遣散費。

乙、議決事項：

一、車輛公物應即估計噸位、運費，必要時可請總署派船來公提運。

二、漁管分處所借汽油應速報總署核備。

三、新竹市枌梅、紅毛、閩西三鄉保管肥料換取之幹穀六萬餘公斤，應速催取或先取具欠條，將來仍商糧食局收購。

四、無論已未遣散同仁，其借用傢具及欠款均應收回以清手續。

第七十一次署務會議記録

時間：民國卅六年六月十七日

主席：錢署長

記録：卓景輝

甲、報告事項：

一、會計室已將總報告中財務部分繳交其中物資噸位、數字，儲運組應儘速填寫，其他各組室應辦之表報亦須趕速小竣。

二、初步統計本署物資儲運費每噸不足千元，如將散署物資時工作隊開支及人員差旅費一並加入計算，每噸所費想亦不多。

三、通運公司主管人員最近有更動，應注意本署對該公司有無未了手續。

乙、議決事項：

一、今後公事除會計部份外，餘應送達承辦人員辦理，不再分組室界限。組收發一律取消，惟附有單校之文件送辦時須慎重，以防遺失。

二、各縣未了手續共若干及積壓未辦公文應由各單位開單送閲。

三、本署結束後移交物資辦法由儲運組根據下列原則擬具辦法：（一）條文宜簡括；（二）收倉由各接收機關自行負責；（三）不墊付費用。（四）不發給任何證明，惟海關檢查時各分署在場人員可予證明係屬救濟物資，應予免税。（五）物資到達時由儲運組通知接收機關，另指定專人赴碼頭接送。

四、總務組應電催總署總務處速復財産處理辦法。

五、農技室再電催各農會肥料換穀案，並電新竹縣政府派警赴各縣鄉合作社催繳欠穀。

六、關於肥料委員會今後監督催款分配事項，由會計室電請財務廳另派代表駐臺辦理。

七、第三工作隊前代供應局散發三年糧廳原領收清前應再函供應局速取回，並將第三工作隊之時收校退還註銷。

第七十二次署務會議記録

時間：民國三十六年六月二十四日

主席：錢署長

記録：饒餘威

報告事項：

一、本分署結束後續到物資移交辦法業已擬就，定廿五日午後六時邀請省府各廳處會主管來署會商移交時一切手續。

二、本分署結束後留臺少數人員擬分總務及物資接收兩組繼續工作至九月底止，留臺人員名單不日亦公佈，其他人員一律於本月底遣散。

三、本人決定月底赴總署述職，各單位如有應向總署請示事項，務希於本人離臺前開單送閱，以便與總署接洽。

四、臺北縣屬紡鎮尚有肥料換穀未交清者，應速函縣府派警催促，出具欠條，俾可於本期收割後憑條往提。

後　記

《中央政府賑濟臺灣文獻·民國卷》，作爲“中央政府管理臺灣歷史文獻叢編”之一種（此前已經出版《清代巡臺御史巡臺文獻》和《清代福建大員巡臺奏摺》兩種），是“十二五”國家重點圖書出版規劃項目和國家古籍整理出版規劃項目的中期研究成果之一。

根據項目申報書之約定，“中央政府賑濟臺灣文獻”分爲“清代卷”和“民國卷”兩卷。本次出版之“民國卷”由課題組成員依據事先分工，共同完成。課題組成員之具體分工和實際完成情況爲：尹全海作爲課題負責人，除全面統籌項目進程、確定文獻整理範圍、凡例，以及統稿、定稿工作外，還負責撰寫自序、整理説明、後記等。課題組主要成員魏尭杰負責完成“善後救濟總署臺灣分署往返函電”的整理。課題組成員孫煒負責完成“善後救濟總署臺灣分署專項救濟文件”的整理。課題組成員龐媛媛負責完成“善後救濟總署臺灣分署救濟工作簡報”及“善後救濟總署臺灣分署業務總報告”的整理。課題組成員劉雙負責完成“善後救濟署臺灣分署署務會議記録”的整理。

本課題如期完成，受益於中國第二歷史檔案館“館藏民國臺灣檔案”中關於善後救濟總署臺灣分署大量原始檔案，如“善後救濟總署臺灣分署有關臺省各地人民請求救濟案的函件（1945 年 10 月—1947 年 5 月）”、“善後救濟總署臺灣分署呈報本省有關糧食問題的有關文件（1945 年 10 月—11 月）”、“善後救濟總署爲奉行政院秘書處函已撥收復地區緊急救濟農貸款十億元事給臺灣分署訓令（1945 年 10 月 22 日）”、“臺灣新竹州代表湯長城等爲被日徵召在海外之臺胞子弟事至善後救濟總署臺灣分署等函電（1945 年 10 月—1946 年 2 月）”、“善後救濟總署臺灣分署關於撥發布匹救濟臺灣民衆的有關文件（1945 年 12 月—1947 年 1 月）”、“善後救濟總署臺灣分署關於麵粉平售事項有關文件”（1946 年 4 月—1946 年 2 月）、“善後救濟總署臺灣分署關於領取被服轉發高山族貧民事與新竹縣政府來往文件”（1946 年 12 月—1947 年 2 月）、“善後救濟總署臺灣分署關於救濟基隆市救濟院院民的有關文件”（1947 年 1 月），以及《臺灣善後救濟業務寫真》（1945 年 11 月—1947 年 5 月）、《善後救濟總署臺灣分署署務會議記録》（1945 年 12 月—1947 年 6 月）、《善後救濟總署臺灣分署月報》等等原始文電、記録、統計表，爲本書的基本文獻。

本書得以順利出版，還當感謝國家出版基金的資助和九州出版社的大力支持，尤要感謝本書責任編輯的辛勤勞動與奉獻。

編者

二〇一三年十月

圖書在版編目（CIP）數據

中央政府賑濟臺灣文獻．民國卷／尹全海等整理.
—北京：九州出版社，2013.12
ISBN 978－7－5108－2501－9

Ⅰ.①中…　Ⅱ.①尹…　Ⅲ.①中央政府－救灾－史料－臺灣省－民國　Ⅳ.①D69

中國版本圖書館 CIP 數據核字（2013）第 306716 號

中央政府賑濟臺灣文獻·民國卷

作　　者	尹全海　龐媛媛　孫　煒　魏垚傑　劉　雙　整理
出版發行	九州出版社
出 版 人	黃憲華
地　　址	北京市西城區阜外大街甲 35 號(100037)
發行電話	(010)68992190/2/3/5/6
網　　址	www. jiuzhoupress. com
電子信箱	jiuzhou@ jiuzhoupress. com
印　　刷	北京京華虎彩印刷有限公司
開　　本	850 毫米×1168 毫米　16 開
印　　張	38.25
字　　數	460 千字
版　　次	2014 年 2 月第 1 版
印　　次	2014 年 2 月第 1 次印刷
書　　號	ISBN 978－7－5108－2501－9
定　　價	360.00 圓